CLIO 克利俄

DE L'ESPRIT
DES LOIS
Montesquieu

论法的精神

（上）

〔法〕孟德斯鸠／著

祝晓辉　刘宇飞　卢晓菲／译

北京理工大学出版社
BEIJING INSTITUTE OF TECHNOLOGY PRESS

孟德斯鸠与启蒙时代

自1721年《波斯人信札》与1748年《论法的精神》问世以来，孟德斯鸠这个名字似乎足以代表法国乃至整个欧洲启蒙时代前半叶的思想文化境界。这两部作品更是为其作者开启了法兰西学院（1728）与南锡学院（1751）的大门。提起法国文学巨匠，孟德斯鸠自是毫不逊色于雨果和巴尔扎克，正如著名文学评论家朗松所述："孟德斯鸠的《论法的精神》与蒙田的《随笔集》和帕斯卡尔的《思想录》可并称为法国文学三大瑰宝。"

然而，就是这样一部教科书式的必读作品，如今却并没有多少法国人再去精读。就这一现象，巴黎法学院院长莫朗迪埃尔道出了一声惋惜："孟德斯鸠本人早已预言到人们会去赞扬他，但不大会阅读其作品：因为阅读也许是令人愉快的，但却鲜有人能乐在其中。”我们可以想象如此鸿篇巨制阅读起来的确无法像读小说或观戏剧那样轻松愉悦，但其能屹立于世界思想史长达二百余年这一事实，也反映了它不受时代局限百科全书式先进思想的价值。

如果说那些著名作家的生平与其作品的思想有着密切的联系，那么《论法的精神》就是孟德斯鸠人生经历与阅读体验的完美结合物。夏尔·路易·德·塞孔达，拉布雷德暨孟德斯鸠男爵于 1689 年 1 月 18 日出生在法国波尔多城近处的拉布雷德庄园。1715 年 4 月 30 日，孟德斯鸠与出身新贵族的新教徒珍妮·拉蒂格结为夫妇，同年，他向奥尔良公爵呈递了第一部政治经济论著《充盈国库陈情书》，次年受袭男爵称号并当选为波尔多科学院院士，此后一度沉迷于声色犬马的生活。同年起草《论述罗马人的宗教与政治》，书中简介了宗教与信仰如何作为统治阶级的工具来控制人民。

孟德斯鸠很快厌倦了波尔多高等法院琐碎的庭审工作，此时更吸引他的是人文科学。借助显微镜，他撰写了一系列学术报告（《关于回声的起因》《论肾腺》等）。在笛卡儿、牛顿、布丰等科学家和哲学家的影响下，孟德斯鸠在 1719—1722 年间先后出版了关于自然历史与物理学领域的随笔。

1721 年，孟德斯鸠在阿姆斯特丹匿名出版了哲学书信集《波斯人信札》。正如他的好友戴穆莱神甫所预言的那样：“这书一定会像面包一样大卖的。”该书一经出版便获得了极大的成功。书中的东方异域情调与开放式结局是吸引人们争相购买的重要原因。文艺复兴时期新航路的开辟与后来东西印度等西方殖民地的建立，使得游记文学在相当长的一段时间内成为书商追逐的热点。假借远行他国的本地人或外国人的回忆录来针砭本国的政治经济文化制度，诸如这样的文学作品层出不穷。孟德斯鸠从意大利作家玛拉那 1684 年出版的《土耳其间谍》和法国旅行家夏尔丹于 1711 年出版的《波斯游记》中得到灵感，通过远游于欧洲的波斯苏丹郁斯贝克与其王宫内妻妾和太监总管的通信，描绘了一幅统治秩序与道德伦理双失的中东内宫画卷。此外，异域情调这一主题主要借鉴于法国东方学家安托万・加朗于 1701 年在法国翻译出版的阿拉伯文学作品《一千零一夜》。此后英国与德国的译本均以加朗的译本为底本。虽然 17 世纪也有类似的东方文集编纂作品（例如东方学家巴尔戴勒米・德・艾尔贝劳在 1697 年出版的《东方图书馆》，其中收录了大量的土耳其与阿拉伯作品的摘要，且加朗也参与了补充工作），但 1701 年之后东方主题似乎成了启蒙时代欧洲文学的一个重要的组成部分，这也是为什么法国学者把加朗的翻译看成是欧洲东方热的源头。

《波斯人信札》可以说是《论法的精神》的前传，因为波斯苏丹身上与生俱来的东方君主的专制与暴虐使孟德斯鸠相信东方国家的君主专制以臣民的畏惧为基础且可以持续作为政体存在。更为重要的是，通过郁斯贝克在欧洲的所见所闻，作者更多的是展现法国的现状：政治、经济、宗教和人口问题。在东方和西方两个世界的碰撞下，两种文化各自作为对方的镜像，反映出的是两个腐败且即将毁灭的政府，即波斯和法国的君主专制制度（相对于东方的君主专制，法国路易十四后期与路易十五执政期间更偏向于极端的君主政体，这两者不可混于一谈）。

1728 年当选为法兰西学院院士后，孟德斯鸠开始了长达四年的欧洲旅行，足迹遍布奥地利、匈牙利和意大利（1728）；德国（1729）；英国（1729—1731）。这次旅行为他提供了欧洲各国丰富的地理、文化与风俗资料。在《论法的精神》一书中，孟德斯鸠的博学一览无遗。从古希腊罗马的法典到启蒙时期的律令，从神话故事到历史事件，从东方到西方，他的参考资料几乎涉及了人文学科的各个方面：历史、宗教、哲学、文学（尤指游记文学）等。这种学贯古今的精神是符合启蒙时代主旨的。启蒙运动是 17 世纪下半叶出现的文化、哲学、文学和思想的运动，18 世纪席卷整个欧洲，尤其是在法国之前，以斯宾诺莎、洛克、贝勒和牛顿为代表。“启蒙”一词源于法语中的“光亮”（lumière），可引申出光辉、智慧等含义，因此启蒙运动时代（le siècle des Lumières）特指 1715—1789 年间宣扬扫除无知偏见和反抗政治宗教强权的启蒙思想家所处的时代，又称作光明时代。启蒙思想更像一尊火炬，致力于照亮人们思想深处的黑暗区域，驱逐人们心中由无知带来的恐惧，并打倒迷信统治下的愚昧。启蒙思想家继承了文艺复兴时期将古典主义运用到人文主义中的精神，他们大都喜欢引经据典，因此，亚里士多德和柏拉图等古希腊哲学家，荷马、维吉尔和奥维德等古希腊罗马诗人，他们的作品均为必读之物。正如孟德斯鸠在《论法的精神》一书的序言中这样写道："当我阅读古典作品时，我致力于从中汲取思想，为的是避免将表面相似实则相悖的情况误当作相同的例子，也为了将相近事物的不同点尽收心底。"

《论法的精神》便诞生于这样的思想环境中。1748 年 11 月初，在沙龙女主人克劳汀·德·唐森男爵夫人的资助下，孟德斯鸠在日内瓦匿名出版了该书。在第一卷的第一章节中作者首先阐述了何谓法律："从广义的角度讲，法律是事物本质衍生出的必然联系的产物。"因此，所有事物都遵循自身的法则。这些"联系"不是偶然的，而应是理性的。建立在理性基础上的法律则是可接受的，独立和永恒的。鉴于各国风土民情的差异性，这些法律应该顺应不同气候和水土造就的不同的民族传统和人民的习惯需求，因此便出现了不同的政治制度。孟德斯鸠将政治体系分为三类：共和制、君主制和专制。共和制又分为民主共和与贵族共和。在民主共和这种政体中，人民享有至高无上的权力，人民的意志决定了他们本身就是主宰者。而贵族共和政体则是确保一小部分人（即贵族精英等）掌握这种权力，那么在这种情况下，人民则称之为公民，并需要借助大臣来共同行使权力。在此种政体里，孟德斯鸠以古罗马和古斯巴达为例，来说明人民掌握选举权以及立法权的重要性。君主制顾名思义，由君主一人通过中间力量来统治臣民。这个中间力量如同输送权利的“管道”由贵族和教士组成。君主制的核心理论为“无君主便无贵族，反之亦然。如果没有这些中间力量，君主制将沦为专制。”如果在欧洲国家取消贵族特权，那么迎来的将是民主或专制。孟德斯鸠认为英国人是幸运的，因为他们既取消了贵族特权又建立了自由体制，如果不是这样，英国很可能成为全世界最受奴役的民族。在专制制度中，君主是独裁的，凌驾于法律之上的。甚至有些国家是没有法律的，人民则沦为奴仆。孟德斯鸠认为，东方国家均属于此政体。以古代中国为例，政府就是完全专制的，但是一些君主对农业生产的重视以及建立在此基础上人口不断增长的现象，使得古代中国的政体又不能全然归到专制这类里（笔者认为以开明的专制来形容古代中国的政体也许更为恰当）。这三种政体都有自身的核心原则。共和制是德行，即把公共利益置于个人利益之上；君主制是名誉，即鼓励该原则以作为推动社会发展的助手；专制则是恐惧，君主与暴君并无差别。此三类制度是可以相互转化的。

对孟德斯鸠而言，“从本质上来讲，共和制并不是完全自由的政体。政治自由只存在于温和的政府中。但也并不是永远如此，只有在权力没被滥用的情况下才有真正的政治自由。但是任何掌权的人都会不由自主地过度使用权力，因此必须要用权力来制约权力。”这段对于政治自由的论述使得一些学者认为孟德斯鸠代表的是贵族利益，因此他提出的温和政体即为君主制，也就是需要保障贵族特权的政体。毫无疑问，作者的出身与时代背景决定了他的思想会有这样的局限性，但也有一些学者持反对意见，认为孟德斯鸠的政治学理论是法国1791年宪法的三权分立原则和美国宪法中权力制衡原则的参照图本。

实际上关于《论法的精神》的论战从该书问世之日起就从未间断。启蒙时代严苛的出版审查制度使得言论自由受到一定程度的阻碍，但同时也让思想家更坚定地拿起笔杆子挑战权威。与同时代大部分哲学家一样（例如伏尔泰、狄德罗、萨德侯爵等），孟德斯鸠的《论法的精神》一经出版，便遭到索邦大学神学院的强烈谴责，神甫们批评该书质疑宗教权威。1748—1749年间，包税人杜班、传教士与冉森教徒等发表文章反对孟德斯鸠的经济与宗教思想。这场持续了三年的论战在1750年愈演愈烈，于是孟德斯鸠决定捍卫自己的理论。关于杜班的抨击，他幽默地回答道："不管是在钱财还是才智方面，我从不与包税人辩驳。"对于那些更加严肃的批评，孟德斯鸠以一篇《保卫论法的精神》作为回击。几年之后，疾病缠身的孟德斯鸠于1755年2月10日逝世于法国巴黎。

1822—1827年间出版的八册《孟德斯鸠全集》收录了包括达朗贝尔、特罗西侯爵及孔多塞对《论法的精神》的内容的思考及总结。其中达朗贝尔的颂词与《论法的精神之概要》原载于1755年狄德罗与他主编的《百科全书》第五册。在《孟德斯鸠之颂词》这篇文章里，达朗贝尔概述了孟德斯鸠的生平经历及其作品，并对于这位启蒙思想大师的逝世表示扼腕。19世纪初，法国学者院士阿贝尔－弗朗索瓦·维尔曼凭借其《孟德斯鸠颂词》获得了法兰西学院奖（1816），他在文章开头写道："如果热爱人文思想的欧洲国家坐下来评选迄今为止德才兼备的伟大思想家，那么这个人一定是孟德斯鸠。"

当代著名孟德斯鸠研究学者凯瑟琳·沃尔普克-奥热在一篇名为《关于论法的精神的讨论与论战》中，总结了18世纪对《论法的精神》的褒贬情况，并将其视为政治学理论革新的开山之作。在21世纪的今天，孟德斯鸠的《论法的精神》依然散发着光芒，是这一道在黑暗中指引迷途之人找到心灵深处对知识的渴望的人文主义光芒，让快节奏生活下的人们可以重回那个宁静的慢时代，在那样的时代，写就一部著作要耗费二十年光景。透过时空墙，笔者仿佛依稀看到在拉布雷德庄园偌大的图书馆里，一位目光睿智的思想家沉浸在阅读里，并乐在其中。

马莎莎

2018年6月　巴黎

目录

第二编

第三编

著者前言

为了正确理解本书的前四章内容，读者必须要注意到，我所说的共和政体中的美德指的是对国家的爱，也即平等之爱。这不是一种道德上的美德或一种基督教义上的美德，而是一种政治美德，它是推动共和政体前行的动力，正如荣誉是推动君主政体前行的动力一样。因此，我一直称这种对国家的爱和平等之爱为政治美德。我已经有了一些新的想法，因此需要找到一些新的词汇或赋予原来词汇以新的含义来表达出来。对那些没有理解这层含义的人，可能会认为我所说的非常荒谬，这对世界上任何一个国家都是无法容忍的，因为每个国家都希望道德的存在。

应该注意到的是，对于美德与政府的关系，存在两种观点，一种是认为某种品质、心灵的改变或美德不是推动政体运作的动力；还有一种就是认为政体中并不存在这些影响因素，其实这两种说法有很大的不同。试想，如果我这样说，某一转轮和某一齿轮并不是驱动钟表走时的动力，你就能得出钟表里不存在这些零件的结论吗？君主政体并不排斥道德上的美德和基督教义上的美德，甚至也不排除政治美德。总而言之，尽管政治美德是共和政体前行的动力，但荣誉也蕴含其中；虽然荣誉推动着君主政体前行，但君主政体也不排斥美德。

最后，本书第三章第五节讨论的“善人”，并不是基督教意义上的善人，而是政治意义上的善人，他拥有我已经提到的政治美德。他热爱本国的法律，并且他以对国家法律的爱为行为准则。为了进一步明晰这种想法，我在这个版本里对此进行了全新的解读，并且我原来所使用的“美德”一词，绝大多数都以“政治美德”取而代之。

序

如果说在这本书的纷繁复杂中存在任何与我的期望相反的事情，这可能会冒犯到读者，但实在不是我有意为之。从我的本性来说，我根本就不是那种严厉苛责的人。柏拉图感谢上苍，他能生于苏格拉底时代，而我也是同样心存感激，让我能生在这个政体当中，它希望我服从那些它让我挚爱的人们。

我希望能得到帮助，因为我担心不会得到大家的准许和认可。一个人不会只通过片刻的阅读就来评判二十年写就的作品，也不会因此对整本书,而不是书中的只言片语表示赞同或谴责。如果想找寻作者的设计思路，则只能通过深入挖掘作品本身的脉络。

我通过审视人性开始我的创作，我深信，身处数不胜数的法律条文和道德风俗之中，他们不可能只按照自己的喜好行事。

我定下了很多原则，并且我已经发现好像是按照这些原则自身行事的特殊情形，所有国家历史的形成都是这些规则作用的最终结果，且每个特定的法律都和另外一部法律存在关联，或者是依赖于更普遍通用的法律。

当我研究古代历史时，我试图抓住它的精神实质，目的是为了避免把真正存在不同的情形和相类似的情形混淆在一起，也避免忽视那些看起来相同实则存在差异的情形。

我不是从我个人的偏好来得出各种原则和道义，而是通过挖掘事物的本质。

本书呈现的许多事实只有通过观察它们和其他事实联系在一起的线索，才能让这些事实被读者真真切切地感觉到。人们越是思考种种细节，越能感觉到这些原则的确定无疑。我并没有给他们提供事实的全部细节性内容，他们会不会因此而感到冗长乏味呢？

那些在当今作品中司空见惯的突兀不会出现在本书中。只要把眼界哪怕稍微放宽一点点，这种突兀就会立即消失。突兀之所以会经常出现，原因在于拘泥于事物的一点，而忽略了其他方面。

我这里所写的内容并不是用来谴责根植于任何国家的任何事情。每个国家从这里都会找到其行事准则的缘由，且由这些准则自然而然会得出相关的结论，能够提出改变建议的人只能是那些生而足够幸运的人，他们通过奇思妙想领会一个国家政制的全部精髓。

人民获得启蒙教导并不是无关紧要的事情。地方执法官存有的偏见始于国家存在的成见。在无知蛮荒的年代，一个人即便是罪孽深重，也不会怀疑自己的所作所为有何不妥；而在启蒙时期，一个人即便是做天大的好事，也会心有戚戚。一个人可以感觉到过去存在的弊病，并目睹它们被矫正，但同时也可以看到纠正本身也会被滥用。如果一个人深恐更坏的事情会发生，他就会放任坏事发展而不顾；如果一个人对更好的事情心存疑虑，他就会让好事持续下去。人们观察局部，仅仅是为了做出全局判断；而审视所有的原因，则是为了看到最终的结果。

如果我能把这个道理讲清楚，这样，每个人就有新的理由来热爱他的职责、他的君主、他的家乡和他的法律，每个人就能在自己的国家、政府和社会地位中感到幸福所在，而我也将把自己看成是凡夫俗子中最幸福的人。

如果我能把这个道理讲清楚，这样，那些发号施令的人就能获得更多的该如何制定法律的知识，那些听命于此的人会在服从中找到新的乐趣，而我也将把自己看成是凡夫俗子中最幸福的人。

如果我能把这个道理讲清楚，这样，人们就有能力来消除他们自带的偏见，而我也将把自己看成是凡夫俗子中最幸福的人。这里，我所称之的偏见不是让人意识不到某些事情的偏见，而是让人无法产生自知之明的偏见。

通过探索来给予别人指导帮助，人们便可以践行一般的美德，这种美德包括对世间万物的爱。人作为一种能使自己在社会中适应他人想法和感受的灵活性很强的存在，当把本性呈现在一个人面前时，他同样也能获知自己的本性，而把本性从他人面前隐藏起来时，他一样也会对本性变得毫无知觉。

有许多次，我开始奋笔疾书，这期间也有很多次放弃；曾经有无数次，我把已经完成的稿件扔在那里，让它们随风飘去；我每天都觉得慈父之手垂落下去；我在没有形成构思的情况下紧紧追随着我的目标；我既不知道规则，也不知道什么是例外；我找寻到了事情的真相，却又失去了它。但是，当我发现我的原则时，我所追寻的一切全部让我幡然醒悟，在这二十年的历程中，我目睹我的这部著作萌生、成长、成熟和完成。

如果说这部著作达到了成功的标准，我认为主题的宏伟是主要原因。然而，我不相信在这其中我一点天分都没有发挥出来。在着手开始创作之际，我已然拜读了那么多出自法国、英国和德国的伟大人物所撰写的作品，但我并没有因此气馁，我与科雷乔一样，也要说：“我也是画家。”

第一编

第一章
一般意义上的法

第一节　论法和世间万物的关系

最广泛意义上的法是源自事物本质的必然关系。从这个意义来看，世间万物都有它们各自的法：神[1]有它的法、物质世界有它的法、超越人类的智慧生命有它的法、野兽有它的法、人类有其自身的法。

那些说“我们所看到的世间各种结果都是注定发生的，毫无章法而言”这种话的人，他们真的是荒谬至极。难道还有比注定发生这种论调更为荒谬的说法吗？就是这种所谓的注定发生，似乎已然创造出智能存在物。

因此，这背后必然有一个原始的动因，且法是存在于法与不同存在物之间的关系，以及这些不同存在物彼此之间的关系。

神和天地万物相关联，扮演着造物者和保护者的角色。神根据天地万物创造出来的法是那些神据此予以保护的对象。神根据这些法则行事，因为他深知这些法则。他熟知这些法则，是因为他创造出这些法则。神之所以能创造出法则，因为这些法则和他的智慧与权力有关联。

当我们观察这个由物质的运动和智慧的匮乏所构成的世界时，它就在那里连续存在，世界的运动必须受不变的法则支配，并且，如果可以想象到另外一个超乎我们这个世界的世界，它也会有一致的法则，否则就会被毁掉。

这样，看起来是一种任意为之的造物活动，实则是以法则不变为前提假设的，就像无神论者所宣称的命运无常那样。“如果没有这些法则，造物主也能操纵整个世界”，这种说法是非常荒谬的，因为一旦这些法则消失，世界也就不复存在了。

这些法则是一种建立起来的固定关系。一个运动物体和另外一个运动物体之间符合质量和速度的关系，所有运动受这个关系支配，依照这个关系增加、减弱或消失。多样性的背后都存在不变性，变化的背后都存在固定性。

特有的智能存在物既拥有他们自己创造的法则，但同时也拥有不是出自他们之手的法则。在他们成为智能存在物之前，他们存在这种可能性。因此，他们存在可能的关系和据此得到的可能法则。法则在创建之前就是“公正”这种可能的关系。说这里根本就不存在所谓的公正或不公正，而只是制定法所规定或禁止的，这即是承认，在一个圆被画出来之前，这个圆的所有半径都是不相等的。

因此，必须承认这样的说法，在制定法之前就有公平关系的存在，反过来，制定法又打造公平关系，因此，可以这样举例来说明，假设有人类社会的存在，这个社会只是遵照他们的法律行事。因此，如果这个社会中的智能存在物已经接受来自另外一种生命的某些恩惠，他们应该报以感激之情。由此可推断，如果一种智能存在物已创造出另外一种智能存在物，被创造的一方应保持对创造方的依赖。这样，如果一种智能存在物对另外一种智能存在物造成了伤害，作为报应，他也应该受到同样的伤害，诸如此类等等。

但智能世界远非像物质世界那样被治理得井井有条。这是因为，尽管智能世界也有本质上不变的法则，但和物质世界不同的是，智能世界并不是一成不变地按法则行事。究其原因在于，特殊的智能存在物受限于他们的本性，因此容易出错。此外，智能存在物的天性是按照他们自己的意志行事。因此，智能存在物并不总是遵守他们的原初法则，甚至也不会遵守他们自己给自己创造的法则。

尚不知道兽类是否受运动的一般法则或它们自己特有的运动法则支配。但从它们的表现似乎可以看出，它们不像其他物质世界那样和神有着非常密切的关系，且兽类的感觉仅在彼此之间才有用，要么是和特定的存在物，要么是兽类本身。

受愉悦的吸引，它们保持着自身特定的存在，在这个相同的吸引作用下，它们保持着自己族类的延续。兽类通过感觉维系在一起，因此它们受自然法则的支配。但兽类没有制定法，因为它们不是通过知识维系在一起的。但即便这样，兽类也不会一成不变地遵守它们的自然法则。植物却不尽然，植物界既不存在知识，也没有感觉，但植物更好地遵守它们的自然法则。

兽类不像我们拥有至高无上的优势，但它们所具有的一些优势却是我们所没有的。兽类不像我们拥有希望，但它们没有我们深深存在的恐惧感。兽类像我们一样惧怕死亡，但它们对死亡没有意识。兽类比我们能更好地维系它们的存在，丝毫不会像我们那样过度滥用它们的激情。

人类作为一种物质存在，像其他物体一样受不变法则的支配。作为一种智能存在，人类经常违背神创立的法则，并改变那些人类自己制定的法则。人类必须指引自己前行，但毕竟自身能力有限。人类易受无知和错误的影响，因为智能是有限的。人类甚至会舍弃他所拥有的不完备的知识。作为一种有感觉的生物，人类会深受各种激情的影响。像人类这样的存在物，任何时候都会遗忘他的造物主，因此，神用宗教的法则将人类召回到自己身边。哲学家通过道德法则时刻进行自我反思。为了在社会中生存，人可能会忽略自己的同伴。立法者通过政治立法和民事立法让人类回归自己的职责所在。

第二节　论自然法

在所有这些法中，排在前面的是自然法，之所以这样命名，是因为自然法是唯一脱胎于我们这种存在的组成的法。为了更好地进行理解，必须在社会形成之前来考虑一个人。在这种状态下，他遵守的法则将是自然法。

让我们对造物主以及由此引领我们向造物主靠拢这一思想形成深刻印象的法。首先就是重要的自然法，尽管自然法在这些法的序列中并不是第一位的。处在自然状态的人首先拥有的是认知能力，而不是知识能力。显然，他的第一个想法不会是进行思考或推理，他首先想到的是保护自己族类的存在，而不会思考自己族类的起源。处在这种状态的人类，其首先感觉到的是自己的弱点。此时，他的胆怯超乎寻常：以此出发，如果就这一点进行解释，我们可看到丛林中到处充斥着未开化的野蛮人[2]。他们对任何事物都万分惊恐，稍有风吹草动，他们就会逃之夭夭。

在这种状态下，每个人都感觉自己处于劣势，很少感觉到自己处于平等地位。这样的人类不会寻求互相攻击，此时和平共处就是第一位的自然法则。

霍布斯让人类第一次有了征服对方的欲望，但这并不合理。君权和统治的想法非常复杂，它的形成依赖于许多其他想法，人类第一次产生的念头肯定不是这种想法。

霍布斯这样问，“如果人类天生不是处于争斗的状态，那么，为什么他们总是随身携带武器呢？为什么他们要用锁把门锁上呢？”但一个人总有这样的感觉，人类身上会发生什么事，只有在社会形成以后才能揭晓。社会形成后，就会诱导人类找出袭击他人和自我防卫的动机，但这一切在社会形成之前就已经由他们所决定了。

人类会在感觉到自己存在弱点时产生一种满足他需要的感觉。这样，另外一部自然法就成为鼓励人类寻求滋养的法则。

我已经说过，恐惧会让人们彼此逃离，但彼此恐惧的标志很快就会驱使人们彼此相互靠近。人们同样也会像动物那般在愉悦感觉的驱使下产生强烈的彼此接近的倾向，动物在同类靠近时就有这种感觉。此外，异性之间由于存在差异所激发出来的魅力，将进一步增加这种愉悦感，于是，人们之间经常产生的自然的彼此恳求就成为第三个自然法则。

除了感觉，其从一开始就属于人类，他们在获取知识方面同样也获得了成功。人类彼此之间还有第二种联系纽带，这是其他动物所不具备的。因此，人类还有另外一种动机来团结在一起，希望生活在社会之中就成为第四种自然法则。

第三节　论制定法

人类一旦进入社会之中，他们便丧失了对自身弱点的感知。人们之间的平等关系就此终止，争斗随之而来。

每一特定的社会开始感觉到自己存在的力量，在国与国之间挑起战事。每个社会中的个体也开始感觉到自己的力量，他们试图从这个社会的主要优势中收益，因此在个体之间引发争斗的状态。

这两种争斗的状态在人类社会中建立起法。可以把不同的人群视为生活在一个如此之大的星球上的居民，他们拥有对这些人彼此之间关系产生影响的法，这就是所谓的“国家权利”。如果不同的人群视为生活在必须维系的社会当中，他们拥有围绕统治者和被统治者之间关系的法，这就是所谓的“政治权利”。进一步，他们还拥有涉及全部公民彼此之间的法，这就是所谓的“民事法”。

“国家权利”本质上是建立在这样一种原则之上，即不同的国家在和平时期应彼此采取行动，使一切朝最可能好的方向发展；发生争执时，彼此采取行动，尽量避免战争的爆发，但不损害到他们的真正利益。

战争的目的是为了获胜，获胜的目的是为了征服对方，征服的目的是为了保护他们的生存。所有构成“国家权利”的法律都应建立在这一原则和前一原则之上。

所有国家都有“国家权利”。即便是对吃掉俘虏的易洛魁族人，他们也有这样的权利。他们派出外交使节并接受其他国家的使节。他们知晓战争与和平的权利，但问题在于他们的国家权利并不是建立在真正的原则之上。

除了国家权利，这种权利关系到所有社会，每个国家还拥有政治权利。一个没有政体存在的国家是无法长期存在下去的。正如格雷维纳恰如其分地说到，“将全部个人力量团结在一起”就“构成了所谓的政治国家”。

整个社会的力量可以集中到一个人的手上，也可以集中于许多人手中。由于自然界已形成父权，一些人认为，只受一个人管辖支配是符合大自然天性的。但父权的例子却说明不了什么问题。这是因为，如果父亲的权力和单独统治相关，那么，当父亲去世后，权力就继承给兄弟，或当兄弟逝世后，堂兄继承权力，这样，权力就与多人的统治有关了。政治权利必须包含许多家庭的联合。

更好的说法是，最符合天性的政体是这样一种政体，其特定的安排和政体为之建立的人民的意愿达成完美统一。

除非把所有人的意志凝聚在一起，否则不可能实现把个人力量团结在一起。正如格雷维纳恰如其分地说到，“将这些意志凝聚在一起，就是所谓的‘公民国家’。”

一般意义上的法是人的理性，支配着世界上的所有人。而每个国家的政治法和民事法应仅仅是人类理性被付诸应用的特殊情形。

法对适用于法的人民应该是完全适当的，一个国家的法很有可能不适用于另外一个国家。

法必须和已经建立或想要建立的政体的类型和原则相关联，不论这些法是作为政治法来创建政体，还是作为民事法来维护这个政体。

法应和国家的物质层面有关。法应和气候有关，不论这个气候是严寒、炽热，还是温和；法应和地形特性有关，包括地理位置和地理范围；法应和人民的生活方式有关，不论他们是农夫、猎人，还是牧民；法应和政制能够维持的自由程度有关，与居民的宗教信仰、喜好、财富、人口总数、商业贸易和风俗习惯有关；最后，法和法彼此之间有关，法和法的起源、立法者的目标以及法赖以构建的事物的秩序有关。法必须从所有这些观点出发来进行考虑。

这就是我要在这本书中承诺所要完成的任务。我必须检查上述全部关系。所有这些内容汇聚在一起就构成《论法的精神》一书。

我没有试图将政治法和民事法割裂开来，这是因为我不处理具体的法，我所关注的是法的精神，并且，由于这个精神包含在法可能和其他不同事物产生的各种不同关系之中，我更多的是遵循法的自然法则，而不是这些关系和事物的自然法则。

我必须首先探究法和自然以及每种政体原则的关系，并且，由于这一原则对法有最为重要的影响，我自己应深入理解这个原则。如果我能构建出这个原则，法就会像找到源头一样顺理成章地从中产生。然后我再继续探讨其他关系，这些关系看起来更为具体一些。

1 普鲁塔克（**Plutarch**）在《道德论丛》（*Moralia*）“君王必须博学”中说，“法是一切人和神的主宰”。[普鲁塔克援引自品达的诗歌片段，161（151）]。

2 有目共睹的野蛮人出现在汉诺威的森林中，这些野蛮人生活在乔治一世统治时期的英格兰。

第二章

直接从政体性质得到的法

第一节　三种不同政体的性质

政体有三种：共和政体、君主政体和专制政体。即使是学识最浅薄的人，他们所拥有的观念也足以发现这三种政体的性质。我假定给出三个定义，或者更确切地说是三种事实：第一，共和政体是这样的政体，政体中的人民是作为主体存在的，或者说只有一部分人有最高统治权；第二，君主政体是这样的政体，其中只有一个人享有最高统治权，但是通过固定不变的和制定出的法来实现统治；第三，专制政体，一个人享有最高统治权，他不受任何法和规则的约束，一切全凭他的意愿和任性来行事。

这就是我所称之的每种政体的性质。必须注意到，什么样的法能直接从这种性质中产生，并由此直接成为首位的基本法。

第二节　共和政体及与民主相关的法

在共和政体中，当人民作为主体拥有最高统治权时，这就是民主。当最高统治权由一部分人掌握时，称之为“贵族统治”。

民主政体中的人民从某些方面来说就是君主，而从其他方面来说，他们是臣民。

民主政体中的人民只有通过代表他们意愿的选举才能成为君主。君主的意愿就是君主本人。因此，构建选举权的法是共和政体中最重要的法。事实上，这种构建选举权的法在共和政体中发挥着怎样管理选举权、通过谁进行选举、为谁选举以及就什么事进行选举的重要作用，其重要性不亚于君主政体中知道谁是君主以及君主应该如何统治。

里巴尼乌斯[1]说过，“在雅典，一个混入人民议会的外国人被处以死刑。”这是因为，这样的人篡夺了最高统治权。

决定应该由多少公民组成议会是至关重要的，否则就可能弄不清楚表达意见的是全体公民，抑或只是部分公民。希腊的斯巴达规定这个人数是10 000人。而在罗马，这个人数开始时较少，后来逐渐增加。罗马命运多舛，罗马的版图有时小到它的全体公民就在城外一隅，有时又大到把整个意大利和整个世界的一部分囊括在内，因此，罗马议会的人数无法确定到底有多少[2]。这是罗马帝国衰落的最主要原因之一。

一名拥有最高统治权的人应亲自做他所能做好的一切事情，自己做不好的事情，则应交由执行人去做。

执行人如果不由人民任命，那就不是人民意志的执行人，因此，这种政体的一个基本准则就是由人民任命执行人即官吏。

人民像君主一样需要，甚至比君主更需要一个参政会或参议院的指导。不过，这个机构的成员应该由人民遴选，否则很难对其产生信任。可以像雅典那样由人民亲自遴选，也可以像罗马在某些场合所做的那样，由人民指派的若干官吏选举出来。

人民在选举委托他们行使部分权力的那些人员时，其表现令人钦佩。他们只需根据一些人人皆知的事例和有目共睹的实施，便可以做出决定。他们非常清楚谁经常参加战争并屡建奇功，因此，人民非常善于遴选一位将军。人民也知道，哪位法官工作勤勉，许多人在步出法庭时对这位法官表示满意，他不为贿赂所动。人民依据这些情况完全有理由遴选他出任执政官。人民知道哪位公民气度非凡，腰缠万贯，据此便可以遴选他为市政官。人民在公众场所了解这些事情，远胜于宫中的君王。但是，人民知道如何处理公共事务，懂得选择地点、机遇、时间而加以利用吗？不，他们不懂。

如果有人怀疑人民辨识才能的天赋，那么这个人只需要蒙上眼睛，对雅典人和罗马人所做出的一系列惊人的选择视而不见。

这种选择毫无疑问不能归功于偶然性。

众所周知，在罗马，尽管人民赋予自己权利来提升平民的职位，但他们却没有下定决心将平民遴选为官吏。雅典也是如此，尽管根据雅里斯底德法典，地方执政官可从任何阶层产生，但色诺芬[3]说，“从未有下层平民请求担任事关雅典存亡或荣辱的公职”。

和大多数公民一样，对那些有足够能力参加选举的公民，还不够胜任当选，因此，对那些有足够能力选举出其他人来对他们进行管理的人，并不适合进行自我管理。

公共事务必须要向前推进，且推进的步伐既不能太慢，也不能太快。但人民往往不是做得太多，就是做得太少。有时候人多手杂，把事情弄得一团糟，十万只脚一起走，速度却慢得像爬虫。

在一个由民众组成的国度里，人们被分成特定的阶层。伟大的立法者通过这种划分阶层的方法显示出其出众的才华，民主的持续和繁荣一直以来也是依赖这种阶层划分。

塞尔维乌斯·图利乌斯在他的等级划分中遵循贵族政体的精神。我们从提图斯·李维[4]和哈利卡纳苏的狄奥尼修斯[5]的著作中看到，塞尔维乌斯·图利乌斯是怎样将选举权交到重要的公民手中。他把罗马人划分为六个等级、一百九十三个百人团。他把人数较少，但十分富有的人分在头几个百人团中，把人数较多的不甚富有者分在随后的几个百人团中，把为数众多的贫民分在最后一个百人团中。每个百人团只有一个投票权，与其说是人在行使选举权[6]，莫不如说是财富和资产在行使选举权。

梭伦将雅典人划分为四个等级。在民主精神的指引下，他采用这种等级划分方法并不是为了规定哪些人可以参与选举，而是为了规定谁可以当选。梭伦赋予公民选举权，他这样做的目的是想让他们[7]在四个等级中都可以选举出各自的法官，但是，只有在富有公民所在的前三个等级里，才可以选出行政官吏来。

对于共和政体，将拥有选举权的公民区分开来是一项基本法，而赋予选举权的方式则是另外一项基本法。

用“抽签”的方式进行选举符合民主政治的性质，用“挑选”的方式进行选举符合贵族政治的性质。

抽签的选举方法不会让任何人感到痛苦绝望，它让每名公民都感到有希望能为自己的国家尽职尽责。

但这种选举方法本身并不完美，伟大的立法者们竞相对此加以规范和纠正。

在雅典，梭伦规定，所有的军事领导人通过遴选产生，但元老院和仲裁官则通过抽签的方法产生。

梭伦规定，耗资巨大的文官职位通过遴选授予，其他文官则由抽签授予。

但是，为了纠正抽签选举存在的弊端，梭伦定下规则，只有自荐者才能当选，而且，当选者必须接受仲裁官[8]的审查。每位仲裁官都可以对当选者提出不配当选的指控[9]。这种方法兼具抽签和挑选之利。官员任期届满时，还要就他任期内的品行接受一次审查。能力欠缺的人当然羞于自荐为候选人参与抽签。

在民主政治下，规定投票方式的法律也是一项基本法。选举应该是公开举行还是秘密进行，这也是一个大问题。西塞罗[10]指出，罗马共和国后期规定选举秘密进行的法律[11]，是共和国垮台的主要原因之一。有鉴于这种秘密选举在各种不同的政体中千差万别，所以我觉得我们应该对此做一番思考。

毫无疑问，人民在参与选举时，应该进行公开投票[12]，这应该被视为民主政治的一条基本法。下层平民应该得到重要公民的启蒙，并接受某些杰出人物的庄重举止的约束。因此，罗马共和国既然是实行秘密选举，这一切就遭到了破坏，浑然无知的平民也就不可能得到启迪了。但是，在贵族政治中，当贵族集团举行选举时[13]，或在民主政治中当元老院进行选举时[14]，由于唯一需要防备的是耍弄诡计，所以选举不可能太秘密地进行。

在元老院中玩弄阴谋是极为危险的，在贵族集团里也是如此，但在感情用事的人民中间并不存在危险。在一个人民无权参政的国家里，人民为一个演员而狂热，这和为国事而激愤是一样的。共和政体的不幸在于不再有阴谋诡计，而当人民被金钱收买时，这种情形就会发生，他们变得异常冷静，热衷于金钱而懒于过问国事，对政府不加关心，对人们向政府提出的建议也不闻不问，一门心思只等着领取酬金。

唯有人民才可立法，这是民主政体的又一基本法。但是在许多场合下却必须由元老院制定法律，一项法律在正式确立之前往往还要试行。罗马和雅典的制度很聪明，元老院的决定在一年之内具有法律效力[15]，只有征得人民的同意，这些决定才能长期有效。

第三节　与贵族政治性质相关的法

在贵族政治中，最高统治权掌握在一定数量的人手中。他们制定法律，负责法律的执行，贵族政体中其他人对掌握权力的人的重要性，顶多也就和君主政体中被统治者和君主的关系一样。

选举不应该采用抽签的方法，这样做只会令弊端丛生。事实上，在一个社会各阶层严重分化的政体中，尽管一个人可能会通过抽签当选，但他对这种政体的厌恶只多不少。人们羡慕的是贵族，而不是官员。

如果有很多贵族，必须设立一个元老院来管理各种事物，这些事物单凭贵族们自己无法做出决定，而且还要通过元老院来对那些准备做出的决定进行初步的商议。对于后一种情形，可以这样说，元老院中的贵族政治从某种意义上就是贵族阶层们享有民主，而人民无足轻重。

在贵族政治中，人民以一种间接的方式从卑贱的地位中获得提升，这再好不过了。这样，热那亚圣乔治银行就会由人民当中有原则的人进行管理[16]，从而让人民能在政体中有一定影响力，促成整个社会的繁荣。

元老院的议员不应拥有填补元老院中空位的权力。似乎不存在什么因素会让权力一直滥用下去。早期的罗马施行的就是一种贵族政治，元老院不决定议员的替换。新议员由监察官任命[17]。

如果一个共和国中的公民突然被赋予超级权力，这就会形成一种君主政体，或远不止君主政体的形式。在君主政体中，法律保护基本政体的运转，或与之相适应。政体的原则就是对君主进行监督。但在共和政体中，如果公民拥有过高的权力[18]，权力被滥用的情形就会更显著，因为法律并没有预见到这种状况的发生，从而对权力监管也就没有什么举措。

如果国家的基本政体规定，这个国家需要一大批大权在握的官吏时，情形就会不同，规则就会被打破。独裁者治下的罗马是这样，国家监察官横行的威尼斯也是如此，他们都是令人不寒而栗的官吏，他们粗暴地让国家恢复自由。但是，在这两种共和政体中，这些官吏的表现迥然不同，这是什么原因造成的呢？这是因为，威尼斯用国家审判者抗衡贵族阶层，维持贵族统治，而罗马则与人民对立，保护残余的贵族政体。由此出发，罗马独裁者在位的时间不长，因为人民的行事出于一时冲动，而不是按计划进行。大权在握的罗马官吏实施独裁时，必须大造声势，因为问题的关键在于，他们是要恐吓人民，而不是惩罚人民。独裁者只为一事而生，对事情的处理拥有无限权力，因为独裁者本来就是为意外事件而生的。威尼斯则正相反，那里需要一个长期的强势官职，唯有如此，预谋才得以酝酿、实施、中止并重新开始。同样也是在那里，一个人自己的抱负成为一个家族的抱负，一个家族的抱负又成为几个家族的抱负。威尼斯需要深藏不露的官职，因为这些官吏所惩戒的罪行都十分严重，而且都是秘密而悄无声息地犯下的。威尼斯的强势官吏应该实行广泛的调查，因为他们的目标不是为了打击已知的邪恶，而是为了抑制未知的罪恶。总之，威尼斯的强势官吏惩治的是他们所怀疑的罪行，而罗马的官吏则更多地使用威胁恐吓，而不是惩戒，即便是对煽动者承认的犯罪也是如此。

对强势官职，权力的至高无上必须用持续时间的短暂来进行抵消。大多数立法者将这一时间期限固定为一年。时间过长会带来危机，但过短却有悖于事物的本质。有谁会想这样治理他的国内事务呢？在拉古萨[19]，共和国的首领每个月都会换人，而其他官员则每个星期都更换，城堡的统治者更是一天便换人。这种情形只会发生在小共和国[20]，因为，低级官吏极易被周围的强国收买。

最佳的贵族政体是这样的，其中没有权力的一部分人，其人数少得可怜，而且又是那么贫穷，其他主流人群根本就没兴趣压迫他们。这样，对雅典的安提帕特将军[21]，他规定财富少于两千德拉克马的人没有选举权，其塑造了一种可能是最好的贵族政体，因为这种人口统计的起点是如此之低，它只将很少一部分人排除在外，这种措施不会给城市带来任何后果。

因此，贵族家庭应尽可能归人民所有。贵族政体的民主程度越高，这种政体也就越完美；贵族统治越朝向君主制的方向发展，这种政体也就会变得越来越不完美。

最糟糕的情况是，在贵族政体中，服从统治的一部分人民被发号施令的那部分人进行堂而皇之的奴役，就如同波兰的贵族统治，农民成为贵族的奴隶。

第四节　与君主政体性质相关的法

不偏不倚的、处于从属地位的、有依附性的力量构成了君主政体的性质，也就是说，在这种政体中，一个单独的人通过基本的法来进行统治。我已经提及不偏不倚的、处于从属地位的、有依附性的力量。事实上，在君主政体中，君主是所有政治权力和民事权力的源头。这些基本法必须假设成为权力施行的中间渠道，这是因为，如果一个国家只存在单独一个人随心所欲的意志，则这个国家没什么是可以固定不变的，由此也就不存在任何基本法。

最自然的不偏不倚的、处于从属地位的力量就是贵族。从某种意义来说，贵族就是君主政体的本质，其基本准则是：没有君主就没有贵族，没有贵族便不存在君主。否则，你得到的就是专制暴君。

在一些欧洲国家里，有些人曾幻想取消领主的所有法律机构。他们没有发现，他们想做的正是英格兰议会曾经做过的事。如果在一个君主政体中废除领主、牧师、贵族和城镇的特权，这个政体立即就会变成平民政体或者专制政体。

几个世纪以来，一个伟大的欧洲国家的特别法庭一直致力于打倒领主世袭管辖权和宗教裁判权。我们不想指责那些聪明绝顶的官吏，但是可以让他们自己决定，通过采用这种方法能在多大程度上改变这些基本政制。

我并没有坚持维护教会的特权，但我希望他们的司法权能够固定下来。问题不在于知道过去设立这种制度是不是正确的，而是如果它已经建立，那么它是国家法律体系的一部分吗？如果它已经建立，这种制度自始至终都和国家法律相关，在公认的两种彼此独立的权力之间，条件是否应当相辅相成？对于一个优秀的臣民来说，保卫君主的司法权和保卫这种司法权所规定的界限是否一致？

就算是牧师的权力大到了危及共和政体的程度，它在君主政体中也是恰当而合适的，特别是在那些朝着专制政体方向发展的君主政体中更是如地。当西班牙和葡萄牙丧失了法律，也没有力量来独立监管专权，这两个国家会发生什么变化？当没有其他制度存在时，这就是一个好的阻碍，这是因为专制制度对人性会造成令人恐怖的损害，能够对其进行限制当然是好事。这和大海是一个道理，大海看起来是想要覆盖整个陆地，但其被草地和海岸边最小的碎石所阻挡抑制，因此对君主政体也是一样的，君主政体的权力看起来无边无际，实则被最微不足道的阻碍所抑制，这时君主政体就会让其天然的骄傲屈从于祈求和祷告。

为了促成自由，英国取消了构成其君主政体的所有中间力量。他们保护那种自由的做法是非常正确的，如果失去了自由，他们将成为这个世界上最受奴役的人民。

约翰·劳先生对共和政体和君主政体毫不知情，他是专制政体最坚定的倡导者，直到那时专制政体开始在欧洲显现。他所引发的变革非常突然、极不寻常且前所未闻，除此之外，他还想取消中间阶层，并废除政治实体。他用他空想的偿付方法开始瓦解[22]君主政体，看起来打算挽救基本政制。

君主政体中只有中间阶层是不够的，还必须有法律的依托。这种依托只能存在于政治集团当中，法律制定时通过政治集团予以宣布，一旦法律被遗忘，还要依赖政治集团将其召回。贵族阶层无知散漫的本性及其对文官政府的蔑视，需要一个政治集团来唤醒经久尘封的法律。君主的枢密院并不是法律依托的理想之所。从本质上来说，君主枢密院是执政的君主一时意志的寄托之所，而不是基本法律的寄托之所。此外，君主政体的枢密院经常会发生变化，它并不是永久不变的。君主枢密院的规模不会很大，它还不能获得人民的充分信任，因此，君主枢密院尚不能在困难时期开导人民，或者是让人民重新归顺。

在专制国家中，并不存在基本法，也不存在所谓的法律的监护机构。这就是为什么宗教会在专制国家中发挥如此之大的力量。宗教塑造了一种永久的寄托，即便不是宗教，风俗习惯也会取代法律而备受推崇。

第五节　与专制政体性质相关的法

专制政体的性质是行使权力的只有一个人，其导致的结果就是受命替他行使权力的也只有一个人。对这样一个人，他的五种感官不断提醒他，他自己是无所不能的，而其他人则什么也不是，这个人天生就懒惰、愚昧无知且骄奢淫逸。因此，他对公共事务漠不关心。但是，如果他把这个事务委托给许多人，这就会在那些人当中引起争端，耍尽手腕争当第一奴才。此时，君主就会被迫重返执政。因此，对他来说更简单的方法就是将这些人撇给属下的宰相[23]处理，宰相瞬间便拥有和他一样的权力。在这个国家中，宰相的设立就是一个基本法。

据说，一位当选后的教皇最初在困难重重面前克服了自己的不足之处。最后，他同意将所有事物都交给他的侄子处理。他深感惊叹并说道，“我从未想到当教皇是这样容易。”这对东方的君主们也是一样的，在牢狱般的深宫里，宦官把王子们伺候得胸无大志，精神萎靡，甚至使他们忘了自己的身份和地位，当这些君主重回王位时，起初他们目瞪口呆，但是，当他们任命了一个宰相后，就在后宫里越发纵情声色，在一群死气沉沉的殿臣面前，他们喜怒无常，蠢举迭出，此时他们也许从来没有想到，当国王竟然如此容易。

帝国的版图越大，后宫也就越庞大，君主也就越发醉生梦死。因此，在这些国家里，君主统治的臣民越多，他就越不思考政事；事情越是重大，反而更不去进行认真商议。

1 参阅里巴尼乌斯，《演说集》，第十七篇［“希佩里德斯谕令”（Hyperides oratio），第十八章，第五节至第六节］和第十八篇［“策略辩解”（Strategi apologia），第四十四章，第十五节］。

2 参阅孟德斯鸠，《罗马盛衰原因论》，第九章，1755年巴黎出版。

3 参阅色诺芬，《雅典政制》中的“老寡头”，第691页和692页，1596年韦什里乌斯（Wechelius）版本，第一章，第三节。

4 参阅其《古代史》，第一章，第四十三节。

5 参阅其《罗马古事记》，第四章，第十五节至第二十一节。

6 参阅孟德斯鸠，《罗马盛衰原因论》，第九章。

7 哈利卡纳苏的狄奥尼修斯，《伊索克拉底颂辞》，第二卷，第97页，韦什里乌斯（Wechelius）版本；波鲁克斯，《罗马建国史》，第八章，第十节，第一百三十条，在这里，波鲁克斯并没有提到选举，他只提到与财产评估相一致的等级划分和需要缴纳的税赋。详情参阅后续第十三章，第四节。

8 参阅德摩斯梯尼的演说《论伪使节》（第十九章，第一节到第八节）和《反提莫克拉特斯》（第二十四章，第二十一节到第二十二节）。

9 每人可抽两签，第一签抽出的为当选者，另一签抽出的为候补者，当前者被否决时，后者递补。

10 参阅其《法律》，第一章、第三章（比如第三章第十五节至第三章第十七节）。

11 这种法律称作“表格法”。每个公民领到两张表格，第一张标有字母“A”，表示“我反对或保持原来不变”，第二张标有字母“U”和“R”，表示“我同意”。参阅西塞罗的《法律》，第三章，第三十四节。

12 雅典采用举手方式。

13 例如在威尼斯。

14 雅典的三十位僭主为了操纵选举，规定对最高裁判所和元老院的成员进行公开选举。参阅里西亚斯，《反亚戈特拉的演说》，第八章，第十三节。

15 参阅哈利卡纳苏的狄奥尼修斯，《罗马古事记》，第四章，第七十四节和第八十节；第九章，第三十七节。

16 参阅约瑟夫·艾迪生（Joseph Addison），《对 1701 年至 1703 年意大利几个地区的评论》。

17 起初他们是由执政官任命的。

18 这是导致罗马共和国被推翻的原因。参阅《罗马盛衰原因论》，巴黎，1755 年出版。

19 参阅约瑟夫·皮顿·图内福尔（Joseph Pitton de Tournefort）的《中东旅行游记》。

20 在意大利卢卡，裁判法院的任期只有两个月。

21 参阅狄奥多罗斯（Diodorus Siculus），《世界文库》，第十八章，第 601 页；罗多曼版，第十八章，第十八节，第 4 页。

22 阿拉贡国王费迪南德（Ferdinand）封自己为“命令大导师（Grand Master of the Orders）”，仅这一举措便破坏了宪法。

23 东方国家的君王一般都有大臣，约翰·夏尔丹（John Chardin）在《波斯游记》一书的“政体描述”中这样说道，参阅第五章“Des charges”，第 339–340 页，1811 年版本。

第三章
三种政体的原则

第一节　政体的性质和政体的原则的区别

前面对与各种政体性质相关的法进行了分析，接下来就必须考虑与各种政体原则相关的法。

政体性质及政体原则之间存在这样一种区别[1]：政体性质指的是政体构成要素以及政体是什么，而政体原则指的是什么让政体运行。政体原则一是政体的特定结构，二是驱动政体运行的人类的激情。

现在，法律应更多地与每种政体的原则相关，而不仅仅是和政体的性质相关。因此，必须寻找政体的这一原则。我在本书

 应该完成这个工作。

第二节　各种政体的原则

前面我已经论及，共和政体的性质就是人民是以集团或某种家族形式存在的，他们拥有最高统治权；君主政体的性质是君主拥有最高统治权，但统治权是通过制定法律来实施的；专制政体的性质是一个人根据他自己的意志和心血来潮进行统治。我更需要的是找到政体的三个原则，政体是从这些原则自然产生的。我首先以共和政体开始，因此首先触及的就是民主政体。

第三节　民主政体的原则

君主政体或专制政体为了维持或保持其自身的存在，无须过多的道义。君主政体借助法律的力量，专制政体借助君主振臂一呼，就能统治或掌管一切。但在民主国家里，必须存在另外一种力量，这就是美德。

我所说的这些从整个历史就可以得到证实，且完全符合事物的本性。因为这再清楚不过，君主政体中并不需要过多的美德，一个确保法律执行的人凌驾于法律之上评判自己，而在平民政体国家里，一个确保法律执行的人意识到自己不但也受法律约束，而且还要对此承担后果。

同时也可以清楚地看到，君主如果因为听信谗言或一时疏忽而造成法律中止执行的后果，弥补过失比较容易，他只需要更换枢密院或者将一时的疏忽纠正过来即可。但是，在平民政体下，法律停止执行只可能起因于共和政体的腐败，所以这种情况一旦出现，国家已经不能被称为国家了。

上世纪目睹到英国人软弱无力地在他们内部发展民主政治，真可以说是蔚为奇观。由于那些参与到政务中的人们根本就不具备美德，他们的激情被胆子最大的人取得的成功所点燃[2]，一个派系的精神仅仅是被另外一个派系所压抑，政体总是不断地发生变化。人民对此深感震惊，他们四处找寻民主政治，但无功而返。最后，历经多次变动以及数不尽的冲击和震动，他们不得不就此停止在这个已被明令禁止的政体上。

当苏拉想把自由返还给罗马时，罗马人民已无法再接受这种自由。罗马剩下的只是残存的美德，且这种美德日渐稀少，在恺撒、提比略、卡里古拉、克劳狄、尼禄、图密善之后，罗马人不但没有觉醒，反而日益沦为奴隶。所有的打击都冲着暴君而去，而暴君制度却没有受到任何打击。

生活在平民政体中的希腊政治家承认，只有美德的力量才能维护平民政体。而今天的希腊人和我们谈论的，则只是制造业、商业、财政和财富，甚至是奢华。

当那种美德不复存在时，野心就会侵入他们的心灵，对此无须否认，而贪婪也会占据一切。心中难以遏制的欲望改变了他们的目标，再也不会追寻曾经的爱。曾经的人们在法律的治下是自由的，现在却想脱离法律的管束。每个逃离主人房间的公民，都像一个奴隶。曾经的格言准则现在变成了严厉的法度；曾经的规则现在则成了约束；曾经的警惕之心如今则成为深深的恐惧。这里，朴素节俭并不是所谓的占有欲，而是变成了贪婪无度。曾经，个人的财产构成了公共财富，而现在公共财富却成为个人的私有财产。共和国已成为空壳，它的力量还不及少数几个公民，只有获得大众许可才能发挥作用。

雅典也是如此，当如此之多的荣耀在社会占主导地位，同时又充斥着那么多的羞愧感时，就会存在同样的力量。当雅典人民抗击波斯人入侵时，当雅典人民与斯巴达帝国存在争议时，当雅典进攻西西里时，当时有两万名公民[3]。当法勒鲁姆的德米特里乌斯将雅典人一个个算为市场上的奴隶时，雅典有两万名公民[4]。当腓力悍然占领希腊，当他出现在雅典的城门口时[5]，雅典在那时损失的只是时间。在德摩斯梯尼的著作里，你会发现想要唤醒它需要付出多大的麻烦。腓力之所以让雅典人深深恐惧，其原因不在于他会剥夺雅典人的自由，而是他让雅典人尽情享乐[6]。就是这样一座城市，它在屡战屡败的情况下依然顽强抵抗，在废墟中获得重生，却在喀罗尼亚一战中被击溃，从此一蹶不振。如果腓力释放所有的犯人会有什么关系？他没有释放一个人。战胜希腊军队总是那么轻而易举，就像征服希腊的美德总是那么困难一样。

迦太基怎能得到支持呢？当迦太基的统帅汉尼拔想阻止行政官抢掠共和国时，这些官吏们不是把他状告到罗马人面前了吗？这只可怜虫想当公民，却无立足之处，而且竟然还想从他们的毁灭者手中获取财产！很快，罗马请求他们以人质的形式送回迦太基三百名主要公民。罗马让他们交出武器和战船，然后向他们宣战。从迦太基被解除武装后所做的绝望无助的抵抗中不难看出[7]，当迦太基人的兵力尚存时，如果能辅以美德，何至于落到这步田地。

第四节　贵族政体的原则

就像平民政体中必须有美德一样，贵族政体中也必须存在美德，当然，贵族政体中的美德并不是必需的。

平民之于贵族，犹如臣民之于君主，他们受制于法律，因而对美德的需求逊于平民政体下的平民。但是如何约束贵族呢？想要通过执法约束同僚的那些人很快就会感到，这样做其实是约束他们自己。所以，依据基本政制的性质，贵族集团需要美德。

贵族政体自身有一种平民政体所不具备的力量。在贵族政体中，贵族们形成一个集团，出于其特权本性和特殊的利益，对平民构成一种压制，在这方面，只要有法律便可以得到执行。

但是，这个贵族集团压制其他人有多容易，压制自己就有多困难[8]。似乎要把所有人都置于法律的权威之下，可是又像是要把所有人都从法律的权威下解脱出来，这就是这个基本政制的性质。

这样的集团可能只有两种方法来抑制本身：一种就是通过持有高尚的美德，使得贵族在某种程度上和他们的人民是平等的，这能构成一种伟大的共和政体；另外一种是通过减少美德，用某种节制措施让贵族们之间至少形成平等的地位，从而将贵族阶层保留下来。

因此，“节制”是这些政体的核心所在。我的意思是说，节制是建立在美德基础上的，而不是来自懦弱和灵魂的懈怠。

第五节　美德不是君主政体的原则

在君主政体中，政治在尽量让美德少参与的情况下完成对各种大事的处理，这就像在最精密的机器当中，巧妙地尽量减少动作，少用发条和齿轮。

国家的长久存续并不依赖于对祖国的热爱、对真正荣耀的渴望、对自我牺牲的要求以及人们最珍视的利益。所有这些美德我们从古人身上才能发现，而且只能通过道听途说才能了解到。

法律取代了所有这些美德，因为不再需要美德。国家之所以能豁免你的罪行，是因为你犯下的事悄无声息，犯罪的方式也无足轻重。

尽管所有的罪行从本质上都具有公罪属性，但真正意义上的公罪肯定是能与私罪区分开来的。之所以这么说，是因为私罪主要是危害到个人，而不是对整个社会造成危害。

在共和政体中就不是这样了，私罪包含更多的公罪意味，也就是说，犯下私罪时，你违背的是国家宪法的规定，而不仅仅是和个人作对。并且，在君主政体中，公罪更多地表现为私罪，你犯下的所谓公罪更多的是侵害到个人的财产，而不是侵害到国家基本政制本身。

我在这里恳求的是，希望我所说的并没有冒犯到大家，我完全是遵循历史行事的。我非常清楚，高尚的君主并不稀有，我想说的是，在君主政体中，想让臣民变得高尚难上加难[9]。

看一下各个时期历史学家们是怎么评论君主朝廷的，回忆一些各个国家的人们是怎样谈论那些卑鄙恶劣的朝臣，这些根本就不是臆测，而的的确确是可悲的经历。

志向消沉、狂妄之中夹杂着卑鄙、总是想着不劳而获、厌恶真理、阿谀奉承、投敌叛变、背信弃义、放弃做出的所有承诺、蔑视公民应尽的义务、惧怕君王的美德、以弱示人，比这些更恶劣的是对美德永远抱着一副嗤之以鼻的态度，我坚信，绝大多数国家都具备这些特征,这从世界范围内任何历史时期都可以看到。现在的情况是,一个国家的重要权臣都是那些奸佞而不诚实之人，而他们的下属却无一例外都是好人，前者都成了骗子，后者默认被骗，这是多么的讽刺和尴尬啊。

如果在这些人中有一些非常不幸的诚实之人[10]，红衣主教黎塞留在其《政治遗嘱》一书中暗示，君主最好小心，不要雇用他[11]。美德并不是君主政体前行的动力，这再真实不过！当然，君主政体并不排斥美德，但美德不是君主政体的动力。

第六节 君主政体中美德是如何被取代的

我要加快速度大步往前走了，这样就没有人会认为我一直在讽刺君主政体。是的，我根本就没有此意。如果君主政体丧失了一种动力，那还有一种动力是荣誉，这是每个人和每个阶层固有的想法。荣誉取代了我说的政治美德，并且处处代表着美德。它能激发最高贵的行动，如果和法律联手，它就能像美德本身一样达成政体的目标。

因此，在治理良好的君主国里，几乎每个人都是好公民，但是，好人却极为罕见，因为，要做好人[12]，首先得想做好人[13]，而且是为了国家而不是为了自己才爱国。

第七节 君主政体的原则

如前所述，君主政体意味着地位优越、门庭显赫，乃至高贵的出身。荣誉的性质是索要优遇和赏赐，所以它能在君主政体中占有一席之地。

野心是共和政体的大敌，但它在君主政体中却能产生良好的效果，赋予君主政体以生命。它的优势在于不会对君主政体造成危害，因为总是可以被压制。

你可以把野心对君主政体的作用比喻成宇宙系统中存在的力，一种力不断地驱使所有的星体远离宇宙中心，另一种力是吸引所有星体的引力。荣誉驱动所有的政治集团运行，正是这种作用将它们紧紧结合在一起，每个人都为共同的利益尽心竭力，让每个人都坚信自己是在为个人利益工作。

说得更富哲理性一些就是，指导国家各个组成部分运作的荣誉是一种虚假的荣誉，但这种虚假的荣誉对共和政体非常有用，就像能真正拥有的荣誉对个人非常有用一样。

这就好比一个人强迫其他人承担全部急难险重的任务，完成这些工作需要付出巨大的努力，但除了让这些工作闻达于大众之外，不给他们任何奖励，这岂不是让人勉为其难吗？

第八节　荣誉绝非专制政体的原则

荣誉不是专制政体的原则，这是因为专制政体中的人们都是一样的，一个人不能比其他人更招人喜欢，且他们全都是奴隶，谁也不可能在任何方面都优于他人。

此外，由于荣誉有其自身的法律和规则，无法僭越，且荣誉依赖的是它自身的心血来潮，而不是其他人的任性反复，因此，荣誉只能出现于基本政制是固定不变的以及法律是确定的国家当中。

荣誉在专制国家中根本就不存在，想要找到一个词来进行描述都非常困难[14]，但荣誉却支配着君主政体，荣誉赋予君主政体整个组成机体以生命，包括它的法律甚至美德。

第九节　专制政体的原则

与共和政体中必须存在美德、君主政体中必须拥有荣誉一样，专制政体中必然存在的是恐惧。专制政体中根本无须存在美德，荣誉只会对专制政体带来危害。

君主至高无上的权力原封不动地授予他相信的人。有着强烈自尊的人势必会进行反抗。因此，必须用恐惧来击垮所有人的信心和勇气，甚至只要有稍微的野心萌发出来就立刻将其消灭。

一个有节制的政体只要它有这个意愿且不会带来危险，就会舒缓内部的紧张压力。节制型政府通过法律甚至是武力来维持其存在。但到了专制政体，君主只要一放下高扬的手臂，只要他不能顷刻间摧毁那些身居高位的权贵[15]，一切便都完了。因为，作为政体动力的恐惧已不复存在，人民便不再有人保护了。

显然，从这个意义上来说，土耳其的一些法官认为，苏丹的承诺或誓言如果约束了他的权威，他就丝毫没有守信或践约的义务[16]。

人民必须通过法律来进行审判，而权贵应受君主心血来潮的制裁。最下层的臣民不应被砍头，帕夏则应随时有掉脑袋的危险。人民一谈到这些魔鬼般的政体便噤若寒蝉。新近被米利维伊斯废黜的波斯国王索菲政府之所以在被征服之前就已经垮台，就因为国王不曾流过足够的血。[17]

历史告诉我们，图密善的血腥残暴让省督们心惊肉跳，平民于是在他在位期间稍稍获得了一些休养生息的机遇[18]，恰如洪流摧毁了河岸的一侧，而另一侧则幸免于灾难，极目远眺，还能望见若干草场。

第十节　节制政体和专制政体中服从的区别

专制政体国家中，政体性质决定了必须要绝对服从，一旦知悉君主的旨意，就应立竿见影地产生效果，就像掷球游戏中一个球击中另一个球那样。

执行君主旨意时，不允许存在任何不满情绪、不能做任何更改、不能斡旋和解、不允许讲任何条件、不能有选择的余地、不能讨价还价、不允许有任何抱怨，对此实在提不出中肯的或更好的意见了，唯有不折不扣地执行。此时，人就像一种生物，被动地服从另外一个生物的要求。

对于未来将要发生的事，他除了抱怨无法掌控变幻莫测的命运，最多也就是表达出他的恐惧之情。在专制政体下，人的角色就像野兽一样，无非就是按本能行事，服从命令并接受惩罚。

用自然情感、遵守孝道、爱护儿童和妇女、以遵守法律为荣或健康状况等来进行反驳是毫无用处的。专制政体下，你只需要接受命令，这就足够了。

在波斯国，当国王宣判某人有罪时，不允许任何人就此多说一句话，或是请求国王的宽恕。如果国王被灌醉或一时神经错乱，法令执行起来也是一样的[19]。如果不是这种情况，他就会变得前后矛盾，而法律不能出现前后不一致的情形。这就是他们一以贯之的思考方式：当波斯国王亚哈随鲁下令彻底根除犹太人，这个命令再也无法收回，这就决定了犹太人只能奋起保卫自己。

然而，有一种事物有时候可用来对抗君主的旨意[20]：这就是宗教。如果君主下令，一个人可以抛弃他的父亲，甚至弑杀自己的父亲，但是，如果国王要求并命令某人喝酒，此人是不会喝的。宗教法规是更高层次的戒律，既管臣民，也管君主。不过，就自然权利而言，情况就不同了，君主并不被视为普通人。

在实行君主政体的节制国家当中，权力受政体运作动力即荣誉的限制，荣誉如同君王一样主宰臣民，也主宰着君王。人们绝对不会向国王引述宗教法规，朝臣知道自己如果这样做就会很可笑。人们向国王不断引述的是荣誉的法规。结果就是服从进行了必要的修改，荣誉天然地受制于怪诞，而服从也就亦步亦趋，紧随不舍。

尽管在节制政体和专制政体中服从的方式并不相同，但权力的运用都是一样的。君王朝向哪一边，天平就倾向哪一边，他永远得到服从。唯一的不同就是，在君主政体中，君王比较开明，大臣们的机敏和练达远远胜过专制政体中的大臣。

第十一节　对以上所述的思考

三种政体的原则如上所述。但这并不意味着在某种共和政体中人人都有美德，而是说他们应该具有美德。这也并不证明，在君主政体中人人都有荣誉，在专制政体中人人都心存恐惧，而是说他们应该如此，否则，这个政体就不完善。

1 这个区别非常重要，从这一区别我将得出很多重要结论，这是理解万千法律的关键。

2 指的是克伦威尔。

3 参阅普鲁塔克，《伯里克利》，第三十七章，第四节；柏拉图，《辩诉篇》。

4 当时有两万一千名公民，一万名外邦人，四十万名奴隶。参阅阿特纳奥斯，《哲人盛享》，第六章。

5 雅典此时有公民两万人，参阅德摩斯梯尼，《驳阿里斯托吉东》，第二十五章，第五十一节。

6 他们曾制定法律，规定凡是主张将演剧经费挪作军费使用的，一律处以死刑。

7 战争持续了三年。

8 在那里，公罪可能受到惩治，因为与大众有关，私罪则不会受到惩治，因为公众事务不惩治私罪。

9 我在这里所说的政治美德，从其所包含的一般美德的角度来看就是道德美德，这并不关乎个人的道德美德，和解释事实的真理美德更是没有任何瓜葛。这从下面第五章第二节的内容可以看出来。

10 从前面的注释可以理解这一点。

11 这里的意思是说，“一个人千万不要雇用出身低微的人，他们太寒酸、太难于相处。”参阅黎塞留，《政治遗嘱》，第一编，第四章，第一节，1947 年版，第 237–238 页。

12 “好人”一词在这里仅具有政治意义。

13 参阅注释 9。

14 参阅佩里（Perry），《大俄罗斯现状》，第 447 页，1967 年版，第 217 页。

15 军事贵族政体中常常会出现这种情况。

16 参阅里戈，《奥斯曼帝国》，第一章，第二节，1703 年版，第 4–5 页。

17 参见迪塞尔神甫（du Cerceau）记述此次革命的著作。

18 图密善的政府是军事性质的，是专制政体的一种形式。比如，可参阅苏维托尼亚斯，《罗马十二帝王传》之图密善，第二十三章，第一节，第 10–14 页；以及塔西佗，《阿格里可拉传》。

19 参阅夏尔丹，《波斯游记》，第二章“政体描述”“政体性质”；第五章，1811 年版，第 229 页。

20 参阅夏尔丹，《波斯游记》，“波斯政体描述”，第五章，1811 年版，第 233–235 页。

第四章
教育法应该与政体原则相适应

第一节　教育法

教育法是我们最先接受的法律。由于这些教育法教授我们如何成为公民，因此每个家庭都应该依照包括所有家庭在内的那个大家庭的规划进行治理。

如果全体人民有一个原则，那么人民的组成部分，即家庭也应该有一个原则。因此，每种政体的教育法都将各有千秋。君主政体的教育目标是荣誉，共和政体的教育目标是美德，专制政体的教育目标是恐惧。

第二节　君主政体的教育

君主政体下，主要的教育并不是在教授儿童的公共机构完成的。从某种意义来说，孩子一来到这个世界就开始接受教育了，这个世界就是所谓的“荣誉”养成学校，它充当着无所不能的导师角色，应从各个方面指导我们成长。

在这里，一个人会目睹并时常听到这样三句话：“品德要高尚，作风要坦诚，举止要礼貌。”

我们在这里所说的美德，自我完善的成分总是多于施惠于他人的成分，与其说是号召我们与同胞们平起平坐，不如说是让我们出人头地。

一个人评判其他人行事的标准不是做得有多好，而是有多细致；不是有多正确，而是有多伟大；不是有多合理，而是有多特别。

只要荣誉能从中发现某些高尚，法官就会把它说成是合乎正统的，诡辩家就会为它提供论证。

献媚如果与情感或诱惑相连，则是允许的，正因为如此，君主政体中的风尚远不如共和政体中的风尚纯正。

荣誉也允许权术的存在，主要它与伟大的抱负或伟大的事业有关，例如在政治上工于心计并不会对荣誉造成损害。

荣誉一般并不禁止阿谀谄媚，但是，如果不是出于升官发财的动机，而仅仅是由于自惭形秽，那就得不到荣誉。

我已经说过，在君主政体中教育应教给人行为坦荡。因此，说话应实事求是。但这是不是出于对说真话的热爱呢？根本不是。之所以喜欢讲真话，是因为习惯于讲真话的人，总是让人觉得大胆而自由。的确，这样的人看起来只以事实为依据，而不考虑别人以什么态度接受这些事实。

正因为如此，越提倡坦诚，平民的坦诚越遭到蔑视，因为，平民所追求的仅仅是真实和质朴。

最后，君主政体下的教育需要某种举止上的彬彬有礼。人们生下来就是生活在一起的，也注定需要让彼此愉悦。不遵守礼貌规矩的人会由于得罪了所有与他共同生活的人而名声扫地，以至于什么好事都做不成。

然而，礼貌的源头通常并不是纯而又纯，它源自人们出人头地的欲望。我们讲礼貌是基于一种自尊，我们以自己的待人接物方式为荣，因为它表明我们不是卑劣之徒，不曾与历代为人所不齿的那些人为伍。

在君主政体中，宫廷也讲究礼仪。在一个异乎寻常的伟大人物的反衬下，其他人都会显得渺小。对所有人的尊敬由此而来，礼节也由此而来。礼节既让彬彬有礼者心生喜悦，也让受到礼遇的人感到高兴，因为礼节让人明白，自己是身在宫中或者是有资格身在宫中的人。

宫廷的仪表在于舍真取矫，朝臣喜欢矫饰的仪表甚于朴实无华的仪表。矫饰的仪表呈现一种美妙的谦逊，播散至远方。但是，随着与这种仪表的源头之间的距离逐渐拉大，尊荣便会在不知不觉间削减。

宫廷中事事讲究情趣，这种作风源自多种原因。长期习惯于穷奢极欲，花样繁多，因逸乐失度而产生的慵懒，以及各种各样混沌不清的奇思怪想，这一切只要能带来快乐，在宫廷里总是被接受的。

所有这一切都是教育的内容，为的是培养出君子，这类君子应该具有君主政体所要求的一切品质和一切美德。

在那里，荣誉渗透在各种各样的想法和思维方式中，甚至原则也受它指导。

这个怪异的荣誉竟然依照它的愿望为美德作了界定，并从这些愿望出发，为我们按规定必须做的一切制定了规则。荣誉依据自己的奇思怪想扩展或限制我们的义务，无论这些义务的源头是宗教、政治，还是伦理道德。

在君主政体中，法律、宗教和荣誉告诉我们最多的，莫过于服从君主的旨意。但是，荣誉又告诉我们，君主不能要求我们去做有损荣誉的事情，否则我们便再也不能为君主服务了。

格里永拒绝暗杀吉斯公爵，但是向亨利三世提出愿和吉斯公爵决斗。在圣巴托勒缪之夜的屠杀之后，查理九世曾下令所有省督屠杀胡格诺派新教徒，巴约纳驻军长官奥尔泰子爵上书国王说[1]：“陛下，我在居民和士兵中所看到的都是善良的公民，勇敢的士兵，没有一个是刽子手。因此，我和他们恳请陛下将我们的双臂和生命用于有益的事业中去。”这位伟大而仁慈的勇士认为卑劣的事是绝对做不出来的。

荣誉对贵族的要求除了为君主作战再无其他。事实上，这是贵族们最优越的职业，因为不论战败、获胜，甚至厄运临头，这项职业都会带来显贵。但荣誉既然定下这条规则，就要求以荣誉为判断准则，如果荣誉受到冒犯，它就要求或者准许冒犯者离去。

荣誉主张人们可以自由寻求或拒绝各种职业，它珍视这种自由胜过财富。

因此，荣誉有其至高无上的法则，教育必须服从服务于这些法则[2]。最重要的一条原则就是荣誉完全准许我们重视我们的财富，但是绝对不允许我们重视我们自己的生命。

第二条规则是，当我们一旦获得某种地位的时候，如果有任何事表明我们显得同那种地位不相称的话，我们就不应该做，也绝不能容忍别人这样做。

第三条规则是，法律所不禁止而为荣誉所禁止的东西，则其禁止更为严格；法律所不要求而为荣誉所要求的东西，则其要求更为坚决。

第三节　专制政体的教育

君主政体中教育的施行就是为了鼓舞人们的心志，而专制政体中的教育所寻求的就是降低人们的心志。专制政体中的教育必须是奴役性的。即便是对于身居高位的人来说，这也是一件好事，因为在专制政体中，任何人要想当专制君主，同时也得当奴隶。

绝对服从既意味着服从者的无知，也意味着发号施令者的无知，因为他无须思索、怀疑和推理，只需要表示意愿就可以了。

在专制国家里，每个家庭都是一个独立王国。因此，作为主要教导如何与他人生活在一起的教育，在这种政体下就受到很大限制，范围很窄。教育在这里弱化为让人们内心充满恐惧，只从心灵上传授几种非常简单的宗教原则。在这里，有知识会变得危险重重，同别人竞争会招致祸端。至于美德，亚里士多德不相信有什么美德是属于奴隶的[3]。这就使这种政体的教育范围极为狭窄。

因此，教育在专制政体里从某些方面来说是不存在的。它必须先剥夺人们的一切，然后再给人们一点点；把人先培养成不良臣民，然后再把他们培养成奴隶。

话说回来，专制政体下的教育为什么要致力于培养一个同公众共疾苦的好公民呢？对这样的好公民，如果他热爱国家，他就会想着如何才能释放政体的动力；如果他失败了，他就会被彻底毁掉；如果他成功了，他也会冒着毁灭自己、君主和整个国家的风险。

第四节　古人和我们自己在教育效果上的差异

大多数古人生活在以美德为原则的政体下，当那种美德全面实行时，人们在那些政体下都是自觉地完成所有事情，令人毫无察觉，这让今天渺小的我们深感诧异。

古人接受的教育相比我们的还有另外一个优势，那就是任何时候都不会自相矛盾。伊巴密浓达在他生命的最后岁月，他的一言一行，包括他留给人的印象和听闻，都和他第一次接受教育时完全一致。

今天，我们接受三种不同或者说完全相反的教育：家庭父辈的教育、学校导师的教育和现实世界的教育。现实世界给我们的教诲完全颠覆了家庭和学校给我们的教育，部分原因就在于和宗教的联结以及现实世界之间的对立，这种对立于古人而言是全然不知的。

第五节　共和政体的教育

共和政体是需要教育的全部力量的。专制政体中的恐惧起因于威胁和惩罚，君主政体中的荣誉受到激情的激励，而激情同时也激励着荣誉，但政治美德需要一个人隐忍克制，这总是一件非常痛苦的事情。

可将这种政治美德定义为对法律和祖国的爱。这种爱需要不断地将公共利益置于个人利益之上，正是这种爱，产生了所有的个人美德，个人美德不过是以公共利益为重而已。

这种爱非常显著地与民主联系在一起。也只有在民主中，政体才能授信于每一名公民。政体俨然已经成为整个世界的全部，为了保护它，必须深爱它。

恐怕没有人会听到这种说辞，国王不爱君主制，暴君憎恨专制。

因此，在共和政体里，一切全都仰赖这种爱的建立，教育应致力于激发出这种爱。孩童们肯定会通过某种方式接受这种爱的教育，那就是父亲们本身要拥有这种爱。

通常情况下，父亲负责传授知识给孩子，但更重要的是让自己的激情感染孩子。

如果没有达到这样的目标，则是因为家庭内部的教育受外界环境的影响而被摧毁了。

年轻一代变得堕落并不是他们自身的原因，而是成年人的腐化彻底毁了年轻人。

第六节　希腊的一些制度

古希腊人坚信，生活在民主政府的人民必须养成美德，因此他们制定独特的制度来激发出美德。从《吕库古传》中可以看出，阅读吕库古给斯巴达人制定的法律，完全可以相信你正在品读塞瓦兰人的历史。克里特岛的法律是斯巴达人法律的蓝图，柏拉图法律是对这些法律的修正。

我希望你能稍稍关注一下那些天才立法者渊博的知识，否则他们怎么能冲击久已养成的习俗，将一切美德融为一体，从而向世界展示自己的智慧。吕库古让偷盗与公平精神、残酷的奴役与极端的自由、极其可耻邪恶的感情和最温和克制的品性共生共存，相安无事，为他的城镇带来了稳定和谐。他似乎是要清除整个城镇所有的资源、艺术、商业、金银财宝和城墙壁垒，身处在这个城镇中，一个人有抱负，但不会期许让自己变得更完美；一个人拥有自然的情感，但既不是孩子和丈夫的情感，也不是父亲的情感；纯洁质朴中不见了谦逊端庄的身影。用这些方法，最终成就了斯巴达城的伟大与繁荣，在这种制度下，不会存在任何过失和失误，即使在战场上屡屡被对手击败，也依然毫发无损，除非有人能迫使它放弃自己的法制[4]。

克里特岛和拉科尼亚就受这些法律的管制。斯巴达人是最后才向马其顿人投降的，罗马人最后才征服克里特岛[5]。萨谟奈人拥有同样的制度和习俗，罗马人打了二十四次胜仗才将他们制服[6]。

希腊法制上所看到的这种奇特的民族风尚，在我们时代的堕落和腐败中也出现过[7]。一名立法者，一位君子，他塑造了这样一个人，其内心所拥有的正直诚实看起来和斯巴达人的英勇一样自然。佩恩先生是一位不折不扣的吕库古式人物，尽管他以追求和平为目标，就像吕库古以战争为目标一样，但他们在教导他们人民的独特方式上、支配自由人的方法上、战胜偏见和征服激情的手段上，却是一模一样的。

巴拉圭给我们提供了另外一个例子。传教团把发号施令视为人生最大的快乐，有人因此指责它为犯罪。可是，能把人民治理得更加幸福其实永远是一件好事[8]。

耶稣会最先在那些国家示范，把宗教与人道结合起来，这是耶稣会的光荣。耶稣会着手消除西班牙人大规模摧残导致的后果，从而开始了对人类迄今为止最大创伤的医治。

耶稣会对于它称之为荣誉的所有一切怀有美好的情感，对于自己的宗教抱有异乎寻常的热情，而这种宗教既使聆听传教的人变得谦卑，也让传教者更加谦卑；这种情感和热情促使耶稣会从事宏伟的事业，而且获得了成功。它把散居在丛林中的人民领出丛林，为他们提供可靠的生计，让他们穿上了衣服。耶稣会的作为纵然只是增强了人们求生的技艺，也应该说贡献不小。

那些想建立相同制度习俗的人，应首先建立柏拉图《共和国》里所描写的那种财产共有制的社会。建立他所要求的对神明的敬畏；与异邦人隔绝，以保存自己的习俗；交易的主体是城市，而不是公民。他们有我们的工艺而没有我们的奢华，有和我们相同的需要但摒弃我们的欲望。

他们还应废除金钱，因为金钱的作用是让某些人日益富有，致使其财富超越了大自然确定的界限，金钱还让人学会徒劳无益地保存那些积敛的财物，让贪欲毫无节制地滋生；大自然赋予我们用来刺激欲望和让我们彼此腐蚀的手段十分有限，但金钱却弥补了大自然在这方面的不足。

“埃皮达姆纳人[9]感到，本族的习俗因与蛮族交往而受到腐蚀,于是选出一位官吏,让他以城邦的名义替城邦进行所有贸易。”这样一来，贸易就不能腐蚀其基本政制，基本政制也不能剥夺社会从贸易中获得的好处。

第七节　这些奇特的法制适合哪种场合

这些制度对共和国可能会比较适宜，因为在共和政体中，政治美德是其政体原则。但在君主国家为了鼓励荣誉，在专制国家为了唤起恐惧，就不需要费这些心思了。

此外，这些制度可在小城邦[10]占有一席之地，在那里，一个人可以教育广大民众，并像一个家庭一样培养全体人民。

米诺斯、吕库古和柏拉图制定的法律假设全体公民彼此给予突出的关注。但对于一个大国，事务错综复杂、种类繁多，疏漏在所难免，所以不能指望公民相互之间能特别关注。

如前所述，这些法制必须排斥金钱。但是在大型社会里，事务繁多，棘手而又紧要，加之购买便利，交换缓慢，因而需要一种共同的尺度。要使这个尺度在各地都得到承认与维护，就必须使它在各地都享有权威。

第八节 为古人关于习俗的一个悖论进一解

波利比乌斯非常审慎而明智，他告诉我们说，音乐对于缓和阿卡狄亚人的习俗是非常有必要的，他们生活的国度气候阴暗而寒冷。西内特人的居民忽视了音乐的熏陶，他们的凶狠残暴超过了所有其他地区的希腊人,他们居住的城镇犯罪案件数不胜数。柏拉图不惮于这样说，不改变国家的基本政制，音乐就不会发生变化，这是不容改变的事实。尽管亚里士多德看起来就是为了驳斥柏拉图才写就的《政治学》，但在音乐之于风俗的重要性上和柏拉图的观点是一致的。包括泰奥弗拉斯托斯、普鲁塔克[11]和斯特拉波[12]在内的先贤们也都是这样认为的。这并不是未经思索就提出来的观点，恰恰相反，这种观点是他们政治原则之一[13]。他们据此制定法律，希望城邦也能按这种思路得到治理。

我相信我能对此给出解释。要知道，在希腊城邦里，特别是那些以战争为首要目标的城邦里，任何能够导致赚取金钱的工作和职业对一个自由人来说都是被视为毫无价值的。色诺芬曾这样说道[14]，“绝大多数技艺会把操练这种技艺的人的身体腐蚀掉，它强迫一个人坐在阴凉处或火堆旁，没有时间和朋友们共享时光，也没有时间为共和国效力。”只有当一些民主政体腐败时，这些手艺人才得以成为公民。这正是亚里士多德告诉我们的[15]。他坚持认为，一个优秀的共和国绝对不应该给那些手艺人授予公民身份[16]。

那时的农业是一种奴役性的职业，通常都是一些被征服的人从事这个行业。希洛人为斯巴达人耕作，柏里伊赛人为克里特岛人耕作，佩内斯特人为塞萨利人耕作，以及被其他共和国役使的其他奴隶人民[17]。

最后，所有普通的商业[18]对希腊人来说都是令其蒙羞的职业。从事这种行业不得不为奴隶、佃户或异邦人提供服务。这种想法和希腊自由的精神截然相悖。因此，柏拉图[19]在其《法篇》中希望任何从事商业活动的公民都应受到惩罚。

因此，在希腊共和政体下，一个人处在一个非常尴尬的位置。一个人不希望公民们从事商业、农业或手艺工作，也不希望这些人无所事事[20]。他们在体操运动和与战争相关的活动中发现一种职业[21]。希腊的政制让他们别无选择，必须将希腊视为一个由运动员和战士组成的社会。现在，对于这些非常适合于使人们变得残酷和野蛮的训练[22]，需要通过可能会软化民风的其他方法进行缓和。音乐经由身体感官进入人的心灵，再适合不过完成这个任务了。音乐能在让人们变得凶悍的体能训练和让人们变得野蛮的思辨科学之间达成折中。我们不能说音乐会激发出美德，这让人感觉不可思议，但音乐却能控制政制残暴带来的后果，给人的心灵留出一部分接受教育的空间，如果没有了音乐，这一切都不可能实现。

我假定在我们自己当中存在这样一个人类社会，它如此热衷于狩猎，除此之外什么都不做，因此他们肯定需要某种粗野残暴。但是，如果还是这样一群人，他们形成一种对音乐的品味，你很快便会发现他们在行为举止和风俗习惯上的一个差异。简而言之，希腊人进行的操练仅唤起一种类型的激情：粗暴、愤怒和残忍。而音乐能够带来一切，能让心灵感受到柔和、怜悯和甜蜜的幸福。有一种现象足以令人领会音乐对心灵的影响力，那就是当今的道德伦理作家们激烈排斥戏剧。

假如让这群人聆听的音乐仅仅是擂鼓吹号，而不是柔和优美的乐曲，想要达到这个目的就比较困难，难道不是如此吗？所以，为了敦化民风习俗，古人在某些场合对音乐的品类有所选择，这样做当然是正确的。

但是有人会说，为什么要优先选用音乐呢？这是因为，任何其他一种感官享受对心灵的腐蚀作用，都甚于音乐。从普鲁塔克的著作[23]中我们可以获知，底比斯人为了柔化年轻人的行为举止，用法律规定一种爱情，而这种爱情在所有其他国家都被禁止。读到此处，我们不禁为之汗颜。

1 参阅多比涅（d’Aubigné），《世界史》，第六章，第五节，1985年版。

2 这里说的是事实如此，而不是本应该如此，因此，所谓荣誉不过是一种成见，宗教有时要消灭它，有时要约束它。

3 参阅亚里士多德，《政治学》，第一卷。

4 菲洛皮门（Philopoemen）强迫斯巴达人放弃他们教育孩子的方法，因为他深知，如果他不这样做，斯巴达人崇高而伟大的精神将永远得以长存。参阅普鲁塔克（Plutarch），《菲洛皮门》，第十六章，第五节。参阅提图斯·李维，《罗马编年史》，第三十八章，第三十四节。

5 克里特岛捍卫其法律和自由达三年之久。参阅提图斯·李维，《罗马编年史》，第九十七章，第十四、十五节；第九十八章，第八十节至八十四节；第九十九章，第四十七节。克里特岛比那些伟大的国王们进行了更多的抵抗。

6 参阅弗洛鲁斯，《提图斯·李维摘录》，第一章。

7 参阅西塞罗（Cicero），《致阿蒂库斯》。

8 巴拉圭的印第安人不从属于某一个领主，只缴纳五分之一贡品，拥有自卫的火器。

9 参阅普鲁塔克，《索求希腊物品》，第二十九章。

10 比如希腊的城邦。

11 参阅普鲁塔克，《佩洛皮达斯传》，第十九章，第一节。

12 参阅斯特拉波（Strabo），《地理志》，第一卷。

13 参阅柏拉图，《法篇》，第四卷。他认为音乐厅和体操馆都是城邦中最重要的场所；他在《理想国》第三卷中还写道："达蒙将会告诉你们，哪些音乐能熏陶出卑劣、蛮横和与此相反的品德。"

14 参阅色诺芬（Xenophon），《经济论》，第五章，第四节。

15 参阅亚里士多德，《政治学》，第三章，第四节。

16 亚里士多德在《政治学》第二章第七节中写道，狄奥凡特曾在雅典制定法律，将手艺人确定为公众的奴隶。

17 因此，柏拉图和亚里士多德都主张由奴隶耕种土地（见《法篇》，第七章；《政治学》，第七章，第十节）。事实上，从事农业生产的并非处处都是奴隶，恰恰相反，正如亚里士多德所说，在最优良的共和国里，从事农业生产的是公民；但是，这种情况也只是在古老的政体因腐败而变成民主政体时才会发生，这是因为，希腊的城市最初是由贵族政体统治的。

18 例如商铺老板或酒店老板。

19 参阅柏拉图，《法篇》，第二章。

20 参阅亚里士多德《政治学》第十章。这里指的是佛罗伦萨学者西里亚库斯（Cyriacus Stroza）（1504–1565）编修的亚里士多德《政治学》的“全集”，1563 年首次出版。西里亚库斯准备了两章，分别是第九章和第十章，提供希腊文本和拉丁文译本。西里亚库斯后来做的补充出现在卡苏朋（Casaubon）的《亚里士多德》版本中，于 18 世纪出版发行。16 世纪末期准备的法文版补充到了勒罗伊（Le Roy）的《政治学》译本中。第九章内容关注的是教育和士兵的训练；第十章内容描述的是君王和神父的作用。第九章和第十章共同关注的是有关体育运动、农业、商业和最好的生活的问题。

21 参阅亚里士多德，《政治学》，第八章，第三节。书中写道：“体操是用来锻炼身体的，教练的技艺则用于从事各种体育竞技。”

22 参阅亚里士多德，《政治学》，第八章，第四节。亚里士多德认为，斯巴达人自幼就接受这些训练，因此长大以后变得极为凶悍。

23 参阅普鲁塔克，《佩洛皮达斯传》。

第五章

立法应符合政体原则

第一节　本章主旨

从前面的论述我们已经得知，教育法应符合每种政体的原则，一般来说，这对立法者制定社会法律也是适用的。法律和政体原则之间的这种关系强化了政体的全部动力，反过来，政体原则又从制定的法律那里得到新的驱动力。这样，对物理运动，作用力总是伴随着反作用力。

下面我们将要逐一探讨每种政体的这种关系，首先从以美德为原则的共和政体说起。

第二节 何为政治国家的美德

共和政体中的美德非常简单，这种美德就是热爱共和政体，它是一种情感，而不是认知的结果，上至元首，下至小民，人人都可以怀有这种情感。人民一旦拥有了良好的准则，就会比那些所谓的“正人君子”更长久地坚持遵行。人民很少会滋生腐败，即使只是接受一般的启蒙教导，他们通常都会萌发出一种对已经确立起来的东西的强烈依恋。

对国家的爱会促成优秀习俗的养成，而优秀的习俗反过来又会促使人民热爱国家。我们越是不能使我们的个人情感获得满足，则我们越是能够为公众的感情而牺牲自己。为什么修道士会那么热爱他们的宗教呢？宗教使修道士难以忍受的地方，正是修道士之所以爱宗教的原因。宗教的清规戒律剥夺了他们任何普通情感赖以维系的需要。剩下的唯有对折磨其肉体和精神的严格戒律的执着热爱。修行越苦，被剥夺的喜好也就越多，残存的喜好就越强烈。

第三节 何为民主政体中对共和国的爱

民主政体中对共和国的爱就是对民主的热爱，热爱民主就是追求平等。

热爱民主也是崇尚勤俭节约。由于那里的每个人应享有同等的幸福和优势，因此每个人也就应该苦乐共均，并形成共同的愿望。只有通过共同的俭朴才能达成这样的期许。

在民主政体中热爱平等限制了一己之欲和一己之幸福，能让一个人相比其他公民更多地为祖国服务。人民无法为祖国付出同等的服务，但他们应平等地为祖国作贡献。人一生下来就亏欠国家很多很多，一辈子也无法偿还。

因此，民主政体存在的特质就来源于平等原则，即便当这种平等看起来似乎被杰出贡献或超级天才所抹杀，也是如此。

热爱节俭就抑制了人们的占有欲，人们所关心的是获得家庭之必需，其余则归属国家。财富能带来权力，但是，一个公民不能为了一己之利而使用这种权力，否则就会不平等。财富也能带来快乐，但是，一个公民也不能单独享受这些快乐，否则同样有悖于平等原则。

因此，通过在民主生活中建立勤俭的原则，好的民主就为公众支出敞开了大门，就如同雅典和罗马所亲历的那般。辉煌和富足来源于勤俭本身，并且，正如宗教需要人们双手清白，这样一个人就能敬奉上帝，法律需要有勤俭的习俗，这样人们才能为国家作出贡献。

才能不出众，家道不富庶，这是许多人明智而愉快的重要原因。一个以其法律培养众多平庸之辈的共和国，如果拥有大批聪明人，这个共和国一定会以明智的方法施政，如果拥有大批幸福的人，这个共和国一定很幸福。

第四节　如何唤起对平等和节俭的爱

如果一个人生活在平等和节俭都建立在法制基础上的社会，那么平等和节俭本身就会强烈唤起对平等的爱和对节俭的爱。

在君主政体国家和专制政体国家，没有人向往平等，甚至都没有闪现过平等这一观念。在这样的国家里，人人以追求高高在上为目标。最底层的人渴望脱离苦海，但无非就是为了凌驾于他人之上。

对节俭也是一样的。为了培养对节俭的爱，必须躬身践行节俭。那些被愉悦浸淫的人不会喜爱节俭的生活。如果这种生活方式已经被普遍自然地接受，亚西比德肯定不会成为这个世界的奇迹。嫉妒或仰慕别人奢华生活的人也不会热爱节俭。对那些眼里只有富人或像他们自己一样的穷人的人，他们憎恨自己的贫穷，但却不关注或不知道该如何摆脱贫穷。

因此，如果共和国中的一个人想要热爱平等和节俭，必须要把平等和节俭写进法律，这是至理名言。

第五节　民主政体中法律如何构建平等

古代有一些立法者，比如吕库古和罗慕路斯，他们倡导均分田地。均分土地只有在共和国初创时才能实现，或者是现在的国家腐败透顶，穷人们坚信自己不得不寻求生路，而富人们不得不经受磨难，这些想法深植于心。

如果均分田地的立法者不制定法律来维持这种制度，那么他的这种措施只能是转瞬即逝。不平等很快就会侵蚀到不受法律保护的制度，共和国也会因此而烟消云散。

因此，为了确立平等，就必须制定法规，用以制约陪嫁、捐赠、继承和遗嘱，以及一切契约方式。因为，如果赠予者和受赠者可以随心所欲地处分自己的财产，基本法的秩序就会被个人意志扰乱。

在雅典，梭伦[1]不按旧法行事，旧法规定，财产应留在立遗嘱人的家庭范围内[2]，而梭伦允许在没有子嗣的情况下，通过立遗嘱可将财产留给任何人。梭伦也不按自己定下的法律行事，比如他通过取消债务，在事实上追寻的是平等原则。

在民主国家中，禁止一个人继承两份遗产的法律是一部好法律[3]。这种法律源自土地和财产均分制。法律不允许一人占有多份土地和财产。

规定女继承人必须嫁给血缘最近的亲属的法律，出自同一渊源。犹太人在采用均分制后做出了这种法律规定。柏拉图[4]在均分制的基础上制定法律，因而也做出了同样的规定，先前的一部雅典法律也有同样的规定。

据我所知，在雅典有这样一部法律，没有人能理解这部法律的精神。法律允许娶同父异母的姐妹为妻，但不允许与同母异父的姐妹结婚[5]。这一法律源自共和政体，它的法律精神就是要避免让一个人同时继承两份土地以及由此而来的双份遗产。当一名男子和同父异母的姐妹结婚时，他只能继承一份遗产。但是，如果他迎娶同母异父的姐妹为妻，如果他妻子的父亲没有男性子嗣，可能就会把遗产留给这位女儿，这样，娶这位女儿为妻的兄弟就可以顺理成章地得到两份遗产。

但愿没有人会用菲洛的话来反驳我[6]。也就是说，尽管在雅典一个人可以娶同父异母的姐妹为妻，而不能娶同母异父的姐妹为妻，但斯巴达人却可以娶同母异父的姐妹为妻，却不能和同父异母的姐妹结婚。因为我从斯特拉波[7]的著述中发现，在斯巴达，当异胞姐妹嫁给兄弟，她拥有这位兄弟所继承的遗产中的一半作为陪嫁。显然，制定这部法律的目的是为了防止前一部法律带来的恶劣后果。为了避免异胞姐妹家庭的财产转移到兄弟一方，他的一半财产作为嫁妆分给异胞姐妹。

塞内加[8]在提及娶自己的姐妹为妻的西拉奴斯时说，在雅典，娶姐妹为妻受到限制，但在亚历山大里亚却是普遍允许的。在一人治国的政体中，几乎不存在维护财产分配的问题。

为了在民主政体中维持这种土地分配方式，一部好的法律会规定，有几个子女的父亲要指定其中一人继承他的财产[9]，而其他子女由没有子女的人收养，如此一来，公民的人数就有可能总是和分配财产的数目维持均衡。

加尔基顿人法勒亚[10]想出一种在人与人不平等的共和政体内均匀分配财富的方法。他让富人给下嫁到穷人家的女儿一笔嫁妆，但不得向穷人索取任何财物，而穷人家嫁女儿时则接受聘礼，但不给女儿带任何陪嫁。但我深知，没有任何一种政体会采用这一原则，因为它将公民的生活状态做出如此显著的区分，大家对这种试图引入的绝对平等深恶痛绝。在某些情形下，法律最好不要用过于直接的办法来达到其真正目的。

尽管在民主政体中，真正的平等是立国的根本，但想要建立这种平等真的是难上加难，这里所讨论的财产均匀分配达到百分之百的精确，并不总是非常合适的。建立一个人口分级制就足够了[11]。这个制度能缩小贫富差距或将这个差距固定在某一程度。然后通过特定的法律向富人征税，同时减轻穷人的负担，从而消除不平等。只有处于中等水平的富人才能提供或接受这种补偿措施，因为，在腰缠万贯的富人看来，凡是不能给他们带来权力和荣誉的东西，都是对他们的侮辱。

民主政体中的每一种不平等应从民主政体的性质和平等的真正原则中总结出来。比如，人们担心民主政体下可能会出现以下情况：那些需要不停工作来维持生计的人担任公职后，会因此而陷入贫困或疏于公务；工匠们可能会变得趾高气扬；获得自由的奴隶太多，可能会变得比原有公民更强势。对这些情形，民主政体中公民之间的平等[12]，就可能为了维护民主而不复存在。但是，消失的仅仅是表面的平等。因为一个因担任公职而被毁了的人，其状况可能比其他公民更糟，而这个人如果因此而不得不疏于公务，其他公民的境遇则可能因此而比他更糟。

第六节　民主政体中法律应如何维持节俭

对优秀的民主政体，均分土地还不够，还需让每块均分的土地足够小，就像罗马人那样处理。库里乌斯对他的士兵这样说道[13]：“一个公民如果觉得足以养活一个人的土地太少，神会不高兴的。”

正如均分财富会保持节俭，奉行节俭反过来也会维护财富的均等。财富和节俭看似完全不同，但它们离开彼此也就不复存在了。每一种既是因也是果。如果两者之中的一个从民主政体中消失，另外一个也会紧随其后。

当然，如果民主政体是建立在商业基础之上，则很有可能发生的是，人民虽然非常富有，但社会习俗并没有因此而腐化堕落。这是因为，伴随着商业精神而来的是节俭精神、朴素、节制、工作、智慧、平静、秩序井然和遵章守纪。这样，只要这种精神永存，它产生的财富就不会带来恶劣后果。问题发生在过多的财富摧毁了商业精神，我们可以目睹社会不平等突然之间加剧，这是以前从没有感觉到的。

为了保持商业精神不变，有重要影响力的公民必须躬身实践商业，这种精神必须单独占主导地位且不能与其他精神有所交叉，所有的法律必须支持这种精神，同样是这些法律，其各项条款规定当商业发展促进财富增长时，法律将财富按比例分配，必须保证每名贫困公民获得舒适的生活，从而能像其他人一样工作，必须让每名富有的公民回到中等的水平，这样他就需要通过工作来维持现状或取得财富。

在经营贸易的共和政体中，法律规定所有的子嗣均从父亲那里平均继承遗产，这样的法律非常好，通过采用这种继承方式，不论父亲多么富有，他的子女们总是继承他的一部分遗产，这样就能远离奢华，继续像他一样工作。我在这里说的仅仅是经营贸易的共和政体，对其他类型的共和政体，立法者还要制定许多其他法律[14]。

希腊有两种类型的共和政体。比如斯巴达那样的军事共和国，其他则是雅典那样的商业共和国。对前者，希望公民们能过闲散的生活，而对后者，则希望公民们能热爱工作。梭伦将游手好闲、无所事事界定为一种犯罪，希望每名公民都能说清楚他谋生的方式。事实上，在一个好的民主政体中，花费应该以生活必需品为限，因为如果不是这样，他们的必需品将从哪里来呢？

第七节　维护民主政体原则的其他方法

均分土地并不能在所有民主政体中实现。在某些情形下，这种土地的分配方式不切实际且危险重重，甚至会对基本制度造成冲击。一个人并不总是在迫不得已的情况下才会采取极端措施，如果他发现这种本应维护风俗习惯的土地分配方法并不适合当前的民主政体，他就会转而寻求其他方法。

如果能建立这样一个固定机构，它本身就堪称民风的楷模，只有那些在年龄、品德、地位和业绩等各方面都备受尊敬的人才有资格进入元老院。这些元老院的成员们在公众面前就是神明的化身，他们能激发人们的感情，并使之渗透到每一个家庭。

元老院首先必须守护原有的法制，并让人民和官吏永不背离。

至于风俗习惯，更多的是通过保持传统习惯而获得的。由于腐败堕落的人很少能成就伟业，他们几乎从未建立过社会，建造过城市，制定过法律。且从另一面来看，民风朴素的人民却已完成了前面提到的大部分工作，这就呼唤人们重新恪守原来的准则，一般来说就会把他们重新引回到美德的道路上。

此外，如果发生过某些变革或国家已经建立了新的政体，不经过无尽的痛苦和努力是无法达成这些效果的，更不用说去指望懒散和腐朽的风俗习惯了。那些实现这种变革的人们虽然愿意人民能够享受社会变革带来的幸福，但是如果没有法律做后盾，他们永远也不会成功。因此，传统的制度通常用于补救和矫正，而新的制度则常常引起弊端。一个政府在漫长的岁月中走向腐化就像走下坡路一样，是在不知不觉中走下去的；如果要恢复良好的政治，就非要付出巨大的努力不可。

一直以来存在这样一种疑问，前面我们谈论的元老院的成员是否应该终身任职或有一定的任期。显然，元老院成员应像罗马[15]、斯巴达[16]甚或雅典那样采取终身制。雅典的元老院成员每三个月便更换一次，而最高法院的成员则作为永久的典范终身任职，我们不应将这两者混为一谈。

这里给出普遍适用的原则：在一个处于统治地位的元老院中，也可以说是保存习俗的场合，其成员应该是终身任职的；而对于负责公共事务的元老院，其成员可定期更换。

亚里士多德曾说过，精神就像躯体一样会衰老。如果只有一个官吏，他的说法是对的，如果有一个元老院，这个说法就不对了。

除了最高法院，雅典还捍卫着习俗和法律[17]。在斯巴达，所有的老年男性都是监察官。在罗马，官吏中有两名是专职监察官。就像元老院监视人民一样，监察官必须紧盯人民和元老院。他们必须重建共和国中已经腐化的机构，关注发生懈怠之所，谴责玩忽职守，像惩罚罪犯一样纠正各种错误。

罗马法律规定，凡是通奸指控都需公开进行，这对于保持民风习俗起到非常显著的作用。这种举措对妇女很有震慑力，对监视他们的那些人也起到警示作用。

没有什么能比让年轻人绝对服从年长之人更能保持传统习俗了。两者都能够受到牵制，年轻人因敬仰长者而受到节制，年长之人因为自尊自爱也受到节制。

没有什么能比让公民们绝对服从官吏更能赋予法律更大的力量。色诺芬曾经说过[18]，“吕库古特别强调公民服从法律，这就是斯巴达有别于其他城邦的最大差异：官吏一声召唤，公民们便赶紧跑过去。可是在雅典，某个富人若是被说成受官吏支配，他就会感到非常失望。”

父权对于维护习俗也非常有用。我们已经说过，在共和国里，不存在其他政体下的那种令人望而生畏的权威，因此，法律就应该用一种权威填补这种空缺，这就是父权。

在罗马，父亲对自己的子女有生杀大权[19]。在斯巴达，每位父亲都有权教训别人的子女。

父权随着罗马共和国的覆灭而消亡。在君主政体中，不存在所谓的纯粹习俗这类的问题，一个人只希望人人都活在官吏的权威之下。

罗马的法律让年轻人习惯于依附和从命，使得他们的心智成熟得比较晚。或许我们重拾这一传统是错误的，君主政体中并不需要这种过多的限制。

共和政体中，由于子女对父亲绝对服从，因而有可能像罗马那样，要求父亲终身掌管子女的钱财。但这并不是君主政体的核心要义。

第八节　贵族政体的法律应如何适应政体的原则

在贵族政体中，如果人民具备美德，那么他们将和身处民主政体一样充满幸福，而国家也会变得强大。但是，由于在财富两极分化非常显著的国家里几乎很难觅得美德，法律必须尽其所能来提供一种宽和节制的精神，同时也必须寻求重建被国家制度所剥夺的必要的平等。

宽和的精神就是贵族政体下所称之的美德，犹如民主政体下的平等精神。

如果说围绕着君王们的显赫与豪华是君王们权力的组成部分的话，那么贵族们仪表上的谦逊和朴实就是贵族们的力量了[20]。如果他们不矫饰自己的尊贵，和平民交融在一起，穿着打扮和平民类似，并与平民们分享快乐，平民便会忘记自己的卑微。

每一政体都有其各自的性质和原则。因此，贵族政体一定不能呈现出君主政体的性质和原则，如果贵族们拥有和他们所处政体不相符的个人特权和专权，这种情况就会发生。元老院才应该有特权，应给予元老院成员简单而基本的尊重。

贵族政体国家出现秩序混乱有两个主要缘由：一是被统治阶层和统治阶层之间的极端不平等；二是统治者内部不同成员之间的类似的不平等。法律应制止或监督的仇恨与嫉妒就来自于这两种不平等性。

第一种不平等主要存在于显贵人物的特权之所以被视为尊贵荣耀，只因为他们令人民蒙羞。罗马的法律就是这样，罗马法律禁止贵族和平民通婚[21]，这样的法律规定一方面让贵族变得傲慢自大，另一方面让他们变得更可憎，除此之外再无其他。正因为如此，保民官们便利用这一点来增强其演说的魅力。

这种不平等也会出现在公民们缴纳捐税的条件不同上面，

这种差异体现在四个方面：一是贵族们让自己享有不缴纳捐税的特权；二是贵族们弄虚作假逃避捐税[22]；三是贵族们以担任公职所获酬金或薪俸为名索回缴纳的捐税；四是贵族们把平民变成附庸，进而分享向平民所征收的捐税。最后一种情形很罕见，但这种情形一旦发生，此时的贵族政体就沦为苛政之最。

虽然罗马是偏贵族政体性质的，但罗马很好地避免了上述缺陷的发生。官吏们从不领取薪俸，共和国的政要们不仅照样纳税，而且要多于其他人，有时甚至只有他们缴税。最后，他们从不瓜分国家的税收收入，相反，他们把所有公共财产和所有靠时运得来的财富全部分配给人民，为他们的尊贵地位祈求宽恕[23]。

民主政体下极为有害的财富分配方式到了贵族政体却能产生同等程度的有益作用，这是颠扑不破的真理。前者会导致公民精神丧失殆尽，后者能让公民精神重新回归。

如果不把国库收入分配给人民，就应该让人民知道这些收入的管理是很好的，而向人民展示收入所得是让人民安居乐业的一种方法。悬挂在威尼斯城的金链、罗马打胜仗时缴获的财富以及保存在农神庙的财宝，所有这些实际上就是人民的财富。

贵族政体首要的原则是贵族不参与征税。在罗马，地位最高的阶层和征税事务毫不相干，这些事交由下级贵族办理，即便是这样也存在非常严重的弊端。如果贵族政体中的贵族们都去课税，一切个人都要受课税人员随意摆布，也没有更高级的法庭加以纠正。被委以缓解权力滥用的贵族反过来会更享受这种权力滥用。此时，这些贵族就会和专制国家的君主别无二致，随意罚没他们看上眼的私人财产。

很快，这些国家的税收就会被看成是个人的祖传家产，贪婪就会变得漫无边际。包税制就会瓦解崩溃，公共税收将被削减无余。正是因为如此，某些国家在表面看来并没有受到任何挫折，却陷入积贫积弱的境地，这让邻国深感诧异，也让本国的公民目瞪口呆。

法律也必须禁止贵族们经商。这种级别的商人势必会建立起各种各样的垄断壁垒。经商是平等人民的职业，最糟糕的专制国家就是那些君主成为商人的国家。

威尼斯制定的法律[24]严禁贵族阶层从事任何商业活动，因为这会让贵族获得过多的财富，即便是贵族们毫不知情也是如此。

法律应采用最有效的方法让贵族为人民提供公平正义。如果法律没有为人民提供护民官，那么法律自己必须成为护民官。

对犯罪行为进行各种庇护，以致连法律也无法执行，这就使贵族政体趋于覆灭，暴政迫在眉睫。

法律应该总能击垮统治阶层的傲慢。应该设置一个短期的或长期的官职，用以震慑贵族，就像斯巴达的监督官和威尼斯的国家检察官，这些官员不会拘于任何程序的约束。这样的政体需要以暴力驱动：在威尼斯有一只张着大嘴的神兽[25]，任何人都可以把揭发信投进去。你也许会说，这就是张得大大的暴政的嘴。

贵族政体国家中的这些残暴的官吏对应于民主政体国家中

的监察官，从性质上来说，民主政体中的监察官也一样是独立的。实际上，监察官在行使监察权时不应受到任何检查，必须无条件地信任他们，绝不能挫败他们的勇气。罗马人在这方面是值得钦佩的，除了监察官，罗马人可以要求任何一位官员[26]对自己的行为做出合理解释[27]。

贵族政体中有两类事情是非常致命的，一是贵族的极端贫困，二是贵族的过度富有。为了避免贵族陷入赤贫，首先就是要让他们及时偿还债务。为了节制贵族的财富，必须制定聪明而毫无察觉的法律条款来向他们征税，这和罚没不同，不要采用分田的法律，也不要取消债务，否则贻害无穷。

应从法律上取消贵族的长嗣继承权[28]，这样，通过不断地分割遗产，始终保持财富的均等。

绝不能实行继承人替代制、家族财产赎回制、贵族财产世袭制、收养义子制等等。贵族政体下为延续大家族的显赫地位而采用的一切措施，在君主政体下都不可采用[29]。

当法律使家族平等化以后，它的任务就是维系家族间的团结。应及时化解贵族们之间出现的分歧，否则，个人之间的争议就会演变成家族之间的争端。仲裁者可以终结诉讼或预防诉讼的发生。

最后，法律一定不要助长家族之间贪慕虚荣的习气，使其自诩比其他家族更为显赫或历史更悠久。这种虚荣心应被视为一些人的心胸狭窄。

我们只需看一看斯巴达就行了。你会发现，斯巴达的监督官是如何能够抑制君主、贵族和平民的弱点的。

第九节　君主政体的法律应如何适应政体的原则

由于君主政体的原则是荣誉，法律就应适应这种原则。

在君主政体中，法律应该尽力支持贵族，因为从某种意义上来说，荣誉既是贵族之父，也是贵族之子。

法律必须赋予贵族世袭制，其目的不是使之成为君主的权力和平民的孱弱之间的疆界，而是使之成为两者之间的纽带。

继承人替代制虽然不适用于其他政体，但因其能传承家族的产业，对君主政体却是十分有用的。

遗产赎回制将使贵族家庭因某位亲戚的挥霍而丧失的土地重新回归家族。

贵族的土地应该和贵族本人一样享有特权。君主的尊严与其王国的尊严密不可分，贵族的尊严与其封地的尊严同样密不可分。

所有这些特权都是贵族所特有的，是不得转交给人民的，除非我们有意违背政体的原则，并减少贵族和人民的力量。

继承人替代制会束缚商业的发展，家族遗产赎回制让官司不断，且王国内售卖的土地差不多至少有一年的时间无人打理。附着于贵族封地的特权产生一种权力，对于容忍这些特权存在的人来说，这种权力是一种沉重的负担。这些都是因为贵族身份而产生的特殊不便之处，不过，若与贵族的总体效用相比，这些麻烦和不便也就算不得什么了。但如果把这些特权转交给人民的话，那么，政体的一切原则就都毫无用处地被破坏了。

在君主政体中，允许一个人将他的大部分财产留给其中一位子女，但这种许可仅在君主政体中才是适宜的。

法律应该维护同君主政体的政制相符合的一切商业贸易活动[30]。这样，人民才能在免遭灭顶之灾的情况下，满足君主和他的朝廷永无止境的需求。

法律必须在征税的方式上建立一定的秩序，以免税赋的征收方式比税赋本身更令人难以忍受。

税收沉重导致人民劳苦，劳苦造成心情沮丧，心情沮丧终致怠惰。

第十节　君主政体施政的迅捷

君主政体相比共和政体拥有一个极大的优势：因为一人主事，因而施政较为迅捷。但是，由于这种迅捷会退化为急促行事，法律将引入一种慢节奏。法律不应仅仅维护每种政制的性质，还应矫正从这种政制的性质可能产生的弊端。

红衣主教黎塞留[31]认为，错综复杂的集会结社会给所有事情造成困难，在君主政体下应尽量避免。即便一个人的内心深处没有填满专制情愫，但他的脑子里肯定有专制主义的思想。

对于执掌法律的机构来说，最佳的臣服便是持重稳当，不急不躁，处理君主的事务时深思熟虑；如果侍臣缺少法律知识，国务会议办事轻率匆促，那就难以做到深思熟虑[32]。

假如，对于那些无比骁勇、无限忠诚的臣下，国王仅凭一己的旨意就无节制地大肆褒奖，官吏们纵然有意拖延，一再劝谏乃至苦苦恳求，依然不能遏止君主的美德日渐沦丧，那么，世界上那个最完美的君主国将会变成什么样呢？

第十一节　君主政体的优越性

君主政体相比专制政体有一个巨大的优越性。依照君主政体的性质，在君主之下有许多阶层，这些阶层是和政制分不开的，这就决定了君主政体国家更加稳固，政制比较巩固，主政者的人身安全比较有保证。

西塞罗[33]相信，罗马护民官制度的建立拯救了罗马共和国。他这样说道，“事实上，没有领袖引领的人民的力量是更为可怕的。首领知道自己肩负的责任，所以会认真思考；可是民众一旦群情激昂，就全然不知道自己正在纵身深渊”。这种想法也适用于专制国家和君主国家，前者是一群没有保民官的民众，而后者则可以说是一群有保民官的民众。

实际上我们到处都能看到，在专制政体下发生动乱时，无人领导的乌合之众总是让局势发展到不可收拾的地步，把混乱推向极端。在君主政体下，过激的行为极为罕见。首领们有所顾忌，他们害怕被抛弃；依附的中间力量[34]不愿意让民众拥有太大的优势。一个国家的各个阶层全部彻底腐败的情形很少见。君主十分珍视这些等级，谋乱者既没有颠覆国家的意愿，也没有颠覆国家的期望，因此，他们既不能也不想推翻君主的统治。

在这种环境之下，明智而有权威的人就会出来收拾局面，形势得到缓和，达成一定的协议，各自纠正错误，法律又会恢复效力，重新得到遵从。

正是因为如此，君主政体国家的历史充满内战，但没有革命；而专制政体国家只有变革，没有内战。

那些记录一些国家内战历史的人，甚至包括那些煽动内战的人，他们已经充分说明君主是如何不应怀疑他们下放给其他阶层的权力，以此换回他们的效忠，这是因为，即便那些人处于癫狂状态，这些阶层的人们渴求的也仅仅是法律和他们的职责所系，并舒缓了政见不合的人们的狂热和急躁情绪，而不只是为君主们服务[35]。

红衣主教黎塞留或许认为他已经过分地削弱了国家的各个阶层，他开始转而求助君主及其大臣们的美德来维系政体[36]，并且，他对君主及其大臣们的要求过高，说实话，或许只有天使才会如此无微不至、如此开明、如此学识渊博。在君主政体消亡之前，我们恐怕不能对拥有这样的君主和大臣抱有奢望。

正如居住在良好法制环境下的人们要比那些在没有规则和领头人的森林里到处乱跑的人要幸福得多一样，生活在有基本法律可依据的国家的君主们，其同样要比专制政体下的君主感到更幸福一些，专制政体下的君主没有任何可以依赖的东西来约束臣民的心和他自己的心。

第十二节　续前

在专制国家就不应该祈求宽宏大量，对自己都不具备伟大德行的君主，不能指望他会做出一番伟业，这样的专制国家根本就不存在荣耀。

在君主国家我们可以发现，群臣簇拥着君主，君主则以其光辉映照臣属。可以说，由于人人都占有更大的空间，因而可以展示其品德，赋予心灵以伟大，而不是放任自流。

第十三节　专制主义的意义

当路易斯安那的野蛮人想要吃水果，他们把树砍倒然后采集浆果[37]。这就是专制政体。

第十四节　专制政体的法律如何适应政体的原则

专制政体的原则就是恐惧，对于胆小无知、噤若寒蝉的人民，无须更多的法律。

在那里，有两三个概念就可以了，不需要什么新概念。驯兽时切忌更换主人、训练内容和姿态，要让野兽牢牢记住的只是两三个手势，无须更多。

当君主与世隔绝，深居宫中，如果他想摆脱那种声色犬马的生活，把他幽闭在那里的人就会非常沮丧，他们不能容忍君主的人身和权力落到他人手中。所以，君主很少亲自作战，而且也不太敢于放手让他的武将们去参加战斗。

这样的君主，他已经习惯了在宫中颐指气使，一旦遇到有人手持武器进行反抗时，就会勃然大怒，因此，他经常会受愤怒或复仇的情绪所左右。此外，这样的君主对真正的荣耀也是毫无概念。所以，他所进行的战争便充满着战争自然具有的狂暴，他所遵循的国际法的范围，比其他国家都要狭隘。

这样的君主缺点满身，他与生俱来的愚蠢如果暴露在光天化日之下，就会更加令人害怕。他深藏在宫中，没有人知道他究竟如何。好在治理这种国家的人，只需要一个虚名就足矣。

当查理十二世在本德发现瑞典元老院里有人反对他，于是写信给他们，声称将要寄回一只靴子去替他理政。这只靴子就会像一位专制国王那样治理国家。

如果君主成了俘虏，就会假定他已死亡，另外一人就会继承他的王位。以前签订的条约全部作废，他的继任者不会认可这些条约。实际上，由于君主就是法律，国家也好、君主也罢，从他不再是君王的那一刻起，他便什么也不是了。如果不这样做，政体的性质就会发生改变。

土耳其人决定和彼得一世单独媾和，我想原因之一就是莫斯科人告诉了土耳其元老院，瑞典已经有另一位新国王登基[38]。

国家的延续仅仅是王位的维持，或者莫不如说是君主被囚禁的皇宫的持续存在。如果不是直接威胁到皇宫或国家首府，那些无知、傲慢而又存有偏见的人一概视而不见、听而不闻，对于事态的后续发展，他们无法跟上这个步伐做出预见，甚至无暇思考。在这里，政治及其动力和法律应该是非常狭隘的，政治管理简单得与民事管理相同[39]。

一切都简化为：使政治、民事的管理和君主家庭的管理相调和；使国家的官吏和君主后宫的官吏相调和。

对于专制政体国家，最好的状态就是其能自认为是这个世界上独一无二的，这个国家为荒漠所包围，与其称之的蛮族相互隔绝。鉴于无法指望军队，毁坏一部分国土以保持隔离不失为一个好办法。

由于专制政体的原则是恐惧，它的最终状态就是平静安宁。但这并不代表和平，而是整个城镇处于沉默状态，敌人已经准备好占领这座城池。

由于力量并不是掌握在国家手里，而是掌握在建立这个国家的军队手里，军队必须被保留下来以保卫国家。然而，这对君主却很危险。问题在于如何才能将国家的安全与个人的安全相调和呢？

我恳请你能考察一下莫斯科公国政府付出什么样的努力来寻求摆脱专制政体，其对政府形成的压力要甚于个人。军队的大部分已经被解散，罪犯很少得到惩罚，建立了特别法庭。一些人已经开始精通法律，人民已经受到教育。但还会有一些特别的原因或许会把这个国家拖入它竭力想避免的苦难之中。

在这样的国家当中，宗教发挥的作用要比任何其他国家都强，可以说在恐惧之上又叠加了一层恐惧。在伊斯兰教帝国，人民对君主的巨大敬畏部分源自宗教。

宗教纠正了土耳其的一些政制。土耳其的臣民并不以其国家的荣耀与强盛而感到光荣，他们和国家的联系是通过宗教的力量和原则进行的。

在所有的专制政体中，没有什么能比君主宣布自己是拥有全部土地并且是一切臣民遗产的继承者，更能让这个专制国家自寻烦恼了。这常常会导致农耕废弛，并且，如果君主还从事商业贸易，这会毁了各种各样的产业。

在这样的专制国家里，不会有任何休养生息，也不会有任何改善提高[40]。房子建了就要住一辈子，人民不修建沟渠，也不植树，他们向土地索取一切，但却丝毫不回报土地。全都是荒芜之地，到处是沙漠。

你真的以为用法律剥夺土地所有权和财产继承权就会削弱大人物们的贪婪和吝啬？答案是否定的，相反，这些法律反而会刺激他们的贪婪和吝啬。这会让重要人物无所不用其极，因为他们除了考虑如何通过偷盗或隐匿将金银财宝占为己有，此外再无其他。

因此，要想避免国家完全分崩离析，最好能用一些既成的习惯来节制君主的贪欲。因此，土耳其的君主通常只从人民的遗产中抽取百分之三，就感到满足[41]。但是，他把大部分土地赐给了他可以随意支配的军队，他可以把帝国所有官吏的遗产据为己有，他可以将死而无男嗣者的财产收入囊中，而死者的女儿们则只能享有这些财产的用益权，如此一来，国家大部分财产的所有权就处于不确定状态。

根据万丹国的法律[42]，国王取得遗产，包括逝者的妻儿和房产。为了逃避这部法律最残酷的条款，人们不得不让他们的子女在八岁、九岁、十岁甚至更小的时候就成婚，以免成为父亲遗产中不幸的一部分。

在没有基本法律的国家，王位继承没有固定说法，君主可以从家族内或家族外挑选王位继承人。即使确定了王位继承制也是枉然，君主依然可以另选一人继承王位。王位继承人由国王或大臣宣布，有时则因内战而成为既成事实。所以，这种国家就比君主国家多了一种分崩离析的原因。

皇室中的每一个王子都享有平等的继承王位的权利，所以登上王位的王子所做的第一件事，就是迫害自己的兄弟，或者把他们统统绞死，土耳其就是这样；或者把他们的眼睛弄瞎，比如波斯；或者让他们变成疯子，比如莫卧儿。并且，如果没有采取这些预防措施，比如在摩洛哥，王位一旦出现空缺，随之而来的便是可怕的内战。

根据莫斯科公国宪法[43]，沙皇可任意指定他的继任者，继任者既可以来自家族内部，也可以来自家族之外。这种帝位继承制度的建立引发了无数次革命，使得帝位极不稳定，这种做法与随心所欲地指定王位继承人别无二致。由于公众想知道的最重要的事情之一是帝位的继承顺序，因此，最好的继位顺序应该是最明白无误的，比如出生或出生先后的某种特定的顺序。这样的条款可以抑制阴谋诡计并遏制野心的膨胀。孱弱的帝王将不必再为继承问题而焦虑，临死时人们也不必让他开口说话了。

当继位顺序通过基本法确定之后，则只有一位王子会成为继承人，其他兄弟没有站得住脚的或表面上的权利来争夺帝位，无法编造父王的旨意并使之生效。因此，国王的兄弟就如同任何一位臣民那样，消除了被捕或被杀之虞。

但是在专制国家，王子的兄弟就是他的奴隶或竞争对手，为稳妥起见，需要将他们囚禁起来，特别是在伊斯兰国家更需如此，因为在这样的国家，宗教将胜利或成功视作神意判决，因此，在那里，谁也不是法律上的君主，而只有事实上的君主。

对于这样的国家，具有王室血统的王子们发现如果其不能继承王位，便会惨遭囚禁或处死，就会激发出比我们欧洲各国更大的野心。在我们欧洲国家里，没有当上国王的王子们都享有一定地位。这个地位即便不能充分满足他们的野心，也大可满足他们的不过分的欲望。

在专制国家，君主们总是败坏婚姻制度。他们通常娶好几个妻子，亚洲国家尤为如此，在那里，专制主义可以说是司空见惯的。这样的君主子嗣众多，但这些子女们很少受到父王的怜爱，他们彼此之间也是冷漠至极。

执掌朝廷的家族和国家类似，它是如此孱弱，但其首领又是如此强悍；它看起来硕大无朋，实则不堪一击。阿尔塔薛西斯[44]因为子女密谋反叛，将他们全部处死。说五十位子女会密谋反对他们的父亲，真实性存疑，更不可信的是他们造反的原因竟然是父王拒绝把他的妃子让给他的长子。我们宁可相信，这是东方常见的后宫阴谋。后宫是虚假、恶毒和奸诈在浓重的黑暗笼罩之下无声无息地作祟的场所。年迈的君主日益昏庸，他实则是宫中第一号囚徒。

毕竟我们刚刚说过，人类天性将会不断地起来反抗专制政体。但是，尽管人们热爱自由，憎恶暴力，大多数人却依然屈从于专制政体之下。理由很简单，为了构建一个节制的政府，必须将各方力量整合在一起，对其进行管理，调和它们之间的矛盾并让其运作。必须给其中的一种权力添加分量，使之能与另一种权力相抗衡。这是立法上的杰作，偶然性很难成就它，审慎也很难成就它。反之，专制政体则是一目了然，无论在何地，它都一模一样，只要有愿望就能把它建立起来，所以这件事谁都能干。

第十五节　续前

在气候炎热的地方，专制政体一般比较盛行，在那里，情欲萌发较早，舒缓也较早[45]，智力成熟较早，挥霍财产的危险较小，出人头地不是那么容易，年轻人深居简出，彼此很少交往。那里的人早早结婚，比我们欧洲人成年得早。土耳其人十五岁就算成年[46]。

在那里，财产不允许转让。在这样一个任何人的财产都无法得到保障的政体下，人们更多的是依赖自身，而不是依赖财产。

在节制政体下，财产自然可以转让[47]，在共和政体里尤为如此，首先因为大家都相信，公民都是讲诚信的，其次因为共和政体激发了人们的宽厚精神，而这种政体又是人人自愿投身于其中的。

如果罗马的立法者一开始就建立这种财产转让制[48]，就不会陷入那么多的叛乱和民事纠纷当中，也不会冒着风险来承担那些灾祸之险和补救之险。

在专制政体国家，贫困和财富的不确定性自然会让高利贷盛行，风险越大，利息越高。因此，在这些不幸的国家里，贫穷困苦是无处不在的。在那里，任何东西都会被剥夺，甚至借贷的门路也断绝了。

随之而来的便是商人无法进行更多的交易活动，他的收入仅够糊口。如果他囤积过多的货物，为了支付购买这些商品借贷所产生的利息就越多，从中根本无法获利。因此，在专制政体国家，很少实行商业法，仅有的商业法不过是用于维持治安而已。

政府里若没有干坏事的家伙，政府就不会不公。可是，想让这些家伙不谋私利，那是不可能的。因此，在专制国家里，出现贪赃枉法现象不足为奇。

贪赃枉法既然是专制政体下的常见罪行，将财产充公就大有效用。人民因而可以得到慰藉，被充公的财产是国库的一笔可观收入，君主很难从贫困潦倒的臣民身上搜刮到很多税赋。在这个国家里，甚至没有哪个家庭是君主愿意保存的。

在节制政体下，情况就完全不同了。充公会让商品的所有权不明确，会掠夺无辜的子女，会在应该惩罚一个罪犯的同时摧毁整个家庭。在共和政体里，没收财产会造成剥夺公民生活必需品的恶果，这会破坏平等，而平等正是共和政体的核心所在[49]。

罗马法律规定[50]，没收财产仅适用于叛国罪这样的最严重罪行。如果能够贯彻这部法律的精神，将没收财产限定于特有罪名，这再明智不过了。博丹说得很对[51]，在那些习惯法对继承所得做了规定的国家里，没收财产的对象应该仅限于婚后所得。

第十六节　权力的授予

在专制政体中，权力完全交予到其委托之人的手上。宰相就是专制君主本人，而每一个官吏都是宰相。在君主政体中，权力不经某些调解不会运用；君主授予权力，但又加以节制[52]。君主在分配权力时，绝对不会在不保留绝大部分权力的情况下将部分权力分配出去。

这样，在君主政体国家里，城镇的地方官员虽然对省级官员负责，但更对君主负责，且地方的武官固然听命于将军，但更多的是听命于君主。

对绝大多数君主政体国家，对那些权力比较大的军官，他们并不管辖任何一支军队，这种制度是非常明智的，由此得到的效果就是，他们只是在奉君主之命时才统帅军队，君主直接任免或罢黜这些军官，从某些方面来看，他们在服役，也可以说不在服役。

这种制度和专制政体不匹配。这是因为，对那些还没有应诏上任的官员，如果仍然赋予他们特权和头衔，那么他们在国家里必然是能够呼风唤雨的大人物，这就和专制政体的性质相悖了。

如果市镇官员并不受省督管辖，那么势必要不断地在这个两名官员之间做出调停，这对专制政体来说简直是荒谬至极。并且，如果地方官员可以抗命，省督该怎样向他治下的行省负责呢？

在专制政体下，权力不能均衡分配，级别最低的官员如此，专制君主更是如此，他们只希望能够大权在握。而在节制宽和的国家，法律处处彰显着明智聪慧。法律贯彻到国家的每一个角落，最小的官员也可以依法行事。但在专制政体下，法律只是君主的个人意志，即便君主是明智的，一个下级官吏要怎样才能在一无所知的情况下妄自揣测君主的意图呢？他只能按自己的意愿行事。

进一步，由于法律只表达君主的意愿，且君主想要做的只可能是他所知道的，则必然有一大批人为他出主意，并且按照他的意志替他拿主意。

最后，由于法律只是君主的一时意志，因此，为他出主意的那些人也必定像他一样，一时一个主意。

第十七节　礼物

在专制政体国家里，通常的惯例就是，一个人如果不送礼，那他就休想接近他的上司，对君王也不例外。莫卧儿[53]的皇帝从不接受下属的觐见，除非他已经收到下属的进贡。这些君主甚至在给予臣民赦免时也要索取贿赂。

在这种政体下出现此类情形纯属必然，因为在那里，没有一个人是公民，大家都认为，上级无须为下级做任何事情，只有在上级惩罚下级时他们才会发生联系。那里的公务也不多，很少需要拜见大人物请求帮忙，更不必说向他们申述了。

进献礼物在共和政体下是令人讨厌的，因为美德无须用进贡来彰显。在君主政体下，荣耀比礼物更能激发动力。但是到了专制政体，这种政体既没有荣誉，也不存在美德，一个人仅仅是出于对舒适惬意生活的期待来行事。

基于共和政体的理念，柏拉图[54]主张，凡是收礼才履行职责的人一律处以死刑，他写道，“事不分好坏，都不应该收礼。”

罗马法律[55]准许官吏接受小礼物[56]，只要一年之内总值不超过一百埃居即可，这样的法律危害不浅。对任何礼物都不送的官吏，他就会无所期许；如果给予小礼物，很快他便会要求更多，然后就变得贪婪无度。此外，一个不应收礼而收了礼的人，定罪比较容易；一个可以收小礼却收了大礼的人，给他定罪就不那么容易了，他往往可以找出一些似是而非的借口、托词、原因或理由来为自己辩解。

第十八节　君主的赏赐

前面已经说过，在专制政体下，一个人仅仅是出于对舒适惬意生活的期待来行事，而君主也只有金银财宝能拿出来进行犒赏。在荣誉处于支配地位的君主政体下，君主的赏赐本应仅局限于荣誉，但是名誉总是和奢华联系在一起，而奢华必然产生种种需求，因此，君主就以能带来财富的荣誉作为赏赐。但是，在美德主宰一切的共和政体下，美德本身就足以构成激励无须其他，所以，国家的奖励只需要褒奖美德就行。

君主政体下和共和政体下的巨额奖励标志着这些国家行将就木，这是一条通用规则，因为这样的举动证明君主已经腐化堕落。一方面，荣誉不再有很大的效力；另一方面，公民权已经被削弱。

罗马皇帝中最糟糕的就是那些赏赐最多的皇帝，比如卡利古拉、克劳狄、尼禄、奥托、维特利乌斯、康茂德、埃拉伽巴卢斯和卡拉卡拉。最好的皇帝比如奥古斯都、韦斯巴芗、安托尼乌斯·皮乌斯、马可·奥勒留和佩提纳克斯，这些皇帝以朴素节俭著称。在这些优秀帝王的治理下，国家重拾了政体原则，对荣誉的珍视取代了其他褒奖方式。

第十九节　三种政体原则的新推论

如果不把我所论及这三种原则做进一步的应用探讨，我就无法结束本章。

第一个问题：法律会强迫公民接受公职吗？我的意思是，这些公职应该属于共和政体，而不属于君主政体。对前者，公职是美德的标志，是国家对公民的托付，他们的所作所为、所思所想都应以此为出发点，因此，公民不能拒不担任公职[57]。对后者，公职是荣誉的体现，此时荣誉是如此反常，荣誉只有在他需要以及按他想要的方式进行时，他才会乐于接受公职。

撒丁岛已故国王[58]惩罚那些拒绝为国家赢得尊严和担任公职的人，这样，他在不知不觉中遵从了共和政体的思想。然而，他治理国家的方式却充分证明了这并不是出于他本意。

第二个问题：强迫公民接受军队中一个比他以前还低的职位，这是不是一条好的准则？在罗马人当中，经常可以看到，去年的上尉如今成了中尉的部下[59]。这是因为，这里的美德要求对自己的国家始终保持奉献牺牲精神，不管他是否喜好。但在君主政体下，不管荣誉是真是假，都不能容忍自己官职降低。

在专制政体内，荣誉、职位和衔阶都一样被滥用，因此不论是君主变为粗鄙之人，还是粗鄙之人变成君主，都无所谓。

第三个问题：一个人应同时担任文官和武官吗？共和政体中，必须将两者结合在一起，而在君主政体中，则需要将他们彼此分割开来。在共和政体中，把军人地位捧高到明显高于文官地位，这是极为危险的事情。在君主政体中，一人同时兼任文职和武职的危险性不亚于共和政体。

在共和政体内，一个人从军的唯一目的就是保卫法律和祖国，这是因为一个人首先是公民，他只是在一段时间内成为一名战士。如果公民和士兵是两种完全不同的身份，就会使那些自信是公民的士兵觉得自己只是士兵。

在君主政体中，参战士兵的唯一目标就是为了赢得荣誉，或至少是为荣誉或财富而战。此时一定要谨记，不能给这样的人委以文职官衔，相反，他们必须要受到文官的节制，且一定不能同时拥有民众的信任以及滥用这种信任的力量[60]。

在一个共和政体隐藏在君主政体形式下的国家里，可以看出国家对给予军人特殊的地位是多么的恐惧，以及军人是如何仍然保留公民的身份，甚或是官员的身份，这样，这些头衔就能保证他们为国效忠，不会忘掉国家。

共和国覆亡以后，罗马人把官职分为文武两类，并非随意之举，这是随着罗马政制发生变化而出现的，是君主政体的性质使然。奥古斯都[61]在位时开始区分文武官吏，继任的皇帝们为了军人政府变得宽和些，不得不把这种区分最终完成[62]。

曾和瓦伦斯争夺帝位的普罗科皮乌斯把行省总督[63]之职授予波斯亲王奥尔米兹德，并恢复这个职务过去曾经拥有的军权，他这样做如果没有特殊理由，那就是完全不理会文官和武官分开的必要性。一个觊觎帝位的人为自己谋利甚于为国家谋利。

第四个问题：官职买卖是否合适？专制国家不应买卖官职，因为君主对臣属的予夺应要异常迅速。

买官鬻爵对君主政体有好处，因为它诱导人们从事人们不愿为美德而从事的事业，并把这种事业作为一个家族的职业。它使每个出钱买官的人都能尽职尽责，又使国家的各等级更稳固持久。苏达斯[64]说得很对，阿纳斯塔修斯把所有官职都卖掉，帝国因此而变成了一种贵族政体。

柏拉图[65]不能容忍这种买卖。他说道，“这就如同在一艘船上，有人花了钱就能当船长或水手。对于生活中的任何职务来说，这都是一种坏规矩，难道偏偏对于领导一个共和国的人来说，就是一条好规矩吗？”但柏拉图所说的是建立在美德基础上的共和政体，而我们所说的则是君主政体。那么，在君主政体下，即使没有公开的规定规范官职的买卖，朝臣们因为清贫和贪婪依然会出卖官职，靠机遇买卖得来的官吏可能比君主挑选的官吏更好一些。最后，靠财富获得提拔能激励并维持勤奋[66]，君主政体需要的恰恰就是这种勤奋。

第五个问题：哪种政体必须有监察官？对于以美德为原则的共和政体，其必须设置监察官。不仅犯罪会摧毁美德，玩忽职守、过失错误、热爱国家的某种懈怠、有危险的榜样、腐败的种子等，这些并不违背法律，但逃避法律，它们不会毁坏法律，但削弱法律，监察官应纠正所有这些错误。

一只麻雀被老鹰追得无处可逃，扑到雅典最高法院的一位法官怀里，法官杀死了这只麻雀，因此而被处以刑罚，此事令人十分震惊。一个孩子挖掉了一只鸟儿的眼睛，雅典最高法院竟然判他死刑，令人瞠目结舌。请大家注意，这并非惩罚罪行，而是建立在习俗基础之上的共和政体依据习俗做出的裁决。

君主政体根本不需要设置监察官。君主政体建立在荣誉基础之上，荣誉的性质就是使整个世界都成为监察官。凡是玷污了荣誉的人，都会遭到所有人的指责，包括本身并无荣誉可言的那些人在内。

在君主政体下，监察官会被应由他们监察的人拉下水。所以在君主政体下，监察官对于腐败无能为力，因为反对他们的腐败势力过于强大。

专制政体万万不可设置监察官，这再明显不过。古代中国似乎是个特例，不过，我们在下面将会看到古代中国设立监察机构的特殊理由。

1 参阅普鲁塔克，《梭伦传》，第二十一章，第二节。

2 同上。

3 科林斯的菲洛劳斯（Philolaus）规定，在雅典，土地的份数和遗产的份数要始终相同。参阅亚里士多德，《政治学》，第二章，第十二节。

4 参阅柏拉图，《理想国》，第八章。

5 利尼利厄斯·内波斯（Cornelius Nepos）在序言中说，这种习俗很古老，亚伯拉罕谈到萨拉时说（《圣经·创世记》，第二十章，第十二节）："她是我的妹妹，我与她同父异母。"各民族在过去制定类似法律时，所依据的是同一理由。

6 参阅菲洛（Philo），《论法律》，第三章，第四节。

7 参阅斯特拉波（Strabo），《地理志》，第十章。

8 塞内加在《克劳狄之死》中写道，雅典准许与半姐妹结婚，亚历山大里亚准许与全姐妹结婚。

9 柏拉图也制定了一部类似的法律。参阅柏拉图《法篇》第三章。

10 参阅亚里士多德，《政治学》，第二章，第七节。

11 梭伦把人口分为四个等级：谷物和现金收入达到 500 米纳者为第一级；收入达到 300 米纳、养得起一匹马者为第二级；收入达到 200 米纳者为第三级；所有依靠体力劳动为生者为第四级。参阅普鲁塔克，《梭伦传》。

12 梭伦消除第四级所有人的负担。参阅普鲁塔克，《梭伦传》。

13 打了胜仗的士兵想要分得更多的土地。参阅普鲁塔克，《道德论丛·古代君王和将军传略》。

14 对其他类型的共和政体，女性的嫁妆应受到更严格的限制。

15 在罗马，行政官员的任期为一年，元老院的成员终身任职。

16 色诺芬在《斯巴达政制》第十章第一、二节中写道，吕库古主张元老院成员应从年长者中选出，这样，即使行将就木，他们也不会放松对自己的要求。此外，他主张由老年人来评判年轻人的勇气，这样，老年人的年龄就比年轻人的活力更显荣耀。

17 最高法院本身也受到监督。

18 参阅色诺芬，《斯巴达政制》，第八章，第二节，原著中并没有明确提到雅典的政制。

19 从罗马的历史可以看出，这种权力的使用给共和国带来哪些优势。我在这里所说的只是罗马最腐败时期。奥鲁斯·弗尔维斯（Aulus Fulvius）正在寻找卡蒂利纳的路上，他的父亲把他召回，然后处死。参阅萨卢斯特（Sallust），《喀提林叛乱记》，第三十九章，第五节。另一些公民也做了同样的事。参阅狄奥，《罗马史》，第三十七章，第三十六节。

20 在我们这个时代，威尼斯人在许多方面都表现得非常睿智。从下面这个判例中就可略见一斑：一位威尼斯贵族和一位本土绅士因争夺教堂中的位次而发生争执，威尼斯人认为，在威尼斯境外，威尼斯贵族与其他公民相比不享有任何优先权。

21 罗马的十人团把这条规定放在最后两表中。参阅哈利卡纳苏的狄奥尼修斯，《罗马古事记》，第十章，第六十节。

22 犹如当今的一些贵族。对国家的削弱之甚莫过于此。

23 参阅斯特拉波《地理志》第十四章中关于罗得人在这方面是如何行

事的叙述。

24 参阅阿姆洛·德·拉·乌赛(Amelot de la Houssaye),《威尼斯政府史》,第三部分。克劳狄法禁止元老院成员拥有载重40桶以上的船只。见提图斯·李维,《罗马编年史》,第二十一章,第六十三节。

25 告密者会将纸条投进去。

26 参阅提图斯·李维,《罗马编年史》,第四十九章。监察官甚至不得过问同僚的工作。监察官各做各的记录,不必征求同僚的意见。否则,监察制度也就形同虚设了。

27 在雅典,税务官让所有官吏都要汇报工作,唯独他自己不作任何汇报。

28 威尼斯就实行长嗣继承制。参阅阿姆洛·德·拉·乌赛,《威尼斯政府史》,第30–31页。

29 这样看来,某些贵族所追求的更多的是维护他们贵族身份,而不是维护国家。

30 君主政体只允许平民从事贸易,参阅《商业与商人法典》第三款,这部法典十分合情合理。

31 参阅红衣主教黎塞留,《政治遗嘱》,第一编,第四章,第二节,1947年版,第243–247页。

32 参阅塔西佗,《编年史》,第五卷。塔西佗说:“在蛮族看来,拖沓是奴性的表现,雷厉风行才是王者的风范。”

33 参阅西塞罗,《法律》,第三章,第十节。

34 参阅第二章第四节的注释22。

35 枢机主教雷斯(Cardinal de Retz)的回忆录及其他历史著作。

36 参阅红衣主教黎塞留,《政治遗嘱》,第一编,第六章;1947年版。

37 参阅《耶稣会士书简辑》,第二章,第315页。

38 参阅普芬道夫(Pufendorf)《通史》论述瑞典部分的第十节。

39 据夏尔丹说,“波斯没有大臣会议”。参阅其《波斯游记》论述波斯政体的第三节。

40 参阅里科（Rycaut），《奥斯曼帝国史》，第196页（1703年版，第一章，第十七节，第29-30页）。

41 参阅圣-乔治（Saint-Georges）在《斯巴达的过去和现在》中关于土耳其人遗产继承的记述（第三章，1676年版，第463页）。也可参阅里科，《奥斯曼帝国史》（第一章，第十六节，1703年版，第28页）。

42 参阅《创建东印度公司历次航行记》，第一卷。“勃固国的法律不那么严苛，逝者如有子女，国王只取其财产的三分之二。”见同一本书，第三卷，第1页。

43 参阅该国不同年代的宪法，特别是1722年的宪法。

44 参阅贾斯廷（Justin），《腓力史摘要》，第十章，第一节。

45 参阅本书第十四章，“论法律和气候性质的关系”。

46 参阅圣-乔治，《斯巴达的过去和现在》，第三章，1676年版，第463页。

47 信用破产的和解金也是如此。

48 这个制度在《尤利安法典》的“财产转让”项下才得到确立，此后不再因此而坐牢，财产转让也不再是丢脸的事了。

49 在我看来，雅典共和国似乎太热衷于没收财产充公。

50 参见《民事法典》中关于被没收的财产的有关规定。

51 参阅博丹，《论共和国》，第五章，第三节，1962年版，第581页。

52 经过节制的权力就犹如“落山时的太阳总是柔和的。”语出塞内加（Seneca）的悲剧《特洛伊妇女》，第十一章，第1140-1141页。

53 参阅《创建东印度公司历次航行记》，第一卷，1725年版，第80页。

54 参阅柏拉图《法篇》，第十二章。

55 参阅《法典》第六章；《尤利安法典》“惩治索贿”一款。

56 “小礼物”。

57 参阅柏拉图，《理想国》，第八章，他把这样的拒绝看作是共和国出现腐败的标志。柏拉图在《法篇》第六章用罚款来惩罚这样的官吏。在威尼斯，惩罚的方式是流放。

58 维克托·阿马戴乌斯二世（Victor Amedeus，1666–1732）。

59 有几个百夫长恳请人民恢复他们原先的职务。一位百夫长对他们说："弟兄们，你们应该把保卫共和国的任何职位都视为无上光荣才对。"参阅提图斯·李维，《罗马编年史》，第四十二章，第三十四节。

60 为避免政治权力转移到贵族精英手中，加利努斯（Gallienus）禁止元老院成员到军队服役，甚至不允许他们接近军队。参阅奥勒留·维克托（Aurelius Victor）《英杰传》中的"恺撒"篇，第三十三章，第三十四节。

61 奥古斯都（Augustus）解除了元老院成员、地方总督和行省总督携带武器的权力。参阅狄奥，《罗马史》，第三十三章，第五十三节。

62 比如君士坦丁。参阅索西穆斯（Zosimus），《历史》，第二章。

63 阿米亚努斯·马尔塞利努斯（Ammianus Marcellinus）在《罗马史》第三十四章中写道："按照古代习俗和战争规则。"

64 摘自"君士坦丁·泼菲洛戈尼图斯（constantin Porphyrogenitus）使团"，参阅苏达斯（Suidas）《辞典》，"阿纳斯塔修斯（Anastasius）"，第二十六章，第八节。

65 参阅柏拉图《理想国》，第八章。

66 懒惰见于西班牙，那里的所有公职都是分配的。

第六章

各种政体原则的后果与民法和刑法的繁简、审判形式以及制定刑罚的关系

第一节　各种政体下民法的繁简

君主政体的法律不能像专制政体的法律那样简单。君主政体必须有法庭，由这些法庭做出判决，然后将判决结果留存起来。应从这些判决结果汲取经验教训，这样，一位法官今天做出判决时会和昨天的判决保持一致，如此一来，公民的财产和生命就会和国家的政制一样保持安全和稳固。

君主政体下，法律机构负责宣布判决结果，这其中既涉及生命和财产的判决结果，也包括对荣誉的判决，因此，对法律机构的管理需要进行严谨细致的探究。随着更多案件的积累以及当

判决所涉及的利益越重要时，就需要法官更加仔细谨慎。

因此，在这些国家的法律当中，万不可对如此之多的规则、限制和外延条款深感诧异，它们产生了纷繁复杂的特殊案例，俨然自成一套法律自身的推理艺术。

君主政体内阶层林立、出身迥异、门第有别，这些林林总总的差异往往还伴随着人们财产属性的不同本质，并且事关一个国家政制的法律也会加重这种财产属性的差异性。因此，在我们欧洲国家，财产可通过继承、后天获得或暴力劫掠得到，既包括陪嫁财产，也包括非陪嫁财产，不论是来自父亲一方还是母亲一方；个人的财产种类繁多，有无条件继承的不动产和指定继承人的不动产、家族财产或非家族财产、免除税赋的贵族财产、担负税赋的自由持有的财产或平民财产、实物地租财产和货币地租财产等。每种不同的财产都适用于特定的法律规则。必须遵守这些规则，以实现财产的配置，这进一步增加了法律的复杂性。

在我们欧洲国家的政体下，封地成为世袭制。因此，贵族必须拥有一定的财产，这样，封地的领主就能侍奉君主。这就出现了多种情况，比如，有些国家规定，封地不能在兄弟之间分封；而在另一些国家，弟弟们可获得更多的封地。

君主政体国家对每个行省都了如指掌，因而可以发布不同的法律或允许不同习俗的存在。但专制君主则不然，他对下面一无所知，因而也就什么都处理不了。他必须泛泛地事必躬亲，用一成不变的僵硬的意志处理任何事物，一切都被他踏平了。

在君主政体下，随着诉讼案日渐增多，判例也越来越多，但判决结果前后可能并不一致，这是因为继任法官的想法不同，或者是由于对同类案件的辩护有好有坏，也可能因为凡是由人经办的案件都会产生诸多弊端。立法者必须对此时常加以纠正，因为出现这种错讹甚至会和节制政体的精神相悖。因为，人们之所以不得不求助于法院，原因在于政体的性质，而不是法律的自相矛盾及其不确定性使然。

由于人与人之间必然存在区别，就必然有特权存在。这进一步减少了法律的简单性，而且特殊例外也会多得难以胜数。

有一种特权对社会尤其是对于特权授予者最不形成负担，那就是自行选择法院进行诉讼的特权。这样就会出现新的问题，那就是究竟应该在哪个法院进行诉讼才好。

专制政体国家的人民则呈现出完全不同的情形。我不知道在这些国家里，立法者有什么法可立，法官有什么案可审。在专制国家，土地属于君主，因此，对于土地所有权，基本上不会存在任何所谓的民法来处理。在专制国家，权力实行世袭制，自然也就不必立法来处理所谓的继承权问题。由于某些国家商业贸易完全由君主垄断，所有关乎商业的各种法律根本就毫无用处。在专制国家，婚姻是同女奴订立的，很少有民法来规定嫁妆或女方权益。专制政体国家奴隶的数量多得惊人，由此导致的另外一个结果就是没有任何人拥有自己的意志，因此在法官面前，任何人都不会为自己的行为负责。大多数的道德行为只是出于父亲、丈夫或主人的意志，除此无他，这些道德行为受那些人管束，而不是受官吏管束。

我差点忘了说，由于我们所称之的荣誉在这些专制国家几乎难觅踪影，像事关荣誉这样对我们来说如此重要的诉讼，并不会出现在专制国家当中。专制主义极为傲慢自负，除此以外再无其他。这样，当游历者向我们讲述专制国家时，他们很少提及民法[1]。

因此，在专制国家是完全没有发生纠纷和诉讼的机会的。而且还有一部分原因是那里的诉讼人会受到极为粗鲁的对待，诉讼要求的不公正性既不加掩饰、遮盖，也不受诸多法律的保护，全都一览无余地暴露在公众面前。

第二节　各种政体下刑法的繁简

人们常说，无论在什么地方，司法都应像土耳其那样。这难道不是说，世界上所有人最应该懂的那件事，却只被最愚昧无知的民族所洞察？

如果你考察一下，一个公民想要索回被侵占的财产，或者是为自己所受屈辱讨回公道，肯定就会觉得司法程序太复杂。可是，如果从公民的自由与安全角度着想，你又可能常常觉得这些司法程序过于简略。你会发现，打官司带来的麻烦、花费、时间的拖延乃至危险，都是公民为自己的自由所付出的代价。

在土耳其，人们很少关注财富、生命或臣民的荣誉问题，所有的纠纷都以这样或那样的方式迅速了结。结案的方式并不重要，重要的是这些案子都已审结。总督问明案情后，随心所欲地下令判他们笞刑，然后把他们打发回家。

在那里，喜欢打官司是很危险的，这种人一定有讨回公道的强烈愿望，有仇恨之心，有灵活的头脑和绝不善罢甘休的毅力。在这种除了心怀恐惧不应有其他情感的政体下，上述这一切都应该避免，因为在那种政体下，在人们无法预见的情况下，任何事情都会引起革命。每个人都应该知晓，绝不能让官吏听到别人对自己的议论，唯有卑躬屈膝才能保障安全。

但是在节制政体国家，即便是最卑微的公民，他的生命也受到充分的尊重。他的荣誉和财产，如果没有经过长期的审理，是不得剥夺的。除非受到国家的控诉，谁也不能剥夺他的生命，而国家对他提起控诉时，必须赋予他一切可能的辩护手段。

这样，当一个人握有绝对权力[2]的时候，他的第一个念头就是简化法律。在这些国家里，他首先关心的是个别的弊病，而不是无人过问的臣民的自由。

你会发现，共和政体存在至少和君主政体一样多的法律程序。对这两种政体，公民的荣誉、财产、生命和自由越受到重视，司法程序的复杂程度就越高。

共和政体下，人们处处平等；专制政体下，人人也平等。前者的平等是因为他们无比重要，而对后者的平等则是因为他们什么也不是。

第三节　在什么政体和情况下法官应依据精确的法律文本审案

政体越和共和政体接近，审判的方式就越固定不变，斯巴达共和国监察官审判非常随意，不受任何法律指导，这是很大的弊端。早期罗马的执政官们也像斯巴达的监察官们那样断案，后来发觉这样不妥，于是制定了一些精细的法律。

专制政体国家无法可言，法官自己就代表法律。君主政体国家制定了法律，当这部法律比较精细时，法官就会依法审判；如果法律制定得不是很精细，法官就会遵循法律的精神来审判。在共和政体国家，政体的性质决定了法官必须遵照法律条款来审判。当涉及一个公民的财产、荣誉或生命时，谁也不能对法律做出不利于他的解释。

在罗马，只有被指控人犯有某一特定罪行，法官才会进行宣判，并且这个罪行是法律明确规定的，这从制定的各种法律都可以看出来。英国也采用类似的方法，陪审团根据被指控人的行为决定他有罪与否，如果被指控人被宣布有罪，法官依据法律对其行为的量刑宣判惩罚结果，法官需要做的仅仅是查一下法律文本。

第四节　审判方式

由此便产生多种审判方式。君主政体下，法官充当仲裁者的角色，他们反复酝酿、交换想法，最后达成一致。一名法官会根据其他法官的意见修正自己的意见，占最少数的意见会被纳入到两个主流意见当中。这种审判方式并不符合共和政体的性质。在罗马和希腊的城镇，法官之间并不交换意见，每名法官都应发表如下三种意志当中的一种：我认为无罪、我认为有罪、我认为案情不明[3]，这是因为真正的法官是人民，或者说，人们认为是人民在审理案件。但人民并不是法律专家，并不全然懂得有关裁决的所有修改或变化，所以，应该只向他们提出一个对象，一个事实，一个唯一的事实，让他们决定应该判罪、应该免罪还是下次再审。

罗马人追随了希腊人的先例，在法律的执行中引入了固定的审判程序[4]，并规定，每个诉讼案都应用与之匹配的审理程序。这对他们的审判方式而言是很必要的，因为首先需要确定诉讼案的性质，并让人民心知肚明。否则，在审理一个大案的过程中，如果案件的性质不断发生变化，人民便会不明就里。

因此，罗马法官只接受明确的诉讼请求，不得增减和修改。但是，大法官们又想出了另一种被人称作“凭诚信[5]”审理的方式，这种方法的审理结果在更大程度上取决于法官，因而更加符合君主政体的精神。所以，法国法学家们说，“在法国，所有诉讼案都是凭诚信审理的[6]。”

第五节　在什么政体下元首可充当法官

马基雅维利[7]将佛罗伦萨自由的丧失归结为这样一个事实，即他们并没有像罗马一样，以人民作为主体对叛国罪进行审判。审理叛国罪时共设置八名法官。“但是，”马基雅维利承认，“被少数人腐蚀的也只是少数人。”我很乐意接受这位伟人的格言准则，但是，对于叛国罪这种情形，政制利益会裹胁人民利益，可以说（如果由人民自己来审判他们的罪行，总是会存在弊端），法律必须尽其所能为个人提供保护，以弥补这一弊端。

根据这一思想，罗马立法者做了两件事：罗马法官允许被指控人在接受审判前[8]进行自我流放[9]，并且规定被宣判有罪的人的财产神圣不可侵犯，这就避免了人民将他的财产罚没。其他对人民审判权的限制规定可参阅第十一章。

梭伦非常清楚该如何限制人民在审判罪犯时滥用权力。他让最高法院对诉讼案进行复审，如果有证据表明罪犯被不公正地宣判无罪[10]，将会公开进行重审；如果有证据表明罪犯被误判有罪[11]，将对判决进行核查并重新宣判。这是值得人钦佩的法律，它让人民能够服从他们最为尊敬的官员的审查，同时也服从于他们自己的审查！

对于此类案件的审理，放慢速度有好处，特别是对被告已

 采取拘禁措施时更是如此，人民可以据此镇定下来，冷静地审理案件。

在专制政体国家，君主自己便可以做出判决。在君主政体下则不可以，否则会把一切事情搞乱，他会摧毁政制，对中间力量的依赖也会丧失殆尽，所有的审判形式荡然全无，恐惧会吞噬所有的法律精神，你能看到的只是一张张吓得惨白的面孔，那里不会再有信任、荣誉、爱、安全感和君主政体。

这里给出其他方面的一些思考。在君主政体国家，君主是诉讼当事人一方，负责追究犯下罪行的被告并将他们绳之以法或做出无罪判决。如果是他自己做出裁决，那就成了他既是法官，又是当事人。

同样也是在这些国家，君主通常获得罚没的财产，如果他对嫌疑人做出判决，他还是会身兼两职。

此外，他还会丢掉最好的统治理由，也就是对罪犯的赦免[12]。这会使得不论是他自己做出判决还是推翻自己做出的判决都变得毫无意义，他肯定不想自相矛盾。

此外，如果君主当法官还会引起一切思想上的混乱，谁都搞不懂到底一个人是被免罪了呢，还是被赦免了呢?

路易十三世想亲自审判德·拉·瓦莱特公爵案[13]，为此，他召集最高法院的一些法官和议政会议的一些参事讨论这个案件。当国王强迫他们就逮捕发表意见的时候，庭长贝列弗尔这样说道，“我在这个案子中看到一些比较奇怪的事，国王会对他臣民的诉讼案发表意见。国王们只保留着特赦的权力，把定罪的权力留给官吏。陛下却很愿意亲眼看到一个囚禁在牢笼的人，由于您的判决而让他在一个小时之后被处决！手中握有特赦权的君主不能这样做，只有在撤销教会的禁令时，君主才应莅临。见到君主后离去时，每个人都应该高高兴兴才是。”当进行审理的时候，该庭长又发表了自己的意见：“法兰西的一个国王，以法官的身份，依自己的意见，把一个贵族判处死刑，这是一个史无前例的、甚至是一个违反从古至今一切惯例的判决[14]。”

由君主做出判决将会使不公和滥刑永无休止，朝臣们会对君主纠缠不休，胁迫君主做出判决。有几位罗马皇帝热衷于判案，其结果就是，以司法不公而令世界惊愕不已的，莫过于他们在位的那几个朝代。

塔西佗曾说过[15]，“克劳狄斯把案件的审理和官吏的职权都揽在自己手里，从而给各种各样的巧取豪夺提供了可乘之机。”这样，当尼禄继位以后，为了赢得人民的支持，他公开宣布，“他时时提醒自己不当任何案件的审判官，免得让宫墙里的告发人和被告发人饱受几个被释放的奴隶的淫威侵害[16]。”

佐西姆斯[17]说过，“在阿卡狄乌斯统治时期，诽谤之风蔓延全国，宫廷也受到这股风气的影响，变得腐败不堪。一个人死去的时候，便立即假设他没有留下任何子嗣[18]，用一道圣旨，就把他的财产悉数分掉。君主愚蠢至极，而皇后野心勃勃，她竭力满足奴仆和心腹的贪得无厌。这种情况下，留给安分守己之人的除了求死欲望，再无其他。”

普罗科皮乌斯[19]说，“以前朝廷上的人是很少的，但是在查士丁尼朝代时，由于法官不能再自由公正地审案，法庭上空无一人，打官司的人们涌向宫廷求助，王宫里一片嘈杂之声。”每个人都心知肚明，宫廷里出卖判决，甚至法律也照样售卖。

法律犹如君主的双眼，借助法律这双眼睛他能看到原来所看不到的事物。他想越俎代庖充当法官吗？如果是这样，那么他就不是在为自己工作，而是为那些谄媚之徒忙碌。

第六节　君主政体下大臣不应审案

君主政体还存在一个非常严重的弊端，那就是君主任命的大臣们本身参与有争议案件的审理。时至今日，我们仍然可以看到有许多这样的国家，在那里，审理财政诉讼的不但有许许多多法官，而且还有大臣，真是不可思议！感慨之多难以尽述，这里只说一点。

君主政体下的枢密院和法院之间存在一种本质上的矛盾。国王的枢密院本应由为数不多的几个人组成，而掌管司法的法院则需要很多人。其原因在于，在国王的枢密院里，一个人必须靠着某种激情担负起政务，并对此持之以恒，这只能寄希望于以此为事业的四个人或五个人才行。相反，负责司法工作的法官们则应保持头脑冷静，从某种意义上来说，对任何事物都应保持中立。

第七节　只有一名法官

只有在专制政体下才会出现只有一名法官的情况。纵观罗马历史，可以看出只任命一名法官，他会把权力滥用到何种程度。阿匹乌斯怎么能不蔑视法律呢？因为他连自己制定的法律都不放在眼里[20]。提图斯·李维向我们讲述了作为十人团成员之一的这个阿匹乌斯践踏法律公正的行径。他指使一个人向他索要维吉尼亚为女奴，这位女子的亲属向他请求，依据他所制定的法律，在最终判决之前，维吉尼亚应交由他的亲属。阿匹乌斯公然宣称，他的法律是为父亲制定的，既然维吉尼亚的父亲维吉尼亚乌斯没有出庭，这条法律就不适用[21]。

第八节　各种政体下的控诉

在罗马[22]，允许公民之间互相指控。这种指控制度是基于共和政体的精神建立起来的，在共和政体下，每名公民应对公众利益抱以无限热忱，因为在这里，任何公民都享有国家赋予的所有权利。罗马皇帝们追随了共和政体这一信条，但随后就出现了一类阴险的人和一群告密者。凡是染有某些恶习却又有些才干、生性卑劣却又野心勃勃的人，都想方设法去搜寻那些一旦被判刑，君主就会高兴的犯法者。因为，这是一条名利双收之路[23]。这种

 事我们从来没见过。

现在，我们拥有一部值得颂扬的好法律，这部法律要求君主以监督法律执行的身份，在每个法院都任命一名官员，这名官员用君主的名义惩戒所有的罪犯，如此一来，就没有告发这种职能了。这位为公众复仇的官员如有滥用职权的嫌疑，那就命令他交代是谁告发的。

柏拉图在《法篇》中指出[24]，那些疏于提醒官员或辅佐官员办案的人将受到惩罚。这种方法在今天并不适用。公诉人时时关注公民并为此而行动，公民因此而得以享受安宁。

第九节　各种政体下刑罚的轻重

专制政体的原则是恐惧，这种政体刑罚的轻重要比君主政体和共和政体把握得更好一些，后者分别以荣誉和美德为动力。

在节制政体国家中，对国家的爱、心存羞愧感以及对失责的担忧成为约束一个人行为的动力，自然也可以用来检验许多罪行。对恶行最大的惩罚就是宣判其为犯罪。因此，在节制政体国家，民法在纠正错误方面更为容易一些，且并不需要太多的强制手段。

在这样的国家，一位好的立法者更多的是强调如何预防犯罪，而不是一味地惩罚犯罪。他更加注重树立良好的社会风范，而不是课以重罚。

古代中国的文人通过长期的观察发现[25]，在他们的国度里，刑罚越重，离揭竿而起之日也就越近。这恰好证明，刑罚严厉到一定程度，就会出现道德的迷失。

很容易证明，在全部或几乎全部的欧洲国家里，一个国家越自由宽松，其刑罚就越轻；反之，刑罚就会越重。

在专制政体国家，人民生活在水深火热当中，对死亡的恐惧甚于对生命的珍视。因此，刑罚在这样的国家就应该更严厉一些。在节制政体国家，一个人相比对死亡的惧怕，更担心会失去生命，因而，即便是对生命构成稍微压制的惩罚，就足以震慑犯罪。

非常幸福的人和极为不幸的人都会倾向于苛责，僧侣和征服者就是最好的例子。只有那种中等阶层，以及时运好坏参半的人，才会表现出温和的一面，心存怜悯。

个人如此，国家亦然。未开化的人，他们的生活异常艰辛；专制政体下只有一个人获得命运的垂青，其他人则全部命运悲惨。在上述两种情形中，人人都很凶残。只有在节制政体下，才能处处看到宽厚仁慈。

当我们翻阅历史，看到苏丹那充满血腥的正义时，不禁为人性的恶劣心生悲恸与惋惜之情。

在节制政体下，一个好的立法者可采用任何形式来施加惩罚。在斯巴达，主要的刑罚是禁止一个男人向别人出借自己的妻子或借用别人的妻子，而且在家里只允许和未婚女子在一起。这岂不是十分离奇吗？总之，凡是法律称之为刑罚的，都是实实在在的刑罚。

第十节　古代法国的法律

在古代法国的法律中，肯定会寻觅到君主政体的法律精神。凡是处以罚金的案例，非贵族缴纳的罚金并不比贵族少[26]。但对刑事案件，则完全相反[27]，贵族被剥夺荣誉和在法庭上的答辩权，而对原本就没有荣誉可言的一介平民，则只受体罚。

第十一节　人民具有美德时无须刑罚

罗马人正直诚实。他们是如此正直诚实，以至于立法者通常只需示以美德，他们就会从善如流。似乎罗马人只需要规劝忠告就足够了，无须制定法规条令。

罗马共和国期间，几乎废除了皇室法律和“十二铜表法”中所有的刑罚措施，这样做要么秉承“瓦勒良法[28]”的精神，要么就是《波喜阿斯法[29]》一以贯之的结果。人们可以发现，罗马共和国治理得秩序井然，社会治安也没有出现恶化的迹象。

瓦勒良法规定，禁止官员以任何形式打击向人民提出申述的公民，但是，违反此项规定的官员所受的惩罚，也只是被称为恶吏而已[30]。

第十二节　刑罚的力量

经验表明，在刑罚比较温和的国家里，公民的精神会受到刑罚的侵袭，这和其他刑罚较重国家的情形是一样的。

在一个国家里能感觉到存在这样的缺点吗？暴政国家希望能立刻就纠正这一缺点，但这样的国家考虑的不是用现有的法律解决问题，相反，它会当场制定残酷的刑罚，用来抑制弊端。但如此一来，就会逐步削弱政体前进的动力，人民在想象如何解决问题时就会习惯于采用重刑，就像以前习惯于较轻的刑罚一样。并且，由于不再惧怕较轻的刑罚，一个人很快就会被迫在每个讼案中都课以重罚。大白天抢劫在某些国家已司空见惯，有人想打击这种犯罪，于是发明了车轮滚压这种残酷的刑罚，一段时期内确实遏制了犯罪的蔓延。但也就是从那时起，又像以往那样出现了公然抢劫。

在我们所处的时代，擅离职守可以说无处不在，国家用死刑来惩罚逃兵，可临阵脱逃并没有消失。个中缘由非常明显，对一个习惯了每天都冒着生命危险的士兵，他对危险根本就不屑一顾，或者说在他这样做的同时还会洋洋自得。但他却每天都害怕受到羞辱，因此，应该保留在逃兵身上留下终身印记这种刑罚[31]。这种刑罚表面上看是加重了，而实际上却已经减轻了。

一定不能把人引入极端，而应通过管理大自然赋予我们的各种方法对人加以引导。如果考察一下所有导致懈怠的原因，都不是因为刑罚太轻，而是没有惩治犯罪。

让我们追随本性，它让人们因受到重惩而蒙羞，并让刑罚的最重要组成部分成为因犯罪而蒙受耻辱。

如果在一个国家里，刑罚不能使人产生耻辱心，那肯定是施行暴政带来的后果，因为暴政不分恶棍和君子，施加的都是同样的刑罚。

如果你在其他一些国家发现，只有通过残酷的惩罚才能遏止人们犯罪，那么可再一次断定，这主要还是因为政府的暴虐导致的，他们会因小小的罪过就施以严厉的惩罚。

一个想纠正弊病的立法者，萦绕在他脑海里的通常只是纠正弊病本身，在他的眼里只有这件事，而不考虑这样做存在的弊端。一旦纠正了这一弊病，能看到的只是立法者的严苛，但是由这种严苛导致的弊端仍会存在于这个国家里。人民的精神会受到腐蚀，对专制主义变得习以为常。

当莱桑德[32]取得对雅典人的胜利时，对俘虏进行了审判。雅典人被控曾将两条战船上的战俘推下悬崖，并在大会上决定，今后对战俘一律砍掉双手。最后被俘的雅典人全部被屠杀，除了反对这一决议的阿德曼图。斐洛克利被处死之前，莱桑德谴责他败坏了雅典人的精神，并把残忍带给整个希腊。

“当阿哥斯人已经处死了一千五百名公民，”普鲁塔克[33]说，“雅典人举行了赎罪祭，祈求众神能让雅典人的心灵摆脱如此残酷的想法。”

有两种败坏，一种是人民无视法律，另一种是人民被法律腐蚀。后者无可救药，因为病根就在药中。

第十三节　日本法律的无力

刑罚过于严厉会毁了专制政体本身。日本就是这样。

在日本，几乎所有犯罪行为都会用死刑[34]来惩罚，这是因为，违背日本天皇的旨意是天大的罪行。这根本谈不上纠正罪犯，而是要为君主报仇。这些想法的根源是奴役制，尤其源自这样一种事实：天皇是一切财产的所有人，所以任何罪行都是直接损害了天皇的利益。

向官吏撒谎会被处死[35]，这与自卫是人的天性相悖。

在日本，看起来并不是犯罪的行为也会被严加惩处，比如说，参与赌博者会被处死。

是的，正是这些刚愎自用、反复无常、毅然决然而又性情古怪的人，他们敢于面对一切危险和不幸，由这种啧啧令人称奇的品性，乍看之下好像就会宽恕这样的立法者所定下的残忍无比的法律。但是，对于那些天生就蔑视死亡，动辄切腹自杀的人，他们会不会由于经常看到他人受刑而改弦易辙或自行收敛呢？会不会因为见多不怪而习以为常呢？

关于日本的教育问题，旅行家的记述告诉我们，对待日本孩童必须要温柔，因为他们对惩罚是顽抗的，对奴隶也不能太过于严苛，因为一旦这样就会立即激起他们进行自卫。从处理家务应有的精神是否就能断定，应该以什么精神来处理政务和民事呢？

聪明的立法者应该寻求如何通过恰到火候的恩威并济；如何通过富有哲理性的格言、道德准则和宗教，使其能和这种民族性格相配；如何恰到好处地运用荣誉规则；如何以廉耻为惩罚手段；以及如何让人民享受恒久的幸福和甜蜜的宁静，用这些手段来引导人民的精神回归。并且，如果这位立法者担心，由于人民已经养成不受重刑不收敛的习惯，轻刑因而无济于事，在这种情况下，立法者可以在行事时[36]不加张扬，采取不易被察觉的行动，轻判最可以宽恕的个别案例，直到最终改变所有案件的判罚。

但是，专制政体并不知晓这些促进政体改进的动力，它不依赖这些方法。专制政体所能做的一切，就是滥用专制主义。日本曾经这样努力过，但却变得更加残暴。

上述就是日本法律的起源和精髓。但这些法律残暴多于效力。日本利用这些法律摧毁了基督教教义，但正是这些前所未有的恶行，恰恰证明了他们的孱弱无力。法律的本意是要建立良好的社会治理，但也因此更加清晰地暴露出他们的弱点。

应该读一读皇帝和大老在京都会见的故事[37]。当时被地痞流氓闷死或杀害的人不计其数，每天都有青年男女被掳走，然后在深夜里被遗弃在公共场合，他们被赤身裸体地装在帆布袋里，这样就无从得知他们来自哪里；暴徒们抢走他们看中的一切；他们刺破马腹，让骑在马上的人摔下来；他们还掀翻马车，抢劫车上女士的财物。荷兰人被告知，不要在露台上过夜，否则肯定会被杀死，荷兰人于是便从露台上下来，如此等等。

我再简单地说说另外一件事。一个日本天皇沉溺于声色犬马，却不娶妻，面临没有子嗣的风险。大老送给他两个绝色美女。出于对大老的尊敬，他娶了其中的一名女子，却从不与她同房。皇帝的奶妈于是为他四处物色更有姿色的佳丽，但他都不要。后来他看中了一个兵器工匠的女儿[38]，执意娶她，并有了一个儿子。宫中女子愤怒至极，她们竟然还不如一个出身如此卑微的民女，便把那个小孩掐死了。这个罪行被隐匿起来，因为一旦被天皇知道，势必有一场血雨腥风。由此可以看出，如果法律过于严苛，就会得不到实施。如果刑罚残酷无度，人们往往就会选择不受处罚。

第十四节　罗马元老院的精神

在阿奇利乌斯·格拉布里奥和皮索担任罗马执政官期间，制定了阿奇利亚法[39]以防止阴谋诡计。狄奥[40]说，是元老院促使执政官们提出这部法律的，因为护民官科尼利厄斯已经决定针对这一密谋罪制定令人恐怖的刑罚，而人民也表达了强烈的支持意愿。元老院认为，这种残酷的刑罚势必会震慑到人的内心，但是也会产生另外一种结果，就是以后将无人来指控，也无人来判罪了；相反，如果采用适中的刑罚，就不愁没有控告者和法官。

第十五节　罗马法关于刑罚的规定

当我发现罗马人的事迹证明了我的看法时，我坚信自己的观点是正确的。当我发现，伟大的罗马人民在他们的政治法发生变化时，对民法的惩罚条款也做了相应的修改，我便相信刑罚是取决于政体的性质的。

“王法”是为一群亡命之徒、奴隶和土匪强盗制定的法律，非常严厉。共和政体的精神所在要求罗马十人团的成员不要将这些法律纳入到“十二铜表法”当中，但那些热衷于暴政的人却并不关心遵循共和政体的精神所系。

让我们看一下阿尔巴的独裁者梅蒂乌斯·苏菲蒂乌斯所受到的惩罚，图卢斯·霍斯蒂利乌斯判处将他用两部战车撕裂。提图斯·李维说[41]，“这是罗马人第一次也是最后一次让人见证泯灭人性的刑罚。”但是他错了，事实上，罗马的“十二铜表法”中有许多非常残忍的惩罚条款[42]。

最能揭示出罗马十人团设立初衷的条款就是对攻击当政者的作家和诗人的死刑判决。这几乎完全和共和政体的精神背道而驰，人民在共和政体中本想看到权贵阶层谦虚卑微。对那些想推翻自由的人，他们对那些能唤回自由精神的作品怀有深深的恐惧[43]。

罗马十人团被驱逐之后，几乎所有规定刑罚措施的法律都被废除了。这些法律并没有被明文废止，但是，由于《波喜阿斯法》禁止判处罗马公民死刑，这些法律实际上已经名存实亡了。

提图斯·李维在谈到罗马人时曾说[44]，“人民从来不曾如此喜爱宽和的刑罚”，他说的正是这个时期。

罗马在这个时期，不仅刑法宽和，而且被告在受审前有权出走，从中可以看出，罗马人遵循了我所说的共和政体精神。

将暴政、无政府和自由混为一谈的苏拉制定了科纳利法。他之所以要制定法规，看起来似乎只是要确立罪名。因此，他把许多行为都定为谋杀罪，于是导致谋杀犯比比皆是。此外，他惯用的手法就是设陷阱、撒蒺藜，在所有公民的道路上布下深渊。

苏拉制定法律的绝大多数条款只规定了禁止被流放的人返回原地，恺撒追加了流放时没收财产的条款[45]，因为如果这些富有的人即便背叛流放时也能保留财产，那么他们在犯罪时更会有恃无恐。

罗马的皇帝们在建立军事政体后，很快便发现，这个政体对臣民固然可怕，对皇帝也同样可怕。于是他们设法让它变得宽和一些，他们相信，需要设立爵位以及随之而来的对爵位的尊敬。

他们向君主政体更加贴近了一些，并将刑罚分为三类[46]：为国家权贵阶层制定的刑罚[47]，这种刑罚非常宽容；为地位较低阶层制定的刑罚[48]，这种刑罚更为严厉一些；最后是只针对出身卑微的人制定的刑罚[49]，这种刑罚最为严厉。

凶残而愚蠢的马克西米努斯本应让军事政体变得宽和些，但可以说，结果是更加严酷了。卡皮多利努斯[50]说，元老院得知，一些人被钉死在十字架上，另外一些人则被扔到野兽群中，或用刚杀死的野兽皮包裹起来，完全不顾及他们的尊严。看起来他似乎是在执行军纪，因为他扬言要参照军纪处理民政。

从我的《罗马盛衰原因论》，你可以发现君士坦丁是如何将军事专制政体变为军事和民事专制政体，并由此向君主政体靠近了一步。在此书中，你可以看到这个国家所经历的多次剧烈变革，以及刑罚如何从严苛变得宽松，从宽松变为不施刑罚。

第十六节　罪与罚的适当比例

刑罚的轻重要保持协调，这是非常重要的，因为预防重罪的发生要比预防轻罪重要，对于防止危害社会罪也是如此，预防严重危害社会的罪行要比程度稍轻的罪行重要。

“一名自称为君士坦丁·杜卡斯的冒名顶替者[51]发动了君士坦丁堡的一场大暴动。后来他被抓获，并处以鞭笞。但是，由于他对著名的大人物造成了诽谤，最终他以造谣中伤罪被处以火刑。”对叛逆罪和诽谤罪竟是这样划定刑罚的，真是匪夷所思。

这让我回忆起英国国王查理二世说过的话。他经过一个戴着颈手枷示众的犯人旁边，便问这个人为什么上枷。人们告诉国王，“陛下，他是因为书面诽谤国王的大臣而被判刑的。”国王说道，“真是愚蠢透顶！怎么不写东西诽谤我呢？他要是这么办，什么事都没有。”

据史料记载，“有七十人密谋推翻巴吉尔皇帝[52]。巴吉尔皇帝命令鞭打他们，烧掉了他们的头发和胡须。当一头牡鹿用鹿角勾住皇帝的腰带，他的一名随从拔出佩剑斩断了皇帝的腰带，让皇帝脱离险境，皇帝把他的头砍了下来，究其原因，皇帝说道，‘这个人拔出宝剑对着我’。”有谁能相信，这两个判决竟然是出自同一个君主之手？

如果我们对拦路抢劫犯和抢劫谋杀犯判处同样的刑罚，这是大错特错的。出于对公共安全的考虑，很明显，在对两者的量刑上必须有所区分。

在古代中国，残忍的抢劫犯会被处以凌迟[53]，而其他劫匪则不会遭此重刑。正是由于量刑的不同，中国的强盗在抢劫时一般并不会害命。

在莫斯科公国，抢劫罪和谋杀罪的量刑相同，因此一个人抢劫时往往会杀人[54]。他们说，死人不会泄密。

如果在量刑上不加区分，那就应该在获得赦免的期望上有所区别。在英国，抢劫犯不会杀人，和杀人犯不同，抢劫犯有望被流放到殖民地去。

赦免书是节制政体的一大有效手段。君主手中的赦免权如果使用得当，会产生非常好的效果。专制政体的原则使它不具备这个优越性，因为专制政体不宽恕人，也不为人们所宽恕。

第十七节　刑讯罪犯

人心本恶，法律不得不把人设想成比实际要好一些。只要有两名目击证人在法庭上宣誓作证，就足以对所有犯罪进行量刑。法律相信他们所言，就如同他们是在用事实之嘴在说话。同时，婚姻存续期间怀孕诞下的每名子女都给予合法地位，法律相信母亲，就如同她本身就代表着质朴贤淑。尽管法律是被迫做出前面的这些推定的，但法律在犯罪案件审理过程中的刑讯却不是被迫采用的。今天，我们看到在一个治安良好的国家[55]是拒绝使用刑讯手段的，但却没有显现出弊端。因此，从本质上来看并没有必要采取刑讯[56]。

已经有那么多聪明的人士和极有天赋的人撰文反对使用刑讯，我不敢在他们之后再进行妄言。我想要说的是，刑讯或许对专制政体比较适用，在那里，凡是令人产生恐惧的都是这类政体的力量之所在。我还想说的是，希腊和罗马的奴隶……但是，我听到大自然在大声斥责我。

第十八节　罚金刑和肉刑

我们的祖先日耳曼人只准课以罚金。他们生而为自由的勇士，认为只有在战场上才能挥洒热血。相反，日本以富有的人会借罚金刑逃脱惩罚为借口，拒绝采用这种类型的刑罚[57]。但是，那些富有的人真的会担心丧失财产吗？罚金多少不能和财产多寡按比例确定吗？最后一个问题，不能将羞辱刑和这些刑罚一起使用吗？

一个优秀的立法者懂得如何处置得恰到好处。

第十九节　同态报复法

专制政体国家喜欢采用简单的法律，因此处处可见“同态报复法”[58]。节制政体国家有时也会接受这种法律。但两者的区别在于，前者严格执行这种法律，而后者往往在使用上会比较宽和。

“十二铜表法”既有罚金刑也有肉刑。只有原告无法得到安抚时才会对被告人判以同态复仇[59]。宣判后，犯人可以通过支付损害赔偿金[60]，将肉刑改为罚金刑[61]。

第二十节　子罪父坐

古代中国实行子罪父坐，秘鲁也是如此[62]。子罪父坐是来源于专制思想的又一种刑罚。

可以这么说，在古代，子罪父坐并不是因为大自然赋予父亲这样的权力并通过法律本身加以强化，才得以施行的，子罪父坐这一事实说明，古代中国人并没有所谓“荣誉”观念的存在。

126 在我们欧洲国家，无论是作为父亲，他的子女被判有罪，还是作为子女[63]，他的父亲面临刑罚，他们因此而蒙受的耻辱对他们就是一种最大的刑罚，而这种刑罚的严重程度就如同在古代中国被判处死刑一样。

第二十一节　君主的仁慈

仁慈是君主的独特品质。在以美德为原则的共和政体中，不太需要仁慈；在恐惧处于支配地位的专制政体中，仁慈更是不见踪影，因为国家的重要人物必须要用严酷的案例来加以节制。在君主政体中，一个人受荣誉统治，这通常需要他做一些法律所禁止的事情，因此仁慈就显得更为必要。在君主政体中，蒙受耻辱就等同于受到刑罚，即便是形式上的审判都是惩罚。在那里，羞辱来自方方面面，构成了君主政体所特有的刑罚。

君主政体下的重要人物因为蒙受耻辱而受到莫大的惩罚，他们因此而担心财产丧尽、信誉扫地、幸福全无，对他们而言，严苛的刑罚是毫无用处的，这只会剥夺臣民对君主的忠心爱戴以及他们对职位应有的珍重。

专制政体的性质决定了专制国家的重要人物其地位极不稳定，在君主政体下，这些人的地位稳固安全自然也是由君主政体的性质所决定的。

君主们会从这种仁慈获益良多，仁慈的君主收获的是极大的爱戴和荣光，对他们来说，能有机会来践行这种仁慈，几乎总是弥足珍贵的。庆幸的是，在我们的国家就是这么做的。

或许人们会对君主的部分权力有争议，但对君主们的全部权力几乎不会存在任何争议。并且，即使有时候他们是为王冠而战，但他们却从不为自己的生命而战。

但你也许会问，何时该惩罚？何时该赦免？恐怕只可意会不可言传。尽管仁慈会带来危险，但这种危险是摆在明面的。这与君主由于软弱而轻视惩罚甚至无力实施惩罚截然不同，仁慈和软弱是容易区分开来的。

莫里斯[64]皇帝下决心绝不会让臣民流血。阿纳斯塔修斯[65]不惩罚犯罪。伊撒克二世发誓，在他执政期间，绝不会判处任何人死刑。希腊的君主们已然忘记，他们手持利剑并不是为了摆摆样子。

1 在马祖立巴塔姆没有发现成文法。参阅《创建东印度公司历次航行记》第四卷，第一编，第 391 页（第四章，第 420 页，1705 年版；第四章，第 392 页，1725 年版）。印度人仅仅根据某种习俗来做出判决。《吠陀经》和其他类似书籍有宗教概念的记载，但不包括法律。参阅《耶稣会士书简辑》，第四辑。

2 恺撒、克伦威尔以及其他许多人。

3 拉丁文为“Non liquet”，意为“不清楚的、案情不明”。

4 “这些审判程序完全依照人民的意愿确立，因为人民希望审判既严肃又可靠。”参阅《法学阶梯》，第二卷，第六章：法律的起源。

5 在此类案件上都写上“凭诚信”字样。

6 在法国，债务人如果没有交付或提存所欠债款，债权人要求偿还的金额即使多于债款，债务人也得负担诉讼费。

7 参阅尼古拉·马基雅维利（Niccolò Machiavelli），《论提图斯·李维的前十章》，第一章，第七节。

8 这是雅典的一条法律，如德摩斯梯尼（Demosthenes）所说，苏格拉底拒绝使用这条法律。

9 西塞罗（Cicero）在他的演说《为凯基纳辩护》中对此作了很好的解释。

10 参阅德摩斯梯尼，《论冠冕》，第494页，法兰克福版，1604年。

11 参阅弗莱维厄斯·菲洛斯特拉托斯（Flavius Philostratus），《诡辩家传》，第一章，“埃斯基涅斯传”。

12 柏拉图认为国王也是祭司，不应参与可能判处死刑、流放和监禁的审判。参阅《书信集》，第八封。

13 参阅蒙特雷索（Montrésor），《回忆录》，第二卷，第62页:《德·拉·瓦莱特公爵审讯记》。

14 后来进行了改判。同上，参阅第二卷，第307–308页和第326页，1723年版。

15 参阅塔西佗，《编年史》，第十一章，第五节。

16 同上，第十三章，第四节。

17 参阅佐西姆斯（Zosimus），《历史》，第五卷，第二十四章，第十七至第十九节，第279–280页。

18 小狄奥多西（Theodosius the Younger）治下也是同样的秩序混乱。

19 参阅普罗科皮乌斯（Procopius），《秘史》，第三十章，第三十节至第三十一节。

20 参阅《民法大全》，第二卷，第二十四章，“法的起源”。

21 “由于这位女子的父亲没有出庭，他认为这正是一个枉法的好机会。”

参阅提图斯·李维，《罗马编年史》，第一代，第三章，第四十四节。

22 其他城市也是如此。

23 参阅塔西佗，《编年史》，第四章，第三十节，他在这里谈到了这些告密者的奖赏问题。

24 参阅柏拉图，《法篇》，第九章。

25 后面我还会谈到，从这个意义上来说，古代中国当属共和政体或君主政体这样的情形。

26 参阅让·布蒂利耶（Jean Boutillier），《乡村大全》，第二卷，第198页："如果想要获得保释，非贵族应缴纳罚金40苏，贵族应缴纳60镑。"1512年，哥特版。也可参阅博马努瓦（Beaumanoir），《博韦西斯习惯法》，第六十一章，第309页。

27 参阅皮埃尔·德方丹，《谏言》，第十三章，尤其是其中的第22条。

28 据提图斯·李维说，"瓦勒良法（Valerian law）"在国王被驱逐不久由瓦勒里乌斯·普布利科拉（Valerius Publicola）制定，历经两次修改，都是在同一家族官员的主持下完成的。参阅提图斯·李维，《罗马编年史》，第十章，第九节。修改的目的不是给法律赋予更多力量的问题，而是尽量完善法律条款。提图斯·李维就此在同一节中写道，使之"更彻底地不受侵犯"。

29 《波喜阿斯法（Porcian law）》制定于罗马历454年（公元前300年），"这部法律的制定是为了保护公民"。参阅提图斯·李维，《罗马编年史》，第十章，第九节。

30 提图斯·李维在《罗马编年史》第十章第九节中写道，"除了被认定为是一种恶劣行径以外，没有别的处罚。"

31 裂鼻或割耳。

32 参阅色诺芬，《希腊史》，第二卷，第一章，第三十一至三十二节。

33 参阅普鲁塔克，《道德论丛》，"论国务执掌人"。

34 参阅恩格柏特·坎普法（Engelbert Kaempfer），《日本历史及暹罗王国描述，1690–1692 年》，附录六，第三节，1906 年版，第 325–326 页。

35 参阅《创建东印度公司历次航行记》，第三卷，第二编，第 428 页。

36 当人们的精神受到严酷的刑罚损害时，请把这种做法视为一种实际有效的做法。

37 参阅《创建东印度公司历次航行记》，第五卷，第二编。

38 参阅《创建东印度公司历次航行记》，第五卷，第 313 页。

39 有罪之人被处以罚金，从此他们不能再进入元老院或委以任何官职。参阅狄奥，《罗马史》，第三十六章，第三十八节。

40 参阅狄奥《罗马史》，第三十六章，第三十八节，第 4–5 页。

41 参阅提图斯·李维，《罗马编年史》，第一卷，第二十八章，第十节。

42 在“十二铜表法”中可见火刑，而且几乎都是极刑，盗窃也处死刑，诸如此类。

43 苏拉和罗马十人团的立场完全一致，也像他们一样加大了对讽刺作家的惩罚力度。

44 参阅提图斯·李维，《罗马编年史》，第一卷，第二十八章，第十一节。

45 “他加重了对犯罪的惩处，由于那些富有的人更容易犯罪，其原因在于如果他们被判有罪，将被流放，但他们的财产并不会因此而受到影响。”参阅苏埃托尼乌斯（Suetonius），《尤利乌斯·恺撒》，第四十二章。

46 参阅《法学阶梯》第四十八章，第八节、《科纳利法》第三条以及《法学阶梯》和《查士丁尼法典》的诸多条文。

47 拉丁文为“Sublimiores”，意为最尊贵者。

48 拉丁文为“Medios”，意为中层人士。

49 拉丁文为“Infimos”，意为最低下者，参阅《法学阶梯》第四十八章，

第八节以及《科纳利法》第三条。

50 参阅卡皮多利努斯（Capitolinus），《两个马克西米努斯》，第八章。

51 参阅尼塞弗卢斯（Nicephorus），《君士坦丁堡史》，第三章，1685年版，第484页。

52 参阅尼塞弗卢斯（Nicephorus），《君士坦丁堡史》，第三章，1685年版，第483页。

53 参阅杜赫德（du Halde），《中华帝国全志》，第一卷，第6页。

54 参阅约翰·佩里（John Perry），《当今沙皇治理下的俄国现状》，1967年版，第229页。

55 这里指的是英国。

56 雅典的公民不能采用刑讯逼供，除非他犯有叛国罪（吕西阿斯（Lysias），《犯阿尔戈拉的演说》，第十三章，第25–28页）。刑讯要在定罪三十天以后才可以使用（库里乌斯·佛图那图斯（Chirius Fortunatianus），《修辞学》，第二章）。不得在定罪前进行刑讯。对罗马人来说，《尤利安法典》第三款和第四款规定（《查士丁尼法典》，第四十八章，第四节），如果不是因为犯有叛逆罪，出身、门第和军职都可使案犯免受刑讯。参阅《西哥特法典》对刑讯规定所做出的明智的限制。

57 参阅恩格柏特·坎普法（Engelbert Kaempfer），《日本历史及暹罗王国描述，1690–1692年》，附录六，第三节，1906年版，第325–326页。

58 《古兰经》规定的这样的法律。参阅《古兰经·黄牛》。

59 “如果被人打断了一条手臂或一条腿，除非达成调解，否则就应该按照同态复仇法处理。”参阅奥卢斯·盖利乌斯（Aulus Gellius），《阿提卡之夜》，第二十章，第一节。

60 同上。

61 参阅《西哥特法典》，第六卷，第四章，第三节和第五节。

62 参阅加西拉索（Garcilaso），《印加王朝王室评论和秘鲁通史》，第一编，第二章，第十二节，1966 年版。

63 柏拉图说，作为子女，如果他的父亲犯罪，子女并不会受到惩罚，反而会因为他没有效仿父亲而必须受到褒奖。参阅柏拉图，《法篇》，第九章。

64 参阅埃瓦格里乌斯（Evagrius Scholasticus），《教会史》，第六章，第十节，1979 年版，第 228 页。

65 参阅苏达斯（Suidas）《希腊词典》中的“君士坦丁七世（Constantine Porphyrogenitus）”词条。

第七章

三种政体不同原则与禁奢法、奢侈和妇女地位的关系

第一节　奢侈

奢侈和财富不均永远是成正比例的。如果一个国家平均分配财富，就不会存在奢侈一说，因为奢侈存在的唯一基础就是一个人能方便而舒适地剥夺他人的劳动成果。

为了使财富能均等分配，必须通过法律只给每个人生活必需品。如果超出这个范围，有人就会把多余钱的花出去，而其他人则会把他人花出去的钱赚进来，贫富不均就应运而生。

假设生活之必需等于给定的数额，对那些只有生活必需花销的人，可供他们挥霍的钱将为零，如果一个人有两倍的生活必

需，可兹挥霍的钱就是一倍的生活必需；如果第二个人的财产是第一个人的两倍，可供他挥霍的钱就是三倍的生活必需；当下一个人的财产又翻倍，这个人的奢侈消费金额就是七倍的生活必需。这样，总是假设下一个人的财产是前面一个人的两倍，可用于奢侈消费的钱就是生活必需数额的两倍加一，也就是说，以这样的倍数序列增加：0，1，3，7，15，31，63，127。

在柏拉图描述的理想国中[1]，可以精确地计算用于奢侈花销的金钱。在这里，人口根据财产的多少被分为四个层次，第一个层次是所拥有的财产刚好能摆脱贫穷，第二个层次的人口拥有的财产是第一个层次的两倍，第三个层次是三倍，第四个层次是四倍。这样，第一个层次的人口没有可用于奢侈消费的钱，第二个层次的人口有一倍的奢侈消费数额，第三个层次的人口有两倍的奢侈消费数额，第四个层次的人口有三倍的奢侈消费数额，因此，它是以算术比例增加的。

每个国家不同人口彼此之间可供奢侈消费的钱是根据以下两种不平等复合构成的：一是公民财产的不平等；二是不同国家财富的不平等。以波兰为例，财富不均异常严重，但整体上的贫困让它在奢侈上不及更为富裕的国家。

奢侈还和城镇的规模特别是首府的大小成比例，因此，奢侈是由国家财富、个人财富不均以及聚居在一定地区的人口总数这三者的复合比率共同决定的。

人口总数越多，他们就会越贪图虚荣，越感到需要通过小的事情引起别人对他们的注意[2]。如果这样的人多到数不胜数，而彼此又不会互相认识，想让自己鹤立鸡群的欲望就会进一步加强，因为这样的人对成功的期许更高了。奢侈正好产生了这种期许。每个人都表现得高于他自己的社会地位，但是，凭借着想要出人头地，所有人都变得平等，也就不再有什么区别。正是由于每个人都想被高看一眼，到头来没人会被注意到。

所有这些带来的后果就是普遍的不便。那些在某一领域出类拔萃的人根据他们的技能给自己随意定价，最没有才干的人依此行事。这样，在需求和手段之间就永无协调了。当我被逼着认罪时，我需要有能力雇得起律师；当我生病时，我必须有钱看医生。

有些人会这样认为，在国家的首都聚集这么多人会减少商业贸易，因为人与人之间不再相距遥远。对此，我并不这样认为，当人们聚集在一起时，就会产生更多的欲望和需求，也会产生更多的奇思怪想。

第二节　民主政体的禁奢法

刚才我已经说过，共和政体下财富是均等分配的，不存在奢侈一回事。且从本书第五章[3]可以看出，这种分配的平等让共和国出类拔萃，共和政体下奢侈越少，就越完美。最初的罗马人没有奢侈，斯巴达人也不存在奢侈。对平等没有全部丧失殆尽的

 共和国，商业贸易、劳动和美德的精神让那里的每个人都能够而且乐于自给自足，因此，在那里很少有奢侈。

某些共和国强烈要求制定重新分配田地的法律，这些法律就其性质而言是有益的，只有在仓促执行时才会发生危险。如果突然剥夺一部分人的财产，增加另一部分人的财产，这会引发每个家庭出现反抗，由此也就必然造成整个国家发生动荡。

在共和政体下，只要有奢侈产生，就会使政体的精神转向关注个人利益。对于不得不只有生活必需品的人，他所希冀的只有国家的荣耀和自己的光荣。但是，一旦精神被奢侈所腐蚀，就会有各种各样的其他欲望，奢侈很快就会成为禁奢法的敌人。当那些驻守在雷吉厄姆的士兵习惯奢侈时，他们便开始屠杀城镇的居民。

当罗马人被奢侈腐蚀后，他们的欲望变得无穷无尽。这些从他们对商品的定价就可以判断出来。一罐费乐纳斯白葡萄酒[4]的价格是100罗马德涅尔，产自黑海地区的一桶咸肉的价格是400德涅尔，一个好厨子4塔兰特，而年轻侍童的价格更是高得离谱。当每个人都在同样冲动[5]的驱使下追求骄奢淫逸，那还有什么会成为美德呢?

第三节　贵族政体的禁奢法

贵族政体的政制存在弊端，它之所以不幸就在于贵族们虽然财产丰厚，但却不能挥霍。奢侈和适度的精神相悖，因此应该予以摒弃。这样，剩下的就只有两种人，一种人极度贫困，什么都没有；另一种人非常富裕，却不能花一分钱。

在威尼斯，法律强迫贵族们在品味和格调上要谦虚适度。他们极度崇尚节俭，只有风花雪月才能让他们散尽家财。威尼斯人就用这种方法维持产业：这些最令人鄙视的妇女们挥金如土，毫无顾忌，而那些在她们身上花钱的人却过着世界上最令人费解的生活。

优秀的希腊共和国在这方面有令人羡慕的制度。希腊的富人们用他们的财产组织各种节日庆典、音乐合唱会、马车竞技赛、赛马和谋取开支较大的官职。财产给希腊人带来的负担就如同贫穷令人烦恼一样。

第四节　君主政体的禁奢法

塔西佗说[6]，"居住在斯堪的纳维亚半岛的日耳曼人崇尚财富，这让他们能生活在只有一个人统治的政体下。"这意味着奢侈对君主政体非常适合，他们无须禁奢法的约束。

君主政体的制度决定了财富在那里无法均等分配，因此必然存在奢侈。如果富有的人不多花些钱，穷人们就会饿死。在君主政体下，富人事实上必须根据财富的不均等比例来花销，且正如我们所说，奢侈也应该按照这个比例增加。个人财富的增加只有在一部分公民丧失了生活必需的前提下才能实现，因此必须要将这些财富返还给他们。

这样，君主政体国家为了维持自身的存在，从体力劳动者、工匠、商人、贵族、官吏、大领主、重要的税收官员，直至君主，奢侈程度应该层层加码，否则就会失去一切。

罗马的元老院由严肃的官吏、法学家和满脑子尽是陈旧思想的人组成，奥古斯都统治时期，有人提议纠正当时的风俗和贵妇人的奢侈。从卡西乌斯·狄奥的《罗马史》[7]中我们可以看到这样一个有趣的事实，即奥古斯都是如何巧妙地回避当时那些元老院成员纠缠不休的请求。奥古斯都之所以这样做，是因为他正在打造一个君主政体，逐渐瓦解共和政体。

提比略统治罗马时期，元老院的市政官们提议恢复古代的节俭法[8]。这位开明的君主否定了这个提议，他说："鉴于当前所处的形势，如果恢复这种法律，国家可能就无法再存续下去。罗马怎样才能生存？各个行省怎样才能生存？过去当我们身为一座城池的公民时，我们讲朴素节俭，但现在我们享用着全天下的财富，无论奴隶主还是奴隶都为我们工作。"提比略清楚地认识到，当时的罗马不能再设立禁奢法。

还是在提比略治下，有人向元老院提议，应该禁止省督们带妻妾到行省赴任，理由是免得把放荡之风带过去，这一提议同样被否决。因为，古人严谨的风范已经变为一种更为惬意的生活方式了[9]。人们感觉社会风俗也应该随着改变。

因此，君主政体国家需要有奢侈的存在，专制政体国家同样也需要奢侈。对前者，奢侈是享受人们所拥有的自由；对后者，奢侈是滥用人们从奴役中获得的好处。当一个奴隶被主子派去对其他奴隶施暴时，由于对明天是否还能享受今天这样的欢乐心中无数，所以他唯一的快乐就是今朝有酒今朝醉，耀武扬威，纵情淫乐。

所有这些引发这样一种思考：共和政体毁于奢侈，君主政体毁于贫穷[10]。

第五节　哪些情况下禁奢法会对君主政体有用

本着共和政体的精神或是出于某些特殊情况的需要，阿拉贡王国在 13 世纪中叶颁布了禁奢法。詹姆士一世通过这部法律规定，无论国王或是他的任何臣民，除了自己猎获的东西以外，一餐只能吃不超过两种以上的肉类，且每种肉类只能用一种方法烹制[11]。

在我们当今时代，瑞典也颁布了禁奢法，但瑞典制定禁奢法的初衷与过去的阿拉贡王国并不一样。

一个国家可以出于"绝对节俭"的目的来制定禁奢法，共和政体的禁奢法就是本着这种精神，从本质来看，阿拉贡王国就是以节俭为目的颁布禁奢法的。

颁布禁奢法也可以是出于"相对节俭"的目的，比如，当一个国家感到外国进口商品定价过高，以至于需要本国出口过多的商品才能换取进口商品，这将导致本国物资短缺，因此完全禁止外国商品的涌入，这就是当代瑞典禁奢法的法律精神[12]。这是唯一有利于君主政体的禁奢法。

一般来说，国家越是贫穷，相对的奢侈给它带来的损害也就越大，因此，这样的国家必须颁布相对禁奢法令；国家越是富有，相对奢侈就越能给它带来财富，因此必须要小心谨慎，万不可在这样的国家颁布相对禁奢法。本书后续章节还会对商业贸易进行详细解读[13]。这里仅讨论有关“绝对奢侈”的问题。

第六节　古代中国的奢侈

在某些国家，因为一些特殊的理由需要制定禁奢法。由于气候的原因，一个国家的人口会变得极为庞大，而另一方面，这些人口维持生计的手段又会变得如此不确定，这就需要所有人耕种土地。对这样的国家，生活奢侈会很危险，禁奢法应更为严厉一些。因此，为了知晓到底是必须鼓励奢侈还是应绝对禁止奢侈，应首先考察人口数量与供养人口难易程度两者之间的关系。在英国，土地生产的粮食远远超出供给耕种土地的人口和从事衣物纺织的人口所需粮食总量，如此一来，有些人就会从事制造时髦用品的创作工作，奢侈也就应运而生。在法国，土地出产的小麦足以供养农夫和受雇于工厂的工人，此外，与外国人的商贸活动又能用与生计无关的商品换回如此之多的生活必需品，因此，法国根本就无须担心奢侈。

古代中国的情形与此完全相反。古代中国妇女的生育率非常高，人口增长速度非常快，即便是对土地进行过度耕种，也很难出产足够多的粮食来供养人口。因此，对古代中国来说奢侈是致命的，发扬辛勤工作和勤俭节约的精神同任何共和政体一样，对古代中国都是必不可少的[14]。必须从事日常生活所需的工艺，远离专供享受的工艺。

这正是古代中国历代皇帝在诏书中所要表达的精神。唐朝的一位皇帝说[15]，“如果男不耕田，女不织布，有人就会挨饿受冻……这是我们祖先奉行的金科玉律。”本着这一原则，他下令拆毁了无数的寺庙。

第二十一朝第三位皇帝[16]在位时，有人进献宝石，他不愿意为这种不能供百姓吃穿的东西而劳民，遂下令关闭挖出这些宝石的矿山。

建文帝说[17]：“我们的奢靡之风如此严重，就连老百姓被迫出卖儿女的鞋子上也要绣花。”一大帮人为一个人做衣服，这难道是让许多人不缺衣穿的办法吗？一人耕种，十人吃饭，这难道是让许多人不挨饿的办法吗？

第七节　古代中国因奢侈而必然产生的后果

纵观古代中国历朝历代，总共有二十二个朝代。也就是说，这个国家经历了二十一次改朝换代，这其中不包括数不胜数的暴动和起义。前三个朝代历时弥久，其原因就在于国家治理有方，帝国的版图也没有变得像后来那样幅员辽阔。但一般来说，所有这些朝代在立国之初都深得民心。古代中国需要美德、谨慎和警觉，这些优秀的品性在国家成立之时都具备，最后全都消失得无影无踪。事实上，开国皇帝在战争的艰苦条件下成长历练，最后荣登宝座，君临天下，他们深知这其中的艰辛，自然会倍加珍惜那些让他们得天下的美德，唯恐奢靡之风会毁掉打下的江山。但是，经过三、四个朝代以后，继任的皇帝变得腐败、奢侈、怠惰和享乐，他们终日沉溺于后宫，不理朝政，精神变得日益虚弱颓废，皇帝们普遍变得短寿，皇室家族逐渐衰落。权臣当道，宦官得宠，年幼的皇帝虽然黄袍加身，但大权旁落。议政的宫殿成为帝国的敌人，懒于过问政事的朝臣排挤那些心系国家的忠臣，皇帝要么被诛杀，要么被篡位者驱逐，篡夺皇位之人改朝换代，但好景不长，三、四代以后便开始重蹈覆辙。

第八节　公众的节操

有如此之多的弊端是和女性不遵守美德联系在一起的，一旦她们丧失美德，整个灵魂都会因此变得堕落不堪，一损俱损，其他美德便不复存在。在一个平民政体国家里，淫逸之风盛行是国家的大不幸，也是政体即将更换的前兆。

因此，好的立法者格外看重女性应保持一定程度的庄重。这些立法者在他们的国家里不但摒弃邪恶，而且连邪恶的外表也在摒弃之列。他们禁止在风流场合交际，因为这种交际带来的后果就是好吃懒做，使女性在自己堕落之前就已经把别人拖下水了，其结果就是无关痛痒的事被抬升，而重要之事被贬损，以至于人们仅仅依照揶揄嘲讽的行为准则行事，而妇女们对这种行径再轻车熟路不过了。

第九节　不同政体女性的地位

在君主政体下，女性不受任何拘束，门第和等级使她们常常被召唤进宫廷，她们在宫中可以自由自在，无所拘束，这是因为，几乎只有女性的这种自由风度能得到的宫廷的宽容。每个朝臣都利用女性的魅力和激情来增进自己的富贵，女性本身的柔弱容不得她们傲慢，但却允许虚荣，奢华总是与女性一起充溢着宫廷。

在专制政体下，女性不会带来这种奢侈，但女性本身就是奢华的对象。她们应处于极端的奴役之下。每个朝臣都遵循政体的精神，并把在别处见到的规矩带回家中。因为这种政体下的法律异常严苛且立马执行，有人担心女性若是自由的话会给牢狱之灾带来口实。女性们争吵不休、举止轻浮、厌恶反感、喜好倾向、争风吃醋、恶语相向，一言以蔽之，她们精神境界狭隘，用小女子的这些性情影响宅心仁厚之人，不可能不带来恶果。

再者，由于专制政体国家的君主泯灭人伦，他们妻妾成群，出于种种考虑，迫使他们将女性幽闭起来。

在共和政体下，女性享有法律赋予的自由，但同时受到风俗习惯的约束。共和政体禁止奢侈，因此也摒弃腐败和邪恶。

有一种宗教认为，即便是对男人而言，纯正的风俗也是美德的一部分，但是，希腊人并不受这样的宗教信条制约。因此，在希腊的城池里，疯狂地蔓延着一种盲目的邪恶，爱情只有用一种我们不敢说出口的形式表现出来，而仅存的友谊却藏身于婚姻之中[18]。那里的女性却很有美德，她们是那样质朴、贞洁，我们几乎从未见到过，任何一个民族在这方面有如此良好的风纪[19]。

第十节　罗马人的家庭法庭

与希腊人不一样，罗马人并没有专门的官吏来监督女性的行为。相比共和国的其他公民，监察官不会对女性给予额外的关注。罗马人的家庭法庭制度[20]取代了希腊人的官吏监督制度[21]。

丈夫把妻子的亲属们召集在一起，在他们面前审判妻子[22]。这种家庭法庭维护了共和国的习俗，反过来，这些习俗又维系着家庭法庭的存在。家庭法庭审理的不仅仅是违法案件，还包括违反习俗案件。既然要审理违反习俗的案件，一个人就必须品行端正，是践行习俗的楷模。

这种家庭法庭制定的惩罚措施必然是主观随意的，因为从实际情况来看，对于所有涉及习俗和举止端庄的规定，这些是很少被写入成文法的。用法律规范个人对他人应尽的义务并非难事，但是，想要让法律规范个人对自己应该做些什么，可就非常困难了。

家庭法庭审理的是涉及女性行为的一般案件，但是有一种罪行除外，它不仅要受到家庭法庭的谴责，还要进行公开指责，这种犯罪行为就是通奸。之所以要进行双重审判，原因有三方面，一是在共和政体中，这种严重的有违风化的行为是政府重点关注的案件；二是妻子的这种放荡行径可能令人怀疑丈夫是否也对妻子不忠；三是，有人担心，甚至是那些老实人，在面对此类案件时，也有可能宁可采用息事宁人的态度，也不想进行惩罚，宁可选择装聋作哑，也不想予以报复。

第十一节　罗马的政制如何随政体而发生变化

正如家庭法庭的设立是以习俗的存在为前提，公开指控也是如此，如果社会习俗败坏，家庭法庭和公开指控也就没有必要存在了；如果共和国灭亡，这两者也就不复存在了[23]。

一方面，由于常设审判制度的建立，也就是说审判官们划分了各自的审理范围；另一方面，由审判官审理一切案件[24]的做法日益成为习惯，这就削弱了家庭法庭的职能。这让历史学家们深感意外，因为他们认为提比略这种让家庭法庭进行审判是奇怪的事情，是古代诉讼的重现。

同时，君主政体的建立和习俗的改变也让公开指控走向终点。因为人们担心，如果一个不诚实的男人由于受到一个女人的讥讽而怀恨在心，对她拒绝自己感到愤愤不平，甚至迁怒于她的美德，他就有可能会设计毁了这个女人。尤利安法规定，要想指控一个妇女犯有通奸罪，必须首先指控她的丈夫纵容了她的不检点行为，这种法律规定极大地限制了公开指控，甚至可以说是已经绝迹了[25]。

西克斯图斯五世有意恢复公开指控这种做法[26]。但是，只要稍微想一想就会明白，这种法律在他那种君主政体下比在任何别处都更不适宜。

第十二节　罗马人对女性的监护

罗马的制度将女性置于永久的监护之下，除非她们嫁为人妻受丈夫管控[27]。女性的监护权归最亲近的男性亲属所有，从一句俗话来看[28]，女性似乎被完全束缚起来。对共和政体来说这是好事，但对君主政体就完全没有必要了[29]。

从野蛮人的法典来看，早期日耳曼女性似乎也处于永久监护之下[30]。后来在日耳曼人建立君主政体时继承了这种对女性的监护做法，但并未长期存续。

第十三节　罗马皇帝制定的对妇女淫乱的刑罚

尤利安法针对通奸设立了刑罚。但这一法律以及后来同样为通奸制定的法律远不能说明社会习俗的良好，相反，这恰恰证明了社会风化不良。

到了君主政体时，和妇女相关的所有政治体系都发生了变化。此时，问题已经不再是在女性当中树立纯正的风化，而是要惩治她们的犯罪行为。为此，出台了新的法律，专门惩罚这样的犯罪行为，之所以这样做，唯一的原因是君主政体下女性出轨和犯法已经是两个概念，不再受到惩罚。

社会风俗的严重败坏迫使罗马皇帝制定法律来对淫乱行为略加遏制。但他们的真正意图并不是为了从通常意义上扭转社会风俗的败坏。据历史学家研究，确定无疑的事实最能说明这一切，而不是法律所做出的相反证明。从狄奥的著作中既可以看出奥古斯都在这方面的所作所为，也可以看出他作为当时的罗马执政官和监察官，如何回避人们向他提出的要求[31]。

在历史学家那里，人们可看到奥古斯都和提比略对罗马几个有伤风化的贵妇人所做出的严厉判决。不过，历史学家们在告诉我们这两个朝代的精神的同时，也让我们知道了这些判决的精神。

奥古斯都和提比略考虑的主要是惩罚他们女性亲属的淫乱。他们惩罚的不是社会风俗的败坏，而是他们臆造出来的所谓亵渎

 罪或叛逆罪[32]。他们想以此提升自己的威望，报复私仇。因此，罗马的著述家们强烈反对这种暴政。

尤利安法制定的刑罚措施比较轻[33]。罗马皇帝们要求法官们在作出判决时，在他们所制定的法律条文基础上加重惩处。历史学家们对此痛加抨击，他们考虑的不是这些妇女是否应该受此重罚，而是惩罚她们时是否践踏了法律。

提比略[34]的主要暴政之一就是对旧有法律的滥用。当他想对一个罗马贵妇人处以比尤利安法更重的刑罚时，他就会为她专门私设家庭法庭[35]。

这些和女性有关的法律条款仅仅适用于元老院成员的家庭，与普通百姓的家庭无关。想要指控权贵需要有把柄在手，而贵妇人们的放荡行为恰恰提供了无数的把柄。

最后，我说过良好的社会风化并不是一人执政政体的原则，这句话用最初几个皇帝统治的朝代可以做出最好的验证。如果对此有任何疑问，只需要读一读塔西佗、苏埃托尼乌斯、尤维纳利斯和马提亚尔记录的历史就可以了。

第十四节　罗马人的禁奢法

我们之所以谈到淫乱，是因为淫乱与奢华相连，淫乱与奢华是相伴相生的。如果放纵自己的欲念，怎样才能抑制薄弱的意志呢？

在罗马，除了一般的法律和制度，监察官会让官吏制定若干特殊的法律，以保证妇女的朴素节俭。法尼安法、利西尼亚法、欧皮安法就是用于这个目的。读一下提图斯·李维[36]的著作就可以知道，当妇女们要求废除欧皮安法时，元老院是何等震怒。瓦莱里乌斯·马克西穆斯（Valerius Maximus）废除了这部法律，从此让罗马人进入了奢侈的时代。

第十五节　不同政制下的嫁妆和婚姻利益

在君主政体下，嫁妆应非常丰厚，如此一来，娶妻一方就能维持其地位和既有的排场。共和政体禁止奢侈[37]，嫁妆保持中等就可以。专制政体下，女性从某种意义来说就是奴隶，因此几乎不需要任何嫁妆。

法国法律引入的夫妻财产共有制对君主政体再适合不过了，因为这种制度促使女性关心家务事，而且不管她们是否愿意，都得尽心料理家务。夫妻财产共有制对共和政体就不太适用，因为在共和政体下，妻子有较多的美德。如果在专制政体下实行这种制度,就会很荒谬,因为在那里,妻子本身就是主人财产的一部分。

女性由于其自身地位的缘故，本来就倾心于婚姻，所以法律规定她们可以从丈夫的财产中获取钱财，对她们而言并没有实际意义。可是，这笔钱财在共和政体下就会变成祸害，因为妻子拥有个人财富会产生奢侈。而在专制政体下，婚姻带给她们的钱财也就是能让她们维持基本的生计，除此无他。

第十六节　萨谟奈人的一种优良习俗

萨谟奈人有一种习俗，在一个小共和国里，特别是在他们那种情况下，这种习俗产生了良好的效果。娶妻时，所有的年轻男子被召集在一起并进行评定，被宣布为最优秀的那一位可以娶他的意中人为妻，得票仅次于前者的接着择妻，以此类推[38]。这种做法非常值得称赞，因为在青年所有的财富中，人们看重的是优秀品德和对祖国的贡献。在这方面最富有的那位青年可以在全国范围内任意挑选一位姑娘。爱情、美貌、贞操、品德、出身以及财产，所有这一切都可以说是美德的嫁妆。对于一个小国来说，这种奖赏负担很轻，很难想象得出另一种更加高尚、重大，更能对男女两性产生影响的奖赏了。

萨谟奈人是斯巴达人的后裔。柏拉图制定的法制只不过是对吕库古法律的完善而已，他的法律与萨谟奈人的习俗相似[39]。

第十七节　女性执政

女性在家庭当家做主既违背理性，又不符合天然本性，可埃及人就是这么做的。但是，对女性治国理政就应该另当别论了。处理家事时，女性因体质柔弱而不占优势；但是当女性治理国家时，她们的柔弱恰恰能赋予她们更多的仁慈和宽和，与严峻和凶残相比，仁慈与宽和比较有利于施行仁政。

女性治理下的印度变得井井有条。印度法律规定，如果男性子嗣的母亲没有皇室血统，而女性子嗣的母亲有皇室血统，那么女儿就可以继承王位[40]。若干人员被指定辅佐女王担起治国重任。据史密斯先生[41]记述，非洲的女性状况也不错。如果再加上俄罗斯和英国女性当政的例子，可以看出，无论是在节制政体国家还是在专制政体国家，女性同样能成功地治理国家。

1　第一层次人口的财产根据继承的土地数量计算得出，且柏拉图主张没有人会有超过三倍继承数额的其他财产。参阅其《法篇》，第五章。

2　伯纳德·曼德维尔（Bernard Mandeville）在其所著《蜂蜜的神话》一书第一卷第 133 页说到，在一个大城市里，一个人穿着和自己身份不匹配的衣服，以博得大量民众的尊重。从精神孱弱的角度来看，这种快乐近乎和希望得到满足获得的快乐是等价的。

3　参阅本书第五章的第三节和第四节。

4　参阅君士坦丁·波菲洛戈尼图斯，《品德与邪恶》所转引狄奥多罗斯《世界文库》第三十七章第三节中的片段。

5　“人人攀比谁最会奢侈”，参阅君士坦丁·波菲洛戈尼图斯，《品德与邪恶》所转引狄奥多罗斯《世界文库》第三十七章第三节中的片段。

6　参阅塔西佗，《日耳曼尼亚志》，第四十四章。

7　参阅卡西乌斯·狄奥（Cassius Dio），《罗马史》，第五十四章，第十六节，第 3–6 页。

8　参阅塔西佗，《编年史》，第三章，第五十三节。

9 “古人的俭朴已经变成今天更好的和更舒适的方式”，参阅塔西佗，《编年史》，第三章，第三十四节。

10 “富贵不久即生贫穷”，参阅弗洛鲁斯（Florus），《罗马历史缩影》，第三卷，第十二章。

11 颁布于1234年詹姆士一世《宪法》第六条。参阅皮埃尔·德·马尔卡（Pierre de Marca），《西班牙史》，第1429页。

12 瑞典禁止进口高档葡萄酒和其他贵重的商品。

13 参阅本书第二十章，第二十节。

14 共和政体禁止奢侈。

15 参阅杜赫德，《中华帝国全志》，第二卷中报道的一份诏书。

16 参阅杜赫德，《中华帝国全志》，第一卷中关于中国第二十一朝第三位皇帝的历史记述。

17 参阅杜赫德，《中华帝国全志》，第二卷，第418页。

18 普鲁塔克在《道德论丛·论爱情》的第600页中说，“至于真正的爱情，女性是没有份的。”他的这番话反映了他那个时代的普遍想法。参阅色诺芬以《希埃罗》为题的对话录。

19 雅典专设一名官吏，监督女性的行为。

20 罗穆卢斯（Romulus）设立了家庭法庭。参阅哈利卡纳苏的狄奥尼修斯，《罗马古事记》，第二卷，第96页。

21 参阅提图斯·李维，《罗马编年史》，第三十九卷。从中可以看出，在处理酒神节谋反事件时曾诉诸家庭法庭，所谓针对共和国的谋反，指的是有伤妇女和青年风化的群众性集会。

22 参阅哈利卡纳苏的狄奥尼修斯，《罗马古事记》，第二卷。从中可以看出，根据罗穆卢斯制定的法律，丈夫在审理普通案件时，当着妻子亲属们的面，一个人做出判决，而对于重大的案件，丈夫要和五名亲属一起做出判决。因此，乌尔比安（Ulpian）在他所著的《法律与拜星教》一书第六篇第九、十二、十三章中，将涉及习俗的案子区分为重案和轻案两种，即“mores graviores”和“mores leviores”。

23 “审判应符合传统习俗（这样的规定在古代法律中占有一席之地，尽管现在已不怎么采用）这样的规定现在已经完全废除了。”参阅《法典》第二卷，第二节“休妻”。

24 当时叫做“特殊审判”。

25 君士坦丁彻底废除了这种公开指控，他说，“让安宁的家庭被胆大妄为的外人所搅乱，这是不妥当的。”参阅《民法大全》，第 9.9.29 款。

26 西克斯图斯五世规定，如果丈夫不向他控告妻子的放荡行为，那么他就会被处死。参阅格雷戈里奥（Gregorio），《西克斯图斯五世传》，第六卷，1779 年英译本，第 273 页。

27 这句话的拉丁原文是：“除婚姻这种情形以外，此时女性受丈夫管控。”

28 语出自贺拉斯（Horace）《讽刺集》中这样一句拉丁俚语：“我求你们不要像叔父那样训斥我。”

29 奥古斯都在位时的巴比安法规定，育有三个子女的妇女免受监护。

30 日耳曼人将这种监护称为“mundeburdium”。

31 有一次，一个青年被带到奥古斯都面前，此人与一个同他有过不正当关系的女人结了婚。奥古斯都既不敢对他的行为表示赞同，也不敢处罚他，犹豫了许久之后说道：“这些大坏事的祸根是骚乱，统统忘了吧！”参阅狄奥，《罗马史》，第五十四卷，第十六章。元老院要求他整顿妇女风化，他让他们像他一样惩戒自己的妻子。以此回避了他们的请求。元老们请他讲一讲，他是如何对待妻子的（我觉得这个问题很不合适）。

32 “把男女间相当普遍的一种过错定为亵渎罪和叛逆罪，这就违背了祖先们的仁慈和皇帝自己颁布的法律”。参阅塔西佗，《编年史》，

第三卷，第二十四章。

33 《法学阶梯》对该法有所提及，但并未谈及刑罚。估计是放逐，因为对乱伦的刑罚也不过是终身流放而已。参阅该书“诉讼”“谁娶寡妇”等篇。

34 “提比略的一个特点就是用古代的术语伪装新的罪行”，参阅塔西佗，《编年史》，第四卷，第十九章。

35 “提比略对她（指的是奥古斯塔斯的侄孙女）的通奸罪免除了最严厉的惩罚，向她的亲属建议依照古代先例，把她流放到离罗马万里之外的地方去。禁止奸夫曼利乌斯前往意大利和非洲。”参阅塔西佗，《编年史》，第二卷，第五十节。

36 参阅提图斯·李维，《罗马编年史·第四部》，第四卷。

37 斯特拉波在他的著作中说，当时最明智的共和国马赛规定，嫁妆不应超过一百银埃居，嫁衣不得超过五件。参阅斯特拉波，《地理志》，第四卷。

38 大马士革的尼古拉（Nicholas of Damascus）著作节选，转引自斯托巴乌斯（Stobaeus）的著作，参阅《君士坦丁·波菲洛戈尼图斯文集》。

39 他甚至还允许男女经常会面。参阅柏拉图，《理想国》。

40 参阅《耶稣会士书简辑》，第十四辑。

41 参阅威廉·史密斯（William Smith），《几内亚游记》，第二编，第165页，“关于黄金海岸上的安哥那王国”，法文译本。

第八章

三种政体原则的腐化

第一节　本章主旨

每种政体的腐化几乎总是以政体原则的腐化开始的。

第二节　民主政体原则的腐化

民主政体原则的腐化不仅是发生在失去平等精神之际，同时也发生在极端平等精神占据人们的心灵之时，每个人都想和那些被遴选出来治理国家的人平起平坐。这时，人们甚至不能容忍他们自己托付出去的权力，无论什么事情都想自己去做：代替元老院议事、代替官吏履行职责、把所有法官晾在一边。

如此一来，共和政体的美德便不复存在了。人民一心想着行使官吏的职责，官吏便不再受人尊敬。元老院的审议变得无足轻重，人民不再尊重元老，结果也不敬重老人了。如果失去了对老人的尊重，自然也就对父辈没有任何敬意了。丈夫也不再配敬重，主人也不再配服从。人人都喜欢上了这种放任无羁，无论是给别人发号施令还是听从别人的命令，都将变得让人厌烦。女人、儿童和奴隶将不服从任何人的管束。风化不再，热爱秩序之心不再，直至最后，美德变得土崩瓦解。

在色诺芬的《盛宴记》中可看到一段生动的描述，书中讲的是共和国的人民怎样滥用平等。每个客人轮流讲述对自己感到满意的理由。查米德斯说，“我对自己的贫穷现状感到很满意。以前我比较富有时，我不得不向那些诽谤者谄媚，因为我很明白，以我的处境，我陷害他们难，他们陷害我却易如反掌。共和国总是向我征收新的税费，我哪也去不了。但自从我变成穷人后，我反而有了威望；没有人威胁我，只有我威胁别人的份；我来去自由。富人见到我要起立，给我让路。过去，我是奴隶，现在，我是国王。以前我给共和国交税，现在共和国养活我；我不再患得患失，我只希望索取。”

当那些人民倾心托付的人隐藏自己的腐化，想尽办法腐蚀人民，人民就会陷入这种不幸当中。为了不让人民发现他们包藏的祸心，他们满嘴只是颂扬人民的伟大；为了避免人民察觉到他们的贪婪，他们不断怂恿人民变得贪婪。

腐化将会在那些拖人下水的人当中蔓延，也会在腐败分子当中蔓延。人民将会蚕食所有的公共财产。他们懒惰，却还要管理公务；他们贫穷，却要奢侈享乐。可是，既懒惰又奢侈，那就只有把国库当作追求目标了。

当我们看到选票可以卖钱的时候，大可不必感到惊诧。不向人民索取更多，怎么才能给予人民很多，而要向人民索取更多，就得颠覆国家。人民从他们的自由中所获得的东西越多，那么离失去自由的日子也就越近了。于是出现了许多小暴君，他们集一人独裁的所有弊端于一身。残存的一点点自由也不被容忍，于是暴君应运而生，人民失去了一切，包括腐化带来的好处。

因此，民主政体必须避免两个极端：一是不平等精神，不平等会导致其发展成为贵族政体或一人主政的政体；二是绝对平等精神，绝对平等会导致其发展成为一人治国的专制政体，就像一人独裁的专制主义以被征服告终一样。

诚然，那些腐化希腊共和国的人并不总是成为暴君。他们用的更多的是雄辩的口才，而不是崇尚军事技能；除此以外，所有希腊人的心中都对那些推翻共和政体的人怀有深仇大恨。因此，无政府状态并未演变为暴政，而是最终土崩瓦解。

但是，对于处在原来由许多小寡头统治、最终演变为专制国家[1]包围之中的锡拉库扎城，这个城市所设立的元老院[2]在史书上很少被提及，它却经受了一般腐化难以造成的巨大不幸。这

 座城市始终处于放纵[3]之中或压迫之下，既被自由烦扰，又受奴役折磨，不断地遭受自由和奴役暴风雨般的袭击。尽管这个城市看起来相当强大,其实最微不足道的外部势力就能引发一场革命。拥有众多居民的这个城市只有两种残酷的抉择：不是拥戴一个暴君，便是使自己当暴君。

第三节　极端平等精神

恰如天高地远，平等的真正要义也和极端平等精神相距甚远。前者既不是让每个人都发号施令，也不是让任何人都俯首听命，这种平等是服从与我们平等的人，领导与我们平等的人。这种平等所追寻的并不是各自为政、群龙无首，而是要让和我们平等的人当家做主。

从自然状态来看,人人生而平等,但不能一直保持这种平等。社会让人民失去平等地位，也只有通过法律才能重新找回这种平等关系。

有序的民主政体和无序的民主政体之间的差别就在于，对于前者，平等仅仅体现在人人都是公民这一方面，而对于后者，平等还体现在人人都是官吏、元老、法官、父亲、丈夫和主人等方面。

美德天生就和自由相接近，但是在极端自由和奴役那里无论如何也找不到美德的影子。

第四节　人民腐化的一种特殊原因

取得巨大的成功会让一个人变得如此骄傲自大，从此再也不接受任何人的领导，特别是对那些人民贡献良多的成功更是如此。嫉妒官吏，他们就会变得嫉妒官吏的职务；敌视统治者，他们很快就会成为政治体制的敌人。正是因为如此，雅典人在萨拉米斯取得对波斯人的胜利后，这一胜利随之腐化了雅典共和国[4]；也是因为如此，挫败雅典人之后就葬送了锡拉库扎共和国[5]。

马赛共和国从来没有经历过这些从低谷到高峰的巨大变化，因此，这个国家始终保持井然有序，也由此得以保持它的政体原则。

第五节　贵族政体原则的腐化

当贵族们的权力变得肆意无忌时，贵族政体就被腐化了，无论是君主还是臣民，再也不会有美德存在。

当皇亲国戚都能够遵守法律，这样的君主政体到处可见君主，是一种本质上非常优秀的君主政体，几乎所有的君主都受法律的约束。但是，如果这些皇亲国戚不遵守法律，它就会成为专制政体，处处充满暴君。

在这种情况下，共和政体只对贵族们以及贵族之间而言才能继续存在。共和政体存在于统治集团之中，而专制政体存在于

 被统治集团之中，这样一来，就形成了两个最不和谐的集团。

当贵族阶层成为世袭时，就会发生极端的腐化[6]，贵族们很少会继续保持宽和仁慈。如果这样的世袭贵族数量少，那么他们的权力就会更大，但安全感就消失了；如果这样的世袭贵族数量庞大，他们的权力就会减小，安全感就会增加。这样，权力日渐增大，安全感日渐减少，直到最后发展成为集无限权力与极端危险于一身的专制暴君。

因此，世袭贵族制度下大量贵族的存在会使统治不那么暴虐。但是，由于在这里很少存在美德，人们将会陷入冷漠、慵懒和放任的精神状态，这会使一个国家变得软弱无力、毫无动力[7]。

对一个贵族政体，如果其法律能让贵族们更加强烈地感受到发号施令所带来的恐惧感和疲劳感，而不是欣喜愉悦；如果国家的处境让它经常心存畏惧，虽无内忧，却有外患，那么这样的政体就能保持政体原则的力量。

如果说某种自信是君主政体引以为豪和感到安全的方面，与之形成对比的却是，共和政体必须心存畏惧[8]。对波斯人的恐惧维持着希腊人法律的存在。迦太基和罗马在互相威胁中各自得到巩固。这是多么奇特的景观！这些国家越是安全，就越像死水一样迟早要腐败。

第六节　君主政体原则的腐化

当人民拆除元老院、废除官吏、剥夺法官的权力，民主政体也就土崩瓦解了。与此类似，当人们逐渐取消固有贵族集团的特权，或城镇的特权，君主政体也就被腐化了。对于前者，民主政体变成人人参与的专制政体；对于后者，君主政体变成一人独裁的专制政体。

一位中国著述家曾这样说过，“秦朝和隋朝覆灭的原因就在于，这两个王朝的皇帝不像古代君王那样只做他们唯一应该做的事，即行使一般性的监督，相反，他们想不通过任何中间机构直接插手任何政事[9]。”

如果一个君主认为，他只有通过改变事物的正常秩序而不是遵从这样的秩序，才能更加彰显他的权威，当他剥夺原本自然属于某些人的职能权限，随意分配给别人，当他沉迷于幻想，而不顾他真正想要的，君主政体也就腐化堕落了。

如果一个君主事事独断专行，化国家为首都，化首都为朝廷，化朝廷为一己，君主政体也就行将覆灭了。

最后，如果一个君主低估他的权威、他的地位以及臣民对他的爱戴，如果不懂得一个君主应该能察觉到自己处于安全之中，恰如一个暴君应该知道自己处于危险之中一样，君主政体也就被毁掉了。

第七节 续前

当头等官品成为头等奴役的标志，当显贵们丧失了人民的尊敬，沦为强权利用的卑鄙工具，君主政体的原则也就被腐化了。

当荣誉已经走向荣誉的对立面，当恶行[10]与尊荣集于一身时，君主政体的原则也就被腐化了。

当君主把公正变为严酷时，当君主如同罗马皇帝那样，把美杜莎的头颅挂在胸前时[11]，当他摆出一副威胁和恐怖的神气，如同康茂德对他的雕像所要求的那样，君主政体的原则也就被腐化了[12]。

当卑劣之徒因奴颜婢膝而跻身显贵并因此而沾沾自喜时，当他们认为一切都是君主所赐而与国家无关时，君主政体的原则也就被腐化了。

但是，如果如同各个时代的历史所昭示的那样，君主的权力越大，他的安全感便越少，那么，腐化这个政权直至改变其性质，这难道不也是针对他的大逆罪吗？

第八节 政体原则腐化的危险

当一个国家改朝换代时，从一种类型的节制政体转变为另一种类型的节制政体，这并不是什么缺点，例如从共和政体转变为君主政体，或从君主政体转变为共和政体。但是，当这个国家从节制政体沦为专制政体，就另当别论了。

绝大多数欧洲人民仍是遵从传统习俗的。但是，如果人民长期处于权力被滥用的统治之下或发生大规模的外族征服占领，导致专制政体在某一时刻得以建立，此时习俗和气候的决定性作用就不再继续得以稳固，在这个世界美好的一部分，人性至少在一个时期内会蒙受羞辱，如同在世界的其他三部分一样。

第九节　贵族会在多大程度上倾向于捍卫王位

英国的贵族随着查理一世王冠的破碎而一同被埋葬。在这之前，当菲利普二世用自由这个字眼蛊惑法兰西人民时，他的王位一直得到贵族阶层的忠诚拥护，贵族阶层将服从国王的领导视为一种荣誉，然而，他们却把与人民分享权力看作莫大的耻辱。

奥地利王室一直竭力压迫匈牙利贵族阶层，却不知道这些贵族有朝一日会是多么可贵。它想方设法搜刮这些贵族其实并不拥有的钱财，却看不见这些贵族中的人才。当许多君主争相瓜分奥地利的各邦时，这个君主国的各部分竟坐以待毙，毫无动静，以致纷纷瓦解。当时唯有一息尚存的是匈牙利贵族，他们怒不可遏，舍生忘死地投入战斗，把牺牲生命和抛弃前嫌视为自己的殊荣。

第十节 专制政体原则的腐化

专制政体原则无休止地被腐化掉，这是由专制政体的性质使然的。其他政体原则被毁掉是因为某些特别的意外事件违背了政体原则；而对专制政体，如果意外原因并没有起到防止其政体原则被腐化的作用，那就是被这种政体本身固有的缺陷所导致的。因此，只有在环境的作用下，比如气候、宗教以及形势或人民的天赋，迫使其遵循某些秩序并容忍某些规则，这种政体原则才能维系下去。这些因素迫使专制政体维持本性，不做任何改变。专制政体的残暴依旧如故，只不过是暂时被驯服而已。

第十一节 政体原则的完好和腐化的自然后果

一旦政体的原则被腐化，即便是原来最好的法律也会变质，并转而与国家为敌。当政体的原则十分坚实稳固时，即便是最糟糕的法律也会产生像优秀法律的那种效果。政体原则的力量裹挟着一切。

克里特岛人为了敦促最高级别官吏能依法行事，他们采用了一种非常奇特的“暴动”的方法。其中有一部分居民会起来造反[13]，推翻官吏的统治并迫使他们重新回归普通人的生活。这是依照法律必须做的事情。这种制度通过煽动叛乱来预防权力的滥用，似乎注定会推翻任何共和政体。但它却没有摧毁克里特岛的共和政体，原因如下[14]：

当古人想要说一个人对自己的国家无比忠诚热爱，他们肯定会以克里特岛人为例。柏拉图曾说过，“祖国这个名字对克里特岛人是多么的温柔可爱[15]。”他们用表示母爱的一个词来称呼自己的祖国[16]。对祖国的爱可以纠正任何弊端。

波兰的法律也有他们自己的“暴动”法。同样是使用这种起义暴动的方法，但波兰的结果却是弊端丛生，这清楚地表明，只有克里特岛的人民才能成功使用这种治愈国家弊端的方法。

希腊人热衷的体育运动也在很大程度上取决于政体原则所带来的好处。柏拉图曾这样说过[17]，“斯巴达人和克里特岛人率先开设了这些著名的竞技学校，这让他们蜚声世界。最初难免会感到羞涩，但终于让位于公共利益。”在柏拉图所处的那个年代，这种制度令人赞叹不已[18]。这种制度是和军事技能这一终极目标联系在一起的。但是，当希腊人的美德不复存在时，这些制度却毁了军事技能本身，一个人到角斗场不再是接受训练，而是在这里被腐化掉[19]。

普鲁塔克告诉我们[20]，与他同时代的罗马人认为，这些竞技就是希腊人沦为奴隶的主要原因。其实恰恰相反，希腊人沦为奴隶导致这些竞技活动被败坏。在普鲁塔克生活的年代[21]，人们赤身裸体在公园里进行角力，让年轻人变得懦弱胆怯，沉湎于卑劣的情欲，变成了一群卖艺者。但是，在伊巴密浓达所生活的年代，角力训练让底比斯人在留克特拉战役中大获全胜[22]。

166 当一个国家没有丧失其原则时，法律很少是不好的。这正如伊壁鸠鲁（Epicurus）在谈及财富时所说的，“腐败的不是酒，而是酒罐”。

第十二节　续前

在罗马，法官最初来自元老院的成员。格拉古兄弟将这一特权转让给骑士。德鲁苏斯把这一权力赋予元老院成员和骑士，苏拉只让元老院成员有这个权力，而科塔则将这一权力分给元老院成员、骑士和国库监督官。恺撒大帝最后把它从国库监督官手中收回。安东尼把元老、爵士和百夫长编成“十人队”。

当共和政体被腐化以后，积弊难以革除，除非消除腐化本身并重新唤回政体原则。而其他纠正方法要么毫无用处，要么成为新的弊端。只要罗马维持其政体原则不变，审判权就会牢牢掌握在元老院成员手中，不会出现滥用的情况。但是，当政体精神被腐化后，不论审判权交给谁，比如单独交给元老院成员、骑士或国库监督官，或者是交给这三者之中的两者，或者是交由他们三者共同掌管，其结果无一例外都是非常糟糕的。骑士的美德不比元老院成员多，国库监督官也不比骑士的美德多，而骑士和百夫长一样少有美德。

当罗马平民得到允诺可以与贵族一样担任官职时，他们理所当然地认为，讨好平民的那些人将主宰政府。实则不然，我们看到的是，罗马人民虽然允许平民担任官职，却依然总是把选票投给贵族。因为，人民品德高尚，宽容厚道，他们是自由的，不以权力为重。但是，当他们丧失自己的原则之后，越有权力便越不谨慎，直至最终变成自己的暴君和自己的奴隶。他们失去了自由的力量，因放纵而变得孱弱。

第十三节　誓言对品德高尚人民的效力

提图斯·李维说[23]，与其他民族相比，淫逸之风在罗马人中间滋生最迟，他们以节俭和贫困为荣的时间也最长。

誓言在罗马人当中的力量是如此之强大，没有什么比誓言更能让罗马人遵纪守法了。为了履行誓言，给自己赢得荣耀或给祖国争光，他们通常做出以前绝不会做的事。

当罗马执政官昆克提乌斯·辛辛纳图斯想召集军队讨伐埃魁人和沃尔西人时，遭到罗马护民官们的反对。他说道，“那好吧，让去年所有向执政官宣誓的人在我的旗帜下列队行进[24]。”护民官高声叫嚷说，“这些都是徒劳无用之举，现在没有人还会受那个誓言约束，因为去年宣誓时，昆克提乌斯还只是个普通百姓”。但是，保民官们的叫喊毫无用处，因为人民比那些试图插手领导他们的人更加笃信宗教，根本不听保民官们所做的区分和解释。

当这些人想撤退到圣山，可是想到自己曾当着执政官的面发过誓，要追随执政官前去作战，便踌躇不前[25]。他们便计划把执政官们杀掉，但是有人告诉他们，就算杀死执政官们，誓言依然有效。从他们想要犯的罪行可以看出，他们对违背誓言是持有怎样的一种观念。

坎尼战役以后，人们惊恐不已，想要撤到西西里岛。西庇阿让他们发誓不会再踏出罗马半步，但是对违背誓言的恐惧让他们战胜了所有任何恐惧。处在疾风骤雨之中的罗马就像一艘被两个大锚稳定的船只，这两个锚就是宗教和风俗。

第十四节　政制最微小的变化如何导致政体原则的毁坏

亚里士多德给我们讲述了迦太基共和国是一个治理井然的共和国。波利比乌斯告诉我们，在第二次布匿战争期间[26]，迦太基遇到的最大问题就是元老院几乎已经失去了所有权力。提图斯·李维告诉我们，当汉尼拔返回到迦太基，他发现官吏和士绅们将公共收入占为己有并大肆滥权。如此一来，官吏的美德同元老院的权威一样丧失殆尽，因为这两者都是来自于同一政体原则。

罗马人监察制度所带来的惊人结果也是尽人皆知的。曾经有一段时期，这项制度受到抑制，但还是坚持执行，原因在于当时的罗马奢靡之风甚于贪腐。克劳狄乌斯削弱了监察制度，通过采取这样的举措，腐败变得甚至比奢侈还要严重，监察制度似乎也就自行消失了[27]。历经修改、强制推行、重新恢复和再次放弃，直到最后这项制度变得彻底无用时才被完全废止，我说的这个时间段是奥古斯都和克劳狄乌斯统治时期。

第十五节　保持三种政体原则非常有效的方法

只有阅读完接下来的四章内容才能理解我的想法。

第十六节　共和政体的显著特点

共和政体的本质决定了共和国的版图较小，否则便难以为续。在幅员辽阔的共和国里，财富丰盈，但随之而来的就是节制精神的匮乏。交由某个公民个人掌控的财富太多，人们的利益便各不相同。起初，一个人会感觉到即便没有祖国，他也会幸福、伟大和显赫；但很快他就会以为，只有让祖国变成一片废墟才能彰显其伟大。

在幅员辽阔的共和国里，公共福祉会因千百个理由而被牺牲，既受制于各种各样的例外，又取决于多种偶然因素。在一个小的共和国里，人们更能感受并了解到公共福祉，其和每位公民联系得越越加紧密。在这样的共和国里，弊端较少，因而也就很少受到保护。

是什么让斯巴达共和国能延续那么久远，原因就在于在经历历次战争后，这个共和国总是保持在自己领土范围内。斯巴达共和国的唯一目标就是享有自由，自由的唯一优势就是光荣。

希腊共和国根植于内心的精神就是，这个共和国的人民既满足于自己的领土，又满足于自己的法律。雅典人被野心所俘获，并把这种野心带到了斯巴达，但他们这么做的目的是为了向自由的人民发号施令，而不是为了管束奴隶；是为了领导联盟，而不是为了破坏联盟。当君主政体崛起之际，所有这些精神都覆灭了，君主政体的精神更多地倾向于扩张。

除了共和政体，想让任何一种其他政体在一座单独的城池里维系都是很困难的，除非是处于特定的环境之下[28]。在这样一个小国家里的君主，他很自然地会倾向于压迫人民，这是因为只有这样他才能拥有绝对的权力，除此以外很少有办法来享受这种权力或让人民尊敬这种权力。如此一来，他便会肆意蹂躏他的臣民。从另一方面来看，恰恰是这样的君主更容易受到外部势力的裹挟，甚至国内势力也会让他受到压制，而人民随时会团结在一起反对他的领导。现在，如果驱逐了这个单独城池里的君主，这个过程也就停止了。如果这位君主有好几个城池，这个过程才刚刚开始。

第十七节　君主政体的显著特点

君主政体国家的版图应保持适中。如果君主国家领土比较小，它就会把自己塑造成为共和政体国家；如果君主国家疆域非常辽阔，国家之中那些居功至伟的权臣就会脱离君主的视线，他们的宅邸也会远离君主的朝堂，此外，由于他们毫不忌惮法律和习俗会对他们迅速发生效力，因此，也就不再听命于君主。君主对他们的惩治来自于千里之外，往往姗姗来迟，他们也就无所畏惧了。

正因为如此，查理曼大帝刚刚建立起他的帝国，便不得不立即把帝国分割了。一方面是因为各个行省的总督们不服从他的命令，另一方面是因为如果帝国被划分为几个王国，他们会更好地服从命令。

亚历山大大帝逝世后，它的帝国就分崩离析了。对于那些希腊和马其顿王国的权贵们，他们曾经享有自由，或者是至少也统领着广袤的被占领疆土的征服者们，怎么能听命于其他人呢？

阿提拉死后，他的帝国就四分五裂。那些从此不再受到约束限制的王侯们是不会重新给自己带上锁链的。

在上面这些例子中，迅速建立没有限制的权力，是防止帝国瓦解的一个有效手段，然而，这却是继领土扩张带来灾难之后的又一个灾难！

河流奔淌着汇入大海，君主政体国家就这样消失在专制主义的汪洋大海里。

第十八节　西班牙君主政体的特殊情况

请不要以西班牙为例，西班牙恰恰证实了我的说法。为了保住美洲，西班牙把美洲的居民赶尽杀绝，这种事专制主义都干不出来。为了保住它的殖民地，西班牙不得不使殖民地连基本的生存都要依赖它。

西班牙曾试图在荷兰推行专制政体，但很快便放弃了这一努力，随后进一步陷入了两难境地。一方面，瓦隆人不愿接受西班牙人统治，另一方面，西班牙士兵不愿服从瓦隆军官的指挥[29]。

西班牙在意大利维持住了它的地位，但这也仅仅是因为它让意大利变得富庶起来，而把自己弄得精疲力竭。因为，那些原本想要摆脱西班牙王国的人，舍不得为此而放弃他的金钱。

第十九节　专制政体的显著特点

一个幅员广袤的帝国的统治者必须握有专制权力。君主必须当机立断，这才能弥补命令所要送达地区的遥远距离；必须要让遥远地区的总督或官吏对君主心存畏惧，这样才能防止他们玩忽职守；法律也必须掌握在一个人手里，并且要不断地改变，犹如意外事件，而国土越广袤，意外事件也就越多。

第二十节　以上各节的结论

如果小国的天性是受共和政体统治，中等大小国家受君主政体支配，而地域辽阔的帝国由专制君主统领，由此可以得出，为了保持已经建立的政体的原则，国家必须维持现有版图不变，如果疆土缩小或扩大，都会导致国家精神的变化。

第二十一节　中华帝国

有读者可能会对我在这里论述的关于政体原则腐化的所有内容提出一个问号,因此,在结束本章之前,我应该对此予以解答。

我们的传教士每每谈及中国这个庞大的帝国，都被它的政体所深深折服，中华帝国的政体原则夹杂着恐惧、荣誉和美德，这三者相互交融。这样看来，前面我对三种政体原则所做的区分似乎显得有些徒劳无用。

让我不理解的是，一个人怎么能在不加以笞打就什么也不做的那些人当中大谈特谈所谓的荣誉[30]。

再者，当问及我们的商人对中华帝国怎么看时，他们的说法和传教士们给我们灌输的那里充满着德行迥然不同，商人们被问及的更多是有关古代中国官匪勾结的情况[31]。我还可以请安森勋爵这位伟人为我说的作证。

此外，传教士巴多明在书信中提到这样一起诉讼案，讲的是中国的皇帝惩办了几位亲王[32]。这些书信让我们看到了一以贯之的暴政，以及被视为天经地义，也就是不动声色地对人性的羞辱和摧残。

我们还有德梅郎先生和巴多明神甫谈论中国朝廷的书信。

 读了几个合乎情理的问题和回答后，令人赞叹之处全都化作烟云了。

是不是传教士们被表面上的井然有序所蒙蔽了呢？或许是单独一人持续不断地行使个人意志给了他们非常深刻的印象，因为他们自己也在教皇一人意志的统治之下，他们还费尽心机，想在印度诸王的朝廷里找到这种持续不断地行使的个人意志。所有这一切是因为，他们到那里去的使命只是为了提倡巨大的变革，因此，对他们来说，让君主们相信自己无所不能，远比让老百姓相信自己能忍受一切要容易得多[33]。

最后，即便是出现某些错讹，总有一些也是正确无误的。或许是独特的或绝无仅有的环境使然，使得中华帝国的政体并不是它本应当那样的腐化。在这个国度里，主要是来自气候的物理原因对道德原因产生了巨大影响，进而演绎出种种奇迹。

中国气候的特点特别有利于人口的繁衍。那里的女性繁育能力特别强，世界上还没有任何其他地区能像中国这样。即便是最残忍的暴政也无法遏制繁衍的进程。古代中国的君主不能像法老那样说：“我们不如用巧计对付他们！”古代中国的君主只能抱有尼禄的那种愿望：但愿全人类只有一个首领。暴政归暴政，气候将使中国的人口越来越多，并最终战胜暴政。

和所有种植稻米的国家一样[34]，古代中国也时常受到饥荒的困扰。当人们陷入饥荒时，他们分散开来四处寻找食物。到处可见他们三五成群地抢盗，但大多数这样的劫掠团伙迅即被剿灭。

其他的团伙发展壮大，最终难逃被消灭的命运。但是，在这样一个幅员如此辽阔、偏远行省如此之多的国家里，或许就会有一群人渐成气候。这伙人不断壮大、结成军队、直捣都城，其首领最终登上皇帝的宝座。

事情的本质是，古代中国的昏聩朝廷会立刻受到惩罚。一旦数量极其庞大的人口无法维持生计，社会秩序突然就会被打破。别的国家之所以很难从积弊中起死回生，就在于其根本感觉不到积弊所带来的影响和后果，他们的君主们自然也就不像古代中国的君主那样能非常迅速而醒目地受到警醒。

古代中国的皇帝不会像我们的君主那样深有感切，如果国家治理得不好，他的来生也不会幸福，在现世中也不会强大和富有；古代中国的皇帝深知，如果他统治不当，他就会失去他的帝国、丢掉自己的性命。

尽管时有弃婴发生，但是古代中国的人口依然不断增长[35]，因此，必须勤奋劳作，以使土地提供赖以活命的粮食。这就需要朝廷给以巨大的关注。朝廷时刻都要关心，以期人人可以安心劳作，不必担心因劳动成果被人攫取而白辛苦一场。所以，与其说这是一个管理公民事物的朝廷，不如说这是一个管理家政的朝廷。

这就是引发如此之多争议的各种法规的由来。有人曾希望让法律与专制主义并行不悖，但是，任何东西一旦与专制主义沾边，就不再有力量。专制主义在无数祸患的挤压下，曾经试图用锁链束缚自己，然而却是徒劳无益，它用锁链把自己武装起来，

176 从而变得更加狰狞可怖。

因此，古代中国就是一个专制国家，它的原则自然也是恐惧。在最初的那些朝代，古代中国的版图还没有那么辽阔，那时的中国或许稍稍背离了这种专制精神，但如今根本就不是这样了。

1 参阅普鲁塔克，《提摩勒翁和狄奥传》。

2 这就是狄奥多罗斯在《世界文库》第十九卷第五章中所说的由六百人组成的元老院。

3 驱逐暴君之后，他们就给外邦人和雇佣兵授予公民身份，从而引发了内战。参阅亚里士多德，《政治学》，第五卷，第三章。正是由于人民在对抗雅典人的战争中发挥了决定性作用，共和国被彻底改变。参阅同书第四章。两位年轻官员的激情使共和政体形式发生了变化，其中一人把另一人的小男孩拐走，后者则勾引了前者的妻子。参阅同书第七卷第四章。

4 参阅亚里士多德，《政治学》，第五卷，第四章。

5 参阅亚里士多德，《政治学》，第五卷，第四章。

6 贵族政体转变为寡头政体。

7 威尼斯是这样的共和国之一，这些共和国用法律在最大程度上纠正了世袭贵族制存在的弊端。

8 查士丁（Justin）把雅典人美德的丧失归因于伊巴密浓达（Epaminondas）的死亡。此时危险不复存在，雅典人开始把收入都花费在各种节日盛典上，他们“更频繁地出现在宴会上，而不是营地中”。这样一来，马其顿人便悄然崛起了。参阅查士丁，《腓力史摘要》，第六卷，第九章。

9 参阅杜赫德，《中华帝国全志》，第二卷，第 648 页，转引自《明人著作集》。

10 提比略统治时期，为告密者树立雕像，并饰以胜利大奖，这就大大贬损了荣誉，致使有资格获得荣誉者都不屑于这样的荣誉。参阅《狄奥残篇》，第五十八卷，第四章，引自君士坦丁·泼菲洛戈尼图斯，《品德与邪恶》摘录。参阅塔西佗，《编年史》，第十四卷，第七十二章。塔西佗在此章中记述了尼禄发现并惩罚了一个所谓的谋反集团后，向佩特罗尼乌斯·图尔皮里亚努斯（Petronius Turpilianus）、内尔瓦（Nerva）和提格利努斯（Tigellinus）颁发胜利大奖。塔西佗在此书的第十三卷第五十三章中还谈到了罗马将军们因鄙视荣誉而不屑于参战。“胜利带来的荣誉已经严重贬值了。”

11 这个国家的君主对其政体原则十分清楚。

12 参阅希罗狄安诺斯（Herodianus），《罗马史》，第一卷，第十四章，第九节。

13 参阅亚里士多德，《政治学》。第二卷，第十章。

14 人们总是首先联合起来对付外部敌人，这叫做一致对敌。参阅普鲁塔克，《道德论丛》，第 88 页。

15 参阅柏拉图，《理想国》，第九卷。

16 参阅普鲁塔克在《道德论丛》中论述“年长者是否应该参与公共事务”的部分。

17 参阅柏拉图，《理想国》，第五卷。

18 体育运动分为两个项目，分别是舞蹈和角斗。克里特岛有克里特岛人的军事舞蹈，斯巴达有卡斯托尔（Castor）和波吕克斯（Pollux）的军事舞蹈，雅典则有帕拉斯（Pallas）军事舞蹈。所有这些军事舞蹈都非常适合于尚未达到奔赴战场年龄的人。柏拉图在《法篇》第七卷中说，角斗是对战争的想象。他称赞古人创立了两种舞蹈，即和平舞和出征舞。关于出征舞如何用于军事技能训练，参阅柏拉图《法篇》。

19 “……或是莱达喜爱的淫荡的斯巴达角斗场的经济。”参阅玛尔斯（Martial），《短诗集》，第四卷，第55首。

20 参阅普鲁塔克，《道德论丛》，第二卷，“关于罗马事物”第四十个问题。

21 同上。

22 参阅普鲁塔克，《道德论丛》，第二卷，“杂谈”第五个问题。

23 参阅提图斯·李维，《罗马编年史》，第一卷“绪论”。

24 参阅提图斯·李维，《罗马编年史》，第三卷，第二十章，第四节。

25 参阅提图斯·李维，《罗马编年史》，第二卷，第三十二章，第一、二节。

26 大约一百年后。参阅波利比乌斯（Polybius），《历史》，第六卷，第五十一节。

27 参阅狄奥，《罗马史》，第三十八卷；普鲁塔克，《西塞罗传》；西塞罗，《致阿蒂库斯》，第四卷，第十、十五封信；阿司卡尼乌斯（Asconius）在《占卜》中论及西塞罗的段落。

28 比如，一个小的主权国家在两个互相嫉妒的大国之间维系自己的存在，但也只能是提心吊胆、苟且偷生。

29 参阅勒克莱尔（Le Clere），《联合省史》，英译本，第一卷，第八十一章，1737–1738年版。

30 杜赫德在《中华帝国全志》第二卷中写道，“棍棒统治着古代中国。”

31 比如说，参阅郎克（Lange）的记述，《郎克驻节北京日记》，第八卷。

32 苏努家族的成员。参阅《中华帝国全志》，第十八卷。

33 在杜赫德神甫的著作里可以看到，传教士们如何借助康熙皇帝的权威，让那些一再声称古代中国的法律不允许洋人在中国设教的官员们免开尊口。参阅杜赫德，《中华帝国全志》，第三卷。

34 参阅本书第二十三章，第十四节。

35 参阅《耶稣会士书简辑》，第二十一辑中关于一位总督提倡垦荒的记述。

第二编

第九章

法律与防御力量的关系

第一节　共和国如何谋取安全

一个共和国，小则亡于外敌，大则毁于内弊。

民主政体国家和贵族政体国家不论其是好是坏，也都避不开这两种弊端。

因此，如果人们没有构想出一种集所有共和政体内部优点和君主政体外部力量于一体的政制，这就是我所说的联邦共和国，人们最终极有可能被迫永远生活在一人统治的政体之下。

联邦共和政体由许多政治实体通过共同签署协议达成，他们一致同意成为由其自愿成立的这个更大国家的公民。这是由原来不同社会构成的一个新的社会，其可通过新成员的加入而得以扩大。

这种形式的联合得以让希腊能如此之久地获得繁荣昌盛。也是通过倚仗这种联合，罗马人打遍天下，整个世界也仅仅使用这种联合才能抗击罗马人。在罗马鼎盛时期，蛮族人出于对罗马的恐惧在多瑙河和莱茵河彼岸结成联盟，他们正是依靠这种联合才有实力对抗罗马人。

也是由于这种联合，荷兰[1]、德意志和瑞士联盟在欧洲被视为永存不灭的共和国。

一个没有强大力量的城市会面临着极大的危险，因此，相比现在而言，以前的各个城镇更有必要联合在一起。像今天一样，一个城镇如果被占领征服，它丧失的不仅仅是行政权和立法权，还包括人们所拥有的一切[2]。

这种类型的共和国既能抵御外部入侵，又能杜绝内部腐化，从而维持国家的长盛不衰。这样的社会形式可以控制任何一种弊端的蔓延。

一个人如果想篡夺联邦共和国的权力，那么他几乎不可能在所有结盟国家中都得到同样的信任。如果他在一个结盟国家里权力过大，其他所有结盟国家就会感到恐慌；如果他征服了一个地方，其他仍然自由的地方就会在他完全站住脚之前，依靠独立于他所征服的那个地方以外的力量与其对抗并彻底击败他。

如果联邦共和国中有一个国家发生叛乱，其他加盟国就会平息这一叛乱。如果联邦共和国中某些部分出现弊端，其他健全的部分就会对其进行纠正。这样的国家不会因为一个地方的腐化而殃及其他地方；联邦可以被解散，但加盟国仍然保有主权。

联邦共和国由一个个小的共和国组成，因此可以享有每个共和国内部治理所带来的好处。并且，从外部来看，通过联合在一起产生的力量，它又具有大型君主政体所有的优越性。

第二节　联邦应由性质相同的国家尤其是共和政体国家组成

迦南人由于他们的国家由小的君主国组成，这些小的君主国并没有联合在一起，从而也就没有组成共同的防御，最终被消灭掉。究其原因，小的君主国从本质上无法构成结盟。

德意志联邦共和国是由自由城镇和服从君主统治的小型国家组成的。经验表明，德意志联邦共和国要比荷兰和瑞士那样的联邦共和国逊色得多。

君主政体的精神就是征战和扩张，而共和政体的精神则是和平与节制。只有通过采取强制力量，才能使这两种不同类型的政体组成一个联邦政体并存续下去。

这样，从罗马的历史就可以看出，当维埃人选择国王建立君主政体时，他们就被托斯卡纳所有的小共和国所摒弃。在希腊，当马其顿的国王们在近邻同盟成员国中谋得一席之地时，希腊便丧失了一切。

由君主和自由城镇构成的德意志联邦共和国之所以能存续下去，是因为它的领导人在某种程度上既是联邦的长官，同时也是联邦的君主。

第三节　联邦共和国所需的其他条件

在荷兰共和国，一个行省在没有获得其他行省同意的情况下不能缔结联盟。这项法律规定非常明智，甚至对联邦共和国也是非常有必要的。德意志共和国就没有这样的法律规定，如果不是如此，就能避免由于一个单独成员国的草率行事、野心膨胀或贪欲盛行而带给所有成员国的深重灾难。一个加入了政治联盟的共和国，已经把自己完全交了出去，再也没有任何东西可交了。

联合在一起的国家不见得大小相等、实力相当。吕西亚人[3]的共和国由二十三个城镇组成，在其公共议会中，大型城镇拥有三票表决权，中等城镇有两票表决权，而小城镇只有一票表决权。荷兰共和国由七个行省构成，各行省不论大小，都只有一票表决权。

利西亚的城镇[4]根据选票的比例支付费用。荷兰的行省不能依照这种比例，而按照各自的实力缴纳费用。

在利西亚[5]，各个城镇的法官和官吏按照前面所说的比例由公共议会选举产生。在荷兰共和国，法官和官吏并不是由公共议会选举产生的，而是由各个城镇进行任命。如果需要举出一个联邦共和国的优良典范，我推举利西亚共和国。

第四节　专制国家如何谋取安全

正如共和国团结在一起来保卫它们的安全，专制国家则彼此分割保持各自独立，也可以说是孤立自己来谋求安全。专制国家舍弃一部分领土，破坏边境地区，任其荒芜；这样，就把帝国的腹地和外界隔开，使外界无法接近帝国的主要地区。

从几何学上来看，一个物体面积越大，那么它的边缘相对来说就越小。把这种理论推广到国家的疆域同样适用，相比领土面积中等的国家，幅员辽阔的国家更能容忍边境地区被弃之不顾。

残暴的敌人所能做的所有坏事，这种国家对自己都能做得出来，只不过，敌人是阻止不了的。

专制国家通过另外一种类型的分割来维持自己的存续，也就是把距离遥远的省份分封给封建藩属统治。莫卧儿人、波斯人和古代中国的皇帝都有他们自己的藩属；土耳其人则把很多鞑靼人、摩尔多瓦人、瓦拉几亚人和以前的特兰西瓦尼亚人置于敌人和他们自己中间。

第五节　君主国家如何谋取安全

君主国家则不像专制国家那样自我戕害，但是一个中等大小的君主国可能很快就被入侵。因此，这样的君主国在边境地区设置要塞，派兵把守这些要塞。每一寸土地都要用技艺、勇气和韧性去争夺。专制国家彼此侵犯，唯有君主国家进行战争。

要塞属于君主国，而专制国家却惮于要塞的存在。他们不敢把要塞托付于任何人，因为没有人热爱这样的国家或君主。

第六节　泛论国家的防御力量

一个国家要想有强大的武力，其领土大小必须满足这样一种关系，也就是当敌人发动进攻时，己方的反击速度能跟得上敌人的进攻速度。这是因为进攻一方会突然出现在任何地方，防御一方也必须能出现在任何地方。因此，国家必须要保持中等规模，这就能和人们天生的转移速度相适应。

法兰西和西班牙这两个国家的疆域大小就恰好满足这种要求。他们的军队彼此之间连通非常顺畅，可立即奔赴任意指定地区；各军队汇聚在一起，迅速地从边境一端转移到另一端。人们对那些需要花费一定时间才能执行的任务一点也不担心。

对法兰西而言，其首府到不同边境地区的距离远近恰好和边境的力量薄弱相匹配，越是薄弱的边境，离首府越近，越是暴露的领土，国王看得越清，这是何等幸运的事情。

但是对于疆域辽阔的国家，比如波斯，一旦其遭到攻击，要想把军队集结起来，必须耗时几个月之久，想让军队急行军半个月不难，但让他们急行军数月则不可能。如果边境地区的军队被击溃，由于撤退地点不在附近，军队肯定会四处溃散。得胜的敌军发现没有抵抗，便会长驱直入，直抵首府并将其围困起来，而此时各个行省的总督才接到增援首府的命令。那些觉得革命时机已然到来的人，拒绝服从命令，以此加速革命的爆发。只因惩罚近在眼前而效忠的那些人，当惩罚已经远去时，便不再效忠，而只顾自己的个人利益了。帝国于是分崩离析，首府落入敌人之手，征服者接着与总督们争夺各省。

一位君主的真正力量，固然表现在他能不费吹灰之力地征服对手，但更表现在敌人攻击他时难以取胜，我甚至可以大胆地说，在于他的岿然不动。但是，国家领土的扩张让他们暴露出能被敌人击溃的软肋。

因此，君主们固然应该有扩张自己势力的智慧，同样也应该有适可而止的谨慎。在消除幅员狭小的不便时，他们也应该始终关注幅员广大带来的麻烦。

第七节　一些思考

对于一位在位时间非常长的伟大君主，他不断受到敌人们的指责，但这些指责更多的是出于恐惧，而不是出于理性和具体的缘由，我相信敌人们指责他的是他想塑造并致力于一统欧洲的君主国。如果他真的取得了成功，那么没有什么会比这个更能给

188 欧洲、他的昔日臣民、他自己以及他的家庭带来致命的危害。上天知道什么是真正的优点，因此带给他的更多的是被击败，而不是胜利。上天并没有让他成为欧洲唯一的国王，而是让他成为所有国王中实力最强大的国王。

这个国家的人民要是身处国外，只有他们所离弃的事物才能让他们动情；当他们离开故土家园时，将荣誉视为最大的财富，而在遥远的国度里，则会将美德视为返乡的障碍，他们的优良品质甚至也令人生厌，因为这些品质好像混杂着对别人的蔑视；这些人可以忍受伤痛、巨大的危险或筋疲力尽，但是不能容忍快乐的丧失，没有什么比快乐更能让他们钟爱了，每当战斗失利时，他们在颂扬将军的歌声中得到慰藉；这样的人永远也不会完成这样一项任务，即只要在一个国家失败，在所有其他国家也会失败的任务，或者是只要一时失败，就会永远失败的任务。

第八节　防御力量不及进攻力量的一个国家实例

德库西爵士曾对查理五世说："英国军队永远也不会像他们在国内那样如此软弱、不堪一击。"当年对罗马人也有这样的评论，迦太基对此曾有切身体验；对任何一个派军远征的国家，其想靠纪律的约束和军权的力量，将因政治利益和民事利益不同而分裂的人们团结在一起，也必将会出现前面所说的情形。国家由于本已存在弊端而虚弱不堪，且由于加以纠治而进一步恶化。

普遍规律要求人们不要远征，但德库西爵士的箴言对这条普遍规律却是个例外。这个例外有力地确认了这条规律的正确性，因为，这个例外只适用于那些违背规律的人们。

第九节　相对国力

疆域大小、国力强弱、权力多寡，所有这些都是相对的。务必需要注意的是，在寻求增强实际的威势时，不能减少相对的威势。

路易十四统治的中期，法兰西的相对威势达到了顶峰。德意志尚没有出现像后来那样的伟大君主。意大利的情形与此类似。苏格兰和英格兰还没有成立君主国家。阿拉贡王国和卡斯提尔王国还没有合并统一，这削弱了西班牙孤立的部分领土，从而让西班牙虚弱无力。相比克里米亚，俄国当时在欧洲还不为人所熟知。

第十节　邻邦的软弱

当邻邦国势渐微，应注意不能加速它的颓败，因为这是有可能获得的最有利的形势；如果一个君主能和一个替他承受命运的所有打击和凌辱的君主为邻，再没有比这个更适合不过的了。通过征服这样一个国家，虽然实际的国力有所增强，但很少能够弥补相对国力的损失。

190

1 荷兰由大约五十个彼此各不相同的共和国组成。参阅弗朗索瓦·米歇尔·杰尼逊（François Michel Janiçon），《联省国》，第一卷，第七十六章，1729 年版。

2 包括公民自由、私人财产、妇女、儿童和寺庙，甚至还包括墓地。

3 参阅斯特拉波，《地理志》，第十四卷，第三章，第三节。

4 参阅斯特拉波，《地理志》，第十四卷，第三章，第三节。

5 参阅斯特拉波，《地理志》，第十四卷，第三章，第三节。

第十章

法律与进攻力量的关系

第一节　进攻力量

进攻力量由国际法加以规定，国际法是处理国家与国家相互关系的政治法律。

第二节　战争

国家的兴亡就如同人的生命。人们在自然防御状态下有权杀死对方，而国家为了保护自己，也有权发动战争。

对于自然防御的情形，我有生杀的权力，因为我的生命是我自己的，就如同袭击我的那个人的生命是他自己的一样。与此类似，一个国家发动战争是因为它有和其他任何一个国家同样的生存权。

在公民与公民之间，自然防御权的使用并不包含攻击的必要性，他们有权向法院提出求助和追索。因此，只有在突然受到攻击，或如果一味地诉诸法律援助将丢掉性命的情况下，他们才可以行使防卫权。但在社会与社会之间，自然防御权的行使在某些情况下就需要主动发起攻击，比如当一个民族目睹长久保持和平将把另外一个民族推到想要打破这种和平的边缘，此情此景下，只有发起攻击才能避免破坏和平。

由此不难得出这样的结论，小型社会群体相比大型社会更易频繁地行使发起战争的权力，这是因为他们时时刻刻都担心自己被消灭掉。

因此，发起战争的权利源自于这种必要性，也源自于一个严格的正义。如果那些指导君主们按道德或规矩行事的人不能坚持这些原则，就会丧失一切。并且，如果发动战争的权力建立在荣耀、规矩和功利这些随意的原则基础之上，这个世界必将充满血雨腥风。

首要的一点是不要谈及君主的荣耀，他的荣耀就是傲慢自负，这是他一时的心血来潮，而不是合法的权利。

毫无疑问，君主对权力享有威望会增加国力，但是他因公正而受到敬仰则会在任何情况下都增加国力。

第三节　征服权

从发起战争的权利自然会得到征服的权利，后者是前者的结果。因此，征服权应当遵循战争权的精神。

当一个民族被征服的时候，征服者对被征服者行使的权利应遵循以下四种法律：一是自然法——遵照这种法律，一切都要有利于种族的延续；二是自然理智法——遵照这种法律，要求别人怎样待我，就要怎样对待别人；三是塑造政治社会的法律——遵照这种法律，使大自然不会成为政治社会长期存在的障碍；四是由征服引申而来的法律——征服是一种获得，而获得的精神就包含着保存和使用的精神，而不是进行破坏。

一个国家如果已经征服了另一个国家，会采用以下四种方式之一来对待这个国家：一是按照被征服国家自己的法律继续统治该国家，而征服国只是行使政治治理和民事治理的职能；二是征服国授权被征服国建立新的政治和民事治理机构；三是彻底摧毁这个国家并将其划分给其他国家；四是实施种族灭绝政策。

第一种方式符合我们当今遵循的国际法；第四种方式更多的是遵照罗马人的国际法，在这一点上，我让读者自己判断我们是多么的幸运。我认为，必须对我们这个现代社会、对当代的理性、对现如今的宗教、对我们的哲学体系和道德习俗致以敬意。

对现在的公法学者，古老的历史为他们提供了坚实的基础，如果这些学者不再严格遵守古训，势必会酿成大错。他们现在正

 变得恣意妄为，他们假以征服者我所不知道的一种杀戮权，这已然让他们得出了和这一原则本身一样令人恐惧的结果，并由此建立这样的信条，只要征服者本身稍微有一点理智都不会接受。显然，一旦征服已成既定事实，征服者就不再有杀戮权，因为此时已经和征服者的自然防御及其自身的生存权毫无干系了。

之所以会让公法学者产生如此的想法，原因就在于他们信奉征服者有权摧毁这个被征服的国家。因此，他们得出结论，他们有权杀害这个国家的人民，这是错误原则导致的错误结果。正常的逻辑应该是，如果灭绝了整个国家或社会，这并不代表也应该屠杀构成这个国家的全体人民。一个国家或社会是由人民的整体组成的，而不是一个个单独的个人。也许公民会从此不复存在，但人却应该永远存在。

政治家们从征服过程中的杀戮权引申出奴役的权利，但是，这个结论与其原则一样，其根据都是错误的。

只有当有必要保存征服成果时，征服者才有奴役的权利。征服的目的是为了保存，而奴役永远也不会成为征服的目的，但有时奴役也是达成保存征服成果的一种必要手段。

在这一情形当中，让奴役永远存在下去是有悖事物本性的。永久的奴役必须要使被奴役的人民成为臣民才有可能。对于征服来说，奴役只是一种偶然现象。经历过一段时间以后，当征服国的方方面面和被征服国的方方面面，包括习俗、婚姻、法律、交际以及精神上某种程度的一致等，它们彼此融合到一起，此时，奴役就应终止。因为，唯有在上述这些情况都不存在，而且两个民族因相互不信任而存在隔阂的条件下，征服者才有权利可言。

因此，奴役人民的征服者应该始终保留一些手段（此类手段不胜枚举），让人民摆脱奴役状态。

我在这里绝非泛泛而论。我们的祖先在征服罗马帝国时就是这样做的。他们在炽热的战争中、在激烈的动荡中、在胜利的傲慢中制定的法律，后来都修改得较为温和了。他们的法律原本比较严酷，后来变得不偏不倚。勃艮第人、哥特人和伦巴第人希望罗马人始终是被征服者；而欧里克、贡多巴德和罗塔利的法律却给予蛮族人和罗马人公民身份[1]。

为了征服萨克森人，查理曼大帝剥夺了他们的自由民身份和财产所有权。宽厚者路易恢复了他们的身份[2]。这是他在位期间最大的仁政。时间的流逝和长期的奴役已经使萨克森人的习俗趋于温和，他们始终忠于路易了。

第四节　被征服民族的一些好处

如果政治家们不从征服的权利引申出那样致命的后果，而只谈及这种征服权有时会给被征服民族带来好处，那就更好了。如果我们的国际法能得到严格的遵守并在全世界建立起来的话，政治家们对这些好处或许会有更深切的体验。

通常来说，被征服国家都是法制废弛的：腐化已经滋生、

 法律已停止执行、政府也已经变成了压迫者。如果这种征服不具有破坏性和颠覆性，对这样一个国家，能够从被征服本身获得一些好处，谁会怀疑这一点呢？如果这个国家的政府已到了无法对自身进行改革的地步，通过被征服而带来的重塑，又会给政府带来什么损失呢？一个征服者来到这样一个国家或民族之间，那里的富人们极尽狡黠诡诈之能事，在不知不觉中干尽巧取豪夺的坏事，而不幸的人们则眼看着种种弊端变成了法律，最后竟然开始相信自己没有理由感到深受压迫，我敢说，征服者面对此情此景，他必然能推倒这个国家或民族的一切，而首当其冲遭受暴力的就应该是暗无天日的暴政。

举例来说，我们看到，征服者宽减了包税人原来对国家的压榨盘剥，征服者既没有原来合法君主的那些约定，也没有原来的那些需求。无须征服者动手，弊端就自行消失了。

征服者所在国家由于俭朴，有时甚至会把原来合法君主从人民手中搜刮的生活必需品，交还给被征服国家的人民。

一场征服能摧枯拉朽，消除所有有害的偏见，我甚至敢说，通过这种方式能把一个国家交由更为英明的人来统治。

西班牙人对墨西哥人有什么好事不能做呢？他们本应该向墨西哥人播撒一种慈悲的宗教，但却把狂热的迷信带给墨西哥人。他们本来可以把奴隶变为自由人，但却把自由人变成了奴隶。他们本来可以让墨西哥人明白，以人作牺牲来祭祀是一种恶习，可是他们却大肆屠戮墨西哥人。如果我想把他们所做的坏事和没有做的好事统统写出来，永远也写不完。

征服者对他们的恶行应该有所补救。因此，我这样定义“征服的权利”：这是一种必要的、合法的而又是不幸的权利，它对人性欠下了一笔必须偿还的巨大债务。

第五节　叙拉古王格隆

我认为，有史料记载的历史上最好的和平条约是叙拉古王格隆和迦太基人缔结的。格隆让迦太基人放弃用儿童祭祀的习俗[3]。这是多么了不起的事啊！在打败三十万迦太基人以后，格隆提出的条件只对于迦太基人有利，或者说，他签订和约是为了人类。

大夏人把他们年迈的父亲喂狗，亚力山大下令禁止他们这样做[4]，这是他战胜迷信取得的重大胜利。

第六节　共和国进行征服

联邦宪法规定下的联邦国家互相之间进行征服是有违事物本性的，这从我们这个时代瑞士的情况就可以看出[5]。在小的共和国和小的君主国联合在一起的混合式联邦共和国内，发生这样的征服引起的震惊较小。

同理，一个民主共和国征服了一些城镇，可这些城镇却不能享有民主，这也是有违事物本性的。被征服的人民必须享有主权赋予的特殊利益，就像罗马人最初规定的那样。征服的限度应该是被征服的人数不超过民主政治所规定的公民数量。

如果民主政体国家的征服者是为了像统治臣民那样来征服一个民族，这将使自己的自由受到影响，因为这种征服会赋予那些被派往到被征服国家的官吏过多的权力。

如果汉尼拔攻下罗马，迦太基共和国会处于多么危险的境地呢？战败之后他还在自己的城市一再掀起革命，如果凯旋，那还有什么事情会做不出来呢[6]？

如果汉诺只是表现出嫉妒，他肯定不会说服元老院不给汉尼拔提供任何援助。据亚里士多德所述，元老院非常聪明（从迦太基共和国繁荣兴旺的某些方面就可以得到很好证实），他们做出决定的唯一依据是合乎情理的理由。一个人不会愚蠢地看不到900英里以外的军队亟需弥补损耗。

汉诺的党羽想让汉尼拔向罗马人缴械投降[7]。在当时，能让人们恐惧的已经不是罗马人，所以，人们害怕的是汉尼拔。

他们说，汉尼拔的成功不可信，但怎样才能让人们不相信他们呢？分散在各地的迦太基人没有意识到意大利正在发生什么事吗？正是因为他们洞悉实情，才不愿意派兵驰援汉尼拔。

汉诺在比亚河战役、诺湖战役和坎尼大捷之后，变得更加坚决了。他们与日俱增的不是疑心，而是恐惧。

第七节　续前

民主政体国家进行征服还有另外一个弊端，它的统治始终为被征服国所憎恶。这种统治往往被幻想成具有君主政体性质，其实，各个时代和各国的经验表明，它比君主政体更严酷。

被征服国家的人民处境悲惨，他们既不享有共和政体带来的好处，也不享有君主政体带来的好处。

以上关于平民国家的论述，也适用于贵族国家。

第八节　续前

因此，当一个共和政体国家拥有附属国时，应该赋予附属国人民政治权利和优良的民事法律，以此尽力弥补上面提到的那些源自事物本性的弊端。

意大利有一个共和国统治了一些岛民，但是，岛民们享有的政治权利和民事权利却很糟糕。人们还记得，那个大赦法案规定[8]，不再依据总督的私人情报对岛民处以肉刑。我们常常看到一些民族要求享有特殊的权利，但是，元首在这里给予的仅仅是各民族都拥有的权利。

第九节　征服邻邦的君主国

如果一个君主政体国家能长期保持威势，不会因扩张而被削弱，那么，这将是一个很可怕的国家；它的实力将能长期保存，直到周边的君主国不断给它施加压力。

由此一来，君主政体国家的征服扩张应该限定在它的政体性质所允许的范围内。只要是超过了这个上限，谨慎的做法就是立即予以停止。

对这种征服，所到之处都应保持当地原有的事物不变，法庭要保持原样，法律不做改动，习俗维持旧有，特权也原封不动。除了改变军队和元首的名字，其他都不应该发生任何改变。

当君主国通过征服几个邻邦省份而扩展了自己的疆域时，它必须非常宽厚温和地对待这些被征服省份。

在一个长期专事征服的君主国里，其原有版图的各个省份通常来说都将饱受蹂躏。这些省份既要承受新的凌虐，又要忍受以往的苛政，吞噬一切的京城常常导致这些省份人烟稀少。如果征服周边地区以后，像对待原有臣民那样对待被征服的人民，国家势必覆灭。被征服省份向京城的朝贡不再被返还，边境地区将被毁掉，国家也因此受到削弱；人民将因此而深受影响；驻守在边境并发挥威势的军队的后勤补给也因此变得岌岌可危。

这就是一个从事征服的君主国必然出现的状况。京畿富庶奢华，和京城有一段距离的省份贫困潦倒，而最远的地区则丰裕富足。这正像我们的地球一样：中心是炽热的岩浆，地表郁郁葱葱，而中间则是寒冷而贫瘠的不毛之地。

第十节　征服另一个君主国的君主国

有时，一个君主国会征服另外一个君主国。被征服的君主国越小，用堡垒来控制它越好；被征服的君主国越大，用殖民地的形式保住它越妥善。

第十一节　被征服民族的习俗

在这些被征服的地区，仅仅保留被征服国家的法律是不够的，保留这些国家的习俗或许更为紧要，这是因为相比法律而言，一个民族总是更加熟悉、钟爱和捍卫自己的习俗。

法兰西曾有九次从意大利被赶了出来，历史学家们认为[9]，个中缘由就在于他们对妇女和姑娘傲慢无礼。一个被征服的国家不仅要饱受征服国傲慢的凌辱，还要任其肆意践踏，这是不可承受之重；加之征服者的轻率粗鲁，这可能是更令被征服者无法忍受的，因为这将滋生出无穷无尽的暴行。

第十二节　居鲁士的一项法律

居鲁士给吕底亚人立下法律，规定他们只能从事下贱的或不光彩的职业，我不认为这是一项好的法律。居鲁士只想到最紧迫的事，那就是防止内乱，而没有想到要防备外敌入侵。然而，因为波斯人和吕底亚人结合在一起，互相腐化，外敌不久就入侵了。我宁愿用法律保持获胜民族的粗暴，而不愿用法律保持被征服民族的软弱。

库迈[10]的暴君亚里士托德姆想方设法削弱年轻人的勇气。他要求男孩要像女孩那样蓄长发，头上扎花，穿着直达脚后跟的绚丽多彩的长袍；要求他们学习跳舞和演奏音乐，去上课的时候要有妇女为其随身携带遮阳伞、香水和扇子；沐浴时，要有女性为其梳妆打扮。这样的教育一直要持续到二十岁为止。这种教育只适合培养卑鄙狭隘的专制暴君，他为了苟活而不惜抛弃国家主权。

第十三节　查理十二世

查理十二世只依靠自己的实力，他制定了一些只有经过长期战争才能执行的计划，结果导致自己垮台，这种长期战争不是他的王国所能支持得了的。

他竭力想推翻的不是一个走向衰微的国家，而是一个日益崛起的帝国。莫斯科公国人民把查理十二世强加给他们的战争当成了一所学校。每次的战败都让他们向胜利靠近一步，虽然在国外的征战中失败了，但是他们学会了如何在本土保卫自己。

查理十二世来到波兰荒无人烟的地区，自以为成了世界的主宰，当他漫步在旷野上时，瑞典好像也已扩张到了那里。可就在此时，他的劲敌增强了抗击他的力量，将其紧紧包围，并且在波罗的海站稳了脚跟，摧毁或者说拿下了利沃尼亚。

瑞典就像一条河流，有人为了让它改道而切断了它的源头。

让查理十二世折戟的不是波尔塔瓦战役，就算他不是在那个地方被摧毁，肯定也会在另外一个地方被击溃。命运中的偶发事件不难补救，源自事物本性而不断发生的事件则防不胜防。

但是，不论事物本性也好，命运也罢，所有这些都没有像他本人一样如此强烈地与他为敌。

他所遵循的不是当前的局势，而是他所选取的某个范例，何况他还学得走了样。他绝不是亚历山大，不过他本来倒可以成为亚历山大麾下最出色的士兵。

亚历山大的计划之所以能成功，仅仅是因为他制定的计划合乎情理。波斯人侵略希腊的失败、亚杰西劳斯征战的胜利以及波斯一万大军撤退等都已证明，希腊人在作战方法和武器方面都具有优势，而且人们十分清楚地知道，波斯人过于骄傲，难以纠正自己的错误。

他们不能再用分裂的方法削弱希腊，希腊当时正统一在一

 个首领之下。对于这位希腊首领来说，要在希腊人面前掩盖受奴役状态，最好的办法就是用消灭希腊的夙敌并用征服亚洲的希望来迷惑它。

世界上最勤劳的人民培育了这样一个帝国，人民依据宗教原则耕种土地，整个帝国土地肥沃，百物丰饶，这就让敌人拥有在这个国家里生活下去的一切便利。

国王们总是因为战败而深感羞愧，从他们身上的傲气我们不难断定，他们必将在不断进行的战争中加速自己的垮台，而奸佞之臣的谄媚令他们永远不可能对自己的了不起有所怀疑。

亚历山大的计划不仅明智，而且执行起来也十分高明。亚历山大即便是行动快速，甚至被激情所裹挟，但仍然不失理性的指引。那些有意把他的历史写成传奇的人们，那些比他更富于理智的人，都不曾对我们避而不谈他那理性的光芒。那就让我们尽情谈论吧！

第十四节　亚历山大

在筑牢马其顿的防线，使其免遭周边蛮族攻击，并完全制服了希腊人以后，亚历山大才离开希腊开始远征；他征服希腊人只是为了执行他的宏大计划；他让斯巴达人的嫉妒之心变得无能为力；他对沿海省份发起攻击；他让步兵沿海岸线行军，这样，步兵和舰队就能遥相呼应，不被分开；他巧妙地运用纪律控制数量众多的军队；他并不缺乏后勤补给；如果胜利确实能带给他任何想要的东西，他就会不遗余力地争取胜利。

在他的宏伟计划开始之际，也即当一次溃败可能会让他止步不前时，他绝不贸然行事；当时运非常眷顾他时，鲁莽冒失有时就会成为他的手段之一。他在开拔之前向特里巴利人和伊利里亚人进军时，你看到的这场战争恍如后来恺撒在高卢地区作战[11]。在他返回希腊的路上[12]，他几乎是在不知不觉中占领并摧毁了底比斯，亚历山大在他们的城池附近扎营，一直等到底比斯人想媾和，他们自己加速了灭亡进程。在与波斯人的海军作战这一问题上[13]，帕曼纽更富于冒险精神，但亚历山大显得更聪明一些，通过他的不懈努力，亚历山大把波斯人从海岸线引开，使他们陷入放弃海军的危险境地，这真是更胜一筹。大体说来，提尔是波斯人的附庸，离开了波斯的商贸和海军，提尔什么也做不了，亚历山大将其一举摧毁。大流士在另一个地方集结大量军队，致使埃及防备空虚，亚历山大于是拿下了埃及。

亚历山大将他对希腊殖民地的统治归功于横渡格拉尼卡斯河。伊苏斯之战让他拿下提尔和埃及；埃尔比勒之战让他征服了全世界。

伊苏斯战役之后，亚历山大听凭大流士逃走，一心一意想着巩固并统治他的征服国。埃尔比勒战役后，他紧追大流士不放[14]，致使后者在他的帝国内无处可退。大流士刚刚进入一个城镇或一个省份，立即就得拔腿逃跑；亚历山大进军如此神速，以至于会让你产生错觉，好像在整个世界建立帝国是希腊体育运动跑步这个项目的奖项，而不是征战取得大捷的奖励。

以上所说的是他如何进行征服，现在再来看看他是如何巩固他的征服成果的。

亚历山大反对那些想让他把希腊人当做主人，而把波斯人当做奴隶的人[15]。他所考虑的只是将这两个民族融合在一起，消除征服者和被征服者之间的差异：征服波斯以后，他摒弃了所有曾用于为征服进行辩解的偏见；他接纳波斯人的习俗，以免由于强制波斯人改用希腊人的习俗而对他们造成伤害。这就是为什么亚历山大能对大流士的妻子和母亲表现出如此的尊重，对自己的情欲那样地节制。这是怎样的一个征服者呢？当他逝世时，所有被他征服的人民都悲痛欲绝；这又是怎样的一个篡位者呢？曾被他赶下王位的王室痛哭流涕。这是他生命中的奇特之处，历史学家告诉我们，再也没有别的征服者能以此自诩。

将两个民族进行联姻能更有效地强化对被征服民族的统治。亚历山大从他所征服的国家中娶了若干位妻子，他要求宫廷里的朝臣[16]也能照做，马其顿共和国的其他公民纷纷效仿。法兰克人和勃艮第人[17]允许这样的婚姻；西班牙的西哥特人最初禁止这种婚姻[18]，但后来解除了禁令；伦巴第人不仅允许通婚，甚至对此予以鼓励[19]；当罗马人想要削弱马其顿人时，他们在当地规定，不同省份之间的人们不能通婚。

为了将希腊和波斯这两个民族联合在一起，亚历山大考虑在波斯大举建立殖民地，他修建了无数的城镇，让新创建帝国的各个部分都固若金汤。亚历山大去世后，希腊陷入了最惨绝人寰的内战中，本国公民几乎被屠戮殆尽，但就是在这样的动荡和困扰中，波斯人的省份可以说一个也没有起来造反。

为了不让希腊和马其顿负担过重，亚历山大将一个犹太人聚居群体派到亚历山大里亚城[20]，这些人有什么样的习俗对他而言并不重要，只要他们忠诚即可。

他不仅让被征服民族的人民保留他们自己的习俗，同时还让他们沿用自己的民事法律，甚至还经常让那里的国王和总督留任原职。他让马其顿人[21]担任军队的最高长官，而让被侵略国家的人民担任政府的首脑，与其让大规模的反叛爆发，他宁愿冒着某些人对他不忠诚的风险（的确也发生过此类事件）。他尊重各民族流传已久的传统，以及任何记录这些民族辉煌与浮华的纪念物。他把被波斯国王摧毁的希腊人、巴比伦人和埃及人的庙宇进行重建[22]。亚历山大几乎祭拜了各个被征服国家的祭坛，看起来他好像仅仅是为了成为那些国家的君主和每座城镇的一等公民。罗马人是为了摧毁一切才发动征战，而亚历山大则是为了保留所有才进行征服，在他所到之处，首先想到和盘算的总是设法增进那里的繁荣和强盛。他首先从自己的伟大天才里发现了问题解决之道，其次是他的俭朴和节约[23]，最后才是他做大事时的大手笔。他坚决杜绝个人支出，而对公共支出则完全开放。处理家务时，他是一个马其顿人；发放军饷时，让希腊人分享征战果实时，让他的每一个军人都能致富时，他是亚历山大。

亚历山大做了两件坏事，一是焚毁了波斯波利斯，二是杀了克利托斯。而正是他的忏悔，才让这两件坏事流传千古，人们由此而忘记了他的罪行，能够追忆起来的就是他对美德的崇尚；他的罪恶行径不被视为他的个人行为，而被看作是不幸事件；后人看到了他的失态和弱点，都能几乎与此同时也发现了他灵魂深处的美。人们觉得对他应该抱以惋惜之情，自然也就无从憎恨他了。

我应该把亚历山大和恺撒做一个比较：当恺撒想效仿亚洲的国王时，他通过纯粹的炫耀和卖弄这一件事就让罗马人深感失望；当亚历山大想效仿亚洲的国王时，他做的却是能进入征服计划的一件事。

第十五节　巩固征服成果的新手段

当一位君主征服了一个大国的时候，有一个值得称颂的办法，既可以缓和专制主义，也可以巩固征服成果。那些征服中国的统治者采用的就是这种方法。

为了不让被征服的民族陷入绝望，也不让胜利者过于傲慢；为了避免政体发展成为军事政体，并让两个民族安守本分，目前统治中国的鞑靼家族规定，驻守各省军队的每个部门的成员一半由汉人组成，一半由鞑靼人组成，如此一来，两个民族之间的互相猜忌就可以得到约束，使他们能各尽其责。法院的官员也是满汉各半。这种举措带来了很好的效果：第一，两个民族能互相钳制；第二，两个民族都保有军事和民事实力，谁也不会被对方消灭；第三，征服者可以扩散到全国，不但不会自我削弱或自我毁灭，而且足以应付内乱和外侮。这个制度十分合理，这种制度的丧失几乎是所有征服者失败的原因。

第十六节　专制政体国家进行征服

广袤的国土被征服就意味着专制主义。在这种情形下，分散在各个省份的军队捉襟见肘，专制君主身边通常必须有一个特别值得信赖的军队，时刻准备攻击帝国中可能会发生动摇的地区。这支部队应能钳制其他部队，并使那些在帝国中因有必要而被授予某些权力的人们有所畏惧。中国皇帝身边有一支可以随时调动的庞大的鞑靼军队。莫卧儿、土耳其和日本的君主也都有自己的军队，它独立于由土地收入提供给养的军队，普通军队对这支特殊军队都敬畏有加。

第十七节　续前

前面已经说过，被专制君主征服的国家应该成为藩属国。历史学家不厌其烦地对那些慷慨的征服者大加褒奖，他们将王冠重新归还被征服国家的君主。这样来看，由于罗马人到处封王授爵，把他们当作奴役别国人民的工具，他们是相当慷慨的[24]。这种举措是一种非常必要的举措。如果征服者自行治理被征服的国家，那么他指派的总督将无法制约臣民，甚至总督也不一定接受君主的命令。为了保全新领土，他将不得不抽掉原有疆土内的军队。两国将要遭受同样的灾难与不幸，其中一国的内战也将成为另一国的内战。反之，如果征服者将王冠归还给合法的君主，他必然会获得一个必要的盟友，这个盟友由于拥有自己的实力，自然也就会增强征服者的实力。我们不久以前看到，波斯国王纳迪尔沙征服了莫卧儿，掠夺了他的财宝，而把印度斯坦留给他。

1 参阅蛮族人的法典以及本书第二十八章。

2 参阅《宽厚者路易传》（作者未详），见杜申（Duchesne），《文集》，第二卷，第296页。

3 参阅让·巴贝拉克（Jean Barbeyrac），《古代条约史》，第一百一十二条。

4 参阅斯特拉波，《地理志》，第二卷。

5 此处指托根堡（Tockenburg）。

6 他是一个派别的首领。

7 汉诺想让汉尼拔向罗马人投降，而加图（Cato）想让恺撒向高卢人投降。

8 1738年10月18日热那亚的弗朗谢利版第六条："禁止该岛总督仅依据私下情报对任何国民处以肉刑。总督可以逮捕和监禁疑犯，但必须立即向上级报告。”

9 参阅塞缪尔·普芬道夫(Samuel Pufendorf),《通史》(例如:第358页,1700年拉丁文版;第一章,第四节,1743年法文版,第343页)。

10 参阅哈利卡纳苏的狄奥尼修斯,《罗马古事记》,第七章。

11 参阅阿里安(Arrian),《亚历山大远征记》,第一卷。

12 参阅阿里安,《亚历山大远征记》,第一卷。

13 参阅阿里安,《亚历山大远征记》,第一卷。

14 参阅阿里安,《亚历山大远征记》,第三卷。

15 这是亚里士多德的谏言。参阅普鲁塔克,《道德论丛·论亚历山大的命运》。

16 参阅阿里安,《亚历山大远征记》,第七卷。

17 参阅《勃艮第法》,第十二篇,第五条。

18 参阅《西哥特法》,第三卷,第五篇,第一节,该法废除了早期的法律,此前的法律更注重国与国之间的差异,而不是彼此的现实条件。

19 参阅《伦巴第法》,第二卷,第七篇,第一节、第二节。

20 叙利亚共和国的国王们背弃了先帝制定的计划,强迫这些犹太人习用希腊人的习俗,这极大地动摇了国家的根基。

21 参阅阿里安,《亚历山大远征记》,第三卷及其他各卷。

22 参阅阿里安,《亚历山大远征记》,第三卷。

23 参阅阿里安,《亚历山大远征记》,第七卷。

24 参阅塔西佗,《阿格里科拉传》,第十四章,“他们甚至把国王也视为奴役的工具。”

第十一章
规定政治自由的法律与政制的关系

第一节　本章主旨

我将同政制相关联的政治自由的法律和同公民相关联的政治自由的法律加以区分。本章讨论前者，下一章讨论后者。

第二节　“自由”一词的不同含义

还没有哪个词能像“自由”这个词一样被冠以如此之多不同的含义，且“自由”这个词以那么多种方式冲击着人们的心灵。有些人将自由解释为能轻易地废黜他们曾赋予专制权力的人，而有些人则将自由解释为选举出他们将服从之人的能力；另外一些人则将自由解释为使用武器和暴力的权利；还有一些人将自由解释为只受本民族人或本国法律统治的特权[1]。对某些人来说，自由一直以来指的就是能留长胡须的权利[2]。又有一些人将“自由”这个词与某种形式的政体联系在一起，并排除其他政体。那些经历过共和政体的人说共和政体有自由，而那些喜欢君主政体的人则说君主政体有自由[3]。简而言之，每个人都把“自由”这个词的含义与符合他的习俗或偏好的政体联系在一起。并且，在共和政体内，当人们为弊病而抱怨时，弊端之所以产生的原委并非总是明明白白地暴露在民众眼前，况且，法律的声音响亮，而执法者的声音比较微弱，所以，人们通常认为共和政体下有自由，君主政体下则没有自由。最后，由于民主政体下的人们似乎能够随心所欲地做他们想做的事情，人们便认为这类政体有自由，其实，他们把人民的权力已经和人民的自由混为一谈了。

第三节　什么是自由

民主政体下的人们似乎可以随心所欲，这是千真万确的，但政治自由绝不意味着想干什么就干什么。在一个国家里，即在一个有法律约束的社会里，自由仅仅是做他应该想要做的事，而不被强迫做他不应该想要做的事。

一个人必须要提醒自己什么是“独立”、什么是“自由”。

自由是有权做任何法律允许的事情，如果一个公民能做法律禁止的事情，他将不再拥有自由，因为其他人也会像他一样有权力不遵守法律。

第四节　续前

民主政治和贵族政治的国家，从性质上来看都不是自由国家。只有在节制宽和的政体里才能找到政治自由的踪影。但政治自由并不总是存在于节制政体国家中。只有当权力没有被滥用时，才有政治自由。然而，自古以来的经验表明，但凡是有权力的人都会滥用权力，而且不用到极限决不罢休。谁能想到，美德本身也需要极限！

为了防止滥用权力，必须通过事物的统筹协调，以权力控制权力。我们可以有这样一种政治体制，不强迫任何人去做法律没有强制他做的事情，也不禁止任何人去做法律所允许的事情。

第五节　各种国家的目标

一般来说，所有的国家都有一个相同的目标，那就是维持自身的存续，但每个国家各自还有其特有的目标。这个特有的目标可列举如下：对罗马是扩张，对斯巴达是战争，对犹太人法律是宗教，对马赛是商贸，对古代中国法律是公共安定[4]，对罗得人的法律就是航行，天赋的自由则是蛮族的治理目标；通常，能让君主快乐就是专制国家的目标，能让君主和他的国家感到荣耀就是君主国家的目标；每个人都能享有独立自主是荷兰法律的目标，由此带来的后果便是所有人都受到压迫[5]。

这个世界上还有一个国家，其政治体制以政治自由为直接目标。我们将对这个国家建立政治自由的原则进行探究。如果这些原则是优秀的，自由就如同从镜中折射出来一般清清楚楚。

想要发现政治体制中的政治自由，并不需要花费多大力气。如果能看见自由之所在，我们就已经发现它了，何必再去寻找呢？

第六节 英格兰的政治体制

每个国家都有三种不同的权力：立法权、有关国际法事项的执行权以及适用民事权利事项的执行权。

对第一种权力，君主或官吏制定适用于一段时间或永久适用的法律，纠正或废除已经制定的法律。对第二种权力，君主或官吏签署和平协议或发动战争、向国外派驻使节或接待外国使节、维持治安并防止入侵。对第三种权力，君主或官吏对犯罪进行惩罚或裁决人与人之间的争议。称第三种权力为司法权力，而第二种权力可以简单地称之为国家的行政权力。

公民内心深处的政治自由是一种精神上的安宁，这种安宁源自每个人都能享有安全这样的观点，且为了让公民拥有这种自由，相应的政体必须保证一个公民不会惧怕另一个公民。

当一个人或官府的一个机构集立法权和行政权于一身，自由就不复存在了，因为一个人会担心，由制定暴虐法律的君主或议会来执行法律，法律必然也会被残暴地执行。

如果司法权和立法权以及行政权不分离开来，自由同样不复存在。如果司法权和立法权结合在一起，决定公民生命和自由的权力将变得恣意妄为，因为法官同时也将成为立法者。如果司法权和行政权结合在一起，法官就会拥有压迫者的力量。

如果同一个人或由权贵、贵族或平民组成的同一个机构行使这三种权力，即制定法律权、执行公共决议权和裁决罪行或个人争端的权力，一切都会荡然无存。

欧洲的大部分王国其政体都是节制宽和的，因为拥有前两种权力的君主将第三种权力交由臣属执行。在土耳其，苏丹集三种大权于一身，由此导致残暴的专制主义统治一切。

在意大利共和国，由于上述三种权力结合在一起，相比我们的君主国就少了很多自由。因此，为了维持自身存续，意大利政府采取的手段和土耳其政府的手段一样残暴。有目共睹的是，意大利设置国家检察官[6]，还设置供告密者可随时使用的检举箱，这就是例证。

考察一下一位公民身处这样的共和国会遭遇哪些可能的境遇。作为法律执行者的政府机构持有其作为立法者赋予其自身的所有权力。这个机构以“公共意志”的形式对国家实施劫掠，并且，由于这个机构同时还拥有司法权，其还可以通过“特殊意志”摧毁每一名公民。

在那里，所有的权力集中在一起，尽管没有专制君主那种外表和场面，人们却时时刻刻感受到君主专制的存在。

因此，那些想着搞独裁专制的君主们总是以独揽一切权力开场，欧洲的许多国王最开始就是独揽了国家的所有要职。

我始终坚信，意大利诸共和国纯粹世袭的贵族政治和亚洲的专制主义并不完全类似。由于官吏数量较多，官僚政治有时显得比较温和，所有贵族并不能总是达成一致的计划和企图，各种机构林林总总，相互作用，其结果就是政治比较宽和。因此，在威尼斯，大议会拥有立法权，元老团执掌行政权，四十人团执掌司法权。但存在的弊端是，这些不同的机构其成员全部来自同一个集团，其导致的结果就是几乎只有一种权力。

司法权不应赋予一个永久性的元老院，但应由从人民团体[7]中遴选出的一些人行使司法权。这些人按照法律规定于当年某一时间选举产生，组成一个特别法庭，法庭的任期应依据实际需要确定。

通过采用这种方式，令人不寒而栗的司法权既不依附于某个特定的阶层，也不依附于某个特定的职业，可以说，司法权变得看不见乃至不存在了。法官绝不会总在人们眼前如影随形，让人们感到惧怕的不是法官，而是司法制度。

对重要的指控，犯罪嫌疑人必须在法律允许的条件下选择

 法官，或至少允许他要求许多法官回避，那么就可以把余下的法官看作是犯罪嫌疑人所挑选的。

立法权和行政权可以交由一些官吏或永久团体，因为这两项权力的执行对象都不是个人，前者只能根据国家的公共意志执行，而后者则执行国家的公共意志。

但是，法院虽不应固定，判决却应该固定，以使判决书永远是一纸精确的法律条文。如果判决是法官的个人意见，生活在社会中的人们就无法确切地知道他所承担的义务。

此外，在重大诉讼中，法官甚至应该是与被告地位相同的人，或者说是可以与被告平起平坐的人，这样，被告就不会觉得自己落到了会对他施暴的人手里。

如果立法机构赋予行政机构囚禁能够保证自己行为端良的公民的权力，那么就根本不存在自由一说了，除非监禁他们的理由是因为被控触犯了法律所规定的重罪而必须立即予以追究，在这种情形下，公民依然是真正自由的，因为他们只受法律约束。

但是，如果立法机构相信其自身受到某些背叛国家的密谋或内外勾结的威胁，那么它可以在一段限定的短时间内允许行政机构逮捕有犯罪嫌疑的公民，这些人会暂时失去自由，也只有这样才能保证公民永远享有自由。

这是补救斯巴达监察官和威尼斯国家监察官的暴戾行径的唯一合理方法。

在一个自由的国度里，任何一个被视为拥有自由精神的人应该享有自我管理权，所以，人民组成的团体应该拥有立法权。但是，由于在大型国家里这是不可能实现的，而在小型国家里又会遇到诸多不便，因此，人民必须选举出代表来代替他们完成自己无法做的事情。

一个人比其他城镇的人更了解自己所在城镇的需求，同理，一个人能更准确地判断出他的邻居而不是其他同胞的才干。因此，立法机构的成员不应从全国范围内选出，较为合适的办法是由每个主要城镇的居民各遴选一名本城镇的代表。

代表制度的最大优点在于遴选出的代表们能讨论公共事务，而人民则完全不适合参与这样的讨论，这是民主的一大缺陷。

遴选出的代表已经接受了选民的一般指示，因此没有必要像德意志议会那样，针对每个事项接受具体指示。采用德意志议会的那种做法，代表的发言固然更是人民的声音，可是这样也会带来无限拖沓的后果，并使每个代表都成了其他代表的主人，遇到极为紧急的情况时，只要有一个代表反复无常，全国人民的力量都会受到牵制。

西德尼先生说得非常对，当议员们像荷兰那样代表的是一个人民团体，他们应当向那些委托他们行使职能的人民负责，但是，如果议员们代表的是自治的城镇，比如英格兰，就应另当别论了。

选举代表时，各种不同选区的所有公民都应拥有投票权，不包括那些赤贫阶层，他们被视为没有自己的意志。

大多数古代的共和国其存在的重大缺陷是人民有权对采取的行动做出决议，这些决议需要付诸实施，其完全超出了人民的能力范围。人民除了在选举他们的代表时允许参与治国，其他情形不应参与国事，这才符合他们的能力范围。这是因为，虽然只有为数不多的几个人十分了解他人的能力如何，而每个人一般都能知道某人是否比其他人更明白事理。

也不应为了采取的行动做出决议，而选举产生代表机构，代表机构无法出色地完成这类任务；但是，为了制定法律或查看已经制定的法律是否被很好地贯彻执行，这些才是代表机构真正胜任的工作，也是唯一能胜任的工作。

在一个国家里，总有一些人会因为出生、财富或荣誉的不同而鹤立鸡群。但是，如果他们混入人群中，且如果他们也像其他人那样只有一个投票权，那么对他们来说，人人享有的自由将成为对他们的束缚和奴役，因而他们也便没有兴趣来捍卫这种自由，这是因为大多数决议都是和他们唱反调的。因此，他们参与立法的程度应和他们在国家中所拥有的其他有利地位成正比。这一点是可以做到的，条件是让他们成立一个有权遏制平民侵犯的机构，正如人民有权遏制他们的侵犯一样。

因此，立法权将被委托给两个集团，一个是贵族集团，另一个是被选举出来代表人民的集团，每个集团分别集会、分别讨论，各有其观点和利益。

在我们所论及的三种权力当中，司法权在某种程度上是不存在的。剩下来的就只有两种权力，且由于这两种权力需要一种力量来对其进行调和，使之趋于宽和，立法团体中由贵族们组成的那个集团就非常适合于发挥这个作用。

贵族集团的成员应该采取世袭制。首先，这是由贵族集团的性质所决定的；除此以外，这个集团有强烈的愿望来维持其特权的存在。这些特权本身就是令人厌恶的，如果在一个自由国家里，一定会时常处于危险之中。

但是，由于世袭的权力很容易被用来追求其特殊利益，而忽视人民的利益，因此，在那些人们只想贬抑的事项中，比如征收银币的法案之类，这个世袭权力应该只通过行使否决权而非创议权来参与立法。

我所说的“创议权”，是指提出一项法案或修改他人所提出的法案的权利。我所说的“否决权”，是指取消他人做出的决议的权利，这曾经是罗马护民官的权力。尽管拥有否决权的人也可以拥有通过权，但是，这种通过仅仅是声明不使用否决权而已，因此，通过权来自否决权。

行政权应掌握在君主手中，这是因为，对几乎总是需要立即采取行动的这个政府部门而言，其由一个人进行管理比多人管理要高效得多，而对于拥有立法权的部门，由若干人处理立法事宜要比仅由一人处理优越得多。

如果没有君主，而行政权托付于来自立法机构的一定数量的人员执掌，自由便不复存在了，因为行政权和立法权将合二为一，同一人有时会集两种权力于一身，而且无论何时都能够同时掌握这两种权力。

如果立法机构长期不集会，自由也不复存在。这是因为，这样会导致以下两种情形当中的一种发生：其一是不再有任何立法决议产生，国家将陷入无政府状态；其二是这些决议将由行政机构产生，从而使行政机构拥有绝对权力。

立法机构也没有必要时时集会，因为这将给代表们带来不便，除此之外还会让行政机构超负荷运作，此时行政机构将无暇顾及怎样行使权力，而只顾及捍卫自己的特权和它拥有的行政权。

此外，如果立法机构连续不断地集会，立法议员可能什么都不用做了，只需要完成新老议员的交替。在这种情形下，立法机构一旦发生腐化，弊端将在没有纠正的情况下蔓延开来。如果多个立法机构前后相继，则对本届立法机构中不满的人民，就可以理所当然地把希望寄托于下一届立法机构。反之，如果同一个立法机构总是永存不变，目睹其发生腐化的人民将不再寄任何希望于它所制定的法律，人民转而变得或者是愤怒狂暴，或者是麻木不仁。

立法机构不应自行召开集会。因为一个机构只有当它集会时才被视为有意愿要进行讨论，并且，如果参与集会的并非其全体人员，人民便无法辨别出哪部分人才是真正的立法机构，是参与集会的那些人，还是未参与集会的那些人。如果立法机构有权自行休会，那么它将永远不会自行结束集会，特别是当立法机构想威胁行政机构时，这种权力就会变得很危险。此外，并非所有的时间都适宜立法机构召开集会，有适宜的，也有更适宜的。因此，必须由行政机构根据它所了解的情况，规定集会召开的时机和持续时间。

如果行政机构无权制止立法机构越权行为，后者就会演变为专制机构，因为它可能会把所有能够想象到的权力都抓到手，彻底废除所有其他权力机构。

但是，立法机构一定不能拥有相应的钳制行政机构的权力。这是因为，行政机构在本质上是有界限的，没有必要对其进行限制。此外，行政权的执行对象总是需要立即执行的事物。罗马护民官的权力过于宽泛，它不仅能钳制立法机构，还能钳制行政机构，这带来了极大的弊端。

在一个自由国家里，尽管立法机构不应拥有钳制行政机构的权力，但其有权也有能力对立法行为和执法情况进行审查，英格兰政府优于克里特和斯巴达之处就在于此。克里特的国务官员和斯巴达的民选长官都不作施政报告。

但是，不论是否做出审查，立法机构都应无权对人身进行审讯，自然也不能对执行人员的行为进行审讯。执行人的人身是神圣不可侵犯的，为了防止立法机构施行暴政，这对国家来说是必需的；因为，执行人如果被控告或被审判，自由将不复存在。

在这种情形当中，国家的政体不应是君主政体，而是不自由的共和政体。但是，如果没有佞臣辅佐，那么执行人员的执法也不会很恶劣，虽然法律对这些佞臣照顾有加，但他们仍然憎恨法律，他们应该受到法律的追究和惩罚。这也是英格兰政府优于尼多斯政府之所在，尼多斯的法律不允许审讯民选官员[8]，即使在他们卸任以后仍然如此[9]，人民的冤屈永无昭雪之日。

尽管司法权一般不应和立法权的任何一部分相结合，但出于对受审人特殊利益的考虑，有三种例外可以不受这种限制。

大人物总是容易遭到嫉妒，如果将他们交由平民审判，他们就有可能面临危险，无法享有自由国家公民最基本的权益，也即由地位相同的人进行审判。因此，贵族一定不能由国家的普通法庭审判，而必须交给由贵族们组成的那部分立法机构来审判。

法律既可能洞察一切，也有可能黑白不分，因而可能在某些场合法律会显得过于严苛。但正如我们前面提到的，国家的法官不过是法律的代言人而已，他们刻板生硬，既不能缓和法律的威力，也不能缓和法律的严峻。刚才说过，立法机构中由贵族组成的那部分，在前面提及的那个审判贵族的场合里应该成为一个必要的法庭，而在现在所说的缓和法律威力的场合里，它也是一个必不可少的法庭；为了法律自身，需要借助这个法庭的最高权威来缓和法律的严峻，作出轻于法律规定的判决。

还有可能发生这样一种情况：一名公民在公共事务中侵犯了人民的权利并涉嫌犯罪，而官吏不能或不愿对其进行惩治。但通常来说，立法机构无权进行审判，对这种特殊情形更是如此，它所代表的是人民这一利益方，所以，立法机构只能充当原告方。然而，它应该向谁提起诉讼呢？它会屈尊地向法院提出控告吗？——法院的地位要比它低，而且和它一样是由人民组成的，这些人将被立法机构这样的原告方巨大的权威所裹挟。答案是否定的，它不向法院提出控告，为了保护人民的尊严和个人的安全，立法机构中由人民组成的那部分必须向立法机构中由贵族组成的那部分进行控告，后者和前者既没有共同的利益，也没有共同的激情。

最后一种例外是英格兰政府优于大多数古代共和国政府之所在，后者的弊病是，人民既是法官，又是控告者。

如前所述，行政机构应通过行使否决权来参与立法，否则，它的特权很快就将被剥夺。反之，如果立法机构参与行政，行政权也会被剥夺。

如果君主通过行使创议权参与立法，自由就不复存在了。但尽管如此，为了保护自己，君主必须通过行使否决权来参与立法。

罗马政体发生变化的原因是，元老院拥有一部分行政权，而官吏拥有另一部分行政权，这两者都不具有人民所享有的否决权。

因此，这就是我们正在讨论的英格兰政府的政治体制：立法机构由两部分组成，它们通过相互行使否决权彼此进行钳制；两者都受行政权的约束，而行政权本身又受到立法权的约束。

这三种权力本应形成一种静止或无为状态，但是由于事物必然会发生运动改变，这些权力也被迫前进，而且是一同前进。

由于行政权只能通过行使否决权参与立法，因此行政机构不能参与立法事项的辩论。由于行政机构始终拥有否决议案的权力，它甚至无须提出议案，行政机构可以否决它本来就不希望人们提出的议案。

在一些古代的共和国里，全体人民都有权参与立法事项的讨论，在这种情况下，行政机构当然有权提出议案，并与人民一起讨论，否则，决议就会混乱不堪。

如果行政机构在没有征得立法机构的同意下有决定提高税收的权力，自由就不复存在了，因为行政机构将成为这个立法方面最重要事项的立法者。

如果立法机构不是逐年议定税收，而是一劳永逸地作出决定，这就会给自由带来危险，因为行政机构将不再依赖立法机构；如果一个机构永久性持有这种权力，那么这种权力是出自本身还是来自其他机构就无关紧要了。在应该交由行政机构管理的陆海军问题上，如果立法机构不是逐年作出决议，而是一次做出永久决定，其结果将与税收问题一样。

为了防止行政机构的压迫行为，授权给行政机构统帅的军队应该由人民组成，军队的精神应该和人民的精神相一致，就像马里厄斯以前的罗马那样。要想实现这种效果，只有两种方法：一是军队雇佣的人员必须要具有足够多的财产，能对他们对待其他公民的行为负责，且他们的服役期只有一年，罗马人就是这样贯彻执行的；二是如果组建一支常备军，被征服役者是全国最卑微的人群之一，那么，只要立法机构有这样的愿望，行政机构必须有权随时解散部队。军人必须和公民同生共息，不允许存在单独的营地、营房或构筑的堡垒。

军队一旦组建起来，它应直接受行政机构的领导，而不应直接听命于立法机构。这是符合事物本性的，因为军队关注更多的是行动，而不是商议。

人们在思想中总是重勇气而轻懦弱，推崇付诸行动而鄙视小心谨慎，崇尚武力而轻视谋略。军队总是蔑视元老院，而对军官尊重有加。军队对于它认为由来自懦弱的人所组成的机构的命令，往往不予理睬，因为他们认为这些人不配指挥军队。如此一来，一旦军队只受立法部门领导，国家政体将变成军事政体。相反的情况一旦发生，那是一些特殊情况使然：军队始终处于分散状态，军队由不同的部队组成，每个部队听命于特定的省份，重要的城市因地形优势而易于防守，因而没有驻军。

荷兰比威尼斯要更安全一些，因为荷兰可以淹死反叛军队，能饿死反叛军队，这是由于军队并不驻扎在能提供后勤给养的城里，军队的生存岌岌可危。

即便是立法机构掌控的军队在某些特殊环境下没有使政府变成军事政府，这样的军队也会存在其他弊端。一种弊端是军队势必会摧毁政府，另外一种是政府势必削弱军队，必有一种情况会发生。

军队如果被削弱，必定有其致命的原因，那就是政府的软弱。

如果你想阅读塔西佗的名著《日耳曼尼亚志》[10]，你会发现，

228 英格兰的政治体制观念来自日耳曼人。这种优良的制度是在森林中发现的。

由于人类所有的事物都有一个终点，我们在这里讨论的国家将失去自由，国家将消亡。罗马、斯巴达和迦太基无疑已经不复存在。一个国家在立法权相比行政权受到更多腐化之际，也就是行将灭亡之时。

我的目的不是检查英格兰目前是否享有这种自由。于我而言，说这个国家是通过他们的法律立国的就足以，我不会继续深入探究。

我特别要声明的是，我在此无意贬损其他政体，或者说在这一异乎寻常的政治自由面前，那些只有适度政治自由的人们应该深感卑微沮丧。我该怎样表达这样的观点呢？我很明白，就连理性也不应过头，适度几乎永远比极端更加适合人类。

哈林顿在其《大洋国》一书中也探究过，一个国家的政治体制究竟能承受何种程度的自由。不过我们可以说，他在寻找这种自由之前，已经对自由形成了不正确的认识；虽然拜占庭的海岸就在他眼前，他却建造起卡尔西登。

第七节　我们所熟悉的君主国

我们所熟悉的君主国，不像刚才谈到的那个君主国那样，以自由为直接目标。它们所追求的只不过是公民、国家和君主的荣誉。然而，从这种荣誉中却产生出一种自由精神，这种自由精神在这些国家里所能成就的伟大事业和所能带来的幸福，并不亚于自由本身。

在我们所熟悉的君主国里，三种权力的划分和建立并非以上述那个国家的政制体制为模式，每一个国家有其独特的权力划分方式，并以自己的方式向政治自由靠拢。如若不然，君主政体就将蜕变为专制政体。

第八节　为什么古人没有明确的君主政体概念

古人根本就不知道政体是建立在贵族集团基础之上，更不知道政体是建立在代表国家的议员所组成的立法机构基础之上。希腊共和国和意大利共和国都是有各自政体形式的城邦，它们的公民聚居在城墙之内。在罗马人吞并所有这些共和国之前，各个地方几乎都没有所谓的国王，意大利、高卢、西班牙、德意志等等国家都是这样，所有这些国家都只是一些小民族或小共和国。非洲也归一个大共和国管辖，占据小亚细亚的则是希腊移民。因此，那里既没有城市代表的范例，也没有国家议会的范例。只有在波斯才能看到一人治国的政体。

当时的确有过联邦共和国，几个城镇选派代表参加集会。但是我要指出的是，建立在这种模式上的君主政体是不存在的。

以下讨论我们所熟悉的君主国最初是怎样形成的。众所周知，征服罗马帝国的日耳曼各民族是非常自由的民族。关于这一点，只需要翻阅塔西佗所著的《日耳曼尼亚志》即可。征服者遍布于整个国家，他们居住于乡间，很少在城镇生活。当年他们居住在日耳曼尼亚时，可以召集整个民族进行集会，但是，当他们四处征战散布于各地时，就无法再举行集会。尽管如此，在征服之前他们仍然需要仔细审议重要事宜，方法就是派代表参加。这就是我们欧洲哥特式政体的起源，也是最初的贵族政体和君主政体的混合政体形式，它的缺陷是平民都沦为奴隶；不过这是一种优良的政体，这种政体本身有向好的能力。为奴隶颁发解放证书渐成风范，很快，人民的公民自由、贵族和教会的特权以及国王的权力，三者达成高度协调。因而我相信，在这个政体存续期间，世界上没有一种政体比欧洲各地的政体更加节制宽和。并且，一个征服民族政体的腐化，竟形成了人们所能想象得到的最好的政体，这真是令人叹为观止。

第九节　亚里士多德的想法

亚里士多德在论述君主政体时，显然陷入了窘境[11]。亚里士多德确定了五种类型的君主政体，他对不同类型君主政体的区分并不是依据政制的不同，而是依据偶发的因素，比如君主的美德或邪恶等；或者是依据外部因素，比如暴政被篡夺或暴政被继承等。

亚里士多德所列举的君主国还包括波斯帝国和斯巴达王国。但是,有谁看不出来前者是专制政体国家而后者是共和政体国家?

古人们并不知道一人治国的政体内三种权力的配置，因而也就无法对君主政体形成正确的概念。

第十节　其他政治家的想法

为了对一人治国的政体有所节制与缓和，伊庇鲁斯的国王阿里瓦斯[12]能想到的只有共和国。摩罗西亚人不知道该如何限制这种权力，他们只好设立两个国王[13]，这种做法不但削弱了统治权力，更是严重削弱了国家；他们的初衷是想让两个国王彼此竞争，结果却使两个国王互相敌视。

只有斯巴达王国允许两个国王的存在，因为在那里，国王仅仅是政制中的一部分，而不是全部。

第十一节　希腊英雄辈出时代的国王

在希腊英雄辈出的时代，曾出现过一种类型的君主政体，但没有长期延续下去[14]。那些曾经在技艺上有所发明，为民族进行过征战，将散布于四处的人民集合起来并分给土地的那些人，为自己争得了王位，并传给子孙。这些人便是国王、僧侣和法官。这种政体就是亚里士多德所说的五种类型君主政体之一[15]，也是唯一一种能让我们想到君主政体的政制体制的政体。但是，这种政制的构想和我们今天的君主政体截然相反。

这种政制下三种权力是这样分配的：人民拥有立法权[16]，国王拥有行政权和司法权。然而，在我们所熟知的君主政体中，君主执掌行政权和立法权，或至少一部分立法权，但不过问司法。

在希腊英雄时代国王们设立的政体中，这三种权力的分配很不适当，这直接导致了君主政体无法存续，原因在于一旦人民执掌立法权，只要一时心血来潮，就会把王权消灭，这种情况随处可见。

在一个有立法权的自由民族当中，在一个居住于封闭城镇中的民族当中，任何可憎的事都会变得甚上加甚，立法的重中之重就在于如何才能恰当地分配司法权。但有一点可以肯定的是，如果把司法权交由已经执掌行政权的人，情况只能更糟糕，君主立刻就会变得狰狞可怖。与此同时，如果君主没有立法权，他又无法捍卫自己反对立法的权利，只能说君主的权力虽然很多，但还不够多。

君主的真正职能是任命法官而不是自任法官，希腊人当时还没有认识到这一点。他们的政策却与此背道而驰，使得一人治国的政体发展到令人无法忍受的地步。所有的国王全部被废黜。希腊人没有想到在一人治国的政体中也能实现三种权力的妥善分配，他们只知道在数人治国的政体中才能实现三权分立，他们把多人治国的这种政制称作有法制的政体[17]。

第十二节　罗马王政时代的政体及其三种权力的分配

罗马王政时代的政体与希腊英雄时代诸王的政体之间存在着某种关联。就其本身及其特殊性质而言，这是一种很好的政体，可是，它像其他政体一样，也因自身的通病而消亡了。

为了让这种政体能被理解，我把罗马王政时代最初五位国王与塞尔维乌斯·图利乌斯和卢修斯·塔克文·苏佩布的政体区分开来。

国王经选举产生，且在最初五位国王统治时期，元老院在国王选举上发挥的作用最大。

一位国王逝世以后，元老院便研究是否要保持原有的政体形式不变。如果元老院认为保持原有政体可取，就由元老院从它的成员中任命一位官员[18]，随后由这位官员选定新国王。元老院负责宣布遴选有效，人民负责确认遴选结果，占卜者负责担保。三个条件缺一不可，否则就要重新遴选。

这种政制集君主政体、贵族政体和平民政体于一体，在最初几位国王在位期间，权力和谐，既无嫉妒，也无争夺。国王指挥军队，支持祭祀。国王有权审判民事案件[19]和刑事案件[20]。国王召集元老院会议，召集人民议事，将某些事项交由人民审议，会同元老院商讨其他事物[21]。

元老院享有很大的权力。国王们经常挑选元老院成员同他们一起审案。只有在经过元老院审议之后，国王才将国事交由人

 民定夺[22]。

人民有权选举国家官吏[23]，批准新的法律通过，如果国王允许，人民有权宣布战争和签订和约。人民却毫无司法权。图利乌斯·霍斯提利乌斯把贺拉斯交由人民进行审判，他是有特殊理由的，这些理由在哈利卡纳苏的狄奥尼修斯的著作中可以看到[24]。

罗马的政制在塞尔维乌斯·图利乌斯统治时期发生了变化[25]。元老院不参与国王的选举，塞尔维乌斯·图利乌斯让人民宣布他为国王。他放弃了民事审判权[26]，只保留了刑事审判权。他把一切事物都直接交由人民审议，减轻人民的税赋，而把全部负担加在贵族身上。如此一来，他从一定程度上削弱了王权和元老院的权力，增加了人民的权力[27]。

塔克文既不经由元老院，也不经由人民，而是把塞尔维乌斯·图利乌斯视为篡位者，于是以世袭权力为由夺取了王位。他把大部分元老院成员都杀掉，而且不再征询幸存的元老院成员的意见，甚至在他审案时也不召集元老院成员到场[28]。他的权力的确是增加了，但是，原本就令人憎恶的权力变得更让人憎恶了。他篡夺了人民的权力，把人民撇在一边，自行制定法律[29]。塔克文本想集三种权力于一身，但是人民一旦想起他们才是立法者这一事实的时候，卢修斯·塔克文·苏佩布也就走到头了。

第十三节　对于驱逐国王后的罗马国家的总体思考

罗马人让世人永远也无法忘怀。因此你会发现，直到今天，人们在古罗马的都城关注的不是崭新的宫殿，而是四处搜寻那些断壁残垣；因此你会发现，那些曾停留在繁花似锦的草地上的目光，似乎更愿意去凝望遍地的岩石和层峦叠嶂。

贵族世家一直以来都享有无上的特权。这些殊荣在国王的治下异常显赫，国王被驱逐以后，变得更为重要。这在平民之中引发嫉妒，他们希望取消贵族特权。数不清的争斗对政制体制造成重创，但却没有削弱政体，这是因为，只要官吏们不丧失权威，至于他们的出身贵贱则无关紧要。

对于像罗马这样的有选举权的君主国，有必要假定存在一个强有力的贵族集团，其能维持国家政体的存续。贵族集团一旦失势，君主国会立即蜕变为暴君统治的国家，或变为平民政体国家。但平民政体国家并不需要人民出身贵贱有别来维系其存在。正因为如此，王政时代的政体所不可或缺的贵族，到了执政官时期就成了多余的累赘；人民可以在不摧毁他们自身的前提下压制贵族，在不腐蚀政制的条件下改变政体。

当塞尔维乌斯·图利乌斯降低了贵族的身份和地位，罗马也就从国王们的手中落到人民的手中。但是，当人民压制贵族们之后，却无须惧怕国家会重新回到国王的手中。

国家会以两种方式发生变化：一种是由于政制的修正，一种是由于政制的腐败。如果在政体变更时政体原则保持不变，那就是政体修正；如果在变更政体时丧失了原则，那就是政体腐败。

国王被驱逐后，罗马按理说会成为一个民主国家。人民已经拥有了立法权，他们全体进行公投已经把国王们赶下台，然而，如果他们的意志变得薄弱，像塔克文那样的国王们随时可能会卷土重来。如果声称，人民驱逐国王的本意仅仅是只想受到几个为数不多的家族的奴役，这在道理上是说不通的。因此，当时的形势要求罗马成为民主政体国家，但最后的情况并不是如此。所以，当时有必要让权贵们执掌的权力趋于温和，法律有必要向民主倾斜。

与单纯地处于这一种或那一种政体之下相比，一个国家在不知不觉地从一种政体向另一种政体过渡时，往往更加繁荣昌盛。这是因为，当时政体的一切动力都很紧张，所有的公民都提出了自己的主张；人们或者是相互攻击，或者是彼此结好；一场高尚的竞争在这两种人之间展开：一种人维护日益衰落的旧有的政制，另一种人主张实行更好的新政制。

第十四节　国王被驱逐后三种权力的分配如何开始变化

与罗马的自由背道而驰的主要有四件事：其一，贵族独占了所有宗教、政治、民事和军事的职务；其二，执政府的权力过大；其三，人民受到侮辱；其四，人民在选举上几乎不发生任何作用。人民所纠正的就是这四种弊端。

1. 罗马人民要求规定：平民可以担任某些官职，经过争取，平民可以逐步担任除临时执政官以外的所有官职。

2. 罗马人民解散了执政府，代之以若干官职。设置大法官[30]，授予其审理个人案件的权力；任命检察官[31]，授予其审理刑事案件的权力；设置市政官，授予其治理民政的权力；设置财政官[32]，授予其管理公共财物的权力；此外，通过设置监察官，以剥夺执政官的部分立法权，其中包括确定公民风俗和临时管理国家各个机构的权力。这样，执政官剩下的权力主要就是主持人民大会[33]、召开元老院会议和统辖军队。

3. 神圣的法律设置了保民官。保民官可以随时制止贵族的谋划，不但可以阻止对个人的特殊侵害，还可以阻止对公众利益的一般侵害。

4. 平民在公共决议中的影响力得到了提高。罗马人民以三种方式被划分开来："百人团"、"胞族区"和"部落"。投票选举时，他们被召集在一起并按照这三种方式中的一种组织起来。

在第一种方式下，贵族、权贵、富人以及元老院成员（这些人简直就是一回事）几乎拥有所有权力；在第二种方式下，他们的权力小一些；在第三种方式下，他们的权力则更小。

按百人团划分，与其说是按人划分，不如说是按人口分布和财产来划分的。全体人民被划分为一百九十三个百人团[34]，每个百人团拥有一票表决权。前九十八个百人团由贵族和权贵组成，剩下的公民则散布于其余九十五个百人团。在这种方式下，贵族们拥有绝对的票数。

按胞族区[35]划分，贵族们就不像第一种划分方式占尽优势，然而他们还是有一定优势。由于选举时要征求占卜师的意见，而贵族控制着占卜师。如果事先没有提交给元老院审议并获得元老院决议批准，任何议案都无法提交人民讨论。但如果是按部落进行划分，不存在征求占卜师意见或获得元老院批准的问题，贵族被排除在外。

现在，人民在召集通常按百人团组织的集会时不断寻求采用胞族区的划分方式，而在召集通常按胞族区组织的集会时则寻求采用部落的划分方式，这样一来，原本由贵族处理的公共事物就转由人民来处理了。

因此，当平民取得审判贵族的权力时（这始于科里奥兰纳斯案件[36]），人民就想通过召集部落[37]集会而不是百人团集会来对贵族进行审判。并且，从有利于人民的利益出发，设置了护民官和市政官这样新的官职时[38]，人民争得了按胞族区集会来任命这些官员的权力。当人民的权力稳固后，他们就争取到了按部落集会来任命这些官员的权力[39]。

第十五节　罗马共和国是怎样在鼎盛时期突然失去自由的

在贵族和平民的激烈争议中，后者要求制定固定的法律，这样就能避免根据一时的心血来潮和独断的权力作出判决。经过强烈的抵制以后，元老院最终默许了这一动议。“十人会议”被指定负责制定这些法律。人们认为，必须赋予“十人会议”很大权力，因为他们制定法律的对象是水火不相容的各方。所有官吏的任命都被暂停，他们在“国民会议”被推选为共和国唯一的执政者。“十人会议”集执政官的权力和护民官的权力于一身。前者赋予他们召集元老院集会的权力，而后者则赋予他们召集人民集会的权力。但他们既没有召集元老院集会，也没有召集人民集会。共和国中十人组成的集团拥有全部的立法权、行政权和司法权。罗马于是乎生活在暴政之下，其残忍程度不亚于塔克文时代。当塔克文将他的压迫措施付诸实践时，罗马对他篡夺权力怒不可遏；当“十人会议”倒行逆施时，罗马对自己赋予他们的权力而目瞪口呆。

但是，这是怎样的一种暴政啊！这种暴政脱胎于那些仅对民事知识有所了解的人，他们凭此便开始掌管政治权力和军事权力。在那个时代的环境下，他们为了便于统治而需要公民们在国内软弱怯懦，为了保护他们自己却又需要公民们在国外勇敢无畏。

弗吉尼亚的死堪称壮丽，她的父亲为了女儿的贞操和自由而亲手杀死了她，她的死让“十人会议”的权力瞬间土崩瓦解。每个人都因此而受到触怒，他们不再接受控制；每个人都曾是一位父亲，他们因此而成为公民。元老院和人民重新夺回了自由，而这个自由曾被托付给荒谬可笑的暴君。

罗马民族比其他任何一个民族都更易受到悲惨景象的刺激。卢克雷蒂娅鲜血淋漓的尸身最终让罗马人结束了王权制度。广场上遍体鳞伤的债务人改变了共和政体的形式。目睹弗吉尼亚的惨死，“十人会议”被解散。为了判处曼利乌斯死刑，不得不把卡皮托尔神殿遮挡起来，不让人民看见。恺撒沾满了鲜血的长袍，让罗马重陷奴役之中。

第十六节　罗马共和国的立法权

在“十人会议”统治时期，人民无权提出争议，但是，当人民重新寻回自由时，嫉妒却又卷土重来。只要贵族们还享有一些特权，平民们就会剥夺这些特权。

如果平民仅仅满足于剥夺贵族们的特权，同时又没有冒犯到他们的公民身份，就不会产生什么弊端。当人民以胞族区或百人团的形式集会时，他们的成员包括元老院成员、贵族和平民。在争论过程中，平民赢得上风[40]，没有贵族或元老院成员，他们也能制定法律，称其为“平民制定法”，制定法律的“国民会议”称之为部落人民会议。如此一来，在某些情况下贵族[41]没有立法权[42]，且依附于国家另一个集团的立法机构。这是一种自由的疾风骤雨。人民为了建立民主政体，不惜违背民主的基本原则。似乎用这种过度的力量就能将元老院的权威剥夺殆尽。然而，罗马有令人惊羡的制度，尤其是其中这样两种制度：其一是人民的立法权受到控制；其二是人民的立法权有限。

监察官和此前的执政官[43]一样，可以说每五年便把人民的整个机构重新组织改建一次，他们对具有立法权利的集团行使立法权。西塞罗说："监察官提比略·格拉古把获得自由的奴隶转移到城市中去，不是靠他的雄辩口才，而是靠他的一言一行实现的，要不是他当年这样做，我们今天勉强支撑着的共和国或许早就不存在了。"

另一方面，元老院有权设置一个独裁者，把共和国从人民手中夺走。在独裁者面前，拥有最高权力的人民低下了头，最得人心的法律也哑然无声了[44]。

第十七节　罗马共和国的行政权

如果说人民对立法权十分珍惜，费尽心机防备立法权被篡夺，但他们对行政权却不那么在意。人民几乎将行政权全部交与元老院和执政官，只保留了选举官吏以及确认元老院和将军们行为的权力。

罗马崇尚号令天下，征服世间万物，过去它总是在强取豪夺，现如今依然如此，故而大事不断，不是它的敌人密谋置它于死地，就是它密谋置敌人于死地。

由于罗马不得不指引自己前行，一方面依靠的是英雄般的勇气，另一方面依靠无比的智慧，事态表明，国事必须由元老院

 指导处理。人民就立法权的方方面面与元老院展开激烈的争论，因为他们倍加珍惜自己的自由；但人民不会同元老院争论各项行政权，因为他们非常珍视自己的荣誉。

元老院在行使行政权方面发挥的作用如此之大，以至于波利比乌斯[45]会这样说，所有的异邦人都认为罗马是一个贵族政体国家。元老院负责公共资金的支出和招揽包税人；元老院负责结盟国家诉讼案件的仲裁；元老院决定发动战争和媾和并就此指导执政官；元老院确定罗马和盟国军队的人员数量，把行省和军队分配给行省总督或执政官，当他们任期已满时任命继任者；元老院颁布有关凯旋仪式的法令，接收并派遣使节；元老院负责国王的任命、奖赏、惩罚和审判，并负责授予或剥夺国王们的罗马人民同盟者的头衔。

执政官们征召应由他们派往前线的军队，指挥陆军和海军，并负责统帅结盟国。执政官们在各个行省拥有共和国的一切权力，他们和被征服民族签订和约，强迫被征服民族接受和谈条件，或把事情提交元老院处理。

人民最初也参与处理战争与和平事项，他们行使的是立法权而不是行政权。人民行使的职能不外乎对国王的行事，以及继国王之后执政官或元老院的所作所为进行确认。他们远非战争的决定者，我们看到，执政官或元老院往往不顾护民官的反对悍然发动战争。但是，当人民被繁荣昌盛所陶醉时，人民的行政权与日俱增。如此一来[46]，过去一直由将军们任命的军团将校，改由人民来任命；第一次布匿战争前夕，人民曾规定他们自己有权宣布战争[47]。

第十八节　罗马政体中的司法权

司法权被赋予人民、元老院、官吏和特定的法官。这里有必要了解一下司法权是如何分配的。我先从民事案件说起。

司法权最早由国王执掌，继而由执政官执掌[48]，然后由裁判官执掌。塞尔维乌斯·图利乌斯自己放弃了民事案件审判权；执政官也不审理民事案件，除非是在特别罕见的情形下[49]，因此称这类情形下的案件为“非常案件[50]”。执政官满足于仅仅任命法官的权力，组织负责审理案件的法庭。从哈利卡纳苏的狄奥尼修斯的著作中所载阿庇乌斯·克劳狄乌斯的演说[51]来看，早在罗马259年（公元前495年），这项制度似乎就已被视作罗马人的既定习俗，将其追溯至塞尔维乌斯·图利乌斯执政时期也未尝不可。

裁判官在其任期内的每年都会列出他遴选出来执行司法职能的法官名册[52]或表格，以确保每一桩诉讼案都能选取足够的法官来审理。这和今天英国的做法几乎完全一致。并且，这种做法对自由非常有利之处在于[53]，裁判官征得当事各方同意后才会确定法官的人选[54]。如今英国人在诉讼中要求许多法官回避，这种做法和当年罗马的做法异曲同工。

这些法官仅就事实作出决断[55]，比如说，是否已经支付了一

 定数额的款项，某个行为是否已遂等等。但是，由于裁决事关权利的问题[56]需要一定的能力，所以提交百人团审理[57]。

国王们自己把持刑事讼案的审讯，执政官们后来继承了此项权力。执政官布鲁图斯就是凭借这种权力，处死了他的子女和所有为塔克文卖命的密谋者。这项权利太过分了。执政官们已经握有军权，他们甚至还在处理城镇民事案件中运用这种权力，他们的审讯毫无法律形式而言，与其说是审判，莫不如说是暴力逼供。

这导致了瓦勒良法的诞生，该法律允许将所有可能危及公民生命的执政官法令提交人民审议。除非人民同意[58]，执政官们再也不能判处公民极刑。

可以看出，在塔克文第一次密谋复辟时，执政官布鲁图斯审判了罪犯；而在塔克文第二次图谋复辟时，他召集元老院和人民会议对他们进行审判[59]。

那些称之为“神圣的法律”为平民设置了保民官，这些保民官组成一个机构，这个机构最初针对平民的合法权利提出了大量的诉求。平民提出要求时的胆大妄为，元老院允诺时的屈尊俯就和轻而易举，真不知道是前者为甚还是后者为甚。瓦勒良法允许提请包括元老院成员、贵族和平民在内的人民审议。平民则规定，审议应向他们提出。很快，问题就上升到平民能否审判贵族，这是科利奥兰纳斯案件从始至终的争议主题。科利奥兰纳斯在人民的面前接受护民官的指控，他置瓦勒良法精神于不顾，坚持认为，作为一个贵族，他只能由执政官们来审判；而平民同样做出了有悖于瓦勒良法精神的举动，声称他只能由他们进行单独审判，最终平民对他进行了判决。

“十二铜表法”修改了之前的规定，该法规定，凡涉及一个公民的生死问题时，只能在人民会议[60]上做出决定。这样一来，平民机构或与之等效的部落人民会议只审判处以罚金刑罚的刑事讼案，其他讼案不再由平民审判。为了施以极刑，必须有相关的“法律”；而为了判处罚金，只需要“平民制定法”即可。

“十二铜表法”的条款非常明智，妥善地调解了平民和元老院之间的关系。这是因为，任何一方的审判权限取决于刑罚的严厉程度和犯罪的性质，双方不得不联合在一起共同协商。

瓦勒良法取消了所有罗马政体中仍残存的与希腊英雄时代诸王政体相关的法律条文。其结果就是，执政官们发现他们自己已经没有权力来惩罚犯罪了。尽管所有罪行都与公众有关，但是需要区分两种不同情况，其一主要涉及公民与公民之间利害关系的犯罪，其二主要涉及国家与公民关系对国家利害关系较大的犯罪。前者称作“私罪”，后者称作“公罪”。人民亲自审理公罪，至于私罪，人民通过一个特别委员会任命一位检察官负责审理。这位检察官通常是一个官员，但有时也可能是人民挑选的一个普通百姓，叫做“重罪检察官”，“十二铜表法”里提到了这个职务[61]。

检察官任命所谓的主任法官，主任法官则通过抽签的方式

 选定其他各法官组成法庭，并主持审判[62]。

在这里最好也指出元老院如何参与检察官的任命事项，以便了解各种权力在这件事情上是如何得到平衡的。有时元老院会选出一个独裁官来执行检察官的职务[63]；有时命令保民官召集人民集会任命一位检察官[64]；有时人民任命一个官员，由他就某一罪行向元老院报告，并请求元老院任命一位检察官，提图斯·李维在《罗马编年史》[65]中提到的卢西乌斯·西庇阿[66]案件就是如此。

罗马 604 年（公元前 150 年），上述各种临时性任命中的一部分变成永久任命[67]。人们逐渐把刑事案件分为被称作“永久性问题”的不同类别。设置了各种各样不同的检察官，每种检察官负责其中一类刑事案件。这些检察官有权在一年之内审理各自管辖的案件，一年之后他们就出任行省长官。

在迦太基，百人元老院是由终身任职的法官们所组成的[68]。但在罗马，裁判官的任期为一年，而法官的任期甚至不到一年，因为法官是根据每个诉讼案指派的。从本章第六节已经看出，这种条款在某些政体下对自由是多么的有利。

格拉古兄弟当政以前，法官们是从元老院的成员中产生的。提比略·格拉古则规定，法官从骑士中产生，这样的变革是如此之大，以至于这位护民官夸口说，他的一个法律草案就斩断了元老院议员们的神经。

必须要指出的是，尽管三种权力就其与公民自由的关系而言分配得并不是很得当，但在与政制自由的关系这方面，三种权力却可以分配得很好。在罗马，由于人民拥有较大的立法权、部分行政权以及部分司法权，他们的权力很大，需要有另一种权力来和它相抗衡。元老院拥有相当部分的行政权，也有部分立法权[69]，但还不足以使它能与人民相抗衡。必须赋予元老院一部分司法权，而当法官从元老院成员中挑选时，它就拥有了一部分司法权。当格拉古兄弟剥夺了元老院成员的司法权[70]，元老院也就无法再与人民抗衡了。因此，他们侵害了政制的自由，以有利于公民自由的实现，但是公民的自由却随着政制自由的消亡而一起丧失了。

由此产生了无穷的弊端。当国内出现严重的骚乱，几乎无政制可言时，政制就被改变了。骑士不再是连接人民与元老院的中间等级，政制的链条被打断了。

甚至还有一些特殊的缘由可以用来解释为什么必须防止将司法权转交到骑士手中。罗马的政制是建立在这一原则之上，即骑士应该是士兵，而要当兵，就必须拥有相当的财产为其行为作担保。作为最富有的人，骑士组成了罗马的骑兵军团。当他们的地位获得了提升，就拒绝再为军队效力了，此时不得不征召另外一支骑兵部队。马略允许各色人等加入军团，共和国由此覆灭[71]。

此外，骑士们负责共和国的征税工作，他们贪得无厌，让人民厄运连连，变本加厉地增加公共开支。不但不应把司法权交给这种人，而且应该让他们始终处于法官的监视之下。这里必须对古代法国的法律提出赞许，某些条款表明，法国的古法不信任公务人员的程度丝毫不亚于不信任敌人。当罗马将司法权转交给包税人后，美德、法制、法律、官职和官吏都不复存在了。

关于这一点，西西里的狄奥多罗斯和狄奥在其著作的片段中都不加修饰地进行了描绘，狄奥多罗斯[72]写道："穆基乌斯·斯凯沃拉想恢复传统的习俗，依靠自己的财产过上节俭而正直的生活。由于他的前任们勾结包税人，而包税人当时执掌着罗马的司法权，这令各地充斥着各式各样的犯罪。但是斯凯沃拉惩治了包税人，并把陷人于冤狱的那些人投入大牢。"

狄奥告诉我们[73]，他的副手普布利乌斯·鲁提利乌斯同样为骑士所憎恶，他回国后便因被控收受贿赂而被处以罚金，于是他立即变卖财产。显然，他是无辜的，因为人们发现他的财产要远远少于被控受贿的非法所得。他出示了财产所有权的证书，再也不愿与那些人生活在同一个城镇里。

狄奥多罗斯又说[74]，"意大利人在西西里买了大量奴隶，让他们种地和放牧，但却不给他们提供食物。这些不幸的奴隶不得不身披兽皮，手持长矛和棍棒，带着狼狗到大路上抢劫。整个西西里地区都遭到蹂躏，除了城里面的东西，当地人说不出还有什么属于自己的东西。没有一个地方总督或裁判官能够或愿意制止骚乱，或敢于惩罚这些奴隶，因为这些奴隶属于骑士，而骑士掌管着司法权[75]。"这就是"奴隶战争"的导火索之一。我只想说一句：一个唯利是图的职业，一个索取无度而从不付出的职业，一个冷酷无情地使富人变穷，使穷人更穷的职业，从事这种职业的人不应该在罗马执掌司法权。

第十九节　罗马各行省的政体

三种权力在罗马是这样分配的，但对行省就远不是如此了。行省的中心地区是自由的，而边疆地区则充满暴政。

当罗马仅统治意大利时，其他各地人民是作为联盟者被治理的，每个共和国保留着各自的法律不变。但是，当罗马征服更多的地方时，元老院不能直接监视每个行省，身在罗马的官员无法治理这个帝国，这就不得不向各地派出裁判官和地方总督。从那时起，三种权力之间就再也无法保持和谐了。派到各行省的官员大权独揽，集罗马的各种权力于一身，怎么说呢，反正包括罗马官员的权力、元老院的权力甚至是人民的权力[76]！这是一些专制官吏，对他们被派往的边远地区来说再适合不过了。他们一人行使三种权力，如果我可以这么说的话，他们虽是在罗马共和国，但却过着无异于土耳其总督（帕夏）的日子。

前面我们不厌其烦地反复阐述[77]，鉴于事物的性质使然，这些人在共和国里兼任文职和武职，其结果就是四处征服的共和国不可能在被征服国家推行共和政体，也不能依照共和政体模式治理国家。事实上，由于罗马派出去掌管各行省的官员既然有处理民事和军事的行政权，他也就必须拥有立法权，否则还会有谁能制定法律呢？同时他也必须拥有司法权，否则谁能撇开他而独自进行审判呢？因此，共和国派出去的官吏必须同时拥有三种权力，而罗马各行省中的省督正是如此。

君主国更容易推行它的政体，这是因为君主国派到各行省的官员各司不同的职权，有些官员掌管处理民政的行政权，而另外一些官员则掌管处理军政的行政权，这样就能保证不施行专制统治。

罗马公民只接受人民的审判，这是一项意义重大的特权。如果没有这项特权，身在行省的罗马公民就要受制于行省总督或地方行政长官的专断权力。这种暴政仅仅施加于被征服民族，城市丝毫感觉不到。

如此一来，在罗马世界里，包括斯巴达在内，自由民越是拥有极度的自由，而奴隶则越受到极端的奴役。

当公民纳税的时候，征税的办法非常公正。人们沿用的是当初塞尔维乌斯·图利乌斯指定的方法，他依据财富多寡将所有公民划分为六个等级，并按每位公民在政府中担任的职务大小，确定每位公民应缴税额。由此导致的结果便是，声望高的人为缴税多而叫苦不迭，声望低的则为缴税少而深感慰藉。

还有一点值得称颂，由于塞尔维乌斯·图利乌斯根据等级划分人口是这种政制的基本原则，因此可以这么说，课税的公平是源自这种政体的基本原则，一旦税收的公平被取消，政体的基本原则也就不复存在。

然而，虽然罗马人可以毫无困难地纳税或者压根就不缴税[78]，但各个行省却被承包共和国税收的骑士们蹂躏得苦不堪言。前面已经说到了他们扰乱人民的种种劣迹，此类记述在史书中比比皆是。

米特拉达梯曾说过[79]，“地方总督[80]的劫掠、公职人员的盘剥，加之司法审判[81]的恶意中伤，所有这些行径让整个亚洲国家对罗马人恨之入骨，他们盼着我去解放。”

这就是为什么各行省的加入非但没有让共和国的实力增强，反而只起到了削弱共和国的作用。这也是为什么各行省将罗马自由的丧失视为自己自由的新纪元的建立。

第二十节　本章结语

在我们所知的所有各类宽和政体中，三种权力是如何分配的，并由此计算其中每一类政体可以享受到何种程度的自由，这正是我想要探究的。但是，我不应该包揽这个题目而不给读者留下进一步思索的余地。问题不是让人去阅读，而是让人去思考。

1　参阅西塞罗，《与阿提库斯通信录》，他在信中说道：“我效法了斯凯沃拉（Scaevola）的法令，该法令允许希腊人按照他们自己的法律解决他们之间的争端，这使他们把自己看作是自由的人民。”

2　莫斯科公国的人民无法忍受彼得大帝让他们剪掉胡子的命令。

3 卡帕多西亚人谢绝了罗马人提出的为他们建立共和政体的建议。

4 这是一个没有外部敌人，或者自信已经用障碍物阻遏住了外敌的国家理所当然的目标。

5 这就是自由否决权带来的弊病。

6 威尼斯便是如此。

7 如同在雅典一样。

8 此处指民众每年一次选出的官员。参阅斯特凡努斯·拜占庭(Stephanus Byzantinus) 所著《地理名词词汇 (Ethnica) 》，1958 年版。

9 罗马的官员在卸任之后是可以被指控的。参阅哈利卡纳苏的狄奥尼修斯,《罗马古事记》, 第九卷, 其中关于保民官格奴梯乌斯案件的记述。

10 塔西佗在《日耳曼尼亚志》第十一章中写道："小事问君主，大事人人问；即使是人民有权决定的事，也要由君主通盘考虑。"

11 参阅亚里士多德，《政治学》，第三卷，第十四章。

12 参阅贾斯廷，《腓力史摘要》，第十七卷，第三章，第十二节。

13 参阅亚里士多德，《政治学》，第五卷，第九章。

14 参阅亚里士多德，《政治学》，第三卷，第十四章。

15 同上。

16 参阅普鲁塔克，《特修斯》，第二十四章，第二十五节；也可参阅修昔底德 (Thucydides)，《伯罗奔尼撒战争》，第一卷，第十三章。

17 参阅亚里士多德，《政治学》，第四卷，第八章。

18 参阅哈利卡纳苏的狄奥尼修斯，《罗马古事记》，第二卷，第 120 页；第四卷，第 242–243 页。

19 参阅提图斯·李维《罗马编年史》第一卷中塔纳吉尔的演说词，以及哈利卡纳苏的狄奥尼修斯《罗马古事记》第四卷第 229 页的塞尔维乌斯·图利乌斯制定的条例。

20 参阅哈利卡纳苏的狄奥尼修斯，《罗马古事记》，第二卷，第 118 页；

第三卷，第 171 页。

21 图利乌斯·霍斯提利乌斯（Tullius Hostilius）就是遵照元老院的法令，派兵摧毁阿尔巴的。参阅哈利卡纳苏的狄奥尼修斯，《罗马古事记》，第三卷，第 167 页、第 172 页。

22 参阅哈利卡纳苏的狄奥尼修斯，《罗马古事记》，第四卷，第 276 页。

23 参阅哈利卡纳苏的狄奥尼修斯，《罗马古事记》，第二卷。但是人民不能任命所有官员，因为瓦勒里乌斯·普布利科拉曾颁布一项著名的法律，禁止任何未经人民投票选举的公民担任任何公职。

24 参阅哈利卡纳苏的狄奥尼修斯，《罗马古事记》，第三卷，第 159 页。

25 参阅哈利卡纳苏的狄奥尼修斯，《罗马古事记》，第四卷。

26 哈利卡纳苏的狄奥尼修斯说，“他放弃了王权的一半”。参阅哈利卡纳苏的狄奥尼修斯，《罗马古事记》，第四卷，第 229 页。

27 有人认为，如果没有遭到塔克文的阻挠，他可能早已建成了平民政体。参阅哈利卡纳苏的狄奥尼修斯，《罗马古事记》，第四卷，第 243 页。

28 参阅哈利卡纳苏的狄奥尼修斯，《罗马古事记》，第四卷。

29 参阅哈利卡纳苏的狄奥尼修斯，《罗马古事记》，第四卷。

30 参阅提图斯·李维，《罗马编年史》，第一代史，第六卷。

31 拉丁文为“Quaestores parricidi”，意为“刑事侦探”。参阅庞波尼乌斯（Pomponius），《法律的起源》，第二卷，第二十三节。

32 参阅普鲁塔克，《普勃里克拉传》，第十二章，第二节。

33 人民大会，即百人团人员大会（Comitiis centuriatis）。

34 参阅提图斯·李维，《罗马编年史》，第一卷，第四十三节；以及哈利卡纳苏的狄奥尼修斯，《罗马古事记》，第四卷和第七卷。

35 参阅哈利卡纳苏的狄奥尼修斯，《罗马古事记》，第九卷，第 598 页。

36 参阅哈利卡纳苏的狄奥尼修斯，《罗马古事记》，第七卷。

37 这与习惯不符。参阅哈利卡纳苏的狄奥尼修斯，《罗马古事记》，

第五卷，第 320 页。

38 参阅哈利卡纳苏的狄奥尼修斯，《罗马古事记》，第六卷，第 410 页、第 411 页。

39 参阅哈利卡纳苏的狄奥尼修斯，《罗马古事记》，第九卷，第 605 页。

40 参阅哈利卡纳苏的狄奥尼修斯，《罗马古事记》，第十一卷，第 725 页。

41 依照"神圣的法律"，平民可以独自制定平民法，贵族不参加此类立法会议。参阅哈利卡纳苏的狄奥尼修斯，《罗马古事记》，第六卷，第 410 页；第七卷，第 430 页。

42 根据"十人会议"被废黜后制定的法律，贵族尽管没有参与投票，却受平民制定法约束，参阅提图斯·李维，《罗马编年史》，第三卷；哈利卡纳苏的狄奥尼修斯，《罗马古事记》，第十一卷，第 775 页。这项法律又为独裁官普布利乌斯·斐洛（Publius Philo）在罗马 416 年制定的法律所认可。参阅提图斯·李维，《罗马编年史》，第八卷。

43 罗马 312 年（公元前 442 年），执政官依然进行户口调查，正如哈利卡纳苏的狄奥尼修斯在《罗马古事记》第十一卷中所说。

44 比如那些准许将一切官员的行政命令提请人民审理的法律。

45 参阅波利比乌斯，《历史》，第六卷。

46 罗马 444 年（公元前 310 年）。参阅提图斯·李维，《罗马编年史》，第九卷。鉴于征讨珀尔修斯的战争出现危险迹象，元老院决定停止执行该法，人民对此表示赞同。参阅提图斯·李维，《罗马编年史》，第五代史，第二卷。

47 约翰·弗赖恩海姆（Johann Freinsheim）说，人民从元老院夺走了宣战权。参阅《提图斯·李维集补编》，第二代史，第六卷。

48 毋庸置疑的是，在设置裁判官之前，执政官就已经执掌司法权。参阅提图斯·李维，《罗马编年史》，第一代史，第二卷，第 19 页；也可参阅哈利卡纳苏的狄奥尼修斯，《罗马古事记》，第十卷，第

627 页、第 645 页。

49 执政官通常单独审判，没有比这更令人憎恶的了。参阅哈利卡纳苏的狄奥尼修斯，《罗马古事记》，第十一卷，第 709 页。

50 非常案件：不按正常程序进行的法律调查案件，拉丁文作“judicia extraordinaria”。参阅《法制》，第四卷。

51 参阅哈利卡纳苏的狄奥尼修斯，《罗马古事记》，第六卷，第 360 页。

52 名册，拉丁文作“Album judicum”，是由检察官确定的法官列表。

53 西塞罗在《为克鲁恩西奥辩护》中写道：“我们的祖先不愿意由未经当事各方同意的人审理案件，不但有关公民荣誉的案件是如此，即使是有关金钱的小案件也是如此。”

54 参阅赛尔维法、科里尼法等法律的片段，看看这些法律对于其所规定必须惩罚的罪行是如何指派法官的。法官的指派方法有三种，一是挑选，二是抽签，三是挑选和抽签兼而用之。

55 参阅塞内加（Seneca），《论恩惠》，第三卷，第七章结尾。

56 参阅昆提良（Quintilian），《修辞教育》，第四卷，第 54 页，1541 年法国巴黎版。

57 参阅庞波尼乌斯（Pomponius），《法学的起源》“法律”，第二卷，第二十四节。若干被称作十大法官（即“十人会议”）的官员在一名裁判官的领导下主持审讯。

58 参阅庞波尼乌斯（Pomponius），《法学的起源》，第二卷，第十六节，“没有罗马人的命令，执政官不得对罗马公民处以极刑。”

59 参阅哈利卡纳苏的狄奥尼修斯，《罗马古事记》，第五卷，第 322 页。

60 即按照百人团的划分方式而召开的人民会议。曼利乌斯·卡必托里纳斯（Manlius Capitolinus）就是在这些人民会议接受审判的。参阅提图斯·李维，《罗马编年史》，第一代史，第六卷，第 68 页。

61 庞波尼乌斯在《法学的起源》“法律”第二卷中是这样说的。

62 参阅乌尔比安，《摘要》片段，其中提到科里尼法的另一个片段。这段文字载于《摩西律例与罗马法校勘录》第一题：暗杀与杀人。

63 这种做法尤其针对发生在意大利的犯罪行为，那里的元老院担负着主要的检察任务。参阅提图斯·李维，《罗马编年史》，第一代史，第九卷关于加布亚的密谋的记述。

64 罗马 340 年（公元前 414 年）追查波斯杜缪斯（Posthumius）被杀案时就是这样做的。参阅提图斯·李维，《罗马编年史》，第四卷，第五十节。

65 参阅提图斯·李维，《罗马编年史》，第八卷，第三十八章。

66 该案于罗马 567 年（公元前 187 年）作出判决。

67 参阅西塞罗，《布鲁图斯传》。

68 提图斯·李维在《罗马编年史》第八卷第四十三章给予了证实，他在书中写到，汉尼拔把他们的任期改为一年。

69 尽管未经人民认可，元老院法令仍有为期一年的法律效力。参阅哈利卡纳苏的狄奥尼修斯，《罗马古事记》，第九卷，第 595 页；第十一卷，第 735 页。

70 罗马 630 年（公元前 124 年）。

71 “大多是赤贫的市民”。参阅塞勒斯特（Sallust），《朱古达战争》，第八十六章。

72 该作者的片段第三十六章，转引自君士坦丁·泼菲洛戈尼图斯，《品德与邪恶摘录》。

73 卡西乌斯·狄奥·科克亚努斯（Cassius Dio Cocceianus）所著《罗马史》的片段，转引自《品德与邪恶摘录》。

74 参阅狄奥多罗斯（Diodorus Siculus）所著《世界文库》（*Bibliotheca historica*）片段的第三十四章，转引自《品德与邪恶摘录》。

75 “这些奴隶属于罗马掌握司法权的那些骑士，而法官就是从骑士等级中通过抽签遴选出来的，这些法官的审讯对象是任期届满后的裁判官和行政长官。”参阅狄奥多罗斯，《世界文库》，第三十四章和第三十五章。

76 他们抵达各行省时都要颁布各自的法令。

77 前述第五章，第十九节。也可参阅本书第二章、第三章、第四章和第五章。

78 征服了马其顿王国后，罗马便停止了纳税。

79 这段话出自特罗古斯·庞培（Trogus Pompeius）之口，转引自查士丁，《腓力史摘要》，第三十八卷。

80 参阅西塞罗，《批驳韦雷斯》。

81 众所周知，激起日耳曼人反叛的就是瓦鲁斯（Varus）法庭。

第十二章

建立政治自由的法律与公民的关系

第一节　本章主旨

仅仅是从政治自由与政制的关系来讨论政治自由还不够，还需要研究政治自由与公民的关系。

我已经说过，对前面政治自由与政制关系的那种情况，政治自由是通过对三种权力的某种分配而建立起来的，而对后者政治自由与公民的关系情况，必须从一个完全不同的思路来进行讨论。政治自由的关键在于人们享有安全或者自认为享有安全。

在某些情况下，政制是自由的，但公民并不享有自由。还有可能存在的情况是，公民享有自由，而政制却不自由。对前一种情况，政制在法律上是自由的，事实上并不自由；对后一种情况，公民事实上是自由的，在法律上并不自由。

只有根据法律的规定，特别是基本法的规定，才能确立政治自由与政制的关系。但对于政治自由与公民的关系，由习俗、规矩和惯例都可以带来自由；本章将要谈及，某些公民法也能促成自由。

此外，对大多数国家而言，其政制更多的是需要限制、反对甚或是打压自由，而不是需要获得自由；以特殊法为例最能说明这个问题，在每种政制中，特殊法既能帮助也能伤害每个国家能接受的自由原则。

第二节　公民的自由

哲学意义上的自由就是行使自己的意志，或者，至少（如果应从所有的体系来说的话）自己相信是在行使自己的意志。而政治自由是享有安全，或者至少是自认为自己享有安全。

对这种安全的威胁以公诉或私人诉讼为最。因此，公民的自由主要依赖于良好的刑法。

刑法的完善不是一蹴而就的。最需要自由的地方往往难觅自由的踪影。亚里士多德[1]告诉我们，在库迈，原告的父母可以充当目击证人。在罗马王政时代，法律极不完善，塞尔维乌斯·图利乌斯甚至判处安库斯·马尔蒂乌斯的子女死刑，指控其谋杀了他的岳父，也即国王[2]。在法兰克最初几位国王统治时期，克洛泰尔制定了一部法律[3]，这项法律规定，未经审判不得判决被告人有罪，这从一个侧面说明当时某些特殊案件或针对野蛮民族存在与此相反的做法。是卡龙达斯引入了对伪证罪的审判[4]。如果公民的清白无法得到保证，也就谈不上什么公民自由了。

考虑刑事审判所应遵守的最可靠的规则，这些知识已经从某些国家获得，今后也将从其他国家获得，人类对这些知识的关注远胜于对世界上其他事情的关注。

只有在运用这些知识时才能发现自由之所在，如果一个国家在这方面拥有最好的法律，即使是一个卷进官司并且将在翌日绞决的人，他的自由程度也要高于土耳其的帕夏。

第三节　续前

只凭一个目击者的证词就判处一个人死刑，这对自由是致命的危害。从理性上来看，需要两个人的证词，这是因为，目击者证明被告有罪，而被告否认罪行成立，双方会产生分歧，各执一词，为了作出判决，必须有第三方加入。

希腊人[5]和罗马人[6]在定罪时要求多出一票，我们法国的法律则要求多出两票。希腊人声称他们的做法是神明所确立的[7]，其实我们的做法才是神明确立的。

第四节　按罪行的性质定罪和量刑有利于自由

当刑法是根据罪行的特殊性质来确定每一种刑罚，就说明自由取得了胜利。此时刑罚不再恣意妄为；判处刑罚不再是根据立法者的随意决定，而是根据事物的性质来进行；人们也不会再对别人暴力相向。

罪行有四种。第一种罪行是危害宗教；第二种罪行是违背社会习俗；第三种罪行是危害社会的安宁；第四种罪行是妨害公民的安全。每种罪行对应的刑罚应根据罪行的性质确定。

我将违背宗教信仰列为一类罪行，指的仅仅是那些直接危害宗教的行为，比如所有单纯亵渎神明的行为。这是因为，从性质上来看，干扰宗教的罪行与危害社会安宁或妨害公民安全的罪行如出一辙，因此，应该分别将其归入第三种或第四种罪行。

为了让惩治单纯亵渎神明的刑罚能根据事物性质[8]确定，刑罚就应该是剥夺宗教所给予的一切好处，包括赶出庙堂，暂时或永久禁止与教徒交往，不得与他们见面，让他们受到唾弃、憎恶和诅咒。

对于那些妨碍国家安宁或安全的事件，非公开的行动属于世俗的司法管辖范围。但是对于那些触犯神明的事件，只要没有什么公开的行动，就谈不上是犯罪，一切属于人与神明之间的事，神明知道应当在什么时候施以什么样的报复。如果官吏混淆事件本质，追究非公开亵渎神明的行为，查处一种完全没有必要查处

 的行为，那他就是赋予懦夫和莽夫以热情，让他与公民作对，因而也就摧毁了自由。

问题就出在这样一种观念，即必须为上帝复仇。其实，应该敬重上帝，但绝不应该为上帝复仇。事实上，如果一个人受为上帝复仇的观念所左右，那么惩罚哪里会有什么尽头呢？如果人间的法律要为一个无穷的存在物复仇，那么法律就会被他的无穷无尽所控制，而不是以人性的弱点、无知和任性为指导。

普罗旺斯的一位历史学家[9]记录了这样一个事实，其非常清晰地描述了为上帝复仇这种思想对于精神孱弱的人会带来什么样的后果。一个因被控亵渎圣母的犹太人被判以活剥之刑。蒙面骑士手中拿着刀走上行刑台，赶走刽子手，要亲自为圣母复仇……我当然不想先于读者说出我自己的感想。

第二种罪行是危害社会习俗，指的是违背公众或个人对欲望的节制，也即违背一个人该如何享受感官和肉体结合带来的愉悦这样的公序良俗。对这类罪行的惩罚也应从罪行的性质出发。惩罚措施包括：剥夺罪犯享有社会对保持纯洁的习俗所赋予的种种好处、处以罚金、令其蒙羞、强制不能公开露面、当众羞辱、从他居住的城市和社会中驱逐出去。总之，所有惩治轻罪的刑罚足以遏制两性关系方面的鲁莽行径。事实上，这些罪行与其说是恶意使然，不如说是忘却了自爱自重所致。

这里所说的罪行只涉及危害社会习俗，不包括那些还危害公众安全的罪行，比如诱拐和强奸，其属于第四种罪行。

第三种罪行是危害社会的安宁，对此类罪行的惩罚应依据罪行的性质做出，并和安宁相关，比如监禁、放逐、矫正，以及其他能使不安分子回归正常、重新融入社会秩序中去的惩罚。

对第四种罪行的惩罚就是所谓的刑罚。这些刑罚措施是一种同态报复，如果一个公民已经或有这个动机剥夺另一个公民享有的安全，那么就会招致社会拒绝为其提供安全。这种刑罚是根据罪行的性质产生的，是从理性和善恶的本源引申出来的。一个公民当其危害到其他公民的安全，只要其剥夺或企图剥夺他人的生命，就应当判处死刑。死刑对病态的社会就如同一剂良药。如果一个人危害到他人的财产安全，那么也有理由对其施以极刑，但最好还是处以剥夺财产的刑罚，这也更符合这种罪行的性质。如果财产是双方共有的，或者双方的财产数量相等，则更应该如此判罚。但是，由于那些一贫如洗的人更容易侵犯他人财产，所以只能以肉刑代替财产的惩罚。

我所说的这一切都是从事物的性质去探究的，是极有利于公民的自由的。

第五节　某些特别需要克制和谨慎的指控

切记：在处理“邪术”和“异端”案件时要特别小心谨慎。对这两种罪行的指控会极大地侵犯公民的自由，如果立法者不知道该如何对其加以限制，就会成为无穷无尽暴政的源头。这是因

264 为，由于这种指控不是直接针对一个公民的行为举动展开的，而是根据人们对公民的性格形成的印象和看法，因而这种指控很危险，而且人们越无知，危险性越大。因此，公民终日处于危险惶恐之中，其原因在于，即便一个人拥有普天下无可挑剔的行为、道德最为纯净且尽一切本分行事，也无法保证不被怀疑犯下了那些罪行。

曼努埃尔·科穆宁统治时期，“抗议者[10]”被控使用隐身术阴谋反对皇帝。据这位皇帝的传记[11]记载，阿伦在阅读一本所罗门的书时被抓获，而阅读这本书就能让魔鬼军团出现。既然认为邪术具有能把地狱武装起来的力量，并因而把称作邪术师的人视为世界上最能扰乱和颠覆社会的人，当然就要毫不留情地严厉惩罚此人。

人们一旦认为邪术具有摧毁宗教的能力，这种愤怒就会剧增。君士坦丁堡[12]的历史告诉我们，有一个主教受到神的启示说，由于某人施加的邪术，某处的神迹不再出现，于是，此人和他的儿子便被处以死刑。为了证实这桩罪行，需要多少不可思议的事情做依据呢？神给人以启示并不罕见，那位主教就得到了神的启示，神的启示确有其事，神迹停止了，有人施了邪术，邪术能够推翻宗教，这个人就是邪术师，最后归结为一点：他已经施加了邪术。

塞奥多拉·拉斯卡利斯皇帝将他患病归咎于邪术。受到指控的人只有一个办法证明自己无罪，那就是手捧烧红的铁块而不受伤。在古希腊，如果一个人是邪术师，这或许是件好事，因为他可以以此为他被控施加邪术作辩护。罪名本来就不确定，证据更加没有把握，古希腊人的愚蠢真是无以复加了。

大个子菲力普在位期间，犹太人被控准许麻风病患者污染井水，他们被逐出法兰西。从这种荒谬的指控不难推断，所有建立在公众仇恨基础上的指控都应受到质疑。

我在这里并不是说异端不应该受到惩罚，我想要说的是，对此应该十分审慎。

第六节　违背天性罪

但愿我不会减轻公众对于一种罪行的憎恶，这个人犯下的罪行会受到宗教、道德和法制的轮番谴责。应该严厉禁止这种罪行，它不仅仅是把两性一方的弱点给予另一方，而且以可耻的幼年为无耻的老年做准备。下面我将要说的话，不会减少这种罪行的全部耻辱，我只是不想人们滥用对于这种罪行应有的憎恶，做出残暴的事情。

由于这种罪行的性质隐秘，导致立法者经常是根据孩童的证词就施以惩罚，这就为诽谤中伤大开方便之门。普罗科皮乌斯曾说[13]，“查士丁尼颁布了一项反对这种罪行的法律，对所有犯有此类罪行的人进行调查，不论法律颁布前还是颁布后，一律严惩不贷。仅凭一个人的证词，有时来自孩童，有时来自奴隶，就

266 足以定罪，对富人和绿党尤为如此。”

非常奇怪的是，对我们身边邪术、异端和违背天性这三种罪行，可以证明的是，其中第一种罪行并不存在，第二种罪行可以有无数差异、解释和限制，而第三种罪行通常隐藏不露，但所有这些罪行都被处以火刑。

我认为，这种违背天性的犯罪，如果没有受到某些特殊风俗的推动，是不可能在一个社会里猖狂肆虐的。所谓特殊的风俗，比如在希腊，青年在所有体育锻炼中都习惯于裸体；在我们法国，家庭教育已不再时兴；在亚洲，有些人妻妾成群，却又瞧不起她们，而其他人则连一个妻子也娶不起。不要替这种罪行创造条件，要像对待所有违背社会习俗的行为一样，用明确的法规加以禁止，这样，我们将能立即看到，天性会捍卫其权利，或是重新找回其权利。温柔、可爱而魅力无穷的大自然以它慷慨之手播撒欢悦，让我们在尽情享受快乐的同时，赐予我们子女，宛若让我们重生，从而让我们获得比那种愉悦本身更大的满足。

第七节　大逆罪

古代中国的法律规定，凡是对皇帝缺乏敬仰的人都应处以死刑。但是，他们并没有定义什么是对皇帝缺乏敬仰，因此，只要他们愿意，可以有无数的借口剥夺任何一个人的性命，包括满门抄斩。

有两位编辑邸报的人，因为关于某一事件的细节之处描述有误，人们便说在朝廷的邸报上散布谎言就是对朝廷不敬，二人就被处死了[14]。一位亲王无意间在皇帝朱笔签批的奏折上写了几个字，此举被认定为对皇帝大不敬，这导致整个家族受到有史以来最残酷的迫害[15]。

大逆罪如果定义含糊，足以让一个国家的政体沦为专制主义。我会在“法律的制定”一章中对此详细阐述。

第八节 亵渎神圣罪和大逆罪的滥用

如果把大逆罪的罪名扣到与此并不相干的行为上，这同样也是一种对法律的极大滥用。罗马皇帝们的法律[16]规定，凡是对君主的裁决表示异议并怀疑君主选定的官员不具备应有的德行和才干，都以亵渎神圣罪予以追诉[17]。另一条法律宣布，谋害君主属下的大臣和官吏，等同于谋害君主本人，也犯有大逆罪[18]。这条法律出自两位君主之手[19]，他们在历史上以懦弱著称，大臣们将两位君主视作羔羊般随意驱使，他们在宫殿里像奴隶一样俯首听命，在议事会议上像孩童一样接受摆布，在军队面前像陌生人一样受到排斥，他们之所以让帝国存续下去，唯一的理由就是他们无时无刻不在把帝国奉送给别人。这些宠臣当中有一些人密谋推翻他们的皇帝，不仅如此，他们还要颠覆帝国，召集蛮族。当有人想阻止他们的行径时，国家已是如此衰弱不堪，只有冒着触

 犯那些宠臣们制定的法律和大逆罪的风险，才能惩治他们。

然而，告发人指控德·珊马尔时所依据的就是这条法律[20]。为了证明德·珊马尔先生因企图把枢机主教黎塞留赶下台而犯下大逆罪，告发人声称："根据皇帝们制定的法律，侵害君主属下大臣的人身，与侵害君主本人一样严重。大臣为君主和国家效力，把他从君主和国家手中夺走，无异于砍掉君主的一条手臂[21]，废除国家的一部分权力。"当卑屈来到这个世界的时候，不可能有另外的说辞了。

瓦伦提尼安、狄奥多西和阿卡狄乌斯[22]还制定了另外一部法律，规定制造假币为大逆罪。这岂不是混淆事物的概念吗？把大逆罪的罪名加到另一种罪行头上，岂不是减弱大逆罪的威慑力吗？

第九节　续前

波莱纳斯上奏亚历山大皇帝说："他打算以大逆罪起诉一位违背皇帝敕令宣判案件的法官。"皇帝回答说："在我的时代，根本就不存在间接大逆罪[23]。"

当福斯蒂亚努斯致信亚历山大皇帝说，他以君主的生命发誓，绝不宽恕他的奴隶，他觉得自己一定要永久地保持他的怒火，否则就等于犯下大逆罪。皇帝回复道："你的恐惧毫无意义[24]，你不了解我的训条。"

一项元老院法案[25]规定，任何人如果熔化已废弃不用的皇帝雕像，不按大逆罪论处。塞维路斯皇帝和安托尼努斯两位皇帝给庞蒂乌斯[26]写信说，出卖尚未供奉过的皇帝雕像，不按大逆罪论处。这两位皇帝还致函朱里乌斯·卡西亚努斯说，投石击中皇帝雕像而非有意为之，不以大逆罪论处[27]。尤利安法典需要作出这些修正，因为根据该法，不但熔化皇帝的雕像要按大逆罪论处，而且类似行为也以大逆罪论处[28]，如此一来，大逆罪就变得非常随意了。既然设立了许多大逆罪，就必须作出区分。法学家乌尔比安指出，对大逆罪的指控并不因嫌犯的死亡而撤销，接着他又说，但并非所有大逆罪[29]都是如此，只有伤害帝国或皇帝生命的大逆罪才是如此。

第十节　续前

亨利八世颁布的一部英格兰法律规定，所有预测国王死亡时间的人都以大逆罪论处。这条法律相当模糊。专制主义是如此恐怖，它甚至转过头来加害那些施行专制主义的人。这位国王病入膏肓时，医生们绝不敢说他已病危，他们无疑也照此而行动了[30]。

第十一节　思索

一个名叫马尔西亚斯的人梦见他割断了狄奥尼西乌斯的喉咙[31]。狄奥尼西乌斯处死了他，说他如果白天不这样想夜里就不会做这样的梦。这是可怕的暴政，因为，即使他这样想过，也没有付诸行动[32]。法律的责任只在于惩处外在的行动。

第十二节　言辞不慎

如果言辞不慎也成为大逆罪的定罪依据，那就没什么比这个能让判处大逆罪变得更加随意了。人们所说的话在很大程度上取决于怎样被解读，而措辞不当和恶意中伤有着天壤之别，这两者在表达方式上又是如此相近，因此，法律很少会将言谈和极刑牵扯在一起，除非法律明确规定哪类话语会招致死刑[33]。

言谈并不构成一个犯罪事实：它仅仅是一种想法的存在。大多数情况下，话语本身并不包含什么意义，但具体到以什么语调出自何人之口就另当别论了。一般而言，不断地重复着相同的话语，其表达的并不是同一个含义，具体表达的含义取决于话语和其他事物之间的关联。有时沉默不语比任何话所表达的含义都要多。没有什么比话语更加模棱两可了。那么，一个人是怎样因言语而被判大逆罪的呢？只要这种因言获罪的法律出现在哪里，哪里就没有了自由，不但如此，甚至连自由的影子都不复存在了。

已故的俄国女沙皇在惩治多尔哥鲁基家族[34]的文告中宣布，该家族的一个亲王被判处死刑，罪名是使用下流语言对女沙皇人身构成侮辱；该家族的另一位亲王也被处以死刑，罪名则是恶意曲解女沙皇对帝国所做的英明安排，并且以不敬言辞冒犯了女沙皇圣洁的人身。

一个人应对那些污蔑君主名誉的人深恶痛绝，对此我不想横加干涉，但我想说的是，如果一个人想要让专制主义有所缓和，对这些因言辞不慎而获罪的情形最好是进行简单的匡正，如果施以大逆罪的惩处，不仅会令整个社会恐慌，甚至会殃及无辜[35]。

可被指控的犯罪行为并不会每天都发生，很多人能把这类犯罪行为具体指出来，捏造事实进行诬告是很容易被揭发的。和行为结合在一起的言辞才具有该行为的性质。因此，一个人大庭广众煽动臣民造反就会犯有大逆罪，因为他发表的讲话伴以具体的行动，并且付诸实施犯罪行为。受到惩处的并不是所说的话，而是由这样的话所实施的行动。只有当言谈为犯罪行为做铺垫，伴随着犯罪行为，或紧随犯罪行为之后，才会因言获罪。如果仅仅就因为说了某些话就被判处极刑，而不是把这些话当做犯重罪的苗头，那么整个社会就本末倒置了。

狄奥多西皇帝、阿卡狄乌斯皇帝和霍诺里乌斯皇帝致函审判长鲁菲努斯：“如果有人诋毁我们个人或我们政府，我们不想对他施以惩罚[36]；如果他言谈轻浮，必会受到蔑视；如果他陷入癫狂，必会受到怜悯；如果他恶意侮辱，必会受到宽恕。因此，

272 要从整体上来看待事情，这样你就会如实地告诉我们相关情况，我们就可以按他们的为人判断他们所说的话，并认真权衡是该交付审判，还是不予追究。”

第十三节　文字

文字包含的某些内容要比话语更为恒久，但如果这些文字并不是为大逆罪做准备而写出的话，就不能成为认定大逆罪的理由。

不管怎么说，是奥古斯都和提比略开启了因文字而被判大逆罪的先河[37]。在奥古斯都治下，如果某些文字诋毁声名显赫的名人和贵妇，就有触犯大逆罪之嫌；在提比略治下，只要他认为那些文字触犯到他，就可以提请按大逆罪论处。没有什么比这更能对罗马人的自由带来危害的了。克里姆提乌斯·科都斯因此受到指控，因为他在史书中称卡西乌斯是传承古罗马文明的绝世伟人[38]。

在专制政体国家很少有人了解讽刺性文字，这样的国家充斥着压抑沮丧和愚昧无知，因此既没有这样的才能，也没有这样的意愿会写出讽刺文字。民主政体国家并不禁止讽刺文字，理由恰恰与一人治国的政体禁止此类文字一模一样。由于讽刺文字通常揶揄强权人物，所以作为民主政体统治者的人民，也用讽刺文字宣泄怨愤。君主政体国家禁止讽刺文字，但它们更多的是被当做治安问题处理，而不会上升到犯罪层次。这些讽刺文字能舒缓大众的怨恨，安慰满腹牢骚的人，减少对那些深居高位的人的嫉妒，让人民能耐下性子忍受痛苦，笑对遭受的苦难。

禁止讽刺文字最甚的莫过于贵族政体。那里的官吏个个犹如小君主，他们的心胸远未开阔到不介意咒骂的地步。君主政体国家里的君主高高在上，纵然有人讥讽他，也难以伤及，而贵族领主则不然，他们会被讥讽得体无完肤。因此，组成贵族政体的“十人会议”对写出讽刺文字的人判处死刑[39]。

第十四节　惩罚犯罪时对羞耻心的破坏

世界上几乎所有的民族都有应该遵守的关于羞耻的规矩，惩罚犯罪时如果破坏这种羞耻心，那是很荒谬的，因为惩治的目的正是要恢复秩序。

东方人用经过训练的大象对妇女实施极其残忍的刑罚，这岂不是想以法律破坏法律吗？

罗马人有一种古老的习俗，禁止处死尚未达到婚嫁年龄的年轻女子。提比略为了规避这一祖制，下令在处死这些女子之前让行刑人先强奸她们[40]。这是一个多么阴险狡诈而又残忍无度的暴君，他为了不违背传统竟然践踏优良的风俗。

日本的官吏在惩治妇女时，强迫她们在大庭广众之下裸身像畜生一样爬行，这种行径让羞耻为之战栗[41]。然而，当日本官吏强迫一位母亲……强迫一个儿子……，我不忍再说下去，大自

274 然也会为之战栗[42]。

第十五节　释放奴隶以控告主人

奥古斯都规定，那些密谋反对他的人所拥有的奴隶们应该公开出售，这样奴隶们就能作出不利于往昔主人们的证词[43]。绝不应忽视任何有助于发现严重罪行的线索。这样一来，凡是实行奴隶制的国家，这些奴隶很自然地会成为告发者，但他们不可能成为目击证人。

温德克斯揭发了为塔克文策划的密谋，但在指控布鲁图斯的儿子的案件里，他并不是证人。对于一个曾经为祖国做出巨大贡献的人是应当给他自由的，但是，给予他自由的目的，并不是要让他为祖国作出这种巨大贡献。

因此，塔西佗皇帝下令，即使在大逆罪案件中[44]，奴隶也不得充当证人，不得提供不利于其主人的证言。这条法律没有收入查士丁尼的法律汇编里。

第十六节　大逆罪的诬告

应该为罗马的皇帝们说句公道话，他们所制定的那些可悲的法律，最初的主意并非来自他们自己。是苏拉[45]教会罗马的皇帝们万不能惩罚那些诬告者，不久以后，他们竟然进而奖励诬告者了[46]。

第十七节　揭发阴谋

“如果你的同胞兄弟，或是你的儿女，或是你心爱的妻子，或是你知心的朋友，暗中引诱你，并对你说：‘我们不如去侍奉其他的神吧。’你就应该用石头打死他。你先下手，然后民众也下手。”《旧约·申命记》中的这条法律[47]，不能用作我们所知的大多数民族的民法，因为它为所有罪行打开方便之门。

许多国家的法律都规定，必须揭发阴谋，违者处死，就是与阴谋毫无瓜葛也是如此。这条法律也相当严酷。如果在君主政体国家实施，最好对这条法律加以适当的限制。

只有对最为严重的大逆罪才可不折不扣地使用这条法律。在这些国家里，区分不同等级的大逆罪非常重要。

日本的法律颠覆了一切人类理性，即使是在极普通的案件中，知情不报也按罪论处。

根据一则故事[48]的记述，两位少女被禁锢在一个插满尖钉的柜子里直至断气，其中一位的罪名是在情场上诡计多端，另一位的罪名则是对前者未予揭发。

第十八节　共和国对大逆罪惩罚过度贻害无穷

当一个共和国已然消灭了那些想要颠覆国家的人，一定要马不停蹄地结束报复和刑罚，甚至还包括奖赏。

如果大权落到几个公民手中，就不可能不滥施重典，从而引起巨大变故。由此不难看出，多些宽恕要比多些惩罚为好，少放逐比多放逐为好，少罚没财产比多罚没财产为好。假以为共和国复仇之口，就会建立复仇者的暴政。问题不是要摧毁掌握政权的人，而是摧毁统治本身。政体应尽快重新步入正轨，让法律保护一切，而不是武装起来与任何人作对。

希腊人肆无忌惮地报复那些暴君和他们怀疑施行暴政的人。他们把这些人的子女处死[49]，有时甚至处死这些人的五名近亲[50]。他们把无数的家族驱逐出境。他们的共和国因此而动摇，放逐或被放逐者归来之时，往往标志着政制的更迭。

罗马人在这方面表现得更为明智。当卡西乌斯因鼓励暴政而受到指控，将他的子女也处死的呼声甚嚣尘上，但最终他的子女没有受到任何指控。哈利卡纳苏的狄奥尼修斯说[51]：“在与马西人的战争和内战结束之后，有人想要修改法律，禁止被苏拉宣布为不受法律保护的那些孩子担任公职，持有这种想法的人是有罪的。”

从马略和苏拉战争中，不难看到罗马人的心灵逐渐堕落到何等地步。人们以为如此悲惨的情景不会重演了。但是在三人执政时期，有人既想更加残忍，又想看起来不那么残忍，于是人们就看到了以诡辩掩饰残忍这种令人痛心的情景。在阿庇安（Appian）的著作中可看到剥夺权利的法律条文[52]。你可能会说，一个人在那里只想着共和国的福祉。他们说话时无比镇静，他们说这样做好处极多，所使用的手段远胜其他手段，富人都极度安全，下层人民都极度安宁，大家都很怕危及公民的生命，都想安抚士兵的怨气，总之，大家都将幸福无比[53]。

当莱比杜斯战胜西班牙人之际，罗马陷入了血雨腥风之中，他却荒谬绝伦地下令尽情玩乐，违者不受法律保护[54]。

第十九节　共和国如何中止自由的行使

在极端崇尚自由的国家里有这样一些法律，为了保障所有人的自由而不惜侵犯某一个人的自由。这就是英格兰所谓的“剥夺公民权法案[55]”。这种法律和雅典颁布的针对某一个人的法律[56]有关，但雅典人的这种法律需要六千公民投票赞成方可生效。这种法律也和罗马制定的针对个别公民的“免责特权法[57]”有关，这类法律只能由人民大会制定。然而，不管人民是以何种方式制定的这种法律，西塞罗主张应废除这样的法律，他认为，只有法律面前人人平等才能真正发挥法律的效力[58]。但我还是得承认，这个世界上曾经最自由的一些民族颁布的这种法律让我有理由相信，有些情况下需要用帐幔遮盖一下自由，犹如遮盖神像那样。

第二十节　共和国有利于公民自由的法律

在平民政体国家，控告常常公开举行且允许任何人指控他想指控的人。这就促成了捍卫公民清白的法律的诞生。在雅典，如果控告人未能得到五分之一的支持票，必须支付罚金一千德拉克马。埃斯基涅斯在指控泰西封时就受到了这样的惩罚[59]。在罗马，不公正的控告者会被冠以耻辱的标签[60]，在他的前额烙上字母“K”。为防止控告人对法官或证人行贿，有专人随侍在控告人身边[61]。

前面已经谈到，雅典和罗马有一种法律，允许被告在接受审判前自行放逐。

第二十一节　共和国对待债务人法律的残酷性

一个公民把钱借给另一个公民，借钱的人只是为了花费，结果又会身无分文，因此，前者就会获得比后者高得多的地位。如果法律再增加债权人对债务人的奴役，那么在一个共和国将带来什么后果呢？

雅典和罗马起初规定[62]，如果债务人无力清偿借款，则允许债权人将他们出售。梭伦在雅典人中纠正了这种做法[63]，他下令，任何人都不能因民事债务而被迫出卖自身。但罗马“十人会议”似乎并没有对此做出改革[64]，尽管梭伦的法令就在眼前，他们拒绝效法。从“十二铜表法”可以看出，罗马十人团企图损害民主政治精神，但这并不是独此一例。

针对债务人制定的残酷刑罚通常会给罗马共和国造成危害。一个人遍体鳞伤地逃出债权人的居所，并现身广场[65]，人民见此情景群情激动。债权人不敢继续囚禁债务人，于是其他公民纷纷走出囚笼。曾经立下的誓言无人兑现，人民撤回到蒙特萨克罗山。人民争取到的不是这些法律的废除，而是一个保护他们的官吏。人们脱离了无政府状态，但却冒着陷入暴政的风险。曼利乌斯为了获得民众的支持，想从债主那里把那些因负债而沦为奴隶的公民解救出来[66]。曼利乌斯的计划没有得逞，可是弊害并没有因此而消除。又有一些法律为债务人还债提供了便利[67]，罗马 428 年（公元前 328 年），执政官们提出一项法律[68]，剥夺债权人在家中拘禁债务人的权利[69]。一个名叫帕皮里乌斯的放高利贷者把一个名叫普布利乌斯的年轻人带上铁镣，并且试图对他进行性侵犯。塞克斯都的罪行使罗马获得了政治自由，帕皮里乌斯的罪行则使罗马获得了公民自由。

这就是罗马的宿命，昔日因有人犯罪而使它获得自由，后来又因有人犯罪而使它的自由得到肯定。露迪雅的厄运曾经激起人民反抗暴君的恐怖，阿皮乌斯谋害弗吉尼亚事件再次把人民投入这个狂潮。臭名昭著的帕皮里乌斯犯下罪行 37 年后[70]，又一起类似的罪行[71]让人民撤到贾尼科罗山[72]，为债务人的安全制定的法律又有了新的效力。

随后，很多债权人因违犯反高利贷法而被债务人追诉，这个数量比债务人因无力还债而被追诉的人要多得多。

第二十二节　君主国里侵害自由的事物

这个世界上有一样事物对君主而言最无用，那就是有时被任命对个人进行审讯的委员，这种做法常常削弱君主政体国家的自由。

君主基本上不会用到任命的委员们，因此对君主而言也就不值得为这些委员改变事物的常规。从德行上来看，君主本人肯定要比他的委员们更具正直和公正的精神，因为这些委员不论出于什么原因，比如受君主命令使然、出于国家的背后利益、被遴选出来，甚或是出于他们的恐惧，总是自以为做任何事情都合情合理。

亨利八世统治时期，每当贵族被控告时，都由选自贵族院的委员负责审讯。他就利用这个方法，把想置于死地的贵族都杀掉了。

第二十三节　君主国里的密探

君主国里必须要有密探吗？好的君主通常并不会在国家里安插密探。一个人如果忠于法律，他就尽到了对君主的义务。工作之余，他的居所最起码应该是安全的容身之所。如果能由正直诚实的人充当密探，或许尚能容忍这样的窥探与监控，但是，密探这种人必然是声名狼藉的，因此可以断言，这种事情必然是丑恶的。君主对臣属应抱以坦诚、直率和信任之心。一个君主如果总是忧虑重重、疑神疑鬼、惊恐不安，那他就像一个对自己扮演的角色不知所措的演员。如果他目睹到法律总体上比较威严，执行有力、受人尊重，他就能认为自己是安全的。普通的良好风气令他相信，所有人的个人行为也不会坏。但愿君主无所畏惧，他想象不到人们是如何地爱戴他。事实上，人们有什么理由不爱戴他呢？是他给予了人们几乎所有的福祉，而几乎一切的刑罚都算在法律的账上。他总是以安详宁静的面容示人，他传递给我们的恰恰是他的荣光，是他的威严权力支持着我们前行。人们信任他就是爱戴他的最好证据，每逢被大臣拒绝的时候，大家总是会想，若是君主本人，他肯定会答应的。即便是遭遇公共灾害，人们也不会谴责他本人，相反，人们只会抱怨他并不知情，或者是被腐败分子蒙蔽了。要是君主知道就好了！这类话是一种祈求，也是对君主信任的明证。

第二十四节　匿名信

鞑靼人被迫在箭头上刻上自己的名字，如此一来就能知道射出的箭出自谁之手。马其顿共和国的菲利普在围攻一座城镇时受伤，有人在投枪上发现“阿斯特给菲利普致命一击”这样的字样[73]。如果是为公众利益而控告某人，控告人就会找官吏而不是君主，因为君主很容易存在偏见，官吏则握有法律条文，只有诬告者会对这些条文闻之丧胆。如果诬告者不愿让法律介入他们与被告之间，这就证明他们害怕法律事出有因，对他们最轻的处罚就是根本不相信他们。除了案情急迫，无法忍受普通审判程序的拖沓以及关乎到君主性命安危时，否则对这种诉讼应该不予理睬。对于涉及君主安全的案件，应该相信控告人是万不得已才开口说话的。但在其他场合，就应该如同君士坦丁大帝所说："一个人虽有仇敌却无人控告他，我们也就不应该怀疑他[74]。"

第二十五节　君主国的治国之道

君主的权威是一种巨大的动力，应该悄无声息地运用自如。中国人谈到他们的一个皇帝时说，他仿效上天一样治国，也就是说，以天为典范。

权力的运用有时应无所不及，而有时又该适可而止。治国的最高境界就是深谙在不同情况下该使用权力中的哪一部分，而且运用得当。

在我们君主国中，一切幸福所在就是人民觉得施政宽和。笨拙的大臣总是忘不了告诉你说，你是奴隶。其实，如果本来如此，他应该设法让你不知道才是。除非君主震怒，大吃一惊或执意整顿秩序，否则他不会口头或书面告诉你任何事。治国也有窍门，那就是君主鼓励，法律威吓[75]。

第二十六节　君主国的君主应易于上达

对比之下更能感受到这一点。佩里勋爵说，“沙皇彼德一世发布了一道新敕令，不得直接向他申诉，凡是向他申诉者，必须是在向他的大臣已经呈递两份申诉之后，若有冤情，可以向他本人递交第三份申诉。不过，如果申诉无理，申诉人就要丧命。从此以后，再也无人向沙皇申诉了[76]。”

第二十七节　君主的品行

君主的品行和法律一样，对自由的贡献良多。和法律一样，君主既可以把人变成禽兽，也可以把禽兽变成人。如果君主崇尚自由的灵魂，他就拥有臣民；如果君主喜爱卑劣精神，他就拥有奴隶。如果他想知道统治的伟大艺术，那就应该以荣誉和美德为重，鼓励个人发挥所长。他还应该不时把目光投向有才干的人，丝毫不怕才华出众的人成为自己的对手；只要他喜爱这类人才，他就与他们平等了。让他赢得人心，而不是控制人们的精神。他应该平易近人，为受到小民的爱戴而欣慰，因为他们也是人。人民要求得到的尊重微乎其微，理应满足他们的要求。君主与百姓之间隔着巨大的鸿沟，所以百姓难以对君主构成骚扰。君主应该

284 宽待恳求，严对索取。应该让他知道，百姓能从他的拒绝中获益，恰如朝臣能从他的恩宠中获利。

第二十八节　君主应该给予臣民的尊重

君主们在开玩笑时必须保持极度克制。适度的玩笑能增进亲近感，因而能让人愉悦；即便是微不足道的臣属们也不允许开一些尖酸刻薄的玩笑，君主更是如此，因为能对人造成致命伤害的只有君主。

君主们更不应该在众目睽睽之下侮辱他们的某一个臣民，设立君主的目的，是为了加以宽恕，加以刑罚，绝不是为了进行羞辱。

如果君主侮辱他的臣民，那他们对待臣民的残酷程度与土耳其人或莫斯科人相比，就有过之而无不及了。土耳其人和莫斯科人羞辱臣民时，只是贬低臣民而不败坏他们的名声，但君主们则不然，既让臣民丢脸，又让他们蒙受耻辱。

亚洲人把君主的当众羞辱看作是父辈慈爱的体现，这是亚洲人的偏见。我们欧洲人的想法则是，羞辱不但令人感到残酷，而且为终生不能雪耻而痛心疾首。

臣民们视荣誉高于生命，把荣誉当做忠诚和勇敢的推动力，君主们应该为自己拥有这样的臣民而无比喜悦。

君主羞辱臣民会带来灭顶之灾，不妨看一下这样几个例子：

凯烈亚、宦官纳尔塞斯和尤利安伯爵的复仇。还有蒙庞西耶公爵夫人，亨利三世透露了她身上某个不为人知的缺陷，她因受此羞辱而耿耿于怀，终生与国王唱对台戏。

第二十九节　能给专制政体带来些许自由的民事法

虽然专制政体的性质就是处处都一样，但环境、宗教观点、偏见、受到遵循的惯例、人的气质、行为举止、风俗习惯等等的不同，都可以使它们之间产生极大的差异。

最好是在专制政体内形成某些观念。比如，古代的中国人把君主视为人民的父亲，而阿拉伯帝国在初创时期，君主就是人民的布道师。

专制政体适合存在一些作为教条规则的圣书，比如，阿拉伯人的《古兰经》、波斯人的琐罗亚斯德教书、印度人的《吠陀》以及中国人的经典古籍。于是宗教法典取代了民事法典，并给专横权力划定范围。

对于某些疑难案件，法官征询神职人员的意见并不是一件坏事[77]。因此，土耳其的法官会征询毛拉的意见。遇到得判死刑案件的案件，如果有特殊法官，他最好能听取总督的意见，如此一来，政治权力就能进一步节制民事权力和宗教权力。

第三十节 续前

因父亲失宠而累及妻子儿女，这是出自专制狂暴的一项规定。尽管妻子儿女不是罪犯，这本身就已经够可怜了。除此以外，君主还要在他与被告之间放进一些哀求者来平息他的愤怒，彰显他的裁决公正。

马尔代夫有一项好的习俗[78]，贵族失宠后，每天都去宫中朝见国王，直到国王回心转意。他经常现身朝廷之中，慢慢就平息了国王的愤怒。

有些专制政体国家把为失宠之人向君主进言视为对君主的不敬[79]。这些国家的君主仿佛是在尽一切努力摒弃仁慈的美德。

阿卡狄乌斯和霍诺里乌斯制定过相关的法律[80]，对此我已在前面进行了详尽阐述[81]，他们在这部法律中宣称，绝不会宽恕那些胆敢为罪犯求情的人[82]。这项法律臭名昭著，即便是在专制主义国家里也十分恶劣。

波斯准许人随意出国，只要他有这个意愿就行，这是非常好的惯例。与其相对的则是禁止随意出国，这种做法起源于专制主义国家，在那里，臣民被视为奴隶[83]，如果出国则成为逃亡的奴隶。尽管如此，波斯的规定在专制主义国家却取得了非常好的效果，由于担心债务人逃跑或隐匿，帕夏和勒索者对债务人的迫害得到了制止或减轻。

1 参阅亚里士多德，《政治学》，第二卷。

2 即塔克文·普里斯库斯（Tarquinius Priscus）。参阅哈利卡纳苏的狄奥尼修斯，《罗马古事记》，第四卷。

3 在公元 560 年。

4 参阅亚里士多德，《政治学》，第二卷，第十二章。卡龙达斯于第八十四个奥林匹亚期间将他的法律交给了图利乌姆（Thurium）。

5 参阅埃留斯·阿里斯提德斯（Aelius Aristides），《智慧女神颂》。

6 参阅哈利卡纳苏的狄奥尼修斯《罗马古事记》第七卷中关于科利奥兰纳斯的审判。

7 拉丁文：Minervae calculus（智慧女神的主意）。

8 为了惩治用脏话亵渎上帝的人，圣路易制定了极为严厉的法律，连教皇都认为不得不对他提出劝告。后来圣路易抑制自己的宗教热情，缓和了法律。参阅圣路易的法令。

9 布热雷尔神甫（Bougerel）。

10 参阅尼塞塔斯·阿克米纳图斯（Nicetas Acominatus），《曼努埃尔·科穆宁传》，第四章。

11 参阅尼塞塔斯·阿克米纳图斯，《曼努埃尔·科穆宁传》，第四章。

12 参阅塞奥费拉克图斯·西摩卡塔（Simocatta Theophylactus），《莫里斯皇帝传》，第十一章。

13 参阅普罗科皮乌斯，《秘史》，第十九章，第十一节。

14 参阅杜赫德神甫，《中华帝国全志》，第一卷，第 43 页。

15 参阅杜赫德神甫，《耶稣会士书简辑》，第十九辑所载巴多明神甫的信。

16 这三位皇帝为：格拉提安（Gratian）、瓦伦提尼安（Valentinian）和狄奥多西（Theodosius）。《亵渎神圣法》的第三条。

17 同上，《亵渎神圣法》还规定，“怀疑皇帝选定的人是否称职，等同于亵渎神圣罪。”在《那不勒斯宪法》第四章中，这条规定成为《罗杰法》的范本。

18 《尤利安法典》，第九卷，第八篇，第五条。

19 阿卡狄乌斯（Arcadius）和霍诺里乌斯（Honorius）。

20 参阅蒙特雷索（Montresor），《回忆录》，第一卷，第238页、239页，1723年版。

21 “他们本身就属于我们身体的一部分。”出自《尤利安法典》同一条法律。

22 参阅《提奥多西亚努斯法典》第九条“关于伪造货币”。

23 “在我的治下，对大逆罪的指控由于种种原因应予以停止。”参阅《尤利安法典》，第九卷，第八篇，第一条。

24 “你妄自揣度我的心意，实属自寻烦恼。”参阅《尤利安法典》，第九卷，第八篇，第二条。

25 参阅《尤利安法典》，第四条第一部分。

26 参阅《尤利安法典》，第五条第一部分。

27 参阅《尤利安法典》，第五条第一部分。

28 “那些做了某些类似事情的人或其他的人。”参阅《尤利安法典》，第六条。

29 参阅《尤利安法典》最后一条“通奸”。

30 参阅吉尔伯特·伯内特（Gilbert Burnet），《英格兰教会改革史》，第一编，第三章。

31 参阅普鲁塔克，《狄奥尼西乌斯传》。

32 思想必须和某种行动联系起来。

33 莫德斯狄努斯（Moestinus）在《尤利安法典》第七条第三部分中写道：“除非在法律中有明文规定，或者在法律中有先例，否则不能作为罪刑惩处。”

34 此事发生于1740年。

35 莫德斯狄努斯（Moestinus）在《尤利安法典》第七条第三部分中写道：“模棱两可的言辞是难以明确解释的。”

36 “若出于轻率，当轻视之；若出于疯痴，当怜悯之；若为诅咒，则恕之”。《法典，单一律》中“有人咒骂”条。

37 参阅塔西佗，《编年史》，第一卷。此后各个朝代继续这种做法。见《法典》，第一条。

38 参阅塔西佗，《编年史》，第四卷。

39 参阅“十二铜表法”。

40 参阅苏埃托尼乌斯（Suetonius），《提比略》。

41 参阅《创建东印度公司历次旅行记》，第五卷，第二部分。

42 参阅《创建东印度公司历次旅行记》，第五卷，第二部分，第496页。

43 参阅卡西乌斯·狄奥·科克亚努斯（Cassius Dio Cocceianus）所著《罗马史》之希费林，第五十五卷，第五章。

44 参阅弗拉维乌斯·沃庇斯库斯（Flavius Vopiscus），《塔西佗皇帝传》，第二十七卷，第九章。

45 苏拉制定了一项大逆罪，其在西塞罗的《演说集》“为克鲁恩西奥辩护”，第三章；“控告皮索”，第二十一章；“第二次反维列斯演说”，第五章；“致支人”，第三卷，第二封信等都有所提及。恺撒和奥古斯都将该法纳入《尤利安法典》中，后来又有人做了增补。

46 “告发者提供的细节越多，就能赢得更多的荣誉，好像他就是一个神圣的人物一样。”参阅塔西佗，《编年史》，第四卷，第三十六章。

47 《旧约·申命记》，第十三章，第六、七、八、九段。

48 参阅《创建东印度公司历次航行记》，第二部分，第五卷，第423页。

49 参阅哈利卡纳苏的狄奥尼修斯，《罗马古事记》，第八卷。

50 “暴君被杀死后，官吏把他的五个最亲近的亲戚也杀了。”参阅西塞罗，《论修辞学的发明》，第二卷，第四十九章。

51 参阅哈利卡纳苏的狄奥尼修斯，《罗马古事记》，第八卷，第 547 页。

52 参阅阿庇安，《内战记》，第四卷，第二章。

53 “愿幸运和吉祥与你相伴！”参阅阿庇安，《内战记》，第四卷，第二章。

54 “这一天用来欢宴和祭祀，谁不这样做就不受法律保护。”参阅阿庇安，《内战记》，第四卷，第五章。

55 在英格兰王国的法庭上，如果只用一条让法官信服的证据，那是远远不够的，这条证据还必须是正式的证据，也就是说是合法的证据。且法律要求控方要有两名证人，其余证据不足为凭。在这种情况下，如果一个涉嫌犯有叛国罪的人有办法让目击证人无法出庭作证，那么现行法律也就无法给他定罪。此时，就可以使用特殊的剥夺公民权法案，也就是说，可以通过会议专为此人制定特殊的法律来处置他。制定这种法律的程序和所有的法律一样，必须由议会两院通过，并经国王批准，否则就无所谓法律亦即审判可言。被告可以通过其律师发言反对此项法律，其他人则可以在议会里发言为此项法律辩护。

56 “不能专为一人制定法律，除非有六千人认可。”参阅安多西德（Andocides），《论奇事》。这就是所谓的“贝壳放逐法”。

57 “专为个别人颁布的法”。参阅西塞罗，《法律》，第三卷，第十九章。

58 “法令和法律适用于所有人”。参阅西塞罗，《法律》，第三卷，第十九章。

59 参阅弗拉维斯·菲洛斯特拉托斯（Flavius Philostratus），《诡辩家传》，第一卷“埃斯基恩传”；又见普鲁塔克，《道德论丛·雅典十位演说家生平》和佛提乌斯（Photius），《圣经神学·第六十一卷》的“埃斯基涅斯”。

60 雷米尼亚法有此规定。

61 参阅普鲁塔克，《道德论丛·如何从敌手获得好处》。

62 许多人出卖子女来还债。参阅普鲁塔克，《希腊罗马名人传·梭伦传》，

第十三章，第三节。

63 参阅普鲁塔克,《希腊罗马英雄豪杰列传·梭伦传》,第十五章,第三节。

64 历史上，在“十二铜表法”制定以前罗马人就已经这样行事了。参阅提图斯·李维，《罗马编年史》，第一代史，第二卷。

65 参阅哈利卡纳苏的狄奥尼修斯，《罗马古事记》，第六卷。

66 参阅普鲁塔克，《希腊罗马名人传》，“弗里乌斯·卡米尔斯传”。

67 参阅本书第二十二章，第二十二节。

68 这已经是“十二铜表法”颁布一百二十年以后的事了。“对罗马平民而言，这一年就像另一个自由岁月的开端，因为他们不再因债务而被奴役。”参阅提图斯·李维,《罗马编年史》,第八卷,第二十八章。

69 “应受其累的是债务人的财产，而不是其人身。”参阅提图斯·李维，《罗马编年史》，第八卷，第二十八章。

70 罗马465年（公元前289年）。

71 指的是普罗塔斯（Plautius）强暴图利乌斯（Veturius）事件。参阅瓦勒里乌斯·马克西穆斯（Valerius Maximus），《名家言行录》，第六卷，第一章，第九条。不应将两个事件混为一谈，两者人物不同，时间也不同。

72 参阅哈利卡纳苏的狄奥尼修斯《罗马古事记》的一个残篇，在《品德与邪恶摘录》中；提图斯·李维，《史略》，第十一卷；约翰·弗莱斯海姆（John Freinsheim），《补编》，第十一卷。

73 参阅普鲁塔克，《道德论丛·一些罗马和希腊故事比较》，第二卷，第487页。

74 参阅《提奥多法典》第六条：关于仇人的匿名信。

75 塔西佗说，“涅尔瓦·图拉真努斯（Nerva Traianus）皇帝增加了帝国的轻松气氛。”

76 参阅约翰·佩里（John Perry），《当今沙皇治理下的俄国现状》，第173页，1717年巴黎版。

77 参阅艾布·加齐·巴哈杜尔（Ebulgazi Bahadir Han），《鞑靼史》，第三编，第277页附注。

78 参阅弗朗索瓦·皮拉尔（François Pyrard），《航海记》，第一编，第八章。

79 这和约翰·夏尔丹记载的当今波斯的情形比较类似，这种做法相当古老。普罗科皮乌斯在《波斯战争·战争的历史》一书中写道："科巴德被弃于遗忘的城堡里，有法律规定，禁止谈论关押在那里的人，甚至连他们的名字都不能提。"

80 《尤利安法典》，第五条。

81 参阅本章第八节。

82 弗雷德里克（Frederick）把这条法律抄进了那不勒斯宪法第一章。

83 在君主政体国家里，通常都有禁止公职人员未经君主允许私自出国的法律。这样的法律也应在共和国施行。可是，在那些有特殊法制的国家里，这种禁令应该扩展到每一个人都要遵照，这样外国的风俗习惯才不会传播到国内来。

第十三章
征税和财政收入规模与自由的关系

第一节 国家财政收入

国家财政收入是国家每位公民上缴的个人财产的一部分，公民以此换取另一部分财产的安全，或是为了快乐地享用这部分财产。

为了合理地确定国家的财政收入，必须把国家的需要和公民的需要统筹起来进行考虑。绝不能为了想象中的国家需求而攫取人民真正的需要。

想象中的国家需求指的是统治者全凭激情和癖好追寻的需求，是从离奇计划带来的诱人魅力、极度虚荣的病态嫉妒以及面对他们的奇思怪想时精神上的无法抗拒等等，所衍生出来的需求。还有就是对那些忧心忡忡的官吏，他们身处一人之下万人之上的位置，掌管着国家大事，常常把他们个人渺小的灵魂需求想象成国家的需要。

没有任何别的事情比规定臣民应缴纳多少财产和保留多少财产，更需要智慧和谨慎了。

国家财政收入绝对不能以人民能缴纳多少财产来衡量，而应以他们应该缴纳多少财产来衡量。如果一定要用人民能缴纳多少去计算的话，至少也应该以他们的长久性支付能力为依据。

第二节　重税本身是好事这样的推理没有根据

在某些君主政体国家里，虽然小国被免除了税收，但其仍然和周边那些税赋重重的地区一样贫困潦倒，其中的主要原因就在于，被周边大国紧密围困的小国受到林林总总的束缚，无法发展工业、技艺或制造业。而周边的大国则拥有工业、制造业和各种技艺，并且，这些国家通过制定规则使自己占尽优势。因此，尽管这些小国很少被课以繁重的税赋，但势必会陷入贫穷。

但是，有人却从这些小国的贫困得出结论，那里必然存在非常繁重的负担，以此为手段迫使人民勤恳劳作。其实，正确的结论应该是以没有负担为宜。周边地区可怜的民众涌入这些小国，他们已然饱受巨大的劳作之苦，神情沮丧，只要赋闲在家就是他们最大的幸福，根本就什么都不会做。

一个国家富有带来的效应是让人民充满激情，而贫穷带来的效应只能是让人民陷入绝望。激情被劳动所点燃，贫穷则被懒惰所慰藉。

大自然对人类是公正的。大自然给人类的劳苦以报酬，付出的劳苦越多，获得的报酬也就越多，人类因而变得勤劳。但是，如果专制的权力剥夺大自然给人类的报酬，人类就会再度厌恶劳动，什么也不干仿佛就是唯一的幸福了。

第三节 蓄养农奴国家的税收

一个国家被征服后，有时会建立农奴制度。对这种情形，耕种土地的奴隶应该与主人分享收获。只有得失与共的关系才能使那些命中注定要劳作的人和那些生来就要享乐的人和睦相处。

第四节 蓄养农奴的共和国

当一个共和国驱使一个民族为其耕种土地，则不应容忍共和国的公民增加农奴的税赋。斯巴达共和国就不允许这样做，斯巴达人认为，希洛人[1]如果知道对他们的奴役不会增加，他们就会更好地劳作。如果农奴主的欲望仅限于长久以来的惯例，那么他们就会被视为优秀公民。

第五节　蓄养农奴的君主国

在君主政体国家，如果贵族让被征服的民族为其耕作并获益，同样也是要求地租不能增加[2]。此外，君主如果为拥有自己的领地和有人为自己打仗而感到满足，那就更好。但是，如果君主相对贵族的奴隶征收货币税，那就应该由贵族作担保[3]，由贵族替奴隶纳税，然后再向奴隶征收。如果不遵守这条规则，则贵族和替君主征税的人就会轮番地困扰奴隶，横征暴敛的人将接踵而至，直到他们死于贫困或逃进森林。

第六节　蓄养农奴的专制国

我在前面论及的对专制政体国家更是不可或缺。专制国家的领主随时都有被剥夺土地及其农奴的危险，因而他们更不倾向于保护奴隶的利益。

彼得大帝想把德意志的做法引入本国，并减少货币税份额，为此，他颁布了一项非常明智的法律，至今仍在沿用。贵族地主先向农民收税，然后缴纳给沙皇。如果农民人丁减少，贵族地主缴纳的税额并不会因此而减少，如果农民人丁增加，贵族地主缴纳的税额也并不因此而增多。这样一来，贵族地主从自己的利益出发就不再去压榨农民了。

第七节　未建立农奴制国家的税收

在一个国家之中，当所有个人都成为公民，且那里的每个人都各自占有领地，恰如君主拥有他的帝国一样，那么税收的对象可以是公民个人、公民的土地或公民的商品，也可以是其中的两者，或者是三者兼而有之。

对于征收个人的人身税，如果严格按照财产的比例征税就有失公允了。雅典的公民被划分为四个等级[4]。其中，包括固体或液体在内的财产收益达到五百计量单位者，应缴纳给公家一塔兰特；收益达到三百计量单位者，应缴纳半塔兰特；收益达到两百计量单位者，应缴纳十迈纳，即一塔兰特的六分之一；第四等级则免缴税赋。这样的税额虽然不是按财产比例征收的，却很公正；尽管与财产不成比例，却与需要成比例。这种税制的基础是以每个人有相等的物质基本需要为前提的，对这种物质上的基本需要是不应课税的。其次才是有用的财产，对有用财产应该课税，但其税率应低于多余财产的税率。如果对多余财产课以重税，则有助于抑制过剩的财物。

为了征收土地税，需要对土地进行分门别类地造册。但要想辨别出不同土地之间的差异，这是极为困难的，而比这更为困难的是找到毫无利益瓜葛的人准确无误地对土地进行分类。因此，对于这种情形会出现两种不公正：一是人为的不公正；二是这件事情本身的不公正。但如果土地税并不超出常理，如果能给人民留下大量的物质必需品，这些个别的不公正也就算不得什么了。反之，如果留给人民的只够维持温饱，极其微小的比例失衡就会导致极其严重的后果。

即便有些公民缴税不足，也不会影响大局，他们的富余最终总是会归公，造福大众。但如果某些人缴税过多，一旦他们破产就会殃及国家。如果国家在征税时能量力而行，充分顾及个人的财产，那么个人的富足反过来很快就会令国库充盈。一切取决于时机。为了国家的富足而先让百姓穷困潦倒吗？抑或按照臣民自己的节奏一直等他们富裕之后再来促进国家富足？国家应该先得益还是后得益？国家愿意以富为始还是以富为终呢？

商品税最不易被人民所察觉，因为国家在征税时并不会向人民提出正式的要求。商品税可以被安排得非常巧妙，以至于让人民几乎不会意识到他们缴纳了这种税。为此，关键是让出售商品的人缴纳商品税。出售商品的人很清楚，缴税的并不是他自己，最终缴纳这种商品税的是买家，这些买家并不知道商品的价格里面就包括了税金。有一些著书者指出，尼禄取消了出售奴隶时应缴纳的二十五分之一税[5]，其实他只是下令让出售者而不是购买者缴纳而已。这条规定表面上看起来似乎是取消了商品税，实际上却依然存在。

欧洲有两个王国对酒品征收重税，其中一个国家只对酿酒人征税，而另一个国家则不加区别地对所有消费酒品的臣民征税。在第一个国家里，没有人感觉到沉重的税赋，唯一感觉到的就是公民有不缴税的自由；在第二个国家里，税赋很繁重，人民感受到的是被迫纳税的无奈。

此外，为了确保公民纳税，公民的居所必须不断地被搜查，这就对自由构成了最为严重的侵犯。制定这种税制的人很不幸，因为他们没有在这方面找到最好的管理方法。

第八节　如何保持错觉

为了让纳税人区分不开商品的价格和他缴纳的税额，从而形成一种错觉，必须在商品和税额之间建立某种联系，且纳税人绝不会为价值不高的产品缴纳过多的税额。但在某些国家，商品税额达商品价值的十七倍以上。如此一来，君主就消除了臣民的错觉，让他们发现自己受着不合理的统治，进而深深感受到自己处在最严酷的奴役之下。

除此以外，为了让君主能征收严重偏离商品价值的重税，君主必须本人把这些商品售卖出去，让民众除此之外无处可买。这样做将会带来无穷的弊端。

由于在这种情形下，偷税变得非常有利可图，理性所要求的合乎情理的处罚，即没收商品，将无力制止偷税行为，何况这种商品的价值通常较低。因此，对此举必须严加惩罚，严到与惩治重大犯罪的惩罚相同。这样一来，量刑的比例全都没有了，有些并不坏的人于是被当作坏人惩治。这是世界上最违背宽和政体

 精神的事。

我要补充一下，人民越有机会从包税人手中偷税漏税，包税人就越能发财，人民就会变得一天比一天穷。为了制止偷税漏税，就得给予包税人以非同一般的压榨手段，于是一切都完了。

第九节 一种恶劣的税赋

顺便说一下某些国家对民事契约的各种条款征收的税。由于这些事情细究起来非常烦琐微妙，为了保护自己不受包税人欺骗，就得具有丰富的知识。因此，包税人既然是君主的法规的解释人，就有权任意处置纳税人的财产。经验表明，对契约文书征税，这样或许更好。

第十节 税赋轻重取决于政体性质

专制政体国家的税赋应该非常轻，要不然谁会自找麻烦耕种土地呢？此外，在一个臣民的付出得不到任何补偿的政体下，臣民拿什么去缴纳沉重的税赋？

有鉴于专制政体国家君主的权力大得惊人，而人民则出奇地软弱，因此对任何事绝不能模棱两可。税赋应该易于征收，规定要清楚，使收税人不能增减。只有土地收益税、人头税和百分之几的商品税这几项税赋对专制政体是适宜的。

在专制政体下，商人应该享有人身安全保障，并促使人们习惯于尊重他们。否则，当他们与君主的官吏们进行任何交涉时，就将处于十分软弱的地位。

第十一节　对税务犯罪的惩罚

欧洲对税务犯罪的惩罚要比亚洲严酷，此事违反常理，有些特别。在欧洲，涉嫌偷税漏税的商品会被没收，有时甚至还会没收运输商品的船只和车辆。在亚洲，这些东西都不会被没收。原因在于欧洲的商人受法官保护，使其不受压迫，而在亚洲，专制政体下的法官本身就是压迫者。如果一位帕夏决定没收某个商人的商品，这个商人能有什么办法呢？

这种压榨与折磨达到一定程度就会自我克制，从而表现出某种无奈的温和。在土耳其，对商品只征收一次入境税，此后商人们便可以一路畅通。如果报关出错，商品既不会被没收，也不会增加税额。在中国，不是商人的货包不会被打开检查[6]。在莫卧儿，走私不会被处以没收的惩罚，只需加倍缴税即可。生活在亚洲的鞑靼王公[7]对通关的商品几乎不征收什么税。但在日本就不同了，如果犯有商业上的走私罪会被判处死刑，原因在于试图禁绝与外国的一切交往，所以，走私行为[8]与其说是违反了商业法，不如说是违反了国家安全法。

第十二节 税赋轻重与自由的关系

税收可根据臣民享有自由的增多而加重，反之，当臣民所受的奴役增大时，税收则要被迫减轻。这是一条普遍的规律，过去始终如此，将来也始终如此。这是一条源自永恒不变的大自然的规律，所有国家概莫能外，诸如英国、荷兰以及所有自由行将消亡的国家，就连土耳其也包括在内。瑞士似乎并不遵照这个规律，因为这个国家不存在任何税收；不过瑞士有其特殊的原因，不仅如此，瑞士的情况甚至证实了我所说的这个规律。在土地贫瘠的山区，粮食的价格高昂，而人口又十分稠密，所以一个瑞士人给大自然的付出要比一个土耳其人缴纳给苏丹税赋多四倍。

像雅典和罗马这样的统治者民族能让自己根本就不用纳税，因为他们统治着被征服的国家。所以，他们自然就不必根据享有自由的程度纳税。因为从这个角度来看，他们不是人民，而是君主。

即便如此，前面谈到的规律对他们仍然发生效力。在宽和政体国家，对繁重的税赋有一个补偿措施，那就是给予人民自由。而在专制政体国家[9]，和自由相等价的就是较轻的赋税。

在欧洲的某些君主政体国家内，有些省份[10]出于其政府的政治性质的原因，比其他省份更为优越一些。但是，有人总是觉得这些省份纳税偏少，因为既然那里的政府好，就应该有能力多缴纳一些税赋；有人甚至不断地冒出想法，想取消这种带来并远播福祉的政府。其实，与其取消它，不如好好享用它。

第十三节　什么政体可以增加税赋

大多数共和政体国家可以增加税赋，由于人民相信税赋是交给自己的，所以愿意缴税，而且由于政体性质的原因，人民有能力缴纳。

君主政体国家也可以增加税赋，因为政体的节制宽和会使国家富饶丰足。这是对君主尊重法律的一种褒奖。

专制政体国家是不能增加税赋的，因为这种国家对人民的奴役已经达到了极点，无法再增加了。

第十四节　税赋的性质与政体有关

从性质上来说，按人头征税是奴役使然，按商品征税是自由使然，因为这种税与人身的直接关系较少。

对专制政体而言，君主自然不会向民团和朝臣发放饷银，而是分给他们土地，因而征税较少。即便专制君主支付饷银，最合乎情理的税项就是人头税。这种税赋只能是非常低，其原因在于，这种不公正和暴虐的政体导致弊端丛生，根本无法把纳税人分成正式的三六九等，其结果必然是只能基于最贫困者的支付能力来确定税率。

对宽和节制政体而言，最合乎情理的税赋是商品税。尽管商品税是由商人预先垫付的，其实质上却是由购买者支付的，因而这种税是商人为买主支付的贷款。所以，应该把生意人看作既是国家的总债务人，又是所有个人的总债权人。商人扮演的角色就是向国家缴纳了买主迟早总要付给他的税，同时替买主缴纳了商品税。因此，给人的感觉就是，政体越宽和，越充满自由精神，财产越安全，商人也就越愿意把大笔税金预缴给国家，借贷给私人。在英格兰，商人每购进一桶葡萄酒，事实上就借给了国家五十到六十英镑。在一个如同土耳其那样统治的国家里，哪个商人敢做这种事？即使有人敢这样做，以他那来路不明而且不可靠和缺乏信用的资金，他能做得成吗？

第十五节　自由的滥用

自由能带来许多巨大的好处，这反过来引发了人们对自由本身的滥用。宽和政体政绩斐然，有人于是舍弃宽和节制；由于已经征收了巨额赋税，有人便想过度征税。他们全然不顾是自由为现在的生活带来种种好处，反而却想着奴役，奴役什么也不会给我们。

自由产生过度的税收，但这种过度税收反过来却产生奴役效应，其结果就是令税收减少。

亚洲的君主们几乎每年都会下旨豁免他们帝国内某些省份的税赋[11]，以彰显他们的仁爱之心。但在欧洲就截然不同了，欧洲君主们的敕令甚至在还没有宣达下去就已经引发一片哀鸿，因为敕令总是强调君主们的需求，从不提及人民的需求。

这些亚洲国家的大臣们由于政府政治体制的原因，且通常是由于气候的原因，懒散得不可饶恕，这对人民来说倒是一件好事，因为他们就不会被不断增多的要求压得喘不过气来了。因为从来都不会制定新的计划，那里的支出也就不会增加，纵然偶尔有新的计划，也是瞬即就能完成的短暂计划，而不是长期计划的开端。统治者不想折磨人民，因为他们不想不断地折磨自己。但对我们欧洲人来说，不可能在财政方面有什么规章，因为我们始终知道要做些事，但从来不知道要做哪些事。

在我们这里，再也没有人把善于管理国家收支的大臣视为贤臣了。现在称之为贤臣的人，是那种富于心机和诡计多端的人。

第十六节　穆斯林的征战

穆斯林之所以能不费吹灰之力就在征战中屡屡获胜，原因就在于被征服国家的税赋过于沉重[12]。与其听凭贪婪的皇帝们巧立名目，永无休止地百般压榨，人民宁可接受穆斯林统治下一种简单的税赋，既易于缴纳，又易于征收。这些被征服国家的人民欣然臣服于一个野蛮国家，这比顺服于腐败的政府要幸福得多，在腐败政府治下，人民遭受的不仅是丧失自由的痛苦，还要承受当前奴役所带来的悲惨境遇。

第十七节　扩充军队

一种新的弊端在整个欧洲蔓延开来，这令各国的君主们备受折磨，迫使他们不得不大量屯兵。军队兵力加倍扩充，势必会引发连锁反应，一发而不可收拾，因为只要有一个国家扩充兵力，其他国家就会突然间纷纷效仿，这样一来，除了同归于尽，再无其他。对一国之君来说，如果他的臣民们面临被屠戮殆尽的危险境地，他只能让所有能调动的部队处于高度戒备状态。这种彼此竭力相互掣肘的状态被称作和平[13]。最终的结果就是欧洲变得一贫如洗，即便是境况可与欧洲最富有的三个大国相媲美的人，也难以维持生计。我们白白拥有全球的财富和商贸，日子却过得分外艰难。不久之后，我们将会由于兵力扩充而别无所有，剩下的唯有士兵，就像鞑靼人那样[14]。

大国的君主不满足于购买弹丸小国的军队，竭力在四周收买同盟，这也就意味着几乎总是浪费金钱。

这种境况带来的结果就是税赋的无止境增加，此外，恰恰是因为这时国家不再依赖财政收入，而是举全国之财力发动战争，这就断送了拯救国家未来的所有补救手段。在这种情况下，各国纷纷把土地抵押出去好换钱，即便是在和平时期也如法炮制，这并非前所未闻。他们用所谓的非常手段把自己给毁了，这种非常手段是如此之特别，就连最癫狂的败家子也难以想象。

第十八节　税赋的减免

东方国家伟大帝王的信条是税收应返回给那些受灾的省份，这一行事准则可以很好地在君主政体国家推广。有不少国家建立了这个制度，可是，人民的负担反而比没有这个制度时更加沉重，这是因为君主并没有因此而改变原来的税收，而是让整个国家为税收的亏缺买单。为了减轻一个纳税困难的村庄的负担，就会给另一个村庄带来更沉重的税赋，这样一来，不但第一个村庄不会有所好转，第二个村庄也会因此被毁掉。一方面是必须纳税，因为担心会遭到勒索；另一方面又感到纳税的危险，因为担心增税。就这样失望沮丧，徘徊在两难之间。

一个治理良好的国家应把财政支出的首要放在应对突发事件上，预留一笔固定数额的款项。在这方面，国家同个人是一样的，如果他们把土地的收益花得一分不剩，那就会因无力应对意外而破产。

对于一个村庄所有村民共同承担连带税赋的情形，有人认为是合理的[15]，因为如果不这样，他们就有可能联合起来欺骗国家。难道仅凭假想就可以制定既不公正又损毁国家财力的办法吗?

第十九节　包税和直接征税，哪种办法对君主和人民最适宜

直接征税是一家之主持家的好办法，他亲自去收租，既省

钱又有序。

通过直接征税，君主在征税时可控制节奏，根据他自己的需要或臣民的需求，既可以加速征税也可以延缓征税。通过直接征税，就不会让包税人再从中牟利，从而为国家节省巨额资金，包税人往往绞尽脑汁采用一切办法从税收中赚取利润，让国家积贫积弱。通过直接征税，人民就再也不会因看到有人暴富而伤心。通过直接征税，税款就不会几易其手，而是直接交到君主那里，这样就能更快地将税收用之于民。通过直接征税，君主就能拯救人民逃离无穷无尽的恶劣法律，以往包税人出于贪得无厌而强求君主制定这些法律，这些恶劣的法规貌似有益于当前，实则为未来埋下了祸根。

有钱人永远是他人的主宰，包税人在君主面前甚至也会专横霸道，尽管他们不是立法者，却可以强迫君主制定法律。

我承认，把一种新设立的税赋先交给包税人征收，有时候是有好处的。在利益的驱动下，包税人会想出征稽人员想不出来的技巧和窍门来防止偷税漏税。一旦由包税人确定了征税办法，再实行国家直接征税，就可以收到圆满的效果。英国当今对消费税和邮政税的管理，就借鉴了包税人的办法。

共和政体国家的财政收入几乎都来自直接征税。罗马反其道而行之，这正是罗马政体的一大弊病[16]。在实行直接征税制的专制国家里，人民享受着无穷的福祉，中国和波斯就是明证[17]。最悲惨的就是在那些君主把海港和商业城镇分包出去的国家。君主国家的历史充满了包税人罪恶行径的记录。

尼禄愤恨包税人的横征暴敛，拟定了废除一切税赋的计划，这个计划固然宽宏大度，却无法实行。他完全没有想到直接征税制，只是下了四道谕令[18]：公布以往秘而不宣的制裁包税人的法律；本年度因疏忽而未征收的税赋，不得再追索；设置裁判官对包税人不合手续的税收进行裁决 ；商人无须为船只缴纳任何税金。这是尼禄皇帝治下黑暗年代里幸福安宁的好日子。

第二十节　包税人

包税人这个盈利的职业一旦因易于致富而成为光荣的职业，那就一切都完了。在专制政体国家，这或许是好事，因为征税往往是省督职责的一部分。在共和政体国家就不妙了，因为同样的做法曾经毁了罗马共和国。在君主政体国家此事也好不了多少，因为没有什么比这更有悖于君主政体精神了。其他政体的国家都对此表示憎恶，因为，荣誉不再受人尊重，缓慢而自然地出人头地的手段不再奏效，政体的原则遭受损伤。

过去的岁月里有过不少极不光彩的致富事件，五十年战役的灾难就是其中之一。但是在当时，人们认为这些财富是可笑的，而我们却羡慕有加。

每种职业各有其追求，收税人追求的就是财富，而对财富的褒奖依然是财富。贵族追求的是显赫和荣誉，除了显赫和荣誉，

310 他们不知道、看不见，也不觉得还有真正的财富。夜以继日地为帝国的福祉勤奋工作的大臣和官员追求的是尊重和敬仰。

1 参阅普鲁塔克，《道德论丛·斯巴达嘉言录与斯巴达制度》。

2 查理曼正是基于这个理由确立了这方面的优良法制。参阅其《法令汇编》第三百零三条。

3 德意志就是这样做的。

4 参阅朱里乌斯·波吕克斯（Julius Pollux），《名辞集》，第八章，第十节，第一百三十条。

5 “贩卖奴隶的税是取消了，可这只是表面上的取消而不是真正的取消。因为这项规定要求出售者缴纳此税。这样做无非是提高了售价而已，因为税金成了售价的一部分。”参阅塔西佗，《编年史》，第十三卷，第三十一章。

6 参阅杜赫德，《中华帝国全志·中国法制》，第二卷，第 37 页。

7 参阅艾布·加齐·巴哈杜尔（Ebulgazi Bahadir Han），《鞑靼史》，第三编，第 290 页。

8 日本人既想与外国人做生意，又不想与外国人建立联系，于是选择了两个国家：一个国家是荷兰，日本人通过荷兰与欧洲做生意；另一个国家是中国，日本人通过中国与亚洲做生意。日本人把经纪人和水手关在类似于监狱的地方，不把他们折磨得不堪忍受决不罢休。

9 俄国的赋税并不高，自从专制主义有所收敛以后，赋税就增高了。参阅艾布·加齐·巴哈杜尔，《鞑靼史》，第二编。

10 此处指拥有三级会议的省份。

11 古代中国的皇帝们就是这样做的。

12 参阅史书记载的那些沉重、离奇和荒诞的税赋。阿纳斯塔修斯

（Anastasius）竟然想出了一种呼吸税：“不论是谁，只要吸一口气就得付一份罚金。”

13 事实的确如此，这个国家会把主要精力放在维持平衡上面，因为它消耗了国家巨大的力量。

14 为此只需把新近发明的在欧洲各地随处可见的民团加以扩张，像正规军那样大肆扩张即可。

15 参阅彼得·布尔曼（Pieter Burman），《罗马财政论》，第二章，1740 年巴黎布里松版。

16 据狄奥记述（《罗马史》，第四十二卷，第六章），恺撒被迫废除亚洲行省的税吏，建立另外一种管理方法。塔西佗在《编年史》第一卷第七十六章也介绍到，奥古斯都留给罗马人民的马其顿和阿卡伊亚，沿用原来的治理方法，后来才争得了由皇帝任命的官吏直接治理的地位。

17 参阅夏尔丹，《波斯游记》，第六卷。

18 参阅塔西佗，《编年史》，第十三卷，第五十一章。

第三编

第十四章

论法律和气候性质的关系

第一节　本章主旨

如果在不同的气候下，人们内心的精神和热情性质是不同的，那么热情不同，则法律不同；性格不同，法律也不同。

第二节　不同的气候下，人们会有怎样的不同

冷空气[1]使人体表面纤维的末端收缩，增强了纤维末端的弹性，这有利于血液从纤维末端回流至心脏。冷空气也缩短了这些纤维的长度[2]，于是也以同样的方式增强了纤维的力量。相较之下，

 热空气能够延伸纤维的末端，使其伸长。因此，热空气能够减少纤维的力量、降低其弹性。

因此在寒冷的气候下，当地人们的精力更为充沛。心脏的运作和纤维末端的反应都很强，分泌更为均衡，血液也能更为强劲地流向心房；在相互作用下，心脏也更为有力。这种力量的增强会带来诸多影响：比如，寒冷气候中的人们会更为自信，即更有勇气；他们会更加了解自己的优势，即不会过多诉诸报复；他们也会更有安全感，即变得更为坦诚、不甚多疑、少用阴谋诡计。于是这样一来，不同气候下的人们，会有着迥然不同的性格。如果一个人生活在一个炎热、封闭之地，则由于上述原因，这个人会感到很痛苦、心神萎靡。在这种情况下，如果另有人向他提议做一件勇敢的事情，我相信前者应该很难同意；他目前的软弱会导致其灵魂受挫；他会惧怕所有事，因为他会认为自己什么都做不了。居住在热带国家的人们都像老头儿一般胆小，而居住在寒冷地区的人们则像年轻人一样勇往直前。我们可以将视线放在最近的几场战争上[3]，这是一场我们能够完美观察的战争。不过如果时代较远，我们则无法仔细观察到其中的一些细节。在观察之后，我们会发现：同在北方家乡打仗的士兵相比，被派往南方国家[4]的北方人们不如其同胞们战功赫赫，前者的表现非常勇猛。

北方人的纤维力量强，因此他们能够从食物中获取最粗劣的液汁。这会产生两种结果：一是人体表面广泛分布的淋巴更易被各纤维吸收，也能够滋养各纤维；二是由于液汁粗糙，其很难向神经提供精细的液汁。因此,北方人普遍身材高大,但不太活泼。

各处神经都以皮肤组织为终点，各支神经又形成一个神经管束。通常，受到触动的不是整个神经系统，而是其中极小的一部分。在炎热的国家里，人们的皮肤组织是松弛的，神经末端是张开的，因此人们能够感受到最微小物体的轻微动作。在寒冷的国家中，人们的皮肤组织是收缩的，各处乳突也是收缩的。小粟粒腺多少有些麻痹,除了极为强烈并需要全部神经传递的感觉外,一般的感觉是传递不到大脑的。但是想象、口味、敏感和活泼却都要依靠无数细小的感觉来传递。

我观察过羊的舌头表面组织，对肉眼而言，它们就像乳突覆盖着一般。在显微镜下,我看到乳突上有一些细毛,或叫毛茸;在这些乳突之中，有着一些金字塔形的物质，顶端形成类似毛笔的形状，很有可能这些金字塔形的物质就是构成一个人口味的主要器官。

我让人把这羊舌头的一半冰冻起来。通过肉眼观察，我发现乳突大量减少，其中几行甚至缩进其细膜中：我又用显微镜检查了组织，发现是看不到金字塔状物质的。随着舌头逐步解冻，我用肉眼又能够看到乳突了。在显微镜下，小毛笔状物质又再次出现。

这一观察验证了我的说法，即在寒冷的国家，神经腺并不扩张，它们缩进细膜内，得到了保护，避免遭到外部物体活动的影响。因此，人们的感觉并不算很灵敏。

在寒冷的国家中，人们对快乐的感觉并不强烈；在温度适中的国家里，人们对快乐的感觉会增多；在炎热的国家中，人们对快乐的感觉则为最高。一般而言，人们会用纬度区分气候，同理，我们其实也可以用感受程度的高低来区分气候。我在英国和意大利两国都观看过歌剧，我观看的是同样的演员出演的相同剧目，但同样的音乐在两个国家所产生的效果却截然不同：一个国家的观众非常平静，而另一个则非常激动，这真是令人匪夷所思。

至于疼痛，道理也是一样。在人体中，一些纤维的撕裂会给人带来疼痛。大自然的创造者规定：撕裂越多，就越疼痛。显然，炎热国家人们拥有更为精细的纤维，相比之下，北方人因其高大的身躯和粗糙的纤维而更不易受撕裂的影响，于是北方人心里对疼痛的感知则更迟钝一些。对俄国人来说，或许要剥了他的皮才会让他有感觉。

在炎热的国家里，人们的器官比较精细，人们的灵魂主要由与两性结合有关的东西主导，万事皆指向这个目标。

在北方气候里，生理方面的爱情力量太弱，不为人所感知；在温度适中的气候里，爱情带有成千上万种附属物。有些东西乍一看是爱情，令人欣喜，但这些东西实际上并不是爱情；在炎热的气候中，人们热爱爱情本身，爱情是幸福的唯一来源，爱情就是生命。

在南方气候中，人们细腻、软弱，但敏感，他们或沉溺在闺房中不断唤醒又平息的爱情之中；或沉溺在另外一种爱情中：

不过在这种爱情中，由于赋予了女性太多的自由而引发了无数的问题。在北方的国家中，一个健康魁梧但笨拙的人会在一切可以使人精神焕发的活动中找到乐趣：比如打猎、旅行、战争和喝酒等。人们会发现，在北方的气候中，人们通常犯罪较少、品德较高、为人亲切、坦率真诚。如果将视线移向南方的国家，人们会发现自己跨过了道德的门槛：那里的人们生龙活虎、热情四射，但与之相伴的是犯罪率的飙升；每个人都试图占尽别人的便宜，满足自己的私欲。在温度适中的国家，人们会看到大家的行为、犯罪和品德是不固定的，因为当地的气候并不足以使这些人们稳定下来。

气候过于炎热的时候会使当地的人们完全失去力气。因此，这种虚脱萎靡的状态也会蔓延到精神；没有好奇、没有高尚的进取心、也没有慷慨豁达的感情；一切的爱好都将是被动的；懒惰或将成为幸福；灵魂的运用甚至比惩罚更难以让人接受；同鼓起精神力量引领自己前行相比，奴役似乎更容易让人接受。

第三节　某些南方人性格中的矛盾

印度人从骨子里就没有勇气[5]；即使是在印度出生的欧洲人子女[6]也没有欧洲气候养育的人们一样有勇气。不过这又怎么和印度人残暴的行为，野蛮的习俗和忏悔方式相符合呢？印度的男性遭受无法想象的苦痛，女性会纵火自焚：对于这个民族的软弱而言，这却是相当大的力量啊。

大自然赋予了印度人一种软弱的性格，也同样赋予了他们活泼的想象力，使万事万物都能够最大化地触动他们。器官的柔弱使印度人畏惧死亡，也使他们认为，除死亡外，还有无数的东西也很可怕。同样的敏感使印度人既在一切危险面前选择逃离，也能勇敢地直面危险。

和心智成熟的人相比，儿童更有必要接受好的教育，因此在这种气候下生存的人们同我们欧洲人相比更需要睿智的立法者。一个人越是容易受到影响，那么就越应该以合适的方式受到正面的影响，不受偏见的熏染，而受理性的指引。

在罗马人的时代，北欧人们生活的环境中没有艺术、没有教育，也几乎没有法律，但在该地气候的影响下，北欧人身上的粗糙纤维反而给他们带来了理智，因此北欧人得以凭借惊人的智慧保全了自身，抵抗着罗马人的统治，直到最终成功走出森林，打破了罗马的统治。

第四节　东方国家宗教、风俗、习惯和法律持续不变的原因

由于器官较弱，东方国家的民族给世界各国留下的印象是最深的。这些民族总有着一种精神上的慵懒，通常也会伴随着身体上的懈怠，这也使得东方人从精神上无法行动、努力、斗争。我们要知道，心理印象是不会出现变化的。这也是为什么在东方

国家中，如今的法律、风俗[7]和习惯，甚至是一些看起来不重要的事情，比如服饰潮流，都还和一千年前一样保持着不变。

第五节　认同气候弱点的立法者是坏的，反对气候弱点的立法者才是好的

印度人认为，静止和虚无是万事万物的基础和最终结果。因此，印度人认为完全的无为是最完美的状态，也是他们想要完成的目标。印度人称呼印度的至高存在[8]为“不动的存在”。暹罗人认为最大的幸福并不是去操作机器，也不是使身体活动[9]。

在这些国家里，由于酷热使人萎靡，昏昏欲睡，因此对人们而言，静止是非常愉快的，而移动则是痛苦的，这样的一套形而上学的观点看上去才是自然的。而印度的立法者，即佛[10]在将人类置于极端被动的状态时，遵从的是自己的感受，但佛主张的教义是基于气候的懒惰性而制定的，这反而助长了懒惰，由此还引发了无数的祸端。

而古代中国的立法者则更为明智，他们并不是按人类最终都会进入的平和状态来要求中国人，而是根据人类履行责任的适宜行为来要求中国人。于是，中国的立法者制定的宗教、哲学和法律都是切合实际的。人们在身体上越想静止，他们在道德观念上就越是反其道而行之。

第六节　论炎热气候下的农业

对土地的耕作是人类最伟大的劳动。气候越是令人们想逃离这项劳动，人们的宗教和法律就越应该鼓励他们继续从事这项劳动。因此，按照印度的法律，土地都归王室所有，这就破坏了私人所有权的精神，继而恶化了气候的不良影响，导致人们拥有着天生的懒惰。

第七节　论僧侣制度

不同国家的僧侣制度产生的恶果是相同的。僧侣制度产生于炎热的东方国家；在这些国家里，人们更倾向于沉思默想，而放手行动的则较少。

在亚洲，僧侣的数量似乎随着气温的上涨而增加；在印度，当地气候极为炎热，到处可见僧侣；这种差异在欧洲也可以见到。

为了对抗气候带来的懒惰，法律必须废除一切不劳而获的手段。但是在欧洲南部，法律规定却是相反的：按法律规定，想慵懒过活的人们可以去只用沉思默想的地方生活，并且还能获得巨额的财富。对于这些生活富足的人，财富成了他们的负担，于是他们便把多余的钱送给了微贱的普通人：这些人失去了财产的所有权；富足的闲人便将自己享受的懒惰偿还给了这些微贱的人，于是这也导致这些穷人对自己的困境乐此不疲。

第八节 中国的好习惯

有关中国的记述显示[11]，中国的皇帝每年都会举办亲耕仪式[12]。通过这种公开又神圣的行动，皇帝希望能够鼓励人们从事农垦[13]。

此外，皇帝还要了解谁是当年最优秀的农民，并赐其八品官爵。

在古波斯每月的第八天[14]，即劳作日，皇帝会放下身段，同农耕者们吃饭。这样的制度对于鼓励农业而言是极好的办法。

第九节 鼓励勤劳的方法

我将在第十九章中写道：通常说来，懒惰的民族都是傲慢的。人们可以用结果抵制原因，用懒惰摧毁傲慢。在欧洲南部，人们看中荣誉：耕作得最好的农民和最勤劳的工人都应该得到奖赏，这样的做法一定在每个国家都广受欢迎。在我们目前的时代，通过这种激励方式，爱尔兰已建立起欧洲最大的一座纺织厂了。

第十节 关于节酒的法律

由于出汗的原因，所以在炎热的国家中，当地人们的血液含水量大大减少[15]，于是人们需要同类的液体补充水分，因而当地人们喜欢喝水。而酒精饮料在进入人体后，其在血液中的水分散发后，便很容易使血球凝结[16]。

在寒冷的国家，血液中的含水量几乎不会因为出汗而减少，血液中的含水量很充裕，因此人们可以喝烈酒，这并不会使血液凝结。这里的人们体内水分充足，所以喝一些能够加速血液循环的烈性酒是适宜的。

因此，穆罕默德的禁酒令是基于阿拉伯气候制定的法律。这也表明，在穆罕默德之前，水是阿拉伯人的普通饮料。禁止迦太基人饮酒的法律[17]也是基于气候制定的法律。实际上，这两个国家的气候也是差不多的。

这样禁酒的法律并不适用于寒冷的国家，这些国家的气候似乎要求当地人在一定程度上都有饮酒的习惯，而这和个人爱好饮酒的习惯是迥然不同的。在世界各地，喝酒是和气候的寒冷程度以及潮湿程度相关的。如果你从赤道走向北极，你会发现，随着纬度的升高，喝酒的人就越多。如果你从赤道向南极[18]走，你会发现，情况和北半球相同。

在喝酒与气候以及人的健康相抵触的国家，饮酒过量理应受到更为严厉的惩罚，这是很自然的。在其他国家，饮酒对个人产生的负面影响和对社会的影响并不大，而且饮酒不会使人发狂，只会使人沉闷和思考。因此，惩罚醉汉犯错、醉酒的法律[19]只适用于个人饮酒过量的情况，而不是一个国家饮酒过量的情景。对德国人而言，喝酒是风俗，而西班牙人喝酒则是爱好。

在炎热的国家中，纤维的松弛会使人大量出汗，但固体部分的消耗则更少。人体的纤维行动力较弱，弹力也不够强，通常很少得到使用。修复纤维需要很少的营养液，因此这些国家的人们吃得很少。

不同气候导致的不同需求产生了不同的生活方式，这些不同的生活方式形成了不同种类的法律。如果各国家中的人们互相有交往，那么该国就必然有某种法律；如果国民之间无沟通，那么也一定有另外的法律存在。

第十一节　关于气候导致的疾病的法律

希罗多德[20]告诉我们，犹太人关于麻风病的法律是从埃及人的实践中借鉴而来的。的确，治疗同样的病就需要同样的药。对希腊人和最初的罗马人而言，这些法律和疾病都是陌生的。埃及和巴勒斯坦的气候使得这些法律必须确立，而麻风病的肆虐传播也令我们深切地体会到：确立这些法律是明智的，也是有远见的。

我们自己也遭到了疾病的影响。十字军为我们带来了麻风病。不过，当时制定的睿智的法规避免麻风病传染给了更多的人。

从伦巴第人的法律中[21]我们可以了解道，麻风病在十字军出现之前已然在意大利肆虐，这足以引起立法者的注意。罗撒里命令，从家中被驱逐并被关在指定地方的麻风病患者不得处置其个人财产，因为麻风病患者从离开自己的家门之后就已经被视作死亡了。为了防止他们同其他病人接触，这些病人不得拥有任何

326 财产。

我认为，麻风病是由希腊皇帝在征服意大利时带入意大利的。希腊皇帝的军队或许有来自巴勒斯坦或埃及的士兵。无论事实如何，在十字军东征之时，意大利的麻风病是被控制住了的。

据说，庞培的士兵从叙利亚回国时，带回来了一种类似麻风病的疾病。据我们所知，在当时没有相关立法，不过或许是有的，因为在伦巴第时期前，这种疾病是可控制的。

两个世纪前，我们的父辈并不知晓的一种疾病从新世界传来，袭击了人类生存和欢乐的源泉。南欧多数的重要家族遭到了这种疾病的攻击。这种疾病变得非常普遍，不再令人感到羞耻，只是这种疾病的危害极大，或可致命，是人们对黄金的渴求使这种疾病得到蔓延。而欧洲人还在继续向美洲航行和探索，并在每次回国时都带回来新的传染病。

出于宗教原因，有人想让这些传染病成为处罚犯罪的方式，但灾难已经侵蚀到婚姻，已经将魔爪伸向孩子们了。

立法者们很睿智地监测着市民的健康，而他们要是利用根据摩西律法制定的法律控制疾病的传播则不失为明智之举了。

瘟疫是一个魔鬼，它对人类的破坏更为迅速。瘟疫主要发生在埃及，并从此蔓延至全世界。大多数的欧洲国家都制定了优良的法规预防瘟疫的传播。在我们这个时代，有一个绝佳的方法可以控制瘟疫：一列士兵排成排，围在感染国周围，这样就能阻断疾病的一切流通。

在这些问题上，土耳其人[22]都没有建立相关的规章制度。他们目睹了同一个小镇的基督徒逃离了危险，而土耳其人自己却灭亡了。他们购买瘟疫患者的衣服来穿，继续过着自己的生活。他们奉行的是命运天注定的教义，这使得官吏们成为安静的旁观者：他们认为上帝已经安排好了一切，而自己就只能无事可做了。

第十二节　关于反对自杀[23]的法律

历史上，罗马人不会无缘无故地自杀，但英国人却会在人们意想不到的时候就自杀了：这些英国人明明身处幸福之中，却选择了自杀。对罗马人而言，自杀是教育的结果，来自于罗马人的思维方式和习俗。对英国人而言，自杀是疾病的结果[24]，取决于人的身体状态，没有其他的理由。

这似乎是因为神经汁液在渗透上存在缺点。当赋予身体动能的器官停止不动时，身体本身就会感到十分疲惫；灵魂感到的不是痛苦，而是生存具有一定程度上的困难。痛苦是一种局部的疾病，驱使我们想要见证这份痛苦的停止；生命之重却是一个没有具体方向的疾病，驱使人们想要见证人生走向终点。

显然，一些国家的民法有理由诋毁自杀本身。但在英国，如果不对精神疾病的影响加以处置，人们是无法完全处理自杀的。

328

第十三节　英国气候的影响

在这样的国家中，气候引发的疾病影响着人们的心灵，使人们厌恶一切事物，包括生命。对于什么都忍耐不了的人们而言，最适宜的政府就是：在这里，人们无法指责别人令他们难过；在这里，真正统治一切的是法律，而不是人。而只有推翻法律本身才能够改变现状。

因为如果同样的国家也从气候中沿袭了一定程度的不耐烦，使其不能够长时间忍受同一样事物，那么我们可以得出的结论是，刚才我们讨论过的政府模式依然是最合适的。

不耐烦的性格特征本身没什么大不了的，但当这种性格和勇气结合的时候，那就是一件很严重的事情了。

不耐烦和浮躁不可同日而语。浮躁使人无缘无故地从事或放弃一件事。不耐烦更像是固执，因为不耐烦的性格是从对疾病的感受中来，因此，即使一个人有着经常忍受疾病的习惯，不耐烦也不会因此减少。

在一个自由的国度，这样的性格特征或许适合挫败暴政[25]的计谋。暴政在最开始经常是缓慢而软弱的，最后才是迅猛而真实的；起初暴政只展现出一只手寻求援助，而后期则伸出无数只胳膊来压迫人民。

奴役总是从寐意开始。不过，一个无论在什么情况下都静止、总是在掐自己找痛点的民族几乎是睡不着的。

政治是一把磨钝了的锉刀，通过慢慢地磨砺，政治才能达到最后的目的。如今，我们刚刚探讨过的人们不能够忍受谈判的拖延、精细和冷酷，因此同其他国家的人相比，这些人成功的几率还要小一些，他们也会在条约上失去他们通过暴力争夺过来的东西。

第十四节　气候的其他影响

在我们的祖先古日耳曼人生活的气候中，人们的感情较为平静。他们的法律只规定看得见的东西，除此之外没有规定其他内容。这些法律通过伤口的大小衡量其对男性的侮辱，这些法律也同样直来直往，冒犯女性。在这一方面，阿勒曼尼人的法律[26]是十分单一的。如果有妇女裸露头部，则罚款六苏，这同露出膝盖的罚款相同，而露出膝盖以上，则罚金翻番。在这部法律中，衡量对妇女所进行的侮辱程度就像人们在测量几何图形一样。这部法律没有惩罚想象出的犯罪，而是眼见为实的犯罪。不过一个日耳曼民族移居到西班牙后，当地的气候就需要另立一部法律了。西哥特人的法律禁止医生使一名自由而生的妇女流血，除非她的父亲或母亲、兄长、儿子或叔父在场。当人们的想象力开始燃烧时，立法者的想象力也被点燃。在一个所有人怀疑周遭一切的环境中，当地的法律也会怀疑一切。

因此，这部法律极其关注两性。不过，似乎在惩罚系统中，

330 该法律更多关注的是满足个人报复的心理，而不是公众报复的心态。因此，在大多数案件中，法律都将男女两个犯罪方移交到他们的亲属手中，或移交到被冒犯的丈夫手中。一个自由而生的妇女[27]如果和一个已婚男性发生关系的话，那么这个妇女就会被移交到这位男性妻子的手中，由她全权处置。法律还规定，如果奴隶[28]发现他们的女主人通奸，则他们有权利将她绑起来交给她丈夫。法律还允许主人的孩子[29]控告女主人，允许对女主人的奴隶进行折磨以定女主人的罪。因此，这些法律更适合在一定程度上满足人们的一些极端荣誉感，但却不能够形成良好的治理氛围。如果朱利安伯爵认为这样的侮辱需要以一个国家或国王来抵偿的话，那么请不要惊讶。和我们有着类似风俗的摩尔人，发现自己很容易在西班牙落脚和扎根，甚至还能延缓自己帝国的衰落，那么也请不要惊讶。

第十五节　气候不同，法律对人们的信任程度也不同

日本人性格残暴，因此他们的立法者和官员无法对本国人民建立信任。在人民面前，立法者和官员展现出的只有法官、威胁和惩罚；人们做的每一件事都需要经过公安部门的审查。根据日本的法律规定，每五户要设立一名地方官，管理另外四家，出现一个案件则要惩罚整个家庭或整个街区。按照这样的法律，一人犯罪则全体犯罪。因此，所有人都对别人不信任，每个人

都仔细检查别人的言行，大家自己就是自己的检察官、目击证人和法官。

而在另一方面，印度人比较温和[30]、柔软和慈悲。因此，他们的立法者对国民很有信心。印度的立法者建立的惩罚机制很少[31]，也不严厉，甚至他们都不会严格执行。立法者规定将甥侄送给叔舅，将孤儿交给监护人，而其他地方的规定都是要将孩子交给父亲。立法者是根据继承者众所周知的优点而安排继承的。似乎立法者认为，每一个市民都应该依赖其他公民善良的天性。

立法者轻易就向奴隶赐予自由[32]，他们为奴隶婚嫁，待奴隶如自己的儿女[33]：快乐的气候使人们在道德上更为坦诚、在法律上更加柔和！

1 人们甚至肉眼可以看得到这一点：在寒冷状态下，人都会更显瘦一点。

2 和金属铁会热胀冷缩的道理相同。

3 即西班牙王位继承战争。

4 比如西班牙。

5 让·巴蒂斯特·塔弗尼埃说：“一百名欧洲士兵就能很容易地战胜一千名印度士兵。”参阅《印度旅行记》，第二卷，第九章。

6 甚至是在印度定居的波斯人，在第三代人开始，也逐渐沾染上了印度人的懒惰和懈怠。参阅弗朗索瓦·贝尔尼埃《旅行记：莫卧儿篇》，第一卷，第 282 页。

7 参阅《尼古拉斯·大马塞努斯的断篇》，其中提到，在东方国家把总督绞死的习俗是很古老的，这一习惯在梅德斯人时期就有了。

8 参阅基尔歇，《中国图说》。

9 参阅西蒙·拉鲁贝尔，《暹罗纪事》，第446页。

10 佛希望人们适应心灵的空虚。“我们有眼、有耳，但圆满不在于看见或听见圆满；对于佛教徒，圆满在于语言和行动等的无为。”这是“中国哲学家语录”中的一段，参阅杜赫德，《中华帝国全志》，第三卷。

11 参阅杜赫德，《中华帝国全志》，第二卷，第72页。

12 印度也有几个国王举行亲耕仪式，参阅西蒙·拉鲁贝尔，《暹罗纪事》，第69页。

13 中国的汉文帝亲自耕种土地，还令皇后和嫔妃在宫中从事蚕织。参阅杜赫德，《中华帝国全志》（文帝是中国第五个朝代汉代的第三个皇帝）。

14 参阅托马斯·海德，《赛尔登宗教史》。

15 弗朗索瓦·贝尔尼埃从拉合尔旅行到喀什米尔时写道：“我的身体就像一个筛子，我刚吞下一品脱的水，马上就能看到这些水像露珠一样从我的四肢渗出，甚至渗到我的指尖。我一天喝十品脱的水，这对我而言毫无损害。”参阅弗朗索瓦·贝尔尼埃《旅行记》，第二卷，第261页。

16 血液中有红血球、纤维粒子、白血球和水，这些成分都在水中流动。

17 指的是柏拉图《法篇》第二卷，亚里士多德《家务的处理》，第一卷，第五章。尤塞比乌斯《传道准备》，第十二卷，第十七章。

18 对于霍顿督人和智利边境的居住者，嗜酒的现象很常见，这些人居住地离南极更近。

19 参阅亚里士多德《政治学》第二卷第三章中所说的毕达库斯的法律。由于气候原因，在毕达库斯所居住的地方，不是全民族都以饮酒为恶。

20 参阅希罗多德，《希腊波斯战争史》。希罗多德没有提过希伯来人，不过认为麻风病是波斯的风俗。

21 参阅《伦巴第法》，第二卷，第一项，第三节；第十八项，第一节。

22 参阅保罗·李果，《奥托曼帝国》，第284页。

23 自杀这一行为违反自然法和天启的宗教。

24 这类疾病或因坏血症的原因而变得更加复杂。在某些国家，坏血症能够让一些人性情变得乖戾。参阅弗拉索瓦·皮拉尔，《旅行记》第二篇，第二十一章。

25 这里暴政的意思是图谋推翻已建立的政权，主要是民主制。这是希腊人和罗马人所做的定义。

26 参阅《阿勒曼尼法》，第五十八章，第一、二节。

27 参阅《西哥特法典》，第三卷，第四章，第九段。

28 同上书，参阅《西哥特法典》，第三卷，第四章，第六段。

29 同上书，参阅《西哥特法典》，第三卷，第四章，第十三段。

30 参阅弗朗索瓦·贝尔尼埃，《旅行记》，第二卷，第一百四十页。

31 参阅《通信集》，第十四卷，第403页。其中详述了恒河一侧印度半岛人的主要法律和风俗。

32 参阅《通信集》，第九卷，第378页。

33 参阅斯特拉波，《地理志》，第十五卷。我认为印度的奴隶制过于温和，狄奥多罗斯认为，在印度，既没有主人也没有奴隶。不过狄奥多罗斯也说，这只适用于印度这一个国家。

第十五章

民事奴隶制法律与气候性质的关系

第一节　民事奴隶制

对奴隶制最准确的定义是：它是一种权利的确立，使一个人完全拥有另一个人，前者拥有后者的生命和财产。从本质上说，奴隶制并不好，它对主人和奴隶都没什么好处：奴隶制对奴隶无益，因为他们不会出于品德良好的动机而行动；奴隶制对主人无益，因为同奴隶相比，主人养成了种种的坏习惯，感觉不到自己已经习惯于在道德上劣迹斑斑，于是主人会变得越来越骄傲、粗暴、粗鲁、愤怒、好色和残忍。

在暴政国家，人们已经处于政治奴役之中了，因此这里的民事奴隶制比其他地方更易令人接受。这些国家中的每个人都应该对自己卑微的生计和生命满足。因此，同国民的生活相比，奴隶的生活条件也并非更加艰难。

但是在君主政体之下，打击或毁灭人性都有着重要的统治意义，因此不能有奴隶。在民主制下，每个人都是平等的。在贵族制下，法律应在政府所能许可的范围内尽全力使人人平等。奴隶制与宪法的精神是相悖的，因为它只是赋予了人们一些公民权力和不配其位的奢侈。

第二节　罗马法学家所提出的奴隶权的起源

人们想象不到，建立奴隶制的是悲悯心。人们也想象不到，这一制度建立的过程要考虑以下三种情形[1]。

为了防止奴隶被杀掉，国家法希望囚犯能够成为奴隶。罗马的公民法允许债权人虐待债务人，因为债务人可以卖身；自然法希望那些无法供养自己的、出身奴家的孩子们能够继续成为奴隶。

罗马法学家们的理由并不明智。第一，除非十分必要，不然在战争中允许杀戮是一种错误的说法。不过，当一个人让另一个人成为自己的奴隶时，因为前者没有杀掉后者，所以我们不能说前者有杀后者的必要。战争唯一能够赋予俘虏的权力就是，俘虏可以被关在监牢中，不再犯事。全世界所有的国家都会谴责在

 激战过后冷血杀掉士兵的行为[2]。

第二，一个自由人可以将自己卖掉的说法是错误的。完成销售就需要价格，如果奴隶把自己卖掉，那么他所有的财产都会成为主人的财产。因此，主人无须提供任何东西，而奴隶也得不到任何东西。有人会说，奴隶或许会有一些积蓄，但这些积蓄是附属于个人的。如果说禁止自杀是因为自杀会使一个人从自己的国家消失，那么把自己卖掉也同样应该遭到禁止。每一个市民的自由都是公共自由的一部分。在平民政治的国家，这样的状态也是统治的一部分。出售一个人的市民身份是非常浪费[3]的行为，是不会有人这样做的。如果对于购买者而言，自由是有价的，那么对于出售者而言，自由则是无价的。市民法允许人们分割财产，就不会把多余的财产分给要加入分割的人了。市民法解除了一些包含伤害的条约，但并不能解除一些可造成伤害最大化的协定。

第三种方法就是按出身来看，这和前两种方法一样站不住脚。因为如果一个人无法出售自己，那他也不能出售一个未出生的人。如果一名战俘不应该屈尊为奴，那么他的孩子也不应该。

使罪犯死亡合法化的方式是，为他专设一条惩罚他的法律。比如，一个谋杀犯曾经享受过为他量刑的法律所带给他的利益，这部法律曾经保全过他的性命，因此他不能对此提出反对意见。这同奴隶的情况不同，奴隶法从没有对奴隶有益。这部法律的任一层面都对奴隶不利，奴隶法从未保全过他们的利益，这也有悖于所有社会的基本原则。

有人会说，奴隶法对奴隶有益是因为主人养活着奴隶。因此，这些无法自力更生的人们就必须为奴。但其实，人们不想要这样的奴隶。对于儿童而言，是赋予了母亲乳汁的大自然养活了这些儿童，而对于这些儿童而言，在他们剩余的童年中，他们非常有必要将自身能力最大化，这样才会使自己更有用。因此，人们不能认为，那些养活了他们但没有给过他们任何东西的那个人可以做他们的主人。

此外，奴隶制与市民法是相悖的，与自然法也是相悖的。奴隶不是社会的一分子，他们和市民法没有什么关系，那么什么市民法又能确保奴隶不逃跑呢？奴隶制只能由家庭法约束，即主人制定的法律。

第三节　奴隶法的另一个来源

我宁愿说，奴隶法来自一个国家对另一国家的轻视，这种轻视是建立在风俗上的。

洛佩斯·哥玛拉称[4]：“西班牙人在圣玛丽附近发现了篮子，装着当地居民的物品，有螃蟹、蜗牛、蟋蟀和蚱蜢。战胜者将此事当成是战败者的一桩罪。”《英国图卷》作者称，使美洲人成为西班牙人奴隶的法律便是基于此而设，更不用说美洲人抽烟，还未按西班牙的方式剃掉胡须这一事实了。

知识使人温和，理性使人仁慈。只有偏见才会使人摒弃温

 和和仁慈。

第四节　奴隶法的另一起源

我宁愿认为，是宗教赋予了教徒权利，把不信教的人收为奴隶，此举的目的是为了更好地传教。

也是这种思维方式激励了美洲破坏分子的犯罪之心[5]。基于这样的想法,这些破坏者们建立了迫使这么多人成为奴隶的法案。对这些土匪和强盗而言，他们既想当坏人，也想成为基督徒，所以他们非常的虔诚。

因为要在其殖民地立法，使黑人成为奴隶，所以路易十三遭受了巨大的痛苦[6]。不过当得知这是控制殖民地最为稳妥的方法时，他也就欣然接受了。

第五节　黑人奴隶制

如果我不得不维护我们令黑人成为奴隶的权利的话，以下是我要说的话：

欧洲人在消灭了美洲人后，需要让非洲人成为奴隶，目的是利用他们清理这一大片的土地。

如果种植蔗糖的土地不是由奴隶开垦的话，那么糖的售价未免过高了。

这些奴隶从头到脚都是黑的，他们的鼻子这么扁，几乎不用为他们感到抱歉。

人们不能进入另一个人的思维中，而作为一个睿智的存在，上帝本应该将一个高于一切的善良的灵魂完全放入一个黑人的身体中。

人们会很自然地想到，颜色是人性的核心。因为使用太监的亚洲人继续以自己独特的方式撇清黑奴和我们的关系。

人们可以通过发色来判断肤色。埃及人是全世界最好的哲学家，因此他们把落入他们手中的红头人们全都处死。

黑人没有常识的一个证明是，他们制作非常多的玻璃项链，而不是其他国家珍视的金项链，因此，非洲同其他文明程度高的国家不一样。

我们不能推测这些人是人。因为如果我们认为他们是人，那么我们该开始认为自己不是基督徒了。

心胸狭窄者夸大了我们对非洲人民的歧视。因为如果和这些狭窄者们所言一致，那么对于那些彼此建立了许多无用协定的欧洲王室而言，他们难道没有想到应该缔结一个怜悯、慈悲的协定吗？

第六节　奴隶制的真正起源

是时候来探究一下奴隶制的真正起源了。奴隶制应该是建

 立在事物性质的基础之上。让我们来看一看是否有线索表明奴隶制的确是起源于此。

在每一个暴政国家，人们要将自己出售很容易。那里的政治奴隶制或多或少地泯灭了公民的自由。

佩里先生说[7]，古俄罗斯人很容易就能卖掉自己：我深知其中的原因，那是因为他们的自由一文不值。

在阿希姆，所有人都寻求卖身。一些主教手下的奴隶不少于一千人[8]。这些奴隶是一些大商人，他们的手下还有奴隶，逐层皆如此。这里的奴隶身份是世袭的，也是可以买卖的。在这些国家中，自由人无力反对政府，只能选择成为专制政府官员的奴隶。

这才是奴隶制真正的起源——有理有据的起源。这是人们在一些国家所见到的奴隶制。这种制度是温和的，因为它是基于主人的自由选择而设的。主人通过自己的权利做出选择，并在双方形成相互约束的协定。

第七节　奴隶制的另一起源

这里讲述的是奴隶制的另一个起源，即人们亲眼所见的那个残忍的奴隶制。

在一些国家，由于天气太热，使人们的身体实在难以承受，这种酷热也削弱了人们的勇气。因此，只有出于对处罚的恐惧才能使人们去完成艰巨的任务。所以在这些国家里，奴隶制并没有那么违背理性。正如主人在国王面前表现得很胆小一样，奴隶在主人面前也同样胆小卑微。于是市民奴隶制就同政治奴隶制一起应运而生了。

亚里士多德希望证明[9]，奴隶制是天然出现的。不过，他对此的解释却站不住脚。我认为，如果真的有天生的奴隶，那么也就是我刚刚提到的那些奴隶吧。

但是，因为所有人生来平等，人们必须承认，奴隶制是有悖自然的。虽然在一些国家里，奴隶制或许是由于自然原因而设，但在另一些国家中，甚至自然这一理由也是无法解释奴隶制的，所以我们要将上述两类国家区分开来。比如，在欧洲的一些国家，奴隶制就很幸运地被废除了。

普鲁塔克告诉我们，在努马的一生中，在沙特恩时代，既没有主人也没有奴隶。在我们的气候下，基督徒使我们回到了那个时代。

第八节　奴隶制于我们无益

因此，自然奴隶制只能在世界上个别的国家出现。在其他国家，于我而言，无论社会需要多难的工作，似乎自由人都可以完成所有的事情。

使我思考这些的原因是，在基督教废除欧洲的市民奴役制

 之前，由于矿井工作非常辛苦，人们视之为只能由奴隶或罪犯从事的工作。不过如今，人们知道了：在矿井工作的人生活得其实挺幸福的[10]。人们曾用一些小的优惠政策吸引人们从事开矿的工作：工作的增加意味着收入的增加；人们也让工人们热爱自己的生活条件，那种工作环境也好过其他人的想象。

没有其他的工作能如此辛苦了，如果支配劳动的是理性而不是贪婪的话，挖矿的工作强度就不会无法调整至人们可接受的程度了。人们发明了机器、应用了技术、降低了工作强度，这样一来，人们便可将一些强迫奴隶劳动的工种替换掉。位于蒂米什瓦拉省的土耳其矿山，比匈牙利更富裕，但是土耳其矿山的产矿量并不高，因为土耳其人的想象力永远没能超过他们奴隶们坚实的臂力。

我不知道这个观点是否出自我的精神或是我的心灵。也许这个世界上没有一种能够不让自由人工作的气候。因为法律制定得很糟糕，所以出现了懒人。因为这些人很懒，所以他们受到了奴役。

第九节　普遍建立公民自由权的国家

每天，人们都会听见有人说，如果我们之中有奴隶就好了。

不过在评判这种观点时，人们绝不应该探究，奴隶到底对每个国家那一小部分骄奢淫逸的人们是否真的有用。毫无疑问，奴隶对他们很有用。不过从另一个角度而言，我不认为奴隶中会有人想要抽签看看谁将是组成国家的自由人，谁将继续被奴役。一直支持奴隶制的人们或许最是忧心忡忡，而最穷的人也同样会觉得这很恐怖。因此，为奴隶制疾呼也就是为骄奢淫逸疾呼，而不是出于对公共幸福的热爱。谁会怀疑，每一个人不会心满意足地成为财产、荣誉和其他人的主人呢？而在一想到这些的时候，为奴隶制疾呼的人们的热情不会被点燃吗？你想知道在以上问题中每个人的需求是否合法？来看看所有人的诉求吧。

第十节 不同类型的奴隶制

奴役有两种："属物的奴役"和"属人的奴役"。属物意味着要将奴隶归附于土地。正如塔西佗所述[11]，这种奴隶是德意志遍布的奴隶。这些奴隶不在主人家中工作，他们将一定数量的谷物、牲畜或布料返还给主人，这种奴役的目的也就到此为止了。在匈牙利、波西米亚和德国南部部分地区，这样的奴役制依然存在。

属人指的是做家务服务的奴役，这些奴隶更多的是为主人提供服务。

最极端的奴隶制是既属物又属人的，这就是斯巴达时期的奴隶制度。斯巴达奴隶要完成除家务外的所有工作，还要承受主人的各种侮辱：这种赫洛特制度同物品的性质是相背离的。生活简单的民族只有属人的奴隶制[12]，因为在这些民族中，是妇女和儿童来做家务。骄奢淫逸的人们建立了个人奴隶制，因为想要维护奢侈，就需要奴隶来做家务。如今，赫洛特制度将骄奢淫逸的人们建立起来的奴隶制和生活简单的人们建立的奴隶制结合了起来，用在了同样的人们身上。

第十一节　法律应为奴隶制做些什么

不过，无论奴隶制的性质如何，民法必须尝试在一方面消除奴隶制的弊端，而在另一方面消除其危险。

第十二节　奴隶制的滥用

在信奉伊斯兰教的国家中[13]，主人不仅拥有女性奴隶的生命和财产，也拥有这些奴隶的品德或荣誉。这些国家面临的厄运之一是，对于整个国家的大部分地区，其存在的意义无非是为满足其他地区人们的挥霍生活。奴隶们得到的回报是他们可以懒惰，而这对国家而言又是另一个厄运。

这样的懒惰使得这些东方国家的后宫闺房[14]也成了令人愉快的地方，即使是对那些幽禁于此的人而言。那些只害怕劳动的人们是可以在这些安静之地感到快乐的。不过人们发现，这样一来，整个社会的状态和奴隶制建立的初衷是相悖的。

理性的要求是，主人的权力不应超出其需服务的范围。奴隶制应该得到实用，而不是用于骄奢淫逸。贞洁之法是自然法的一部分，也应在全世界各国得到普遍应用。

在这些国家中，拥有无限权力便会目空一切。如果对这些国家而言，保持奴隶贞洁的法律是有益的，那么在君主专制的国家里，情况又会怎样呢？在共和制国家，情况又会怎样呢？

《伦巴第法》中的一项规定似乎对所有政府都是有益的[15]："如果一个主人诱奸了他奴隶的妻子，那么奴隶和妻子两个人就自由了。"这样的解决方式有利于预防和控制主人的过度淫乱，同时这个方法也不算太苛刻。

我不认为罗马人在这一方面有很好的约束。他们控制着主人的淫乱，而在某种程度上，罗马人甚至剥夺了奴隶们的婚姻权。奴隶是国家最卑微的部分，但即使是卑微，奴隶也需要有道德。此外，否定奴隶结婚就是在摧毁所有人的婚姻。

第十三节　奴隶数量巨大所引发的危险

奴隶数量众多在不同的国家会有不同的影响。在暴政国家，这不是一个负担。政治奴隶制是建立在国家机体之中的，它使人们几乎感受不到民事奴隶制的存在。那些被称作自由人的人们并没有比那些没有这个称号的人更加自由。而在后者中，无论是太监、脱离奴籍的人或是奴隶，都差不多掌握处理一切事物的大权。所以一个自由人和一个奴隶的生活条件几乎是差不多的。在这些

 国家中，奴隶数量的多少并没有太大差别。

但是在政治宽和的国家中，一定不要有太多的奴隶。政治自由使得民事自由十分珍贵。如果没有民事自由，那么一个人也就没有了政治自由。这样的人眼见的是一个幸福的社会，可自己并不是其中一分子；他看到的是为别人构筑的安全系统，而自己并不在其中；他感受到的是他主人的内心可以膨胀，而他自己的内心则永远在遭受压抑。时时看到自由人而自己并不自由，这样的状态可谓最接近野兽的状态了。这些人是社会的天敌，所以奴隶数量增多对社会而言是十分危险的。

因此，政治宽和的国家常常因奴隶的叛乱而遭到困扰，而在暴政国家中，这种情况几乎不会出现，这没什么可令人感到奇怪的[16]。

第十四节　武装的奴隶

同共和制国家相比，君主制国家的奴隶武装起来所引发的危险性较小。在君主制国家中，好战的民族和成派系的贵族手下都会拥有足够的武装奴隶。在共和制国家中，普通公民不太可能控制得了和公民几乎没有差别的武装奴隶。

征服了西班牙的哥特人分散在全国，不久后就变得十分弱小。他们制定了三大著名规章：他们废除了之前禁止同罗马联姻的风俗[17]；他们规定，属于国家财政并脱离奴籍的人都要在战争时服役，否则会被贬为奴隶[18]；他们命令每一个哥特人都要上战场，并将其十分之一的奴隶也武装起来战斗[19]。同余下的奴隶数相比，这个数字不算大。此外，由主人带上战场打仗的奴隶并不单独组队，他们在军队的状态可以说和在家里是一样的。

第十五节　续前

当国家都是战士时，武装奴隶就根本起不到威慑作用。

阿勒曼尼人的法律规定，犯偷窃罪的奴隶在被捕之后要遭受同自由人一样的惩罚[20]。不过，如果这个奴隶所犯之罪是暴力抢劫的话[21]，那么他只需归还赃物。在阿勒曼尼人中，以勇敢和力量为原则的行动都不是可憎的。他们命奴隶参与战争。在大多数共和制国家中，人们总是试着泯灭奴隶的勇气；而阿勒曼尼人因为对自己很有信心，所以会想着增强自己的勇气。由于阿勒曼尼人总是备好武装的，所以他们对奴隶没有什么可畏惧的。奴隶是阿勒曼尼人完成恶行和获得荣光的工具。

第十六节　政治宽和国家需注意的事项

在政治宽和的国家中，由于人们对奴隶怀有悲悯之心，所以这或许在一定程度上消解了奴隶数过多会带来的危险。人们会逐渐习惯任何事，如果主人对待奴隶不过分残忍的话，那么奴隶甚至也会习惯被奴役。雅典人对待奴隶非常温和。人们还以为雅典的奴隶不会干扰雅典城邦，结果却是奴隶们推翻了古代的斯巴达。

起初的罗马人压根没有担心过他们的奴隶。后来，罗马人对奴隶逐渐丧失了一切的怜悯。于是，奴隶们也揭竿而起，发动了可与布匿战争比肩的动乱[22]。

生活简朴、热爱劳动的国家通常比厌恶劳动的人们对待奴隶要更温和一些。起初的罗马人同奴隶一块儿生活、工作、用餐，他们对待奴隶温和而平等。罗马人对奴隶施加的最重的刑罚无非是让奴隶背着木叉在邻居家附近走一圈。道德已经足够维持奴隶的忠诚度了，所以当时完全不需要法律的约束。

但当罗马逐步扩大之后，奴隶不再是罗马人工作中的伙伴了，而是罗马人奢侈享乐、趾高气扬的工具。那时由于没有了道德的约束，所以法律就急需登场了。当时甚至还需要制定一些可怕的法律来保护残忍的主人，因为同奴隶生活就像和敌人生活一样。

《西拉尼安元老院法令》和其他法律规定[23]，当主人被杀后，同一屋檐下或听力所及范围之内的所有奴隶，需无一例外地被处死刑。在这种情况下，给奴隶提供庇护、保护他们的人一律以谋杀犯处置[24]。甚至是服从主人命令将主人杀死的奴隶也是有罪的[25]，而没有阻碍主人自杀的奴隶也是要被惩罚的[26]。如果主人在外出时被杀，那么主人身边的奴隶和逃掉的奴隶都应被处死[27]。即使证实了奴隶是无辜的，他们也是要受到法律制裁的。

这些法律制定的目的是希望奴隶无比地尊重他们的主人。这些法律并不依赖公民政府，而是以公民政府的缺点和瑕疵为依据。这些法律不是从公民法的公正性而来，因为这些针对奴隶的法律同公民法是相悖的。这些法律完全建立在战争的原则上，不同的一点是，这时的敌人就在国家内部。《西拉尼安元老院法令》的源泉是万民法，而万民法认为，即使不够完善，一个社会也需要能够保护自己。

当地方官只是局限于制定残酷的立法时，这就是政府的不幸了。因为要人们服从变得更难，政府则要被迫增强反抗的处罚力度，或怀疑奴隶们的忠诚度。一个严谨的立法者要避免成为一个恶劣的立法者，因为罗马人的奴隶或许对法律完全不信任，而法律或对奴隶也完全不信任。

第十七节　规范主奴关系的法规

官员应确保奴隶有饭吃、有衣服穿，这一条应该写入法律。

法律应确保奴隶在生病和老年时期有人照料。罗马皇帝克劳狄一世命令[28]，被主人抛弃的患病奴隶如果逃离，便可恢复自由身。这条法令保障了奴隶的自由，也应保障奴隶的生命。

如果法律允许主人剥夺其奴隶的生命，那么应由法官来行使这项权利，而不是由主人。法律还必须规定正式的形式，才能规避暴力行为的嫌疑。

在罗马，当父亲不再有权利剥夺子女的生命时，则官员会向子女施以父亲已同意的处罚[29]。在主人有权决定奴隶生死的国家中，上述法令也同样适用，这是十分合理的。

摩西律法非常严厉。“如果有人打了他的奴隶，而奴隶死于他手，那么主人要受到惩罚；不过如果奴隶还能活个一两天，那么这个主人则不会受罚，因为奴隶是出钱买来的。”这是一个什么样的民族啊！他们的公民法竟然完全背离了自然法！

根据希腊法律[30]，受到主人粗暴虐待的奴隶可以提出将自己转卖到其他主人处的请求。后来，在罗马也出现了类似法律[31]。一个不满意自己奴隶的主人和一个不满意自己主人的奴隶应当分开。

当有市民虐待其他人的奴隶时，这个奴隶要向法官控诉。柏拉图法[32]和其他许多法律不允许奴隶拥有自然防卫权，因此，奴隶需要拥有民事防卫权。

在古斯巴达时期，无论是受到侮辱还是伤害，奴隶都无法提起诉讼。他们最为不幸的结果即是：他们不仅是市民的奴隶，也是大众的奴隶；他们既属于一个人，也属于任何人。在罗马，在奴隶受伤的时候，人们只会在乎主人[33]的利益是否受损。根据《阿奎利亚法》，伤害一只牲畜和伤害奴隶的结果是一样的，人们只关注牲畜和奴隶的价格降低了多少而已。在雅典[34]，虐待他人奴隶的人要受到严重的惩罚，有时甚至是死刑。雅典法是理性的，因为对失去了自由的奴隶而言，不应该再让他失去安全。

第十八节　释放奴隶

人们肯定认为，在共和制国家中，如果有许多的奴隶，那么大多数的奴隶都应该被释放。问题在于，如果奴隶数量太多，他们便会变得无法控制。如果自由人太多，同时如果这些自由人无法存活，那么对于国家而言，这些自由人又将成为巨大的负担。此外，对于共和制国家而言，太多的自由人和太多的奴隶所引发的危险是相同的。因此，法律需要格外注意这两个问题。

在罗马，或支持或反对奴隶的不同法律和元老院决议，有时阻碍有时推进奴隶的解放，使奴隶在这个问题上的局促不安显而易见。甚至有时，人们都不敢制定法律。在尼禄皇帝在位时，有人要求元老院准许让主人把不知感恩的自由人降为奴隶。尼禄皇帝批示[35]，要按个别情况做出判断，但不能将其作为常规情况立法。

在这个问题上，我几乎不知道一个好的共和制国家应该建立怎样的规章：因为这需要考虑诸多因素。以下是我的一些思考。

不能设立一项通用性的法律在短时间内解放大量奴隶。在沃尔西人地区[36]，脱离奴籍的人控制了投票数，确立了一项令人生厌的法律：这项法律赋予了这些脱离奴籍的人权利，能够获得同自由民结婚的女性的初夜权。

有很多方法能够令人毫无察觉地将新市民引入共和制国家中。法律可以准许奴隶储蓄，使其能够购买自己的自由；法律可以为奴役设一个期限，正如摩西律法中设定希伯来奴隶的奴役期为六年一样[37]。根据奴隶的年龄、健康状态和工作的努力程度，每年解放一定数量的奴隶，让其自谋生路，这是一件容易的事情。人们还可以从根本上解决这些问题。又因为大量的奴隶和他们从事的行业是紧密联系在一起的，比如商业或航海业。如果将这些行业分一部分给自由民的话，那么奴隶的数量也就会逐渐减少了。

当自由民数量增多的时候，民法必须明确奴隶对主人所欠之物，或者是解除奴役关系的合同必须将奴隶的义务明确标注。

有人认为，奴隶的民事地位应优于其政治地位。因为即使是在平民政治国家，权力也不应落入普通人的手中。

罗马有着许多脱离奴籍的人，而罗马在这方面的政治法律也是值得称赞的。法律赋予这些脱离奴籍的人的权益很少，但并没有将他们排斥在各个事务外。这些脱离奴籍的人当然也参与了立法的过程，但他们几乎从未影响到决议的实施。他们可以担任公职，甚至是祭司[38]。但从某种程度上而言，由于他们在选举中处于不利地位，所以这项特权是有名无实的。这些奴隶有权加入军队，但任何人要当兵均需经过户口的审查。脱离奴籍的人和自由民家庭的人结婚是没有限制的，但是脱离奴籍的人是不允许和元老院议员的子女结婚的[39]。还有一点，虽然脱离奴籍的人本身并不是自由民，但他们的子女算是自由民。

第十九节　脱离奴籍的人和太监

在许多共和制国家，法律有必要让脱离奴籍的人的身份比自由民稍低一些。而法律也有必要消除他们身份上令人生厌的部分。但是在专制政体下，掌权的是骄奢淫逸和专制独裁的人们，因此显然这是行不通的。脱离奴籍的人几乎总是在自由民之上：他们占据着君主的朝廷，大人物的府邸。同时，由于脱离奴籍的人还学到了其主人的缺点而非品德，因此他们让主人靠着缺点而非品德来统治。这就是罗马帝国时期脱离奴籍者的样子。

而当太监成为主要的奴隶时，即使他们享有特权，他们也几乎不能被视为脱离奴籍的人。因为他们没有家庭，他们天生就只能附属于别人家。如果有人视太监为普通市民的话，那这就有点虚假成分在里边了。

然而，也有国家的太监成为官员。威廉・丹皮尔[40]说："在东京，所有的文官和武官都是太监[41]。"他们都没有家庭，虽然他们一向很贪财，但是最后却是太监的主人或皇帝从他们的贪财成性中获利。

威廉・丹皮尔还告诉我们[42]，在这个国家，太监不能没有妻子，所以他们要结婚。这条允许他们结婚的法律是以两个方面为基础的，一是人们对这些太监的支持，二是人们对女性的歧视。

因此，人们信赖官员是因为他们没有家庭，而这些太监可以结婚是因为他们有官职。

354 这些太监身上剩余的官能会很固执地想要去弥补那些失去的官能，而那种绝望般的进取精神则成为一种享受。因此，在弥尔顿的作品中，那个除了欲望外什么都没有了的神，充斥着因堕落而引发的不满，竟然连他在性欲上的无能也想利用。

在中国历史中，有许多法律规定太监不得从事文官或武官职位，但是太监却又总是能够做官。因此，似乎在东方国家里，太监是一类不可避免的祸患。

1 参阅查士丁尼，《民法大全》，第一卷。

2 有一些吃掉俘虏的民族除外。

3 这里所说的奴隶制是最严格意义上的奴隶制，比如罗马人眼中的奴隶制，比如我们殖民地上出现的奴隶制。

4 参阅《英国图卷》，第十三卷，第二篇，第三条。哥玛拉的引言出现在该书第 425–426 页上。同时可见于弗朗西斯·洛佩斯·哥玛拉，《印度人简史》，第七十一章。

5 参阅安托万·索利斯，《墨西哥征服史》；加尔基拉梭，《秘鲁征服史》。

6 参阅拉巴神甫《亚美利加诸岛旅行记》，第四卷，第 114 页。

7 参阅约翰·佩里，《大俄罗斯的现状》。

8 参阅威廉·丹皮尔，《周游世界记》，第三卷。

9 参阅亚里士多德，《政治学》，第一卷，第一章。

10 关于这点，我们看看北德意志阿尔兹矿山和匈牙利矿山的情况就会了解了。

11 参阅塔西佗，《日耳曼尼亚志》，第二十五章。

12 参阅塔西佗，《日耳曼尼亚志》，第二十章：从生活得是否快乐来看，人们分不出谁是主人，谁是奴隶。

13 参阅约翰·夏尔丹，《波斯游记》。

14 参阅约翰·夏尔丹，《波斯游记》，第二卷，“伊沙古尔的市场”。

15 参阅《伦巴第法》，第一卷，第三十二篇，第五节。

16 由埃及发起的“马穆鲁克”骑兵叛乱是一次特殊事件，篡夺帝国的就是这个团体。

17 参阅《西哥特法》，第三卷，第一项，第一节。

18 参阅《西哥特法》，第五卷，第七项，第二十节。

19 参阅《西哥特法》，第九卷，第二项，第九节。

20 参阅《日耳曼人的法律》，第五章，第三节。

21 参阅《日耳曼人的法律》，第五章，第五节。拉丁语原文是“per virtutem”（用强力、胆敢）。

22 弗洛鲁斯说：“奴隶战争曾使西西里受到比布匿战争更为严重的破坏。”

23 参阅《查士丁尼法典》中《西拉尼安元老院法令》的全文。

24 参阅《西拉尼安元老院法令》，法律Ⅲ，第十二段。

25 当安东尼命令伊洛斯杀掉自己的时候，这就需要伊洛斯不仅杀掉安东尼，也要自杀。因为如果伊洛斯服从了命令，他就会以其主人谋杀犯的身份被处罚。

26 参阅《西拉尼安元老院法令》，法律Ⅰ，第二十二节。

27 参阅《西拉尼安元老院法令》，法律Ⅰ，第三十一节，第二十九卷，第五篇。

28 参阅希费林，《克劳狄一世》。

29 参阅亚历山大大帝法典，《父权》中的法律第三条。

30 参阅普鲁塔克，《迷信》。

31 参阅安东尼乌斯·皮乌斯《法制》，第一卷，第七篇。

32 参阅柏拉图，《法篇》，第九卷。

33 日耳曼各族的法律精神也常常如此，这在他们的法典中可见一斑。

34 参阅德摩斯梯尼，《演说》，第 610 页。

35 参阅塔西佗，《编年史》，第十三卷，第二十七章。

36 参阅约翰·弗兰舍缪斯，《补篇》，第二时期，第五卷。

37 参阅《旧约全书》中的《出埃及记》，第二十一章。

38 参阅塔西佗，《编年史》，第十三卷，第二十七章。

39 参阅奥古斯都的演说，狄奥，《罗马史》，第五十六卷。

40 参阅威廉·丹皮尔，《周游世界记》，第三卷，第九十一页。

41 在古时的中国，情况也是一样。9 世纪时，两个阿拉伯伊斯兰教徒曾到那里游历，当他们说到一个城市的长官时，都是用“太监”这个词来表示。

42 参阅威廉·丹皮尔，《周游世界记》，第三卷，第 94 页。

第十六章

家庭奴隶制的法律与气候性质的关系

第一节　家庭奴役

奴隶是为家庭服务的，而不是在家庭生活的。因此，我需要将奴役地位同一些国家里的女性地位进行区分。因此，这里我认为以“家庭奴役”来称呼奴隶的地位更为合适。

第二节　南方国家有着天然的性别歧视

在炎热的气候下，女性在八岁、九岁或十岁时就可以结婚了。因此，对于这些国家的女孩而言，她们的童年和婚姻通常都是一起进行的[1]，这些女性在二十岁时就开始衰老了。因此，这些国家的女性无法同时兼具理性和美丽。当美丽刚要称霸天下的时候，她们的理性却加以拒绝。当女性具备理性时，她的美丽又不复存在。女性应该独立生存，因为理性并不能在她们年老时确保她们还有很高的地位，而同时，即便是在年轻时期，美丽也无法保证女性的地位。因此，在理性并不反对的时候，这些国家的男性很容易见异思迁。于是，这些炎热气候的国家都实行一夫多妻制。

在气候温和的国家里，女性的魅力得以更好地保存，所以她们一般会稍晚些结婚，更晚一些生育。当地成婚的女性年龄大，丈夫的年纪也不小。这些国家的女性在结婚时掌握了更多的理性和知识，因为年龄大了一些，经历得多了一些，所以两性关系自然也就达到了一种平衡。因此，这些国家的法律规定人们要实行一夫一妻制。

在寒冷的国家中，喝烈酒几乎是必要的行为，这也使得男性容易纵欲过度。女性在这方面有一定的节制，因为她们必须捍卫自己的家庭，再一次比男性具有理性。

大自然用力量和理性区分男性，没有限制男性的权力，但限制了他们的力量和理性。大自然也给予了女性魅力，也希望随着女性魅力的消退，她们的优势也随之消退。但是在炎热的国家，女性只在年幼时期富于魅力，在后来的生活中就没有这样的优势了。

因此同亚洲的气候相比，一夫一妻制的法律规定更加适合欧洲的气候。这也是伊斯兰教在亚洲传教比在欧洲传教容易得多的原因之一。同理，基督教在欧洲广为传播，却在亚洲碰壁。同样，伊斯兰教在中国的传播取得了巨大的进步，而基督教在中国的传教则没有这么好的效果。人类的理性总是要服从这个“最高本原”，而这个本原可以随心所欲、为所欲为。

瓦伦提尼安一世时期的罗马存在一些特殊原因，这使其允许在国内实行一夫多妻制[2]。而这项法律对我们的气候而言则太过猛烈，于是后来由狄奥多西一世、阿卡狄乌斯和霍诺里乌斯废除[3]。

第三节　多妻与否取决于赡养能力

在一夫多妻制国家，尽管大量的妻子都主要靠丈夫供养，我们还是不能盖棺定论地认为，是财富使得国家实行一夫多妻制：在谈到野蛮时，我想说，贫穷的效果也是一样的。

在强大的国家中，与其说一夫多妻制是奢侈，不如说是造成极度奢侈的原因。在炎热气候的国家中，人们的需求较少，养育妻子和儿女的成本较低[4]。因此，一位男性可娶的妻子数量是比较多的。

第四节　一夫多妻制及其影响

据欧洲多地数据显示，本地区男多女少[5]。不过亚洲[6]和非洲[7]的数据结果则截然相反。因此，欧洲的一夫一妻制法律同亚洲和非洲的一夫多妻制法律都和气候有一定关系。

在亚洲的一些地区，那里的气候同欧洲一样的寒冷，这些地方的人口是男多女少的。因此，比如对喇嘛而言[8]，他们居住地的气候使法律规定一妻多夫制是合理的[9]。

不过，我不认为有很多国家的人口比例是这么不均衡的，不均衡到需要引入一妻多夫制或一夫多妻制了。这仅仅意味着在一些国家,多妻或者多夫远没有在其他国家一样违背自然和天性。

我承认如果数据是真的，那么由于万丹的男女比例为1:10[10]，那么这就是很适合施行一夫多妻制的国家了。

以上内容只是我对一夫多妻制存在理由的陈述，并不代表我的观点。

第五节　马拉巴尔一项法律的缘由

在印尼的马拉巴尔沿岸的奈尔种姓制度下[11]，男性只能娶一个妻子，然而女性可以有多个丈夫。我相信人们能够找出这个风俗的起源。奈尔是贵族种族，成员都是这些国家的军人。在欧洲，军人不得结婚。在马拉巴尔，因为气候的性质，人们相对更为放纵，因此人们不愿意让婚姻成为巨大的负担。一个女性嫁给多名男子，可以减少对家庭的眷恋和对家务的料理，同时也保持了该地尚武的精神。

第六节　多偶制本身

如果不考虑让一夫多妻制看上去可以接受的因素，从整体层面而言，一夫多妻制对人类全体、对男性和女性、对糟蹋的一方和被糟蹋的一方而言，都是无益的。一夫多妻制对子女无益，其主要缺点之一是父亲和母亲对自己孩子的爱是不同的。父亲不会像母亲爱两个孩子一样爱二十个孩子。一妻多夫制下的情况更糟，因为父爱只取决于父亲是否想爱这个孩子，或者取决于有谁认为这个孩子是他的。

据说摩洛哥的国王后宫嫔妃有白种人、黑种人和黄种人。但这个可怜的男人几乎什么肤色的女性都不需要啊！

拥有众多的妻子并不能够阻止一个男性觊觎别人的妻子[12]。骄奢淫逸和贪婪无度是一样的：在得到了财宝之后，人们还是会想要更多的财宝。

在查士丁尼时期，许多哲学家因为厌恶基督教，转而隐退到波斯的霍斯罗沙去。阿加西亚斯说[13]，令他们印象最为深刻的是，即使当地实行多偶制，但多偶的人们依然会和别人通奸。

多妻是大自然否定的一种爱。这是因为，人类的一种放荡

362 总会引发另一种奢靡。在君士坦丁堡革命期间，苏丹阿基默德被迫退位。据记载，人们曾劫掠过佳雅的别墅，里边一个女性都没有。据说在阿尔及尔[14]，后宫里也没有女性。

第七节　多妻制下，丈夫如何平等对待妻子

由于有规定多妻制的法律，平等对待妻子的法律也就应运而生了。穆罕默德允许男性娶四个妻子，规定丈夫对待各个妻子的待遇要全部平等，包括食物、衣服和婚姻上的义务。马尔代夫也有同样的法律，规定男性可娶三名妻子[15]。

摩西律法甚至要求[16]，在一名男性同女性奴隶结婚后，若再迎娶一名女性自由民，那么这位男性要继续为前一个妻子提供衣服、食物和义务。他可以对新妻子更好，但不得对前一个更差。

第八节　男女隔离

一夫多妻制的一大后果就是在富裕且淫乱的国家，男性会有好多个妻子。由于数量多，所以需要把妻子们从男性身边隔离开并幽禁起来，这是为了维持家庭的秩序，因此必须如是操办。这就像无力还债的债务人总是要躲着他的债主一样。在一些气候下，人类的自然冲动极强，道德对此几乎无能为力。如果让一个男性和一个女性待在一起，那么诱惑就是堕落，攻击是必然出现

的，抵抗也是无效的。在这些国家里，谆谆教诲抵不过铜墙铁壁。

中国的一部古代经典认为，如果一位男性在遥远偏僻的房间内遇见了一个女性，这位男性没有对她施以暴行，那这位男性的品德一定非常高尚[17]。

第九节　家政与国政的关系

在共和制国家中，公民的生活条件是有限的、平等的、温和的、适中的。人们都能感受到公共自由的影响，人们想要控制妇女没那么容易。而如果气候条件需要这种控制，那么由一人统治的政府实施控制则是最合适的。这也是在东方国家建立平民制度一向非常困难的原因之一。

在另一方面，妇女的奴役是非常符合专制政府的性质的，即政府习惯于滥用一切权力。因此在亚洲，家庭奴役和专制政府通常在每个时代都是一起出现的。如果一个政权的首要需求就是平静，而且又把极端的服从变成了和平，那么女性是一定要被幽禁的，因为如果妻子私通，那么这对丈夫而言就是天大的灾难。一个没有时间检查其国民行为的政府，是会仅凭表面现象和主观感受就对国民产生怀疑的。

让我们来假设欧洲的妇女是浮躁的、轻佻的。她们有自己的喜好，有着或热诚或淡漠的情感。如果将这些妇女同她们的自由和与我们的互动一起转移到东方的国家，那么哪一家的父亲会得到永久的平静呢？到处都会是猜忌和敌对。国家将会分裂，到处都会有流血。

第十节　东方国家的道德准则

在多妻制下，一个家庭越是不再成为一个整体，法律就越应该将分散的各部分重新集合在一个中心周围。人们的利益越是不同，法律就越应该将利益同一化。

这就需要幽闭来实现。妻子不只需要在家中同丈夫分开，而且在同一围墙内，各个妻子也应该分开，使她们在大家庭中有各自的小家庭。女性全部的品质，诸如道德、谦逊、贞洁、谨慎、沉默、平和、依赖、尊重和爱都源自于此。总而言之，她们全部的美好品质都应该指向全世界最天然的那一种，即对自己家庭独有的依赖。

从本性上看，女性要完成许多自己的责任，她们无法完全脱离使她们思考的事物，无法完全脱离令她们开心的事物，也无法完全脱离她们的事业。

在东方各国，对女性的幽闭越严格，她们的道德品质就越纯粹。在大国家就必然有大贵族。这些贵族拥有的财富越多，他们就越会将妇女关在严格的幽闭中，防止她们回归社会。这也解释了为什么在土耳其、波斯、莫卧儿、中国和日本这些国家中，妇女都拥有良好品德的原因。

而印度就不一样。因为无数的岛屿和地理形态将印度分成无数的小国。有许多原因令这些小国成为专制国家，而由于篇幅有限，我就不在这里赘述这些原因了。

在印度，有的只是可怜的掠夺者和被掠夺的可怜人。人们眼中的重要任务只有极少的财富；人们眼中的富人手握的财富也仅够维持生存而已。那里对妇女的幽禁是不严格的，人们也无法采取多大的预防措施限制妇女行动，所以当地妇女的道德就以令人感到不可思议的方式而腐败掉了。

在这些国家里，由于自由度过大，我们可以看到气候造成的罪恶会带来混乱。在那里，人们的生理力量强大，而羞耻心则软弱到令人不解的程度。在帕塔尼，女性的性欲非常强烈[18]，因此男性不得不制作一种绳索来保护自己免受女性的算计[19]。据史密斯说[20]，在这些小国里，两性似乎连各自的本性规律都破坏了。

第十一节 一夫多妻制外的家庭奴役

在东方国家的一些地区，对女性的幽闭不仅是因为她们是三妻四妾，也因为气候。在果阿和葡萄牙殖民的印度地区，宗教只许男性娶一名妻子。由于妇女拥有自由，因此引发了恐怖、犯罪、背信弃义、暴力、投毒和谋杀等事件。而相比之下，在土耳其、波斯、莫卧儿、中国和日本这些国家，妻子们普遍是天真而纯洁的。因此我们可以得出结论，无论是一个妻子还是多个妻子，

 都有必要将丈夫和妻子分开来。

导致上述后果出现的是气候。在我们北方国家，妇女们本性善良、情绪平和、鲜少激进、不太附庸风雅，爱情很有秩序地统治着人们的心灵。因此，只用最少的行政力量就可以管治她们，那么幽闭妇女又有什么意义呢？

能够居住在受这些气候影响的国家是很幸运的事情。在这里，我们可以和他人自在地沟通，最有魅力的女性能够得到大家的欣赏。结了婚的女性虽然只能承一人之欢，但仍可以同所有人愉快地交际。

第十二节　天然的贞操

所有国家都一致鄙视纵欲过度的女性，这是大自然给予一切民族的训示。大自然建立了防卫、攻击。大自然为男性和女性都赋予了欲望，给男性勇敢、给女性娇羞。大自然为个人提供了长久的时间来维持自己的生命，短暂的瞬间让人延续种族。

因此，纵欲没有遵循大自然的法则。相反，这是违背大自然的。克制和谨慎才是大自然的法则。

除此之外，智者能够感知到自己的不足，这是他们的本性。大自然赋予了我们谦逊的品格，这指的是我们会愧对自己的不足。

因此，在一些特定气候的能量违背了两性和智者眼中的自然法则时，立法者应该建立民法有力地更正气候的影响，恢复原始法则。

第十三节　嫉妒

在不同的民族中，我们要区分不同的嫉妒类型。有的是情感上形成的嫉妒，有的是由于风俗、习惯和法律形成的嫉妒。前一种嫉妒是贪婪的热忱，后一种是冷酷的、可怕的，有时候也是冷漠和歧视的。

第一种嫉妒是对爱的滥用，由爱而生；另一种嫉妒完全取决于道德、民族行为、国家法律、伦理，有时甚至是宗教[21]。

嫉妒几乎是气候的自然力量所产生的后果，也是对这种自然力量进行修复的方式。

第十四节　东方国家的治家方式

在东方国家，男人们经常迎娶新的妻子，所以靠妻子是无法治理家庭的。因此，主持家务的是太监。太监拿着所有房门的钥匙，安排家里的各个事务。约翰·夏尔丹先生说："在波斯，妻子得到衣服的方式就像小孩子得到衣服的方式一样。"因此，管理衣服这种事情本应由妻子完成，在其他任何地区都是如是进行的，而在波斯就不是这样了。

第十五节　离婚和休婚

离婚和休婚的区别在于，离婚是在双方无法妥协的情况下经双方同意的分开，而休婚是按照双方之中一方的意愿，从其利益出发而完成的分开，不涉及另一方的意愿和利益。

有时候妻子很有必要对她们的丈夫提出休婚，而提出休婚的妻子则往往很痛苦。不过，休婚则是法律赋予男性而非女性的权力。丈夫是一家之主，似乎他有一千种方式使妻子尽守自己的本分，或让不本分的妻子重新守回本分。因此，似乎休婚只是丈夫另一种滥用自己权力的方式。但是提出休掉丈夫的妻子只是在做一个伤心的补救。对她而言，在她失去容颜和魅力之后，不得不离开前夫再找一个丈夫是一件不幸的事。如果一位妻子在年轻时富有魅力，这给她带来的优点之一是，在她和丈夫上了年纪之后，她的丈夫还会记得他们曾经的幸福和快乐。

因此，一个基本的规则是，赋予男性休妻权的国家也应赋予女性休夫权。此外，在女性遭受家庭奴役的气候下，似乎法律也应赋予女性休婚权，而男性只能离婚。

如果妻子是被幽禁在深闺之中的话，则丈夫不能休掉任何一个妻子，因为这与道德是不相容的。如果和道德是不相容的，那么这也是丈夫的问题。

由于无法生育而提出休婚的情况只适用于一夫一妻制[22]。如果有多个妻子，那么这一理由对丈夫而言则无足轻重。

马尔代夫的法律允许男性和休掉的妻子复婚[23]。墨西哥的法律过去禁止休婚后复婚，违者处以死刑[24]。墨西哥的法律比马尔代夫的法律更明智一些，因为在婚姻解散的时候，前者还想到了婚姻的永久性。然而马尔代夫的法律似乎将婚姻和休婚视作儿戏。

墨西哥法只准许离婚。这也是另外一条不允许人们在自愿分开之后复婚的原因。休婚似乎源于人们的急躁和一股激情，而离婚则是经过深思熟虑的结果。

通常而言，离婚对政治的影响颇大；而对于民事影响而言，离婚只是影响了丈夫和妻子，当然对孩子也没有多大益处。

第十六节　罗马人的离婚和休婚

在妻子通奸、准备投毒、伪造钥匙的情况下，罗慕路斯准许丈夫休掉妻子。他没有赐予妻子休掉丈夫的权力。普鲁塔克[25]称，这是一项残酷的法律。

雅典法律[26]规定，丈夫和妻子同样都有权力休婚。在早期的罗马，在罗慕路斯法的背景下，妇女虽然可以休婚，但显然这项权力是罗马人向雅典人学来的。这项制度也写入了十二铜表法中。

西塞罗说，休婚制度源自十二铜表法[27]。因此，人们不能怀疑是十二铜表法增加了罗慕路斯法制定的休婚理由条目。

离婚的权力也是十二铜表法的规定之一，或至少是十二铜

 表法的一个结果。因为，既然丈夫或妻子一方愿意休婚，他们就更可以出于双方协商一致的前提，按共同意愿离婚了。

法律并没有要求一方必须给出离婚理由[28]。这是因为，从本质上说，夫妻双方之中一定有导致双方休婚而非离婚的理由。在法律明确规定婚姻可以取消时，双方无法达成妥协和兼容一定是最主要的原因。

哈利卡纳苏的狄奥尼修斯[29]、瓦莱里乌斯·马克西穆斯[30]和奥卢斯·盖利乌斯[31]说明了一个观点，我并不是很理解。他们说，即使罗马人都有休妻的权力，但是由于人们非常崇敬占卜，所以在五百二十年内[32]，没有人使用过这项权力。直到卡维流斯·鲁加因为妻子不能生育而使用了休妻权。不过仅仅出于对人性的了解，人们会认为这是一种奇观，因为这项赋予全人类的法律竟然还没有人使用过。科里奥兰纳斯在去往流放的路上，劝他的妻子改嫁一个比他更能令她快乐的男人[33]。我们刚刚提到，十二铜表法和罗马人的道德极大地延伸了罗慕路斯法。如果人们从来没用过休妻权，那么这些延伸又有什么存在的必要呢？此外，如果公民非常信赖占卜、从不休妻，难道罗马的立法者就比公民占卜得少吗？法律是怎样腐化道德的呢？

通过对比普鲁塔克的两段话，我们能够发现，这一事实中令人不解的因素会逐步消失。罗慕路斯王的法律允许丈夫在三种情形下休妻[34]。普鲁塔克说[35]：“法律还规定，任何休妻的男性必须将自己财产的一半赠予妻子，而将另一半赠予谷神克瑞斯。”

因此，只要愿意受罚，人们可以在任何情况下休妻。普鲁塔克继续说道[36]，“除了卡维流斯·鲁加[37]在罗慕路斯法确立二百三十年之后因为妻子不能生育而休妻外，之前从没有人休过妻。”这也就是说，卡维流斯·鲁加是在十二铜表法确立的七十一年前休的妻。这延伸了休妻的权力，也扩充了休妻的理由。

我所引用的这些书籍作者们说，卡维流斯·鲁加非常爱他的妻子，但是因为她不能生育，所以监察官们让卡维流斯·鲁加发誓休掉妻子，并为东罗马帝国生育子嗣，这也使他为国民所唾弃。我们先要知道罗马人的精明睿智，才能了解他们厌恶卡维流斯·鲁加的原因。人们并不是因为休妻而讨厌卡维流斯·鲁加，这和他们无关。不过，卡维流斯·鲁加向监察官发誓，由于妻子无法生育，他将休掉她，为国家繁衍后代。这一事件被人们视为监察官们要施加在平民身上的绳索。我会在本书后面内容中说明[38]，人们对这类规章制度一直以来都是憎恶的。不过，这些作者的说法为什么是矛盾的呢？因为普鲁塔克是在研究事实，而其他人则都是道听途说。

1　穆罕默德在卡底斯雅五岁时娶她为妻，在她八岁时与她同房。在一些炎热的国家，比如阿拉伯和印度，女孩八岁就达到了适婚年龄，九岁就可以生孩子了。阿尔及利亚王国的女性也一般在八、九、十和十一岁生育。

2　参阅约南德斯《论王位和临时继承人》以及其他教会史家的著作。

3 参阅法典《犹太人与神明》第七篇，和《新法》第十八篇，第五章。

4 在锡兰邦，一人每月十苏就够生活了，当地的人只吃鱼和米。参阅《创建东印度公司历次航行记》，第二卷，第一篇。

5 阿巴思诺特发现，英国的男孩数量多过女孩，但人们据此认为所有气候都是如此，这是错误的。

6 参阅肯伯·肯普弗的著作。他告诉人们，在美阿果某次的统计中，人们统计的男性数为 182 072 人，而女性数为 223 573 人。

7 参阅威廉·史密斯,《几内亚旅行记》,第二篇中关于安梯地方的叙述。

8 参阅杜赫德，《中华帝国全志》，第四卷，第 4 页。

9 阿尔布塞·艾尔·哈森是在 9 世纪到印度和中国旅行的两个阿拉伯伊斯兰教徒之一，他错把一妻多夫的习俗视作卖淫。的确，没有比这项习俗更违背伊斯兰教教义的了。

10 参阅《创建东印度公司历次航行记》，第四卷。

11 参阅弗朗索瓦·皮拉尔,《旅行记》,第二十七章。《耶稣会士书简辑》第三辑和第十辑，关于马拉巴尔海岸的马烈阿米人，人们认为这是军人职业的弊端。据弗朗索瓦·皮拉尔说，婆罗门种姓的女子从来不嫁多个丈夫。

12 这也是为什么东方女性总是小心翼翼地把自己包裹起来的原因。

13 参阅阿加西亚斯，《查士丁尼的生活与行动》，第 403 页。

14 参阅罗吉耶·德·塔西，《阿尔及尔王国的历史》。

15 参阅弗朗索瓦·皮拉尔，《旅行记》，第十二章。

16 参阅《旧约全书》中的《出埃及记》，第二十一章，第十、十一节。

17 原文大意是：在没人的地方发现了可以占为己有的财宝、在偏僻的房子内发现了一个孤零零的美女、听见敌人呼救声而考虑要不要去救，这些就是考验一个人品质最好的试金石。参阅杜赫德，《中华帝国全志》，第三卷，第 151 页。

18 参阅《创建东印度公司历次航行记》，第二卷，第二章，第 196 页。

19 在马尔代夫，父亲会让女儿在十岁或十一岁结婚，因为他们认为让女孩遭受对男性的渴望是一种罪恶，参阅弗朗索瓦·皮拉尔，《旅行记》，第十二章。在印尼万丹，女孩到了十三岁或十四岁时，如果不想过着混乱的生活，女孩子就一定要成婚，参阅《创建东印度公司历次航行记》，第 348 页。

20 参阅《几内亚旅行记》，第二篇说："当一名女子面对一名男子时，她会抓住并恐吓他。如果这位男子不依从的话，要向女子的丈夫告发她。女子会偷偷地上男子的床，把他叫醒，如果这名男子不理她，那么她会威胁着叫人当场捉奸并告发他。"

21 穆罕默德要求信徒要监视妻子；一名伊斯兰导师也曾说过类似的话，儒家学派也有类似的教义。

22 这并不是说，基督教应该准许因不生育而休婚。

23 参阅弗朗索瓦·皮拉尔，《旅行记》所述：丈夫不再另找，重娶旧妻，是因为这样比较省钱。

24 参阅《墨西哥征服史》，第 499 页。

25 参阅《罗慕路斯传》，第十一章。

26 即梭伦的一项法律。

27 参阅《腓力二世》，第六十九章。"他命令他的侍女拿走自己的财产（这象征着离婚）；他此举是基于《十二铜表法》"。

28 查士丁尼更改了这条法律。参阅《新法》，第一百一十七篇，第十章。

29 参阅《罗马古代史》，第二卷。

30 参阅《著名作家言行录》，第二卷，第四章。

31 参阅奥卢斯·盖利乌斯《阿提卡之夜》，第四卷，第三章。

32 这是上述三人中前两人的说法。奥卢斯·盖利乌斯则说是523年，因此，他们口中的执政官们也都不一样。

33 参阅《罗马古代史》，第八卷中韦图里亚的说辞。

34 参阅普鲁塔克，《罗慕路斯传》。

35 同上。

36 参阅《忒修斯和罗慕路斯的对比》。

37 实际上，不能生育并不是罗慕路斯法所规定的理由之一。看来卡维流斯·鲁加并没有遭到抄家的处分，因为他休妻一事是按照监察官的命令完成的。

38 第二十三章，第二十一节。

第十七章
政治奴役法同气候性质的关系

第一节　政治奴役

政治奴役同民事奴役、家庭奴役一样，都取决于气候性质。以下是对其的说明。

第二节　各民族勇敢程度的不同表现

我们之前说过，炎热的天气使人无力、缺乏勇气。在寒冷气候中，人们会有更多的力气和精神完成时间长、艰难的、伟大的和勇猛的活动。这一点不仅适用于不同的国家，也适用于同一

 个国家的不同地区。在中国，北方人就比南方人更为勇敢[1]，朝鲜的南方人也不如北方人勇敢[2]。

因此，炎热地区的人们由于怯懦而几乎都成了奴隶。寒冷气候的人们则凭借勇气而一直自由，这没什么可令人惊讶的。这是自然原因导致的效果。

美洲也是一样的情况。墨西哥和秘鲁两个专制帝国毗邻赤道，而几乎所有自由的小民族一直都是住在南北两极附近的。

第三节　亚洲的气候

史实资料告诉我们[3]：

在亚细亚北部广阔的大陆上，即从北纬 40° 延伸至北极，从俄国边境延伸至太平洋的这一片区域，此处的气候是十分寒冷的。这块广袤的土地由一条自西向东延伸的山脉分割开来，北至西伯利亚，南至大鞑靼。西伯利亚的气候非常寒冷，虽然额尔齐斯河附近有俄国人定居，但他们在那儿什么都种不了，除了少数小冷杉和灌木之外，这个国家里几乎什么植物也不长。而本地的土著则像加拿大土著一样分散成了几个可怜的部落。为什么气候会如此寒冷呢？一方面，这是由于当地的地势较高。而在另一方面，由于山脉由南向北逐渐趋平，于是北风就直接向南吹来。这北风使俄罗斯新地岛不适宜人们居住。同样，也使西伯利亚成了一片荒原。在欧洲，挪威和拉普兰的群山则是绝佳的壁垒，屏蔽了北方国家吹来的冷风。因此，在北纬 59° 的斯德哥尔摩，当地就可以种植水果、谷物和植物。在奥布附近，虽然纬度高达北纬 61° 或有 63°、64° 的样子，但当地有银矿，土地也很肥沃。

经过深入研究，我们还能发现：

位于西伯利亚南边的大鞑靼也很冷。大鞑靼土地荒凉，只有放牧的草场。冰岛种有矮灌木，而不是乔木。在中国和莫卧儿附近，有些国家种植一种小米，但那里的大麦或是稻米都无法成熟。在北纬 43°、44° 和 45° 左右的中国所属鞑靼聚居地，当地几乎每年都会有七八个月是结冰的。因此，这里同冰岛一样寒冷，虽然鞑靼聚居地应该比法国南部更加温暖。这个寒冷的亚洲地区没有城镇，只在太平洋附近有四五个城镇，还有一些是出于政治原因由中国人在附近建立的城镇。在大鞑靼的其余地方，在布加力、突厥斯坦和加利逊中有几个城镇。出现这种极度寒冷的原因在于当地的土壤含氮，富含硝石和细沙，同时地势也很高。南怀仁神甫发现，在长城以北八十里格挨着克哈密兰附近河源的某个地方，这里高出北京附近海平面高度三千几何步尺。这种凸起[4]解释了为什么虽然亚洲几乎所有的大河源头都位于农村，但却总是缺水，而只有在湖河旁边才能住人。

我从以上事实得出如下结论：准确地说，亚细亚是没有温带的。和严寒地区紧挨着的就是微暖气候区，即：土耳其、波斯、莫卧儿、中国、朝鲜和日本。

从另一方面看，欧洲温带地区的范围广阔，虽然欧洲气候

 同其他地区差别很大，西班牙、意大利、挪威和瑞典的气候之间没有关联。不过从南到北，气候会随着各国的纬度增加而逐渐变冷。每个国家和邻国的情况都差不多，各国之间没有很大的差别。正如我之前所说，温带的范围是很广的。

综上所述，亚洲强国和弱国是面对面的。勇猛、活跃的士兵和阴柔、懒惰而羞涩的人们是近邻。因此，一定有一方是征服者，而另一方是被征服者。而在欧洲，强国面对的是强国，彼此毗邻的国家实力相差不大。这也是亚洲弱小而欧洲强大、亚洲为奴而欧洲自由的主要原因，这也是一个我觉得没有人提出过的原因。因此，亚洲的自由从未增加，然而在欧洲，自由会根据各国情况或增或减。

虽然在古俄罗斯，由于君主的存在，贵族也有着奴隶的地位，但是这些贵族们却总是会展露出不耐烦的神色，这在南方气候中是看不到的。我们不是看到过俄罗斯在几天之内建立起贵族政府了吗？虽然北方另一个王国失去了自主，人们还是可以相信气候。由于气候性质的原因，这个王国的主权不是没有永无恢复的可能。

第四节　上述情况的后果

我们刚才探讨的内容是符合史实的。亚细亚遭侵略十三次，其中十一次是由北方侵略，两次是遭南方侵略。在很久以前，赛西亚人征服亚细亚三次；米提亚人和波斯人各征服一次；然后是希腊人、阿拉伯人、莫卧儿人、土耳其人、鞑靼人、波斯人和阿富汗人。这里说的都是北部的亚洲，我上述提及内容不包括南亚遭到的侵略，而南亚也遭受过巨大的变革。

而在欧洲，自希腊和腓尼基建立殖民地之后，我们就只知道四次巨大的变革：第一次是罗马人的征服；第二次，野蛮人的入侵毁灭了这些罗马人；第三次是查理曼大帝的胜利；最后一次是诺曼人的入侵。在仔细观察之后，人们会发现，通过这些变革，欧洲各处都遍布着力量。罗马人在征服欧洲时面临着巨大的困难，而在入侵亚洲时却很容易。我们可以看到北方民族为推翻罗马帝国遭到的痛苦；看到查理曼大帝的征战和辛劳；看到诺曼人的种种冒险和进取。破坏者总是要被破坏掉的。

第五节　亚洲北部和欧洲北部走上征服之路后的结果不同

欧洲北方民族以自由民的身份征服，亚洲北方人则以奴隶的身份征服，他们的胜利是以服务主人为主。

原因在于，作为亚洲天然的征服者，鞑靼人成为自己的奴隶。不断地在亚洲南部征战的国家领袖，在南部实行的是专制政体，也想在北部建立专制政体。他对被征服的人们实施专政，对征服者也实施专政。如今，被称为中国鞑靼的土地上就是这样。那里的皇帝就像在全国实施专制一样统治着国家。通过征服，他也每天都在扩大自己的势力范围。

380 古代中国历史上，曾有皇帝[5]将一部分人送到鞑靼去殖民。这些人后来成了鞑靼人，也成了中国朝廷的死敌。但这并没有妨碍他们将中国朝廷政制的精神传入鞑靼。

常有一部分鞑靼民族在征服后又被驱逐出去。在回到沙漠后，这些人带来了奴隶气候下的奴役精神。中国历史和欧洲古代的历史就为我们提供了很好的案例[6]。

因此，鞑靼人或是哲特民族的精神总是和亚洲帝国的精神类似。亚洲国民是受棍棒统治的，而鞑靼人则是受鞭笞统治的。欧洲精神一向同这些习惯是相悖的。对欧洲人而言，那些在亚洲被称为是惩罚的行为叫做暴行[7]。

当鞑靼人毁灭希腊帝国后，他们在被征服的国家建立了奴役制度和暴政制度。哥特人在征服了罗马帝国后，也到处建立君主政体和自由制度。

著名的鲁德贝克在他的《大西洋》中对斯堪的纳维亚赞不绝口。我不知道他是否提及了一项大特权，即应将居住在斯堪的纳维亚半岛上的国民尊为世界之首：那是因为他们是欧洲自由的源泉，也就是他们提供了几乎全部存在于人们之间的自由。

哥特人乔南德斯将北部欧洲称为“人类种族的工厂[8]”。我更愿意称其为打破南方枷锁的工具工厂。在那里有着勇敢的民族，走出国门打破专制和奴役。他们告诉人们，自然使人平等，而在理性的驱使下，他们唯一能够依靠的就是自己的幸福。

第六节　亚洲遭受奴役和欧洲享有自由的另一有形原因

亚洲有许多大帝国，而欧洲的帝国都走向了衰落。这是因为我们了解的亚洲有更为广阔的平原，海洋将平原分成更广阔的部分。亚洲更接近南方，溪水更容易干涸，山顶雪量更少，于是小的河流[9]形成的障碍更小。

因此，亚洲政权总是专制的。因为如果亚洲的奴役不够极端，很快就会出现分裂的情况，而这是大自然所无法承受的。

在欧洲，自然分割线形成了许多中型的国家，其中法制政府同国家的运行并不相容。在另一方面，这些国家如果没有了法律，则会陷入衰落，那么和其他所有国家相比都会处于劣势。

这就是自由精神形成的原因。自由精神使服从变得非常困难，使服从外国力量和利商政策而不是服从法律变得非常困难。

相比之下，一种奴役的精神统治着亚洲。纵观国家的历史，找到象征一颗自由灵魂的精神品质是不可能的。除了极端的奴役精神之外，人们什么都看不到。

第七节　非洲和美洲

以上是我关于亚洲和欧洲的见解。非洲的气候和亚洲的南部类似，非洲也有着和亚洲一样的奴役制度。欧洲和非洲国家摧毁了美洲[10]，并重新在那里殖民。美洲如今几乎已经丧失了自己的

382 精神，不过我们了解的美洲历史是同我们欧洲人的准则相符合的。

第八节　帝国的首都

综上所述，我们可以得出如下结论：对一国君主而言，正确选择首都是一件非常重要的事情。如果首都设在南方，那么君主就有失去北方的风险；如果首都设在北方，那么保全南方则比较容易。我此处所指并非特殊情况。机器由于存在摩擦，会在理论上存在一定的变化或延迟，政治也是如此。

1 参阅杜赫德，《中华帝国全志》，第一卷，第 112 页。
2 这是中国书籍的说法，同上书，第四卷，第 448 页。
3 参阅《北方旅行记》，第八卷，《鞑靼史》和杜赫德，《中华帝国全志》，第四卷。
4 鞑靼就是一种高原地貌。
5 即汉文帝。
6 赛西亚人征服亚洲三次，并被驱逐三次。
7 这和我在第二十三章第二十节中叙述的关于日耳曼各民族关于棍子的想法丝毫不矛盾，不管用什么工具打人，他们一向认为打人的权利或行为都是一种侮辱。
8 参阅约达尼斯，《哥特史》，第四章：“人类的工厂”。
9 河川在汇集前或汇集后就蒸发或消失。
10 美洲有一些小的野蛮民族，西班牙人把它称为“勇敢的印第安人”。令这些民族屈服要比令墨西哥和秘鲁这种大帝国屈服要容易得多。

第十八章
法律和土壤性质的关系

第一节　土壤性质如何影响法律

一个国家如果土地优良，就自然会产生依赖性。生活在农村的人们是公民中的绝大多数人，但他们并不是很在意自己的自由。这些人总是很忙碌，充实在自己的事情中。在货物丰盛的农村，人们担忧的是劫掠和军队。“这些好人都是什么人？”西塞罗曾这样问阿蒂库斯[1]，“是做生意的农村人吗？我们不要自作主张地认为这些人反对君主专制，因为只要给他们太平，一切政体对他们而言都一样。”

因此，在土地肥沃的国家常常施行的是专制政体。而在多

 人统治的国家，当地的土地则不那么肥沃，有时这也是对后者的一个补偿。

阿提卡土壤贫瘠，实行民主制政体。古斯巴达土壤肥沃，实行贵族制政体。因此，在希腊人的时代，人们不希望政体是专制的。而如今，贵族政体同专制政体的联系则更加紧密。

普鲁塔克告诉我们[2]，在雅典的暴动被平息后，塞隆人的居住地又回到了先前的暴乱。因阿提卡土壤种类不同，人们也形成了许多不同的党派。居住在山地的人们希望不惜一切代价成立民主制政体，居住在平原的人们则希望成立由上层人物领导的政体，而住在海边的人们则希望将上述两种政体混合。

第二节　续前

在土壤肥沃的国家，它们的地形往往是平原，是无法同强国抗衡的。因此，这些国家只好屈服。一旦屈服，自由精神就不再存在。农村的货物繁多，这保证人们能够忠实于强者。不过在多山的国家，人们都能够保住自己的财富，但人们的财物却并不多。自由，即多山国家的政府所赋予的精神，是唯一值得他们捍卫的东西。因此，统治山区和自然环境差的国家比统治自然环境优渥的地区要容易得多。

山区人们的政治制度较为温和，因此这里的人们不会常常遭遇征服。他们很容易就能保护好自己，很难遭到攻击。在山区作战，士兵们是无法攻击敌方的弹药和粮草的，所以要将弹药和粮草运输至山区是一件成本很高的事情。因此，对山区发动战争更困难，也更危险。在这些地区，为人民的安全而制定法律不是一件必要的事情。

第三节　哪些国家的土地耕种得最好

一个国家的土地耕种效果不是和土壤肥沃程度成正比的，而是同国民的自由程度成正比。如果根据个人的思考划分地球的话，那么人们会惊讶地发现，大多数时候，最为肥沃的土地实际上是被遗弃的，而伟大的民族却诞生在土壤条件很差的国家。

人们会离开环境差的地方前往环境好的地方，而不是从好的地方搬到差的地方，这是很自然的规律。因此，大多数被侵略的国家都拥有着得天独厚的自然条件。又因为，遭受侵略几乎就是最为严重的破坏了，所以自然环境最好的国家经常损失人口。然而，那些环境恶劣的北方国家却也总是有人居住，就是因为这些国家的自然环境几乎是无法居住的。

史学家对斯堪的纳维亚人渡过多瑙河的记载显示，这不是一场征服，而只是一场向荒原的迁徙。

因此，几番迁徙使这些气候优美的国家人烟稀少，我们也不知道当时发生了什么样的悲剧。

亚里士多德[3]说："许多记载表明，撒丁区是希腊的殖民地，之前是非常富庶的。以爱好农业著称的阿里斯泰俄斯为当地制定了法律。不过自那时起，当地就陷入了一片混乱，因为迦太基人成为撒丁区的主人。迦太基人破坏掉了一切适合供养人们的东西，并禁止农耕，违者处以死刑。”在亚里士多德时期，撒丁区没有恢复回来，而直到现在，撒丁区也没有完全恢复过来。

在大小鞑靼人的入侵和破坏后，波斯、土耳其、俄罗斯和波兰的温带地区也都还没能恢复过来。

第四节　一国土壤的肥沃或贫瘠引发的其他影响

土地贫瘠使得当地的人民勤劳、清醒、习惯劳作、勇敢，还适合打仗。他们必须在战争中保卫土地所未能赋予他们的东西。一国土地的肥沃则使该国国民更为悠闲、温顺，对生活也有一定的热爱。

有人曾指出，在农民富裕的地区招募的日耳曼部队，和萨克森一样，不像别人一样优秀。军事法可以凭借更为严格的准则弥补这项缺憾。

第五节　岛国人民

岛国人民比大陆人民更爱好自由。岛屿通常都很小[4]，一部分人不会轻易地就去压迫另一部分人。海洋将岛国人们同大帝国分开，使他们无法遭受专制的统治。海洋也阻拦了征服者。由于征服者无法推翻岛国领袖，因此岛国领袖在岛上一直则可以更为容易地推行自己的法律。

第六节　由人民的勤劳而建立的国家

有的国家因为勤劳而不宜居住，有的国家因为勤劳而适合居住，这些国家都需要温和的政权。主要代表有三种：中国的两大美丽省份江南和浙江、埃及和荷兰。

中国之前的皇帝不是征服者。他们扩疆辟土的第一件事就是最能展现他们智慧的事情。帝国内部最富饶的省份是通过平治洪水得来的，都是通过人工劳动而修建的。江南和浙江两省非常富饶，这就给欧洲人留下了一个印象，仿佛中国这个大国到处都是幸福的。不过，要时刻保护这些地区免受灾难，人们就要时刻注意：这种保护需要的是聪明睿智的民族风俗而不是骄奢淫逸的民族风俗，需要的是君主的合法权益而不是专制暴君的独裁权。那里的权力应和荷兰一样是温和的。大自然使荷兰拥有着那样的地貌，因此荷兰人能够更加关心自己，不会遭受冷漠或任性对待。

因此，中国的气候天性自然地会使人奴役性地服从。尽管由于国家幅员辽阔会导致这样或那样的恐惧，但中国的首批立法者还是制定了良好的法律，而政府也很好地执行着这些法律。

第七节　人类的勤劳

在本性和法律的约束下，人类使地球更适合成为自己的家。在湖边和湿地处，我们能够看到淙淙的河水。这不是大自然制造的物品，却是大自然一直在维护的东西。当波斯人[5]主宰亚洲时，他们规定，凡是将泉水从源头引向未被灌溉之地的人们，可以享受五代人的灌溉水资源。由于有许多泉水从托罗斯山脉流出，波斯人便不遗余力地从托罗斯山脉引水向下。如今，田地和花园都有灌溉水源，人们都知道这水是从哪来的。

因此，正如破坏性的国家所做之恶会遗臭万年一样，勤劳的国家制造的福泽不会因国家的灭亡而消失。

第八节　法律的一般关系

法律紧密联系的方式同国家保障国民存活的方式类似。对于从事商业和航海的民族而言，他们所需要的法典比只满足于耕地的民族是要多的。而后者所需的法典也比畜牧为生的民族更多。从事畜牧业的民族所需的法典比打猎为生的民族也就更多了。

第九节　美洲土壤

美洲有许多野蛮的民族，因为美洲的土壤提供了丰富的果实，供养着这些民族。妇女稍微开垦一下她们茅屋附近的土地，粮食就会自己长出来。打猎和捕鱼也使得当地物产丰富。此外，一些吃草的动物，如牛和水牛等的数量多于食肉野兽。而非洲则一直以来都是被食肉动物所占据的。

我相信，如果不开垦土地的话，欧洲就不会有这些优势，除了橡树丛和其他不结果的树木之外，这里就几乎没有别的物种了。

第十节　人口与谋生方式的关系

让我们来看一看，一个民族中，不开垦土地的人口数量呈怎样的比例。没有开垦的土地产量和开垦的土地产量是成比例的，正如一国野蛮人的数量和另一国农民的数量是成比例的，在耕种土地的场合同时从事技艺的人也有一定的比例，这里包含着许多的细节。

非农业人口无法建立大国。如果是牧人，那么他们则需要一个大国来确保自己依然存活；如果是猎人的话，他们的数量仍然不多，不过为了保持生计，只得形成一个更小的国家。

打猎为生的国家通常遍布森林，又因为当地人们从未疏通河流，所以到处都是沼泽。那里的人们各自为营，组成一个个小国家。

第十一节　野蛮和半野蛮民族

野蛮民族和半野蛮民族之间的区别之一是，前者是一群小型的分散国家，由于某些原因而无法统一；而半野蛮民族通常是一些可以统一的小国家。野蛮民族通常是靠打猎为生，而半野蛮民族则是靠放牧为生。这在亚洲北部比较常见。西伯利亚人无法集体生活，因为他们无法自给自足。而鞑靼人可以在一起生活一段时间，因为他们的畜群可以在某一时间段内聚集在一起。因此，所有的部落都可以联合起来。当一个酋长征服了其他酋长的时候，大家就可以联合起来。此后，大家要么分开，要么启程向南方征服其他的帝国。

第十二节　不事农作的国家间的国际法

由于这些民族并没有生活在一定的、有边界的土地之上，他们会因许多事情而发生争吵。他们会因未开垦的土地而争吵，正如我们的公民会因遗产而发生纠纷一样。因此，在打猎、捕鱼、喂食牲畜和抢夺奴隶等问题上，他们经常会发生争执。此外，由于不占有土地，所以各国间需要根据国际法处理的事情很多，而需要用民法决定的问题却几乎是没有的。

第十三节 不事农作的民族的民法

土地的分配使民法的内容增多。在没有分配土地的国家，民法内容则非常少。

这些民族的机制可以被称为风俗，而非法律。

在这些国家中，记得旧时事物的老人具有高度的权威。在这些地方，使人出人头地的不是财富，而是手腕或计谋。

这些人们在草场或森林中生活、分散。那里的婚姻不如我们这里牢靠，我们的婚姻是固定在一家的，妻子是归附于一间房子的。这样一来，那些地区民族的男子更容易换妻子，实行一夫多妻制，有时甚至像野兽一般乱交。

畜牧的民族不能同他们的畜群分开，因为畜群供养了他们的生计；他们也离不开妻子，因为妻子照顾着牲畜。因此，所有的这些都不得分开。还因为这些人生活的地方是平原，几乎没有什么堡垒和要塞，因此，他们的妻子、子女和牲畜都可能成为敌人的猎物。

这些民族的法律规定了掠夺物的分配，也会和我们的《萨利克法典》一样，着重关注偷窃。

第十四节 不事农作的民族的政体

这些民族很自由：因为如果不耕地，他们就和土地没有依

392 附关系，他们可以四处游荡。如果有酋长企图剥夺他们自由的话，这些人马上就会去寻找另一个酋长来换取自由，或者带上家人隐居树林。这些民族享有极大的自由，这样的自由也必然产生了公民的自由。

第十五节　懂得使用货币的民族

亚里斯提波乘坐的船只失事后，他游向了附近的海岸。看到沙滩上的人们所画的几何图案，他喜出望外。因为他认为自己到达的是希腊民族的地区，而不是一个野蛮民族的驻地。

如果你只身一人，意外来到一处无人之地。当你看见硬币的时候，你会发现自己来到的是一个文明开化的国家。

开垦土地需要使用货币。耕地需要诸多的技巧和知识。我们知道，技巧、知识和需求是齐头并进的。所有这一切都建立了价值标志。

刀耕火种[6]使人们发现土壤中有金属，牧羊人在比利牛斯山发现了金属金和金属银。当把金属从土壤中分离出来后，使用金属就方便得多了。

第十六节　不懂使用货币民族的民法

如果人们不用货币的话，那么就会发现自己面对的不平等事件主要都是源自暴力问题，于是弱者便通过统一联合的方式，保护了自己免遭暴力袭击。因此，这种民族除了接受政治安排之外，没有其他解决问题的方法。但是在确立了货币制度的民族，人们遭受的不公平主要源于欺骗，而且欺骗的方式有成千上万种。因此，这样的地方就必须有良好的民法约束。民法的产生就是为了约束新的、不同的恶行。

在没有货币的国家，强盗只抢夺实物，而这些实物又都不一样。在使用货币的国家，强盗抢夺的是标志，而这些标志又都是差不多的。在没有货币的国家，没有什么是隐藏的，因为强盗总是带着他的犯罪证据，而在使用货币的国家，情况就不一样了。

第十七节　不使用货币的民族所建立的政治法

一个不事农耕的民族，确保人们自由的最大保障就是他们不懂得使用货币。打猎、捕鱼或放牧的成果，既不可能大量集中，也不能被完好地保存，这使人们无法腐蚀其他人。然而，如果人们拥有的财富是“标志”的话，那么这些标志是可以积累的，也是能分发到其他想要这些标志的人们的手中的。

在没有货币的民族中，每个人几乎都没有什么需求，他们很容易就能平等地得到满足。因此，平等是必然的；于是，他们的领袖就不是专制的。

第十八节　迷信的力量

如果旅行家们的记述无误，那么路易斯安那的纳齐兹部族宪法就是一个例外。他们的酋长[7]可以任意处置臣民的物品和财产，命令臣民按照他的心思做事。酋长如果想要子民的头，子民们也不能拒绝，酋长就像奥斯曼帝国的皇帝一样。当未来的继承人出生之后，国家中那些还嗷嗷待哺的所有婴儿都要奉献给这位继承人，为他终生服务。人们说，他就是埃及的大皇帝谢努塞尔特。酋长在茅屋中接受的礼遇就相当于日本或中国的皇帝所接受的礼遇一般。

这些地区的人们对迷信的偏见比对其他事物的偏见还要重，所以这里的迷信理论也强于其他的一切理论。因此，虽然野蛮人不是天生就了解专制，但是迷信的人还是知道的。他们崇敬太阳，如果酋长没有将自己想象成太阳的兄弟，那么人们会认为这个酋长和他们一样只是一条可怜虫而已。

第十九节　阿拉伯人的自由和鞑靼人的奴役制

阿拉伯人和鞑靼人都是牧民。阿拉伯人属于我们谈到过的大类民族，是自由的；然而鞑靼人（世界上最奇怪的民族）是处于政治奴役之中的[8]。我已经解释过原因了[9]，接下来我还想再深入地讲一讲。

鞑靼人没有城镇、森林，有的只是少数的沼泽；他们的湖泊几乎总是冰冻的；他们住在广袤的平原；他们有草场、牧场，因而有良好的物产。但是，他们没有可后退或可防御的地方。当可汗被击败后，他和他孩子们的头颅就会被砍掉[10]。他们没有被贬作家庭奴隶；对一个没有地可耕、没有家政服务需求的国家而言，这些鞑靼人是负担。因此，这些臣民只是增加了国家的人口。不过，人们认为这些政治奴隶，而不是家庭奴隶的出现也不是没有道理可言的。

的确，在这样的国家中，不同的部落总在交战，总有一个征服另一个。每一个战败部落的政治体制总是在酋长死后遭到破坏。整体而言，国家几乎不会实现自由，因为受到无数次征服的，不总是同一部分而已。

由于所处地势的关系，那些战败的民族如果在战后签订条约，则能够保持一定的自由。不过，由于鞑靼人没有可守的地势，于是在战败之后就无法提出条件了。

我在第二节中提到过，耕地平原的居民很少是自由的。同样对鞑靼人而言，由于他们住在荒原中，也很难获得自由。

第二十节　鞑靼人的国际法

鞑靼人对彼此很温和、人道，但他们却是残酷的征服者。他们挥剑杀戮被征服城镇的居民。当他们将占领地的居民出售或分配至自己的部队时,他们认为自己是仁慈的。从印度到地中海,鞑靼人的杀戮遍布亚洲。也是因为他们,整个波斯东部都成为荒漠。

我想,以下便是国际法应运而生的原因。这些民族没有城镇,他们发动战争时都是盲目而鲁莽的。当有希望征服别人时,他们就直接开战;在希望渺茫时,他们就加入更强的部队,这是他们的习惯。他们认为一个城镇没有能力和他们对抗,他们不认为城镇是居民聚居的地方,而是为躲避鞑靼人的势力而专设的地方。他们围攻城镇,但却没有什么战术,于是每次围攻都直接将自己暴露。鞑靼人报复流血的方式就是让对方也流血。

第二十一节　鞑靼人的民法

杜赫德神甫说,在鞑靼人中,每家最小的儿子是继承人。因为在年长的儿子们能够放牧的时候,他们会带着父亲留下的牲畜离开家,另立新居。因此,家中最后剩下和父亲相伴的儿子就自然而然地成了继承人。

我听说,英格兰的一些小地方也有类似的风俗。在布列塔尼的洛汉公爵仍沿用这种习俗,主要流行在平民之中。不用怀疑,这应该也是由某些布列塔尼人带入的风俗,或是从日耳曼民族沿袭而来。恺撒和塔西佗还告诉我们,日耳曼人很少从事农耕。

第二十二节　日耳曼民族的民法

我要在这里解释《萨利克法典》中的一段特殊的条文，这段条文通常叫作“萨利克法”。这是一条关于不种地的或至少是不怎么种地的人的法律。

“萨利克法”规定[11]，在人们过世后，由其儿子而不是女儿继承土地。

为了解什么是萨利克土地，人们必须知道什么是财产，知道在法兰克人离开德国之后土地是如何得到使用的。

爱克哈特曾证实，“萨利克”这个词源自撒拉，意思是房子。因此，萨利克的土地指的是房子周围的土地。接下来，我将进一步探究，日耳曼民族附近的房子和土地具体指的都是什么。

塔西佗说[12]：“当地的人们不住在城镇中，他们不允许房子之间有接触。每家房子门前都有一小片土地或是封闭的、排外的空地。众所周知，日耳曼民族是没有城市的，他们的房屋也没有连在一块儿的。他们一般会分散居住在喷泉、田地或是沼泽附近的地方。他们不像我们一样住在盖到一块儿的楼房里。相反，他们每家的外面都是大片的空地。”塔西佗此言非虚。许多野蛮民族的法典都对打破这种封闭状态、进入房间的人们有着不同的规定和要求[13]。

根据塔西佗和恺撒的言论，我们知道，日耳曼人耕作的土地只有一年使用期，一年之后，这块土地就是公共财产了。除了一间房和房间附近的一小部分封闭土地之外，日耳曼人没有别的祖传遗产了[14]，而这些财产是需要男性来继承的。的确，这些财产为什么要给女儿呢？她们都要嫁到别人家的呀。

因此，萨利克土地就是依附于日耳曼人房间的那一块封闭土地，那是萨利克人唯一拥有的土地。在征服成功之后，法兰克人还获得了新的财产，继续称为萨利克土地。

法兰克人住在日耳曼地区时，他们的财产主要是由奴隶、牲畜、马匹和武器等构成。房子和附属于房子的土地自然是要留给住在那里的儿子的。不过，在法兰克人开始征服后，他们获得了大批土地。残酷的是，他们的女儿和外孙们无法得到财产。于是，人们引入了新的法律，准许父亲给自己的女儿和外孙留有一定的财产，这就使萨利克法不再有效。而这样的安排或许是普遍的，因为有相关的法式记录着这些法令[15]。

在所有的法式中，我发现了一项奇怪的法式[16]。祖父在遗嘱中要求他的孙子孙女同自己的儿女一起继承遗产。那么萨利克法律变成什么了？当时的人们或许已经不再遵守萨利克法了，不然就是人们不断地让女儿继承遗产，这形成了惯例。因此，人们已经对女性拥有继承权一事习以为常了。

萨利克法没有重男轻女的目的，也没有延续家庭、姓氏或土地流转的目的。日耳曼人的脑子中没有这些观念。萨利克法完全就是一部经济法，将房子和其周围的土地赋予居住在其中的男性。因为他们要在那里居住，所以这些东西对他们而言是最为实用的。

在这里，我们只需要将萨利克法中关于自由土地这一项抄录下来就够了。人们时常讨论这段文字，但不常阅读：

1. 如果某男性过世时无子女，那么由他的父母继承他的遗产。2. 如果此人父母均过世，那么由其兄弟姐妹继承。3. 如果死者没有兄弟姐妹，则由死者的姨母继承。4. 如果死者没有姨母，则由死者的姑母继承。5. 如果死者没有姑母，则由最近的男性亲属继承。6. 萨利克土地的任何部分均不得传至女性[17]，必须传至男性，也就是说，继承父亲遗产的必须是儿子。

显然，前五条内容主要是关于在死者无子嗣情况下的继承；第六条指的是死者有子嗣时的继承情况。

一个人死而无嗣，按照法律的规定，除特殊情况外，不得偏袒两性中的任一方。在继承的第一、第二顺序上，男性和女性的权益是相同的。在第三和第四顺序上，女性占优。在第五顺序上，是男性占优。

我在塔西佗的著作中发现了这种奇怪现象的由来，他说[18]："日耳曼人爱他们的外甥和外甥女就像爱自己的孩子一样。的确，有人认为这种血缘关系更为神圣和紧密，也更愿意依附这种关系，希望能够更加紧密、深入地控制这样的家庭和人们的精神。甚至在抓取人质的时候，绑匪也更愿意绑架这种关系的人。"因此，根据我们最早的历史学家的记述[19]，我们常常会看到，许多法兰克人是如何爱自己姐妹和外甥外甥女的。因为如果孩子们在自己的舅舅家被视若己出，那么孩子们自然就会把舅母视作母亲。

姨母的继承权在姑母之前，这在萨利克法的其他条文中也有所解释。当一位妇女的丈夫过世后[20]，她则要受其丈夫亲属的监护。法律规定，享有优先监护权的是女性亲属而不是男性亲属。的确，当一名妇女进入一个家庭加入另一伙人中时，自然是会先同女性亲近，而不是同男性。此外，当有人杀死另一个人并无力偿还赔偿金时[21]，法律规定杀人犯要上缴他的财产，并且他的亲属也要帮他弥补过错。在父亲、母亲和兄弟之后，该付钱的是姨母，仿佛这种亲属关系中存在着比较深厚的感情。既然要承担责任，那么这样的亲属关系也应该享受优待。

萨利克法希望，在姑母之后，应由最亲近的男性亲属来继承财产，但如果这位男性亲属超出了五亲等之外，那么他就没有了继承权。因此，一个五亲等的女子就有可能比六亲等的男子优先继承。里普利安法兰克人的法律就是这样[22]。里普利安法兰克人的自有土地法就是萨利克法最好的诠释。在这项规定中，该法处处都和萨利克法吻合。

如果一人死后有子嗣的话，那么萨利克法不希望女儿继承萨利克土地，而是希望由儿子来继承。

我可以很容易地证明，萨利克法不是在任何情况下都将女儿的继承权排除，而是只有在她有兄弟的情况下才会这样。

1. 萨利克法称，女性不得占有萨利克土地，只有男性可以。这样的规定既解释了这条法律，也限制了这条法律。这也就是等于说："只有儿子能继承父亲的遗产。"

2. 萨利克法是由里普利安法兰克法来澄清的。里普利安法兰克法中也有一项针对自由土地的条约[23]，同萨利克法的规定基本相同。

3. 这些来自日耳曼的野蛮民族的法律是可以互相解释的。主要原因是它们源自同一个精神。萨克森人的法律规定[24]，父母要将财产留给儿子而不是女儿。不过，如果夫妇俩只有女儿，那么则由女儿继承全部遗产。

4. 我们有两类旧法式[25]，在这些法式下，根据萨利克法，儿子是比女儿有优先继承权的：也就是在她们同自己兄弟产生竞争的时候。

5. 另一法式是[26]，一家中的女儿比孙子有优先的继承权。因此，女儿只是被儿子排斥。

6. 如果根据萨利克法，一般情况下的女儿是被排斥在继承权外的，那么就无法解释墨洛温王朝时期为女性划定土地和财产的史书、法式和法律章程。

有人[27]曾错误地认为萨利克土地是封邑采地。原因如下：1. 这篇文章的题目是《自由土地》；2. 最初的封邑采地是无法世袭的；3. 如果萨利克土地是封邑采地，那么马尔库尔弗怎能视将女性排斥在外是不敬的呢？因为连男性也都不能够继承的啊；4. 如果证实了萨利克土地是封邑采地，那也仅能证明它们是自由土地；5. 封邑采地只在征服后建立，而萨利克法只在法兰克人离开日耳曼之后实施；6. 不是萨利克法限制了女性的继承权、形成了封邑采地，而是封邑采地的建立限制了女性的继承权，继而形成了萨利克法的基础。

根据上述内容，人们无法相信，是萨利克法规定法兰西王位只由男性继承。然而，毫无疑问，这种制度来自萨利克法。我可以通过野蛮民族的不同法令为此证明。萨利克法[28]和勃艮第法[29]没有赋予女性和她的兄弟共同继承财产的权利，也没有赋予她们继承王位的权利。而西哥特法[30]则允许女性[31]和兄弟共同享有继承土地的权利。在这些民族中，民法的规定影响了政治性的法律[32]。

这不是法兰克人的政治法第一次服从于民法。根据萨利克法，所有的兄弟都平等继承土地，勃艮第法也有同样的规定。因此，在法兰克王国和勃艮第王国，继承王位的都是儿子。不过在勃艮第，曾因此发生过多场暴行、谋杀和篡位事件。

第二十三节　法兰克国王的长发

不事农耕的民族根本就不知道什么是奢侈。因此在塔西佗的作品中，他总会称赞日耳曼民族的简约和质朴。艺术并没有使他们的装饰更为精美，因为日耳曼民族的装饰物大都来自大自然。即使日耳曼民族的领袖有一些特殊的标记，他们仍然要去大自然中寻求这些标记。法兰克、勃艮第和西哥特的国王留长发，就是将其作为王权的象征。

第二十四节　法兰克国王的婚姻

我之前提到过，对于不事农耕的民族，他们的婚姻并不是很稳定，一名男性通常会娶好几位妻子。塔西佗说："在半野蛮民族中，只有日耳曼人满足于一妻制[33]，而对有些人而言，他们娶了好多个妻子其实并不是因为放荡，只是因为他们是贵族。除了那些很少的一部分实行一夫多妻制的人，他们并不是出于奢靡的目的，而是因为自己是贵族[34]。"

这也解释了为什么墨洛温王朝的国王有这么多的妻子。与其说这些婚姻象征着放荡和无节制，不如说它们更像是皇权尊贵的象征。如果剥夺了君主这样的一个特权，就等于伤害了他们的一个弱点，使他们感觉自己像失去了特权一样[35]。这也解释了为什么众子民都没有效仿国王的生活。

第二十五节　希尔德里克一世

塔西佗说："日耳曼人的婚姻很严肃[36]，没有人嘲笑别人的缺点；没有人称腐蚀或被腐蚀是一种生活方式；在这样人口众多的国家中，违背婚姻信义的案例却很少见[37]。"

这也就解释了为什么希尔德里克一世会被驱逐。虽然当时

404 的征服是胜利的，但他却没来得及改变这些风俗。

第二十六节　法兰克君主们的成年

不耕作的半野蛮民族本来是没有领土的，正如我所提到的，管辖他们的是国际法而不是民法。因此，这些人几乎总是备好武装的。于是塔西佗说："日耳曼人无论处理公事还是私事没有不备武装的[38]。他们用武器做成标志来表达自己的意见[39]。当年轻人长大到足够携带武器时[40]，他们就会被带入议会，有人会给他们一把标枪[41]。从此之后，这些年轻人就告别了自己的孩童时代[42]。这些武器对于年轻人而言是第一份荣光，就如参议院职位于我们的角色一样；之前，这个年轻人是家庭的一部分；成年后，他便是共和国的一部分。"

东哥特人的国王说[43]："当小鹰的羽毛和爪子都成型之后，老鹰便不再供给它们食物。而小鹰在出去捕猎时，它也不再需要其他鹰的帮助。如果有人认为我们军队中的年轻人太软弱，无法掌控自己的财物，或是管理自己的行为，那么这着实很丢脸。哥特人成年的条件是品德。"

在希尔德贝尔特二世十五岁时[44]，他的叔叔贡特朗宣布他已成年，能够治理国家。按照《里普利安法兰克法》，人在达到十五岁即成年，成年人有权携带武器。同时该法还规定[45]，"如果一个里普利安人死亡或被谋杀并遗有一子时，其子在十五岁之前不得在法庭上成为诉讼人或被诉讼人。届时，他可以为自己抗辩，或者选择一个人去决斗。他的智力必须足够高才能保证在法庭上为自己抗辩，他的身体也必须足够强壮才能够保证自己在战斗中不败。”勃艮第人也有以决斗证曲直的时候[46]，他们成年的年龄也是十五岁。

阿加提亚斯告诉我们，法兰克人的武器是轻武器。因此，他们成年的年龄是十五岁。后来，武器逐渐变重，在查理曼大帝时期也是如此，这从当时的法令集和罗曼史都有据可查。有封邑采地的人们就必然要提供军事服役[47]，他们只有在二十一岁时才算成年[48]。

第二十七节　续前

我们知道，未成年的日耳曼人不得出席议会，因为这时候他是家庭的一部分，但不是共和国的一部分。这使得奥尔良国王、勃艮第的征服者，克洛多米尔的孩子们无法成为国王，因为他们在未成年之前不得出席议会。这些孩子虽然还不是国王，但在能携带武器后，他们就成了国王。同时，他们的祖母克洛蒂尔达代为治理国家[49]。孩子们被叔父克洛泰尔和希尔德贝尔特杀掉，王国也被瓜分。有鉴于此，后来的王子就在其父过世之后直接继位。因此，贡多瓦尔德公爵救下了希尔德贝尔特二世，使其免遭希尔佩里克的残忍屠杀。希尔德贝尔特二世在五岁时便登基[50]。

不过，即使发生了这样的改变，人们遵循的还是民族固有的精神，所以未成年的君主颁布的命令是无效的。因此，在法兰克人中，国家有着双重管理的模式，一是针对未成年国王的个人管理，二是针对王国的管理。在封邑采地中，监护权和执行权还是有区别的。

第二十八节　日耳曼人如何收养义子

日耳曼人以接受武器为成年的标志，他们收养义子也采用同样的方法。因此，当贡特朗希望宣告他的外甥希尔德贝尔特成年并收养他为义子时，贡特朗说："我将这把长枪交到你手上[51]，这标志着我把王国交给了你。"接下来贡特朗转向议会，说道："你们看到了，我的义子希尔德贝尔特已经成年了，你们要服从于他。"当东哥特国王狄奥多里克想要收养赫鲁利国王时，狄奥多里克写道[52]：

凭武器收养义子在我们国家是一件好事，因为只有勇敢的孩子值得成为我们的孩子。这一行为会产生巨大的力量，所以，任何这样被收养的人都是宁死也不接受任何屈辱的。因为国家的习俗，又因为你是一个男人，我们送你这些盾、剑和马匹，凭借这些东西，我希望收养你做我的义子。

第二十九节　法兰克国王的嗜血精神

在法兰克国王中，克洛维斯并不是唯一一个远征高卢的国王。他的许多亲戚都在高卢建立了一些部落。但是由于克洛维斯取得了巨大的成功，能够庇荫追随他的人，所以法兰克人从其他部落蜂拥至克洛维斯处，而其他的部落领袖发现自己的实力太弱，无法与克洛维斯匹敌。克洛维斯计划歼灭他的整个家族[53]，并成功做到了。图尔的格雷瓜尔说[54]，克洛维斯担心法兰克人会另立君主。克洛维斯的子女和继任都效仿了他的做法：兄弟、叔父、外甥、儿子和父亲都在不断地谋划残害整个家族。法律在不断地分裂国家，而担忧、野心和残暴之心却也希望国家能够重新统一。

第三十节　法兰克国家的议会

我之前提过，不事农耕的民族自由度更大。日耳曼民族就是这样。塔西佗说，他们赋予自己的国王或领袖非常适中的权力[55]。恺撒说[56]，在和平时期没有一般的官吏。不过，君主会在每个村庄自己掌管当地的公平正义。因此在日耳曼地区，法兰克人是没有国王的，图尔的格雷瓜尔就已经很好地证明了这点[57]。

塔西佗说[58]：“君主们审议小事，全民族审议大事。这样一来，即使是本应由平民审议的事情最后也都交到了君主的手上。”在所有的史书记载中，我们都能看到[59]，自征服之后，大家采取

408 的都是这种方式。

塔西佗说[60]，死罪可以交由议会审议。在征服之后依然如此，直属封臣也应由议会审议。

第三十一节　墨洛温王朝神职人员的权威

在半野蛮民族中，僧侣通常很有权力，因为他们既有宗教赋予他们的权力，又有迷信赋予人们的权力。因此通过塔西佗的描述，我们发现，在日耳曼，僧侣是深受敬佩的，并且他们还统辖着人民议会[61]。只有僧侣们可以处罚、捆绑和打人，而在结束这种行为之后，这也不能被视作一种惩罚，或领导的指令，而应视作是上帝的旨意[62]。日耳曼人相信神会帮助这些好战者。人们想象神永远同战士同在。

因此，如果你发现从墨洛温王朝统治之初，主教被视作判决的仲裁人[63]，这没什么可令人惊讶的；如果你发现主教出现在国家议会中，这也没什么可令人惊讶的；如果你发现主教可以严重影响君主的决定，还拥有着非常多的财产，这都没什么可令人惊讶的。

1　参阅西塞罗，《致阿蒂库斯书简》，第七卷，第七封信。

2　参阅《梭伦传》，第八章。

3　或是写这本书的作者。参阅亚里士多德，《论非凡听觉》。

4 日本是个例外：日本国土面积大，而且实行奴役制度。

5 参阅波利比乌斯，《历史》，第十卷，第二十五章。

6 参阅狄奥多罗斯，《世界文库》，第五卷，第三十五章。牧人们就是这样在比利牛斯山发现金子的。

7 参阅《耶稣会士书简辑》，第二十辑。

8 立可汗时，全民高喊道："他的话将是他的剑。"

9 第十七章，第五节。

10 因此，米里维斯（实际上是他的儿子米里马奥）征服了伊斯巴汗后，处死了所有属于同一血统的王亲贵族，这没什么可奇怪的。

11 参阅提图斯·李维，《罗马编年史》，第六十二卷。

12 参阅塔西佗，《日耳曼尼亚志》，第十六章：所谓居住的城市，日耳曼人都是不知道的。他们居住的地方，并不连在一起，都是分散着的。哪里有泉水、平原、森林，就在哪里设置村庄。他们也不像我们一样会把建筑物都连在一起，他们住宅的四周有很大的空地。

13 参阅《日耳曼人的法律》第十章和《巴威立亚法》第十篇，第一、二节。

14 在土地执照里，这块土地叫作"科尔蒂斯"。

15 参阅马尔库尔弗的《法式书》，第二卷，第十、十二篇；同书附录，《法式书》第四十九篇；西尔蒙都斯，《古代法式书》第二十二篇。

16 《法式书》第五十五篇，在林登布洛的《选辑》内。

17 参阅提图斯·李维，《罗马编年史》，第六十二卷，第六节：对于萨利克土地，女性没有继承权，只有男性才有继承遗产的权利。

18 参阅塔西佗，《日耳曼尼亚志》，第二十章。"姐妹的儿子和叔伯、父亲的继承顺序是一样的。的确，有人认为这种血缘关系更为神圣、亲密，在挟持人质时更愿意挟持这种关系的人，企图更为稳固地控制他们的精神和家庭。"

19 参阅图尔的格雷瓜尔，《法兰克史》，第八卷，第十八、二十章，第九卷，

第十六、二十章。贡特兰因里欧季尔德虐待他的侄女因根达而异常愤怒，于是因根达的兄弟柴尔德柏曾出兵为她复仇。

20 参阅《萨利克法典》，第四十七项。

21 参阅《萨利克法典》，第六十一项，第一节。

22 参阅提图斯·李维，《罗马编年史》，第五十六卷，第六节：在五亲等以内的男性亲属是下一顺序继承人。

23 参阅《里普利安法典》，第五十六项。

24 第七项第一节规定：父亲或母亲过世之后，应由儿子而不是女儿继承遗产。第四项规定：在一对夫妻只有女儿时，双方过世之后应由女儿继承，她们拥有一切继承权。

25 参阅马尔库尔弗，《法式书》，第二卷。

26 参阅林登布洛的《选辑》内法式书第五十五篇。

27 迪康热、瓦·皮图。

28 第六十二项。

29 第一项，第三节；第十六项，第一节；第五十一项。

30 第四卷，第二项，第一节。

31 参阅塔西佗，《日耳曼尼亚志》第二十二章，日耳曼民族有共同的习惯，但也有自己不同的习惯。

32 在东哥特人中，王位两次从女性传到男性：一次是从阿玛拉桑莎传到阿塔拉里克。另一次是从阿玛拉弗雷德传至狄奥达哈德。这并不是因为女性不能治国。在阿塔拉里克死后，是阿玛拉桑莎统治着国家，而一直到狄奥达哈德当选，并和他同时担任君主。参阅卡西奥多鲁斯，《东哥特史》，第十卷。

33 参阅《日耳曼尼亚志》第十八章，“只有这些半野蛮人才喜欢一妻制”。

34 参阅《日耳曼尼亚志》，“有少数人例外，他们不是为了淫欲，而是为了面子而选择多偶制。”

35 参阅弗雷德加里乌斯，《编年史》，628 年条下。

36 参阅《日耳曼尼亚志》第十九章，“婚姻是严肃的……那里没有人嘲笑别人的缺点，没有人被时代所败坏，也没有败坏时代。”

37 参阅《日耳曼尼亚志》，“人口虽然很多，但却没有通奸这种事发生。”

38 参阅《日耳曼尼亚志》，第十三章，“他们不论做公事或私事，常常携带着武器。”

39 参阅《日耳曼尼亚志》，第十一章，“当不同意时，表示轻蔑；当同意时，则一起敲击长枪。”

40 参阅《日耳曼尼亚志》，第十三章，“要公民团体认为长到足够大，不应再拖延的时候，才能取得武器。”

41 参阅《日耳曼尼亚志》，“在议会上，某一首长、父亲或男性亲属将长枪授予年轻人。”

42 参阅《日耳曼尼亚志》，“这时，长枪象征着年轻人得到的第一次荣誉。在此之前，他是家庭的一分子。不久之后，他将是国家的成员了。”

43 参阅卡西奥多鲁斯，《东哥特史》，第一卷，第三十八封信。

44 参阅图尔的格雷瓜尔，《法兰克史》，第五卷，第一章说，希尔德贝尔特在 575 年继承王位时仅有五岁。而在 585 年，贡特朗宣布他成年，所以是十五岁。

45 参阅《里普利安法》，第八十一篇。

46 同上书，第八十七篇。

47 平民的成年年龄则没有改变。

48 圣路易斯只在二十一岁时才成年，这是由查理五世下令于 1374 年更改的。

49 参阅图尔的格雷瓜尔，《法兰克史》第三卷的记载，情况是：克洛多米尔选择了两个勃艮第人，并提升他们至都尔教座。勃艮第是克洛多米尔的一个征服地，都尔也属于他的王国。

50 参阅图尔的格雷瓜尔，《法兰克史》，第五卷，第一章，“在罗马，每五年有一次清洁礼日。在清洁礼日刚过去后，就在生日当天登基。”

51 参阅图尔的格雷瓜尔，《法兰克史》，第七卷，第二十三章。

52 参阅卡西奥多鲁斯，《东哥特史》，第四卷，第二节。

53 参阅图尔的格雷瓜尔，《法兰克史》，第二卷。

54 同上。

55 参阅《日耳曼尼亚志》，第二十二章，“国王没有自由，也没有无限的权力，不得对人刑罚、捆绑、拷打等等。”

56 参阅恺撒，《高卢战争》，第六卷，第二十二章，“在和平时期，没有一般的官吏，所以君主们会到各地区和村庄去审理诉讼。”

57 参阅图尔的格雷瓜尔，《法兰克史》，第二卷。

58 参阅《日耳曼尼亚志》，第十一章，“小事问君主，大事问民众；平民做主，君主执行。”

59 参阅《秃头查理敕令》，864 年，第六条，“法律依人民公意制定，由国王公布。”

60 参阅《日耳曼尼亚志》，第十二章，“准许人们到议会控诉，可以推迟死罪的风险。”

61 参阅《日耳曼尼亚志》，第十一章，“僧侣有控制权，可以制止人们发言。”

62 参阅《日耳曼尼亚志》，第十二章，“君主没有自由，也没有无限的权力，如果没有僧侣们的同意，他不得刑罚、捆绑或拷打。他不是为了刑罚，也不是作为一个首领而发布命令，而是好像奉了神的命令似的。他们相信神会帮助这些好战者。”

63 参阅 560 年《格罗大利乌斯宪法》第六条。

第十九章

形成一国基本思想、道德和生活方式的法律准则及其关系

第一节　本章主旨

本章内容涵盖范围非常广泛。在这些呈现在我头脑里的观点中，我应该会更加注重事物之间的顺序，而不是事物本身。我一定会抛除杂念、剥丝抽茧，将我的观点阐释清楚。

第二节　为最好的法律做好准备的必要性

对日耳曼人而言，没有什么比瓦鲁斯的法庭更令人难以忍受的了[1]。查士丁尼曾在拉济人中建立了一个法庭[2]，试图审判谋

 杀国王的凶手，而这在拉济人眼中却是一种可怕的野蛮行径。米特拉达梯[3]发表言论痛骂罗马人，尤为谴责他们的司法程序[4]。帕提亚人无法忍受这个在罗马长大的国王：他平易近人[5]，对所有人都和蔼可亲。对于不适应自由的人而言，自由似乎也是不可忍受的。这就如同对于生活在沼泽中的人而言，清新的空气有时也是令人不愉快的。

在勃固，一位名叫巴尔维的威尼斯人被带到君主面前[6]。当君主得知在威尼斯没有君主的时候，他哈哈大笑，笑到咳嗽，甚至咳嗽到无法和朝臣说话的程度。什么样的立法者会像这样的民族提议建立人民政府呢?

第三节　专制

专制有两种：一种是真正的专制，主要特点是维护政府的暴行；第二种是对思想的专制，当统治者做出同国家思维方式相悖的决定时，人们会觉得这是专制。

狄奥说，奥古斯都希望自己叫作罗慕路斯。不过，在得知平民们害怕他称帝后，奥古斯都改变了自己的想法。最初的罗马人不想要国家有君主，因为他们无法忍受君主对自己的统治。在奥古斯都时期的罗马人也不想要君主统治，因为他们不想忍受君主的暴行。罗马三执政、恺撒和奥古斯都虽然都是真正的君主，但他们全都保持着同平民一样的外表。私下里，他们也都反对当时别国国王的浮华奢靡。罗马人不想要君主专制，这也意味着他们想保持自己独特的生活方式，而不和非洲人、东方人一样。

狄奥告诉我们[7]，罗马人对奥古斯都很气愤，因为他制定的一些法律非常严苛。不过在奥古斯都下令让被乱党驱逐出城的喜剧演员皮拉德斯重回罗马之后，人们的不满也随之消失。对于这些平民而言，同废除所有的法律相比，把一名喜剧演员逐出城更能让他们生动地感受到专制。

第四节　普遍精神

人们会受许多因素的影响：气候、宗教、法律、政治准则、过去案例、风俗和行为方式。因此，普遍精神就应运而生。

在每个民族，上述不同因素对人们的影响程度不同，这些因素中总会有一个更为强劲，而其他的因素需服从于它。大自然和气候几乎是野蛮人的唯一控制者；行为方式在中国有着领导地位；法律约束着日本人；此前，风俗是古斯巴达人的标杆；而在罗马，占统治地位的是征服和古代习俗的准则。

第五节　应如何注意不改变一个民族的普遍精神

如果世界上有这样一个民族，人们有着幽默的谈吐、心灵的坦诚、生活的乐趣、品位、思想上的沟通自如流畅；同时，他

 们还活泼、愉悦、开朗、不拘小节、率性洒脱。除以上品质，再加上勇气、慷慨、坦诚和一定程度的荣誉外，人们应该避免用法律干扰自己的生活方式，以免破坏品德。如果品质大体上是好的，那么一点点的错误又能产生什么影响呢？

一个民族可以限制自己的女性子民，可以指定法律修正她们的行为，可以限制她们的奢侈生活，但又有谁知道，这样是否会使女性失去一定的品位呢？品位是一个国家财富的源泉。女性的礼仪也许会吸引外国人到本民族中来。

立法者在立法时，要遵从一个民族的精神，不能违背当地的政治准则。因为人们只有在自由行动并且顺从自己天性时，才能做好一切事情。

如果赋予一个乐天派的民族迂腐精神，那么这个国家无论是在内政还是外交方面，都会一事无成。让我们严肃对待细节，轻松对待重任吧。

第六节　不需要什么都改

一个来自和我们刚刚描述的国家很像的公民说：“就让一切都随它吧。”大自然会修复一切。大自然赋予了我们能够弥补一切的热情和活力，这也使我们不够细心。这股热情受礼貌的牵制，激励我们欣赏世界，最重要的是，欣赏和女性的交往。

就让一切都随它吧。我们的谨慎和我们的善良，使这些修正我们社交幽默的法律显得不合时宜。

第七节　雅典和斯巴达人

这位先生又说，雅典人和我们自己的民族是相似的。雅典人在做公共事务时是快乐的；在神坛上讲述的笑话和在戏院里的笑话一样会使他们捧腹；在筹划和执行的时候，他们都是一样的热情；而斯巴达人的性格是苛刻的、严肃的、枯燥的和沉闷的。让雅典人无聊，你得不到任何好处；让斯巴达人发笑，你也得不到任何好处。

第八节　社交幽默的影响

越是容易沟通的民族，越是容易改变行为方式，因为每个人都可能受到别人的观察，所以人们才能看到另一个人的特点。使一个民族热爱沟通的气候也能使其经常发生变化。使民族喜欢改变的事物也会逐渐形成一个民族的品位。

女性数量较多的社会会破坏风俗，形成品位。在所有的欲望中，满足别人这一欲望催生了装饰和饰品，要悦人多于悦己的欲望形成了潮流。潮流是一个重要的话题。随着人们的精神逐渐放松，与其相关的商业分支也持续增多[8]。

第九节　民族的虚荣和骄傲

虚荣对于一个政府而言是好的动力，正如骄傲对于民族而言是危险的因素一样。为了验证这一点，一方面，人们只需想象从虚荣衍生出的无数事物：豪华、勤劳、艺术、时尚、礼貌和品位；而另一方面，人们想到的是从某些民族的骄傲中萌发的无尽罪恶：懒惰、贫穷、百废待兴以及恰巧出现的一个民族的自我毁灭。懒惰是骄傲的产物[9]，工作与虚荣相生。西班牙人的骄傲会让他们不去工作，法国人的虚荣会让他们努力比别人工作得更好。

每一个懒惰的民族都是庄严而肃穆的，因为不工作的人把自己视作工作者的统帅。

观察所有的民族后你会发现，大多数的民族都是严肃、傲慢和懒惰的。

阿希姆的人们[10]既骄傲又懒惰：没有奴隶的人就去租一个，哪怕只是走一百步再带上两品脱的大米；如果要是自己亲力亲为的话，那在他们眼中是很不体面的。

在这个地球上，有许多国家的人是从不剪指甲的，因为只有这样才能让别人认为他是不工作的。

印度的女性[11]认为学习认字是可耻的。她们认为这是在寺庙唱歌的奴隶才应该做的事。有一个部落的妇女是不纺织的；在另一个部落，女性只做篮子和垫子；在其他的部落，妇女是不许取水的。那些民族的傲慢是根深蒂固的，也是世代相传的。不用说，道德品质和其他的品质相结合所产生的结果是不同的。因此，傲慢和远大目标、宏伟思想等的结合更是如此。它们对罗马产生的影响是人尽皆知的。

第十节 西班牙人和中国人的性格

各民族的不同性格是好品质和恶行的结合。好的结合会导致好的结果，这些好处常常是人们所没有想到的；而有时候，结合也会导致巨大的恶行，这也是出乎人们意料的。

西班牙人一直以善良忠诚而闻名于世。查士丁告诉我们[12]，西班牙人在守卫寄托物时是忠诚尽职的。他们常常是宁死也要保守秘密。如今，西班牙人依然拥有这个民族旧时的忠诚品质。在加的斯开展贸易的国家相信，西班牙人能够善待他们的财产，这些国家的人们从未后悔过。但这种令人称赞的品质和懒惰相结合后，形成的后果则对西班牙人是有害的：欧洲人在西班牙人眼前经营了他们的贸易。

中国人拥有的是另外一种性格，和西班牙人完全不同。中国人生活的不稳定性[13]使得中国人有一种奇怪的活跃和对财物的欲望。因此，没有别的国家能够信任他们[14]。这种不忠诚是众所周知的，不过也使日本人维持了同中国人的贸易。虽然欧洲人从中国北方的沿海城市同日本人做生意是很容易的，但没有欧洲人敢于以中国人的名义同日本开展贸易。

第十一节 思考

我写下的这些文字一点儿都没有要抹去正义和邪恶之间距离的意思，它们之间的距离是非常之远的。我敢保证，我没有这个意思！我只是希望大家知道，不是所有政治上的邪恶都是道德上的邪恶，不是所有道德上的恶行都是政治上的问题。那些在制定法律时违背了一般精神的人们，是需要知道这一点的。

第十二节 专制国家的行为方式和风俗

专制国家的风俗和行为方式绝不能改变，这是一条至关重要的准则。因为这些内容一旦发生改变，革命就会迅速出现。这么说吧，在这些国家中，没有法律，只有风俗和行为方式，如果推翻了这些，就相当于推翻全部了。

法律是确立的，而风俗则出于人们的灵感。风俗更多地依赖于一般精神，而法律则更多地建立在特定制度之上。如今，改变一般精神几乎同改变特定制度一样的危险。

在专制国家中，每一个人都是既居于人上也居于人下的。大家既行使着专权，又遭受着专权的压迫。在这种国家中，人们之间的交往少于那些自由盛行国家的人们。因此，专制国家的人们很少改变自己的行为方式和风俗。较为固定的风俗更接近于法律。因此，在这样的国家中，君主或立法者一定不能像其他国家一样轻易改换风俗。

在专制国家中，妇女通常是封闭的，对社会的影响较小。在其他国家中，男女相互交往，他们互相取悦的需求使得人们不断地改换风俗。男女两性相互溺爱，每个人都失去了自己独一无二、至关重要的品质。以前被认为是天经地义的东西现在竟在人们眼中是特立独行了，于是风俗每天都在发生着变化。

第十三节　中国人的行为方式

但是在中国，行为方式是不能破坏的。在那里，不仅女性同男性是分开的，而且行为方式和风俗都是学校的必修课程。从鞠躬行礼的方式就能看出来一个人是不是文人[15]。一旦这些东西被严厉的学者当作训诫后，就成为固定的道德准则，不再改变。

第十四节　改变国家风俗和行为方式的天然方式

我们说过，法律是立法者们特定的、精确的制度，而风俗和行为方式是国家通用的制度。有鉴于此，我们可以看到，如果想要变更风俗和行为方式，那么人们不能通过法律来变更，因为这或许看上去更为专制。更好的方式是用别人的风俗和行为方式来改变自己民族的那一套。

因此，当君主希望在自己国家做出重大变革时，他应该用法律去更改以法律建立的东西,用习惯来改变以习惯建立的东西。用法律更改习惯确立的东西是一种非常不好的方式。

俄罗斯人应剃短胡须、剪短衣服的这条法律，以及彼得大帝令进城的人将长袍剪短至膝盖的做法都是暴虐专制的。预防犯罪的方式是实施惩罚，改变习惯的方式是做出榜样。

这样的国家开化得很容易也很快，这说明这个国家的治安良好，君主对平民的认知过低，这些人也并不是君主眼中的洪水猛兽。君主使用暴力的方式是无用的，使用温和柔软的方式也同样能够达到目的。

君主自己看到了做出改变是多么容易。女性是封闭的，在一定程度上也是受奴役的。他把女性叫到朝廷来，命她们穿上日耳曼服饰，送给她们一些布帛。妇女便立刻热爱上了这样的一种生活方式，这满足了她们的品位、虚荣心和热情。因为妇女的缘故，男性也逐渐热爱上了这种生活方式。

他们原有的风俗和当地的气候是没有关系的，这些风俗是通过民族融合和征服战争带到当地的，这就使改革容易了些。彼得发现把欧洲人的风俗和行为方式赋予一个欧洲国家比自己想象得要容易。气候的影响是一切影响中最为有力的影响。因此，彼得大帝不需要法律改变自己国家的风俗和习惯，他足以影响其他民族改变自己的风俗和习惯。

一般而言，人们非常依赖于自己的习俗。如果让人们猛然间取消这些习惯的话，他们会很不开心。因此，不能随便改变风俗，而是要让人们自己改变。

任何非必要的惩罚都是暴政。法律不是一种纯粹的权力行为，在性质上无关紧要的事物并不属于法律。

第十五节　家政对国政的影响

女性风俗的改变无疑会对俄罗斯政权产生重大影响。所有事情都是紧密联系在一起的：君主专制通常是和妇女奴役联系在一起的；妇女的自由和君主政体的精神也是有联系的。

第十六节　立法者是如何混淆统治原则的

风俗和习惯不是法律建立的惯例，也不是法律能够或愿意建立的。

法律和风俗之间的区别是：法律规范市民的行为，风俗规范人的行为。风俗和习惯之间的不同是，风俗更多的是对内的表现，而习惯更多的是对外的行为。

有时，一个国家内部的风俗和习惯是会令人混淆的[16]。古斯巴达人制定了单一法典，包含法律、风俗和习惯。古代中国的立法者也是这样做的。

如果你发现古斯巴达和古代中国的立法者将法律、风俗和习惯混为一谈的话，请不要惊讶。这是因为风俗代表着法律，而习惯代表着风俗。

古代中国立法者的主要目标是希望中国人生活在宁静之中。他们希望人们能互相尊重，要人们时时刻刻都感受到自己对他人是有义务的。他们希望每一个市民在一定程度上都要依靠着其他人。因此，中国立法者制定了广泛的“礼”的规则。

因此在中国人中[17]，村民和地位高的人遵守的是同样的礼仪制度。这是养成人们宽容温厚、平和守礼、除暴安良的好方法。的确，将自己在礼的制度下约束起来不就是人们寻求内心平和、宽容己过的方式吗？

在这方面，礼的价值是高于礼貌的。礼貌粉饰了其他罪恶，而礼防止人们展现最真实的自己。这是人们为防止受到腐蚀而放置在自己之间的一道屏障。

古斯巴达人制定的制度是严苛的，在制定习惯的时候并没有视礼为目的，他的目的是用好战精神来激励他的臣民。一国人民，如果不断地惩戒他人或受到惩戒，不断地指引他人或受他人指引、既质朴又刚毅，那么他们就会以品德相待而不是出于尊重而礼待彼此。

第十七节　古代中国政体的特性

古代中国的立法者做得更多[18]：他们把宗教、法律、风俗和习惯混为一体，所有的东西都是道德，所有的东西也是品德。这四者的格言也就是所谓礼教。正是在督促人们遵守这些礼仪的方面，中国朝廷做得非常成功。人们花费整个青春学习这些礼仪，利用整个生命练习这些礼仪。文人用之施教，官员用之宣传。鉴于这些礼仪包含生活中的所有细小活动，所以当人们找到严格遵守这些礼仪的方法后，中国的民风已经很好了。

两个因素使这些礼仪能够很轻易地印刻在中国人的心中和头脑中：一是，中国人的文字写法极其复杂，学文字就要读书，书中写的都是礼教，于是中国人一生中的大部分时间都在关注这些礼教了[19]；二是，礼教内容并不是精神上的，而只是平常通行的规则而已，所以这比智力上的东西更容易理解，更能打动人心。

不以礼教治理国家而以惩罚之力治理国家的君主，希望惩罚能够达成他的权力无法完成的事情，即树立道德。惩罚可以将没有道德、违反法律的市民逐出社会，但如果所有人都没有了道德，惩罚会重新建立新的道德吗？惩罚的确会防止平常的犯罪所引发的后果，但并不能改正这些恶行。因此，当人们不再信奉中国朝廷的准则时，中国人也都失去了道德，那么中国就会陷入无政府状态，革命也就应运而生了。

第十八节　推论

出现这种结果的原因是，征服没能使中国失去自己的法律。

因为中国的习惯、风俗、法律和宗教都是一样的，人们便不能将所有事物一起改变。而改变则是必然的，要么是征服者改变，要么是被征服者改变。不过在中国，改变的一定是征服者，因为征服者们的风俗不是被征服者们的习惯，征服者们的习惯也不是被征服者们的法律，征服者们的法律也不是被征服者们的宗教。因此，征服者向被征服者们逐渐妥协弯腰来更改习俗要更容易一些。

但这也会得出一个不好的结果[20]：在中国建立基督教是几乎不可能的。婚前守贞的誓言、女性在教堂的集会、妇女和神职人员的必然来往、妇女参加圣礼、秘密忏悔、临终的涂油式、一夫一妻制都和中国的风俗习惯相冲突，同时也违背了中国的法律和宗教。

由于建立慈善事业、开展公众礼拜、共同参加圣礼，基督教似乎需要所有事物都是一体的。而中国的礼仪似乎要求所有的事物都是分开的。

因为人们发现，这种隔离[21]通常同专制精神相关，我们也能更容易理解，为什么在君主专制政府或任何温和统治的政府都和基督教合得来[22]。

第十九节　中国人的宗教、法律、风俗和习惯的统一是如何形成的

古代中国的立法者将国家的宁静视作政府的主要目标。服

从在统治者眼中是最合适的统治方式。那么，古代中国的立法者认为他们应该鼓励人们对父亲尽孝，于是便全力推崇父亲的地位。他们建立了无尽的礼仪孝道尊崇父亲，无论在其生前还是身后。如果在父亲生前不尽孝，那么死后就无法得到自己儿女的孝道。为过世父亲举办的仪式更像是宗教仪式，而为在世父亲举办的仪式则更接近于法律、风俗和习惯。但这只是一个法典的不同部分而已，这个法典涵盖的范围十分广泛。

对父亲尽孝也必然要尊重一切像父亲一样的人：老人、教师、官吏和皇帝。对父亲尽孝也意味着爱孩子，也意味着爱从长辈向晚辈的传递，从官吏向子民的传递，从皇帝向老百姓的传递。所有的这些形成了礼仪，而礼仪又形成了国家的基本精神。

我们现在知道，在中国，表面上看似无关紧要的事物却可能和其基本制度有关。中国这一帝国是建立在家政思维之上的。如果诋毁父亲的权威或撤销表达尊重的仪式，那么就削弱了对人们视若父母的官吏的尊敬。官吏不会再对应视为子女的人们一视同仁了。君主和臣民之间的爱也会逐渐消失。省略了其中一步，国家便危在旦夕。儿媳每天早上起床为婆婆干这干那，这种事情是无关紧要的；不过，如果人们注意到，这些日常的习惯会不断地唤起一种感情，而这种感情必须要令所有人铭记，也因为人人都具有这种感情才构成了国家的统治精神，那么人们会发现，某些特定的义务有着履行的必要。

第二十节　对一条中国悖论的解释

中国人的生活安全是受礼仪的指引，但奇怪的是，中国人却是这世上最狡黠的民族。这主要体现在贸易领域。贸易会自然地激起人们的诚实和信任，但中国人则不然。买家通常会自己带着秤[23]。卖家那里有三种秤，一种是买进用的重秤，一种是卖出用的轻秤，还有一种是给对自己有戒备的人使用的准确的秤。我认为我能解释清楚这种矛盾。

古代中国立法者素来有两个目标：他们希望子民服从、平静、努力、勤劳。由于气候和土壤的原因，中国人的生活是不稳定的。只有勤劳和工作才能确保人们生活稳定。

当所有人都服从、劳作的时候，国家就会处于一个幸福的状态。由于需求或者由于气候性质的关系，所有的中国人对收获有着一种意想不到的痴念，而法律也没有想过要控制它。一切用暴行获得的东西都是遭到禁止的，而如果是用人工或勤劳来获得的东西都是受到允许的。因此，我们不要把中国的道德同欧洲的道德来比较。中国的每个人都必须格外关心什么是对自己有用的。如果骗子关注了自己的利益，那么被骗的人也要注意提防才是。在古斯巴达是允许偷窃的，而在古代中国是允许欺骗的。

第二十一节　法律是怎样同风俗和习惯相关的

只有特殊的制度会将法律、风俗和习惯混为一谈，这些事物在性质上本来是可以分开的。不过即使是分开的，它们也是紧密相连的。

有人问梭伦，是否他为雅典人制定的法律是最好的。他回答道："我赋予雅典人的是他们能够承受的最好的法律。"这是一个很好的回答，所有的立法者都应该听一听这句话。当这位智者同犹太人说："我给你们的箴言是不好的。"这意味着，箴言的好只是相对的，它像海绵般吸走了人们在实践摩西律法时可能会遇到的困难。

第二十二节　续前

当人们有良好的风俗时，法律就是简单的。柏拉图说[24]，拉达曼迪斯统治着的是虔诚信教的人们。他能快速地处理一切诉讼。只要有纷争，就让当事人当庭宣读誓言。不过，柏拉图也说[25]，在面对非宗教群体时，就不能利用宣誓来解决问题。除非像法官和目击证人之间一样，没什么利益纠纷。

第二十三节　法律如何随从风俗

在罗马风俗还比较淳朴时，没有专门反腐败的法律。当腐败问题出现后，人们认为这非常无耻，所以人们认为被判处归还赃款[26]是重罚。西庇阿的裁判案就是证明[27]。

第二十四节　续前

把监护权交给母亲的法律是注重保护未成年人的法律，把监护权交给最近继承人的法律是注重保护财产的法律。在道德腐败的民族中，人们更希望将孩子的监护权给妈妈。在法律规定信任国民风俗的国家里，人们会将监护权给财产继承人、母亲，有时候也会赋予两者。

如果仔细观察罗马法，人们就会发现，罗马法的精神符合我的观点。在《十二铜表法》制定之后，罗马的风俗一片向好。法律规定，监护权应交给和未成年人最近的亲属，这样一来，可能享受继承权利的人或许应该拥有监护权。即使将监护权交到一个或因未成年人死去而获益的人手上，人们也不认为这个未成年人的生命是有危险的。但是，当罗马的风俗改变时，人们发现，立法者也改变了他们的思维方式。盖尤斯[28]和查士丁尼一世[29]说："如果，在为未成年人分配监护人时，立遗嘱之人担心得到监护权的人会谋划不利于未成年人的事情，那么他可以把'一般的代替继承[30]’留出空白，并将‘未成年时期的代替继承’写入遗嘱，不经过一段时间，这个遗嘱是不能公开的。”最初的罗马人是不知道这些担忧和不确定性的。

第二十五节　续前

罗马法允许人们在结婚之前互赠礼物，但婚后就不许再送礼物了。这条法律是根据罗马人的风俗而确定的。罗马人之所以结婚，是为了过上节俭、简单和质朴的生活。不过他们结婚也可能是因为受到家庭关怀、善良和完整生活的幸福吸引。

西哥特人的法律规定[31]，男性不得将自己十分之一以上的财产赠予他未来的妻子，并且在婚后第一年，男方不得赠予女方任何东西。这条法律也是基于国家的风俗而定。立法者的目的在于制止西班牙的铺张浪费，尤其是在有盛典的时候大肆送礼。

罗马人用法律限制了世界上时间最长的帝国统治，即德治。西班牙人企图用法律防止世界上最脆弱的暴政，即美色政权。

第二十六节　续前

狄奥多西和瓦伦提尼安的法律[32]曾根据罗马人的风俗[33]和习惯制定休婚的条款。其中一条理由是，当丈夫的行为侮辱了一个自由妇女的身份时[34]，妻子便可以休婚。后来的法律都忽略了

432 这一条[35]，那是因为在这方面的风俗已经改变了。东方各国的习惯取代了欧洲人的习惯。根据历史，查士丁尼二世的皇后手下的太监总管威胁她，要像孩子在学校受罚一样惩罚她。只有已确定的风俗或待确定的风俗才能使这些事情成为可能。

我们看到了法律是如何遵从风俗的，现在让我们看看风俗是如何遵从法律的。

第二十七节　法律怎样促进一个民族风俗、习惯和性格的形成

奴隶们的习俗是他们遭受奴役的一部分，而自由人们的习俗则是自由的一部分。

我在第 11 章[36]中讲过自由民族，讲过他们政治制度的原则。那么我们来看一下这些制度产生的影响、形成的民族性格和由其产生的风俗习惯。

我不认为是气候在很大程度上催生了一个民族的法律、风俗和习惯，但我认为一个民族的风俗和习惯应同法律紧密联系。

因为在这样的国家当中，有两个看得见的权力，一是法律权力，二是行政权力。因为每一位市民都有自己的想法，会根据自身的品位权衡自己的独立性。大多数人都会对这两项权力有所偏爱，因为群众通常不够公道或不够睿智，无法同时喜爱这两种权力。

行政权力分配职位，能够给人以巨大的期望而不是恐惧。所有或可从中获益的人随时都能够拥护掌权者的主张，而无法从中获益的人则随时可能攻击他们。

在这些国家中，所有的情欲都不受约束。厌恶、羡慕、嫉妒和充实使自我与众不同的狂热达到峰值。若不是这样，那么国家会成为一个被疾病折磨的人，由于没有力气而毫无热情可言。

两派人之间的仇恨将永远存在，因为任一方都无法以压倒之势获胜。

因为这两派都是由自由人组成，如果其中一方占了上风的话，那么自由的结果将使另一派受到压抑。人们会揭竿而起，支援较弱的一方，就像用手支援身体一样。

既然每一个公民都是自由的，他们便极有可能沉浸在自己的妄念和幻想当中，可能总在改换派别。有可能公民会放弃一个派别离开自己的朋友，而在加入另一派别后，他们会发现自己所有的敌人。在这样的民族中，他们还会忘掉友谊和仇恨。

王权同个人所处的境地是一样的，常常要违背一般的审慎箴言，他还经常不得不去信任最反对他的人们，贬低服侍他最好的人们，还要必须完成一些其他国王出于自愿选择而做出的事情。

人们担忧，那些我们能够感受到但并不了解又可能隐藏起来的幸福会流逝。而担忧总是会夸大所有。人们或许会对自己的情况不安，即使在最安全的状态下依然会担忧自己的安危。

最为反对行政权力的人或许无法承认他们反对的动机，他们可能增加人们的恐惧心理，人们或许永远都不知道自己是否处于危险之中。不过，即使这样也能帮助他们避免遭受到真正的危险。

但是，立法机关受到人们的信任，也比人们有远见。立法机关能够改变人们留下的坏印象，并帮助他们平复情绪。

同古代民主制政府相比，这也是这类政府拥有的极大优势。古代民主制下，人们享有即时的权力。演说家在煽动人们的时候，这些煽动是着实有效的。

因此，如果人们心中的恐惧没有目标时，那么这种恐惧也只能引发空洞的喧嚣和侮辱，甚至还能引起好的效果，即令政府松弛的弹簧重新振作，并引起所有市民的注意。不过，如果这些恐惧是在人们推翻基本法时出现的，那么它就是隐藏着的、可悲的、可憎的，或将引发灾难。

人们会很快看到可怕的沉寂，在此期间，所有事物都会团结在一起抵制破坏法律的力量。

如果在没有特定目标引起不安的情况下，有外国力量威胁国家，使其财富或荣光处于危险之中，届时小利益会服从大利益，全体人民会统一起来拥护行政权力。

但是在因违反基本法而出现纠纷的场合下，随着外国力量的出现，会有一场革命应运而生。这场革命不会改变政府的形态或政制，因为自由而形成的革命只是确定自由而已。

一个自由的国家可以拥有一个解放者，一个受奴役的国家就只会有另一个压迫者。

任何一个有足够力量将一个已经是一国绝对领袖驱逐的人，都有足够的力量能够自立为王。

因为为了享受自由，所以每个人必须能够说出自己的想法。为了保持自由，人们也还是要能够说出自己的想法。一国的臣民必须能够说出或写下法律没有明文禁止不得表达的内容。

这个总是激昂的国家更容易受到情绪而不是理性的指引。理性从不会对人类精神产生巨大影响，治理这个国家的人不难使其人民去做违反他们真实意愿的事情。

这样的国家热爱它的自由，因为这样的自由是真实的。为保障自由，这个国家会牺牲它的福祉、平静和利益，担负最沉重的税负，这样的税负就算是最专制的君主也不敢让自己的臣民去承担。

但是，因为人们非常清楚地知道，服从税负是非常必要的，承担税负的目的就是今后不再纳更多的税。真正的税负比人们对赋税的感觉要沉重得多。然而在一些国家中，人们对苛政的感觉远比苛政本身更加残酷。

这个国家的信用很好，因为它是从自身内部借钱偿还自己的。它有可能做自己能力之外的事情，并用一大笔虚构的财富对抗敌人。而该国政府的信任度和性质会令这笔财富成为现实。

为保全自由，这个国家可能会向国民借钱。一旦国民看到，如果自己的国家被征服，那么他们的债券便将丢失，那么国民就有了更大的动力努力捍卫他们的自由。

如果这个国家居住在小岛上，那么它肯定不是一个征服别国的国家，因为外来的征服会削弱该国的国力。如果小岛的土壤很好，那么这个国家就更不会是征服国了，因为它不需要征战来壮大自己。鉴于人们之间互不依赖，每个人都会更加重视自己的自由，而不是一部分人或一个人的荣誉。

因此，人们会认为军人的职业很有用也很危险，他们的服役对国家而言是累赘的。在这样的国家中，平民的地位会更受推崇。

和平和自由使这个国家适宜居住，不受极端偏见的束缚，这样的国家也更倾向于重商主义。如果有人将该国的一些原始商品经工人的手制成高价商品，那么这个国家便可确保自己能够完全享受这种天堂的馈赠。

如果这个国家位于北半球，有许多过剩的产品。因为气候原因，这个国家也很可能会缺少许多商品，那么这个国家很有必要和南方的国家从事大型贸易。这个国家会选择一些愿意与之通商的国家，并和这些国家缔结互利条约。

在一个国家，如果它一方面非常富裕，而另一方面进口过剩，鉴于人们的资产有限，如果不勤劳的话，那么人们则很难过活。以旅行或健康原因为前提，许多人都会遭到流放，甚至会在受奴役的国家中寻求致富之道。

一个经商的国家有许多细微、特别的利益。因此，它可以在无数的事情上侵犯别国或被侵犯。这样的国家会变得极端嫉妒，为别国的繁荣而不安，甚于对自己的繁荣而欢乐。

而这个国家的法律则是温和平易的，但对外国人在该国经营商业和航海方面又是严格的，就好像他们是在同敌人经营贸易似的。

如果这个国家向外国输送殖民，那么他们这么做的原因在于扩展其商业而不是扩展其统治势力。

又因为人们通常喜欢在外也沿用自家那一套，所以这个国家会让它的殖民地国家人们沿用自己的国家制度。因为这个制度会使人繁荣，人们会发现即使是在森林部落也会有伟大的民族。

也有可能是它曾经征服了一个邻国。而这个邻国因地理位置优越、港口良好、财富充裕而令人羡慕。因此，虽然这个国家有着自己的法律，但它却在很大程度上依附着殖民国家。殖民国家的人们会是自由的，但其国家本身是受奴役的。

被征服的国家或许有着很好的公民政府，但它或许也会受到国际法的倾轧。这些法律会使这个国家的繁荣不稳定，使它的繁荣仅仅成为主人的一个储备而已。

统治国住在一个大岛上，拥有着巨大的贸易，所以拥有一切便利取得在海上的势力。而保持一国的自由既不需要要塞，也不需要堡垒，更不需要陆军，只需要海军来保卫自己免遭侵略。这个国家的海军必须比其他国家的海军都要强大。其他的国家需要耗费财力开展陆战，而没有多余财政攻打海战。

拥有海上霸权的民族常因此而有一种天生的骄傲，因为能

 到处侮辱别国令他们相信自己可以像大海一样无边无际。

这样的国家会对其邻国的贸易产生巨大影响。因为如果不去征服别国，一个国家就会寻求友谊、惧怕仇恨。但这样的国家政府更容易变化无常，国内更容易出现纷乱。

因此，行政权力的命运就是在国内受到干扰而在国外受到尊敬。

如果在某一场合下，这个国家成为欧洲商议谈判的中心，这里会比其他地方更加正直、可信赖，因为它的大臣们不得不在公民议会上为国家的行为正名。该国的谈判和沟通就不能是秘密的，该国也会被迫成为更加诚实的民族。

此外，对于一些曲折隐秘事件的发生，大臣们或许要在一定程度上负责。因此他们最应该采取的方式就是走最为正直的路。

在这个国家里，如果某些时候贵族们拥有过度的权力，君主通过表彰公民的方式贬损贵族。极端奴役出现的时候就是在重要人物受到贬低而普通人开始感受到权力的时候。

在这样的国家中，由于先前遭受过专制，所以这个国家在许多场合下都保持了同一风格。于是人们会经常看到自由政权基础上的绝对政权形式。

在宗教方面，由于每个人都有自己的意愿，也会因此受到自己的理智或幻想的指导，所以要么是每个人都对任一种宗教无动于衷，于是每个人都趋向于皈依主要宗教；要么是每个人都会热心于一般的宗教，于是教派就会增多。

在这个国家当中，人们是有可能不信宗教的。不过对于这些人而言,如果有一个信仰后,再强迫他们改变之前的信仰的话,他们会立刻感到除了思维方式，生命和财产都不是自己的了。而如果控制他们的思维很容易的话，那么就能剥夺他们的所有财产了。

在不同的宗教中，如果有一种是试图以奴隶制的方式建立起来的话，那么这个宗教一定为大家所厌恶。因为我们是通过与一个事物相关的事物或与其无关的事物来对其作出判断的。这样的宗教是不会让人想到自由这种词的。

反对承认该宗教的法律不是血腥的，因为自由没有想过实行这样的惩罚。不过，他们的这些法律过于压抑，完全可以凭冷血的方式完成所有的罪恶。

可能会有一千种情况证明，僧侣的信用过少，而其他市民的信用则很多。因此，僧侣不愿意与俗人分离，他们更愿意同俗人承担同样的负担，并且在这方面和俗人成为一体。不过，僧侣还是希望能被广大人民所尊重。凭借较为隐居的生活、较为保守的行为和更纯洁的动机，僧侣使自己高人一等。

如果僧侣没有约束人的力量，则不能保护宗教或被宗教保护，所以他们便试图说服人。他们会下笔写出精美的文字，试着表明上帝的意图和启示。

国家可能要避免僧侣们集会，可能不会允许僧侣改正他们的弊端。在狂热的自由中，国家不会允许僧侣们的改革完全实现,

440 也不会允许他们成为改革者。

那些构成政制的高位官职在其他地方或许更为稳定。不过从另一方面而言，自由国家的重要人物们或许同人们更为亲近。因此，他们的等级或许更为分开，而人本身却更容易混为一谈。

统治者们的权力是可以恢复的，也就是说，每天都可以重新振作精神。于是他们更重视对他们有用的人，而不是让他们开心的人。因此，这些国家里有极少的佞臣、谄媚和奉承者，以及利用重要人物空虚精神的人们。

那里的人们很少会凭浮夸的才艺和特点来判断别人，而都是通过真正的品质来评判。这样的品质只有两个：财富和个人功绩。

那里的人们享受着的是实实在在的奢华。这奢华不是建立在虚荣心之上，而是建立在真正的需要上。除了大自然赋予人们的快乐之外，他们无所他求。

他们拥有丰裕的财产，但他们不会随意掺和进无意义的事情中。于是，因为钱多而花费少，许多人想出了奇怪的花钱方法。在这样的国家中，智慧高过品位。

人们总是关注自己的利益，所以缺乏那种出于慵懒而形成的礼貌，他们也实在是没有时间礼貌。

罗马人的礼仪时代也是他们建立专制的时代。集权制度催生了慵懒，而慵懒则催生了礼貌。

在一个国家中，需要处理彼此纠纷不会导致不悦的人越多，这个国家就越礼貌。不过使我们同野蛮民族相区别的是风俗上的礼仪，而不是行为方式上的礼仪。

在一个国家中，男性多多少少会参与国家的行政，而女性就几乎不能在男性中生存了。因此，女性应该是温和端庄的，也就是腼腆一些的，这种腼腆形成了她们的品格。而男性则不够有女性的雅趣，沉湎于酒色中，享受自由和闲适。

在这个国家中，制定法律并不是厚此薄彼，所以每一个人都视自己为君主。与其说一个国家的人们是同胞，不如说他们是同盟者。

如果是气候使一国人民焦躁不安又深谋远虑，而政制又让每一个人都参与政事管理，让人人都对政治感兴趣，那么他们的言谈都是围绕着政治。有人将生命用于推测事件的发生，但是由于事物的不同性质，由于运势的多变（也就是所谓的人世无常），事物的演变几乎是无法推测的。

在一个自由的国家中，人们推理的好或坏并不重要，只要他们推理就好。这也是自由的体现，自由就是保护人们不受同一推理的影响。

但是在专制政体下，不论推理的好或坏，都是有害的。只要推理，就可能会违背政府的原则。

许多人不愿讨人喜欢，放任自己随心而为。有些有才华的人，会因自己的才华而受到痛苦。他们轻视或厌烦一切事物。在有很多理由不必悲伤的前提下，他们还是很不开心。

公民不惧怕别的公民。这个国家就是骄傲的，因为君主的骄傲仅仅是建立在他们的独立不羁上。

自由的国家是骄傲的，其他的国家更容易虚荣。

但是，大多数这些骄傲的人们还是会和自己人生活在一起。在面对不熟识的人时，他们会变得羞涩，所以大多数时候，人们会觉得他们是害羞和骄傲的一种奇怪组合。

这个国家的性格尤其会体现在人们奇思妙想的作品中，其中人们会看到一类沉默寡言的民族，喜欢独自思考。

社会教会了我们什么是可笑的，幽隐的环境更易让人感受到邪恶。他们的讽刺作品是尖锐苛刻的，在发现贺拉斯之前，人们或许会看到许多尤维纳利斯。

在极端专制的国家中，历史学家会出卖真相，因为他们没有自由说出事实。在极端自由的国家中，因为有着自由，所以历史学家总会说出真相。这种自由常常是分裂的。每个人因而成为持有他专制教派偏见的奴隶。

他们的诗人总是有一种创作的原始直率，而不常有精致的品味。在他们的诗中，我们看到某种风格，与其说像拉斐尔的风格，不如说像米开朗琪罗的风格。

1 参阅塔西佗，《日耳曼尼亚志》，他们打断辩护者的话，对他们说："毒蛇，停止叫唤吧！"

2 参阅阿加提亚斯，《查士丁尼的生活与行动》，第四卷。

3 参阅查士丁，《世界史纲》，第三十八卷。

4 拉丁原文将之称作“诉讼的把戏”，参阅查士丁，《世界史纲》。

5 参阅塔西佗，《编年史》，“罗马人的亲切和蔼，这是帕提亚人所不知道的品德，而这些对于帕提亚人而言似乎是罗马人的新罪恶。”

6 参阅《创建东印度公司历次航行记》，第三卷，第一篇，第 33 页，巴比尔在 1596 年描述勃固的情况。

7 参阅狄奥，《罗马史》，第五十四卷，第十七章，第 532 页。

8 参阅《蜜蜂的故事》，一本英国的哲学性小说，曼德维尔著。

9 参阅《创建东印度公司历次航行记》，第一卷，第 54 页。那些跟随马拉坎巴可汗的人民，那些卡纳塔卡邦和科罗曼德尔半岛的人们是既骄傲又懒惰的。他们的消费少，因为他们十分贫穷。然而，莫卧儿人和印度人是勤劳的，所以享受着和欧洲人一样的舒适生活。

10 参阅威廉·丹皮尔，《周游世界记》，第三卷。

11 参阅《耶稣会士书简辑》，第十二辑，第 80 页。

12 参阅《世界史纲》，第四十四卷，第二章。

13 原因在于中国的气候和地形。

14 参阅杜赫德，《中华帝国全志》，第二卷。

15 参阅杜赫德，《中华帝国全志》。

16 摩西对法律和宗教只制定了一部单一的法典。最初的罗马人将旧风俗和法律混为一谈。

17 参阅杜赫德，《中华帝国全志》，第二卷。

18 参阅杜赫德为我们从中国的经典中所摘抄的那些极为优美的片段。

19 因而产生效仿、摒弃懒惰和对知识的崇敬。

20 参阅《耶稣会士书简辑》，第十七辑。参看中国禁止基督教会的政令中，官吏们所列举的各种理由。

21 参阅本书第四章，第三节；第十九章，第十三节。

22 参阅本书第二十四章，第三节。

23 参阅朗克1721年和1722年的《日记》。参阅《北方旅行记》，第八卷，第363页。

24 参阅柏拉图，《法篇》，第十二卷。

25 同上。

26 简言之："照数归还"。

27 参阅提图斯·李维，《罗马编年史》，第八十八卷，第三章。

28 参阅《法制》，第二卷，第六篇，第二节。

29 参阅《法制》，第二卷。

30 未成年时期的法律继承是：如果继承人在成年前去世，我将代替他继承。

31 参阅《西哥特法》，第三卷，第一篇，第五节。

32 参阅《民法大全》，第八篇"休婚"。

33 参阅十二铜表法。参阅西塞罗，《第二菲利毕克》，第六十九章。

34 即用不适宜自由妇女身份的惩罚来对待妻子的话。

35 参阅《新法》，第一百一十七篇，第十四章。

36 第六节。

CLIO 克利俄

DE L'ESPRIT
DES LOIS
Montesquieu

论法的精神

（下）

〔法〕孟德斯鸠／著
祝晓辉　刘宇飞　卢晓菲／译

北京理工大学出版社
BEIJING INSTITUTE OF TECHNOLOGY PRESS

目录

第四编

第四编

第二十章

从贸易的性质和特征方面探讨贸易同法律的关系

向缪斯祈祷

皮埃里亚山的童贞女们啊，你们听到我的呼唤了吗？请赐予我灵感吧。我跋涉了很久。我遭遇过痛苦、疲乏和担忧[1]。请赐予我的内心一些安宁和平静吧，它们如今正在远离我。当你们通过快乐传输智慧和真理的时候，你们再圣洁不过了。

但是如果你们不想减轻我的劳作之苦，那么就请将劳作隐藏，希望让人们从我的书中受益而又不觉得我在施教，让我看上去只是在思考、在感悟而已。当我讲述有益之事时，希望大家认为我一无所知，而认为这一切都是你们告诉我的。

当你们的灵泉之水从你们的心爱之石中喷薄而出时，它直涌上天而不是回流而下，它缓缓地流过草地。它会给你们带来欢乐，因为它是牧羊人欢乐的源泉。

迷人的缪斯啊，如果你只是简单地瞥一眼，那么世人便都会来阅读我的作品，读我的书将不是一种娱乐，而是一种快乐。

神圣的缪斯啊，我感受到了你在激励我，不只是在唐佩山谷用笛子吹出的乐曲，或是在提洛岛用七弦竖琴重复演奏的乐章。你还让我用理性说话，而理性是我们人类感官中最高贵的、最完美的、最精致的一种。

第一节　贸易

下面的内容应从宽泛的角度陈述，但本文的性质并不允许我这样做。我本想在平静的湖面滑翔，但我却被急流拖行。

贸易能够治愈破坏性的偏见。因此有一条通则是，哪里有温和善良的风俗，哪里就有贸易；哪里有贸易，哪里就有温和善良的风俗。

因此，如果人们发现我们的风俗同之前相比不那么野蛮，请不要惊讶。贸易使所有国家的风俗知识传遍世界。各国的风俗都在互相比较，因此在这比较中，也产生了一些好的结果。

有人说，针对贸易的法律的出现是风俗在变好的象征。同理可得，贸易法律也会使风俗变坏。贸易腐蚀了纯正的风俗[2]，这也正是遭柏拉图责难的一点。贸易使野蛮的风俗变好、变得更温和，这是人们每天都在目睹的事实。

第二节　贸易的精神

贸易带来的自然结果是和平。两国通商，就会彼此依赖。如果一方有意买进，一方有意卖出，则所有的贸易伙伴都会是建立在双方的需求之上。

不过，即使贸易精神能使各国团结一致，但也无法使个人同样团结起来。我们知道，在一些国家[3]，由于只受贸易精神的影响，那么该国人道的精神、道德的品质就全都成了交易之物。哪怕人们是在做最小的人道主义的事情，也是为了金钱。

贸易的精神在人们的心中形成了精准的公平感，一方面同盗贼行为相反，另一方面同道德观念又不相容。这些道德观念认为，人不必总是对自己的利益斤斤计较，为了自己的利益而去忽略别人的利益。

相反，如果没有贸易精神，就会产生强盗行为。亚里士多德认为，强盗是一种获得的方式。强盗精神同某些道德并不相悖:比如，热情好客在经商国家是很罕见的，但在强盗民族却是很著名的。

塔西佗说，日耳曼人把闭门谢客视为亵渎罪，不论对熟人还是生人。一个人热情款待一个陌生客人之后，再把他带到另一户好客的人家，在那里，客人将会受到同样人道的待遇[4]。但是在日耳曼人建立起各个帝国之后，热情招待客人便成了负担。这从勃艮第法典中的两条法律可以看出来[5]。有一条规定是，任何野蛮人将陌生人带到罗马人的家里，将会受到惩罚；另一条规定是，凡是由于接待陌生人而造成的损失，各周边居民都有义务按比例支付赔偿。

第三节　人们的贫穷

穷人有两类：一类是由政府的严苛而导致的贫穷，这些人几乎没有什么品德，因为贫穷就是他们奴役的一部分。另一类人之所以贫穷，是因为他们蔑视或不知道舒适的生活是什么样的。而这种人能够做成大事，只是因为贫穷是他们自由的一部分。

第四节　各种政体下的贸易

贸易和政治体制有关。在君主专制下，贸易是建立在奢侈之上的。尽管在这些国家中，贸易也建立在一定的实际需要上，但是其主要目的还是确保国家能够获得满足其骄傲、愉悦和幻想的东西。在多人统治的政体下，贸易经常是建立在节俭之上的。这些国家的商人将目光放眼全世界，把从一个国家运来的货物运往全世界。这也是提尔、迦太基、马赛、佛罗伦萨、威尼斯和荷兰这些共和国做生意的方式。

这种建立在节俭上的贸易同多人统治的政体有关。因为这种贸易的基础是少赚钱，甚至赚得比其他国家都少，并通过不断赚钱来得到补偿。这对于生活上习惯骄奢淫逸而又眼高手低的国家而言，这种建立在节俭上的贸易是几乎不可能存在的。

西塞罗也有这种想法，他曾很好地解释道："我不希望一个民族既是全世界的统治者，也是各国人的代理商[6]。"的确，有人会假设这种国家的每一个人甚至整个国家的思想中都有着大计划和小目标，而这完全是自相矛盾的。

而这些以节俭建立贸易的国家，还是确立了许多伟大愿景的。这些国家展现的也是君主制国家的人们所没有的果敢，原因如下：

一种贸易促使另一种贸易发展，小型贸易会演变成中型贸易，中型贸易会演变成大型贸易。之前计划少赚些钱的人也同样想多赚一些了。

此外，商人的巨大事业必然也是同公共事业结合在一起的。不过在大多数情况下，商人对君主制国家中的公共事业是持怀疑态度的，而这就像共和制下的商人就对公共事业持有信任一样。因此，大型商业企业并不是为君主制而设，而是为多人统治的政体而设。

简言之，在共和国中，人们相信自己的财产极为安全，所以他们敢于经营一切事物。因为人们相信自己的所得是安全的，所以人们敢于将财务暴露，以便获得更多财富，只是获得财富的手段有一些冒险。如今，人们都对自己的财富期待更多。

我不是说所有的君主专制国家都完全被节俭贸易排斥在外，不过从本性而言，这些国家并不适合从事这样的贸易。我也不是说，我们知道的共和国就完全不从事奢侈贸易，而只是这类贸易同该国的政制并不那么相关。

对于暴政国家，这里就没必要讨论了。在这一方面的一个通用法则是：在处于奴役的国家中，劳作更多地是为了保持而不是为了获取；而在自由国家中，劳作更多地是为了获取而不是保持。

第五节　从事节俭贸易的民族

马赛是海潮奔涌、暴风骤雨中一个必要的隐蔽之处。马赛当地所有的海风、浅滩和海岸线都利于船只驶入，所以那里总有船只航客频繁出入。马赛当地土壤贫瘠[7]，所以人们决定实行节俭贸易。他们必须努力工作才能换回自然没有赋予他们的财富。他们必须公正，才能同野蛮民族共同居住、创造财富；他们必须温和仁厚，才能保证国家政治一直平静；最后，他们还必须节俭，才能靠获利虽少但较为可靠的贸易度日。

人们随处可以见到，暴力和侵扰产生了节俭贸易。人们受政制所迫，不得不隐居在沼泽、岛屿和浅滩上，甚至在危险的暗礁中。于是便出现了提尔、威尼斯和荷兰各城邑。逃犯躲避在那些地方是十分安全的。而这些逃犯们又不得不生存，于是他们从世界各地赚取生存资料来维持生命。

第六节　航海业发达的一些影响

有时，从事节俭贸易的国家需要一国的商品作为与另一国开展贸易的依据，所以可能同前者开展贸易时宁愿赚取薄利，或分文不取，而只是为了向后者多赚一些。于是，荷兰就是如此，它是唯一一个从事南北欧间贸易的国家。荷兰人将法国红酒运往欧洲北部，这也只是确保荷兰能够在欧洲北部从事贸易的一个保障而已。

众所周知，在荷兰，一些从远道运来的商品售价通常比原产地成本高不到哪儿去。原因在于，船长需要为船只购入压舱底料时，他就用大理石压舱底；他需要木材装运货物时，他就购买木材；于是当他售出大理石和木材时，只要不吃亏，他就认为自己已经大赚一笔了。由于荷兰也有自己的采石场和森林，所以他们也这么做。

不但无利可图的贸易是有用的，赔钱生意也是有用的。我听说，在荷兰捕鲸几乎就是个赔本买卖。但是造船业的雇员和提供绳索、齿轮和其他必备品的人们就是对捕鲸最感兴趣的人。虽然在捕鲸上赔了钱，但他们却在提供供给品方面挣到了钱。这种贸易就类似彩票，每个参与的人都是出于对幸运数字的期待而加入其中的。每个人都想玩一玩，最清醒的人也会加入，这就像他们看不见赌博其实就是毫无规律、暴利盛行、暴殄天物、浪费时间，甚至还会搭上性命的行为一样。

第七节　从英国贸易看英国人性格

几乎没有英国人与别国订立关税协定。关税一般就是根据国会的决定而改变，无论是增加关税还是新增其他税种。英国也想在这个问题上保持自己的独立性。出于对别国在英开展贸易的嫉妒，英国很少缔结条约约束自己，一般都是按照自己的法律行事。

别的国家会因政治利益而牺牲商业利益，英国却经常因为商业利益而牺牲自己的政治利益。

众所周知，英国人是世界上懂得如何同时利用以下三种伟大事物的民族：宗教、贸易和自由。

第八节　节俭贸易是如何受到影响的

一些君主政体国家制定了法律，抑制了经营节俭性贸易的发展。法律禁止这些国家供给非本国生产的商品，只允许这些国家用自己生产的船只开展贸易。

采用这些法律的国家本身也得容易开展贸易才行，否则只会作茧自缚。同一个需求少的国家做贸易是很划算的，由于有商业需求，这些国家也有一定的依赖性；它们眼界开阔，事务繁多，知道去哪里解决掉多余的商品；它们财力丰厚，能够自己接纳大量商品，能准时付款；它们必须要守信，要平和地对待原则，因为它们的目的是获利而不是征服。我认为，同一些始终敌对又不能提供以上利益的国家相比，和上述国家经商更为划算。

第九节　专有性贸易

除非有重大理由，一国不得排斥同任一国家的贸易，这是一条基本准则。日本人只和两个国家的人做生意：中国人和荷兰人。中国人[8]在糖的贸易上获利十倍，而有时中国人在回购的货物上也能够获得同样的利润。荷兰人也如此。如果一国奉行的准则和日本一样，那么该国必然会受到欺骗。原因是，竞争使货物有了更为公平的价格，并建立了货物之间正确的关系。

而即使一国许诺会以一定的价格买入全部的商品，另一个国家也不能只将商品卖给前者。波兰人就是这样将麦子卖给但泽市的。印度的几个国王也同荷兰订立了相同的条约，出售香料[9]。因此，这类协定只适合贫穷国家。只要有了生活保障，贫穷国家就会放弃发家致富的希望。此外，这类协定也适合因遭奴役而无法使用大自然馈赠的国家，或者是使用这些东西进行亏本贸易的国家。

第十节　节俭贸易适合的制度

在开展节俭贸易的国家中，幸运的是，人们已经建立了银行。以自身信用为基础，这些银行发行了新的价值标志。在开展奢侈贸易的国家，如果也实行银行制度的话就是错误的了。在君主制国家中，银行的出现会形成金钱和权力的对立；也就是说，一方面，有能力拥有一切的人是没有权力的，而另一方面，有权力的人却没有能力。在这样的政制下，只有一国君主已经获得或者能够获得财宝。无论哪里出现了多余的财产，都应归属于君主。

同样，为从事某种贸易而联合的公司很难适应君主专制的政体。这些公司的性质就是赋予个人财产获得公共财富的权力。不过在这些国家中，只有君主手中有这样的权力。更深入而言，贸易公司不总是适合从事节俭贸易。如果主营业务没有大到超出个人能力之外，那么最好不要通过专有权力妨碍到贸易自由。

第十一节　续前

开展节俭贸易的国家可以设立自由的港口。国家的节俭通常会导致个人的节俭，会赋予节俭贸易灵魂。建立港口后，相关的税收会减少，会使共和国因勤劳致富而得到抵消。但是在君主制下，建立这种港口是不合理的，它们存在的唯一理由就是为奢侈减免关税负担。这样一来，国家就放弃了因奢侈而享有的唯一好处，也解除了在这种政制下奢侈所承担的唯一重负。

第十二节　贸易自由

贸易自由并不意味着赋予商人为所欲为的权利，这反而成了贸易的奴役。对商人的限制也不意味着对贸易的限制。即使在自由的国度，商人们一样会遇到无数的障碍。那里的法律对商人的限制从来没有比奴役制国家所设定的限制要少。

英格兰禁止羊毛出口，希望煤炭能够通过海运抵达首都。英格兰也不允许马匹出口，除非马是阉割的。在欧洲开展贸易[10]的英国殖民地船只必须在英国抛锚。这影响了商人，但却促进了贸易。

第十三节　贸易自由的破坏

有贸易的地方就会有海关。开展贸易的目的是为了以国家的名义进出口商品。海关的目的也是以国家的目的对出口征收一定的关税。因此，国家必须在海关和贸易之间中立，必须合理安排，使两者不会互相阻碍，这样才能使人们享受到贸易的自由。

包揽关税的人们通过不平等、侵扰、过高抽税破坏了贸易。

458 通过过度征税和收取所需要的手续，他们还制造了更多的困难。在英国，关税是直接征收的，这对经商有利。只要人们写下一个字，最大的生意就做完了。商人不必耗费无尽的时间，不需要通过特定的中介就能解除或承受由税款包收人所引起的麻烦。

第十四节　有关没收商品的贸易法律

英国的大宪章禁止在战时扣押和没收外国商人的商品，除非是作为报复手段。英国将这条法律作为自由条款之一，这是值得称赞的。

在1740年西班牙对英国的战争中，西班牙制定了一条法律[11]，对将英国商品引入西属各邦的人实施死刑，而对将西班牙商品引入英属殖民地的人也实施死刑。我认为，也许只有在日本才能找到类似的法律。这同我们的风俗、贸易精神以及在量刑时应遵循的比例是相悖的。这样的规定引起了思想的混乱，把仅仅是违背治安的行为当作是国家的罪恶。

第十五节　人身拘禁

梭伦制定了一条法律，规定雅典人不得因民事上的债务拘押债务人[12]。这条法律借鉴了埃及律法[13]，该法律由波克霍利斯设立，塞索斯特里修订。

这项法律对普通的民事事件是有利的[14]，但不在商业案件中使用这条法律也是对的。因为商人经常要在短时间内将一笔巨款交人保管，在委托后还要收回该款，所以债务人必须在规定时间内履行他的义务，那么这就可能出现人身拘禁的现象。

对于普通民事契约所引发的案件，法律条文中不得出现人身拘禁的字样,因为一个公民的自由比另一公民的便利更为重要。不过在由贸易而产生的契约方面，法律应更注重公共便利，而不是一位公民的自由。即便如此，人们可以从人道主义和良好管理的要求上，对以上法律做出一定的限制。

第十六节　一条良法

日内瓦法禁止无力偿债的债务人子女从官，甚至禁止他们进入大议会，除非子女替父母还清债务。这是一条很好的法律，它在商人、官员和城市本身之间建立了信任。此处的个人信用还有公共信用的效力。

第十七节　罗德岛

罗德人更进了一步。塞克斯都·恩披里柯说[15]，在罗德，儿子不得以放弃财产继承的方式偿还父亲的债务。这条罗德法是为建立在贸易上的共和国而设。如今，我认为根据贸易的理性，应

 设这样一条限制，即在儿子开展贸易之后，父亲所欠债务不得影响儿子所获财富。一个商人应该对自己的债务十分了解，时时刻刻根据自身的财富水平开展行动。

第十八节　商事裁判

色诺芬在其著作《财源论》中主张，应给办案最快的商事长官一定的报酬，他认为有必要实行商事裁判。

贸易活动很少流于形式。贸易活动就是日复一日、不断重复的活动，因此必须在当天做出决策。贸易活动和对未来有影响却鲜少发生的活动是截然不同的。人一般只结一次婚，人们不会每天立遗嘱赠遗物，人一生也只成年一次。

柏拉图说，没有海洋贸易的小镇需要一半的民法[16]，这个说法是正确的。贸易使一国出现不同的人、不同的协定、不同的商品和不同获取财富的方式。

因此，在一个经商的城市，法官较少而法律较多。

第十九节　君主不得经商

狄奥斐卢斯[17]看到一艘船为他的妻子狄奥多拉带来货物，便下令把船烧掉。他告诉妻子：“我是皇帝，你却使我成了船长。如果我们经营穷人的生意，那么他们还怎么谋生呢？”他或许还说过：“如果我们垄断了市场，谁来约束我们呢？谁会来要求我们完成我们的契约呢？如果我们开始做了生意，那么朝臣也会来做，他们会比我们更积极，更不公平。人们对我们的公正是有信心的，对我们的奢侈是完全没有信心的。人们缴税后十分困苦，这就是我们也很贫穷的证明啊。”

第二十节　续前

葡萄牙人和古西班牙人占领了东印度后，由于贸易过于繁荣，君主也抓住机会攫取了贸易。这就在一些地区毁灭了他们的殖民。

果阿邦的总督为人们制定了专属的特权。人们对这种个人是没有信任可言的。由于负责贸易的人士几经变更，所以贸易也被打断了。如果没有人经营贸易或关注贸易，那么只会给自己的子嗣留下一片混乱。利润还是会集中在少数人手中，而没有广泛分散。

第二十一节　君主国贵族的贸易

在君主制国家中，贵族经商是违背贸易精神的。霍诺留西和狄奥多西[18]两个皇帝说：“这对城市是无益的，会破坏商人和平民间的买卖活动。”

贵族经商违背君主制的精神。英国由于允许贵族经商，所以其君主制遭到了严重破坏。

第二十二节　一个特别的想法

有人受到一些国家行为的触动，认为法国也应该设立法律允许贵族经商。但是这种行为不仅对贸易无益，同时还会对贵族阶层产生毁灭性的打击。法国的做法很明智：商人不是贵族，但他们可以成为贵族。商人有希望获得贵族身份，阻碍不多。若想离开商业，商人就要把自己的贸易做好、做成功，这同才能也是分不开的。

规定人们恪尽职守地做同一样工作，并希望子女继续从事这份工作的法律只在专制国家有效[19]，在这些国家中，没有人能够或应该成为彼此的敌人。

不能说人们都不换工作就能把工作搞好，在我看来，如果一个人因在一个行业做出卓越的成绩而有希望升迁到另一行业的话，那么这个人会全力以赴地把业务做好。

由于财富可以使人获得贵族身份，所以商人们也就会受到激励，努力获得更多财富，追求贵族身份。这里不去探讨用财富换取品德是否是合理的，不过这种做法对一些政府而言还是十分有用的。

法国有一类穿长袍的人，地位介于大贵族和平民之间。他们的地位不如大贵族一般显赫，但却享有着大贵族的特权。虽然每个人都是平凡的，但作为捍卫法律的人，他们又都是光荣的。在这个阶层中，人们凭借财富和品德而使自己出众。他们从事的是一个体面的行业，但他们还从事着更为尊贵的行业，即战时贵族。这类贵族认为，无论财富多少，都应该继续创造财富。不过他们也认为，一味赚钱而不花钱也是很遗憾的。这些人常常会用自己的全部财富解救国难，一旦自己毁灭，就会把地位让给别人，使他们继续能够用自己的财富为国家服务。战时贵族会奔赴战场，这样就没有人会说他们不去打仗了；在得不到财富的时候，这些贵族便期望获得荣光；而在得不到财富之时，他们会因获得了荣光而自我安慰。所有这一切使法兰西强盛不衰。如果说在过去的两三百年间，法兰西这个国家的实力在不断地增强，那么这一定是因为法兰西法律的缘故而非财富，因为财富无法一直保持不变。

第二十三节　不利开展贸易的国家

财富可以是土地或动产，国家土地通常由居民拥有。大多数国家的法律都规定外国人不得拥有本国土地，而只有主人的存在才能使土地增值。因此，土地这类财富是专属于每个国家的财富。但是动产，比如金银、钞票、票据、公司股份、船只和所有的商品，都是全世界通用的。在这种情况下，整个世界便形成了一个单一“国家”，其中所有的国家都是成员，谁拥有最多的不动产，谁就是最富裕的民族。有些国家占有数量庞大的动产，通过生产、劳作、勤奋、发现甚至通过运气，这些国家获得了大量的不动产。由于贪婪，各国纷纷争夺世界上的动产。有些国家可能很不幸地被别国掠夺，所以财产也就所剩无几。他们的土地所有者不过是外国佃户而已。这些国家什么都不缺，不过什么也得不着，那么最好也不要同别国开展贸易。因为过去的经验证明，就是贸易导致这些国家像现在这样贫穷。

如果一国出口总是低于进口的话，那么或许在寻求贸易平衡的过程中，这些国家或将越来越贫困。对于这样的国家，其未来的进口还会持续减少，一直到无力进口为止。

在商业国家，财富没有了还会再挣，因为这样的国家是接受其钱财国家的债权国。但对于上述国家，钱财不会再挣回来的，因为拿走钱财的国家不欠它什么。

波兰就是一例。除了农田产出的小麦之外，波兰没有任何我们可称为动产的财产了。几个大地主占有整个省份，他们欺压农民给他们更多的小麦，以便运往外国换取财物供自己享乐。如果不和其他国家通商，波兰人民将会幸福得多。因为国内的权贵会把小麦给自己的农民，以保证他们能继续种地。对权贵而言，过大的农田是他们的负担，所以权贵会把农田分给自己的农民。从自家养的畜群中，人们可以获得动物的皮和毛，所以做衣服不会花费太多的钱。权贵总是喜爱奢侈品，因为只能在自己的国家得到奢侈品，所以权贵会鼓励穷人努力工作。我认为这样一来，波兰就能繁盛起来，至少不会变成半野蛮民族，这就是法律所能制止的了。

现在让我们来看看日本的情况吧。由于大量的输入，日本产生了大量的输出。因此日本的贸易基本算是平衡的，好像其进出口都比较适中。此外，这样丰富的物资会给国家带来许多好处：国家的消费会增加，会有更多利用工艺完成的事物，那么国家的就业也会增加，人们获取权力的方式也会增多。在急需帮助的情况下，这样的国家会做出更为迅速的反应。对国家而言，很难没有剩余的物资，而贸易的本质就是变剩为宝，再变宝为需。因此，国家就能够将必需品赋予更多的子民了。

那么我们可以说，由于贸易而吃亏的国家不是物资充足的国家，而是物资贫乏的国家。而通过闭关锁国来获益的国家也不是那些自给自足的国家，而是一无所有的国家。

1 “少女们，你们说说吧！
陂利德斯姐妹们，
你们歌颂这些少女对我而言是有好处的。”
参阅尤维纳利斯《讽刺诗》，第四卷，第三十五至三十六节。

2 恺撒说，高卢人与马赛为邻并与马赛开展贸易，于是高卢人就变坏了。过去高卢人总是能够战胜日耳曼人，而现在已变得不如日耳曼人。参阅《高卢战争》，第六卷，第二十三章。

3 这里指的是荷兰。

4 参阅《日耳曼尼亚志》，第二十一章，“在那里，客人要受到同样的殷勤招待”。又参阅恺撒，《高卢战争》，第六卷，第二十一章。

5 参阅塔西佗，《日耳曼尼亚志》，第三十八章。

6 参阅西塞罗，《论共和国》，第四卷。“我不希望世界的统治者和海关官员是同一拨人。”

7 参阅查士丁，《世界史纲》，第四十三卷，第三章。

8 参阅杜赫德，《中华帝国全志》，第二卷，第170页。

9 葡萄牙人开此先例。参阅弗朗索瓦·皮拉尔《旅行记》，第十五章，第二节。

10 1660年的《航行法案》规定：只有在战时，波士顿和费城的商人才可派遣船只携带商品直接前往地中海。

11 1740年3月在加的斯公布。参阅让·塞罗塞·德米西，《西班牙和英国的发展进步》，第十三卷。

12 参阅普鲁塔克的论文《反对借高利贷》第四章。

13 参阅狄奥多罗斯，《世界文库》第一卷，第二篇，第七十九章。

14 希腊的立法者应受到谴责。在希腊法案中，禁止拿债务人的武器和耕犁作为抵押物，但却允许拘禁债务人的人身。参阅狄奥多罗斯，《世界文库》第一卷，第二篇，第七十九章。

15 参阅塞克斯都·恩披里柯《生动描述》，第一卷，第十四章。

16 参阅柏拉图，《法篇》，第八章。

17 参阅佐纳拉斯的著作。

18 参阅《贵族法、商事法典和最新销售案例》。

19 实际上，在专制国家中常常如此。

第二十一章

从贸易对世界引发的变革看法律同贸易的关系

第一节　一些一般性的思考

虽然有时贸易会产生巨大的变革，但是一些自然原因，比如土地和气候的性质，也可能使贸易保持不变。

如今，我们同印度经商都是通过我们把银钱送到印度的方式来实现的。罗马人曾经每年约带入印度五千万赛斯特斯[1]。同我们如今送去的银钱一样，罗马人的钱也会被换成商品，运回西方。同印度开展贸易的人们都是带着金属钱币过去，带着商品回来的。

这一现象是由大自然自身导致的。印度人有自己的工艺，符合他们自身的生活方式。我们所享受的奢侈和他们的奢侈不同，我们的需求并不一定就是他们的需求。印度的气候导致当地几乎不需要我们这里的商品。印度人大多都半裸体，他们所需要的衣服在本地就能得到供给。而控制着他们的宗教则使印度人厌恶我们的食物。因此，印度人只需要我们的钱币，那是价值的标志。于是印度人用自己的商品换取钱币，他们的商品是从自己的节俭和国家的大自然中换来的。古人在书中描述的印度政制、风俗和习惯[2]，同我们今天看到的是一样的。既然印度的过去和现在一样，那么未来也还会是一样。无论什么时代，和印度开展贸易的人都是将银钱带去而什么都带不回来的。

第二节　非洲的民族

大多数住在非洲海滨的民族是野蛮人或半野蛮人。我认为原因是，一些可居住的小国被无法居住的国家分散开来。非洲没有工业，也没有工艺。非洲金属储藏丰富，人们可从大自然中直接获得金属。因此，所有文明的民族都可以同非洲开展贸易并占得先机。文明的民族能让非洲人把毫不值钱的东西当作宝贝，并换取高昂的价格。

第三节　南北方民族的需求是不同的

欧洲的南部国家和北部国家之间存在着一种平衡。在欧洲南部的国家，生活比较便利，人们的需求较少；而北部的国家生活较为不便，人们的需求较多。大自然赋予南部国家很多，索取很少；而大自然赋予北部国家的物资不多，却索取得不少。大自然是这样维持南北平衡的，它赋予南部国家人们懒惰，而赋予北部国家人们勤劳和活力。北部的国家必须努力工作，因为一旦懈怠，则人们就会缺吃少穿，成为半野蛮人。而南部的国家则实行奴役制，因为他们很容易花天酒地，所以也就很容易失去自由。但是北部的民族需要自由，这样才能有更多的方式满足大自然赋予他们的需要。因此，北部民族如果不是自由或半野蛮的，就迫不得已处于艰难的生活状态中。而在一定程度上说，对于几乎所有的南部民族而言，如果不是奴隶的话，就会处于暴动状态。

第四节　古今贸易之间的主要不同

随着世界形式的变化，贸易也在不断发生变化。如今的欧洲贸易主要是由北至南经营。由于气候不同，各民族间对彼此的货物需求旺盛。比如，南部国家卖入北部国家的饮料催生了古人几乎没有开展过的贸易。因此，过去由小麦量来衡量的船只容量如今是由酒的桶数来衡量了。

众所周知，古时的贸易是在地中海的港口之间进行的，几乎都在南部。不过，由于气候相同的民族所产商品也都一样，彼此之间不像气候不同的民族间对贸易有着强烈的需求，所以欧洲过去的贸易不如现在一般范围广泛。

这同我之前讲过我们和印度的贸易模式并不是矛盾的。我们的气候完全不同，因此我们两者的相对需要等于零。

第五节 其他不同

有时遭到征服者的摧毁，有时受到君主的破坏，贸易会跨越全球，逃离受到压迫的地方，留在可以自由呼吸之地：在如今贸易统治的地方，过去只是成片的荒漠、海洋和岩石。而贸易过去统治的地方，如今却是荒原。

看到如今的科尔基斯，仅仅是一大片森林。当地的人口逐日减少，他们捍卫自己的自由，只是为了一个接一个地把自己卖给土耳其人或波斯人。而谁都不会想到，科尔基斯在罗马时代曾是城市林立、万国来朝的地方。而现在国内找不到任何对它的记载，只能在老普林尼[3]和斯特拉波[4]的著述中寻找到一些蛛丝马迹。

贸易的历史即是各民族沟通的历史。各民族不同的毁灭陨落、人口的增加减少、劫掠的忽起忽息构成了历史性的大事件。

第六节　古人的贸易

塞米勒米斯王后拥有无数的财宝[5]，这当然不是在一天内获得的。这不禁让我们思考，亚述人曾经掠夺过富裕国家，而自己也曾遭劫掠。

贸易带来的结果是富裕，富裕带来的结果是奢侈，奢侈带来的是工艺的逐步精化。塞米勒米斯王后时期的工艺已经十分精良[6]，这就证明，当时建立的贸易规模很广。

亚洲各帝国曾经开展过大规模的奢侈贸易。奢侈史或许是贸易史的一个重要部分。波斯人的奢侈就是米提亚人的奢侈，正如米提亚人的奢侈就是亚述人的奢侈一样。

亚洲曾发生过许多巨大的变化。在波斯东北部的赫卡尼亚、马尔吉亚纳、巴克特里亚等地区，过去曾有许多繁盛的城市[7]，现在都已不复存在。而在波斯北部[8]，在将里海和黑海分离的地峡处，过去的那些城市和国家，如今也已不存在了。

埃拉托斯特尼和阿里斯托布鲁斯[9]从帕特罗克洛斯处得知，印度的商品都是经过奥克苏斯河进入黑海的[10]。马库斯・瓦罗[11]告诉我们，当庞培和米特里达特作战时，据说从印度走到米特里达特，再到流入奥克苏斯河的伊卡鲁斯要花七天时间。以这种方式，印度的商品可以横跨里海抵达居鲁士河口。从河口再走五天便可抵达流入黑海的西斯河。毫无疑问，亚述、米提亚和波斯三大帝国是通过当地居住的国民而联通了东西方最偏僻的地方。

但这种联通也已不复存在。因为鞑靼人[12]的入侵，上述地方都已变成废墟。鞑靼民族嗜好破坏，而他们依然在此居住和破坏。奥克苏斯河已不再流入里海。由于某种原因，鞑靼人把奥克苏斯河改了道[13]，于是它现在消失在了不毛之地中。

锡尔河曾是文明国家和野蛮国家之间的屏障，也同样被鞑靼人改道[14]，不再流入大海了。

塞琉古曾拟订联通黑海和里海的计划[15]，这个计划可以使当时的贸易变得便利，但这个计划随着塞琉古的过世[16]而停滞。我们不知道在分隔黑海和里海的地峡上，这个计划是否能够实现。如今很少有人知道这个地方，那里人烟稀少、森林遍布。那里不缺水源，因为有无数的河流从高加索山脉流下经过此地。不过，高加索山脉位于峡道的北部，不断绵延直至南方[17]，成为极大的障碍，尤其是当时人们还没有掌握修建水闸的技术。

人们或许认为塞琉古要打通两海的地方就是后来俄国沙皇彼得一世下令打通的地方，也就是伏尔加河附近的塔内斯之地，不过里海北部的地方还尚未开发。

当亚洲各帝国开展奢侈贸易的时候，提尔人却在世界各地进行节俭贸易。博沙尔在其著作《迦南乐土》的第一卷列举了提尔人在各海岸线旁建立的殖民地。提尔人越过海格立斯之柱，并在海滨建立了居留地[18]。

当时的航海者必须沿海岸线行进，海岸线就像是他们的指南针。他们的航行是漫长的、辛苦的。所以，尤利西斯的艰苦航程是全世界最精美诗篇纷纷描绘的主体，仅次于“第一诗篇”*。

大多数的民族对远方的民族缺乏了解，这对从事节俭贸易的国家是有利的，他们在开展贸易的时候可以做一些模糊不清的事情。由于自己见多识广，所以他们占到了无知民族的便宜。

由于宗教和风俗的原因，埃及同外国断绝了联系，极少同外国开展贸易。埃及有着肥沃的土地和丰富的物产。埃及可谓是当时的日本，自给自足。

埃及人并不羡慕对外贸易，所以他们放任小国在红海港口做生意。他们允许以土买人、犹太人和叙利亚人在那儿储备海军舰队。所罗门[19]在航海方面雇佣的是提尔人，因为后者熟知大海。

约瑟夫斯[20]说，在他的国家里，农业是主业，所以人们对海洋的认知不足。因此，犹太人只是偶尔在红海从事贸易。犹太人征服了以土买的以拉他和以旬迦别，获得了贸易。当犹太人丧失了这两个城市后，他们也失去了贸易。

腓尼基人就不是这样。他们不从事奢侈贸易，也不因征服成功而从事贸易。他们的节俭、能力、勤劳、冒险精神和努力使全世界都离不开他们。

邻近红海的各国只在本地区和非洲开展贸易。亚历山大发现了印度洋，这使全球震惊，这便是佐证。我之前说过[21]，带贵金属去印度经商的人们常常空手而归[22]。由于欧洲金银价格比的关系，带金去印度经商比银获利更多，但这种利润还是微不足道的。带回金银的犹太舰队是从非洲经红海回来的，他们不是从印

 度回来的。

我还要说一句，航程是沿非洲东海岸行进的，当时的航海情况也足以证明，人们到达不了十分偏远的地方。

我知道，所罗门和约沙王的船队三年后才能回来，不过我不觉得航期的长短能体现航程的远近。

老普林尼和斯特拉波告诉我们，用灯芯草制造的船只在印度或红海航行二十天的旅程，希腊和罗马的船只需七天就可以完成[23]。根据这个比例，希腊和罗马船队航行一年的路程，可能需要所罗门船队差不多三年才能完成。

不同速度的两只船所行航程使用时间不是同速度成正比的。慢速度通常会产生更慢的速度。如果船只需要靠海岸行驶，它又在不断变换位置，而同时只有在海风合适的时候才能离港，且帆船良好的船只可以利用所有的有利条件时，那么设备不好的船只就只能滞留在条件较差的地段，花费好几天才能进入另一种航道。

在相同的时间内，印度船只只能走希腊和罗马船只三分之一的路程。这在如今的航海业可以找到原因。印度船只由灯芯草制造，同希腊和罗马的铁铸木制船只相比，吃水较少。

人们可以将这些印度船只同如今一些有浅水港的国家所制造的船只比较，比如威尼斯或者整个意大利[24]、波罗的海和荷兰省[25]等地。出入这些港口的船只都有着圆而宽的船底，而有良港的国家制造的船只船体能够更吃水。这种设计使吃水更深的船只能有效地利用风的力量，而吃水浅的船只就只能在风吹向船尾时行进。吃水深的船只无论风向如何，都能朝一个方向行驶。风吹时，吃水深的船只可以在水中受到一定的阻力，这种阻力会提供一定的支撑。又因为船身长，其侧面向着风，便可以利用舵产生力量，让船头面向目的地。因此，船能够充分背风行驶，也就是充分地面对风来的方向行驶。但如果是有着圆而宽的船底、吃水浅的船只，就没有这种支撑的力量了。风吹向船，船既无法抵挡，也几乎不能行进，而只能任由风吹。由此可以看出，有着圆底的船只航行较慢是因为：1. 在等合适的风上耗费了太多时间，尤其是在它们不得不改变方向的时候；2. 由于没有支撑力，所以它们无法像其他船只一样装备同样多的帆樯。如今，航海技术提高了，工艺得到了交流，人们也有技巧地更改了大自然的缺陷和工艺本身的缺陷，可是人们还能感受到这些差异，那么古人的航海情况又是怎样的呢？

现在，我们来继续这个话题。印度的船只比较小，而除了一些为炫耀设计的机械之外，希腊和罗马的船只也比我们的小。而船只越小，面对坏天气时，船只遭遇风险的机遇也就越大。能使小船沉没的风浪也只是使大船稍微摇晃一下。船的体积越大，其与表面积的比例就越小。众所周知，人们一般都会让船的载货量等于船的容水量的一半。我们假设，一艘船能够容纳八百吨水，那么它的载重量是四百吨，对于承水量为四百吨的船，它的载重量是二百吨。因此，第一艘船的体积比载重量是8∶4，第二艘船是4∶2。假设第一艘大船表面积同小船表面积的比例是8∶6，则

 小船的表面积和其载重量比则是 6∶2，大船的表面积同载重量的比是 8∶4。[26] 由于风浪只在船的表面产生作用，所以因重量较大，大船能够比小船更好地抵抗阻力。

第七节　希腊人的贸易

最初的希腊人都是海盗。米诺斯建立了海上帝国，也不过是组建了一个更成功一点的强盗团队。他建立的帝国也只是在他的岛屿周围。但是在希腊人成为伟大民族后，雅典人在海上成功建立了帝国。这个从事贸易的胜利国家为当时最有权势的君主[27]制定法律，击碎了叙利亚、塞浦路斯和腓尼基的海上力量。

我要说一下雅典的海上霸权。色诺芬说："雅典虽然在海上有霸权，但是阿提卡位于陆地，所以当雅典人出征远方时，雅典却遭到敌人的袭击。雅典的权贵在看到土地受到破坏后不闻不问，还把自己的财产放到别的一些岛上保护起来。而老百姓因为没有土地，所有也没有什么可担忧的。不过，因为雅典人住在岛上，还在海上建立了霸权，所以只要雅典还是海上霸主，那么他们就有能力妨碍别国，而别国则没有能力阻止他们[28]。"

你可能会想，色诺芬此言说的是英国吧。

雅典人心中满是丰功伟业的计划，雅典人本该扩大影响，却增加了嫉妒心。他们更为关注扩充自己的海上帝国，而不是好好利用这个优势。根据他们的政治制度，平民要分享公共赋税，结果富人却受到压迫。从矿山的艰苦工作、奴隶的辛勤劳动、水手船员的付出、对希腊城市的控制以及最重要的，即从梭伦的美好法制中来看，富人并没有得到贸易应有的利益。雅典人的贸易基本局限在希腊和黑海，凭此过活。

科林斯拥有很好的地理位置。它隔开两海，是伯罗奔尼撒半岛和希腊的窗口。在希腊人即天下、希腊城即国家的那个时候，科林斯就是最重要的城市，它开展的贸易要好过雅典。科林斯有一个港口接收来自亚洲的商品，另一个接收来自意大利的商品。因为当时绕过马莱阿角很困难，那里会出现逆风相对的情况[29]，容易引发沉船事故。因此，人们更喜欢到科林斯去。人们甚至可以在那里将船只开到陆地，从一处海洋驶向下一处海洋。科林斯的工艺非常的精良，当时属世界之最。富裕使这里的风俗十分腐败，而宗教则使这里腐败至顶。建好一座维纳斯女神庙，就要送一千名妓女供奉于它。阿特纳奥斯书中那些著名的美女大多是从这间修道院出来的，而阿特纳奥斯竟然真的敢于写出这些历史。

在荷马时代，希腊的富裕可见之于罗兹、科林斯和奥克米努斯。荷马[30]说：“木星喜爱罗兹人，赋予了他们极大的财富。”荷马又把财主的称号赐给了科林斯人[31]。同样，在谈及拥有许多金子的城市时，荷马提名了奥尔霍迈诺斯[32]，还有埃及的底比斯。罗兹和科林斯保住了他们的权势，而奥尔霍迈诺斯却没有。因为奥尔霍迈诺斯地理位置接近达达尼尔海峡、普罗庞提斯和黑海，这使人自然能够想到奥尔霍迈诺斯可以从海岸线附近经营贸易赚钱。而这一带有产金羊毛的神话。的确，人们把米尼安的名字赠给了奥尔霍迈诺斯[33]和阿尔戈。不过后来，随着人们对这些海洋了解的深入，随着希腊在当地建立了越来越多的殖民地，这些殖民地逐渐和半野蛮民族开展贸易，又和本国保持联络，于是奥尔霍迈诺斯逐渐衰落，湮灭在希腊城市的大潮中。

在荷马之前，除了互相之间以及和半野蛮民族之间开展了一些贸易之外，希腊人几乎没有其他的贸易。不过随着殖民地的建立，希腊人支配的势力范围也就越大。希腊是一个大的半岛，其边缘似乎使海水退却，而海湾各处都呈开放状态，好似在接纳海水一般。如果看一眼希腊，人们会发现它是一个相对比较紧凑的国家，有着延伸的海岸线。它大量的殖民地形成了一个围绕它的圈子。从圈子中，人们会发现别人都不是野蛮人。希腊入侵过西西里和意大利没有？希腊在当地建立了一些国家。希腊人的船只驶入黑海、小亚细亚和非洲海岸吗？他们的确去过那些地方。离新的民族越近，希腊的城市就越富裕。令人震撼的一点是，无数的岛屿排列成墙，就像是环绕着希腊的一道防线。

希腊的繁荣得益于其在全世界共同举办的运动会，得益于其国王向子嗣设立的庙宇，得益于使人们从四面八方赶来集会的节日，也得益于吸引了人们所有好奇心的神谕，最后还得益于其品位和工艺，任何想要超越他们的人必会暴露自己的无知。

第八节　亚历山大及其征服

亚历山大时期出现了四大事件，使贸易出现了重大的变革：捕获提尔、征服埃及、征服印度和发现该国南部的海洋。

波斯帝国延伸至印度河[34]。在亚历山大时期之前，大流士[35]派士兵乘船沿河而下，抵达红海。那么希腊人是怎么成为第一批从印度南部开始同印度人开展贸易的人呢？为什么不是波斯人先在那里开展贸易呢？那些离印度人那么近的海洋，那些冲刷着海岸礁石的海洋到底有什么用呢？亚历山大征服了印度，这是事实。不过为了通商，一定要先征服这个国家吗？我现在来讲讲这个问题。

艾尔亚奈[36]从波斯湾延伸至印度河，从南边的海洋延伸到兴都库什山，在一定程度上依附于波斯帝国。但是这里的南部地区干旱、贫瘠、荒凉、野蛮。传说中，塞米勒米斯和居鲁士的部队就是在这些沙漠中死掉的。而尽管亚历山大命他的舰队紧跟着他，他却还是损失了大部分士兵[37]。波斯人把整个海岸线都留给了伊克图欧法吉人和其他野蛮人[38]。此外，波斯人不航海，他们的宗教禁止他们从事海上贸易[39]。大流士命令他们在印度河和印度洋航行，这只是一个君主的奇思妙想，只是想炫耀自己的权力，而非君主按部就班地在使用自己的权力。无论是贸易还是航海，这些行为都没有实质性的影响。如果说人们刚刚摆脱了无知，而这只会让他们再次陷入无知。

此外，大家都认为[40]，在亚历山大征服之前，印度南部是无法居住的[41]。据传说，在塞米勒米斯[42]生还了二十人，而在居鲁士生还的只有七人。

亚历山大从北部进入。他计划向东部前进，但在发现南部满是大国、城市和河流后，亚历山大决定征服它们，于是他做到了。

然后亚历山大就制订了计划，希望通过海上贸易把印度和西方连接起来，就像他通过陆上殖民地已经把二者联系起来一样。

亚历山大命人在海达斯佩斯河设立一只船队，沿着河流而行，引入印度河并驶入河口。亚历山大离开了他的部队和在帕塔拉的舰队，自己带着几只船视察海洋，标出他想建设的港口、码头和军械库的地点。离开帕塔拉后，他又离开他的舰队，走陆路前行，这是为了使海陆两军互相支援。海军从印度河口起，沿着伊克图欧法吉、卡拉曼和波斯的河岸走。亚历山大命人沿路挖井、建城。他禁止伊克图欧法吉[43]以鱼为主要食物，他希望这一带的海边居住的都是文明的民族。尼阿库斯和欧内西克里士斯记录了航海日志，其中记载道，这次旅程花费了十个月。他们抵达了苏萨城，看到亚历山大正在大宴部队。

这位征服者建立亚历山大港，目的是为自己保住埃及。亚历山大港是进入埃及的钥匙，但这里也是以前君主关闭埃及的钥匙[44]。古时的国王在那里设立戍地，阻拦外国人进入国家大门，因为希腊人是著名的海盗。亚历山大完全没有想过开展贸易，只有在发现了印度洋之后，亚历山大才开始想到贸易。

即使在发现了印度洋之后，亚历山大对亚历山大港也没有什么新想法。当然，他的确有在印度和他的帝国西部之间开展贸易的大致想法。但由于认知不足，他没能想到以埃及为突破口开展贸易的方向。亚历山大见过印度河，也见过尼罗河，但他并不了解位于两河之间的阿拉伯诸海。从印度回来之后，亚历山大立即命人建造新船队，航行于乌莱河、底格里斯河、幼发拉底河还有大海之间[45]。他除掉了波斯人安放在这些河上的放水口。他发现波斯湾是大洋的一个海湾。亚历山大准备按照探索印度的方式探索这片海域[46]，他命人在巴比伦建立一个港口，供一千艘船只和武器库使用；他拨款五百达伦特到腓尼基和叙利亚招募税收，希望他们能够驻扎进他在海岸线旁建立的殖民地。最后，亚历山大还派人在幼发拉底河和亚述的其他河流设立巨大的工程。这一切都证明亚历山大计划通过巴比伦和波斯湾经营印度的贸易。

有些人认为亚历山大要征服阿拉伯[47]，便称亚历山大构筑了计划设立阿拉伯为其帝国的核心。但是亚历山大又怎么会选择一个他并不了解的地方呢[48]？此外，阿拉伯是世界上对亚历山大最为不利的国家，因为它很可能使亚历山大同自己的帝国分离。征服了遥远地区的哈里发们很快就离开了阿拉伯，而到其他地区居住。

第九节　亚历山大之后，希腊施行君主制时的商贸情况

在亚历山大征服埃及的时候，人们对红海知之甚少。连接

 红海、冲刷非洲和阿拉伯海岸的那部分海洋更是不为人知。因此，后来人们甚至认为绕过阿拉伯半岛是不可能的。人们从不同的方向都试着绕过阿拉伯半岛，最后也只得放弃计划。据说[49]：“冈比西斯的军队在穿行北岸过程中几乎全员死亡。拉古斯的儿子托勒密的部队被派往营救困在巴比伦的塞琉古，他们遭受了难以想象的病痛。而因为炎热，军队只能在夜晚前行。所以，船队怎么可能航行到阿拉伯南部的海岸去呢？”

波斯没有航运业。在征服了埃及后，波斯人将这种精神带入埃及。于是埃及人对航海也一无所知。希腊君主们甚至发现，不只是提尔人对海洋航运知之甚少，以土买人和犹太人也是一样的，在红海附近的人更是如此。我认为，尼布甲尼撒毁灭第一个提尔国家和红海附近的几个小国和城市，致使人们再一次丧失过去已经获得的一点儿海上知识。

在波斯时代，埃及并不同红海相连。埃及的地理位置只是包括尼罗河在汛期泛滥所覆盖的那些长条土地而已[50]，这条地带两边又有山脉阻隔。因此，人们必须第二次探索红海、探索海洋，这也是为了满足希腊君主的好奇心。

人们探索着尼罗河，在尼罗河和红海之间的地带捕猎大象。通过陆地，人们发现了海岸。由于是在希腊时期发现的这些地方，所以人们就用希腊文为这些地区命名，各个庙宇里供奉的也都是希腊的神明了[51]。

在埃及的希腊人可以经营很大规模的贸易，他们是红海港口的主人。提尔曾是每一个经商国家的劲敌，如今提尔也已不复存在。在埃及的希腊人不会受到埃及古时迷信[52]的影响。于是，埃及就成为世界的中心。

在印度，叙利亚的君主将南部的贸易留给埃及的君主，而自己则全心投入北部的贸易。北方的贸易是经奥克苏斯河和里海而进行的。当时的人们认为里海是北方大洋的一部分[53]。亚历山大在死前不久曾命人建造一支船队[54]，为探索里海到印度之间是否经黑海或其他一些东方的海洋而连接。在亚历山大之后，塞琉古和安提奥库斯尤其关注这项探索，他们在当地设立船队[55]。塞琉古探得的部分称作塞琉古海，安提奥库斯探得的部分称作安提奥库斯海。由于一直关注着这方面的探索，他们忽略了南部的海洋。这或许是因为托勒密已经凭借舰队在红海赢得了霸权，要么是因为他们发现了波斯人对航海的深恶痛绝。波斯南部的海岸没有给船员提供供给，所以只有在亚历山大末年才能看到船员。但是，埃及的君主和塞浦路斯、腓尼基和小亚细亚海岸诸多地方的主人，有各种方法可以从事航行事业。他们不需要限制臣民们的才华，只需要好好利用即可。

人们很难理解，为什么古人会那么固执地相信里海是大洋的一部分。亚历山大、叙利亚的君主们、帕提亚人和罗马人的远征都不会改变他们的想法，这是因为在改正错误方面，人总是会一拖再拖。最开始，人们只对里海南部有一些了解，认为这就是大洋。随着人们逐渐沿着海岸向北前行，他们依然认为那是大洋

 侵入了陆地。在探索海岸之后，人们发现向东只能走到锡尔河，而向西最远可到达阿尔巴尼亚。北部的海洋过于泥泞[56]，因此不利于航行。所以这就使人们以为自己看到的是海洋。

亚历山大的军队向东最多行至比亚斯河，即最后注入印度河的河流。因此希腊人同印度人最先经营的贸易是在印度极小的一部分地区进行的。塞琉古最远侵入到恒河[57]，从那里发现了该河流入的海洋，即孟加拉湾。如今，陆地都是通过航海发现的。此前，海洋是通过对陆地的征服而发现的。

斯特拉波[58]不顾雅典的阿波罗多洛斯的证言，怀疑希腊巴克特里亚的君主[59]走得比塞琉古和亚历山大还远。如果巴克特里亚的君主在东方没有比塞琉古走得远的话，他们也向南方走得更远。他们发现了锡格和马拉巴尔港口[60]，这就引出了我接下来要好好讲讲的航海业。

老普林尼[61]告诉我们，有三条成功开航的路线可以抵达印度。首先，人们可从锡亚格尔角到印度河河口的巴塔伦岛。这就是亚历山大舰队过去曾航行过的路线。后来，人们找到了一条更短更安全的航线，就是从锡亚格尔角到锡哲[62]。这个锡哲就是斯特拉波所说的锡哲王国[63]，也就是希腊巴克特里亚君主发现的王国。老普林尼说这条路更短，他的意思无非是航行时间短而已。既然锡哲是由希腊巴克特里亚君主发现的，那就应该比印度河还要偏僻。所以选择这条路可以躲避一些曲折的海岸，也可以利用信风。最后，人们选择了第三条路线，先到位于红海口的凯恩或塞利亚，从那里借西风到达印度的第一个市场穆吉利斯，再从那里到达其他港口。人们发现，这条路线不是从红海口走到锡亚格尔，而是沿着阿拉伯福地往东北方向，利用季风从西岸驶到东岸。船从一处航行到另一处，也是因为人们在这一带海域航行才发现了季风的作用。古人只有在可以利用季风或贸易风的时候才会出发[64]，因为这对他们而言相当于是指南针。

老普林尼说[65]，人们在仲夏季节启程前往印度，在12月底或1月初启程回航。这同我们的航海记录是完全吻合的。在印度洋一带，即非洲半岛和恒河半岛之间，每年有两次季风。第一次是自八、九月开始从西向东吹，第二次是自一月开始从东向西吹。因此，我们离开非洲前往马拉巴尔和托勒密船队离开的时间相同，返回的时间也相同。

亚历山大的船队花费七个月时间从帕塔拉走到苏萨。该船队在七月出发，而如今在要回印度的船队中，没有船敢在这个时候出发。在两次季风之间，有时会出现不同的风向。北风和普通的风混杂会带来巨大的风暴，这一般发生在六、七、八月间。亚历山大的船队在七月从帕塔拉出发，经历多场风暴。航程是漫长的，因为船队是逆着季风航行的。

老普林尼说，如果在夏末启程前往印度，就可以利用季风交替的时间完成从亚历山大港到红海的行程。

大家一起来好好看看航海业是如何逐渐进步的。大流士舰队耗费两年半的时间[66]，从印度河向下航行，抵达红海。亚历山

 大的舰队沿印度河向下航行[67]，花费十个月抵达苏萨，也就是说，在印度河航行了三个月，在印度洋航行了七个月。自此，从马拉巴尔海岸到红海的航行时间为四十天[68]。

斯特拉波认为人们对贝阿斯和恒河之间的国家缺乏了解。他是这样解释的，从埃及出发前往印度的航海家很少会走到恒河。的确，我们能够看得出来，当时的船队根本就不去恒河。船队利用季风，自西向东航行，从红海口走到马拉巴尔海岸。船队一般就在经商的小镇停留，没有从科摩罗和科罗曼德半岛绕到半岛再到恒河上去。埃及和罗马的君主计划在同一年航行回去[69]。

因此，希腊人和罗马人在印度开展的航行贸易并没有我们的航行贸易广泛。我们知道一些他们并不知道的广袤地区。我们同印度所有的民族开展贸易，甚至为他们经商和航海。

不过，希腊人和罗马人在经营贸易方面比我们容易得多。如果今天我们只同古吉拉特邦和马拉巴尔海岸上的人开展贸易，如果不诉诸南部岛屿，而满足于这些岛民带来的商品的话，那么今天的人们会选择埃及路线而不是好望角路线。斯特波拉说[70]，古人同塔普罗巴纳民族之间的贸易就是这样完成的。

第十节　绕非洲航行

纵观历史，在发明指南针之前，人们曾四次试图绕行非洲。尼可[71]派出的一些腓尼基人和为躲避托勒密九世怒火的欧多克索斯[72]，从红海出发，绕行非洲成功。薛西斯旗下的沙塔斯佩斯[73]和迦太基麾下的汉诺人，从海格力斯之柱出发，绕行失败。

成功绕行非洲的关键是发现并绕过好望角。不过要是从红海出发，则找到好望角的路程比从地中海出发要少一半。从红海到好望角的海岸要比从好望角到海格力斯之柱更加安全[74]。从海格力斯之柱出发后发现好望角的人，需要使用指南针才能够离开非洲驶入海洋。船只要么从圣赫勒拿岛处绕行，要么从巴西海岸绕行[75]。因此，当时的人们很可能是从红海向地中海行驶，而不会从地中海行驶到红海。

既然如此，当时的人们选择不绕这个大圈，因为这个航路有去无回。于是，人们自然会从红海经营东非的贸易，并在海格力斯之柱进行西边海岸的贸易。

在红海，埃及的希腊君主们首先发现了非洲从海湾底部延伸的部分，从赫露姆城延伸到迪尔德利城，即延伸到曼德海峡。从那里到红海入口的亚罗马蒂亚角[76]的这段海岸，不为船员所知，这从阿特米多鲁斯[77]对我们的讲述中可见一斑。他告诉我们，当时的人们清楚地知道这段海岸的不同地方，但并不了解它们之间的距离。这是因为他们是从陆路一个接一个地探索了这些海口，而不是从一个海口向下一个海口驶去。

对从大洋开始的海岸，即海角之后的地貌，人们就一无所知了。这点我们从埃拉托斯特尼和阿特米多鲁斯的记述中都可以了解[78]。

在斯特拉波时代，即奥古斯都时代，以上就是人们对非洲海岸的全部认知。但在奥古斯都之后，罗马人发现了拉普塔姆角和普拉萨姆角。斯特拉波没有提及过这两个角，因为当时的人们还不知道这两个角。这两个名字都具有罗马特色。

地理学家托勒密生活在哈德良和安敦宁时代。无论《厄立特里亚海航行记》的作者是谁，这个人的出生年代都要更晚一些。托勒密记载的非洲尽头在普拉萨姆角[79]，约在南纬14°；而《厄立特里亚海航行记》的作者[80]记载的非洲尽头在拉普塔姆角，约在南纬10°。似乎《厄立特里亚海航行记》的作者所述之地是人们常去的地方，而托勒密记述的地点是人们不去涉足的地方。

我认为我的说法是正确的，我之所以这么坚定是因为，普拉萨姆角周围都是食人族[81]。托勒密告诉了我们位于亚罗马蒂亚海口和拉普塔姆角之间的许多地方[82]，但却没有说过拉普塔姆角和普拉萨姆角之间的地方。向印度的航行获利颇丰，也就使人们忽略了前往非洲的航行。最后一点，罗马人没有严格沿着海岸航行，他们是通过陆地和一些被风暴吹走的船只而找到这些港口的。如今，人们非常了解非洲的一些海岸，但对非洲的内陆比较生疏[83]，而古人却对非洲内陆非常熟悉，对海岸不太了解。注意看斯特拉波和托勒密对非洲不同地带的描述是如何的精准。通过世上最强大的两个国家，迦太基和罗马，同非洲各民族的战争、他们缔结的联盟和同非洲经营的贸易来看，以上两位地理学家获得了大量精准的知识。

我之前说过，尼可派出的一些腓尼基人和托勒密九世派出的欧多克索斯曾绕行过非洲。在地理学家托勒密时代，这两次航行一定被人们认为是无稽之谈，因为托勒密将我认为是暹罗湾的地方规划到了大湾南部[84]，暹罗湾这块不为人知的土地从亚洲延伸向非洲，到普拉萨姆角为止，使印度洋变成了不过是一个湖而已。古人探索印度洋，从北开始向东前行，将暹罗湾这块不为人知的地方放在南方了。

第十一节　迦太基和马赛

迦太基的国际法比较奇怪，规定将去撒丁岛和海格力斯之柱开展贸易的外国人全部溺死[85]。迦太基的政治法也很奇怪，禁止撒丁人耕种土地，违者处以死刑。迦太基凭借自己的权力增加了财富，又凭借财富增长了权力。作为地中海冲刷的非洲海岸主人，迦太基沿着大洋沿岸不断扩张。按照迦太基元老院的命令，汉诺把三万迦太基人分散在海格力斯之柱和瑟恩阿伯斯之间。汉诺从瑟恩阿伯斯到海格力斯之柱和从海格力斯之柱到迦太基之间的距离是一样的。这个位置值得我们注意，它显示出，汉诺将其殖民地限制在北纬 25° 以内，即加那利群岛以南 2° 到 3° 左右。

汉诺在瑟恩阿伯斯做过另一次航行，希望在南方有更多的发现。他对非洲大陆几乎没什么了解。他沿着海岸航行了二十六天，由于食物不够，只得返航。迦太基人似乎没有利用汉诺这次的冒险行动。西拉克斯[86]说，人们是无法在瑟恩阿伯斯[87]之外的海上航行的，因为那里水浅，有淤泥和海草。实际上，这一带的淤泥和海草是很多的[88]。西拉克斯所说的迦太基上的人或许遇到了障碍，而汉诺曾带领六十只船，每只船装备五十只桨，前去清除过这些障碍。因此，困难只是相对的。此外，我们也不应该将果敢、无畏的冒险精神同实施普通的行为混为一谈。

汉诺的记事可谓是古人的佳作。实践者就是写作者，所以他在叙述时恪守事实。伟大的领袖在描写自己的行为时都会轻描淡写，因为他们的荣誉主要来自行为，而不是他们的语言。

汉诺的记述和文体相符。汉诺不会哗众取宠，他对气候、土壤、风俗和居民生活习惯的描述同如今非洲海岸的真实情况是相符合的。汉诺的文字就像今天航海者的航行记录一样。

汉诺在他的舰队上观察，大陆一片寂静，而晚上充斥着各种乐器的声音，到处都是火光，或大或小[89]。我们的记述证实了这一说法。我们发现，野蛮人会在白天退入森林躲避烈日，而夜间他们燃起大火驱散野兽，他们热爱舞蹈和乐器。

汉诺描写了一个火山，和维苏威展现出来的现象是一样的。汉诺描述了两个长着毛的妇女，宁可被杀也不愿跟着迦太基人，汉诺叫人把她们的皮带到迦太基去。不论这传说到底如何，这件事也不是不可能的。

这本记事是古迦太基的著作，更为名贵，因此被视为传说。因为罗马人即使在摧毁了迦太基后，仍保持了对迦太基人的厌恶。不过只有罗马人的胜利才能决定是迦太基人可信还是罗马人可信。

一些近代人[90]心中仍然保有这种偏见。他们问道，汉诺向我们描述的城镇，即使在老普林尼时代也已不留遗迹，它们都去哪儿了？不过，它们要是都还在，那也就成了稀奇的事。汉诺在这些海岸所建造的是像科林斯或雅典这样的地方吗？汉诺将迦太基人置于适合经商的地点，使他们迅速免受野蛮人或野兽的侵扰。迦太基受到的灾难使向非洲的航行停滞，这些家族一定会死掉或变成野蛮人。我还想说，如果这些城市的遗迹还存在的话，谁去森林或沼泽中去发现他们呢？不过，人们在西拉克斯和波利比乌斯的书中看到，迦太基人曾在这些海岸边建立了巨大的居留地。这些就是汉诺城镇的遗迹，除此之外就什么都没有了，因为连迦太基本地也几乎没有别的了。

迦太基人已走上了富裕之路。如果他们走到了北纬 4°，经度 15° 的话，会发现黄金海岸和附近的海岸。他们会在那里经营一种比现在重要得多的贸易，因为美洲似乎使其他各国的财富贬值。迦太基人本应该找到罗马人不能拿走的财宝。

对于西班牙的财富，有一些令人惊讶的说法。如果亚里士多德是可信的话[91]，那么在达蒂苏斯着陆的腓尼基人发现了许多银子，多到他们的船只都载不动。腓尼基人用银子制作最常用的器皿。据狄奥多罗斯的报告说，迦太基人在比利牛斯山发现了许多金银，用他们装饰船锚[92]。而这些民间传述是不可信的，以下

492 才是一些精确的事实。

在斯特拉波[93]引述的波利比乌斯的《残篇》中，我们看到，在比蒂斯河源头的银矿中，雇有四万名员工，每天为罗马人产银两万五千德拉克马，按每马克重值五十法郎计算，约合每年五百万里弗。人们把这些矿所在的山叫作银山[94]，可见该地就是当时的波托西。今天汉诺威矿山的工人数量不足西班牙矿工数量的四分之一，但汉诺威的矿产量却更多。但由于罗马人几乎只有铜矿，没有几座银矿，希腊人只知道阿提卡的贫矿，所以当他们得知西班牙有储量如此丰富的富矿时，一定会非常惊讶。

在西班牙继承战争时期，有一个叫做罗德侯爵的人。据说，他因金矿而倾家荡产，却通过救济院发了财[95]。罗德侯爵向法国朝廷提出建议开发比利牛斯山的矿。他引述了提尔人、迦太基人和罗马人的话，即：罗德侯爵得到许可探矿；他寻找矿，到处挖矿；他不断地引述他们的话，却一无所获。

迦太基人是金银的主人，也想成为铅锌贸易的主宰者。铅和锌走陆路抵达高卢港，再从高卢港走水路抵达地中海。迦太基人想自己承接这些金属生意，他们派希米尔科到卡锡特利兹群岛建立居留地[96]，人们认为这些岛就是锡利群岛。

从贝提卡到英格兰的这些航行使一些人以为迦太基人已经掌握了指南针。但是显然，迦太基人是沿着海岸线前行的。希米尔科说，他从比蒂斯河口走到英格兰花了四个月，我认为他的话足够成为证据了。此外，有一段著名的迦太基舵手的故事[97]，讲的是由于看到罗马船的靠近，这位舵手就把船搁浅，以免让罗马人知道前往英格兰的路线[98]。这就说明，两船相遇时是很接近海岸的。

也许因为古代人曾在海中航行，导致人们误以为古人有指南针，但实际上古代人并没有指南针。当时，如果舵手在航行时远离海岸并且风平浪静，那么他能在夜晚看到北极星，在白天看到日出和日落。显然，他也可以像拥有指南针的现代人一样地航行。但这样的航行是在很幸运的情况下才能完成，并不是一种常态。

在结束第一次布匿战争的条约中，我们可以看到，迦太基主要关注的就是保持其在海上的霸权，而罗马关注的是保住其陆上的霸权。在和罗马人谈判时，汉诺[99]说他不能容忍罗马人在西西里海里洗手；罗马人不得航行越过“美丽航角”；罗马人禁止在西西里、撒丁岛和非洲开展贸易[100]，而迦太基除外[101]。从这个例外中我们可以看出，迦太基并没有准备给罗马人任何优待。

迦太基和马赛[102]曾在早期因渔业问题发生过战争。在取得和平之后，双方开展了节俭贸易。马赛更为嫉妒，因为虽然双方在工业上势均力敌，但马赛在实力上却不如迦太基。这就是马赛对罗马人忠心耿耿的原因。罗马人在西班牙发动的针对迦太基人的战争是马赛财富的来源，而马赛在其中起着仓库的作用。迦太基和科林斯的毁灭更增添了马赛的荣光。如果没有内战，如果马赛不加理睬、不参加任何一方，由于罗马对马赛不存在贸易上的

 嫉妒，所以马赛在罗马的保护下也应该是幸福的。

第十二节　提洛和米特里达特岛

在罗马人摧毁了科林斯后，商人们撤退到提洛。由于这些人的宗教和信仰，他们将这里看作一个安全的地方[103]。此外，这个岛的地理位置优越，适合经营意大利和亚洲的贸易，而这一点在非洲毁灭和希腊衰败之后显得更为重要。

正如之前提到的，从早期开始，希腊人便向普罗庞提斯和黑海派遣殖民者。在波斯人的统治之下，这些殖民地法律和自由未变。亚历山大只是征服半野蛮人，并未供给这些希腊殖民者[104]。本都几个君主似乎没有成功占领殖民地，也没有取消行政的政府[105]。

只要向殖民地投降，这几个君主的实力就会增强[106]，米特里达特可以招兵买马，不断弥补自己部队的损失[107]；得到工人、工具和战时机器，确保自己有同盟；腐蚀罗马人和其他人的同盟；将亚洲和欧洲的野蛮人雇为雇佣兵长期作战[108]，并因此规范自己的部队。米特里达特让部队武装起来，以罗马人的军事技术指导他们作战[109]，并用投降者组成庞大的队伍。最后，米特里达特也经得起巨大的损失，承受了大起大落后依然完好。如果荒淫无度的君主没有在繁盛时期破坏了伟大的君主在困难时期所建造的功勋，那么他是不至于灭亡的。

因此，当罗马人正值鼎盛时期，似乎除了自己之外再无对手之时，米特里达特却又一次企图推翻迦太基的俘虏和腓力、安提阿哥和帕修斯的失败。这次战争的惨烈可谓史无前例。由于双方势力都很强大而且都有自身优越的地方，要么作为米特里达特的朋友，要么作为敌人，希腊和亚洲人们都受到了灭顶之灾。提洛岛被普遍的厄运环绕，贸易完全崩溃。提洛岛不得不遭遇毁灭，那里的人们也遭遇了灭亡。

我在别的地方谈到过罗马人所遵循的制度[110]，为了不以征服者的身份出现，他们成为破坏者，破坏了迦太基和科林斯。要不是他们征服了全世界，或许他们也会以同一种方式毁灭。本都的君主们使自己成为希腊在黑海的殖民地之主，他们小心翼翼，生怕破坏了使他们成为伟大传奇的推动力。

第十三节　罗马人的航海天赋

罗马人只关注陆军，他们的陆军精神使他们坚定、专一地坚守阵地，直至战死。他们并不尊崇海上作战的方式，即宣战、撤退、返回、总是在躲避危险、使用阴谋诡计且很少动用武力。这并不是希腊人的气质[111]，也不是罗马人的气质。

因此，罗马人派到海上作战的都是不够格在罗马陆军军团入职的人[112]。通常而言，他们的海员都是脱离奴籍的人。

现在，我们不会对陆军有着同样的尊敬，也不会对海军有着同样的鄙视。陆军的技术水平降低了[113]，而海军的技术水平提升了[114]。如今，人们对一件事情的尊重程度是依据做好这件事所需能力大小而定的。

第十四节　罗马人的贸易天赋

从来没人说过罗马人在贸易上是善妒的。罗马人攻击迦太基是因为迦太基是它的竞争国，而不是因为迦太基是商业国。罗马人更钟爱商业城市，哪怕不是它们的臣属国，因此罗马人割让了一些领土以增强马赛的实力。罗马人非常害怕野蛮民族，但对经商的民族却无所畏惧。此外，罗马人的天赋、荣耀、军事教育和政府形式让他们远离了贸易。

在城市，罗马人每日致力于应付战争、选举、阴谋和诉讼。在乡村，他们专注于农业；在领地，他们严酷专制的政府同贸易也是格格不入的。

不过，如果说罗马人的政治制度是反对贸易的，那么他们的国际法其实也是反对贸易的。法学家庞波尼乌斯[115]说："这些民族同我们没有友谊、情谊或联盟，他们不是我们的敌人，如果属于我们的一样东西落入他们的手中，那么这件东西就成他们的了，自由人成为他们的奴隶，他们对待我们的也是一样的道理。"

罗马的民法也具有一样的压迫性。君士坦丁的法律宣布，卑劣出身的人和高贵出身的人婚后所生的孩子为私生子。又规定开商店的妇女[116]、奴隶、酒馆女老板、戏子、老鸨或被迫上角斗场的人的女儿也是一样，适用上述法律。

我深知一些人有两种想法，一种是认为贸易是世界上对一个国家最有用的东西，而另一种则认为罗马人的政治制度是世界上最好的政制，认为罗马人极大地鼓励并崇尚了贸易。不过事实是，罗马人从未想过贸易的事。

第十五节　罗马人和野蛮人的贸易

罗马人在欧洲、亚洲和非洲建立了伟大的帝国，人们的软弱和施令的专制使各方团结起来，联结成了一体。那么，罗马的政策就是同所有还未征服的国家阻断一切联系，担忧打仗的技巧传入这些国家，使罗马忽视了充实自我的技巧。罗马人制定法律禁止同野蛮人通商。瓦伦提尼安和格伦提安说："任何人不得把酒、油或其他饮料运送给野蛮人，哪怕只是给他们尝一尝[117]。"格伦提安、瓦伦提尼安和狄奥多西补充道："不得带给他们金子，哪怕是在有金子的场合，也要用巧智将金子夺走[118]。"而铁的运输也是禁止的，违者处以死刑[119]。

图密善是一个胆小的君主。他下令拔掉高卢的葡萄树[120]，担忧葡萄酒会将野蛮人吸引至此，因为之前葡萄酒曾把野蛮人吸引到意大利。普洛布斯和尤利安不曾惧怕过野蛮人，所以便下令重新栽种葡萄。

我深知，在罗马帝国衰落后，野蛮人强迫罗马人建立贸易

498 中心[121]，互通贸易。不过，这也证明，贸易的确不是罗马的精神之一。

第十六节　罗马人同阿拉伯和印度人的贸易

罗马同“阿拉伯乐园”和印度的贸易几乎是其对外贸易的全部内容了。阿拉伯人从森林和海洋中获得了大量财富。因为阿拉伯人消费少而贸易多，所以他们从邻国攫取了大量金银[122]。奥古斯都[123]知道阿拉伯的富裕，便下令同阿拉伯人要么为友要么为敌。他派遣埃流斯·加鲁斯从埃及前往阿拉伯。埃流斯·加鲁斯发现那里的人民懒惰、安静、不善征战。于是他发动战争、围攻城池，只损失了七名士兵。但是由于向导的不诚实、加之行军、气候、饥饿、口渴、疾病和决策失误，埃流斯·加鲁斯失去了全军部队。

因此，罗马人们不得不和其他民族一样同阿拉伯人做生意，带着金银换取阿拉伯的商品。如今，人们还是这样同阿拉伯开展贸易。阿勒颇的商队和苏伊士的皇家船只带去大量金银抵达阿拉伯。阿勒颇和苏伊士的船队带上两百万货币前去，私运过去的数额也是一样。苏伊士皇家船队也带了两百万货币前去[124]。

大自然赋予了阿拉伯人经商的命运，而不是征战。但是当这些安静的人们抵达了安息帝国和罗马之间时，阿拉伯人发现自己成了二者的辅助。埃流斯·加鲁斯发现阿拉伯人是商人，穆罕默德发现他们是战士，赋予了他们热情，于是阿拉伯人也成了征服者。

罗马人在印度从事了大量贸易。斯特拉波[125]在埃及了解到，罗马人雇佣了一百二十艘船只从事贸易。这种贸易只是用银子来维持的。罗马人每年向当地送去五千万赛特斯特。老普林尼[126]说，在罗马，从埃及带回来的商品是以成本的一百倍价格出售的。我觉得他的说法过于笼统，如果利润这么高，那么人们一定对这种生意趋之若鹜。但这样一来，这种买卖就会无人去做了。

人们可能会想知道，同阿拉伯和印度开展贸易对罗马是否有益。罗马人不得不将自己的金银送到那些地方。但他们又不像我们一样拥有从美洲换取商品的财富。我认为，罗马人建立铜币或镍币以增加货币币种，其原因之一是由于银子的缺乏。而银子不够用正是因为向印度输出太多导致的。如果印度的商品真的是按照成本的百倍价格在罗马出售的话，那么这个利润也是罗马人向自己人挣来的，这并不能使罗马帝国走向富裕。

人们或许会说，一方面，这种贸易使罗马人的航海业变得发达，巩固了罗马帝国势力；而另一方面，新商品使国内贸易得到了发展，艺术和工业也同样取得了进步。随着新的谋生手段的出现，人口数也进一步增加，这种贸易催生了奢侈。我们已经证明过，奢侈对一人专制政体有利，而对多人统治政体有害。这种贸易一经建立，罗马的共和政体就趋于灭亡。奢侈对罗马是必要的，把全世界所有的财富都吸收了的城市必须通过奢侈浪费将财

 富赔付全世界。

斯特拉波[127]说，罗马同印度的贸易量比埃及君主同印度的贸易量还要大。奇怪的是，尽管罗马人对贸易几无了解，但却比埃及君主们更为关注同印度的贸易。而埃及君主对贸易一事似乎是信手拈来的。所以，这样的现象有解释的必要。

在亚历山大过世后，埃及的君主们同印度建立了海上贸易。而叙利亚的君主们，由于拥有帝国最东部的领地，所以也拥有印度。叙利亚的君主们维持了我们在第六节谈到的陆路和水路两路贸易，随着马其顿殖民地的建立，这些贸易的运作也更为便利。结果就是，欧洲经由埃及和叙利亚王国而同印度展开沟通。叙利亚王国的分裂产生了巴克特里亚王国，对贸易没有任何妨碍。据托勒密引述，提尔人马里努斯曾提起马其顿商人在印度的一些发现[128]。这些商人发现了君主们远征没有发现的事情。从托勒密的著作中[129]，我们可以了解，这些商人从石塔[130]走到赛拉，在中国东北部发现了遥远的市场，这是一个奇观。因此，在叙利亚和巴克特里亚君王的时代，印度南部的商品途经印度河、奥克苏斯河和里海向西前行，而更靠近东方和北方区域的商品是运往赛拉和石塔的，其他市场的商品是运往幼发拉底河的。这些商人所走的道路大约是北纬 40° 的地方，经过中国西部的一些地区。那些地区在当时比现在要文明得多，因为那个时候，鞑靼人的铁蹄还没来得及践踏那些土地。

此时，叙利亚帝国的陆路贸易迅猛发展，而埃及的海上贸易却并无提升。

帕提亚人随之出现，建立了他们的帝国。在埃及受罗马统治时，罗马帝国正值鼎盛，国力强大。

罗马和帕提亚是两个竞争的国家，两国交战不是为了确定该谁统治，而是为了确定该谁灭亡。两个帝国之间出现了荒漠，人们也总是备好武装。两国之间不仅没有贸易，连交通都不通。野心、嫉妒、宗教、仇恨和风俗使两国隔阂加重。于是，此前东西方有多条贸易之路，而如今也只剩一条了。因此，亚历山大港成了唯一的市场，它也逐渐发展起来。

关于国内贸易，我只想说以下的内容。罗马人的国内贸易主要是经营维持人们生计的小麦，而与其说这是贸易产品，不如说它是施政的侧重点。在这种情况下，水手们得到了一些特权[131]，因为他们的警惕保证了帝国的健康。

第十七节　西罗马灭亡之后的贸易

罗马帝国受到侵略，这种一般的毁灭会造成的后果之一就是贸易的毁灭。起初，野蛮人只是将贸易作为他们劫掠的一个目标而已，而在定居之后，野蛮人对贸易并不比对农业和其他被征服民族的职业更崇敬。

不久之后，欧洲几乎没有什么贸易了。而统治着各地的贵族也不再为贸易所烦扰。

西哥特人的法律[132]允许个人占据大河床的一半，另一半可免费用于铺设渔网和船只。在西哥特人征服了的国家中，开展的贸易并不多。

这一时期确立了不合理的《未入籍外国人遗产充公法》和《船难法》。西哥特人认为，外国人和他们在民法上并没有任何过往，西哥特人没有欠过外国人什么，所以一方面，对待外国人，他们不需要公道，而另一方面，他们也不需要仁慈。

在北方民族居住的狭窄空间中，一切对他们而言都是陌生的；由于贫穷，一切都可以是致富工具。在开始征服之前，在满是珊瑚的封闭海岸，这些民族就靠着珊瑚为生。

不过，罗马人除了为全世界制定法律，也制定了极为人道的海难法[133]。在船难发生时，罗马人的法律禁止居住在海边的人趁火打劫。此外，罗马人也禁止人们对国库有贪念[134]。

第十八节　一项特定法律

尽管如此，西哥特人[135]有一项有利于贸易的法律规定：做海洋贸易的商人们在出现争执时，由各国自己的法律和律师判决。这是建立在这些民族的风俗混合基础之上的，即人人都按照自己本国的习惯生活。这也是我接下来会仔细讨论的内容。

第十九节　东罗马衰落之后的贸易

伊斯兰教徒出现后，他们开启了征服战争，而后自己又分裂了。埃及有自己的君主，继续同印度开展贸易。埃及是印度贸易的主宰者，所以吸引到了所有的财富。埃及的苏丹是当时最为强大的君主。纵观历史，人们能够看到一股持续的、运筹帷幄的力量，控制了十字军的热情、激情和急迫。

第二十节　欧洲贸易是如何打破野蛮的

亚里士多德的哲学传入西方。在当时那个蒙昧的时代，心思精巧的人是当时的伟大人物，他们认为亚里士多德的主张非常合适。烦琐哲学家[136]们沉浸在亚里士多德的哲学中，向他学习了许多关于利息贷款的说法，而在《福音书》中也可以找到这些说辞的渊源。烦琐哲学家们不分青红皂白地批判利息贷款。因此，贸易本来只是卑劣人从事的职业，现在也变成了不诚实者的职业了。

经营贸易之法随后传给了一个声名狼藉的民族。不久后，贸易同最可怕的高利贷、垄断、补贴征收以及所有不诚实的赚钱手法别无二致。

犹太人[137]通过勒索致富，而君主们用同样的方式掠夺了他们的财富，这使人们得到了安慰，但并没有减轻他们的负担。

从英国发生的事情可以看到其他国家的情况。国王约翰[138]为控制犹太人的财产而监禁了他们。在这些犹太人中，大多数人都至少有一只眼睛被挖掉了。于是国王就这样行使着司法权。有一个犹太人每天被拔掉一颗牙，一连拔了七天。在第八天，他付了一万银马克。亨利三世从约克的一位犹太人阿伦处得到了一万四千银马克，给了王后一万银马克。如今波兰的做法和当时是一样的，只是当时的做法更为粗暴一些。君主不能出于特权搜刮臣民的腰包，但他们却折磨犹太人，因为犹太人是不被视作市民的。

最后，人们逐渐形成了一种惯例，即没收信奉基督教的犹太人的全部财产。而也是随着废除了这条怪异风俗的法律的出现[139]，我们才得知这项惯例的存在。提出没收的理由是无凭无据的：据说，这只是为了考验犹太人，确定他们完全摆脱魔鬼的奴役。不过，显然这种对财产的没收是赋予君主获取赔偿的权利，因为君主或贵族向犹太人征税，而当犹太人信奉基督教时，就不能再向其征税了[140]。在那个时代，对人的待遇就像对待土地一样。我还应该指出，在一个又一个世纪以来，这个民族受到了怎样的玩弄。有时，如果犹太人信奉基督教，他们的财产将会被没收；而接下来，如果不愿信奉基督教，他们又会被烧死。

但是人们看到，贸易不再是令人困苦和沮丧的。犹太人轮流在不同国家遭到流放，于是他们发现了保存自己财产的好方法。以这样的方式，犹太人得以永久保存自己的避难所。君主们虽然都想摆脱犹太人，却又想占有他们的财产。

犹太人发明了汇票[141]，这使得贸易避免遭受暴力的侵扰，并能够在各地维持下去。有了这个票据，人们可以在法国向他们的财产委托人取款，并凭票付清款项。最富裕的商人生产的都是看不见的商品，可发往各地而且不留痕迹。

神学家被迫对犹太人的准则做出限制。也可以这么说，贸易曾被粗暴地同失信联系在一起，而如今它又回到了诚实的怀抱。

因此，学院派学者们的推测引发了贸易破坏所带来的全部厄运[142]。而君主们的贪婪建立起了另一种机制，超出君主权力的控制。

从这时起，君主们要比自己想象得更加严格地管控自己，因为管理控制是非常笨拙的。经验证明，对一个政府而言，只有善行才能够带来繁荣。

人们开始整治权术，所以情况也越来越好。在地方议会上，处理问题的手段也更为温和了。过去称为政变的事情，如今看来除了引起恐怖之外，也只是轻率之举。

即使由于一时激动，人们想做不道德的事情，现实的处境会告诉他们不要成为坏人，而这也是很值得庆幸的事情。

第二十一节　两大新世界的发现：欧洲的情况

指南针打开了全世界。人们发现了亚洲和非洲，而过去的人们只知道这两大洲的几个海岸；人们还发现了美洲，而之前人们对它一无所知。

葡萄牙人在大西洋里航行，发现了非洲的最南端。他们看到了一望无际的大海，通往印度东部。路易·德·卡蒙斯在诗歌中展现了这片海的危险和人们对莫桑比克、马林迪和卡利卡特的发现。卡蒙斯的诗歌使人感受到了《奥德赛》的魅力和《埃涅阿斯记》的辉煌。

此前，威尼斯人经过土耳其各邦同印度开展贸易，忍受着侮辱和暴行。由于好望角的发现和后期的其他发现，意大利不再是商业世界的中心，可以说它处于世界的一个小角落，今天仍是这样。而黎凡特需依赖于各大国同东西两印度之间的贸易，意大利和黎凡特的贸易也只是处于从属地位。

葡萄牙人是作为征服者同印度开展贸易的。如今荷兰向印度小君主们强加法律，影响贸易。这些法律就是由葡萄牙人制定的[143]。

奥地利王室有着惊人的财富。查理五世继承了勃艮第、卡斯提尔和阿拉贡的财产。他缔造了一个帝国，为了确保他能够获得新的荣耀，世界扩大了，在他眼前出现的是一个新的、臣服于他的世界。

克里斯托弗·哥伦布发现了美洲，虽然西班牙派去的部队不多，也就同欧洲小国君主所派的部队一样多。不过，西班牙却征服了两个大帝国和一些其他的大国。

在西班牙发现并征服西方的时候，葡萄牙将视野放到了东方，开始了征服和发现。两国在征服过程中相遇了。他们诉诸教皇亚历山大六世，教皇划出了著名的分割线，并由此决断了一桩大案。

但是其他欧洲国家没有让西班牙和葡萄牙安静地享受分割结果，荷兰将葡萄牙人几乎从东印度赶了出去，而有许多不同的国家都在美洲建立了居留地。

起初，西班牙人把发现的土地视作征服对象，而更细腻的民族却发现这土地是贸易对象，并照此实施。许多民族都非常睿智，他们将帝国交到商贸公司。这些公司管理遥远的国家纯粹是为了开展贸易。这些公司成了附属的强权，它们的力量不够大，还没有强到可以削弱主要国家。

在那里建立的殖民地有一种附属的性质，这在古代是很罕见的。因为如今的殖民地要么属于国家，要么属于某个建立在国内的贸易公司。

因为同邻国进行贸易，彼此的优势是互补的，所以建立殖民地的目的就是能开展获利更为优渥的贸易。以往的习惯是，只有母国才能同殖民地开展贸易，理由很充分：因为建立殖民地的目的是扩大贸易，而不是建立一个城市或新的帝国。

因此，欧洲仍有一条基本法规定，同任何外国殖民地之间的贸易都被视作纯粹的垄断，应以该国法律治罪。而人们不应该用古人的法律和案例来评判此事，因为那些经验不适用于现在[144]。

众所周知，母国间确立了贸易并不代表殖民地之间就可以开展贸易了，殖民地是始终被禁止经商的。

殖民地失掉了母国的自由，这种劣势显然可以通过母国的保护而获得补偿。母国[145]会用武力捍卫殖民地，或用法律保护殖民地。

这就引申出欧洲的第三条法律，即当外国被禁止同殖民地贸易的时候，外国就不得在殖民地的海域内航行，但受条约规定者不在此限。

国家同整个世界的关系，就如同个人和国家的关系一样。国家也和个人一样，受到自然法和人们为自己制定的法律的约束。一个民族可以把海割让给另一个民族，就如它也可以割让土地一样。迦太基人要求罗马人不得航行超过特定界限[146]，正如过去希腊人要求波斯君主远离海岸[147]，就如一匹马能奔驰的距离之外。

殖民地的距离非常遥远，但这并没有影响它们的安全。因为如果母国距殖民地过远而无法保护它们，那么母国的敌国距离殖民地也不会很近。

此外，由于距离遥远，去殖民的人们也不能适应如此不同的气候，于是不得不从自己国家携带使自己生活舒服的东西。迦太基人[148]为了使撒丁人和科西嘉人更服从自己，禁止他们种植、播种或从事其他类似工作，违者处死。迦太基人从非洲把粮食带回给撒丁人和科西嘉人。我们现在也处于相同的阶段，但并没有实行这样严酷的法律。我们在安德烈斯群岛的殖民地非常好，当地有我们所没有也不能生产的贸易产品，而当地也缺少我们的贸易产品。

发现美洲的结果就是将亚洲、非洲同欧洲连在了一起。美洲为欧洲提供材料，而欧洲则利用这些材料同那一大块叫作东印度的亚洲地区开展贸易。

金属银是贸易的标志，是很有用的金属。银作为商品，也是全球最伟大贸易的基础。最后一点，人们到非洲的航行是必须的，因为这些航行使人们能够在非洲开矿、垦地。

欧洲权势极高，达到历史上无可比拟的程度。欧洲花费大、军事实力强、部队人数多、常常维持那些毫无用处而只为炫耀的部队。

杜赫德[149]说，中国的内部贸易比欧洲全体的贸易水平都要高。如果我们的外部贸易没能促进我们的内部贸易，那么情况就会如此。欧洲经营着世界其他三个地区的贸易和航运业。而承担整个欧洲航运业和贸易的就只是法国、英国和荷兰。

第二十二节　西班牙从美洲攫取的财富

如果欧洲[150]从对美洲的贸易中获益颇多的话，人们自然就会想到，西班牙的获利是更多的。西班牙从其新发现的世界中攫取了大量的金和银，数量之大可谓空前。

不过，（出乎意料的是）贫穷使西班牙几乎处处都在受到摧残。继承了查理五世之位的腓力二世不得不宣告破产。众所周知的是，腓力二世的那些收入过低的部队时常抱怨、傲慢无礼、桀骜不驯，而其他的君主没有人同腓力一样有过类似的遭遇。

此后，西班牙君主国日渐衰落。这是因为他们的财富本身有着内在的、天然的缺点，这缺点与日俱增，使财富能够很快蒸发。

金和银是一种虚拟财富或标志财富。这种标志很耐用，从性质而言不易损耗。金和银的数量越多，它们的价值就越低，它们能代表的东西就越少。

在征服了墨西哥和秘鲁后，西班牙人为了拥有财富标志就放弃了天然财富，于是天然财富就逐渐贬值了。欧洲的金和银都比较少见。西班牙人突然拥有了巨额的金和银，于是拥有了从未有过的期待。但是人们在被征服国家中发现的金银是无法同这些国家的矿藏比拟的。印度人隐藏了一部分金银。还有其他许多民族使用金银只是为了装饰神庙和皇宫，所以不像我们一样对金银很贪婪。最后，他们也没有掌握从矿藏中提取金属的秘密，他们只懂得以火分化矿石提取金属。他们也不懂得使用水银的方法，也许甚至不知道有水银的存在。

然而，欧洲金属银的数量就翻倍了，因为所有商品价格也都翻了倍。

西班牙人去开矿了，挖山开岩，发明了机器抽水、破矿、碎石。他们不重视印度人的生命，残酷剥削印度人。很快，欧洲的金属银数量翻倍，而西班牙人的利益减了半。西班牙每年都有同样多的金银价值减半。

而实际上，贸易的利润甚至减少不止一半，原因如下：

要想从矿中取出金子，进行必要的准备工作，再将其运往欧洲，需要一定的花费。我推测这个花费是六十四分之一，而当银增加了一倍并价值减半时，上述花费就变成了六十四分之二了。因此，西班牙的舰队运载同一数量的金子，等同于运进一种价值减半成本翻倍的货品。

当这样一倍又一倍的计算下去时，人们就会看到西班牙财富衰减是如何开启的。

人们在印度开矿已有两百年了。我想在如今的商业世界流通的金属银数量和发现印度矿藏前的数量比是三十二比一，即银的数量翻倍了五次。在两百多年后，金属银数量和发现印度矿藏前的数量比为六十四比一，即银的数量又要翻倍了。如今，五十公担的金矿产金量为四、五和六盎司[151]，如果只产出二盎司的话，那么矿主也只够负担成本而已。在两百年后，如果产出四盎司的话，矿主也只够支付成本而已，这样从金子中就无法得出多少利润了。开采银矿也是同样的道理，只是开采银矿比开采金矿的优势更多一些。

如果由于矿藏丰富，利润就高的话，那么矿藏越丰富，利润消失得也就越快。

葡萄牙人在巴西找到了非常多的金子[152]。于是西班牙的利润就会很快显著地减少，葡萄牙的利润也会减少。

我不止一次听到人们抱怨，弗朗西斯一世的朝廷盲目地拒绝了哥伦布前往印度的提议。但实话实说，他们也许是无意为之，但却做了一件明智的事情。西班牙所做的事情就像愚蠢的国王一样，希望自己点石成金，还不得不回到神明处祈求结束自己的贫穷。

许多国家建立的公司和银行贬低了金银作为价值标志的价值。通过一些新的机制，这些公司和银行扩充了财富标记的种类，所以金和银就扮演着部分的作用，显得不那么珍贵了。

所以公共信用取代了矿山，严重削弱了西班牙从他们的矿山中获得的利润。

的确，荷兰人经营东印度贸易，或多或少地增加了西班牙商品的价值。因为荷兰带着银钱换取东方的货物，所以荷兰人减少了西班牙人过剩的货物。

这种贸易似乎只和西班牙有间接关系，不过西班牙和经营这些贸易的国家都是获利的。

根据上述内容，人们可以对西班牙议会的一些法令进行评判了，这些法令禁止用金银镀镶器物或制造其他奢侈品，这就像荷兰各邦禁止人们使用香料一样。

我的论述并不适用于所有矿山，日耳曼和匈牙利的矿山是很有用的，矿山都集中在主要的邦内。日耳曼和匈牙利雇佣几千人消费过剩商品，而矿山正是国家的工厂。

日耳曼和匈牙利的矿山增加了土地耕种的价值，而墨西哥和秘鲁的工作破坏了土地的耕作。

印度和西班牙是属于同一主人的两个国家，但印度是主要的国家，而西班牙仅仅是附属的。尽管在政策上，人们希望主国成为附属国，但这并没有实现。而印度总是吸引着西班牙人前去。

每年大约有价值五千万的商品运到印度，而西班牙只供应二百五十万而已。因此，印度的贸易为五千万，而西班牙的贸易只值二百五十万。

如果一种税种十分特殊，既不依赖国家工业、居民数量，也不依赖土地耕种，那么这就是一种不良的财富。西班牙国王从卡迪斯的税务系统中得到了大量的财富，但在这一方面，他只是一个极穷国家的一个极富的个人而已。所有的贸易都是由外国人和西班牙的国王来做，他的臣民是不参加的。这样的贸易与西班牙王国的强弱无关。

如果卡斯提尔的一些省份也像卡迪斯的税务系统一样给国王金钱，那么国王的权力就大多了。国王的财富就只会是国家财富的结果，这些省份会激励其他省份，那么大家可以一起团结一致，并更好地缓解各自的负担。国王可能不会拥有很多的财富，但却会拥有很好的臣民。

第二十三节　一个问题

既然西班牙不能自己参与印度贸易，那么将这个贸易开放

514

给外国人会不会更好呢？而解决这个问题也不是应该我来做的。我想说，如果在政策允许的范围内，西班牙能够尽量地减少对贸易的阻碍，那么这对西班牙是有利的。如果各国带到印度的商品价格昂贵的话，那么印度就要用很多自己的商品，即金和银，来换取国外的商品。如果国外的商品便宜的话，那么印度用来交换的金和银就会少一些。如果这些国家彼此对立起来，或许是有用的。因为这样一来，他们带到印度的商品就总是会比较便宜了。这些特点值得人们研究，不过，我们也同时应该考虑以下几个方面，即：印度的安全、统一税务是否有用、变化太大的危险性以及人们所能预见到的阻碍，因为这些事情比人们无法预见的事情更好操作一些。

1 参阅老普林尼，《自然史》，第四卷，第六、二十三章。

2 参阅老普林尼，《自然史》，第六章和第十九章。斯特拉波，《地理志》，第十九卷。

3 参阅老普林尼，《自然史》，第六卷，第四、五章。

4 参阅斯特拉波，《地理志》，第十一卷。

5 参阅狄奥多罗斯，《世界文库》，第二卷。

6 同上书，第七至九章。

7 参阅老普林尼，《自然史》，第六卷，第十六章。斯特拉波，《地理志》，第十一卷。

8 参阅斯特拉波，《地理志》，第十一卷。

9 同上。

10 参阅斯特拉波，《地理志》，第二卷的一段记述：帕特罗克洛斯的话是颇具权威的。

11 参阅老普林尼，《自然史》，第六卷，第十七章。参阅斯特拉波，《地理志》，第十一卷中关于商品由西斯河至居鲁士河的路程。

12 据托勒密描述，这个国家发生了很多变化。托勒密称，许多河流流入了里海的东部。恺撒地图中，里海东边只有一条阿斯特赫河，而在巴塔尔西的地图中，这里连一条河都没有。参阅老普林尼，《自然史》，第六卷，第十二章。

13 参阅《北方游记》的记录。

14 我认为咸海就是因为这条河道改道而成。

15 参阅老普林尼，《自然史》，第六卷，第十一章。

16 他是被托勒密·塞劳努斯所杀害。

17 参阅斯特拉波，《地理志》，第十一卷。

18 他们建立了达蒂苏斯，并驻扎在了卡迪斯。

19 参阅《旧约圣经：列王纪略》下卷第九章第二十六节；《历代纪略》第八章第十七节。

20 参阅《驳阿庇安》。

21 见本章第一节。

22 有时，由于欧洲所定的金银比价的关系，带金到印度比带银去获利更多，但这种利润终究是微不足道的。

23 参阅老普林尼，《自然史》，第六卷，第二十二章。参阅斯特拉波，《地理志》，第十五卷。

24 意大利只有陆路，不过西西里岛的港口很好。

25 这里说荷兰省，因为西兰省的港口是相当深的。

26 这也就是说，在比较两种同类型的体积时，水对船所产生的作用或力和同船的对抗力之间的比率就是如此。

27 即波斯国王。

28 参阅《雅典共和国》第二章。

29 参阅斯特拉波，《地理志》，第八卷。

30 史诗《伊利亚特》第二卷，第 668 首。

31 同上书，第二卷，第 570 首。

32 同上书，第一卷，第 381 首。参阅斯特拉波，《地理志》，第九卷，第 414 页。

33 参阅斯特拉波，《地理志》，第九卷，第 414 页。

34 参阅斯特拉波，《地理志》，第十五卷。

35 参阅希罗多德，《波斯战争》。

36 参阅斯特拉波，《地理志》，第十五卷。

37 同上。

38 参阅老普林尼，《自然史》，第六卷，第二十三章。参阅斯特拉波，《地理志》，第十五卷。

39 为防止玷污大自然，他们没有在河上航行。参阅海德《波斯的宗教》。如今他们也没有海上贸易，他们称航海的人是无神论者。

40 参阅斯特拉波，《地理志》，第十五卷。

41 参阅希罗多德，《悲剧女神美尔波美妮》，第四十四章中说大流士征服了波斯。这只能认为是征服了阿利安那，而且只是征服了思想而已。

42 参阅斯特拉波，《地理志》，第十五卷。

43 这并不适用于所有的伊克图欧法吉人（食鱼族），他们沿着一万弗隆长的海岸居住。亚历山大会如何安排他们的生活呢？他会怎样让大家服从他呢？所以这里只是几大特殊的民族问题而已。尼阿库斯在《印度货物》中说，在波斯附近海岸的终点，他发现了一些不那么依赖鱼为主食的民族，我相信亚历山大的这条命令是针对该地区甚至波斯附近而设的。

44 亚历山大里亚建筑在一个称为拉克蒂斯的平坦的海岸上。古代的君主们在那里设置关卡，防止外国人尤其是希腊人的入侵。据人们所知，当时的希腊人是大海盗。参阅老普林尼，《自然史》，第六卷，第十章。参阅斯特拉波，《地理志》，第十八卷。

45 参阅阿里安，《亚历山大远征记》，第七卷。

46 同上。

47 参阅斯特拉波，《地理志》，第六卷。

48 他看到巴比伦被洪水淹没，竟以为邻近的阿拉伯是一个海岛。参阅斯特拉波，《地理志》，第十六卷。

49 参阅尼阿库斯，《印度货物》。

50 参阅斯特拉波，《地理志》，第十六卷。

51 同上。

52 这些迷信使他们憎恶外国人。

53 参阅老普林尼，《自然史》，第二卷，第六十七章；第六卷，第九、十三章。参阅斯特拉波，《地理志》，第十一卷，第 507 页。阿里安，《亚历山大远征记》，第三卷，第 74 页；第五卷，第 104 页。

54 阿里安，《亚历山大远征记》，第七卷。

55 参阅老普林尼，《自然史》，第二卷，第六十七章。

56 参阅沙皇的地图。

57 参阅老普林尼，《自然史》，第六卷，第十七章。

58 参阅斯特拉波，《地理志》，第十五卷。

59 巴克特里亚、印度和阿利安那的马其顿人同叙利亚王国分开，自成一个大国。

60 参阅斯特拉波，《地理志》，第十一卷。

61 参阅老普林尼，《自然史》，第六卷，第二十三章。

62 同上。

63 参阅斯特拉波，《地理志》，第十一卷，《锡哲王国》。

64 因为在一年中，季风在上半年吹往一个方向，下半年吹往另一个方向，而贸易风在一年内的风向是固定的。

65 参阅老普林尼，《自然史》，第六卷，第二十三章。

66 参阅希罗多德，《悲剧女神美尔波美妮》，第四卷，第四十四章。

67 参阅老普林尼，《自然史》，第六卷，第二十三章。

68 同上。

69 同上。

70 参阅老普林尼，《自然史》，第十五卷。

71 参阅希罗多德，《悲剧女神美尔波美妮》，第四卷，第四十二章。他是为着征服它。

72 参阅老普林尼，《自然史》，第二卷，第六十七章。斯特拉波，《地理志》，第三卷，第九章。

73 参阅希罗多德，《悲剧女神美尔波美妮》，第四卷，第四十三章。

74 关于这点，可参阅我在本章第十一节中关于汉诺航海的记述。

75 在大西洋，十月、十一月、十二月和一月等月份吹的是东北风。因此船只跨过赤道是为了躲避东风，向南行驶；或是进入热带，风向是从西向东。

76 我们如今称作红海的海湾被古人称作阿拉伯湾，古人将红海湾附近的部分海域称作红海。

77 参阅斯特拉波，《地理志》，第十五卷。

78 参阅斯特拉波，《地理志》，第十六卷。

79 参阅斯特拉波，《地理志》，第一卷，第七章；第四卷，第九章。

80 人们认为《厄立特里亚海航行记》的作者是阿利恩。

81 参阅托勒密，《地论》，第四卷第九章。

82 同上书第四卷，第七、八章。

83 斯特拉波和托勒密关于非洲的许多记述是非常精准的。这些信息来自当时最强大的两个国家，迦太基和罗马。这些信息是从这两国和非洲诸国发生的战争而来，从后者所缔结的同盟而来，也从它们在大陆上的交易而来。

84 参阅托勒密，《地论》，第七卷第三章。

85 参阅埃拉托斯特尼，斯特拉波，《地理志》，第十七卷，第 802 页。

86 参阅他的《航行记》，迦太基条。

87 参阅希罗多德，《悲剧女神美尔波美妮》，第四卷，第四十三章。

88 参阅《创建东印度公司历次航行记》，第一卷第一篇第 201 页的地图和记述。这一带的海草遮住海洋表面，因此人们几乎看不见海水，只有在风力强劲的情况下船只才能通过。

89 参阅老普林尼，《自然史》，第五卷，第一章中对亚特兰斯山的记述也是一样：“没有人在白天打仗，他们都在夜间点火照明、吹笛打鼓、喧嚣异常。”

90 指的是多维尔先生。参阅他的《汉诺沿海航行记之研究》。

91 参阅《奇事》。

92 参阅《世界文库》，第六卷。

93 参阅斯特拉波，《地理志》，第三卷。

94 拉丁原文：Mons argentarius。

95 他负责一些医院的管理工作。

96 参阅鲁弗斯，《费斯图斯·阿维努斯》。

97 参阅斯特拉波，《地理志》，第三卷末尾。

98 因此，他受到迦太基元老院的奖赏。

99 参阅李维，《里特史增补集》，第六卷。

100 参阅波利比乌斯，《历史》，第三卷。

101 即迦太基管辖之地。

102 参阅查士丁，《世界史纲》，第四十三卷，第五章，“由于抢夺了渔夫们的船只而引起了战争，迦太基军队屡次取得胜利，也给战败者以和平”。

103 参阅斯特拉波，《地理志》，第十卷。

104 亚历山大强调了古萨姆松，一个雅典殖民地城市居民的自由。这个城市即使在波斯统治时间也实行平民政制。卢库鲁斯攻克锡诺普和古萨姆松，恢复了人们的自由，并召回了逃往船队的臣民。

105 参阅阿庇安，《反米特里达特战争》中关于发纳高黎人、阿米苏斯人和西诺柏人的记述。

106 参阅阿庇安关于米特里达特所用于战争的财宝、他所隐藏的财宝、因亲戚党徒的出卖而丢失的财宝和人们在他死后所发现的财宝。

107 有一次，他损失了十七万士兵，所以部队随时用新兵递补。

108 参阅阿庇安，《罗马史》之《反米特里达特战争》。

109 同上。

110 参阅《罗马盛衰原因论》。

111 参阅柏拉图，《法篇》第四卷。

112 参阅波利比乌斯，《历史》，第五卷。

113 参阅《罗马盛衰原因论》，第四章。

114 同上。

115 参阅庞波尼乌斯，《法律》第五篇，第二节《俘虏》。

116 “向一般人提供商品”，参阅《法律》第一篇，《关于自由民的法典》。

117 《法律》第二篇，《关于野蛮人：有关不许运出的货物的法典》。

118 《法律》第二篇，《关于商人和交易的法典》。

119 《法律》第二篇，《关于不许运出的货物的法典》。

120 参阅普罗科皮乌斯，《波斯战役》，第一卷。

121 参阅《罗马盛衰原因论》。

122 参阅老普林尼，《自然史》，第六卷，第二十八章；参阅斯特拉波，

《地理志》，第十六卷。

123 同上。

124 阿勒颇和苏伊士的商队每年都会带去二百万货币，也会带去同样多的秘密，苏伊士王船带去的也有二百万货币。

125 参阅斯特拉波，《地理志》，第二卷，第 181 页。

126 参阅老普林尼，《自然史》，第六卷，第二十三章。

127 参阅斯特拉波，《地理志》，第二卷中说，罗马人在这种贸易上使用了 120 只船；在第十七卷中说，希腊各君主派遣去的船只差不多仅 20 只。

128 参阅《地论》，第一卷，第二章。

129 参阅《地论》，第六卷，第十三章。

130 我们最好的地图将石塔设于经度 100°、纬度 40° 的地区。（石塔是古代地理学家提及的位于双峰驼边境的堡垒。见第二十一章。）

131 参阅苏埃多尼乌斯，《格劳狄乌斯》，第十八章，《法律》第七篇。

132 参阅《西哥特法》，第八卷，第四章，第九节。

133 法律全名为《民法大全》：《关于火灾及船难》《关于船难的法典》《哥尼利法：关于暗杀》。

134 《法律》第一篇，《关于船难的法典》。

135 参阅《西哥特法》，第十一卷，第三章，第二节。

136 参阅亚里士多德，《政治学》，第一卷，第九、十章。

137 参阅《西班牙的痕迹》内阿拉贡 1228、1231 年宪法，和布鲁塞尔所辑《1236 年国王、商邦伯爵夫人和基·德·唐别尔间成立的约定》。

138 参阅斯洛，《伦敦一瞥》，第三卷，第 54 页。

139 即 1392 年 4 月 4 日在巴维尔发布的上谕。

140 在法兰西，犹太人是“不可转让的农奴”，贵族是他们的继承者。尼古拉斯·布鲁塞尔先生说，1206 年，国王和狄波，即商邦公爵之间达成了一个协定，同意任一方的犹太人都不得在另一方领地内借款。

141 据说，在奥古斯都和犹太人在被驱逐出法国后，在伦巴第州避难。在那里，他们将自己在法国所赋权的财富以秘密票据的方式赠予外国商人和游客，以此还债。

142 参阅《利奥皇帝法典》，第八十三项新法，该法废除了他的父亲巴吉尔的法律。巴吉尔的法律载《哈麦诺普露斯》第三卷第七篇第二十七节利奥条下。

143 参阅弗朗西斯·皮拉尔，《旅行记》，第二编第十五章的记述。

144 迦太基人是例外，这一点可以从人们结束第一次布匿战争的条约中看到。

145 在古语中，母国指的是建立殖民地的国家。

146 参阅波利比乌斯，《历史》，第三卷。

147 依据条约，波斯王承担义务，不乘坐任何战舰航行到蓝晶岩和舍利多利安岛之外。参阅普鲁塔克，《西蒙传》。

148 参阅亚里士多德，《奇事》。

149 参阅杜赫德，《中华帝国全志》，第二卷，第 170 页。

150 这段论述最早出现在我约在二十年前所作的一篇文章，几乎全文都写进此段。

151 参阅弗雷齐耶，《南海、智利、秘鲁和巴西之旅》。

152 据安逊爵士说，欧洲每年从别处能够得到两百万磅的金子，这些金子就是从山麓或河床的沙子中取得的。参阅乔治·安逊，《几年世界航行之旅》。

* 指史诗《伊利亚特》。——编者

第二十二章
法律和使用货币的关系

第一节　使用货币的原因

在那些可用于从事贸易的商品比较少的民族，比如野蛮人和只有两三种文明的民族，他们的交易方式是以货易货。因此，摩尔人的商队到位于非洲腹地的廷巴克图去，用盐换金子，不需要货币。摩尔人将盐堆成一堆，黑人将金子粉末堆成另外一堆。如果金粉末不够用，那么摩尔人就会拿回一些盐，或者是黑人再增加一些金粉末，直到双方都满意为止。

不过，如果一个民族经营大量商品贸易，那么就必然会有货币。因为如果经常以物易物的话，用一种方便携带的金属会节

 省许多费用。

因为所有的国家都是彼此需要的，所以经常出现的情景是：甲国需要大量乙国的商品，而乙国则基本不需要甲国的商品。然而，在乙国和另一国的关系上，情况又正好相反。当各国有较多货币需进行贸易的时候，那些需要更多商品的国家就用银钱结账或超额偿付。在货币交易下，一国的需求越多，贸易额便越大，该国所需的贸易也是多多益善。而在以货易货的场合，贸易是按照一国的需求进行的，因此要求贸易越少越好，否则无法还账，这也是二者的差别。

第二节　货币的性质

货币是代表着所有商品价值的标志。为了使这一标志持久耐用，人们选择了一些金属制成货币，在使用这些货币时，它们可能受到的损耗较小，经多次分割而不会受到破坏[1]。于是人们转而选择了贵金属，这样一来，这些标记更易携带。以金属作为公共的度量衡是恰当的，因为金属很容易按标准化制作。每个国家都在金属上加上特别的标识，这样一来，货币的外表能够和它的标准及分量相符合。

在使用金属货币之前，雅典人还用过牛充当货币[2]，罗马人使用过绵羊充当货币。但是没有两头牛是完全一样的，而两块金属却可以做得一模一样。

银是商品价值的标志，而纸币则是银价值的标志。当纸币完好时，它能够很好地代表银，所以二者在效用上没有差别。

同样，金钱是物品的标记，代表着物品，所以每件物品也是金钱的标记，代表着金钱。如果在金钱能很好地代表一切物品的同时，物品也能很好地代表着金钱，二者互为标记，于是也可以说，二者的价值是相适应的，那么这样的国家就是繁荣的。而这种情况也只会发生在政治宽和的国家中。不过即使是在这样的国家中，情况也不都是这样。举例而言，如果法律优待不诚实的债务人的话，那么属于这个人的东西就不能代表金钱，也就不是金钱的标记了。在专制国家中，如果物品代表着自己的标志，那么暴政和猜忌会使所有人都把自己的银子埋起来[3]。因此，这些国家的物品根本无法代表银钱。

立法者有时会使用一种技艺，使物品不但在性质上代表金钱，而且同金钱一样能够成为货币。独裁者恺撒[4]允许债务人按内战前的价格处理土地，使债权人可以清偿债务。提比略[5]下令，想要银钱的人可以从国库中获得银钱，但要将土地以两倍的价格抵押给国库。在恺撒统治时，土地就是偿还所有债务的货币。在提比略时代，一万赛斯德斯的土地才能成为日常使用的货币，这些土地价值五万赛斯德斯的银钱。

英国的大宪章规定，在债务人的动产或个人财产足够还清债务，且他愿意提供这些财产时，禁止攫取债务人的土地或收入。于是，英国人的一切财产就都代表着金钱了。

日耳曼人的法律规定，可以用金钱来弥补犯错和罪罚。不过由于国家的银储备量过小，所以法律又规定，可以用货物或牲畜充当金钱。关于这点，不同阶层的民族的舒适和安逸程度是不同的，所以萨克森人是根据不同情况做出规定的。该法律首先[6]规定牲畜货币和一苏之间的比例，即：一枚贰圆的苏等于一头十二个月的牛或一只绵羊加它的小羊羔；一枚三圆的苏等于一只十六个月的牛。在这些民族中，货币成了牲畜、商品或货物，而这些物品又成了货币。

金属银不仅是物的标志，也是金钱的标志，代表着银钱，我也会在讲汇率的那一节讲到。

第三节　想象的货币

货币分为现实的货币和想象的货币，几乎所有的文明民族都使用想象的货币，这是因为他们将现实的货币转换成了想象的货币。首先，他们的真实货币是金属，有一定的重量和成色。不过在一段时间之后，由于人们的不诚实或材料的不足，人们会对每一个货币都偷工减料，而货币代表的价值却能维持不变。比如，在把一磅重的银币减去一半后仍称其为一磅。而一苏银是一磅的二十分之一，虽然它已不再是足重的二十分之一磅银，但人们仍称其为一苏。这样一来，磅是想象出的磅，而苏也是想象出的苏，其他国家货币也是一样的原理。这样下去，以后的磅很有可能就是真正足磅的一小部分而已了，那这时的磅就更是想象化的了。甚至很可能到未来某一时刻，人们就不再制造价值一磅的货币或价值一苏的苏，那么这个时候的磅和苏就纯粹是想象中的货币了。人们可以随意称货币为多少磅或多少苏，没有固定说法，因为给一件东西改变名称是很容易的，而要改变东西的本身却是很困难的。

对一切希望贸易昌盛的国家，可以制定法律消除这些问题，即规定只能使用真实的货币，并禁止一切可能使它成为想象货币的办法。

所有事物的通用度量衡是不应出现变化的。

贸易本身具有不确定性，而为这种本质即不确定的事物再添加新的不确定性则是一件有害的事情。

第四节　金银的数量

当文明国家成为世界的主宰时，金银的数量则会每日剧增。因为这些国家要么自己开矿，要么彼此交易。反之，当半野蛮国家成为主宰之时，金银数量便会减少。众所周知，当哥特人和汪达尔人、撒拉逊人和鞑靼人从相对的两个方向侵略世界时，这些金属的数量出现了急剧地减少。

第五节　续前

人们将从美洲开采的银子送往欧洲，接下来再将这些银子送往东方，这就促进了欧洲航海业的发展。金属银是欧洲同美洲开展贸易而获得的额外商品，也是美洲同印度开展贸易时使用的商品。因此，当人们把金银视作商品时，出现了大量的金和银自然就是好事。但是在人们将金银视作标记的时候，金和银数量大便不是什么好事。因为一旦数量增多，金和银作为标志的地位就会受到影响，而金和银只有在数量极少时才具备更高的地位。

在第一次布匿战争前，铜和银的价格比是 960:1，[7] 而现在是 73.5:1。[8] 而如果这一比例和旧时的比例是一样的话，那么金属银才会更好地发挥它作为标记的作用。

第六节　在发现印度之后为什么利息减半

加西拉索·德·拉·维加[9] 说，在征服印度之后，西班牙的利息从 10% 下降到 5%，而这是必然的。突然有大量的金属银被运往欧洲，那么很快需要银的人数就会大量减少，而物价激增、银价下降，因此货币之间的比例也被打破，旧债也就还清了。人们记得“拉斯体制”时代[10]，除了金银之外，其他所有东西的物价都很高。在征服印度之后，手握金银的人不得不降低物价或租金，即商品利息。

自此之后，贷款不再沿用以前的利息，因为在欧洲，每一年的金银数量都会有所增加。此外，一些国家的公款变化是以贸易所获得的财富为基础的，借出时可获利息很少，所以私人的合约不得不据此调整。最后，因为交易的出现使人们能极容易地从一国将金银带入另一国去，所以没有地方会缺少金钱，因为各个金钱充裕的地方都可以供给金银。

第七节　财富标记不同时，物价是如何固定不变的

银钱标记的是商品或产品的价格，而这个价格又是如何固定的呢？即，每一样商品应该用多少分量的银来代表呢？

如果把世界上的金银数量和全球的商品数量来比对，那么每一件产品或商品一定可以同全部金银的一定分量成比例。一方的总数既然是和另一方的总数成比例，那么一方的一部分也就和另一方的一部分成比例。假设世界上只有一种产品或商品，或是只有一种商品可买，也可以像金银一样分割，那么这种商品的一部分便将同金属银数量的一部分成比例。商品全部的一半则等于全部金银的一半，商品的十分之一、百分之一、千分之一则等于全部金银的十分之一、百分之一和千分之一，但是构成人类财产的物品不都是同时进入贸易流通市场。即使是作为所有物标记的金属或货币也并没有都在贸易中流通，所以物价是依据商品总数同货币总数的比例而制定的。今天没有进入贸易的物品或许明天

530 就可以投入贸易，标记也是如此，所以物价的确定总是主要取决于物体总数同标记总数之间的比。

因此，君主或地方官员不得随意下令把 1∶10 的关系确立为 1∶20。朱利安在降低了安条克物价之后便导致了一场大饥荒的出现[11]。

第八节　续前

非洲沿岸的黑人不用货币作为价值标记，而是用纯粹的想象标记。他们根据自身对一件商品需求的强弱在头脑中形成了一件商品的估值。他们的价值标记就是凭这些估值形成的。某一产品或商品值三麻古特；另一种，六麻古特；而再一种，十麻古特。这就如同简单地说三、六和十是一样的。商品的价格是通过他们在所有商品之间的比较而得出的。因此没有特殊的货币，每一种商品就是另一种商品的货币了。

让我们把这种估价商品的方法暂时挪用一下，和我们的估值方法联系起来：世界上的全部商品和产品，甚至是一国同其他国家完全不同的全部商品或产品都会价值一定数量的麻古特。如果把该国的金钱按所有麻古特的数量分割，那么每一部分的金钱都会是麻古特的标记。

如果一国金钱的数量翻倍，那么每麻古特就要有两倍的金银。但是如果在给金钱翻倍的同时也给麻古特翻倍，那么金银和麻古特的比例将和未翻倍之前一样。

如果自发现印度后，欧洲的金银以 1:20 的比例增加，那么产品和商品价格增加的比例也应该是 1:20。不过就另一方面而言，如果商品数量增加比为 1:2 的话，那么产品和商品价格一方面是按 1:20 的比例增加，另一方面则按 1:2 的比例下降，而最后结果仅仅是按 1:10 的比例增长。

商品和产品的数量增长同贸易的增长应是同步的。贸易由于金钱的增多而增长，并同新大陆和新海洋的发现而增加，这样便会为我们提供新的产品和商品。

第九节　金银相对稀缺

除了金银的绝对充裕和稀少之外，这些金属之间也有相对的充裕和稀少。

贪婪的人们囤积金和银，因为他们不想消耗掉这些金银，他们喜爱这些不易毁掉的标记。相比之金属银，他们更爱囤积金子，因为他们担忧失去金子，而这些人更擅长的是隐藏体积更小的金属。因此，当银子更常见时，金子就从市面上消失了，因为所有人都要藏一些金子；而当市面上的银子数量少的时候，金子又会重新出现，因为人们不得不把金子从隐藏处取出来。

因此，有一条规律是：当金属银稀少时，金属金就会更常见；当金属金稀少时，金属银就会更普遍。相对的充裕和稀缺同真正

 的充裕和稀缺之间是有区别的，至于区别如何，我还会在接下来仔细说明。

第十节 关于汇率

不同国家货币的相对充裕和稀缺形成了所谓的汇率。

汇率使货币的现有价值和暂时价值是固定的。

作为金属，银和其他商品一样有价值，它也具有成为其他商品标记的另一种价值。如果它只是一种单纯的商品的话，那么无疑它的价值会损失很多。

作为货币，银的价值在一些时候可由君主规定，但在其他时候则不能由君主规定。

对于同样数量的银，君主首先为其作为金属和作为货币的价值制定了比例。其次，他规定在制作货币时不同金属的比例。其三，他为每一个货币规定重量和成色。最后，他赋予每一个货币我之前提到过的想象价值。我想将这四个关系中的货币价值称为绝对价值，因为这一价值可由法律固定下来。

此外，每个国家的货币在同其他国家货币比较之时，都会有一个相对价值。这个相对价值是由汇率机构制定的，主要以绝对价值为依据。这个相对价值是以商人最广泛的估价为依据的，不能够以君主的命令加以规定，因为这一价值会不断变化，而且要视一千种不同情形而定。

为了使相对价值固定下来，不同的国家基本会按照拥有金钱最多的国家为依据来制定汇率。如果该国拥有金钱数量等于其他国家拥有的金钱数量之和，那么每个国家当然就要依附前者的标准了。这就使其他国家间制定的汇率和它们同主要国家制定的汇率相差无几。

当今世界，荷兰[12]就是我们所说的主要国家。接下来，让我们来看看同荷兰相关的汇率情况。

荷兰有一种货币叫作弗罗林，值20苏、40个半苏或格罗。为了使这些概念简化一些，我们可以假设荷兰没有弗罗林，只有格罗。有1000弗罗林的人会有40 000格罗，以此类推。如今，同荷兰汇兑就必须了解其他国家的每个货币都值多少格罗。法国人通常以一埃居合三里弗尔计算，所以汇兑时必须知道合三里弗尔的一个埃居值多少格罗。如果汇率是54的话，三里弗尔的埃居会值54格罗。如果汇率是60的话，三里弗尔的埃居就值60格罗。如果法国的银很稀缺的话，三里弗尔的埃居就能值更多的格罗。如果法国的银储量丰富，那么三里弗尔的埃居所值的格罗会更少。

能够导致汇率变动的货币稀缺性或充裕性不是绝对的稀缺或充裕，而是相对的。比如：法国需要在荷兰投资，这种需要如果比荷兰在法国投资的需要更强烈，那么在这种情况下，法国的金钱就会比荷兰多，反之亦然。

让我们假设同荷兰的汇率是54。如果法国和荷兰构成了一

534 个城市的话，他们之间的兑换方法就会和我们兑换一个埃居一样。法国人从口袋里拿出三个里弗尔，而荷兰人需要从口袋中拿出 54 个格罗。但是从巴黎到阿姆斯特丹是有一定的距离的，所以在荷兰，有 54 个格罗的人要同我兑换合三个里弗尔的一个埃居时，就必须给我一张 54 格罗的汇票。此处的问题不是 54 格罗，而是在于 54 格罗汇票的问题。因此，要判断银钱是否充裕，人们要知道，在法国，是否那里 54 格罗的汇票比荷兰埃居的数量要多[13]。在金银比纸币多的地方，金银充足；而在纸币比金银多的地方，金银缺乏。如果荷兰的汇票多，而法国的埃居少，那么法国的金银就是稀缺的，而荷兰的金银就是充裕的。于是这两国之间的汇率必须上涨，为换一埃居，人们必须拿出多于 54 格罗的钱，否则是不能换的，反之亦同。

人们发现，汇兑的种种操作形成了收入和支出的账目，这两个账目需时刻保持平衡。这时，一个负债的国家不得通过汇兑的方式向其他国家清偿债务，正如个人不得通过兑换银钱来还债一样。

假设世界上只有三个国家，分别是法国、西班牙和荷兰。假设西班牙的一些人在法国欠下 100 000 马克的银钱，法国一些人在西班牙欠下 110 000 马克的银钱，由于一些特殊情况，法国和西班牙的债主们必须立即收回银钱。那么此时的汇率该如何操作？两国的个人可以互相偿还 100 000 马克，但法国的人还会欠西班牙人 10 000 马克，西班牙将要求法国支付 10 000 马克的汇票，而法国则不能要求西班牙支付任何汇票。

如今，如果荷兰和法国的情况调换，荷兰欠法国 10 000 马克，如果为了使账目平衡，那么法国有两个方法可以偿清西班牙：要么通过荷兰债务人支付西班牙债权人 10 000 马克的汇票，要么向西班牙支付 10 000 马克的银币。

因此，当一个国家需要向另一国汇款时，不论是支付银钱还是汇票，从支付性质来说并无差别。至于哪一种方式更好，则完全要取决于即时的情况。在当时，至于怎样才能得到更多的格罗，具体就要看给荷兰更多的银钱[14]还是要求荷兰支付同样款数的汇票。

如果法国同成色同重量的银钱能够换到荷兰同成色同重量的银钱，那么这就叫作汇兑平价。就目前货币情况而言[15]，汇兑平价大约是每埃居换 54 格罗。如果一埃居能够换兑 54 格罗之上，那么就叫汇兑价高；在 54 格罗之下，就叫汇兑价低。

若想知道一国在特定汇率环境中是获利还是受损，那么就要看这个国家到底是债务人、债权人、卖方还是买方。如果汇率低于平价，那么该国作为债务人是受损的，作为债权人是获利的；作为买方是受损的，作为卖方是获利的。在作为债务人时，该国的利益是受损的，原因很简单：比如，在法国欠荷兰一定的格罗时，那么法国埃居所值的格罗数就会减少，还债所需的埃居就会增多；而如果法国是一定数量格罗的债权人，那么每一埃居所值的格罗越少，法国得到的埃居就会越多。作为买方的国家同样受损，因为购买同样数量的商品所需的格罗数不变，当汇率降低时，

 每个法国埃居所换得的格罗数就越少。同理可得，作为卖方时，一国是获利的。比如我在荷兰出售商品获得的格罗数同以往出售商品所获得的格罗数是相同的，而在我可以用 50 格罗换取一个埃居的时候，同我要用 54 格罗换取一个埃居的时候相比，我可以在法国拥有更多的埃居。在对手国，情况则正好相反。如果荷兰欠下一定量的埃居，那么它会获利；如果是别国欠荷兰埃居，则荷兰会受损；如果荷兰是卖方，它会受损；如果荷兰是买方，它则会获利。

这里，我还要补充一下：如果汇率低于平价，比如说是 50 而不是 54，那么法国将 54 000 埃居汇寄到荷兰，这些钱只能买价值 50 000 的商品。而在另一方面，荷兰汇款 50 000 埃居到法国的话，这些钱够买价值 54 000 的商品。这样相差五十四分之八，即，法国损失七分之一。于是，人们必须向荷兰汇寄比平价时多七分之一的银钱或商品。而这样的问题会持续存在，因为这样的债务会使汇率降低更多，那么法国最终也会破产。我认为，这似乎是可能发生的，但事实是，这一切并未发生[16]。原因就是我之前讲到过的，即各国总是会设法使自己的收支平衡，并争取偿清债务。于是各国只按自己能偿还的比例借债，只按能售出的数量买进。根据上述案例，如果法国的汇率由 54 下降到 50，那么在法国同意的前提下，过去需支付 1000 埃居向法国购买商品的荷兰人将只需支付 50 000 即可。但是法国的商品将逐渐涨价，利润也将由法国人和荷兰人平分，商人在获利时已经准备好分割一部分利润。因此，利润将在法国人和荷兰人之间分配。同理，用 54 000 格罗购买荷兰商品的法国人，在汇率为 50 的时候支付给荷兰人 1000 埃居，为了购买同样的商品，这个法国人还不得不多支付五十四分之四的法国埃居。不过在预感到自己会有损失之后，法国商人会少购进一些荷兰商品。那么这时候的损失也会由法国商人和荷兰商人共同承担。于是，国家也将在不知不觉间达到收支平衡，汇率的降低也不会出现人们担忧的一些问题。

在汇率低于平价时，商人可以在不减少财富的情况下，将资金放到外国。因为商人在收回他的资金时，他还是会受损。但是一国君主将金钱送到外国是不会将钱拿回来的，所以他是会受到损失的。

当一国商人生意做得多时，该国的汇率必然会上涨。这是因为商人们制定了许多契约，购买了更多商品，也吸引着外国来支付款项。

如果一国君主在本国积累了大量金银，那么当地的金银便会绝对稀缺而相对丰裕。比如，如果一国不得不为外国商品支付款项的话，即使银钱稀缺，汇率也会降低。

各地的汇率都是要形成自己的比例的，这是因为事物本身的性质就是如此。如果爱尔兰对英格兰的汇率低于平价，而英格兰对荷兰的汇率也低于平价，那么爱尔兰对荷兰的汇率就会更低了。即，爱尔兰比英格兰和英格兰比荷兰的复利比就是如此。当荷兰人可以间接通过英格兰向爱尔兰汇款时，他是不会多花钱向

538 爱尔兰取款的。我认为情况应该是这样的，但事情也不会一直如此，总会有不同的情况发生。从一个地方或不同的地方获取不同的利润，这是银行家们的技艺或巧智，而这不是我们谈论的重点。

当一个国家的货币升值时，比如把三里弗尔称作六里弗尔，把一埃居称作二埃居，这种新的叫法实际上并没有使埃居升值，所以在汇兑时一个格罗也不应多换。两个新埃居应该只能换得一个旧埃居所能换得的格罗数。如果不是这样的话，那这不是为货币本身设定的汇率问题，而是因为这个转变太新太快了。汇率是同已经开展的业务相关的，并在特定时间段后会进行自我修正的。

如果一个国家不是简单地通过制定法律来使货币升值，而是通过铸币的方式将强势货币转换成弱势货币的话，那么在铸造的过程中就会出现两种货币，旧的强币和新的弱币。根据公告，强币已经失势，只有铸币厂才会接受它。于是在汇票时，人们必须按新币支付，那么汇率似乎也必须按新币来规定了。比如，法国将货币弱化一半，一个合三里弗尔的旧埃居可在荷兰兑换60格罗，那么新的埃居就只能兑换30格罗了。而在另一方面，汇率又似乎必须按旧币的价值规定，因为持有金银和汇票的银行家必须将旧币送到铸币厂，才能换取新币，而这新币却使他们会遭受一定的损失。因此，汇率就是在新币价值同旧币价值之间的比率得出的。而这么说来，旧币的价值是下降的了，因为在贸易中已经存在了一些新币。同时，因为银行家无法持续使用新币或旧币中的任意一种，所以对他们而言，最有利的就是将旧币迅速从柜子里拿出来使用，而有时他们还不得不拿旧币来付账。在另一方面，新币的价值似乎是上升了，即因为有了新币的银行会处于一个新的境地，可从旧币中获得极大的利益。因此，正如我之前所讲，汇率会在新币和旧币之间摇摆。于是，将旧币送出本国会使银行家获利，因为这样一来，他们就可以按照旧币设定的汇率而获得同样的利益，即在荷兰可以得到更多的格罗。在兑换回来的时候，汇率也是在新旧币之间确定的，也就是会低一些，这就确保了人们能在法国取得更多的埃居。

按照现在的汇率，假设旧币的三里弗尔可以兑换 45 格罗，而同样的埃居可在荷兰换取 60 格罗。但是一张 45 格罗的汇票可在法国换取三里弗尔的埃居，而这张旧币到了荷兰还可以换取 60 格罗，因此，所有的旧币都会流出铸造新币的国家之外，而获利的将是银行家们。

为了做出补救，人们必须实行新的办法。即铸造新币的国家把大量自己的旧币送到规定汇率的国家去，在该国建立信用，这会将格罗的汇率提升至几乎合三里弗尔的一个埃居的旧币水平。这几乎是因为，在利润不多的情况下，人们不会将货币送出国外，因为携带货币的花费很大，而被没收的风险也大。

我们有必要把这一点说清楚。伯纳德先生或其他任一国内的优秀银行家，会在给荷兰开汇票的时候提供比当前汇率高出一、二、三格罗的价位。他不断地向国外送出旧币，于是使汇率升至之前提到的水平。通过汇票，这位银行家收集了所有的新币，迫

540 使其他要付款的银行家将旧币送回铸币厂。此外，由于这位银行家会神不知鬼不觉地将所有的银钱取走，限制了其他银行家们，所以他们不得不给这位银行家开出汇率极高的汇票。这样一来，最终这位银行家获得的利润会在很大程度上弥补了他最初的损失。

人们认识到，在整个操作的过程中，国家要经过一场猛烈的危机。国内所剩的银钱会非常稀少：一是因为大部分货币会被宣告贬值；二是因为一部分货币要流失到外国去；三是因为所有人都会将货币锁起来，没有人愿意将属于自己的利益让给君主。在这一方面，慢慢来操作是有点危险的，而快速完成则同样也是危险的。如果预期收益过高的话，相应的缺陷也会增多。

人们首先会看到，当汇率低于货币币值时，将货币输出国外是可以获利的。同理可得，当汇率高于币值时，把货币输入国内是可以获利的。

不过有时，虽然汇率是平价的，但将货币输出国内还是有利可图的，方法就是把货币输出到国外改换币名或重铸。当货币输入一国国内时，无论在本国使用还是向国外输出汇票，人们都是可以获利的。

假设在一个国家中，有人开设了公司，占有的股份很多。几个月后，股价比购入时上涨了 20 或 25 倍。也是在这个国家，人们建立了一家银行，发行有货币功用的钞票。这些钞票的法币价值又高得惊人，为的就是适应法币价值高得惊人的股价。那么从这件事的本质而言，这些股份和钞票或可同它们建立之初一般地毁灭。股份的价格可能突然猛涨到初始股价的二十到二十五倍，这就使许多人获得了从纸币获取大量财富的路径。每个人都想保全自己的财富。而汇率提供了改变财富性质、随意转移财富的捷径，人们就可以不断地将自己财富的一部分汇到管控汇率的国家去。一国如果持续地向外国汇款，那么会使本国汇率下跌。让我们假设，在拉斯制度时代，根据银币的重量和成色，汇率是每埃居 40 格罗，当无数的纸币成为货币时，人们将只愿意出 39 格罗换一个埃居了，或 38、37 等等。之后就越来越少，可能只愿出不到 8 格罗，或许最终也就没有汇率的存在了。

在这种情况下，汇率就应该规定出法国银币兑纸币的比例。我想，根据银币的重量和成色，合三里弗尔的埃居银币值 40 格罗。在兑换纸币时，合三里弗尔的埃居纸币则只值 8 格罗，那么它们之间的差距是五分之四。因此，合三里弗尔的埃居纸币比合三里弗尔的埃居银币价值要少五分之四。

第十一节　罗马针对货币采取的举措

在如今的法国，无论这两任连续的政府为货币采取过何种措施，罗马人都采取过更为激烈的举措。罗马人所施政策之时不是在腐败的共和国时期，也不是在无政府状态下的共和国时期，而是在罗马手握强权之时，凭智慧和勇气，在战胜了意大利城镇

542 之后，同迦太基人争霸的那个时期。

我很高兴，能够深入研究这件事，这样才能从事实中举例。

在第一次布匿战争[17]时，1爱斯应值12盎司的铜，而在第二次布匿战争时，1爱斯只值2盎司的铜。这种开支的收缩符合我们今天所称的货币增长。将合六里弗尔的一个埃居减去一半的银是为了制造两个埃居，或使其价值十二个里弗尔，这是出于完全一样的目的。

在第一次布匿战争中，没有记载罗马人的做法，不过他们在第二次布匿战争中的做法却彰显了超凡的智慧。当时的罗马共和国无力清偿债务。1爱斯重2盎司的铜，而价值10爱斯的1便士重20盎司的铜。罗马共和国将爱斯制成重10盎司的铜[18]，占了债权人一半的便宜，罗马人可以用10盎司的铜付1便士。这样的做法会使罗马遭遇震荡，而这个震荡的范围越轻越好。这样的做法是不公平的，所以它影响的范围越小越好。这种做法的目的是使共和国有能力清偿其子民的债务，而不是让子民有能力清偿彼此的债务，这也就使第二项举措应运而生了。于是罗马人规定，过去值10爱斯的1便士如今值16便士。在这种双管齐下的作用下，罗马的债权人损失了一半[19]，而个人只损失了五分之一[20]，商品价格只增加了五分之一，所以货币的真正变化只有五分之一，其他的影响当然也是不言而喻了。

因此，罗马人的做法比我们的做法要高明。我们的做法是将公共财富和个人财富混为一谈。而这还不是他们全部的智慧，罗马人采取措施的时机也比我们的好。

第十二节　罗马对货币采取措施的时机

很久之前，意大利的金属金和金属银都非常稀少，其金矿和银矿的数量也是非常少的，或者说，接近于零。当高卢人侵占罗马的时候，罗马只有1000磅的金子[21]。不过，罗马人仍劫掠了几座强盛的城镇，将他们的财富带回了意大利。很长时间以来，罗马人只使用铜钱。直到同皮拉斯议和之后，他们才有了足够的银来制钱[22]。罗马人用银来制造便士，价值10爱斯或10磅铜[23]。因此，银兑铜的比例就是1∶960，因为一个罗马便士值10爱斯或10磅铜，即值120盎司的铜，所以同样的一个便士值八分之一盎司的银[24]，这也就构成了我们刚刚说到的比例。

当罗马成为希腊和西西里一带的统治者后，罗马人逐渐发现自己处在两类富人的中间，而随着人们无法持续维持1∶960的银铜比，罗马人在货币方面实行了大量政策，而我们对这些政策也并不了解。我们只知道，在第二次布匿战争开始之初，罗马便士价值只值20盎司的铜[25]，因此银铜比只是1∶160。这样的货币价值缩水程度是很大的，而共和国在所有的铜币中获得了六分之五的钱。不过，人们只是根据事物的性质重新确立了作为货币的金属之间的比例。

在第一次布匿战争议和之后，罗马人成了西西里的主人。

544 他们不久后便进入了撒丁岛，并逐渐了解了西班牙：在西班牙，他们的银储备逐步增加，人们采取措施将每个便士使用的银从20盎司减至16盎司[26]。此举的结果便是重新为银和铜设置了比例，过去是1∶160，而现在是1∶128。

研究罗马人后你会发现，无论做好事还是坏事，他们都会选择最佳时机，这也是他们较为显著的优点。

第十三节　帝王时代对货币的操作

在共和国时期，人们对货币采取的是紧缩政策。国家向人们展示自己的需求，并没有试图迷惑人们。在帝国时期，人们通过合成金属来操纵货币。而这些君主因其慷慨大方而落入绝望的境地，不得不降低货币的质量。这是一种间接的方式，可谓隔靴搔痒。他们撤回了一部分福利，却又没有公开。没有人说薪金和赠品有所减少，但事实是它们的确减少了。

在一些藏品[27]中，人们依然可以看见一些称作镀金的金属，它们只是在铜上敷有一层银而已。在《罗马史》第七十七卷的一则断篇中，狄奥对这种货币进行了探讨[28]。

狄第乌斯·尤利安最先开始贬值货币。人们发现卡拉卡拉时期的货币，合金部分占一半以上[29]，在亚历山大·塞维努斯时期，合金比例为三分之二以上[30]，而货币的贬值还在继续。而在加里恩努斯时期，人们见到的就只是镀银的铜币了[31]。

人们能够感受到，这些暴力行径不会在我们的时代出现。一国君主或许能够骗得了自己，但他却骗不了其他人。这样的汇率教会了银行家比照全世界各地的货币，并赋予它们最公平的价值，所以货币的成色已不再是秘密。

如果君主开始将贵金属与铜制成合金的话，那么每个人都会效仿，并为君主制作这样的货币。好的货币会首先流入国外，而等这些货币返回国内时，它们已是贬值的货币。如果像罗马君主一样，只贬值银而没有贬值金的话，那么人们就会看到金子突然就消失了，而只剩下价值不足的银子而已了。正如我在前章所言[32]，汇率削弱了君主的权威，或至少其权威的正确性。

第十四节　汇率对君主专制政体的影响

俄罗斯试图脱离君主专制，但没有成功。一国贸易的确立需要汇率的确立，而汇率的操作违反了所有俄罗斯法律。

在 1745 年，俄国女皇下令驱逐犹太人，因为犹太人将被放逐到西伯利亚的人和女皇仆人们的钱都送入国外了。俄罗斯帝国的臣民就像奴隶一样，在未经许可前，无法离开国境，也不得将财产送到国外。因此，作为将货币从一国转向另一国的手段，汇率同俄罗斯的法律是相悖的。

贸易本身是违背这些法律的。俄罗斯的国民只由奴隶构成：一种奴隶是依附于土地的，另一种叫作牧师或士绅，因为他们是

546 奴隶的主人。于是，剩下的第三类人数较少，主要是工人和商人。

第十五节　意大利某些国家的惯例

在一些意大利国家，法律规定，臣民不得出售土地，以防将货币送至外国。这些法律也许是好的，在一个国家的财富过多时，将钱送到国外也是一件很困难的事情。不过，因为使用了汇率，财富也就不只属于某一个国家了，又因为财富可以很容易地从一国转入另一国，所以，禁止人们提供土地供商用获利这一规定就是一条不好的法律。这则法律不好的原因在于，与土地相比，该法赋予了动产更高的地位，因为这使得外国人不喜欢来该国居住。而最终，人们是能够逃避这种法律的。

第十六节　国家能从银行家处得到的援助

银行家这一职业的诞生是为了换取货币而不是为了出借货币。由于君主的事情通常是大事，如果君主只利用银行家来换钱，那么在银行家做出汇兑之后，君主付给他们的哪怕是微小的利润也会变得十分可观。如果银行家们请求巨额的利润，那么肯定是行政方面出了纰漏。而在另一方面，如果银行家们被用于垫付款项的话，他们的策略便是从他们自己的银钱中获取巨大的利润，而同时没有人会指责他们在重利盘剥。

第十七节　公债

有人认为，一个国家向自己的国民借债是有好处的。他们认为这样做增加了财富的流通，继而能够增加财富。

有三种流通券，分别是：代表着货币的流通券、代表着一个公司在贸易中已获取或将获取利润的流通券和代表着债务的流通券，而人们似乎将三者混淆了。前两者对国家十分有利，而第三种则是有弊的。第三种券的最大好处就是它确保了个人借给国家的债务有了好的保证，即，它能确保人们还债。不过，以下是一些或由债务券引发的弊端：

如果外国人只有大量某国债券，那么他们每年都会从该国提取大量的利息；

在一个负债的国家，其汇率必然总是很低；

为支付利息而征收的税款使工人劳动价格上涨，这会损害工人的利益；

一国的真正收入是由勤劳肯干的人们（指工商业者）挣来的，而将这些收入转移给懒惰的人们（指吃利息的人）就相当于将工作的成果赋予了不工作的人，将工作的艰辛给了工作的人。

以上就是债券的弊端，我看不出有什么好处可言。如果有十个人，每个人从经营土地或勤劳肯干中获得1000埃居，那么这使得国家可以发行利息为5%、发行量为200 000埃居的债券。如果这十个人用掉了一半的收入，即5000埃居来偿付100 000

548 埃居债券的利息，那么这仍然可以为国家挣得 200 000 的埃居。如果用代数语言来表述，那就是：

200 000 埃居 −100 000 埃居 +100 000 埃居 =200 000 埃居。

在这种情况下，能够使人犯错的原因是，一国代表债务的券是其财富的象征，而也只有富国能够维持这样的券而不至于使国家陷入衰落。因此，为了使国力保持昌盛，国家必须从别的地方拥有巨大的财富。有人说，这样的做法也没有什么损失，因为这些国家有足够的财富可以防微杜渐。也有人说，哪怕有些损失也未尝不可，因为这些财富足以压倒隐患。

第十八节　公债的清偿

一国作为债权人和债务人之间需要有一个固定的期限比例。一个国家可以无限期地成为债权人，不过它只可能在一定程度上成为债务人，如果超过了这个限度，那么作为债权人的地位就不保了。如果一国的信用没有受损，那么我们就可以愉快地采用欧洲某一国家[33]的做法作出规定，即：征集大量货币，并偿还所有的人，除非人们想减少利息。的确，当一个国家需要借钱的时候，决定利率的是个人，而当一个国家能够付款的时候，规定利率的是国家。

仅仅减少公债利息还是不够的，利率减少之后还应该用所换来的利息建立分期偿还基金，每年支付债务的一部分。随着利息每天的增加，这种做法是会越来越令人开心的。

当一国的信用并不健全时，我们有更多的理由寻求建立分期偿还基金，因为这个基金一旦建立，就会立即重塑信心。

如果该国是共和制，那么其政体的性质是适宜做长期规划的。分期偿还基金的数额可以很小。在君主制国家，资金数额就要更大。

根据规定，一国的全部公民都需分担基金建立后的责任。因为他们都分担了债务确立的责任。一国的债权人应通过他自己的款额付自己的钱。

有四类人需偿还一国的债务：土地所有者、贸易从业者、农民和技工、从国家或私人处获取利息的人。在这四类人中，似乎最应该出钱的是最后一种人。因为在一个国家中，他们是完全被动的阶层。而支撑整个国家的也是其他三个阶层的人所付出的积极力量。不过，让最后一个阶层的人负担过重会削弱公信力，而国家和其他三个阶层的人十分需要公信力。如果一些公民缺失了公信力，那么就会显得全体公民都丧失了公信力。因为债权人阶层总是最容易受到官员们的算计，总是在官员们的监视和控制之中，因此国家必须对这一阶层进行特殊的保护，而债务人不得比债权人有一点儿的优越地位。

第十九节　有息贷款

货币是价值的标志。显然，借用这个标志的人就应该像借用其他东西一样支付租用金。这其中最大的区别就是，其他事物要么可以租用，要么可以购买，而作为事物价格的银只能租用而不能购买[34]。

租用货币而不用付利息自然是善举，不过人们认为这只能算是出于宗教性的道义，而不符合法律规定。

为了使贸易能够良好地推进，货币必须有价格，但价格不能过高。如果货币价格过高，那么商人会认为他要付的利息比从他经商中获取的收益还高，那么商人就什么也不用经营了。如果货币没有价格，也就没有人租用货币了，而商人依旧什么生意也不用做。

在谈到没有人租用货币时，我犯了一个错误。社会事物一定都是稳步向前的，高利贷出现后，历朝历代所经历的混乱也会随之而来。

穆罕默德的法律将高利贷和有息贷款混为一谈。在伊斯兰教国家中，高利贷和禁令的严重程度是成正比的。由于侵犯法律会有获罪的风险，因此债权人必须补偿自己获罪的损失。

在这些东方国家，大多数人都没有完全有保证的东西，人们现有的资产数和在出借后能如数归还的可能性之间几乎没有必然联系。因此，高利贷的多少同无力偿还的可能性是成正比的。

第二十节　海事方面的盘剥

海事方面的盘剥建立在两个基础之上：一是出海有风险，如果不是利润更大的话，那么人们是不会出借自己的钱的。二是贸易赋予债务人开展大事业的可能性。然而，鉴于对土地方面的盘剥没有建立在这两者之上，因此有的立法者对土地盘剥加以禁止，有的更明智一些的立法者则把利息限制在适当限度之内。

第二十一节　罗马人的租赁合同和高利贷

除了贸易租赁，还有另一种民事合同制定的贷款，能够催生利息或高利贷。

在罗马，随着平民们的权力与日俱增，官员们便试图取悦人们，制定令人们最为满意的法律。官员们削减了资本，降低了利息，禁止收取利息，取消了民事上的限制。最后，在每次护民官想要取悦于民的时候，便会提出废除债务的议题。

法律和平民投票都会带来持续的变革，这使高利贷在罗马逐步成为常态。因为债权人看到，平民是他们的债务人、立法者和法官，于是对平民便不再信任。除非利润极高，债权人一般不太愿意借钱给平民，像视平民如信用极差的债务人一般。这主要是因为法律只是偶尔制定，而人们的抱怨却是持续不断的，这也总是能够威胁到债权人[35]。于是，罗马废除了所有诚实借钱的手

 段，而出现了重利盘剥的高利贷。邪恶出现的原因是因为有的事情没有得到良好的治理。极善的法律也会产生极恶。债务人要给借出的钱支付利息，也要给债权人或可遭受的法律惩罚风险付钱。

第二十二节　续前

最初的罗马没有法律规定高利贷的利率[36]。在随之而来的平民和贵族之间的纠纷之中，甚至是在圣山暴乱[37]时，人们一方面主张诚信，另一方面也主张维护契约的尊严。

因此，人们遵从的是私人的合约。我想最普通的利息是每年12%。因为在罗马的古代语言中，6%的利率被称作“半利”，3%的利率被称作“四分之一利[38]”。因此，“全利”就应该是12%了。

不过如果有人问，这样的高利贷利率如此之高，它是怎么在一个几乎没有贸易的民族中出现的呢？对此，我想说的是，这个民族常常不得不空着腰包上战场，经常需要借钱，而他们的远征又总是很成功，所以他们还钱也还比较容易，而这一点在对于暴乱的记载中也有据可查。罗马人对债权人的贪婪并无异议。不过据说，如果行为合规的话，那些抱怨的人本应该能够偿清债务的[39]。

因此，人们只制定了适用于当前情况的法律。比如，有法律规定，对登记参加战争的人，债权人不得追偿他的债务，入狱者应获释。而最贫困的人应被派往前线，由国库拨款供给。当前的痛苦一旦解除，人们也就能够平和下来。而由于人们不对未来有所要求，所以元老院也就不再未雨绸缪了。

在元老院坚决保卫高利贷利益的同时，正值罗马人对贫穷、节俭和财富中庸的热爱达到鼎盛时期之时。不过当时的制度是，显贵公民承担着国家和人民的所有负担，而无须支付任何费用。那么我们应该怎么剥夺这些达官贵人追究债务人的权力，又要求他们履行自己的义务并满足共和国急迫的需求呢？

塔西佗[40]称，《十二铜表法》将利率定为每年百分之一。显然，塔西佗犯了个错误，将《十二铜表法》和我即将提到的另一部法律混淆。如果《十二铜表法》中有这样的规定，那么在债权人和债务人之间发生纠纷时，人们为什么不去援引《十二铜表法》呢？我们找不到任何贷款利息的痕迹。不论人们对罗马的历史了解多少，人们都会发现，这样的一部法律是不可能出自十大行政官之手的。

李西尼法[41]于《十二铜表法》问世八十五年后制定，是我们提过的那些昙花一现的法律之一。李西尼法规定，归还本钱时，需将利息从本金中扣除，其余部分应平均分三次偿还。

在罗马 398 年（公元前 356 年），护民官杜伊留斯和梅涅尼乌斯通过了一项法律，将利息减至每年百分之一[42]。塔西佗就是把这部法律同《十二铜表法》混淆了[43]，这是罗马人第一次规定利率的法律。十年后[44]，这项高利贷的利率减少了一半[45]。后来，利息被完全取消了[46]，如果我们相信提图斯・李维所参考的著述作者的话，那么这件事就发生在罗马413年（公元前341年），也就是在马蒂乌斯·鲁蒂里乌斯和塞尔维利乌斯执政的时代[47]。

这部法律所产生的后果和其他的一些因立法者走向极端而出问题的法律是一样的，即人们找到了逃避的方法。因此，人们不得不制定其他的法律来巩固、修正和调整这部法律。有时，人们偏离了法律的轨道而使用惯例。有时人们也摒弃惯例而遵守法律[48]。不过在这个问题上，使用惯例的人还是更多一些。当人们想借钱的时候，他们会发现这部法律对他们而言是障碍，即使法律是为了人们的利益而制定的。这部法律所帮助的人和所谴责的人也都同法律作对。由于债权人森普罗尼乌斯·阿塞流斯允许债务人依法办事[49]，时常令债权人们想起过去的酷刑，而这些酷刑是现在的人们所无法承受的了，于是他就被债权人们杀死了[50]。

现在，我准备先离开城市，到其他地方领略一下不同的风景。

我之前[51]说过，罗马各领地都受到一个专制残暴政府的蹂躏。而这并不是全部事实，当地还受着高利贷的摧残。

西塞罗[52]说，因为加比尼亚法的关系，萨拉米斯人在罗马是借不到钱的。我要来探究一下这部法律。

当罗马禁止有息贷款的时候，人们采取了各种不同的方式来规避这部法律[53]。因为各盟国人和拉丁人不受罗马法的管辖，所以人们便借用盟国人[54]和拉丁人的名字，充当债权人。因此，法律对债权人的管辖只是趋于形式，人们也并没有因此而减轻痛苦。

人们对这种欺诈行为抱怨不迭。根据元老院的决定，护民官森普罗尼乌斯让平民制定一项法律[55]，规定在贷款方面，禁止罗马公民间发放高利贷的法律在罗马公民与盟国人之间或与拉丁人之间同样适用。

当时的盟国人指的是意大利本土的各个民族，远至阿尔诺河和鲁比肯河，不被作为罗马领地治理。

塔西佗[56]称，人们总是有新的手段来逃避旨在整治高利贷的法律。当人们不能以盟友的名义借出或借入时，可以从领地带来一个人，借用他的名字。

因此需要有新的法律来杜绝这些问题。加比纽斯[57]制定了这项著名的法律，旨在约束投票中的腐败，他自然想到最好的完成方式就是抑制借贷。选举和高利贷二者自然地联系在一起，因为在选举进行时，高利贷的利息总是高涨，因为候选人需要货币来赢得票数[58]。显然，加比尼亚法将塞姆布洛尼亚斯元老院法案的适用范围扩大到领地去了，于是萨拉米斯人无法在罗马借到钱。布鲁特斯便使用假名，借给萨拉米斯人[59]每月利息为4%的高利贷[60]。为此，元老院通过了两条决议：一条据说是，贷款行为不被认作是逃脱法律；第二条是，西西里的州长可根据萨拉米斯人制定的借款注释来断案[61]。

加比尼亚法禁止领地人民和罗马公民之间进行有息贷款。当时，罗马人拥有全世界所有的银钱，所以只有高昂的高利贷才能吸引罗马人出借他们的钱，暴利使贪婪的眼睛看不到损失财产

556 的风险。而债主在罗马又都是有权势的人，使官员害怕，使法律沉默，他们既敢出借，也敢获得高利贷。因此，罗马有权有势的人不断掠夺罗马的领地。每一任总督在出任时[62]就颁布他的法令，制定适合自己的利息。贪婪协助了立法，而法律也助长了贪婪。

一国的商业一定要前进，如果一切都停滞的话，那么国家也就完了。有时，城市、企业团体、城市协会和个人都是需要借钱的，借钱的需求极大，无论是应对军队的蹂躏、官吏的贪婪、税务人员的敲诈或是逐渐确立的坏习惯，而人们以前从来不是特别富或特别穷。有执行权的元老院准许罗马公民出借银钱，并因此制定了元老院决议，这一决策有时是出于必要，而有时是出于偏袒。不过有时，法律也会损害元老院决议的信用，这些决议会使人们有机会要求制定“新表法[63]”，加大了失去资本的风险，继而加重了高利贷的负担。我还要再重复一遍：统治人类的原则是中庸，而不是极端。

乌尔比安说，还得越晚的债务人还得钱也就越少[64]。在罗马共和国覆灭后，指导立法者们的就是这一原则。

1 阿比西尼亚使用盐作为货币，其缺陷就是会不断损耗掉。

2 希罗多德在《史诗女神克丽欧》中告诉人们，吕迪亚人发现了铸钱的技术，雅典人向他们学会了这个技术。雅典钱币上的标识就是他们的牛。我在本布洛克伯爵的陈列室里看到了一枚这样的钱。

3 阿尔及尔有一个旧俗，每家的父亲都会有埋起来的财宝。参阅拉吉尔·德塔西，《阿尔及尔王国史》。

4 参阅恺撒《论内战》，第三卷。

5 参阅塔西佗，《编年史》，第六章，第十七节。

6 参阅《萨克森法》，第十八章。

7 参阅本章第十二节。

8 假设一马克银重 49 磅，铜每磅重 20 苏。

9 参阅《西印度群岛西班牙人内战史》。

10 在法国，人们对拉斯的计划就简单称为“体制”，不再冠以拉斯的名字。

11 参阅苏格拉底，《教会史》，第二卷，第十七章。

12 根据欧洲各国利益，荷兰在欧洲国家间制定了一项协议，几乎确立了全欧洲所有国家间的汇率。

13 在一个地方，如果银钱数量比纸币多，就是银的数量多；而纸币的数量比银少，就是银的数量少。

14 扣除运输和保险费用。

15 1744 年。

16 参阅第二十章，第二十三节。

17 参阅老普林尼，《自然史》，第三十三卷，第十三条。

18 同上。

19 这些人得到的“20”盎司的铜实则只值 10 盎司。

20 他们得到的“20”盎司的铜实则只值 16 盎司。

21 参阅老普林尼，《自然史》，第三十三卷，第五条。

22 参阅弗兰舍缪斯，《补篇》，第二时期，第五卷。

23 同上。

24 步德坞斯称八分之一，其他人称七分之一。

25 参阅老普林尼，《自然史》，第三十三卷，第十三条。

26 同上。

27 参阅茹伯神甫著《货币学》，1739年巴黎版，第59页。

28 参阅《道德与邪恶选录》。

29 参阅《沙窝特》第二篇第十二章，和1681年7月28日《学者新闻》上关于罗马古币的记述。

30 同上。

31 同上。

32 参阅本书第二十一卷，第十六节。

33 英格兰。

34 这里不包括把金银视作商品的场合。

35 参阅塔西佗，《编年史》，第六卷，第十六章。

36 对于罗马人而言，高利贷和利息是一样的事物。

37 参阅哈利卡纳苏的狄奥尼修斯的著作，其中有很好的记述。

38 “半利”、“三分之一利”、“四分之一利”，参阅《罗马法汇编》和《法典，关于重利盘剥》内各项法律，尤其是关于《关于重利盘剥》的第十七项法律和其附注等。

39 参阅阿庇乌斯关于这个问题的演说，哈利卡纳苏的狄奥尼修斯《罗马古代史》第五卷。

40 参阅《编年史》，第六卷，第十六章。

41 罗马388年，参阅提图斯·李维《罗马编年史》，第六卷，第二十五章。

42 参阅《法律的抗辩》，“暴利”篇。

43 参阅塔西佗，《编年史》，第六卷，第十六章。

44 参阅提图斯·李维《罗马编年史》，第七卷，第27章，是在曼利乌斯·托尔库都斯和布劳迪乌斯执政的时代。塔西佗在《编年史》，第六卷，第十六章中提到的就是这部法律。

45 拉丁原文是Semiunciaria usura：利息是1/24，或4.2%。

46 据塔西佗在《编年史》第六卷中所说。

47 这项法律是由护民官格努西维斯提议通过的，提图斯·李维《罗马编年史》，第七卷末。

48 参阅阿庇安，《反米特里达特战争》第一卷，“从古代习惯而言，已经有了利息制度”。

49 参阅阿庇安，《反米特里达特战争》第一卷，“允许他们遵照法律办理”；提图斯·李维，《补篇》，第六十四卷。

50 罗马 663 年。

51 在第十一章第十九节。

52 参阅西塞罗，《致阿蒂库斯书简》第五卷，第二十一封信。

53 参阅提图斯·李维《罗马编年史》，第三十五卷，第七章。

54 同上。

55 罗马 561 年（公元前 193 年），参阅李维。

56 参阅塔西佗，《编年史》，第六卷，第十六章。

57 罗马 615 年，公元前 139 年。

58 参阅西塞罗，《致阿蒂库斯书简》第四卷，第十五、十六封信。

59 参阅西塞罗，《致阿蒂库斯书简》第六卷，第一封信。

60 庞培借给阿里奥巴山尼斯王六百达伦特，并让后者每三十天付给其三十希腊达伦特，参阅西塞罗，《致阿蒂库斯书简》第五卷第二十一封信和第六卷第一信。

61 “因为不要欺骗沙兰密人”。参阅西塞罗，《致阿蒂库斯书简》第五卷第二十一封信和第六卷第一封信。

62 西塞罗的法令规定：利率为月利百分之一，并且为利滚利形式，直至年底。至于共和国的农民，他要求他们给予债务人一个缓和的期限，如果债务人过期不能偿还，则按借贷契约规定的重利付息。参阅西塞罗，《致阿蒂库斯书简》第六卷第一封信。

63 参阅西塞罗，《致阿蒂库斯书简》第五卷第二十一封信中路赛尤斯

560

所说的话。当时甚至有一项元老院一般性法案，规定利率为月利百分之一。

64 参阅《法律》第十二篇《关于用语的含义》。

第二十三章

法律同人口数量的关系

第一节　论人类和动物的物种繁殖

维纳斯女神啊！生命之母！

……………………………………

流年经过，她露出如春的脸庞，

微风拂过，带来一阵成长，

天堂的鸟儿首先注意到了你的经过，

女神，你的能量叩击着它们的心房，

然后野兽也跳过富饶的土地，

游进阵阵湍流，为你的魅力倾倒，

无论你指向何方，它们都一往无前，
最后，跨过层峦叠嶂，越过潺潺流水，
透过层层鸟窝，穿过葱葱稻田，
见过你的容颜后，万物心中都滋生着点点爱意，
贪婪地繁殖、生长，
自你统治自然界以来，也只有在你的统治下，
万物都追随着你的脚步，
追逐圣光，倍感愉悦和热情[1]！

雌性动物的繁殖能力几乎是固定的。不过对人类而言，思维方式、性格、热情、幻想、任性骄纵、保持容颜的想法、生育的痛苦、家里人口太多带来的不便等因素，能够以一千种方式影响繁殖。

第二节 婚姻

父亲天然要养育子女的义务是婚姻存在的基石，婚姻的存在就是宣告了谁应承担这项义务。根据彭波尼·梅拉[2]的记述，一些民族[3]只是根据相貌的近似程度判断谁是孩子的父亲。

在文明程度较高的民族中，法律规定，婚姻仪式会令人周知谁是对子女负有义务的人，因为法律发现他就是法律所寻找的人[4]。

在动物界，通常母亲能够履行这个义务。而养育义务对雄

性而言更为宽泛，不过具体也有不同程度的表现。人类的子女是有理性的，但是他们的理性却是逐渐成长的；喂饱他们是不够的，还需要指导他们；即使能够维持生命，他们也不能自我管理。

不正当的结合对这种繁殖是没有意义的。在这种结合中，父亲的天然职责就是养育子女，但这不是一定会实施的。养育子女这个担子会落到母亲头上，她会遇见上千种障碍：羞耻、悔恨、女性性别带来的限制、法律的严苛等等，而一位母亲通常也缺乏他人的支持。

从事娼妓职业的妇女是不得抚养子女的。教育子女的辛劳和她们的地位是不相容的。由于这些妇女的人生堕落不堪，法律也是不信任她们的。

从这一切推断，贞节之风自然而然同人类的繁殖是相关的。

第三节　子女的身份

理性认为，如果确有婚姻存在，那么子女要跟从父亲的身份；而如果没有父亲的话，那么养育孩子只能是母亲的职责了。因此在奴隶制国家中，子女总是承袭母亲的身份[5]。

第四节　家庭

几乎世界上各个地方的惯例都是，妻子嫁入丈夫的家庭。

564 而中国的台湾地区[6]则正好相反：婚后，丈夫要进入妻子的家庭。

抛开初衷不谈，这项法律能够使家庭稳定下来，使同一性别的人拥有继承权，这对人类的繁殖有着巨大的贡献。家庭也是一种财产，所以对于一个有子女的人而言，如果因为子女的性别而不能继承家产的话，那么直到生出有继承权的孩子来，这个人才会满意。

姓氏给人的感觉似乎是提供了一个永远不会灭亡的脉络，非常适合激励每家每户延续自己的血脉。在一些民族中，姓氏是区分家庭的工具；在另一些民族中，姓氏只能区别不同的人，这就不够实际了。

第五节　不同等级的合法妻子

有时，法律和宗教建立了许多种类的民事关系。比如在伊斯兰教徒中，一家中会有许多不同等级的妻子，她们的孩子会按出生地、民事契约，甚至是母亲的奴役身份和父亲的认可度来区分。

如果法律会依据父亲的罪行来侮辱子女的话，那么这样的法律就是违背理性的。因此，所有的子女都应该继承全部财产。除非在一些特殊情况下，比如在日本，只有皇帝所赐的财产，可由子女继承。当地实行的政策是，皇帝所赐的物品不得被过分分割，因为这些产业也承担一定的义务，这和过去的采邑封地是一个道理。

在一些国家中，一个合法的妻子在家庭中所享受的待遇同欧洲一妻制国家中的妻子待遇是差不多的。在这些国家中，小妾所生的孩子是要送给大房抚养的，古代中国就是如此。孝敬之礼[7]和严肃的丧礼不是为亲生母亲而设的，而是为法定母亲而设。

在这样的规定下[8]，国家没有所谓的私生子。在没有这种规定的国家，人们认为使妾生子女合法化则是一种强迫性的法律，这对国家的大部分子民都是一种羞辱。在这些国家中，也不存在通奸所生子女的问题。在这些国家，妇女通常是受到幽禁的，她们的房间会有太监和门闩层层把守，通奸根本就很难发生，所以法律认为这是不可能发生的事情。而且，如果真的发生了通奸，那么母亲和孩子或许根本就无法继续生存。

第六节　不同政体下的私生子

因此，在实行一夫多妻制的国家中，几乎不会有所谓的私生子，而只有在实行一夫一妻制的国家中，才有私生子的概念。在实行一夫一妻制的国家中，人们鄙视纳妾，因此也鄙视妾生子女。

在共和政体下，风俗必须要纯洁，所以那里的私生子比君主国家的私生子更令人厌恶。

在罗马，针对私生子的条款或许过于严苛，不过由于古代

566 历法要求所有公民都要结婚，加之休婚和离婚也是获得法律允许的，所以只有在道德严重腐败时才会出现纳妾的现象。

值得注意的是，在民主国家中，公民的身份是十分重要的，它意味着最高的权力，所以针对私生子身份的法律同私生子事件本身和婚姻忠诚与否的关联较少，而同共和国中的某个宪法关联更大。因此，人们有时会接受私生子作为公民[9]，以增加平民的力量对抗豪绅。因此，雅典会将私生子的数目从公民数中减掉，以便分得埃及国王更多的粮食。于是，亚里士多德告诉我们：在许多城市中，公民的数量不够多，因此会出现私生子有继承权的情况；而如果公民数量足够多的话，私生子是不会有继承权的[10]。

第七节 父亲对婚姻的许可

父亲的许可建立在父亲的权力之上，即，财产权之上。此外，也建立在他们的爱、理性和对子女理性的怀疑之上。孩子们的年龄尚小，因此还比较无知。同时，孩子们还很年轻不懂事，这也使他们常常处于喝醉的状态。

在小的共和国里，或在我们提到过的有奇怪制度的地方，会有法律规定地方官员对公民子女的婚姻做出检查，虽然父亲已经是子女婚姻的天然监督者。在这些地方，对公共福利的爱或许等同甚至超过对其他一切事物的爱。因此，柏拉图希望地方官员对婚姻进行监督，古斯巴达的地方官就有监督婚姻的义务。

不过在普通的制度下，是父亲负责给子女主婚。在这件事上，没有谁比父亲更谨慎睿智了。大自然使父亲希望自己的子女能够繁衍后代，而这几乎不是父亲自己本身的意愿。各代的子子孙孙，看到自己在一步步地向前行进。不过，如果侵犯和贪婪吞噬了父亲的权威呢？让我们来看一看托马斯·盖奇针对西班牙人在印度行径的描述吧[11]。

“为了增加纳税人的数量，所有年龄达到十五岁的印度人都必须结婚。在印度，男性的法定结婚年龄是十四岁，女性是十三岁。这一规定设立的基础是认为心机的灵巧可以弥补年龄的不足。”盖奇看到了一次户口的普查，他说这真是可耻的事情。因此，在全世界最应获得充分自由的事情上，印度人仍遭受着奴役。

第八节　续前

英国的女子常常滥用法律，希望不征询父母的意见而结婚。我想没有别的地方会这么容忍这种习惯了，因为英国的法律没有建立僧侣寺庙的独身制度，女孩们只能选择结婚，不能拒绝成婚。而法国建立了修道制度，女性可以选择独身生活，因此，获得父亲许可后方可成婚的法律规定更适合法国。因此，意大利和西班牙的风俗就很不合理了，因为当地已经建立了修道制度，人们可

568 以在不得到父亲许可的前提下结婚。

第九节　少女

只有婚姻能够给少女们愉悦和自由。少女们有脑不敢想，有心不敢爱，有眼不敢看，有耳不敢听。她们只能让自己看上去并不聪明，不断地受到琐事的烦扰和箴规的限制，所以少女们是愿意结婚的，而真正需要鼓励才会结婚的，是男孩们。

第十节　成婚的理由

当一男一女找到一处可以便利生活的地方，他们就可以结婚了。如果不是因为生计困难出现阻力，人们是极自然地要结婚的。

一个民族在发展的初期，他们会不断地繁衍、扩充。在这些人中间选择独居是极不方便的。而子女多倒没什么不方便的。在国家形成之后，情况就正好相反。

第十一节　政府的严酷

一文不名的人们，比如乞丐，会有许多孩子。这是因为他们处于一个民族正在成长的时代，父亲不需要花一分钱就可以将自己的技艺传给子女，而子女们甚至在出生之时就已经是父亲技艺的工具了。在一个富裕或迷信的国家里，这样的人会不断地增多，因为他们本身不承担社会的重担，而自己本身就是社会的重担。不过，有些人只是因为处在严酷政府之下才贫穷。暴虐的政府不把这些人的田地视作生存的基础，而只是视其为侵害他们的托词。我要指出，这些穷人生的孩子是不多的。他们自己都难以保证温饱，又怎么可能和人共享生存资料呢？他们病了都不能照顾好自己，又怎么能抚养在幼年时经常生病的小孩子呢？

有些人虽然说得容易，但缺乏研究的能力。因此有人说，国民越贫穷，家庭的人丁越兴旺；赋税越重，人们便越勤奋。这两种诡辩曾毁灭过君主国，也会永远毁灭君主国。

政府的严苛可以达到通过自然本身而破坏自然感觉的程度。美洲的妇女不也曾经堕胎，为的不就是避免自己的子女也受到残酷主人的虐待吗[12]？

第十二节　不同国家的男女数量

我曾说过，欧洲男性数量略多于女性[13]。据观察，日本的女性数量略多于男性[14]。从所有国家的情况比较而言，日本能生育的妇女比欧洲多，因此，日本的人口也比欧洲多。

据旅行家们的记载，在万丹，男女比例为1∶10[15]，这个比例是严重失调的。因此，当地的家庭数量和处在其他气候下国家的家庭数量比为 1∶5.5，差距十分悬殊。的确，万丹当地家庭的成员人数或许更多一些，但那里很少有人足够富足，能够支付得起这么大一家子的开支。

第十三节　海港

在海港地带，男性会遇见一千种风险，在去往另一个遥远的国度时，经常出现生死未卜的情况，所以海港附近的男性总是比女性少。然而，这些地方的孩童数量却不少，这也是由于维持生活的成本不高所造成的现象。或许又因为在鱼类的机体中，油脂部分是对生殖有利的部分。这也是造成日本[16]、中国[17]这两个国家的人口众多的原因之一。在这两个国家中，人们几乎只吃鱼果腹[18]。如果情况的确如此，那么有一些修道制度强制僧侣吃鱼的行为，就是违背立法者的本意了。

第十四节　土地生产所需人力的多少

在游牧地区，人烟稀少，因为那里可做的工作太少。麦田需要较多的人工作，而葡萄园里需要的人更是多得不得了。

在英国，经常有人抱怨牧场的增加使人口减少[19]。而据说，法国的葡萄藤数量多则是当地人烟稠密的一大原因。

一个有煤矿充分供给燃料的国家比其他国家有优势，因为这样的国家不需要有森林，所有的土地都可以用来耕种。

在生产稻米的地区，必须有许多控制水源的项目，这样才能保障当地人们的就业。此外，同种植其他类型谷物的地方相比，这些地方只需要更少的土地来供给家庭的生活。最后，其他地方用来喂养牲畜的土地，在生产稻米的地区却是用来喂养人的。别的地方由牲畜来完成的工作在这里是由人来完成的。对人们而言，开垦土地这种工作模式似乎是一个巨大的工厂在运转一般。

第十五节　人口与工艺的关系

如果一个国家制定耕地法并实行均田制的话，那么即使该国没有什么工艺，这个国家的人口数也会很多，因为仅靠耕地，人们就能够获得一切需要的食物，全体公民可以共同消耗土地的全部产品。在古代，一些共和国的情况就是这样。

不过现在，在我们的国家中，土地的分配是不均匀的。土地生产的粮食比农户消耗的要多。如果忽略工艺，仅仅重视农业的话，一国的人口就不会太多。由于耕地者或雇别人耕地的人有余粮，所以第二年他们就无事可做。懒惰的人们不会消耗这些商品，因为懒惰者没有钱购买这些商品。因此，人们必须研发工艺技术，这样一来，粮食才能由农户和工艺从业人员来消费。简言之，这些国家需要许多人来耕种土地，这样生产的粮食就会比需求要多。要达到这个目的，人们必须要有对剩余粮食的渴求，不

 过只有工艺从业人员才能满足这样的诉求。

发明机器的目的是简化技术，而这些机器并不总是有利的。如果一样商品的价格不高，对买方和制造方而言都是合适的，但机器却将这些商品的制作流程简化了，那么这就等于要使很多工人失业，这就是有害的。如果不是到处都设置了水磨的话，那么我不会相信水磨真的如人所言一般的有用。因为水磨的出现使无数人失业，使许多人不能使用水源，也使许多土地不再富饶。

第十六节　立法者对人口繁殖的看法

关于人口的法规主要视情况而定。大自然已经给有些国家安排好了一切，所以立法者也就无事可做。气候已经使人丁足够兴旺，那立法敦促生殖又有什么用呢？有时，气候条件或许比土壤条件更为优厚，人口的繁殖和饥荒就破坏了土地。古代中国的情况就是这样，所以那里的父亲会把女儿们卖掉、会遗弃婴儿。在东京，同样的原因产生了同样的后果[20]。我们也不必像勒诺多记述的阿拉伯旅行家们一样追根溯源，认为这种情况的发生是由于轮回的原因[21]。

出于同样的原因，中国台湾地区的宗教不允许妇女在35岁之前生育[22]，如果女性在35岁前怀孕，则会有女祭司压迫孕妇的子宫为她们堕胎。

第十七节　希腊和其人口数量

东方某些国家的人口是由于物理原因造成的，而希腊出现这样的状况则是出于政府的性质。希腊是一个由城市构成的大国，每个城市都有自己的政府和法律。他们当时征服的城市不比如今的瑞士、荷兰和日耳曼要多。每一个共和国立法者所追求的目标都是内保国民福祉、外显国家实力，保证本国实力绝不弱于邻国[23]。由于疆域不大而生活幸福，所以人口数量就很容易增长，就会成为负担。因此，这些共和国总是出外殖民[24]。他们唯利是图，和今天的瑞士人一样。任何能够抑制人口过多繁殖的方法都有人尝试过。

希腊有一些共和国的制度很奇特，他们强迫被征服国家的人们供给希腊自己的人口。古斯巴达的农奴供养古斯巴达人；柏里伊赛人供养克里特岛人；奈斯太人供养塞萨利人。自由人的数目不能过多，这样奴隶们才能供养得起他们自己的生活。我们如今限制常备军的数量，古斯达巴就是由农民供养的军队。因此，军队人数是受限制的。如果没有限制，那么享受社会所有福利的自由人就会无限制地繁殖、增加了，而农民则会承受过大压力。

因此，希腊的政治家尤为注重控制公民的数量。柏拉图[25]将公民数限制在5040人。他希望人口的繁殖能够得到监管，按需鼓励生育，通过荣耀、耻辱或老人的劝诫等方式来限制人们的繁殖。柏拉图甚至希望，有人能够规定婚姻的数量[26]，让普通人们自己完成新陈代谢，不给共和国增添负担。

亚里士多德[27]说，如果一国的法律禁止遗弃婴儿，那么每个人所生子女的数目都是有限的。对于生育子女数超过法律规定的人，亚里士多德建议在胎儿成型之前[28]，孕妇要去堕胎。

此外，亚里士多德也谈到了克里特岛人为防止生育过多子女而采取的卑鄙措施，而当我想谈起此事时，我觉得我的良心受到了重击。

亚里士多德[29]继续说，有些国家的法律规定，外国人的孩子、私生子或仅母亲为公民的孩子都是本国公民。不过，在国家公民数足够多了之后，这些国家就不再这么规定了。加拿大的野蛮人会灼烧他们的囚犯，不过在这些野蛮人有了空房子可供居住的时候，他们会视囚犯为本国人。

根据威廉·佩蒂爵士的测算，他认为一个英国人所值的价格和他在阿尔及尔所值的价格是一致的[30]。这仅对英国有益：在有些国家，一个人一文不值；而有些国家的人甚至还是赔钱的。

第十八节　罗马兴起之前各国的人口情况

意大利、西西里、小亚西亚、西班牙、高卢和日耳曼，都和希腊一样，是由一些小民族部落居住的，人烟稠密。在这些地区，没有设立法律增加人口数的必要。

第十九节　世界人口的减少

所有这些小共和国都会被大的国家吞并，于是世界上的人口就会逐渐减少，所以人们只需看看罗马胜利前后的意大利和希腊就够了。

提图斯·李维[31]说：“或许有人问我，沃尔西人在打了那么多场败仗之后，又是在哪里找到供应战争的兵源呢？这些地区过去一定是人丁兴旺，而现在，要不是住着一些士兵和罗马奴隶，那里一定是荒无人烟的。”

普鲁塔克[32]说：“神谕已经停止了，因为宣布神谕的地方已经被毁坏了。在今天的希腊，人们几乎找不出三千名士兵。”

斯特拉波[33]说：“我将不描述伊庇鲁斯及其邻近地区，因为这些国家完全没有人住。这种人口的减少，在很久之前就开始了，每天持续着，所以罗马士兵就在被人遗弃的房子里安营扎寨。”斯特拉波在波利比乌斯的著述中找到了原因，波利比乌斯称，在战争胜利后，埃米利乌斯·鲍卢斯破坏了伊庇鲁斯七十个城市，还把十五万奴隶带回了希腊。

第二十节　罗马人有必要制定法律要求人口繁殖

通过破坏所有的民族，罗马人也破坏了自己。罗马人穷兵黩武、野心勃勃、恣意暴虐，他们逐渐耗尽自己的力量，就像一件总是在使用的武器一样，不断损耗。

在这里，我就不谈罗马人注意按损失数量来补益公民的行为了[34]，也不谈他们建立的公社和他们赋予人们的公民身份，抑或是在奴隶中为公民形成的巨大抚育院了。我想谈的不是他们增补公民缺损的方法，而是增补兵员缺损的方式。罗马人是全世界最了解如何利用法律为自己所用的民族，所以研究他们在这一方面的行为不是一件可有可无的事。

第二十一节　罗马针对人类繁殖的法律

古时的罗马法律试图引诱公民们结婚。就像狄奥所记载的奥古斯都演说一样，元老院和公民经常为此制定准则[35]。

哈利卡纳苏的狄奥尼修斯[36]无法相信，在维埃人消灭了三百零五个法比安人之后，法比安这个民族就只剩一个小孩子了。那是因为，旧时规定每位公民婚后要养育所有孩子的法律依然有效[37]。

在法律之外，监察官还要对婚姻进行监督，并按照共和国的需求，通过羞辱和惩罚来使人们结婚[38]。

风俗开始败坏，这也使公民们不太愿意结婚。至于那些不再为无知而愉悦的人而言，这是婚姻的痛苦之一。梅蒂鲁斯·努米蒂可斯在担任监察官时，曾发表演讲，其中展现了这种风气[39]，他说道："如果可以不娶妻，那么我们便可免遭这种痛苦，不过因为大自然有此规定，我们无法和她们幸福地生活在一起，也不能在没有她们的情况下生活下去，那么我们就应该更注重保种，而不是短暂的快感。”

道德的败坏使监察制度遭到了破坏，而监察制度本身设立的目的就是为了抵制道德的败坏。不过，在这种腐败现象已成既定事实时，监察制度也就不再有效[40]。

国内的不合、三头政治和对公权的剥夺削弱了罗马的实力，这比任何一场战争的影响还要深远。罗马所剩的公民不多了[41]，大部分都还没有结婚。为了补救这个缺陷，恺撒和奥古斯都重设了监察制度，甚至自己都要当监察官[42]。他们设立了多种规章制度：恺撒奖励生育多个子女的人[43]；禁止四十五岁以下未婚未育的女子佩戴珍贵的宝石或乘轿出行[44]，这是利用虚荣心打击独身者们最好的方法了。奥古斯都的法律更为严苛[45]：他为未婚者增加了新的处罚条款[46]，为已婚者和已育者增加了新的奖赏。塔西佗将这些法律称作《尤利安法》[47]。这部法律显然是汇总了当时的元老院、人民和监察官们制定的法律。

奥古斯都法遭遇了层层阻碍，在其制定三十四年之后[48]，罗马的骑士们要求废除该法。奥古斯都把已婚者和未婚者分开，而其中未婚的占大多数，这使公民惊愕不已。奥古斯都以古时监察官的严厉语气向他们说道[49]：

“疾病和战争已经将许多公民从我们身边夺走，如果人们不结婚的话，那么城市会变成什么样呢？城市不只存在于房屋、

578 廊院和公共场所中，构成城市的是人。你们不会看到人从地下冒出来帮你解决问题，像神话中写得那样。你们独身，并不是为了过孤独的生活。因为你们每一个人都有一个伴侣陪你们吃饭、睡觉。你们只是试图安逸地过着放荡的生活。你们是不是想举维斯塔贞女的例子呢？如果你们不遵守贞洁法律的话，那么你们也应和她们一样，受到惩罚。无论是有人学习你们还是不学习你们，你们都是不良公民。我唯一的目的就是希望共和国永存，我增大了对违反法律者的处罚。至于奖赏，我不知道其他任何品德是否该接受比这还高的奖赏。如果比这还少的奖赏会使上千人舍弃生命，那么我的这些奖赏不能让你们娶妻生子吗？”

尤利安制定了这项法律，以自己的名字加上后来曾任执政官的帕皮亚和珀佩阿[50]的名字一起命名，这并不合理，甚至在他们选举的时候也出现了问题：狄奥告诉我们，他们没有结婚，也没有孩子[51]。

奥古斯都法迅速成为一套法典，汇聚了在这个话题下所有可能出现的规章制度。各项尤利安法也被重新编入其中[52]，增强了法典的效力。尤利安法范围很大，影响很广，构成了罗马民法中最精华的部分。

这些法律的一些片段[53]可见于乌尔比安的《断篇》部分、撰写帕皮亚法的作者所著《罗马法汇篇》中的内容、在所引用的历史家和作家的著述中、废除这些法律的《狄奥多西法典》和谴责这些内容的神父们的观点，他们的谴责固然是对来世事物可贵的热忱，不过也是出于对今生事物的不甚了解。

这些法律包含众多条款，其中有三十五项为人所知[54]。不过为了直入主题，我将从奥卢斯·盖利乌斯[55]所说的第七条开始讲起，这一条的主要内容是法律赋予的荣耀和奖赏。

大多数罗马人都来自拉丁城市，是古斯巴达的殖民地[56]，所以罗马的一部分法律是从这些城市学来的[57]。罗马人也和古斯巴达人一样，尊敬老人，赋予老年人一切荣光和优先待遇。当共和国公民出现短缺的时候，过去给予老人的特权就转而赋予了已婚者和孩子们身上[58]。一些特权只适用于已婚人士，和是否生育无关，这些特权叫作夫权。有子女的人则会享受其他的一些特权，有三个孩子的人所享受的特权更大，这三样特权千万不能混淆。在这三样特权中，有一些是已婚人士经常享有的，比如在剧院可坐特殊的座位[59]。还有一些特权只能已育的人才能享受，子女越多，越能优先享受这些特权。

这些特权所涵盖的范围是很广的。已婚者如果拥有最多的子女总是会受到最优待[60]，无论是在追求荣光方面还是在享受荣光方面。子女数最多的监察官可最先接受束棒[61]，可以优先选择领地[62]；子女最多的元老院成员名列元老院的最前列，在元老院最先发言[63]。有子女的人可以提前当官，因为有一个孩子就可以提前一年当官[64]。如果一个罗马人生有三个孩子，那么可以免除一切义务[65]。生而为自由民的妇女生了三个孩子、被解除奴籍的妇女生了四个孩子，就可免受终生监护[66]，这也是古代罗马法给

 妇女的束缚[67]。

不过既然有奖赏，就必然有惩罚[68]。未婚者不得从没有亲属关系的人那里得到遗产[69]，而在这种情况下，已婚未育者可得到一半的遗产[70]。据普鲁塔克[71]说，罗马人结婚是为了成为继承人，而不是为了有继承人。

夫妻双方能通过遗嘱给对方的利益是有限的。如果生有子女的话，一方是可以把全部财产留给另一方的[72]。如果没有子女，一方可按照婚姻关系继承十分之一的遗产。如果有前一段婚姻所生的子女，那继承财产的比例就是，有多少个子女，就按多少个十分之一继承。

一个丈夫如果不是由于国务的原因而必须离开妻子的话，不得继承妻子的遗产[73]。

法律规定，寡妇或鳏夫在两年内必须再婚，而离婚者有一年半的期限再婚[74]。首部尤利安法的规定似乎是三年。人们对这些法律并不十分买账，所以奥古斯都根据人们的忍受程度对其作出了或宽或严的调整。如果父亲不愿给子女主婚或不愿给女儿提供嫁妆，那么法律会强制执行[75]。

如果两人要在两年后成婚的话，就不得订婚[76]。因为十二岁以下女孩不得结婚，所以女孩子到十岁后才可以订婚。法律不允许人们白白享受[77]，不得假借订婚的名义享受已婚人士的特权。

六十岁的男性不得同五十岁的妇女结婚[78]，因为法律已经赋予了已婚人士诸多的特权，所以不想要无用的婚姻。出于同一个理由，《喀尔维先元老院法案》宣布，五十岁以上的妇女和六十岁以下的男性结婚是不合适的[79]，所以一个五十岁以上的妇女要结婚就一定会受到惩罚。提比略增大了帕皮亚法的强度[80]，禁止六十岁的男性同五十岁以下的女性结婚。因此，一个六十岁的男性无论在什么情况下，只要结婚就会受到处罚。不过，格劳迪乌斯废除了提比略在这方面所设立的法律[81]。

所有的这些法律都比较适合意大利的气候，不适合北方的气候。在北方，一个六十岁的男性精力依旧充沛，而五十岁的妇女一般也还可以生育。

为了使人们择偶不会受到无意义的限制，奥古斯都允许所有非元老院成员的自由人[82]同脱离奴籍的女性结婚[83]。帕皮亚法禁止元老院成员迎娶脱离奴籍的妇女，也不得迎娶女伶[84]。从乌尔比安时期起，自由民禁止同生活放荡、演艺人士、经过审判的妇女结婚[85]。曾有一些元老院法规为此做出了规定。而在共和国时代，就几乎没有这样的法律出现了，因为监察官修正了已经出现的纷乱，或抑制住了类似暴乱的出现。

君士坦丁制定了一项法律[86]，规定不仅元老们，连在国家中有相当地位的人，都要受《帕皮亚法》禁忌的约束，至于地位更为低下的人，则未曾提及，这就是当时的法律。只有君士坦丁法规定的自由民禁止这类婚姻。查士丁尼废除了君士坦丁的法案[87]，允许上述各类人士缔结这种婚姻。于是，我们通过这种方式获得了一种可悲的自由。

显然，对违反禁例而结婚的人士做出的处罚同对未婚者所做的处罚是不同的。这类违禁的婚姻无法得到民事利益[88]，在妻子过世后，妻子的嫁妆无效[89]，需被收回[90]。

奥古斯都把被法律定性为“无能力”的人的遗产和遗物判归国库[91]，这样的法律更倾向于是财政性的法规，而不是政治性或民事性的。沉重的负担已使人们产生了厌恶情绪，而贪婪的国库又一直在压榨着人们，加重了人们的不良情绪。这样一来，在提比略时期，这些法律不得不产生变更[92]。尼禄减少了国库拨给告发者们的奖励[93]，图拉真削弱了掠夺行为[94]，于是赛维鲁斯就修改了这些法律[95]，法理学家认为这些法律令人生厌，于是在判决时降低了严格程度。

此外，皇帝们把特权给予了丈夫、子女和有三个子女的人，以此来削弱法律的力量[96]。他们还进一步宽恕了一些个人，免受这些法律的刑罚[97]。不过，那些为公共利益而设的法律规章似乎是不容宽恕的。

将有子女者的权力赋予维斯塔的贞女[98]是合理的，因为宗教要求这些童贞女保持必要的贞洁。同样，把给丈夫的特权赋予给士兵也是合理的[99]，因为士兵们不能结婚。旧时的习惯是，帝王要免去一些民事法规的束缚。因此，奥古斯都不受两项法律的约束，一是限制解放奴隶权利的法律[100]，二是限制设立遗嘱权的法律[101]。这些都只是个别案例，不过后来，所有宽免都不设限制了，规则反而成了例外。

哲学的某些分支已经将脱离公俗的精神送至帝国中来，这种精神是不可能在共和国时期流行开来的[102]，因为在这个时候，每个人都为战争与和平的工艺而忙碌着。从这种精神中，产生了一种对完美的追求，这种追求催生了一种思辨的风气，使人们不再关爱彼此、视家庭为负担。基督教在哲学之后出现，于是可以说是哲学为基督教的确立清了场。

基督教把它的教义性格赋予了法学，因为帝国总是同教职有一定的联系。这在提奥多西乌斯的法典中可见一斑，《提奥多西乌斯法典》就是基督教君主发布的命令的汇编。

一位撰写君士坦丁颂词的作者对帝王说："你指定的法律只能用来纠正罪恶、管制道德。你已经摒弃了古法的技巧，而古法除了设置陷阱、削弱质朴[103]之外，似乎没有别的目的。"

可以确定的是，君士坦丁的改变要么是基于基督教建立的思想，要么是从完善基督教处罚的思想出发。从第一个目的出发设立的法律赋予了主教权威，这些法律成为教会管辖权的基础，也衍生出了削弱父权的法律，剥夺了父亲把子女当作财产的权力[104]。为了传播新的宗教，人们一定不能极度依赖子女，子女对已建立的事物依赖性不强。

对于为完善基督教而设立的法律，其目的主要是为了废除《帕皮亚法》的刑罚[105]，并保证未婚者和已婚未育者不受到该法的约束。

一位教会历史学家[106]说："这些法律在设立后，就好像人类的繁殖是我们关心的结果，而看不到人口的增减是遵循着上帝命令的。”

宗教的教义曾极大地影响了人种的繁殖，有时人们会鼓励生育，比如犹太人、伊斯兰人、伽巴尔人和古代中国人都鼓励生育。而有时是抑制生育的，比如罗马人成为基督徒后，他们的人口就减少了。

人们不断地在不同的地方宣传禁欲，这就是在宣传一种更为完善的品德，因为从本质而言，实施禁欲的人是很少的。

君士坦丁没有取消那些十进制法案。这些法律规定，夫妻双方可以根据子女数的比例而获得相应比例的遗产。小提奥多西乌斯甚至废弃了这些法律[107]。

查士丁尼宣布，帕皮亚法所禁止的婚姻都应转为合法[108]。帕皮亚法要求丧偶者再婚，查士丁尼则奖赏不再结婚的人[109]。

按照旧法，人们结婚和生子的自然权利是不可剥夺的。因此，如果凭借不结婚而获得遗产[110]，或主人命令脱离奴籍的人发誓不再婚、不生育[111]，这种条件和誓言在帕皮亚法看来是无效的[112]。因此，我们制定的不许寡妇改嫁的法律是同旧法相抵触的，是从帝制阶段上流传下来的，也是基于“完善”这一思路而设立的。

没有法律对异教徒时期的罗马人结婚和养育子女的权利和荣耀做出限制，不过人们既然已赋予独身者很高的地位，那么婚姻就不再是光荣的。在废除处罚时，人们能够使纳税人放弃那么多的利益，那么人们会认为取消对婚姻的奖励是很容易的事情。

精神上允许独身这一理由马上就使独身成为一种必要。上帝禁止我在这里反对宗教赋予的独身权，不过谁又能对放荡所造成的独身三缄其口呢？在这种所谓的独身生活中，两性通过自身天然的感情来腐化彼此，逃离一个使自己变得更好的联盟，只是为了沉浸在一个使自己变得更差的状态中。

大自然的规律是：结婚的人越少，人们形成的腐败越多；已婚者越少，婚姻的忠诚度越低。这就和强盗越多，偷窃的案件越多是一个道理。

第二十二节　遗弃子女

对于遗弃子女的行为，早期的罗马人还是有着很好的政策规定的。据哈利卡纳苏的狄奥尼修斯记载，罗慕路斯规定，每一个公民都要养育所有的男孩和长女[113]。如果一个婴儿身体残疾、畸形的话，在让五位近邻看过之后，父母是可以遗弃这样的婴儿的。

罗慕路斯禁止杀掉未满三岁的婴儿[114]。他以这样的方式使法律找到了一个折中的点，平衡了赋予父亲决定子女生死的权力与禁止遗弃婴儿的法律之间的矛盾。

同样，根据哈利卡纳苏的狄奥尼修斯的记载，规定公民嫁娶并养育子女的法律在罗马 277 年是有效的（公元前 477 年）[115]。人们发现，是旧时的习惯约束了罗慕路斯允许遗弃

586 幼女的法律。

我们只是从西塞罗的一段记载中了解到了《十二铜表法》中有关遗弃子女的规定。该规定制定于罗马301年（公元前453年）。西塞罗[116]在谈到护民官时说道，如果婴儿一出生就像《十二铜表法》中描述的那样是畸形儿，那么就应该立刻被窒息而死。因此，身体正常的婴儿都存活了下来，《十二铜表法》对先前的制度没有做出任何的改变。

塔西佗[117]说："日耳曼人从来不遗弃子女，那里有好的道德，这比其他地方有好的法律更为重要。"因此，罗马有过反对这一行为的法律，但此后，人们就不遵守这些法律了。我们看不到罗马有任何允许遗弃子女的法律[118]。毫无疑问，遗弃子女是后期引入的恶习，这时的奢华夺走了人们的享乐。人们认为把财富分给子女就是贫穷，父亲认为他给了家人的东西就算是自己失去了财产，而对他而言，家人和财产之间是有区别的。

第二十三节　罗马覆灭后的世界

罗马在共和国时期制度鼎盛，人们出于勇气、果敢、坚定、对荣光的渴望和品德的高尚，其制定的法案主要目的是使人口数恢复。因此，罗马此时制定的法案是有效力的。但不久之后，最明智的法律无法重建一个濒死的共和国、一场普遍意义的混乱、一个穷兵黩武的政府、一个严苛暴政的政府、一个骄傲自大的专制国家、一个软弱不堪的君主政体和一个由无能、愚蠢又迷信的朝廷相继摧毁了的事物。哥特、哲特、撒拉逊和鞑靼人轮流侵扰他们。不久后，就只剩下野蛮民族之间在相互侵扰。这就像神话中所描述的那样，在洪水和暴雨之后，陆地上的武装士兵开始了相互残杀。

第二十四节　欧洲出现的变化与人口的关系

就当时欧洲的情况而言，人们不相信欧洲能够自己重建。尤其是在查理曼大帝在位时，欧洲整体是一个单一的帝国。但出于当时的政制性质，欧洲又分裂成无数个小的主权国。每位君主就住在自己的村子或城市中，他不伟大、不富有，也不强大，只有在本地有居民时，君主才能感到安全。因此，每一位国君都全心全意地使自己的小国致富。于是，君主们取得了极大的成功。即使政制弊端重重、人们对贸易了解不多、战争矛盾四起，欧洲大部分地区的人口还是要比现在多。

我没有时间深入研究这个问题，不过我可以引用由不同类型的人构成的十字军为例。普芬道夫说，在查理九世时期，法国有两千万男性[119]。

小国不断地合并使整个地区的人口出现了减少。过去，法国的每个村庄都是首都，今天则只有一个大首都。过去国家的每个中心都是权力的一部分，而如今全都和一个中心联系起来，这

 个中心就是国家本身。

第二十五节　续前

两个世纪以来，欧洲的航海业的确有了长足的进步。而这也使欧洲的人口既出现了增加也出现了减少。荷兰每年都会向印度派遣大量的水手，其中只有三分之二的水手会回国，其余的人要么死于印度，要么定居在了印度。而对于其他和印度经营贸易的国家而言，情况也是差不多的。

我们不能认为欧洲和其他发展航海业的国家一样。这样的国家人口是会增加的，因为所有的邻国都要来参与航海，水手或从各方前来。欧洲则不然，宗教[120]、大海、沙漠都使其同别的国家区别开来，不可能在人口上实现自我补充。

第二十六节　结论

综上所述，我得出如下结论：今日的欧洲仍然需要设立鼓励生育的法律。希腊的政治家总是说，共和国因人口众多而劳累，如今的政治家只是要求人们采取恰当的措施来增加人口而已。

第二十七节　法国制定的鼓励生育的法律

路易十四奖赏有十个子女的人，对有十二个子女的人奖励更高[121]。但问题的关键并不是要奖赏这些奇人异事，而是为了建立利于生育的普遍风气，所以罗马需建立普遍的奖赏或处罚。

第二十八节　人口减少的补救办法

如果一国因特殊事故而流失了人口，比如遭受了战争、瘟疫或饥荒影响的话，那该国的人口情况还是可以得到补救的。剩下的人还保持着工作和勤劳的精神，可能会想方设法地弥补自己的不幸，通过灾难而变得更勤劳。如果由于内部问题和政府腐败而导致人口一直减少的话，那么这就无法挽救了。这些国家的人死于令人难以察觉且积重难返的疾病。由于生于懈怠贫穷、暴虐偏见的国家中，人们通常在对原因一无所知的前提下就自我毁灭了。遭受专制主义孤立的国家或僧侣享受的利益比俗人优越的国家就是两个典型的例子。

为了国家的振兴，人口不足的国家以生育子女来补充人口或许是行不通的，因为时间是来不及的。处于孤立无援地位的人们没有勇气、不够勤奋。而这些国家的土地本来足够供养一个民族，却无法养育一个家庭。在这些国家中，普通人连穷都穷不起，也就是说，国家到处都是荒地。神职人员、君主、城市、

590 达官贵人和一些重要的公民逐渐成为整个地区的主人。当地的土地尚待开垦，不过被毁灭了的家庭却留下了草原，而劳动的人则一无所有。

在这种情况下，人们应该在帝国推行罗马曾在部分地区推行的方法，即居民在饥荒时实行在丰年时的做法：把土地分给一切一无所有的家庭，为他们提供开荒和耕种的物资。只要还有一个人需要土地，那就应该继续分配土地，这样才没有浪费任何一点劳动时间。

第二十九节　救济院

一个人一无所有，不是贫穷；而不去劳动的人，才是真的贫穷。一个一文不名但努力工作的人和一个拥有一百埃居而不劳动的人所获得的舒适感是一样的。一个一无所有但有一技之长的人不比拥有十亩土地而需要耕作才能生活的人贫穷。一位工人将自己的手艺传给子女，这就是一份遗产。子女有几个，这份遗产就会多出几份。这同依靠十亩土地生存的人不同，他们只能将土地分割给子女。

在贸易国家，许多人纯粹依靠技艺生存。国家不得不为老人、病人和孤儿提供基本的需求。而政治修明高的国家本身还要依赖这些技艺养育子民。国家会让一些有能力的人完成工作，另一些人来教人们如何工作，而教课也是一种工作。

给大街上赤身裸体的人一些生活物资，这并没有完成国家的目标。国家要保障所有子民能够获得物资、营养、得体的衣服和一种不违背健康的生活方式。

有人问奥朗则布[122]，为什么不建立救济院，他回答道："我会使我的帝国非常富裕，因而不需要救济院。"他应该这样回答才对："我应首先使我的帝国富裕，然后我再建救济院。"

一个国家要富裕，就必须有诸多的行业。而贸易的分支众多，因此必然会有一些分支遭受影响，工人也会遭受短暂的物资匮乏。

因此，一国无论是为了帮助子民摆脱痛苦，还是为了避免叛乱，都应该尽力快速施救。在这种情况下，国家就应该设立救济院，或制定同等效力的法规避免问题的出现。

不过当一国非常贫穷时，个人的贫穷是会从普遍贫穷中衍生而出的，换句话说，是从普遍焦虑中衍生的。全世界所有的救济院都无法治愈个人的贫穷。而在另一方面，救济院滋生的懒惰精神加剧了普遍贫穷，也加剧了个人的贫穷。

亨利八世为了改革英国教会，废除了僧侣制度[123]。僧侣本身就是一群懒惰的人，还培养了别人的懒惰。因为僧侣们都很好客，所以无数的懒惰者、士绅和中产阶级都会不停地奔走在不同的寺庙中。亨利八十甚至取消了救济院，因为生活在救济院的普通人就像生活在寺庙的士绅一样。在出现了这些变化之后，英国就确立了贸易和工业精神。

在罗马，救济院使每个人都很满足，除了那些劳动者、勤

592 劳的人、从事工艺的人、土地所有者和从事贸易的人。

我曾说过，富裕国家需要救济院，因为会有无数的意外导致财富流失。不过，人们认为短期的救济比永久的机构要好得多。苦难是暂时的，救助也一定是暂时的，当然这也是适用于特殊情况的。

1 德西纳特翻译卢克莱修的开篇。
2 参阅彭波尼·梅拉，《地志》，第一章，第八节。
3 即伽拉曼特人。
4 “婚姻所要证明的就是父亲”。参阅，《民法》。
5 因此，在实行奴隶制的国家中，子女几乎总是要承袭母亲的身份。
6 参阅杜赫德，《中华帝国全志》，第一卷，第 156 页。
7 参阅杜赫德，《中华帝国全志》，第二卷，第 121 页。
8 妻子之间分大房和二房等，即合法的和非法的。不过，家庭成员对孩子的爱是没有区别的。杜赫德在翻译中国道德著作时表示，“这是中华帝国的优秀原则”。参阅杜赫德，《中华帝国全志》，第 140 页。
9 参阅亚里士多德，《政治学》，第六卷，第四章。
10 同上书，第三卷，第三章。
11 参阅托马斯·盖奇，《西印度群岛新近踏查记》，第 171 页。
12 参阅托马斯·盖奇，《西印度群岛新近踏查记》，第 58 页。
13 同上书，第十六章，第四节。
14 参阅康波弗尔，《日本史》中关于美阿果（京都）户口调查的记述。
15 参阅《创建东印度公司历次航行记》，第一卷，第 374 页。
16 日本由岛屿组成，当地海岸线遍布，海里鱼类资源丰盛。
17 中国的河流分布较为丰富。

18 参阅杜赫德，《中华帝国全志》，第二卷，第 130、142 页。

19 贝尔内说，大多数的土地所有者发现卖羊毛比卖大麦收入多，所以封起了自己的田地。于是老百姓就挨饿，揭竿而起，要求制定土地均分法，年轻的国王甚至针对这一问题做出了批示。老百姓也发表宣言，反对曾封起土地的那些人。参阅《宗教改革史纲要》，第 44、83 页。

20 参阅威廉·丹皮尔，《周游世界记》，第二卷，第 41 页。

21 同上书，第 167 页。

22 参阅《创建东印度公司历次航行记》，第五卷，第一篇，第 182、188 页。

23 在勇气、纪律和军事实力方面皆如此。

24 高卢人面临的情况相同，做法也相同。

25 参阅柏拉图，《法篇》，第五卷。

26 参阅柏拉图，《共和国》，第五卷。

27 参阅亚里士多德，《政治学》，第七卷，第十六章。

28 同上书。

29 参阅亚里士多德，《政治学》，第三卷，第三章。

30 即 60 英镑。

31 参阅《罗马编年史》，第六卷，第十二章。

32 参阅普鲁塔克，《道德论丛：关于神谕的停止》。

33 参阅斯特拉波，《地理志》，第七卷，第 496 页。

34 我已在《罗马盛衰原因论》中对此加以论述。

35 参阅《罗马史》，第五十六卷。

36 参阅狄奥，《罗马古代史》。

37 罗马 277 年，即公元前 477 年。

38 关于监察官在这个问题上的做法，参阅提图斯·李维，《罗马编年史》，第四十五卷；提图斯·李维，《补篇》第五十九卷；奥卢斯·盖利乌斯，《阿提卡之夜》，第一卷第六章；瓦莱里乌斯·马克西姆斯，

《著名作家言行录》，第二卷，第九章。

39 参阅奥卢斯·盖利乌斯，《阿提卡之夜》，第一卷第六章。

40 参阅我在本书第五章，第十九节所说。

41 在内战之后，恺撒做了人口普查，发现户主只有15万。参阅弗洛露斯，《历史概要》；提图斯·李维，《罗马编年史：第十二代史》。

42 参阅狄奥，《罗马史》第四十三卷；西非林，《奥古斯都》。

43 参阅狄奥，《罗马史》第四十三卷，第二十五章；苏埃托尼乌斯，《尤里乌斯·恺撒》第二十章；阿庇安，《内战》，第二卷。

44 参阅尤塞比乌斯，《编年史》。

45 参阅狄奥，《罗马史》第五十四卷，第十六章。

46 罗马736年，公元前18年。

47 参阅塔西佗，《编年史》，第三卷，第二十五章。

48 罗马762年，公元9年。参阅狄奥，《罗马史》第五十六卷，第一章。

49 我将演讲内容缩短了，原文很冗长。参阅狄奥，《罗马史》第五十六卷。

50 马库斯·帕皮斯·慕提里斯和昆图斯·珀佩斯·萨比努斯。参阅狄奥，《罗马史》，第五十六卷。

51 参阅狄奥，《罗马史》第五十六卷。

52 乌尔比安的《断篇》第十四篇将《尤利安法》和《帕皮亚法》严格区分开来。

53 詹姆斯·歌德弗雷曾为此著有专篇。

54 参阅《法律》第十九节《关于婚姻的仪式》内引第三十五项法。

55 参阅奥卢斯·盖利乌斯，《阿提卡之夜》，第二卷，第十五章。

56 参阅狄奥，《罗马史》。

57 奉命去探索希腊法律的罗马代表们曾到访过雅典和意大利的各城市。

58 参阅奥卢斯·盖利乌斯，《阿提卡之夜》，第二卷，第十五章。

59 参阅苏埃托尼乌斯，《奥古斯都》，第四十四章。

60 参阅塔西佗，《编年史》，第二卷，第一百五十一章中说：“以便使子女的增补数目超过法律所要求的数目。”

61 参阅奥卢斯·盖利乌斯，《阿提卡之夜》，第二卷，第十五章。

62 参阅塔西佗，《编年史》，第十五卷，第十九章。

63 参阅《法律》第六篇第五节，《关于十人队长》。

64 参阅《法律》第二篇《关于少年》。

65 参阅《法律》第一篇第三节和《法律》第二篇《关于义务的豁免和解除》。

66 参阅乌尔比安的《断篇》第二十九篇，第三节。

67 参阅普鲁塔克《努马的生平》。

68 参阅乌尔比安的《断篇》第十四至十八篇。这是罗马古法中最美丽的一些片段。

69 参阅《索佐梅诺斯著作集》第一卷第九章，有亲属关系时，就可接受。乌尔比安的《断篇》第十六篇，第一节。

70 参阅《索佐梅诺斯著作集》第一卷第九章和《单一法》；以及《提奥多西乌斯法典》内《关于软弱的人和对独身以及鳏寡的惩罚》。

71 参阅普鲁塔克，《道德论丛：论父爱》。

72 参阅乌尔比安的《断篇》第十五至十六篇关于这点更为详尽的描述。

73 参阅乌尔比安的《断篇》第十六篇，第一节。

74 参阅乌尔比安的《断篇》第十四篇。初期的《尤利安法》似乎给了三年的期限，奥古斯都的演说，参阅狄奥，《罗马史》第五十六卷；苏埃多尼乌斯，《奥古斯都》第三十四章；其他的《尤利安法》只给予了一年的期限；而《帕皮亚法》给予两年期限；乌尔比安的《断篇》第十四篇。人们并没有欣然接受这些法律，所以奥古斯都就依据人民顺从的程度，做出或多或少的调节。

75 这是《帕皮亚法》第三十五项，参阅《法律》第十九节《关于婚姻的仪式》。

76 参阅狄奥，《罗马史》第五十四卷，736年；苏埃多尼乌斯，《屋大维》，第三十四章。

77 参阅狄奥,《罗马史》第五十四卷和奥古斯都的演讲,同书第五十三卷。

78 参阅乌尔比安的《断篇》第十六篇；《法律》第二十七篇《关于婚姻的法典》。

79 参阅乌尔比安的《断篇》第十六篇，第三节。

80 参阅苏埃多尼乌斯，《格劳狄乌斯》，第二十三章。

81 参阅苏埃多尼乌斯，《格劳狄乌斯》，第二十三章；乌尔比安的《断篇》第十六篇，第三节。

82 参阅狄奥，《罗马史》，第五十四卷；乌尔比安的《断篇》第十三篇。

83 奥古斯都的演讲，参阅狄奥，《罗马史》，第五十三卷。

84 参阅乌尔比安的《断篇》第十三篇；《法律》第四十四篇《关于婚姻的仪式》。

85 参阅乌尔比安的《断篇》第十三至十四篇。

86 参阅《法律》第一篇《关于自由民的法典》。

87 参阅《新法》第一百一十七篇。

88 参阅《法律》第三十七篇第七节《关于自由的工作》；乌尔比安的《断篇》第十六篇，第二节。

89 参阅乌尔比安的《断篇》第十六篇，第二节。

90 参阅本书第二十六章，第十三节。

91 除某些例外。参阅乌尔比安的《断篇》第十八篇；《单一法》中的《关于取消未入籍外国人遗产充公法》。

92 “关于《帕皮亚－珀佩阿法》的变更”，参阅塔西佗，《编年史》，第三卷，第二十五章。

93 减少至四分之一。参阅苏埃多尼乌斯，《尼禄》，第十章。

94 参阅老普林尼，《巴内基利库斯》。

95 赛维鲁斯推迟了《帕皮亚法》所规定的结婚年龄，将男性法定结婚年龄推迟至25岁，女性推迟至20岁。这一点只要将乌尔比安的《断篇》第十六篇和德玛利安《辩诉》第四章做个比较，便可看出。

96 监察官贝·斯基比欧在向人们做关于风俗的演说时，抱怨已经有缺点出现，说养子竟和私生子待遇相同。参阅奥卢斯·盖利乌斯，《阿提卡之夜》，第五卷，第十九章。

97 参阅《法律》第三十一篇《关于婚姻的仪式》。

98 在《帕皮亚法》中，奥古斯都将母亲的特权赋予这些童贞女。参阅狄奥，《罗马史》，第五十六卷；努马曾把旧时有三个子女的母亲特权赋予她们，即：不受监护。参阅普鲁塔克，《努马的生平》。

99 克劳狄乌斯赋予了军人这项权力。参阅狄奥，《罗马史》，第六十卷。

100 参阅《法律》《在家庭》等，《关于释放奴隶》第一节。

101 参阅狄奥，《罗马史》，第五十五卷。

102 参阅西塞罗，《官职》第一卷对于“思辨风气”的意见。

103 参阅纳萨利乌斯，《君士坦丁颂》，321年。

104 参阅《法律》第一至三篇，参阅《提奥多西乌斯法典》《关于母产和母亲亲属的产业》和《单一法》，同法典《关于未成年的儿子所获得的财产》。

105 参阅《单一法》，《提奥多西乌斯法典》和《关于软弱的人和对独身以及鳏寡的惩罚》。

106 参阅《索佐梅诺斯著作集》，第一卷第九章第27页。

107 参阅《法律》第二至三篇，《提奥多西乌斯法典》《关于子女的权利》。

108 参阅《圣经》，《关于婚姻的法典》。

109 参阅《新法》第一百二十七篇，第三章，《新法》第一百一十八篇，第五章。

110 参阅《法律》第五十四篇，《婚姻契约和说明》。

111 参阅《法律》第五篇，第四节，《关于旧奴隶主的权力》。

112 参阅保罗，《判决》第三卷，第四篇，第十五节。

113 参阅《罗马古代史》第二卷。

114 同上。

115 参阅《罗马古代史》第九卷。

116 参阅《法律》第三卷，第十九章。

117 参阅塔西佗，《日耳曼尼亚志》，第十九章。

118 《罗马法汇编》中没有遗弃子女的条目，《民法大全》中也没有，同样，《新法》中也没有。

119 参阅《万国史》第五章，《论法国》。

120 周边国家几乎都信仰伊斯兰教。

121 1666 年颁布法律鼓励人们结婚。

122 参阅沙尔丹，《波斯游记》，第八卷。

123 参阅吉尔伯特·贝尔内，《英国宗教改革史》。

第五编

第二十四章
从宗教本身和宗教惯例探讨法律同各国宗教的关系

第一节　宗教总论

人们在黑暗中能够分辨哪里最为明亮，在深渊中能够分辨哪里最接近出口，于是在各种虚伪的宗教之中，我们也能够分辨出哪一个最符合社会利益。我们也能知道，哪一个宗教虽然不会使人得到来世的幸福，却也能使人在今世得到快乐。

因此，我只需要研究宗教能给尘世生活带来哪些好处，研讨世界上的不同宗教，不管它们起源于天堂还是凡尘。

我不是神学家，而只是在写一本政治学的书，所以书里可能有一些只符合人类思维方式的内容，完全没有从它们同更为高

602 尚的事实之间的联系而展开。

关于真正的宗教，有一点公正心的人都会看到，我从来没有要因政治利益而削弱宗教利益，而是想将二者结合起来。那么现在，为了结合二者，就必须先对它们有所了解。

基督教要求爱人。毫无疑问，基督教也希望每个民族都有最好的政治法律和民法。因为除了宗教外，这些法律就是至善之人能够获得和施予的最好礼物。

第二节　比埃尔·培尔的悖论

培尔先生[1]称，他证明了当一个无神论者比当偶像崇拜者更好。换句话说，没有宗教也比有一个邪教存在要好一些。他说："我更愿意别人说我不存在，也不愿意别人说我是个坏人。"这只是一种诡辩而已。这个说法的依据是，对人类而言，相信某种特定的人的存在是毫无意义的，而相信神的存在是很有意义的。因此，培尔不认为人类是独立的。如果人们不这么想，那就是人类的反叛。因为宗教不能时刻限制人类，人们就据此否认它是一种约束力量的话，那么民法也不是一种约束力量了。在一本浩如烟海的著述中列举宗教之虞，对其好处只字不提，这是不理性的行为。如果我把世上所有的民法、王权、共和体制的弊端都列数一下的话，这恐怕会骇人听闻。即使对公民而言，信仰宗教是毫无用处的，但君主信仰宗教还是有用的。宗教是唯一约束不畏惧法律的人们的准绳，宗教能够帮他们悬崖勒马。

一个既热爱又畏惧宗教的君主就好比是一只狮子，顺服于抚摸它的手掌或平息它的声音；一个既畏惧又憎恨宗教的君主就像一只野兽，咬着铁链，防止自己冲向路人；一个完全没有宗教信仰的君主则是一只恐怖的动物，只有在把人撕碎、吞噬时才会感受到自己的自由。

对一个人或一部分人而言，问题不在于了解他们不信宗教和信仰宗教而产生问题之间哪一个好处多，而是要了解，在信仰宗教而产生问题和不信仰宗教之间，哪一个坏处更少。

为了驱散人们对无神论的害怕，人们经常抨击对偶像崇拜的宗教。古人设立祭坛供奉邪恶之神，这并不说明他们热爱这个邪恶。相反，这意味着他们憎恨邪恶。古斯巴达人为“畏惧”建立了一座教堂，这不意味着这个好战的民族乞求让畏惧取代他们的勇气。人们希望有些神灵不要鼓励罪恶，而请求另外一些驱赶罪恶。

第三节　宽和政体更适合信奉基督教

基督教和纯粹的专制是相悖的。《福音书》极力提倡仁爱，反对君主一手遮天地实施暴政。

基督教禁止一夫多妻制，因此信仰基督教的君主不那么受拘束，同子民距离较近，因此比较人道。这些君主比较愿意遵从法律，他们更愿意信任法律，认为自己不是为所欲为的。

基督教使君主不那么胆怯，也不那么残忍。君主依赖子民，子民依赖君主。值得一提的是，基督教看上去似乎只追求来世的福祉，但也负责掌管今生的幸福。

埃塞俄比亚的王储享受着治理公国的快乐，向子民展现了仁爱和顺从。而不远处，塞纳尔国王的王子们都被幽禁起来。在国王过世之后，枢密院为了保卫登基王子的地位，把其他王子都杀死了[2]。

让我们睁开眼睛，一面看看希腊和罗马的领袖们不断地屠杀，另一方面看看帖木儿和成吉思汗，这两位蹂躏了亚洲的领袖，看看他们所摧毁的民族和城市。我们能够看到，我们受到了基督教的恩惠，在施政方面获得了一定的政治权利，在战争方面获得了某种国际法，而这些是人性所永远不能充分体悟到的。

在我们彼此之间，这些国际法使战胜者保存了这些战败者的重要东西：生命、自由、法律、物品，当然还有宗教，而胜利者也看得到自己获得的东西。

可以说，和罗马帝国时期专制黩武的民族和军队的关系，以及军队与军队的关系相比，今天的欧洲人们并没有更为分散。在一方面，军队混战、互相攻打，而在另一方面，也有民族攻城略地。

第四节　基督教性格所产生的后果

我们不用更多地考察，就能知道自己应当皈依哪一种而背弃哪一种。因为我们显然知道宗教是否能使民风淳朴，而不一定了解一种宗教是否是真教。

如果宗教的性质是由征服者来决定的话，那对人类而言就是一场灾难。

萨巴卡是游牧君主之一[3]，他的故事令人印象深刻。底比斯人的神在他的梦中出现，命令他杀死所有埃及的祭司。萨巴卡认为，神明不再想让他当国王，因为他们命令他违背自己的意愿做事，于是萨巴卡退居至埃塞俄比亚。

第五节　天主教更适合君主国，新教更适合共和国

一个宗教的诞生和形成通常遵循着一国政制的目标。因为这一宗教是在这样的政制中建立的，所以在教徒和教士的概念中，除了他们出生地国家的政治制度之外，这些人几乎不了解其他国家的政制。

而在两世纪前，在基督教不幸分为天主教和新教时，北方民族皈依了新教，而南方民族则继续信奉天主教。

这是因为北方民族具有并将继续拥有一种独立自由的精神，这是南方民族所没有的。又因为在新教中没有明显的首长，这比

606 规定服从的宗教更适合北方气候下的人们。

在那些建立了新教的国家中，革命也是按照各国的政制目的而开展的。因为支持路德的是一些大君主，所以路德是不会让君主们在没有极端优势的基础上向教会权威妥协的。不过，支持加尔文的是一些共和国的百姓，或是君主国中默默无闻的中产者，所以加尔文是大可不必建立优越特权和尊崇地位的。

这两种教派都相信自己是最完善的：加尔文派教徒认为自己符合耶稣基督的指令，而路德派认为自己的信仰符合使徒派的教义。

第六节　培尔的另一悖论

在侮辱了所有的宗教过后，培尔先生又污蔑了基督教。他大胆地提出，由真正的基督徒建立的国家无法持续存在。为什么不能呢？真正的基督徒一定是永远铭记自己职责的公民，永葆热情牢记使命，最能体会到自然防卫的权利。他们越认为自己受到了宗教的恩泽，就越应该认为自己受到祖国的庇护。他们在心中牢记基督教的教义，这比君主国虚假的荣光、共和国人类的品德或专制国家那种奴性的担忧更为强劲有力。

令人惊讶的是，有人指责这一伟大人物误解自己宗教的精神，不懂得建立基督教和基督教教义本身的区别，不懂得《福音书》的戒律和劝说的区别。而在立法者不制定法律而只是劝说的时候，那是因为他看到，如果把这些劝说也定为法律的话，就会违背法律精神。

第七节　宗教至善的法律

人类制定的法律是我们的精神向导，所以这些法律应是戒律而不是劝说，宗教是我们内心的教义，所以劝说多而戒律少。

比如，宗教设立规矩，为的是达成好的结果，而不是为了更好，不是为了善，而是为了至善。所以这些规矩应该是劝说而不是法律，因为至善并不关乎全体人类或万事万物。此外，如果这些规矩是法律，就需要有其他无穷无尽的法律使人遵守这第一部法律。基督教劝人独身，在为一部分人制定法律规定独身之后，每天都会制定新的法律[4]以保证人们遵守各个法律。立法者要求追求至善之人通过劝说来实现应由戒律实现的东西，这样一来，这些立法者既使自己劳累，也使整个社会劳累。

第八节　道德法规和宗教的协调

在一个不幸信奉了非上帝为神灵的宗教的国家，它的宗教总是有必要同道德取得一致。因为即使是虚假的宗教，它也是能确保人类拥有本真的最好方式。

勃固人宗教的主要教义不是杀戮、偷窃，而是要节制克己，避免为别人造成困扰，要与人为善、与人为伴[5]。此外，他们还相信什么宗教都能够拯救人类，这使得这些看似骄傲、贫穷的人对不幸的人们也展示出了温和与宽厚。

第九节　艾塞尼派

艾塞尼派教徒[6]宣誓对人公道、不害人，甚至要忍让服从，要憎恶不公者，对所有人有信心，下达指挥时要谦和，总是站在真理一方，避开一切非法的盈利。

第十节　斯多葛学派

人们可以将古代哲学的不同流派视作不同的宗教。其中没有一个学派的道义比斯多葛学派的道义对人类更为有益、更利于培育好人了。如果我有片刻时间可以不想自己是一个基督徒的话，我会不自觉地把芝诺这一学派的毁灭列为人类所遭遇的不幸之一。

这一学派夸张了一些含有伟大因素的事情，他们鄙视愉悦和疼痛。

只有这个学派懂得培养公民、塑造公民，继而塑造伟大的君主。

让我们暂时把人类揭示的真理放在一旁，在自然万物中寻找，我们找不到比安东尼更伟大的物种。甚至是尤利安，在他之后也没有人更适合做人类的统治者（我内心有些纠结，我赞扬了尤利安，但并不赞同他的背信之行）。

虽然斯多葛学派人将财富、人世显赫、痛苦、悲伤和愉悦视作无用之事，但他们却埋头苦干，从人类幸福出发，履行社会义务。他们相信有一种神圣的精神存留在心中，他们似乎把这种精神视作仁慈的神明，守护人类。

他们为社会而生，他们相信自己的命运就是要为社会工作，他们的酬报就在心里，所以不至于感到负担过重。只出于自己的哲学，他们便能感到快乐，似乎只有别人的幸福能够增加自己的幸福。

第十一节　沉思

人类生来需要保养自己，自谋吃穿，并做社会中的所有工作。宗教不应赋予人类一个思考过度的生活[7]。

伊斯兰教教徒习惯沉思，他们一天祈祷五次，每一次都必须做的是，将尘世中的一切抛诸脑后，这就使他们习惯于沉思。此外，他们对所有的事物都很冷漠，因为他们的教义规定，人的命运是无法改变的。

如果除此之外，又有其他因素鼓励人们超脱凡尘，那么在

 苛政和关于土地所有权的严格立法面前，人们会感到一种无法确定的状态，那么一切就都结束了。

过去，伽巴尔的宗教使波斯帝国繁荣，这个宗教修正了专制主义的恶果。如今，伊斯兰教却使波斯帝国覆灭。

第十二节　苦修

苦修应同劳作结合，而不是同懒惰结合；应同善良结合，而不是同非凡结合；应同借鉴结合，而不是同贪婪结合。

第十三节　不可饶恕之罪

在西塞罗所引用的主教著述[8]中，似乎罗马人曾犯下过不可饶恕的罪恶[9]。于是，索西穆斯编造了美好的故事，污蔑君士坦丁的动机。尤利安也是根据这个情况，在他所著的《恺撒传》中，对君士坦丁皈依基督教进行了辛辣的嘲讽。

崇拜偶像的宗教只禁止几桩大罪，能够控制人们的手而无法管住人们的内心，所以就会有一些罪恶是无法救赎的。不过，如果有一种宗教能够控制人们所有的热情，对行为、欲望和思想都有所控制，那么联系我们的不是几条锁链，而是无数线头，把人类的正义标准放在一边，而另立新的标准。该宗教的教义是引领人们不断由悔恨转向爱，再由爱转向悔恨，这在法官和罪犯之间设立了一个伟大的调解人，在公正的人和调解人之间设立了一个伟大的法官，那么这样的宗教不会产生不可饶恕的罪恶。但是，尽管这种宗教将恐惧和期待赋予了所有人，人们还是会充分感受到，如果没有天然不可饶恕的罪恶，那么就会有不可饶恕的生命。犯新的罪、以新的不可饶恕的罪行祈求宽恕是一件十分危险的事情。我们欠君主的旧债从来没有还清，那么我们就要畏惧欠下新债、畏惧恶贯满盈，使罪恶达到慈父不能终结的程度。

第十四节　宗教是如何影响民法的

宗教和民法的主要目标应该是使人们成为好公民，因此如果有一方背离了这个目标，另一方就更应该坚持完成。宗教约束得越少，民法约束得就应该越多。

于是在日本，主要的宗教几乎没有教义可言，不论天堂，也不讲地狱。因此，为了取代宗教，法律极为严苛，而人们对法律的执行也非常严格。

宗教建立起人类行为必要论时，法律的惩罚应更为严格，监督更有效，这样人们才能自我放松，会在采取行动前考虑自己的决定。不过如果宗教建立了自由的教义，那就另说了。

由于灵魂的懒惰，伊斯兰教教义中有宿命论，而这种宿命论又产生了灵魂的懒惰。有人说，上帝命令人应该休息。在这种情况下，人们应该用法律唤醒沉睡在宗教中的人们。

612 当宗教谴责民法允许之事时，民法在另一方面获准了宗教应该谴责的事物，那么就会出现危险。因为在宗教和民法之间，总有一个表明，人类的思维在和谐与精确方面会有弊端，或将影响另一个领域。

从成吉思汗统治下的鞑靼人[10]的角度而言，将刀扔进火中、身体靠着鞭子、用缰绳打马、用骨头打碎骨头都是罪恶，甚至是大罪。但是在鞑靼人的眼中，违背誓言、掠夺他人财物、伤人甚至杀人却都不是罪恶。简言之，如果法律将无关痛痒的东西视作必要的话，那么必要的东西也会有被视作无关痛痒的弊端。

古代的中国台湾地区的人们相信一种地狱，为了处罚那些在某些季节没有裸体的人、身着布衣而不是丝衣的人、寻找牡蛎的人、在行动前没有请示小鸟歌唱的人[11]。因此，台湾地区不把醉酒和淫秽视作罪恶，他们甚至认为子女的放荡是在满足神明。

如果宗教为偶然事件正名并宽恕人们的话，那么它就失掉了人类之中最伟大的推动力量。印度人相信，恒河水可以使人神圣化[12]。据说，死于恒河岸边的人可免于来世的刑罚、居住在极乐的地区。印度人会从最远的地方前往恒河，将死人骨灰抛进恒河里。一个人生前是否过着道德的生活是个不重要的问题，只要有人将他的骨灰扔进恒河就可以了。

有作为报酬的地方这一概念，就必然会出现惩罚地区的概念。如果只有报酬可以期待而没有惩罚可以畏惧的话，那么民法就不再具有效力。相信来世一定会得到报偿的人们会逃脱立法者的追溯，他们过于轻视死亡了。如果，一个人认为自己确定官员能够施与他最重的处罚恰恰是他幸福的开始，那么人们又怎么会受到法律的限制呢？

第十五节　民法如何纠正错误宗教

出于对古代事物的崇拜、天真或迷信，人们有时建立了有违贞操的祭礼或仪式，这在世上并不罕见。亚里士多德说，在这种场合，法律允许父亲代表妻子和儿女去参加祭典[13]。这是一项很好的法律，能够保持宗教的风俗。

奥古斯都禁止任何年轻男女参加夜间的祭祀活动，除非有其他年长亲属陪同[14]。奥古斯都还恢复了牧神露白酷斯祭日，但禁止年轻男女裸体奔跑[15]。

第十六节　宗教法规如何修正政制的缺陷

而在另一方面，当法律不够有力的时候，宗教能够维持住一国的政制。

因此，当一个国家常常受到内战困扰的时候，如果宗教能维护一个国家的某些地方始终平静，那么宗教也就做出了巨大的贡献。希腊的埃利亚人是阿波罗人的祭司，过着平静的生活。在日本，美阿果城是一座圣城，是一座平静的城[16]，是宗教一直维

 持着它的这个状态。这个国度似乎是地球上唯一的一个不愿依赖任何一个外国的国家，它在自己国家内部进行贸易，不受国外破坏。

一些国家出现战争不是由于公民的集体决策，法律也没有指出结束或防止战争的方法。宗教则规定了和平或休战的时间，因此人们可以做一些工作，例如播种或类似的工作。如果没有这些宗教，这些国家或许早就灭亡了。

每年有四个月，阿拉伯部落间的纷争都要停止[17]，任何的骚乱都是对宗教的亵渎。在法国，任何一个君主都可以发动战争或议和，而宗教则规定，一年内有几个月份必须停战。

第十七节　续前

在一个国家中，如果有许多理由出现仇恨，那么宗教就必须给出许多方式用来和解。阿拉伯人是一个强盗民族，穆罕默德制定过这样的法律[18]：“如果有人能宽恕兄弟的杀戮行为[19]，那么他可以控告仇家索赔，不过如果在接受了赔偿后又伤害恶人的话，那么他就会在审判日受到酷刑。”

在日耳曼民族中，仇恨和敌对是由亲属关系继承而来的，但仇恨不是永世的。赔偿一定数量的牲口就可以弥补杀人的罪恶，全家也就都得到了满足。塔西佗[20]说，这是一个非常有用的方法，因为仇恨在一个自由的民族中是最危险的。

马来人还没有建立和解的办法，杀人者必将被死者的亲戚或朋友杀死，所以这就触动了杀人犯的怒火，伤害他所遇见的每一个人[21]。

第十八节　宗教法规是如何产生法律影响的

最早的希腊人是一群群小的、分散的部落，人们做海盗为生，在陆地胡作非为，不受监管、没有法律。赫拉克勒斯和珀尔修斯的行为清楚地反映了这个新生民族的情况。除了使人们畏惧凶杀之外，宗教又做了什么呢？宗教告诉人们：一个被暴力杀死的人首先是对谋杀者愤怒的，所以在谋杀者心中激起了不安和恐惧，希望死者放弃自己生前常去的地方[22]。人们不能触碰罪犯，也不能同他说话，以免受到玷污或失去作证的资格[23]，所以人们将杀人凶手逐出城市，为的是防止他的出现以净化城市[24]。

第十九节　一国宗教对国民是否有利不在于教义的真伪而在于其是否有用

如果不同的社会准则受到绑定，那么最真实最圣洁的教义也可能会有坏的影响；反之，如果同一些准则相联系，那么最虚伪的教义也可能会产生值得关注的后果。

儒教否认灵魂不死[25]，芝诺教派也这么认为。谁会想到呢？

616 这两个教派从自身的恶劣交易中引发的结果也是不好的，但这却对社会是有益的。道教和佛教相信灵魂的永恒，不过从这样圣洁的教义中，道教和佛教或可衍生出可怕的后果。

在任何时代，世界上到处都有人认为灵魂是不朽的，会错误地将妇女、奴隶、臣民和朋友杀死陪葬，希望在来生继续让这些人服侍自己。西印度是这样做的，丹麦是这样做的[26]，而如今的日本[27]、望加锡[28]和世界上其他的一些国家和地区都是这样做的。

与其说这些风俗起源于灵魂不朽的说法，不如说他们是身体重生的表现。这样导致的一个结果是，人的需求、感情、热情在死后还会同生前一样。从这点看，灵魂不朽的教义给人们带来了巨大的影响，因为同改变新模式相比，只是改变住所的思想更容易被人接受，更令人愉悦。

宗教建立一种教义是不够的，它还需要延伸。这也是基督教关于我们所言教义的方面做得最好的地方。基督教使我们憧憬着未来的一个国家，而不是我们感受到的或是已知的国家。包括身体重生的所有教义都引领着我们走向神灵的思想。

第二十节　续前

古波斯的圣书说：“如果你想成为圣人，那么教导你的子女，因为他们所有的善行都要归功于你[29]。”这些圣书倡导早婚。因为在审判日，子女们将成为一座桥，而没有子女的人是无法跨过这座桥的。这些教义是假的，却也是有用的。

第二十一节　轮回

灵魂不朽的教义可以分成三个分支：单纯不朽、住所变动和轮回。这也分别是基督教的说法、赛西亚的说法和印度人的说法。我刚刚讲完前两个分支，现在想讲讲第三个，这个分支有延伸得好的，也有不好的。轮回在印度的影响有好有坏。由于轮回的说法使人忌惮杀戮，所以印度几乎没有谋杀案。因此，虽然印度很少有死刑，但每一个人都安分守己。

而在另一方面，丈夫过世后，妻子会自焚，所以印度只有无知者才会遭受暴死的痛苦。

第二十二节　宗教鼓励人们忌惮无足轻重之物有多危险

在印度，由于宗教偏见所引发的荣誉感，不同种族之中产生了忌惮之情。这种荣誉感纯粹建立在宗教之上，而家族上的差别并不形成政治上的差别。有的印度人会认为同国王吃饭是有失体面的事。

这种不同是和对别人的嫌恶关联在一起的，这种嫌恶与由等级差异而自然衍生的感情是不同的。对欧洲人而言，这种感情是包含着对低级人们的爱的。

宗教法规避免激起人们任何的鄙视心理，对罪恶的鄙视除外。宗教法规尤其注意要避免让人们不再爱人、怜悯人。

伊斯兰教和印度教各有无数的教徒，而印度人憎恶伊斯兰人，因为伊斯兰人吃牛肉；伊斯兰人讨厌印度人，因为印度人吃猪肉。

第二十三节　论节日

当宗教规定人们要完成工作的时候，比之该宗教信奉的伟大神明，这个宗教更应该关注的是人们的需求。

在雅典[30]，节日数目过多，这是一个问题。雅典人是统治者，所以雅典所有的城市都要将无法解决的问题提交到雅典。

君士坦丁规定，人们要在星期日休息。这一规定是为城市人而设[31]，而不是为乡下人而设。君士坦丁认为，城市进行的是有用的工作，而乡下进行的是必要的工作。

同理，在经营贸易的乡下，节日的多少应同贸易的多少成正比。由于新教国家和天主教国家地理位置的关系[32]，新教国家比天主教国家更需要劳动力。南部地区天主教徒多，北部地区新教徒多。因此，同天主教国家相比，在新教国家更适合压缩节日数量。

丹皮尔说，因为气候的不同，各个民族的娱乐也大不相同[33]。

炎热气候会生产出许多甜美的果实，所以野蛮人立即就能找到自己的需求，会花更多的时间取悦自己。而寒冷国家的印第安人则没有这么悠闲，他们必须不时地钓鱼、打猎。因此，印第安人跳舞少、音乐少、节日也少。于是在这些民族传播宗教时，人们需要注意建立节日这一问题。

第二十四节　宗教的地方性法规

在不同的宗教中，有许多地方性的法规。蒙特苏马坚称，西班牙的宗教对国家有利，而墨西哥人的宗教对他自己的国家是有利的，这不是荒诞之言。因为事实上，立法者不可能不关心大自然在他们出现之前所建立的事物。

轮回的概念是为印度气候所定制的。酷热灼烧着整个田野[34]，人们只能喂养很少的牲口，因此经常处于无粮可种的危险之中。牲口繁殖不多，易受多种疾病的影响[35]。因此，宗教确立一项法规保护牲口是符合国家政策的。

在草地被烧坏之后，大米和粮食能够顺利生长，因为水源供给充足。因此，宗教法规规定人们只能吃这些食物，这对这类气候下的人们是十分有益的。

在印度，当地的牛肉是无味的[36]，而从牛身上得到的牛奶和黄油却是人们重要的食品。因此，印度禁止吃牛、宰牛的法律也是有道理的。

雅典人口无数，而土壤却很贫瘠。因此有一条宗教准则规定，用微小的礼物供奉神明，比用圣洁的牛[37]供奉更能使人荣耀。

第二十五节　将宗教从一国传播到另一国的弊端

综上所述，将宗教从一国传播到另一国经常会引发许多弊端[38]。这里说的不是基督教，因为正如在本章第一节中所言，基督教是人类的福祉。

德·布兰维利耶[39]说："在阿拉伯，猪的数量一定不多，那里几乎没有树林，也几乎没有适合猪的饲料。此外，当地食物和水的含盐量高，这使人们极易得皮肤病。"当地法律禁止人们吃猪肉，这并不一定适用于其他国家[40]。在其他国家，猪几乎就是最常见的食物，在一定程度上看，也是最必要的食物。

此处我有一个见解。桑托里奥观察到，吃猪肉不易发汗，而且严重妨碍其他食物使人发汗的效果。他还发现，在这些地区，人们发汗减少了三分之一[41]。此外人们都知道，发汗的流失形成或加速了皮肤疾病的生成。因此在容易得皮肤病的气候下，人们不应该吃猪肉。比如在巴勒斯坦、阿拉伯、埃及和利比亚等国家和地区。

第二十六节　续前

夏尔丹说，除了边境的库拉河之外[42]，在波斯几乎没有另一条可以航行的河流[43]。古葛博尔人制定了禁止河流禁行的法规，这在波斯没有引起人们任何一点不适。而如果其他国家也制定这样一条法律，那么贸易早就消失殆尽了。

在气候炎热的地方，人们一天洗几遍澡是很常见的事情。因此，伊斯兰教和印度教规定，人们要时常沐浴。在印度，在流水中向神祷告是值得赞颂的事情[44]。但是在这种气候之下，要怎样才能实现这些事情呢?

如果一国宗教是根据当地气候而建立的，并同其他国家格格不入的话，那么这个宗教就无法传入别国。假如真的有人将这一宗教传入他国，也不会有什么群众基础。从人类的角度而言，区分基督教和伊斯兰教的主要方式就是看气候。

既然如此，那么令人能够接受的就是，一个宗教既有特殊的教义，也有一般性的信仰。实现这些信仰的条规并不用过于仔细，比如可以大致劝人修行，而不规定修什么苦行。基督教充满着良知，克己节欲是神明的法律，但是节制哪一种欲望也是政府的法律规定，所以一切都是可以变更的。

1　参阅比埃尔·培尔，《关于一颗彗星的遐想》。

2　参阅庞斯医生，《埃塞俄比亚游记》；《耶稣会士书简辑》，第四辑，第 290 页。

622

3 参阅狄奥多罗斯，《世界文库》，第一卷，第十八章。
4 参阅杜彬，《第六世纪僧教著述汇览》，第五卷。
5 参阅《创建东印度公司历次航行记》，第三卷、第一篇、第63页。
6 参阅汉弗莱·普利多，《犹太人的历史》。
7 这是佛和老君原则的弊端。
8 参阅《法律》第二卷，第二十二章。
9 “犯了渎圣罪是不能赦免的，能够赦免的罪，祭司要公开赎罪。”
10 参阅勃朗嘉宾的记述，1246年，教皇英诺森四世派遣该修士到鞑靼去。
11 参阅《创建东印度公司历次航行记》，第五卷、第一篇、第192页。
12 参阅《耶稣会士书简辑》，第十五辑。
13 参阅《政治学》，第七卷，第十七章。
14 参阅苏埃多尼乌斯，《奥古斯都》，第三十一章。
15 同上。
16 参阅《创建东印度公司历次航行记》，第四卷、第一篇、第127页。
17 参阅普利多，《穆罕默德传》。
18 参阅《古兰经》，第一卷，“黄牛”。
19 即放弃按照复刑法的方式报复。
20 参阅塔西佗，《日耳曼尼亚志》。
21 参阅《创建东印度公司历次航行记》，第七卷、第303页。参阅福尔班伯爵的《回忆录》及其关于望加锡人的记述。
22 参阅柏拉图，《法篇》第九卷。
23 参阅索福克勒斯的悲剧《俄狄浦斯王在科隆诺》。
24 参阅柏拉图，《法篇》第九卷。
25 “中国哲学家的对话”部分有这样一段描述：佛教的教义认为，人类的身体是我们的房子和灵魂，不朽的主人就住在这房子中。不过，如果我们父母的身体只是一座住宅的话，那么人们理所当然地会认为人们有的只是一堆泥土和灰尘。这难道不就是让我们从内心舍弃热爱父母这一美德吗？同样，这会使人们忽略对身体的照顾，拒绝保养身体所需的怜悯和关爱。因此，成千上万的佛教教徒自杀。参阅杜赫德《中华帝国全志》，第三卷，第 52 页。

26 参阅多玛·巴多林，《丹麦古代史》。

27 参阅《创建东印度公司历次航行记》中关于日本的记述。

28 参阅福尔班，《回忆录》。

29 参阅海德，《波斯的宗教》。

30 参阅色诺芬，《雅典共和国》，第三章，第八节。

31 参阅《法律》第三篇《关于安息日的法典》。毫无疑问，这项法律仅仅是为崇拜偶像的人制定的。

32 天主教国家比较靠近南方，而新教国家比较靠近北方。

33 参阅威廉·丹皮尔，《周游世界记》第二卷。

34 参阅《旅行记》，第二卷，第 137 页。

35 参阅《耶稣会士书简辑》，第十二辑，第 95 页。

36 参阅《旅行记》，第二卷，第 137 页。

37 参阅雅典学派欧里庇得斯作品。

38 此处说的不是基督教，因为我们在本章第一节末尾已经指出，基督教是人类最高的福泽。

39 参阅《穆罕默德传》。

40 例如中国。

41 同上书，第三节，格言第二十三条。

42 “库拉河”，即当时的居鲁士河，流入里海。

43 参阅《波斯游记》，第二卷。

44 参阅《旅行记》，第二卷。

第二十五章

法律与各国宗教的建立和各国对外政策的关系

第一节　对宗教的感情

虔奉宗教的人们和无神论者总是在谈论宗教，前者谈论他们热爱宗教，后者谈论他们惧怕宗教。

第二节　信奉不同宗教的理由

世界上信奉不同宗教的人们，其信奉的理由也不尽相同。这在很大程度上取决于宗教与人类的思维和观念的方式是否相一致。

我们会对偶像非常崇拜，然而我们却并不信奉偶像们所崇拜的那种宗教。其实我们并不是很喜欢神的观念，但我们却十分迷恋于那些令我们崇敬的神明的宗教。这是一种幸福感，部分来源于我们对自己选择行为上的满意，即十分明智地选择了敬奉一种宗教，这么做也进而提高了神的地位，而不像其他情况视其处于某种低下的地位。我们把偶像崇拜看作是愚昧和未开化人们的宗教，而把信奉神明的宗教视为文明民族的宗教。

一种至高无上的神明的观念构成了我们内心中的宗教教义。伴随着这种观念，我们还能将那些合乎情理的观念与之相结合起来，并且同样对此产生敬意信奉的话，那么就使我们对这一宗教产生了极大的热衷之情。因为我们上述提到的那些信奉宗教的原因，总是依附于我们对事物感觉的某种自然倾向。因此，关于这种信奉与崇拜之情，天主教徒比新教徒更加热爱自己的宗教，也更加热忱地宣扬自己的宗教。

当以弗所人们得知主持宗教会议的教父已经决定，可以称呼圣女为上帝母亲时，大家都欣喜若狂。他们热情地亲吻主教们的手，紧紧抱住主教们的膝，整个城市到处充满了欢呼雀跃的声音[1]。

如果我们所信奉的神明宗教告诉我们这样一种观念，那就是信奉这种宗教的信徒都是神的选民，并且信奉它的人与不信奉它的人有很大的差别，那么就会使我们更加热忱地信仰此宗教。如果没有偶像崇拜的民族，使伊斯兰教徒自认为是上帝独一无二

 的捍卫者；也没有基督教徒，使他们相信自己是上帝最喜欢的人，那么伊斯兰教徒就不会变成现在这么优秀的穆斯林。

相对于一个仪式较少的宗教来说，一个仪式较多的宗教[2]能使我们更加热衷地信奉。我们极度关注于自己经常从事的一些事情。我们目睹了伊斯兰教徒和犹太教徒的坚韧不拔，也见证了野蛮和未开化民族改变自己宗教信仰的随意性，这些未开化的民族都忙于狩猎和打仗，几乎没有什么宗教仪式可言[3]。

人们的内心通常充满着希望和恐惧之情。因此，如果在一个宗教里面既没有天堂也没有地狱，那么其是不能取悦于人的。在日本，外国宗教极易于建立起来，并受到人们虔诚地崇拜和热爱就是最好的证明[4]。

为了促进对宗教的热爱，就应该使其具有纯洁高尚的道德。尽管在社会中有少数人是无德之徒，但大多数的人还是诚实可信、崇尚伦理道德的。假如我不是在讨论一个非常严肃的话题的话，那么这种情况在剧院舞台上表现得非常明显。在那里，你会察觉到道德所歌颂的情感一定会使人们高兴，而道德所谴责的情感一定会引起人们的愤慨。

当宗教的外在给人感觉十分宏伟壮观时，那么这就会使我们感觉到很愉悦，并使我们热衷地信奉它。庙宇的富丽外观和僧侣的富有对我们有很大的影响。因此，民众的贫困也是他们热爱宗教的一个动机，而这一宗教也曾是导致他们贫困的一个借口。

第三节　庙宇

几乎所有的文明开化的民族都住在房屋内。因此，他们很自然地产生了为上帝建造房屋的想法。在上帝住的这所房子里，人们可以敬拜上帝，并在所有的恐惧和希望之中寻找上帝。

对于人类来说，他们希望可以找到一个有神存在的地方，这样他们可以聚集在一起述说他们的苦难和悲伤。事实上，没有什么比这个更能使他们的心灵得到安慰的事了。

只有耕种土地的民族才有这种想法和观念，而那些没有房屋住的民族是不会修建庙宇的。

正是由于这个原因，成吉思汗十分轻蔑伊斯兰教的清真寺[5]。这位君主[6]在询问了伊斯兰教徒后，对他们的一切教义都给予肯定，然而惟独不赞同的是必须要去参拜麦加这一条。他不理解为什么不能在任何地方都可以敬拜上帝，而一定要在庙宇里呢？由于鞑靼人没有房屋居住，所以他们对庙宇一无所知。

那些没有庙宇的人对自己的宗教不是那么的热衷信奉。这就是为什么鞑靼人总是这么宽容[7]。为什么征服罗马帝国的未开化的民族毫不犹豫地皈依了基督教；为什么美洲的未开化的民族并不看重自己的宗教信仰；为什么我们的传教士在巴拉圭给他们修建了教堂后，他们就对我们的宗教表现出十分热情与虔诚。

神是不幸者的避难所，没有人比罪犯更为不幸，所以自然而然地人们认为庙宇就是那些罪犯的庇护所。对于希腊人来说，

 这个想法似乎更加自然。因为在希腊，杀人犯是要被赶出城市，驱离人群的。所以除了庙宇，他们无安身之处，除了上帝，他们得不到任何的保护。

起初，只是有一些犯有过失杀人罪的人们来到庙宇里避难。而之后当越来越多的犯下滔天罪行的人也来到庙宇中避难时，人们就陷入了一个极大的矛盾之中。既然他们冒犯了人类，他们也肯定触怒了众神。

这些避难所在希腊不断地增多。塔西佗说[8]，庙宇里到处都是破产的债务人和邪恶的奴隶，官吏们感觉很难管理，人们保护这类罪犯就像祭拜神灵的仪式一样，最后元老院不得不削减了大量的庙宇。

摩西的法律制定得很合理。如果一个人是过失杀人，那么他便是无罪的。但是他不能出现在死者亲属的视线范围内，所以摩西为这些不幸的人们修建了一个避难所[9]，但是罪大恶极的人是没有可安身的避难所的[10]。犹太人没有设置避难所的想法，因为他们住在便携的帐篷里，可随意迁徙驻扎。他们过去的确想修建一座庙宇，但是，如果罪犯从四面八方而来，可能会扰乱神圣的宗教仪式。如果按照希腊人的习惯，把犯杀人罪的人都赶出国土，那么他们还担心这些罪犯会信奉国外的神灵。所以怀着这个顾虑，他们修建了一些避难城，在那里罪犯会一直住下去直到牧师去世。

第四节　宗教的僧侣们

保尔菲利说，早期的人类向神灵只献祭一些蔬菜。既然祭礼活动这样简单，那么任何人都可以在家祭祀。

想取悦神灵的自然愿望使祭祀活动日趋繁杂起来。这就使得从事农业劳动的人们无法参与全部的祭祀活动，也无法加入到所有细节过程中。

人们把特定的地方用来供奉神灵。于是就需要有像牧师这样的人来照看这些场所，就像每个公民看管他自己的房子和家务一样。因此，没有牧师的人通常被视为蛮族人。像以前的柏达利安人[11]和现在的沃尔古斯基人[12]，他们都是这样未开化的民族。

献身于神灵事业的人们都应受到尊重。尤其是对于一些民族来说，他们持有一种观念，认为献身于神灵的人们一定要身体纯洁，这样他们才能接近神灵们喜欢去的场所，并能主持一些特殊的宗教仪式活动。

对神灵的敬拜需要长期不断进行，所以大多数民族会让僧侣成为一个独立的团体。因此，埃及人、犹太人和波斯人[13]把某些家族奉献给神灵，让他们世世代代侍奉神灵。甚至有些宗教不但使僧侣远离世间之事，而且还告诉他们不要受家庭因素的烦扰。这就是基督教的主要教义教规。

在此，我不想谈论僧侣独身戒律会产生的后果。但随着僧侣的数量日趋增多，可以很明显地察觉到这条戒律存在的弊端，

630 随后产生的结果是大众信徒的人数越来越少。

按照人类理解事物的本性，就宗教而言，人们总是喜爱一切带有让人费尽心思的东西；就道德而言，人们对所有具有严肃性的事物都很热衷。僧侣的独身戒律在有些民族是不适应的，而且容易带来最致命的后果，但这些民族却偏喜欢这一点。在欧洲的南部国家，由于气候的特性，独身的戒律则更难以遵守，但却被保留了下来；而在那些不是充满情欲的北欧国家，这条独身的戒律却被废除了。不仅如此，在人口稀少的国家里，人们采用了独身的戒律；但在人口众多的国家中，人们反而对此条还予以拒绝了。我们不难看出以上这些情况只是从独身涉及范围的角度去考虑的，而与独身制本身毫无关系。

第五节　法律应该对僧侣的财产加以限制

普通人的家庭是可以灭亡的，并且他们的财富不能永久继承。但僧侣则是一种永远不会衰败的家族，他们的财富永远属于此家族，不能外流。

普通人的家庭规模可以扩大，其家庭财产也会随之增加。但僧侣的阶级规模不应再扩大了，并且他们的财产也理应受到限制。

关于僧侣的财产的相关法律条文，我们可以在《圣经·利未记》中找得到，但是关于如何限制他们的财产事项却没有记载在内。我们的确一直都无法界定的是，宗教团体究竟达到一个什么程度才能不再攫取财物。

人们认为，僧侣们这样无休止的敛财似乎是不合理的。所以，凡是为他们辩护的人们都被看成是愚妄无知的人。

民法在改变既定的已经形成的弊端行为方面时，会遇到许多困难，因为它们总是与民法尊重的事物联系在一起。在这种情况下，采取一种间接的方式比相对直接的方法更能体现出立法者的聪明才智。法律不再限制僧侣敛取财物，而是力图使他们厌烦自己的财物，也就是说从法律方面而言，他们仍有攫取财物的权力，但事实上却消减了这种行为。

在欧洲的一些国家，出于对贵族权力的尊重，制定了一种对他们有利的规定，即获得永久地产的人们可享有补偿费。在同一情况下，君主们为了给自己多争取点利益也要求征收一定的补偿税。在西班牙的卡斯提尔，因为没有这样的税法，所以那里的僧侣无所不敛。而在西班牙的另一个城市阿拉贡，因为制定了这种税法，那里的僧侣有所收敛。在法兰西，由于这两种税法都已经建立，所以僧侣的敛取就更少了。所以我们可以说法国之所以繁荣，有一部分原因是因为实施了这两种税法。如有可能的话，应多制定这种相关的税法，而取消永久产业权。

僧侣认为他们以往的财产是神圣不可侵犯的，并将这些财产视为同他们的职位一样，是固定和永恒的。但是关于他们新攫取的财产，应剥夺他们的继承权。

当以往的规章制度变成一种流弊的时候，可以允许他们违反此规章制度，而当流弊成为规章制度的一部分时，也需容忍此种流弊的存在。

我们仍然记得，在罗马当人们与僧侣发生了一些争执的时候，会有人递送一张便笺纸，上面写道："无论《圣经·旧约》中说了什么，僧侣都应为国家的开支贡献出自己的一份力量。"我们可从这句话中得出，相对于宗教方面语言，这句话的作者更善于使用税务官的语言。

第六节　修道院

哪怕最没有常识的人也能看得出来，这种世代永存延续的宗教团体不应该以终生收益为条件，进行出售其地产，也不能以利益为出发点，通过出售地产的方式而去进行借贷。至少对于那些没有亲属或不愿意有亲属的人的遗产，人们是不愿意让修道院把他们的遗产全部继承过去。僧侣本来就是在玩弄人民，这样一来，他们就相当于自己开银行又继续迫害人民了。

第七节　迷信的奢靡

柏拉图说[14]："下面所说的这三种人都是亵渎神灵的人。一是不承认神灵存在的人；二是承认神灵的存在，但不赞同其干预人间事物的人；三是认为通过祭祀活动就可以很容易安抚神灵的人。这三种观点都是有害的。”柏拉图这段话，是自然意识对宗教问题最理性的表达。

宗教信仰那富丽堂皇的外表与国家的制度有着密切的联系。在良好的共和国国家的氛围中，人们不但遏制了虚荣心产生的奢侈心理，而且还抑制了由迷信产生的奢靡心理。人们还为宗教的活动制定了节俭的法律。如梭伦制定的几项法律，柏拉图为葬礼拟定的并被西塞罗采纳的几条法律，以及努玛制定的关于祭祀相关的一些法律[15]，这些都是很好的例证。

西塞罗说，鸟类和在一天内完成的绘画作品就是供奉给神灵最神圣的祭祀品。一个斯巴达人曾经说过，如果我们用普通的祭品供奉神灵，那么我们每天都有办法敬拜神灵了。

人们应该内心虔诚地参拜神灵，但这跟参拜的仪式的隆重程度是截然不同的。如果我们不想让神灵看到它所让我们鄙视的东西正是我们所倍加珍惜的话，那么就不应该把我们的金银珠宝当做祭品供奉给神灵。

柏拉图有一句话[16]说得非常好：“如果一个正直的人接受一个小人的礼物会脸红的话，那么当神灵收到来自一个对其不尊重的人的祭品时，又会做何感想呢？”

宗教不应该以祭献供品为由，从人民那里攫取国家给人民的生活必需品。但正如柏拉图所说，纯洁和虔诚的人应该供奉代表他们自己内心的礼物，即具有纯洁和虔诚属性的祭品。

634　宗教也不鼓励人们举办奢侈的葬礼。关于死亡，无论人们在死亡时是贫还是富，财富是多还是寡，都是一样的。如在死亡时将贫富的等级给予取消，还有什么比这个更自然更合乎情理的吗？

第八节　教皇

因为宗教拥有众多的僧侣，所以就很自然地应选出一个负责人掌管宗教事务，这个人的职位就是教皇。在君主制的国家里，国家的各阶级划分层次不是很分明，也不能一人独揽大权，所以教皇之职同国家元首之位的管理权分开来设是很合乎情理的。然而在专制的国家中，就不会这样分开来设立，因为这种国家的性质就是元首统揽一切大权。但在这种情况下，可能会出现这样的情况，君主会把宗教看成他自己的法律，视为其意志的一种产物。为了避免这种行为产生，宗教应该有自己的有永久价值的经典之物，例如撰写一些圣书，并用其建立和规范宗教。波斯国王同时又是宗教的教皇，但规范宗教的是《古兰经》一书；中国皇帝同时也是教皇，但是每一个人手中都有经书，皇帝自己也得必须遵守经书中的教条。曾经一位皇帝试图废除这些经书，然而却白费力气，最终这些经书战胜了他的暴政。

第九节 宗教的宽容性

我们在此的身份是政治家，而不是神学家。即便是对神学家而言，容忍一种宗教的存在和赞同一种宗教也是有云泥之别的。

如果一个国家允许多种宗教并存的话，那么其制定的法律也需规定这几种宗教之间应相互宽容，允许彼此都可独立存在。因为存在这样一种规律，即如果一种宗教受到压迫，当它有机会摆脱这种迫害时，必定会攻击其他的宗教，那时就不会以宗教的方法，而是通过暴政的行为。

那么，法律应强制要求其所允许共存的几种宗教，不但不能扰乱国家治安，也不能互相滋扰、挑起事端。就像一个公民一样，仅凭不干扰政府还不能视其遵守了法律，还得必须做到不能伤害其他任何公民。

第十节 续前

目前，几乎没有任何关于受迫害的宗教在其他地方设坛布道的情况。因为一种宗教如果有宽容性，是可以容忍其他异教的存在，是很少考虑到其他地方传道布教的。当一个国家对本国已建立的宗教很满意的话，可以制定相关法律法规禁止其他的宗教进来设教时[17]，那么此民法制定得就很有意义。

关于宗教政治法律的基本原则是：如果一个国家有权接纳

或拒绝新的宗教在该国设教时，那么就应该拒绝；如果新的宗教一旦在该国建立起来的话，那么就应该容忍其存在。

第十一节　宗教信仰的变更

如果一种宗教已经建立起来，该国君主企图摧毁或改变此宗教的话，那么他就将自己置于一个危险的境地。如果此国家是专制政体的话，那么源于此将会爆发出一场革命，此革命要比任何暴政所激发的革命都要更加的危险。在这样政体的国家里，发生这样的革命并不是罕见的事。其原因是一个国家不能像当时君主颁布建立新宗教法令时那样的快，把其宗教、风俗习惯全部立刻都改变了。

此外，旧的宗教与国家的政体有关，然而新的宗教却迥然不同；原有的宗教与环境气候相适应，而新的宗教常常并非如此。除此之外，国民对法律感到厌恶，并轻视已经建立的政府；他们由原来的对一种宗教的坚定信仰，变成对两种宗教持有怀疑的态度。总之，至少会在一段时期内，国家会存在一些不良国民和无道的信徒。

第十二节　刑法

对宗教而言，应避免使用刑法。刑法让人心生畏惧，事实的确如此。但是宗教也有令人畏惧的刑法。于是一种恐惧就被另一种恐惧给抹掉了。处于这两种不同的恐惧之中，人的心灵就逐渐变得残酷如铁一般。

宗教的恐吓如此的可怕，它许给人们的诺言又是如此动听令人神往。以至于当它们都进入我们的精神世界后，官吏就想尽各种办法让我们脱离宗教。当他们不让我们信仰宗教时，我们就像被剥夺了一切。当允许我们信教时，我们又像是拥有了一切。

给人们的思想灵魂一直灌输着宗教的崇高无上，催促他们去接近那个无比庄严神圣的时刻，是无法使他们脱离宗教的。最有效的打击宗教的办法就是通过惠泽子民，提供他们生活上的便利，给予他们获取财富的希望。不能使宗教复兴，相反要让他们逐渐遗忘自己曾经身上所具有的宗教使命感。不要力图去激发人们的情感，要使他们对一切都漠不关心。当其他情感占据着人们的心灵时，人们对宗教的感情自然就趋于平淡。总的原则是，对于变更宗教信仰的做法，诱导比刑罚更有力。

人们的思想性格可从所施的刑罚上体现出来。当我们回忆起日本的残害暴行时[18]，我们会发现，比起长期所遭受的痛苦来说，残忍的刑罚更加令人震惊。这种残酷的刑罚使人们感觉到厌倦多于惊吓。正如它表面上看起来易于忍受，实际上却最难以令人忍受。

总之，历史已经充分地告诉我们，除了破坏之外，刑法从来没有起到过任何积极的作用。

第十三节 写给西班牙和葡萄牙宗教法官们的谦卑谏言

一位十八岁的犹太姑娘，在里斯本宗教法庭的最后一次判决上，被宣判处以火刑烧死。下面我要引用的一本小册子里的内容，其就是为这件事特别撰写的。我认为，这本书是所有以往的著作中最无益的一本。因为这么简单明了的事情都要加以论证的话，那么我们也肯定说服不了别人。

这本书的作者声称，虽然他是一个犹太人，但他尊重基督教，并且十分热衷于基督教，以至于让不信奉基督教徒的君主们找不到一个合理的借口，对基督教进行迫害。

他对宗教法庭上的法官们说："你抱怨日本天皇把他国内所有的基督教徒都用火烧死。但这位日本天皇会这样回答，我们对待与我们信仰不同的你们，就如同你们自己对待与你们信仰不同的其他人是一样的。你们只能抱怨你们的懦弱无能，若无法消灭我们，就只能接受我们将你们都消灭掉。"

"但必须承认的是，你们比这位天皇还残酷得多，你把我们处死，只因我们信仰你们所信仰的东西，却没有相信你们所相信的一切。你们自己也知道，我们所信奉的宗教是上帝从前的心爱之物，我们现在依然认为上帝还是爱着它的，而你们却认为上帝已经不再爱它了。正是因为你们的这种判断，于是你们就将那些犯有可原谅错误的人们，即认为上帝现在仍像原来一样喜爱它的人们，遭受火烧刀具的刑罚[19]。"

“如果你们对我们是残酷的，你们对我们的孩子更是如此。你们将他们烧死，仅仅因为他们遵循了某些人传授给他们的神灵启示。然而这些人正是自然法律和各族法律都教导孩子们把他们视为神灵的人。”

“从建立宗教的方法角度而言，你们比伊斯兰教徒要略胜一筹，但你们自己却放弃了这方面优势。当伊斯兰教徒夸耀他们的信徒众多时，你们告诉他们那是通过武力获得的，而且依靠刀剑扩大了他们的宗教团体。那么你们为什么要用火刑来建立你们自己的宗教呢？”

“你们希望我们皈依于你们，但你们所引以为荣的根源，正是我们所反对、所抵触的。你回答我们说，虽然你们的宗教是新建立的，但却是神圣非凡的。之后你们又加以证明地说，你们的宗教是在异教徒的迫害中不断壮大的，是用殉教者的鲜血浇灌而成的。然而今天你们扮演的却是戴克里先的角色，让我们沦为了当年的你们。”

“我们不想以上帝的名义来恳求你们，即以那个你们和我们共同信奉和服侍的万能造物主的名义；而是想以基督的名义来恳求你们，那个你们告诉我们把他看成人的形象，视其为你们学习榜样的基督。我们恳求你，按照他在世上对待我们的方式，来对待我们。你们希望我们成为基督教徒，而你们自己却不愿意信仰基督教。”

“但是，即使你们不愿做基督教徒的话，那至少也得做个人。

640 如果你们没有宗教为你们引路，没有神灵的启示为你们照明，只有大自然赋予的一丝微薄的正义感的话，那么你们就随意处置我们吧。”

“如果上天眷顾你们，使你们有一天能够看得到事实的真相的话，那么就是上天给予你们莫大的恩惠了。那些继承了父亲遗产的孩子们，就该厌恶那些无遗产可继承的孩子吗？”

“如果有一天你们获得了这个真理，不要像你们传播真理的方式把它隐藏起来。真理的特性是，它可以凌驾于人们的心灵和精神之上，而非像你们所认为的那样无效没有力量，需要用酷刑来强迫我们去接受它。”

“如果你们还有理性的话，就不应该因为我们不愿意欺骗你，就把我们处死。如果你们的基督是上帝的儿子，我们希望他会嘉奖我们，因为我们没有亵渎他的奥秘。我们相信，你和我们所侍奉的上帝是不会惩罚我们的，也不会让我们遭受死亡的，因为这个宗教是他以前给予我们的，并且我们相信他仍然还会继续赐给我们。”

“你们现在生活在这样的一个时代：大自然之光比以往的任何时候都要更加地明亮，哲学启迪了人们的心灵，基督教的福音道德更为世人所知；人们相互之间所享有的各自的权力，以及各种宗教信仰所享有的支配权限都已明确地建立起来。所以，如果你们还像以往那样固执己见，不摆脱那些古老的偏见，逐渐让它们主宰着你们的灵魂，那么到时候，你们不得不承认，你们真的是不可救药了，并且也完全没有能力去启迪教育他人。如果一个国家把其权力都交给像你们这样的人，那真是太不幸了。”

“关于我们的想法，你们想让我们坦率地告诉你们吗？与其说你们把我们当成是就宗教而言的敌人，还不如直接说你们就把我们当成是仇敌了呢。因为，如果你们真爱你们的宗教的话，你们就不会让它被这种愚昧无知所侵蚀。”

“关于一件事，我们必须要警告你们的是：如果在将来有人敢于说在我们目前所生活的时代，欧洲的各民族是文明的话，你们要证明给他们看，让他们知道那时的他们是未开化蒙昧的，并且人们对你们的看法也将是如此，这种想法将会使你们的时代受到蒙羞，并使人们憎恨与你们同一时代的人。”

第十四节　日本厌恶基督教的原因

我们已经提到过日本人凶恶残暴的秉性[20]。基督教会鼓励人们要坚定，不要轻易放弃宗教信仰。日本官吏则认为，人们对宗教信仰坚定的态度是很危险的，因为他们认为这会使人们变得胆大放肆。而日本的法律很严厉，即使程度最轻的违抗也会受到严惩。因此，日本的法律命令人们要脱离基督教，如果不放弃，则视为违抗行为，而这种违抗行为就会受到严惩。如果继续违抗，还将会受到更加严厉的惩罚。

在日本人的眼中，刑罚被看成是对君王不敬的一种报复行为。我们的殉教者所唱的胜歌，会激起他的愤怒。殉教者这一称号使官吏们惶恐不安。因为在他们的眼中，殉教者就代表着造反的意思。所以，他们千方百计阻挠人们获得此称号。于是他们的内心就被激怒了，人们就会看到，在审判的法庭和受审的被告之间，在民法和宗教法规之间，展开一场激烈的战斗。

第十五节　宗教的传播

除了穆斯林以外，所有东方的民族都会认为，全部的宗教都一样，没什么本质差别。他们害怕建立另外一种宗教，就像担心政府会更迭一样。日本有很多的教派，但长期以来，国家就只有一位宗教首领，所以在日本从来没因为宗教问题发生过任何冲突[21]。暹罗人[22]是这样，卡尔梅克人更是如此。他们把容忍所有宗教的行为当做成自己良心的一种表现[23]。在卡利卡特，人们把“一切宗教皆美好”这句话当做了国训[24]。

但是，这并不意味着从一个遥远地方传来的宗教，其在气候、法律、风俗和习惯上与当地截然不同的情况下，会如同它的圣洁尊严所允诺的那样，能在当地成功地设教。在强大的专制的帝国里更是如此。在这些国家里，首先他们能容忍外国人，因为那些对君王的权力没什么威胁的人，他们是不会予以关注的。由于他们刚到时对那里的情况都不是很了解，所以一个欧洲人仅凭在那获得的鲜有的知识便能够生活得很愉快了。事情起初会这样，但是一旦他取得了某些成就，一些纠纷就会随之而产生，并且与之有利益关系的人们就会警惕起来。像这种专制的帝国，就其性质来说，最重要的就是希望一切事物处于平稳安定之中。因为，可能小小的波动就会使当权政府被推翻。所以当地官吏们开始禁止设立新的宗教，并驱逐那些传教布道的人。之后，由于在传教士之间也会发生纠纷争执，所以当地的人们开始厌恶这种宗教，甚至连传播宗教的那些人也无法达成共识。

1　参阅亚历山大主教圣西利尔（St.Cyril），《书信集》。

2　此处我的观点同我在上章末节（第二十四章第二十五节）所谈到的观点并不矛盾。在这里我主要谈论的是热衷于宗教的动机，而在上章末节我所谈论的是如何扩大宗教的普及率。

3　在全世界都可以看到这种情况。请参阅《近东传教团》关于土耳其人的记述；《创建东印度公司历次航行记》第三卷第一部分第 201 页中关于巴达维亚的摩尔人的记载；拉巴神甫（让·巴蒂斯特）所著的《新的非洲关系》1728 年版的第一卷第二十章第 251 页中关于黑人穆斯林的记述等。

4　在此处指的是基督教和印度的宗教，在这两种宗教中都有天堂和地狱，而日本的神道教中却都没有。

5　当成吉思汗走进布色拉（Buchara）清真寺时，拿起《古兰经》，就把它扔在了马蹄下。参阅艾布·加齐·巴哈杜尔·汗 （Ebulgazi Bahadir Han），《鞑靼史》，第三部分，第 273 页。

6　参阅艾布·加齐·巴哈杜尔·汗，《鞑靼史》，第三部分，第 342 页。

7　有一点容易证实的是日本人源于鞑靼人。所以，鞑靼人的这种思想也就传递给了日本人。

8 见塔西佗,《编年史》,第二卷，第三章。

9 《圣经·旧约·民数记》第三十五章

10 《圣经·旧约·民数记》第三十五章。

11 参阅里里奥·吉拉尔迪（Lilio Giraldi），《关于神人》，第 726 页。

12 西伯利亚的一个民族，参阅《北方游记》第八卷中爱维拉尔德·伊斯柏兰兹伊德斯关于这方面的记述。

13 参阅托马斯·海德（Thomas Hyde）的著作《波斯的宗教》第二十八章第 349 页。

14 柏拉图，《法篇》，第十章，第 885b 节。

15 见《十二铜法表》中“不得在火葬的柴堆上泼洒葡萄酒”。

16 柏拉图，《法篇》，第三章，第 716e–717a 节。

17 我在这里所说的与基督教无关，因为我在其他地方已经表明，基督教是人类的第一福祉。见上一章第一节末内容以及《为〈论法的精神〉一书辩护》第二部分。

18 参阅《创建东印度公司历次航行记》第五卷，第一部分，第 192 页。

19 犹太人茫然无知的根源就在这里，他们看不出来《福音书》中的结构内容都是上帝的旨意，因而也是上帝的不可变性的延续。

20 参见本书第六章第二十四节。

21 参阅恩格尔伯特·肯普费（Engelbert Kaempfer），《日本史》，第三章，第一节。

22 参阅克洛德·德·福尔班（Claude de Forbin）所著的《回忆录》。

23 参阅艾布·加齐·巴哈杜尔·汗，《鞑靼史》，第五部分。

24 弗朗索瓦·皮拉尔（François Pyrard），《游记》，第一卷，第二十七章。

第二十六章

法律和它所规定的事物秩序的关系

第一节　本章主旨

人类受各种各样法律的制约，如自然法；神法，即宗教的法规；教会法，或称为寺院法，也是宗教的行政法规；万民法，也可以把这种法律看成是全世界通用的民法，从这个意义上来讲，每个国家都是一位公民；一般的政治法，其表现是人类的智慧创建了所有的社会体系；特定的政治法，其与每个社会都密切相关；征服法，其建立在一个民族想要、能够或应该通过武力征服另一个民族的基础上；各社会的民法，通过此法律使公民能够捍卫自己的财产和生命，不受任何其他公民的侵害；最后还有家法，其来源于因一个社会分解成多种家庭，而这些家庭需要进行特殊的管理。

因此，法律不同，其体系也不尽相同。人类之所以崇尚理性，在于其理清了社会秩序中事物主要与哪个法律体系有关，而不是把应该统治管理人类的原则混淆不清。

第二节　神法与人定法

应该由人定法所规定的事物，不能由神法来制定，反之亦然。这两种法律的起源、使用目的和性质都不尽相同。

大家都知道，人定法与宗教法律的性质不同，这是一个重要的原则，但是这个原则本身也受到其他原则的制约，以下我们将会对此做进一步详述。

人定法的性质是会受所有发生的事件的影响和制约，并随着人的意志的变化而转移，然而宗教法律的性质是永远不变的。人定法的制定是相对于“好”而言的，而宗教法律的制定是针对“最好”而言。好的事物可能还有其他的，因为其包括的方面有好多种；但最好的事物，只有一个，因此无法改变。人们当然可以修改法律，因为只要人们认为其合理可实施就行，然而宗教的制度总被人们认为是最好的。

有些国家的法律没有任何作用，或者只是君主反复无常一时的意愿而已。在这些国家，如果宗教法律与人定法有着同样的性质，那么宗教法律就跟没制定一样。然而在社会中，有些事物是必须要固定存在的，宗教就是这类事物。

宗教的主要力量来自于人们对它的信仰。人定法的力量来自于人们对它的恐惧。远古的事物适用于宗教，因为年代越久远，人们越是相信。其原因是在我们思想中没有关于那个年代的知识，是可以与之相悖的。相对于宗教而言，人定法的优势是在于其关注新兴的事物，然后立法者制定相应的法律让人们遵守。

第三节　与自然法相对立的民法

柏拉图说："如果一个奴隶因为自卫过失，杀死一个自由民的话，那么他应该按杀亲罪论处。"[1]这就是民法，惩罚自然所赋予的自卫权力。

在亨利八世时期，其法律规定，当判处一个人有罪时，没有证人来指证，此行为就违反了自然所赋予的自卫权力。实际上，如果要给犯人定罪，证人必须要知道他们所提供的证词就是针对被告人，被告人也可以反驳地说："我不是你所指控的那个人。"

在亨利八世还通过了一项法律，规定凡是与别人发生不正当关系的女子，如果其在与男子结婚前没有将此情况通报给国王，那么将予以定罪。此行为也违反了自然所赋予的保卫羞耻心的权力。而且强迫一名女子作这种声明是不合理的，这同要求一个人放弃其保护性命的权力有什么区别。

在亨利二世时期，其法律规定，如果一少女之前没有告诉地方法官其怀孕的事，那么当她宣布孩子死亡时，将予以定罪。这项法律也是违背了自然所赋予的自卫的权力。实际上，只需规定该少女将怀孕之事告诉她的一位近亲，由这个亲属来监护照料这个婴儿就完全可以了。

在大自然所赋予的自尊心受到如此侵害的时候，她还能再供认些什么呢？她受到的教养使她更加维护了自己的羞耻心。在那种危急的时刻，死亡对她来说已经无所谓了。

在英国，有一项法律规定，女孩如果到了七岁就可以结婚[2]。这条法律在两个方面常遭人非议。一是它没有考虑到自然界所赋予人类的心理成熟期，二是也没有意识到人类生理上的成熟期。

在罗马时代，虽然一个父亲曾经同意过自己女儿的婚事，但他也可以强迫女儿抛弃她的丈夫[3]。此行为是违背天理的，因为这种离婚受到了第三方的影响。

只有在双方同意的情况下，或者至少是其中一方的同意，离婚才合乎自然情理。但是当双方都不同意的情况下，被第三方要求的离婚是极其荒谬的。总而言之，只有认为当结束这段婚姻时会有利于自己，并且感觉到婚姻给其带来痛苦的人才有权要求离婚。

第四节　续前

勃艮第国王贡德鲍制定了一条法律，规定如果抢劫犯的妻子或儿子没有揭发其罪行，那么他们将被沦为奴隶[4]。这条法律是违反自然人性的。妻子怎么能去告发她的丈夫呢？儿子又怎么能够指控他的父亲呢？结果为制裁一种犯罪行为，反而还滋生出了另一种新的罪行。

列赛逊突斯的法律准许奸妇的丈夫或其子女指控她，并对家中的奴隶进行拷问[5]。为了保持崇高的道德风尚，而要颠覆来自于道德源泉的人的本性，这是多么罪恶的法律！

在剧院的舞台上，我们会高兴地看到这样一幕，当一个充满英雄气概的年轻人发现他的继母的罪行时，得知此事的他表现出来的惊愕程度，丝毫不亚于对罪行本身的憎恨。虽然在惊吓之中，被指控、被审判、被定罪、被驱逐、被诋毁，但他却不敢对费德拉那样流淌着令人憎恶血液的人有任何的想法。他放弃了他最心爱的东西、最令他感觉到温柔体贴的东西、一切靠近他心灵的东西、所有激起他愤怒的东西，然后把自己交给了神灵，让神灵惩罚他，而实际上他是不应受到这种惩罚的。这是大自然的声音，是世界上最甜美的声音，带给我们快乐和喜悦之情。

第五节　应修改自然法原则而按民法通则进行裁决的案件

雅典有项法律规定，如果父亲陷入贫困境地时，其子女需尽赡养义务[6]。除了以下几类人以外：其一，妓女所生的子女；其二，由于父亲操持淫业而失去贞节的子女[7]；其三，那些父亲

650 没有传授给任何谋生手段的子女[8]。

法律之所以这样规定是因为：第一种情况，其亲生父亲无法确定，所以子女本应承担的赡养义务也不能确定；第二种情况，父亲使其子女蒙受奇耻大辱，毁其一生，把最美好的东西给剥夺走了；第三种情况，因为没教会子女任何的谋生手段，使其生活无法维持，贫困不堪。法律认为父亲与子女的关系为公民关系，所以法律也仅能从政治和民事角度来确定其之间的关系。法律认为，一个良好的共和国应具有良好的道德风范。在上述的前两种情况中，我认为梭伦所制定的法律是很合理的。在第一种情况下，自然界无法告知孩子的亲生父亲是谁。在第二种情况下，自然界让子女去断绝亲生关系。然而第三种情况我们却难以赞同，因为在这里父亲只不过违背了民法的规定而已。

第六节　继承的顺序应取决于政治法或民法的原则，而不是自然法原则

《沃克尼安法》规定，女性不能成为财产的继承人，即便独生女的情况也不例外。圣奥古斯丁说[9]，从来没有一项比这更不公平的法律了。马尔库夫的一项法律[10]认为，剥夺了女儿继承父亲遗产权利的这条法律是极为不敬的。查士丁尼把这种只能由男性继承遗产的法律[11]，看成是不文明未开化的象征。他们有这样的观念是出于此方面的考虑，即子女继承父亲遗产的权力是自

然法的结果，但实际情况并非如此。

自然法规定父亲有义务抚养其子女，但并没有强制规定其子女为继承人。关于财产的分割以及相应的法律和人死后财产的继承事宜，都只能由社会、政治法和民法来进行规定和处理。

当然，政治或民事的法规经常会要求子女来继承父亲的财产，但事情并非总是如此。

关于封地制的法律规定，只有长子或最近的男系亲属才有继承权，女性则无权继承。伦巴第法规定[12]，遗产应由死者的姐妹、私生子和其他的亲属继承。如果都不符合以上情况，才能由国家和其女儿来继承，当初这么规定也是有一定原因的。

在中国某些朝代，只有皇帝的兄弟才能继承皇位，皇帝的子女是没有继承权的。如果他们希望继承皇位的人有一定的丰富经验，如果他们不想让未成年人当皇帝，如果他们担心太监让小孩子去继位的话，那么这么规定是很合乎情理的。有些作者[13]会从中国法律的角度判断此事，并称之为篡夺皇位。

按照努米底亚的习惯[14]，继承王位的应是伽拉的兄弟德尔萨斯，而不是他的儿子马西尼萨。而直至当今[15]，在巴巴里的阿拉伯人仍然如此，每个村落都有一个首领。根据这个旧的习俗，他们会选择叔伯或其他亲属来当村落首领的继承人。

在有些君主国，可以通过选举来继承王位。只要明确继承的顺序应该是按照政治法规还是民事法规，那么就是按照相应法规来决定在什么情况下由子女继承，在什么情况下由他人继承。

在一夫多妻制的国家，君主会有许多子女，有些国家君主的子女要比其他国家多些。那么在君主子女多的国家里[16]，让其国民赡养那么多的子女是不可能的。因此这些国家的法律就规定，皇位不能由君主的子女来继承，而是其姐姐或妹妹的子女有继承权。

当一个国家君主的子女非常多的时候，这个国家会发生可怕的内战。但这种继承皇位的制度，即让国王的姐姐或妹妹的孩子来继承，会避免这样的战乱发生。因为国王姐妹的孩子的数量不会超过国王的子女数量。

在有些国家，由于政治上的某些因素或宗教的一些准则，要求某一家族必须永远执政。在印度[17]，人们为了使皇室的血统永远繁衍下去，就会总让国王大姐的孩子来继承皇位。并由此产生了种姓上的妒忌和没有皇室血统后代的担忧和恐惧。

总的准则为：养育子女，是自然法的义务；赋予子女继承权，是政治权法和民事法的责任。由此可看出，关于私生子的情况，世界各国有不同的继承规定，并且这些规定是随着政治和民事法规的发展而变化的。

第七节　不应以宗教准则来决定自然法范畴的事情

阿比西尼亚人的封斋期长达五十天，封斋期极其艰苦，导致他们在很长时间内都无法做事。在斋戒之后，土耳其人会借此机会攻击他们[18]。为了更好地有利于自然赋予的自卫权力，宗教应该对这些活动加以限制。

犹太人一直都有遵守安息日的规定。但是当敌人选择在安息日那天攻击他们的时候，他们竟然愚钝到不进行自卫还击[19]。

当冈比西斯围攻培贝鲁西亚时，把许多埃及人认为是神圣的动物摆在前线，守军的士兵都不敢放箭。谁也看不出，这自然所赋予的自卫权力要高于所有宗教的教规多少。

第八节　应该由民法原则处理的事物不应按教会法来规定

根据罗马的民法[20]，凡是在神圣场所偷窃私人物品的人，只能按盗窃罪惩处。而按照教会法[21]，他会因渎圣罪而受到惩罚。教会法看重的是犯罪地点，而民法注重的是犯罪事实。然而如果根据教会法仅仅注重犯罪地点，则既没有考虑到偷窃罪的定义和性质，也没有考虑到渎圣罪的定义和性质。

在过去，如果由于妻子的不忠行为[22]，丈夫可以要求离异；如果丈夫不忠[23]，妻子也完全可以要求离异。虽然这种规定违背了罗马的法律，却在教会的法院中被采用[24]。教会的法庭只注重教会法的准则。实际上，如果仅从精神层面和与纯粹及来世事物关系方面去看待婚姻，那么双方对婚姻的违背，其性质都是一样的。但是所有的民族的政治和民事法律都将这二者合理地区分开来。无论是政治法律还是民事法律，都要求妇女有一定程度上的克制和节欲。但对于男性却没有这方面的要求。对于女性来说，一旦其失去了贞洁，就代表着丧失了一切美德。如果妇女违背了婚姻法规，就等于失去了与自然相依的状态。因为通过某种迹象，自然已经证明了其有不忠的行为。除此之外，对于女性的私生子情况来说，一定要让丈夫来抚养，并且给他带来负担。对于男性的私生子情况来说，既不归属于妻子，也不会给她来抚养。

第九节　应按照民法原则处理的问题不能根据宗教法的原则去解决

宗教法律是庄严的、崇高的，民事法律具有普遍性，涉及的范围比宗教法律更广。

宗教尽善尽美的法律，是从守法人的角度考虑进行制定的，而不是从整个社会的方面；相反，民事法律是从普通人的道德角度进行制定，而并非以特定人群的角度。

因此，无论宗教中的观念如何让人尊敬，也不能作为民法的原则。因为民法有自己另一套原则，即有利于全社会的利益。

在罗马共和国，制定法规的目的是维护妇女的道德风纪，这是政治性制度。在君主立宪制建立后，他们按照公民政府的原则，并在此基础上又制定了民事法律。当基督教建立后，当时制定的新的法律很少与道德正直有关，而是更多的与婚姻的圣洁有关。人们不再从民事的角度来看待两性之间的关系，而是从精神的层面来考虑两性之间的结合。

起初，根据罗马法律规定[25]，丈夫若把有被判通奸罪的妻子带回家，那么丈夫也被视为其妻子淫荡行为的共犯，并受到惩罚。对于这种情况，查士丁尼采取了不同的解决方法，其规定[26]在两年内，丈夫可以把妻子从修道院接回家。

早期的妇女，当她们的丈夫参军打仗杳无音信时，她们很容易再婚，因为她们当时掌握离婚的权力。对于这种情况，君士坦丁法律规定[27]，妇女需等待四年，之后她们可以将离婚诉状递交给部队军长。如果日后她的丈夫归来，就不能以通奸罪控告她。但查士丁尼规定[28]，除非妻子从军长那儿得到证词并证明其丈夫已经阵亡，否则不管等待多长时间，都不能再嫁。查士丁尼认为婚姻永远具有约束力，但我们可以说，他的观点太让人费解。当一个负面的证据就足够时，却还要求提供一个正面的证据。他偏要证明一个身在远方，每天处于千劫万险的人的下落情况，真是强人所难。当人们很自然地推断丈夫死亡时，他却认定妻子有罪，犯有遗弃丈夫罪。他所制定的法律使妇女们无法再婚，触犯了公众的利益；使妇女处于困难重重的境地，又损害了个人的声誉。

查士丁尼的法律规定[29]，夫妻同意进入修道院可以作为离婚的原因之一，这完全违背了民法的准则。离婚的原因是由于婚前无法预见的某些存在的问题，这是很自然合乎情理的。但是关于贞洁的保守，我们是可以预见到的，因为在于我们自己。这项法律使得婚姻关系很不稳定，而婚姻关系在性质上是永恒不变的。

 它违背了离婚的基本原则，即解除一婚姻的目的只是希望去缔结另一个婚姻。总而言之，如果我们用宗教的观念来看，这条法律只不过是在没有祭祀的情况下，把人作为牺牲品供奉给了上帝。

第十节　在什么情况下应该遵循民法而不是宗教法

在一夫多妻制的国家，当一个无法接受此夫妻制的宗教传入该国时，仅从政治上讲，该国家的法律是不允许一位有好几个妻子的男子信仰此宗教的，除非官吏或丈夫通过某种方式恢复他们妻子的公民身份地位，并给予赔偿。如果不这样做，这些妻子们将会处在十分不幸悲惨的处境。她们所做的只能遵守相关的法律，但却被剥夺了最大的社会利益。

第十一节　人类法院不应以有关来世的法庭的箴言为准则

基督教僧侣根据“忏悔法庭”的想法，建立了宗教法庭。因为这种法庭与国家所有仁政是背道而驰的，所以在各处都激起了民愤。如果当初那些要建立法庭的人们没有从反抗行为中获得好处的话，那么这种法庭早就会做出妥协和让步了。

对所有的政体来说，都无法接受这种法庭。在君主制政体下，只会造就出告密者和卖国贼；在共和政体下，只会造就不诚实的人；在专制政体下，它与这个政体本身的性质一样具有破坏性。

第十二节　续前

这种法庭流弊之处表现在：如果有两个人因同一罪名被指控，不认罪的人会被判死刑，而招供的那个人会免于刑罚。这有其来源于修道院的观念，修道院认为否认罪行的人，被视为是不知悔改的人，并应受到刑罚；相反，承认罪行的人，被认为是有所悔悟的人，并应予以拯救。但这种区别与人类法庭无任何关系。人的审判只注重行为，对人只有一种要求，即无罪；而神的审判看重的是思想，对人有两种要求，即无罪和悔改。

第十三节　婚姻应何时应遵循宗教法规，何时遵从民事法律

无论在哪个时代哪个国家，宗教干预婚姻的现象屡见不鲜。当某些事情被认为是不纯洁的或非法的，但又认为是必不可少的时候，人们就不得不根据宗教的法规使事件合法化，或采取某种制裁行为。

从另一方面来看，由于在人类的一切行为中，婚姻是社会上最令人感兴趣的事，因此婚姻应该由民法来规范。

与婚姻的性质、形式、缔结良缘的方法，以及繁衍子孙后代有关的事物，都使各民族明白婚姻是上帝对人类的恩赐。虽然婚姻不总依附于上帝，但也是上帝赋予的恩惠。所有这些都在宗教的管辖范围内。

男女结合建立婚姻之后，关于财产方面、互惠利益方面、一切与这个新组建的家庭有关的方面、从此产生的事物关联的方面，以及即将发生的事情都属于民法的管辖范围。

男女在非法结合过程中会产生的一切不确定的因素，婚姻的主要目的之一就是消除这些不定因素。为了使婚姻具有确定性，宗教赋予了婚姻宗教的特性，民法也使其具有民事的特征。因此，为了使婚姻具有有效性，除了宗教所要求的条件之外，民法也可以提供其他的条件。

民法之所以具有这种权力，是因为对于婚姻提出了补充说明的条件，而不是与之相对立的说明。对于结婚而言，宗教法规需要举办某种仪式，而民法只需要征得父亲的同意。在这方面，民法比宗教法规多提出了一些要求，但并不是与宗教法规背道而驰的。

因此，宗教法规必须确定婚姻这种缔结关系是否可以解除。因为，如果宗教法规认为婚姻关系是牢固的、不可解除的，而民法认为是可拆散的，那么它们之间就会产生矛盾。

有时，民法关于婚姻所制定的一些条款并不是必要的。例如，有些法律制定的条款不是撤销婚姻关系，只惩罚那些缔结婚姻的人，这种就是不必要的规定。

在罗马时代，《帕皮亚法》宣布凡是法律所禁止的婚姻都被视为非法不正当的，但仅会受到惩罚[30]。但在马尔库斯·安东尼皇帝制定的一条元老院法令中，其宣布这些婚姻是无效的。

那么，就再也不会有婚姻、妻子、嫁妆或丈夫了[31]。民事法律根据情况而制定条款，有时它们更重视扶正除邪，有时重注防患于未然。

第十四节　近亲结婚，什么情况下遵照自然法，什么情况下遵照民法

关于禁止近亲结婚的问题，根据自然法则约束还是使用民法规定，是一件非常复杂的事情。为此，我们必须确立一些原则。

如果儿子和母亲结婚，就会搞乱事物的秩序。儿子应该无限尊重母亲，妻子应该无限尊重丈夫。因此，如果母亲要同儿子结婚，那就会颠覆两者的自然状态。

此外，大自然赋予妇女能够生育的时间早于男性。因此，妇女结束生育期也比男性要早。如果允许母子之间结婚，那么将会总出现的问题是，即当男性正处于生育力旺盛时，妇女已经无法生育了。

父女之间的婚姻同母子之间的婚姻一样，也是违背自然的。但这个关系没有上述这两方面的顾虑。因此，鞑靼人可以娶他们的女儿[32]，而不娶他们的母亲为妻。关于这点，我们可以在旅行家们的游记中查到[33]。

看护好孩子的贞洁是父亲应尽的职责。因为父亲负责照顾他们的生活，父亲们有义务使他们的孩子身体健康、心灵纯洁；

 使他们拥有美好的梦想和温柔善良的性格。为保护好子女的道德风尚，一切对子女的身心有害的事物，父亲总会本能地对之产生厌恶心理。人们会说，结婚并不会使人腐化堕落。但是在结婚之前，人们必须谈爱、求爱和诱惑对方。就是这种引诱使我们产生了厌恶恐惧心理。

因此，应该在传授教育的人和接受教育的人之间设有不可逾越的屏障，以防止各种腐化堕落的情况产生。尽管是情有可原的，也该如此。这就是父亲为什么不让未来与女儿结婚的人，婚前长时间陪伴在其身旁并与之亲密的原因。

兄妹之间的乱伦关系令世人厌恶，也是出于同一原因。父母们只要一直在努力维护孩子和家庭的道德，使其不受玷污、高尚纯洁,就足够使他们对所有可能导致两性结合的东西感到厌恶。

由于同样的原因，堂兄姐弟妹之间的通婚也是不允许的。在人类的早期，那个纯洁的时代，也就是不知奢侈为何物的年代，家族里所有的孩子都生活在一起[34]，并在这个家族里进行娶嫁完婚。在那时，一大家子人就住在一所小房子里面。哥哥和弟弟的孩子，也就是堂兄堂弟被看成是亲兄弟一样，他们彼此之间也互视为自己的亲兄弟[35]。因此，兄妹之间不可通婚，堂兄堂妹之间也便是如此[36]。

这些理由说服力极强，又是这么合乎情理，以至于这种做法几乎在全世界范围内都适用。即使是在交通不发达的地方，也在发挥着作用。罗马人没有告知台湾地区的人们[37]，四等亲内通婚就是乱伦的行为；罗马人也没有把这些告诉阿拉伯人[38]；同样他们也没教给马尔代夫人[39]。

但是，有些民族允许父女之间和兄妹之间通婚，我们在第一章中就已经知道了，聪明智慧的人类也并不总是遵守自己的规律。谁又能想到呢？宗教的观念经常使人们陷入这样的混沌之中。亚述人和波斯人娶他们的母亲为妻，亚述人这么做是出于对塞米勒米斯表示宗教上的尊重，波斯人这么做是因为琐罗亚斯德的宗教偏好这种婚姻[40]。埃及人娶他们的姐妹为妻，这是埃及宗教的一种野蛮疯狂的行为，其目的是就把这种婚姻供奉给伊西斯女神。由于宗教的精神是引导我们做伟大而艰难的事情，所以我们就因为虚伪的宗教把一事物奉为神圣的，就认为这件事是合乎自然情理的。

禁止父女之间、兄弟姐妹之间通婚的目的是维护家庭的道德名誉，这是一项原则。此原则有利于帮助我们发现哪种婚姻应由自然法去禁止，哪种婚姻应由民法来禁止。

因为孩子们是与父亲居住在一起的，或被认为是与父亲在一起生活。所以我们可以知道，女婿与岳母、公公与儿媳或继父与继女他们也是住在一起的。他们之间的通婚也是自然法则所禁止的。因为在这种情况下，非血缘关系与真正的血缘关系应等同来看待，所以被禁止的原因相同。因此，民法不能也不应该允许此类婚姻。

正如我们之前所陈述，有些民族的堂表兄弟被视为像亲兄弟一样，因为他们通常居住在一起。然而有一些民族却没有住在一起的习惯，自然也就没有被视为亲兄弟的那种情感。在前一类民族中，堂表兄弟姐妹通婚被认为是违背自然法则的；然而在后一类民族中，却不这样认为。

但是，自然法则不可能被看成是当地法规。因此，应根据具体情况，按照民法来判断这类通婚是应该被允许还是被禁止。

夫妻间的兄弟姐妹们不习惯也没有必要居住在一起。所以为了维护家庭的道德，也就没有必要禁止他们之间通婚。不是自然法则禁止或允许他们之间通婚，而是民法。民法会根据具体情况，并按照各国的惯例作出规定。这些就是法律以道德规范和风俗习惯为准绳的例子。

根据一个国家固有的风俗习惯，当某些婚姻情况与自然法则所禁止的婚姻情况相同时，民法就要予以禁止。如果情况不相同，民法就不会干预。自然法则的禁令是不变的，因为其所禁令的事物是不变的，即父亲、母亲和子女必须居住在一起。而民法的禁令却具有偶然性，因为产生这些禁令的情况具有偶然性，堂表兄弟姐妹及他人是偶然居住在一起的。

这就解释了为什么摩西的法律、埃及和其他许多民族[41]的法律都允许夫妻间的兄弟姐妹们通婚，而这些婚姻却被其他民族所不容。

在印度，这类婚姻是被允许的，并有极其自然的道理。叔叔、舅舅和伯父在印度被看成是父亲，他们有责任保护和教育他的侄子或外甥，就好像对待他自己的孩子一样。这是由于这个民族的性格使然，善良充满人道。这个法律或习俗产生了另外一类婚姻，即当妻子过世后，她的丈夫可以娶她的姐姐或妹妹为妻[42]，这是极其自然的事。因为他的新配偶成了过世妻子妹妹或姐姐的孩子的母亲，而不是一个虐待孩子的继母。

第十五节　应由民法原则处理的事宜不应根据政治法去规定

由于人类放弃了自然赋予的独立生活权力，而选择生活在政治法律之下，那么人类也就放弃了自然给予他们的财产共有权，而选择生活在民法的约束之下。

政治法律使人们获得了自由，而民事法律则使人们拥有了所有权。正如我们之前所述，与自由相关的法律是政府用来执政的法律。凡是能依据所有权的相关法律可处理的事宜，就不能按照自由法律来裁决。要个人利益服从于公众的利益的观点是谬论。这样的情况也可能会发生，但仅涉及国家统治的问题时，也就是说当涉及公民自由的问题时，公共利益才能优先于个人的利益。如果当涉及财产的所有权时，则不应该如此论断。因为公共利益是民法所赋予的所有权，每个公民都有权享有，并且永远不变。

西塞罗认为，土地法是不公正的，因为建立国家的目的就是使人人都能够拥有自己的财产。

因此，应该制定一个准则，那就是每当涉及公共利益的问题时，不应该通过政治法或相关规定剥夺公民个人的财产，哪怕最不重要的个人利益也不能被剥夺。在这种情况下，我们应该严格遵循民法的相关条款，因为民法就是财产的守护神。

因此，当公家需要征收个人土地时，绝不能根据严格的政治法律行事，应该使用相关的民法法规。因为民法是以国家的整体宏观角度出发，认为每个公民都是国家的一分子，国家有难时公民应贡献出自己的一分力量。

如果一个行政官吏想要建造一座公共建筑物，或者修建一条马路，他就应对那些受伤的人们予以赔偿。从这方面讲，此时的公家是以私人的身份在与个人进行交涉。如果公家迫使公民出卖自己的财产，并且剥夺民法所赋予他们的“不能强迫公民出让财产”的权力，那就的确太过分了。

当推翻罗马帝国的民族滥用了他们掠夺的战利品之后，自由的精神又使他们想起公道的精神。他们适度地行使那些最野蛮的权力，如果有人质疑这个事实的真相，那就请拜读一下波马诺亚在 12 世纪写的法学上的令人钦佩的著作，他就知道了。

那个年代和我们今天一样，道路也需要维修与养护。波马诺亚说，当一条公路修不好的时候，他们尽可能在那条旧的公路旁修筑一条新路。但是由从公路上获得好处的那些人出资，对公路的所有者进行补偿[43]。那时，人们是根据民法来做这一裁决；而当今，我们则依照政治法律来裁定。

第十六节　应由政治法处理的事宜不应根据民法来裁定

665

所有权规则有别于自由的相关规则，如果人们不将其混为一谈的话，那么便会看清所有问题的本质。

一个国家的领土是否可以分割或让与？这个问题应该由政治法而不是由民法来决定。因为国家的领土是其赖以生存的基础，就像国家应该有民事法律来规范财产的处理一样，都是必不可少的。

如果一个国家的领土被让与或分割，那么这个国家将被迫筹集资金去购买土地。但是这种权宜之计会把政府搞垮，因为就事物的性质而言，对于每一次购买的土地，国家就得出更多的钱，这样君主获得的利益就会减少。总而言之，国家的领土是必要的，但领土的让与则是不必要的。

在君主制国家，王位继承的顺序是建立在国家利益基础上的，这就要求这种继承顺序应该确立并固定下来，以避免我之前所说的在专制国家中发生的那种麻烦。在专制国家中，一切都是不确定的，都是独断专行的。

王位继承顺序的确立不是为了王室，而是从国家利益的角度而言，应该有一个王室统治国家。规制个人继承关系的法律是民法，民法的宗旨是维护个人的利益。规制君主制国家的王位继承关系的法律是政治法，政治法的宗旨是维护国家的利益。

由此我们可以看出，如果在一个国家内由政治法制定了王位的继承顺序，而当不再使用这种继承顺序法制的时候，那么凭借国家的民法来规定此事是荒谬的。一个特殊的社会不能为另一个社会制定相关的法律。比起任何其他国家的民法而言，罗马的民法是最不适用的。就连他们在审判君王时，他们自己也没有使用本国家的民法。他们审判君王时用的准则如此令人可憎，以至于都不能让他们重生。

同样，我们还可以推断出，当政治法废黜某一家族王位继承权时，如果坚持从民法中恢复此继承权，那也是荒谬的。关于要求恢复曾被废除的事宜，是在民法所允许范围内的，并且对于那些遵纪守法的人来说可能是好的。但是对于那些依靠法律而谋生的人，以及寻找法律漏洞的人来说，这是不合适的。

请让我借用西塞罗的一句话[44]，如果我们用裁决一条排水沟的私人之间的问题的准则，去决定王国、国家乃至是整个世界的权力问题，那真的是荒谬至极。

第十七节　续前

关于贝壳放逐法，应该从政治法的规则，而不是从民法的规则加以研讨。这种做法不但没有使人们感到对政府的憎恶，相反倒是令人们认为政府是宽容仁慈的。尽管我们总是认为被驱逐流放是一种刑罚，如果我们能把贝壳放逐法与惩罚的观念区分开来，那我们就能感觉到贝壳放逐法的宽厚仁爱了。

亚里士多德告诉我们[45]，当时大家都认为这种做法具有人道主义，深得人心。在那个执行此贝壳放逐法的时代，人们没有感觉到此种做法有何不妥或令人厌恶的地方。但现在，经过多个世纪，我们的看法还能跟以前的原告、法官和被告的看法一样吗？

当时人们认为，这种审判制度会给被审判者带来极大的荣耀和光环。然而，雅典人当时滥用这种制度，用在审判一个毫无可取之处的人身上时[46]，从那时起他们就不再使用了[47]。我们可以从中发现，当时很多人对贝壳放逐法的理解是错误的。其实，贝壳放逐法是一项令人赞赏的法律。因为在一个公民已经获得某种荣誉后，当他获得另外一项殊荣时，很可能产生不良的后果，而贝壳放逐法可以避免此事发生。

第十八节　应该研究那些看似矛盾的法律是否属于同一类

在罗马，丈夫可以把他的妻子借给其他人。普鲁塔克已经很明确地告诉我们了[48]，众所周知小加图把他的妻子借给了一个叫霍廷西乌斯的人[49]，然而小加图也不是违反国法的人。

从另一方面来讲，如果丈夫容忍妻子的淫荡行为，没有将她绳之以法，或者在她被定罪后仍然带她回家，那么丈夫将会受到惩罚[50]。这些法律看似相互矛盾，但其实不然。允许罗马人出借妻子的法律显然是古代斯巴达时代的制度。建立这项制度的目的就是为了给共和国繁衍优良“品种”，如果我可以这么说的话；而另一项法律旨在维护良好的道德风气。前者是属于政治法，后者则属于民法。

第十九节　应由家法处置的事项不应由民法来解决

西哥特的法律规定，如果家奴碰到女主人与他人通奸时，有义务将他们绑起来交给其丈夫或法官进行处置[51]。这是一项多么可怕的法律，它把国家、家庭以及个人的复仇交给了那些卑鄙的人！

这项法律只适用于东方国家的后宫，因为那里的奴隶们负责后宫禁地，一旦有违法的事情发生，他们需要承担连带责任。他们抓住犯罪分子，目的不是为了把他们绳之以法，而是为了证明自己的清白，了解事情发生的经过，以使人们消除对他们的职责疏忽的怀疑。

但是，在那些妇女不受看管的国家中，如民法规定妇女要受其家奴的审讯，那么这项规定就是荒谬的。

在某些情况下，这个讯问行为可能是一项特殊家法家规，但绝不是民法。

第二十节　属于万民法处置的事不应该根据民法原则来裁定

自由的含义主要是不能强迫人们去做法律没有规定去做的

事。只有在民法的规定下，人们才有自由的权利。因此，我们生活在民法之下，所以才有这种自由。

由此可以得出，因君主们不受民法之约束，所以他们是不自由的。他们受武力的支配，并且他们不断地在强迫他人或受他人强迫。我们进而可以得知，无论是他们使用武力所签订的条约，还是他们自愿缔结的条约，同样都具有强制性。因为我们生活在民法之下，所以当我们被迫签订非法律所要求的某种契约时，我们有权借助法律手段，对这种强迫行为予以反抗。但是作为国家之首的君主，不是强迫别人就是被别人所强迫，是无法抱怨那些通过武力强制他所签订的条约。如果那样的话，就好像他对自己的国王地位心存怨气；也就如同他想成为其他君主的君主，并让其他君主成为他的子民一样。这就是说，这种行为是违反了事物的本质。

第二十一节 属于万民法处置的事不应该根据政治法原则来裁定

政治法要求每个人都应受他所居住国的刑事法庭和民事法庭的管辖，并且还受君主的惩罚与制裁。万民法要求各国君主派遣使臣。但根据事物本质产生的原因，他们是不受所驻国的管制及其法庭的管辖。他们在所驻国的一言一行都代表着国君，应该享有人身自由权，其行动不应该受到阻止与妨碍。他们经常会惹

 人不愉快，因为他们代表着一个完全独立的人。如果他们因犯罪而受到惩罚的话，人们将会把一切罪过都嫁祸于他们身上；如果他们因欠款而被逮捕，那么人们将会捏造一些债务，并全归罪到他们身上。由于上述原因，一个生性骄傲的君主，会派出一位对一切事物都感到惧怕的使臣。因此，关于使臣方面的问题，应该按照万民法来处理，不能按照政治法。如果使臣滥用职权，他们可以被遣送回国。人们甚至也可以向派遣的国王对他们提起诉讼。那么这样一来，他们的国王要不就是这些使臣们的审判官，要不就成为他们的同谋者。

第二十二节　印伽王阿塔瓦尔帕的不幸遭遇

西班牙人曾经无情地违反了我们上述阐明的原则。对印伽王阿塔瓦尔帕进行审判时，只能用万民法的情况下[52]，西班牙人却使用民法和政治法。他们控告其曾经把他的一些子民们处死，还控诉其曾经娶几个妻子等等。最愚蠢的是，西班牙人没有用印伽王本国的政治法和民法处置他，而是用他们自己国家的政治法和民法对其进行了裁决。

第二十三节　在某些情况下，当政治法要毁灭国家时，应新建立可以保护国家的政治法，这种政治法有时也可以成为万民法

在一个国家，如果由政治法制定相关的王位继承顺序，那么当这个政治法成为它所建立的这一政治体系的破坏因素时，应选择另一种政治法改变这种王位继承的顺序。后者并不是与前者对立的，而是应与它基本一致的。因为两者都要遵循同一个原则，即人民的幸福安康是至高无上的法律。

我曾经说过，如果一个大国[53]沦落成为另一个国家的附属国时，其本身的国力就会被削弱了，甚至连宗主国的国力也在衰退。我们都知道，一个国家需要一位元首进行管理和统治，国库收入得到妥善管理，资金不能流入其他国家去造福子民。对于统治者来说，不能被灌输其他国家的法规准则，这一点是很必要的。因为，相比外国的行为准则而言，国内的所固有的更适用于本国国情。另外，人们对自己的法律和习俗也有着极度的喜爱之情，而这些也使得每个民族幸福、快乐。正如我们从各国的历史中所知，没有大动荡和血的教训，人们就很少改变自己的法律和风俗习惯。

由此说来，如果一个大国的王位需要由另一个国家的君主继承时，那么前者可以合理地予以拒绝，因为继承顺序的改变对于两个大国都是有益的。因此，在俄国的伊丽莎白统治初期，俄

 国的一项法律明确地规定，任何一位他国的君主均不能继承俄国的王位。因此葡萄牙的法律规定，任何外国人都不得以王室血统为由继承葡萄牙的王位。

如果一个国家可以拒绝外国君主继承本国王位的话，那么它也更有理由让其放弃本国王位的继承权。如果该国担心某些联姻会使国家丧失主权或造成领土被分割的后果，那么其就可以要求缔结婚姻的双方以及他们的子女放弃对该国的继承权。因为国家可以制定相关的法律剥夺他们的继承权，所以放弃该继承权的人们和反对者都不应该心存抱怨了。

第二十四节　治安条例与民法属于不同范畴

有一种罪犯，官吏处以刑罚；有一种罪犯，官吏给予训斥。前者受制于法律势力，他们被社会所摒弃；后者则受制于政府权威，他们被强制按照社会规则而生活。

在治安管理中，对违法乱纪分子予以惩罚的不是法律，而是官吏；在审讯时，对犯罪分子予以严惩的不是官吏，而是法律。治安管理所涉及的都是经常发生的事，微不足道的小事，对事情处理时也不需要烦琐的手续。警方的行动很快，他们要处理的事每天都会发生，因此不宜施以重罚。警方处理的永远都是一些琐碎的小事，因此，人们也不会认为他们有多么伟大。警方所用的管理体系是规章制度而不是法律。那些受其约束的人，也时时刻刻在受官吏的监督。因此，如果违反相关制度，那就是官吏的责任。所以不能把重大的违法行为同违反治安条例相混淆，他们属于不同的类别。

正因为将两者混为一谈，所以在意大利共和国[54]，人们没有按事物的本质来行事。在那里，如果人们携带武器将处以死罪，而且携带武器竟然要比恶意使用武器的罪行更加严重。

此外，下面的这个事件也是违背了事物的本质。一个面包师的欺骗行为被该国皇帝当场发现，并判以木桩刑将其处死。这就是苏丹人的行为，此行为还受到了高度赞赏。他们认为只有处以重刑才能伸张正义。

第二十五节　应该根据事物性质的特殊原则处理的事项不应该按照民法的通用条款来处理

如果有法律规定，在航行过程中，船员之间签订的契约中所包含的所有民事责任均被视为是无效的，那么这还是一条合理的法律吗？弗朗索瓦·皮拉德告诉我们[55]，在他那个时代，葡萄牙人并不遵守这条法律，但法国人遵守。因为他们在海上相处的时间是短暂的，彼此之间没有什么需求，君主会为其提供一切之物，他们只有一个共同的职责，就是海上航行。海上的他们不归属于社会，只是属于船上的一员。不应该缔结一些民事契约，因为民事契约只用来使人们承担社会上的一些民事责任。

674　本着同样的道理，罗德人在他们经常沿海航行时，制定了与此类似的法律。法律规定在暴风雨中仍然坚守的人，可以得到船和船上的货物；而那些中途离开的人，则什么也得不到。

1 柏拉图，《法篇》，第九章，第889d节。

2 参阅比埃尔·培尔（Pierre Bayle），《加尔文主义史评论》，第293页。

3 参阅查士丁尼民法大全（Corpus Juris Civilis），《法典》，第5.17.7条，关于婚姻的解除和取消的相关风纪的裁决。

4 参阅《勃艮第法典》，第四十一篇。

5 参阅《西哥特法典》，第三章，第四篇，第十三节。

6 如有违者，一种处理是使其声名狼藉，另一种处理是使其锒铛入狱。

7 参阅普鲁塔克，《梭伦传》，第二十二章，第四节。

8 参阅普鲁塔克，《梭伦传》，第二十二章，第四节，以及克劳迪亚斯·盖伦（Claudius Galenus）所著的《劝言篇·关于记忆》第八章。

9 参阅圣·奥古斯丁（Saint Augustine），《天主之城》，第三章，第二十一节。

10 《马尔库夫范例集》，第二卷，第十二章。

11 查士丁尼民法大全，《新律》，第二十一篇。

12 《伦巴第法》，第二卷，第十四篇，第六、七、八节。

13 参阅杜赫德所著的《中华帝国全志》中第二个朝代。

14 参阅提图斯·李维（Titus Livius）所著《罗马编年史》第三历史时期第九章。

15 参阅托马斯·肖（Thomas Shaw），《有关巴巴里和黎凡特部分地区的旅行记》，第一卷，第402页。

16 参阅《创建东印度公司历次航行记》，第四卷，第一部分，第114页，以及威廉·史密斯（William Smith），《几内亚新航海记》，第二部分，第 150 页，关于瑞达王国的记述。

17 见《耶稣会士书简辑》第十四卷，以及《创建东印度公司历次航行记》，第三卷，第二部分，第 644 页。

18 参阅《创建东印度公司历次航行记》，第四卷，第一部分，第 35 页和第 103 页。

19 当庞培围攻神庙时，就没有抵抗。参阅卡西乌斯·迪奥（Cassius Dio）所著《罗马史》第三十七章，第 16 节。

20 查士丁尼民法大全，《学说汇纂》，第五篇，《尤利安法·挪用公款》。

21 《教会法大全》，第一卷，第二十一章，第十七项，第四条；雅克·居雅斯（Jacques Cujas）所著的《校对修正评注全书》第十三章，第十九节，第三项。

22 波马诺亚，《博韦习惯法》，第十八章。

23 参阅查士丁尼民法大全，《法典》，第一篇，《尤利安法·通奸》。

24 如今这种做法在法国已不再采用。

25 查士丁尼民法大全，《学说汇纂》，第十一篇末节，《尤利安法·通奸和胁迫》。

26 《查士丁尼民法大全》，《新律》，第一百三十四篇，第十章。

27 查士丁尼民法大全，《法典》，第 5.17.7 条，关于婚姻的解除和取消的相关风纪的裁决。

28 查士丁尼民法大全，《新律》，第一百一十七篇，第十一章，第 5.17.7 条，实例之“今天不拘大小如何篇”。

29 查士丁尼民法大全，《新律》，第一百一十七篇，第十一章，第 5.17.9 条，实例之“今天的事篇”。

30 参阅本书中第二十三章“法律同人口数量的关系”。

31 查士丁尼民法大全，《学说汇纂》，第 23.2.16 条，关于婚姻的仪式，以及第 24.1.3 条首段，关于夫妻间的赠予。

32 鞑靼人的这条法律非常古老。普里斯库斯在他的《拜占庭帝国史》中说，阿提拉在某地停下来与女儿埃斯卡结婚，据他所说，斯基泰（Scythians）法律允许这种通婚。

33 参阅艾布·加齐·巴哈杜尔·汗 所著的《鞑靼史》第三部分，第 256 页。

34 早期的罗马人便是如此。

35 事实上，罗马人都共用相同的姓氏，堂表兄弟都以亲兄弟相称。

36 在古罗马时期，堂表兄弟姐妹之间是不允许通婚的，后来人民制定一项法律才予以准许。原因是一位颇有名气的男性娶了他的堂姐妹（或表姐妹）为妻。见普鲁塔克，《有关罗马问题》第 265d-e 部分，第六问题。

37 参阅《创建东印度公司历次航行记》第五卷，第一部分。

38 《古兰经·妇女》，第四章，第二十三节。

39 弗朗索瓦·皮拉尔，《游记》，第一卷，第十二章。

40 此类婚姻在当时被看成是最光彩的事。见斐洛·犹地斯（Philo Judaeus）所著的《关于十诫的特殊法律》，巴黎 1640 版第 778 页。

41 查士丁尼民法大全，《法典》，第 5.5.8 条，关于乱伦的婚姻和有害的婚姻。

42 《耶稣会士书简辑》，第十四卷，第 403 页。

43 领主指派税吏向农民征税，伯爵逼迫乡绅捐款，主教强制教会捐款。参见波马诺亚，《博韦习惯法》，第二十二章。

44 西塞罗，《论法律》，第一章，第四节，第十四条。

45 亚里士多德，《政治学》，第三章，第十三节。

46 希帕波鲁斯（Hyperbolus）。参见普鲁塔克，《亚里斯泰迪斯》，第七章，第三节和第四节。

47 因为此种做法也与立法者的精神相违背。

48 见普鲁塔克，《吕库古与努玛的比较》，第三章，第一节。

49 见普鲁塔克,《小加图传》,第二十五章,第四节和第五节。斯特拉波说，这件事就发生在我们的年代。

50 查士丁尼民法大全,《学说汇纂》, 第 48.5.11 条,《尤利安法·通奸》。

51 《西哥特法典》，第三章，第四篇，第六节。

52 加西拉索·德·拉·维加（Garcilaso de la Vega），《印卡王室述评》，第 108 页。

53 参阅本书第五章第十四节，第八章第十六至二十节，第九章第四至七节，第十章第九节和第十节。

54 指威尼斯。

55 见弗朗索瓦·皮拉尔，《游记》，第二卷，第一部分，第十四章。

第六编

第二十七章

古罗马继承法的起源与变革

继承法起源于远古时期。为了更加深入地研究，请允许我从罗马的初期法律说起，探索一些迄今尚未有人发现的东西。

我们知道罗慕路斯把他的小国的土地分给他的臣民[1]。因此，依我看来，罗马的继承法是由此而来。

当时土地分配法规定，一家的财产不能由另一个家庭来继承。因此根据法律规定[2]，只有两类人拥有此继承权，一是本家后嗣，即亲生子女和养子、养女；二是男系亲属，此条继承规定只适用于没有上述第一条继承人的情况下，则最近的男系亲属拥有继承权。

由此我们可以知道，女系亲属是没有继承权的。因为她们

 在出嫁时会把财产转移到另一个家庭中，这种做法是不被允许的。

基于同样原因，孩子们也不能继承母亲的财产，母亲也不能继承自己的孩子的财产。因为，这么做也会把自己家庭的财产转移到另一个家庭中。因此，在《十二铜表法》[3]中我们可以看到，这两者的继承权被剥夺了，只有男系亲属有继承权，而子女和母亲之间不是这种关系。

但是，无论本家后嗣还是男系亲属的性别是男或是女，都无关紧要，因为母系亲戚不能继承财产。即使一个女人可以拥有继承权，但当她出嫁时，她所继承的财产必须留下，不能把财产转移到其所嫁入的家庭。这就是《十二铜表法》[4]中对继承人的性别并没有特殊说明的原因。

由此说来，孙子和孙女可以继承祖父的财产，外孙子和外孙女不能继承外祖父的财产。为了防止财产外流至其他家庭，只有男系亲属才有继承权。因此，女儿可以继承父亲的财产，但其子女却不允许[5]。

所以在古罗马时代，当继承法与土地分配法不相冲突时，妇女就可以继承财产，反之，则没有继承权。

以上所述就是关于古罗马初期的继承法。因为这些继承法依附于当时的政治体制，并衍生于土地分配法，所以我们很容易发现这些法律并不起源于国外，也不是那些被派驻希腊的人带回来的。

哈利卡纳苏的狄奥尼修斯[6]告诉我们，在罗慕路斯和努玛所制定的土地分配法被废除后，塞尔维乌斯·图利乌斯不但予以恢复，为了使其更具有法律效力，而且还新加了几项条款。因此，毋庸置疑，上述的有关土地分配法所衍生出的法律是这三位罗马立法者的伟绩。

既然继承的顺序是根据政治法而制定的，任何公民都不能凭借个人意愿与之相违背；也就是说，在早期罗马时代，人们无权立遗嘱。然而，在生命最后时刻，剥夺他人施恩的行为是多么的无情。

因此，鉴于此事，在法律和个人意愿之间人们找到了一种权宜之计，那就是允许人们在人民大会中说明如何分配自己的财产。以这种方式所立的每一份遗嘱，在某种程度上就是立法权的一种表现。

《十二铜表法》允许立遗嘱的人有权选择其所中意公民作为他的财产继承人。罗马法之所以如此严格地限制无遗嘱继承人的数量，是因为土地分配法；罗马法又之所以如此广泛地推广立遗嘱人的权力，是因为如果父亲可能出卖他的孩子[7]，那么他就可能更有理由剥夺其子女们的财产。因此，采用不同的法律原则就会产生不同的效果，这就是古罗马法的精神。

雅典的古代法律并不允许公民立遗嘱。然而，梭伦却允许公民立遗嘱[8]，但有子女的公民除外。充满父权思想的罗马立法者，甚至允许订立损害子女利益的遗嘱。关于一点必须承认的是，相比古罗马法律，旧时代的雅典法更符合当时的社会国情。由于罗

 马人立遗嘱的行为不受限制，所以就导致了这种做法逐渐破坏了土地分配的政治法规，从而导致了一种不好的社会现象，即贫富分化。因为很多遗产都被一个人所拥有，一些人获得很多财产，而另一些人分文都得不到。因此，那些被剥夺了继承权的人就不断要求重新分配土地。当一些人生活得节俭、吝啬和贫穷时，而另一些人处于极度奢华的生活状态时，这种重新分配土地的要求就更加强烈了。

准确来讲，遗嘱是在人民大会上所制定的一种法律，所以那些从军的人没有立遗嘱的权力。但是，军人也被赋予了立遗嘱的权力[9]，前提是需在他们队友在场的情况下，并且这种条件下所立的遗嘱与在人民大会上所立的遗嘱具有同样的法律效力[10]。

当时的人民大会一年召开两次。公民的人数在逐渐增多，所办的事务也在不断地增加。因此，人们认为在一些能代表有行为能力的罗马人[11]的面前，让公民立遗嘱是很合适的。通常情况下，有五位公民代表在场[12]，想要继承的人可以现场购买立遗嘱人的财产[13]。另一个人会用秤来对遗产进行称重估价，因为古罗马那时还没有货币[14]。

这五位公民似乎代表着五个社会的阶层，第六个阶层的人就不计入其内了，因为这个阶层的人们一无所有。

我们不应该像查士丁尼说的那样，认为遗产称重时估多少价格完全靠想象。后来的确变成了这样，但起初并非如此。大多数后来所制定的遗产法是建立在这些称量的实际基础上的，我们在乌尔比安的《摘要》[15] 中可以找到这相关方面的信息。聋哑人和挥霍无度的人不能立遗嘱。因为耳聋的人听不到遗产购买者所说的话；哑巴又无法说出遗产继承的条件；挥霍无度的人被剥夺了掌管事务的权力，因此也无法出售其遗产。在这里我就不再举其他的例子了。

由于遗嘱是在人民大会上所订立，因此与其说是民事行为，不如说是政治行为；与其说是私人行为，不如说是公众行为。正因如此，父亲是不允许强迫儿子立遗嘱的。

对于绝大多数民族来说，立遗嘱比订立普通契约的手续更加简单。因为这两者都只表明契约缔结者的意愿，而且这两者都属于一种私人权力的行为。然而，罗马人的遗嘱却源于公众权力，因此其程序和形式要比其他契约 [16] 复杂得多。目前法国一些省份，因仍使用罗马法律，所以这种复杂形式一直沿袭至今。

如我之前所述，遗嘱是人立的一种法律形式。遗嘱应该以命令态度订立，并使用直接和强制性的语言。因此，这样就形成了一个规则，即只能使用命令式的语言 [17] 才能赠予或转让某人的遗产。这样在某些情况下，人们可以找其他人代替继承 [18]，并命令这个人把遗产移交给另一个人。但是绝对不能使用委托他人的形式 [19]，因为这种委托形式是用恳求的语言把全部或部分遗产转交给另一个人。

当父亲既没有将儿子设立为他的继承人，也没有剥夺他的继承权，那么这个遗嘱就是无效的。如果没有指定他的女儿为继承人，也没有剥夺他的女儿的继承权的话，那么此遗嘱就是有效的。这个道理是显而易见的。当他既没有提出让儿子当继承人也没有剥夺其继承权的时候，他就损害了他的孙子的利益，因为孙子本应该是父亲的继承人；虽然他也没有表明让女儿当继承人也没有剥夺其继承权，但他没有损害其外孙子和外孙女的利益[20]，因为他们既不是本家后嗣也不是男系亲属。

关于古罗马的继承法，由于只考虑到遵循土地分配法的精神，并没有对妇女们获得的财富加以限制，从而向奢侈敞开了大门，因为奢侈的生活是与妇女的财富是分不开的。在第二次和第三次布匿战争之间，他们开始意识到一股邪恶势力的存在，因此制定了《沃克尼安法》[21]。一是由于该法在当时的制定具有极其重要的意义，二是因为该法现存的相关文字条款残缺不全，三是迄今为止对该法的论述十分混乱、令人费解，所以基于上三点，以下我将加以详细说明。

根据西塞罗制定的法律，有一条款他并没有说明，但我们可知妇女无权继承遗产，无论其是已婚还是未婚[22]。

在提图斯·李维的《摘要》中有谈到此法律，但叙述得不多[23]。根据西塞罗[24]和圣奥古斯丁的观点[25]，凡是女儿，甚至是独生女也不允许拥有继承权。

老加图尽其所能使这项法律[26]能被通过并予以实施。奥卢斯·盖利乌斯引用了老加图在演讲中的一段话[27]。他反对妇女拥有继承权，其目的是要截断奢侈生活的来源。就像保护《欧比安法》一样，目的也是想制止奢侈的生活方式。

在查士丁尼[28]和狄奥斐卢斯[29]所编纂的《法学阶梯》中，谈到了《沃克尼安法》中的一个章节，是关于对遗赠的权力加以限制。在阅读这些内容的时候，包括作者在内的所有人都认为这法律是为了防止遗产被遗赠过多，剩余过少，而导致继承人拒绝接受遗产。但这不是《沃克尼安法》的精神。从我之前所述，我们可看出制定该法的目的就是剥夺妇女的继承权。这条法律限制了遗赠权力，原因是如果人们自由随意遗赠的话，那么有些妇女们无法从遗产中获得的东西，就可以光明正大地通过遗赠的方式来获得了。

《沃克尼安法》是阻止妇女变得太过于富有。因此，有必要禁止她们获得巨额遗产而不是她们过正常生活所拥有的遗产。法律规定，可以给予被剥夺继承权的妇女一定数额的款项。西塞罗谈到过此事[30]，没有说明具体数额是多少。但是狄奥说这些款项为十万塞斯特斯货币[31]。

《沃克尼安法》是为了缩小贫富差距，而不是为了造成贫困现象。西塞罗曾说过[32]：“该法只适用那些在罗马户籍册上登记过的人。”

这给人们提供了一个逃避法律的借口。我们都知道罗马人极其形式主义。正如我们之前所述，共和国的精神就是对法律文书的遵循太过于死板。为了能把遗产留给女儿，有的父亲甚至不去登记户口。罗马法官认为这种情况没有违背《沃克尼安法》，

 因为此法律条款并没有予以说明。

一个叫阿尼乌斯·阿塞露斯的人指定他的女儿为唯一的继承人。西塞罗说，他有权做出这样的决定。这么做也不违背《沃克尼安法》，因为他的户口并没有登记在册[33]。法官维烈斯却剥夺了阿塞露斯女儿的继承权，西塞罗断言此法官一定接受了贿赂。因为如果没有的话，他不会撤销其他法官判决的结果。

那么，如何看待那些没有在罗马人口普查中登记的公民呢？根据哈利卡纳苏的狄奥尼修斯所引述的塞尔维乌斯·图利乌斯改革[34]，没有被登记在册的公民都将沦为奴隶。就连西塞罗也认为，这样的人就等同失去了自由[35]。佐纳拉斯也说过同样的话。因此，分别根据《沃克尼安法》的精神和塞尔维乌斯·图利乌斯改革的精神，没有被登记在册的含义一定是有些区别的。

按个人财产的多少把公民划分为五个社会阶层[36]。根据《沃克尼安法》，凡是没有被划入前五个阶层内的公民都视为没有登记在册。根据塞尔维乌斯·图利乌斯改革，即没有被登记在这六个阶层中的公民，或没有被按人头税登记在册的公民，均视为没有户口。由于人性的驱使，有些父亲为了规避《沃克尼安法》宁愿蒙受羞辱，自愿被划入无产者第六阶层的队伍中，还与那些按人头纳税的人混在一起，甚至被列入“公民资格不全”的名单中[37]。

如我之前所述，罗马法律体系中不允许委托遗赠。然而，为了规避《沃克尼安法》，人们仍然这样做。人们会指定一个合法的继承人，并让这个继承人把遗产转交给那些被法律排除在外的人。这种新的处理方法产生了不同的结果。有些人把委托的遗产归还回来，在这点上塞克斯多·佩多凯乌斯的行为是令人敬佩的[38]。他得到一笔巨额遗产，并且除了他自己以外，没有人知道，有人曾经让他不归还此笔遗产，但他最终还是找到了立遗嘱人的妻子，把她死去的丈夫的所有财产都还给了她。

然而有些人却自己私吞了受委托的遗产，柏·塞可斯蒂利乌斯·卢夫斯就是很好的一个例子。因为西塞罗在与伊壁鸠鲁派进行辩论时引用过这个例子[39]。他说："在我年轻的时候，塞可斯蒂利乌斯让我陪他一起去他的一些朋友家。为了弄清是否应该把昆图斯·法杜乌斯·加路斯的遗产归还给他的女儿法狄雅，他们召集了几个年轻人，还有其他几位有资历的人士，大家都认为应该按《沃克尼安法》规定分给法狄雅相应的遗产部分。因此，塞可斯蒂利乌斯获得一大笔遗产。如果他充满正义并诚实可信，那么他不会私留一个铜币。"他继续补充说："我认为你可能会把遗产归还回去的，我甚至认为要是伊壁鸠鲁派人的话，也会把遗产退回去的，可是你们并没有按照原则来行事。"关于此，我想稍加论述。

立法者有时会被迫制定一些违背自然规律的法律，这对人性来说是一种悲哀。《沃克尼安法》就是这样的法律。这是因为当立法者制定这个法律时，他们首先考虑的是社会的利益，其次是公民的利益，最后才是人性本身。并不在乎牺牲公民的利益，

690 也不考虑人性问题，只从共和国利益的角度出发。一个人竟然要恳求他的朋友把其遗产归还给自己的女儿。这些都是因为法律没有考虑父亲对女儿的亲情，也不顾及女儿的孝心，也没有关注应该交出遗产的那个人，而这个人处于一种两难的困境中。如果他交出遗产，那么他就是一个不合格的公民；如果他私留遗产，那么他就是不诚实的人。只有心地善良的人才想逃避法律；只有诚实的人才能帮助他们逃避。因为这种信任是需要战胜内心的贪婪和骄奢淫逸的欲望，只有诚实可靠的人才能做得到。也许从这个角度把他们当成不良公民来看待，有点过于严重。在这样的法律情况下，法律只让诚实的人逃避。从这个意义上讲，立法者达到了立法的主要目的。

在《沃克尼安法》制定的时候，罗马人还保留了一些古老纯朴的道德风尚。关于维护法律道德，有时人们会寄希望于群众的良知上，于是公民被要求立誓言来遵守法律[40]。这样就好像诚实在向它自己发起一场战争。但是后来他们的道德败坏到了一定的程度，以至于相比遵守《沃克尼安法》而言，逃避变得更加容易。

内战时期，国民死伤不计其数。在奥古斯都的统治下，罗马空无一人，几乎变成了废墟，那时人们就考虑到要使罗马的人口增加。于是人们在当时就制定了《帕皮亚法》，以鼓励公民结婚生子[41]。其中主要的一个方法就是对于那些遵纪守法者，给予他们更多遗产继承的希望；对于那些违法乱纪者，减少他们遗产继承的希望。由于《沃克尼安法》使妇女无法取得继承权，因此

《帕皮亚法》在某些情况下解除了这项禁令。

妇女[42]，尤其是那些有子女的妇女，可以根据丈夫们的遗嘱继承遗产。当他们有孩子时，甚至可以接受无血缘关系人的遗产。所有这些都与《沃克尼安法》相违背。然而，《帕皮亚法》还没有完全失去法律的精神所在。例如，《帕皮亚法》规定[43]，允许有一个孩子的男性[44]可以按遗嘱接受一个无血缘关系人的全部遗产。但是，如果妇女想要享受同等继承权的话，必须有三个孩子[45]。

《帕皮亚法》规定的是有三个孩子的妇女能够按非血缘关系人的遗嘱来继承遗产，但关于亲属遗产的继承，还是得根据古代法律和《沃克尼安法》[46]。但是这种情况存在的时间不长。

罗马到处充斥着各国的富裕之流，使这个国家的风气败坏，以至人们不再遏制女性的奢侈生活。在哈德里安统治时期的奥卢斯·盖利乌斯告诉我们[47]，在他那个时代，《沃克尼安法》几乎要被废除了，因为它已经被掩埋在城市的骄奢淫逸之下。保罗生活在佩森尼尔斯·奈哲统治的时期，而乌尔比安生活在亚历山大·塞维鲁统治的时期。在保罗的《判决》[48]和乌尔比安的《摘要》[49]中，我们发现，父亲的姐妹们可以继承遗产，并且被《沃克尼安法》载入禁令之列的仅限于远房的亲属。

古罗马的法律开始变得严厉了。除了公平、适度和正当行为之外，法官不会再被其他的理由所影响了。

根据古罗马法律，我们可得知，母亲无法继承子女们的遗产。

692 《沃克尼安法》成为剥夺他们继承权的一个新依据。但是，克劳狄皇帝给了母亲们继承子女遗产的权力，以此作为对她们失去子女的一种安慰。在哈德良统治时期[50]，德笃利安元老院法案规定如果母亲有三个孩子，并且为出身自由，即是自由民的话，就可以拥有继承权；如果有四个子女，并且从奴役中解放出来，即是自由民的话，也可以拥有继承权。很显然，参议院的这项法令只是对《帕皮亚法》的延伸。在相同条件下，《帕皮亚法》允许妇女继承没有血缘关系人的遗产。后来查士丁尼规定[51]，无论母亲有多少个孩子，都可以继承子女们的财产。

由于反对妇女继承法律的有关因素在逐渐被削弱，所以反对女系亲属继承的法律也逐步被推翻了。这些法律非常适用于一个繁荣向上的共和国，也非常符合一个良好的共和国应该具有的精神。在这样的国家里，妇女们不能为了向往奢侈的生活而挥霍财富或拥有占有财富的欲望。相反，在君主制国家中，奢侈的行为使得结婚负担更加沉重并花销巨大。应该根据实际情况来操办婚礼，按照妇女可能使用多少财富和她们可获得多少遗产的期望而结婚。因此，当罗马君主制建立以后，所有的继承制度都发生了改变。在没有男系亲属的情况下，法官允许女系亲属可以继承遗产。这要是按照原来古罗马法的规定，女系亲属是不能被允许享有继承权的。《奥尔飞甸元老法案》允许子女可以继承母亲的遗产。瓦伦提尼安、狄奥多西和阿卡狄乌斯诸帝王[52]允许外孙子和外孙女继承外祖父的遗产。最后，皇帝查士丁尼几乎完全废除了古继承法。他规定有三类继承人：直系亲属、直系尊亲属、旁系亲属。在男人和女人之间、女系和男系亲属之间，没有任何区别。他废除了所有关于剥夺妇女继承权的法律。[53] 他认为旧的法律体系不符合社会发展的需要，与之相决裂才是发展的自然规律。

1 哈利卡纳苏的狄奥尼修斯（Dionysius of Halicarnassus），《罗马古事记》，第二卷，第三章。普鲁塔克，《吕库古与努玛的比较》，第二章，第六节。

2 “凡是死前未立遗嘱也无继承人者，那么死后应由最近的男方亲属获得遗产。”见乌尔比安，《十二铜法表·摘要》，第五表，最后一节。

3 见乌尔比安，《摘要》，第二十六篇，第八节；查士丁尼民法大全，《法学阶梯》，第三卷，第三篇，德笃利安元老院法案：特权。

4 保罗，《判决》，第四篇，第八章，第三节。

5 查士丁尼民法大全，《法学阶梯》，第三卷，第一篇，第十五条，关于遗嘱继承的判决。

6 哈利卡纳苏的狄奥尼修斯，《罗马古事记》，第四卷，第 276 页。

7 通过努玛的一项法律，哈利卡纳苏的狄奥尼修斯证明，允许父亲出售儿子三次的法令是罗慕路斯，而不是由十人委员会制定的。参见哈利卡纳苏的狄奥尼修斯，《罗马古事记》，第二章，第二十七节。

8 参阅普鲁塔克，《梭伦传》，第二十一章，第二节。

9 这种遗嘱称为出征遗嘱，其不同于根据罗马皇帝的律令所立的军人遗嘱。参阅查士丁尼民法大全，《学说汇纂》，第二十九章，第一节，军人遗嘱，此法是实际是对士兵们哄骗的一种方式。

10 这种遗嘱既不是书面的，也没有一定的格式，就像西塞罗在《演说家》中第一章第五十三节中说到：“没有任何法定手续和格式”。

11 查士丁尼民法大全，《法学阶梯》，第二卷，第十篇，第一条，遗嘱条令；

又见奥卢斯·盖利乌斯，《阿提卡之夜》，第十五章，第二十七节。这种遗嘱叫作“秤量遗属”。

12 见乌尔比安，《摘要》，第十篇，第二条。

13 狄奥斐卢斯，《律令汇编》，第二章，第十篇。

14 罗马人到皮洛士之战役时才有的货币。提图斯·李维在谈到维爱战役时写道：“当时还不会铸造银币”。

15 见乌尔比安，《摘要》，第二十篇，第十三节。

16 查士丁尼民法大全,《法学阶梯》,第二卷,第十篇,第一条,遗嘱条令。

17 例如，“让蒂蒂乌斯当我的继承人。”见查士丁尼民法大全，《法学阶梯》，第二卷，第十六篇。

18 替代继承分为：普通替代继承、替代未成年人继承、替代犯有过失人继承。

19 由于特殊的原因,奥古斯都开始批准委托继承。见查士丁尼民法大全,《法学阶梯》，第二卷，第二十三篇，第一条，委托继承。

20 根据《十二铜法表》的规定,无遗嘱的人不能将其遗产给予母亲的子女,因为女性不得拥有继承人。乌尔比安,《摘要》,第二十七篇，第七条。

21 该法的护民官昆图斯·沃科尼乌斯（Quintus Voconius）提倡。参阅西塞罗，《反维勒斯》，第二卷，第一章。提图斯·李维，《摘要》，第四十一章，书中沃伦尼乌斯（Volumnius）有误，应改为沃可尼乌斯（Voconius）。

22 “再次声明……不得立任何少女或妇女为继承人。”参阅西塞罗,《反维勒斯》，第二章，第一节。

23 “他赞同不准立任何女性为继承人的法律。”见提图斯·李维，《摘要》，第四十一章。

24 参阅西塞罗，《反维勒斯》，第二卷，第一章。

25 参阅圣奥古斯丁（Saint Augustine），《天主之城》，第三章，第二十一节。

26 参阅提图斯·李维，《摘要》，第四十一章。

27 参阅奥卢斯·盖利乌斯，《阿提卡之夜》，第十七章，第六节。

28 查士丁尼民法大全（*Corpus Juris Civilis*），《法学阶梯》，第二卷，第二十二篇，遗产法。

29 狄奥斐卢斯《法学阶梯》，第二卷，第二十二篇。

30 “没有人同意给予法狄雅的财产要多于根据《沃克尼安法》她所能得到的那些。”见阅西塞罗，《善与恶的极限》，第二卷，第十七章。

31 “根据《沃克尼安法》的规定，禁止女性继承价值超过十万塞斯特斯货币的遗产。”见卡西乌斯·迪奥（Cassius Dio）所著《罗马史》第五十六章，第十节。

32 “那些已经登记在户口册上的人。”参阅西塞罗，《反维勒斯》，第二章，第一节。

33 “那些没有被登记在户口册上的人。”参阅西塞罗，《反维勒斯》，第二章，第一节。

34 哈利卡纳苏的狄奥尼修斯，《罗马古事记》，第四卷，第九章。

35 参阅西塞罗，《为凯奇纳辩护》，第四卷，第九章，第八节。

36 前五个阶级的人数如此众多，以至于作者们有时只说这五个阶层。

37 被降为最低阶层的公民，见贺拉斯（Horace），《书信集》。

38 参阅西塞罗，《善与恶的极限》，第二卷，第十八章。

39 参阅西塞罗，《善与恶的极限》，第二卷，第十七章。

40 塞克斯提留乌斯说，他曾立誓遵守此法。见阅西塞罗，《善与恶的极限》，第二卷，第十七章，第 55 页。

41 参阅本书中第二十三章，第二十一节中的论述。

42 参阅乌尔比安，《摘要》，第十五篇和十六篇。

43 在帕皮亚法中可找到同样的差异。见乌尔比安，《摘要》，末篇，第四、

696

五、六节。

44 “有了我，你才有子女……才享受做父母的权力，有了我，你才能被立成继承人。”参见尤维纳利斯（Juvenal），《讽刺诗》，第九章，第八十三和八十七行。

45 参阅《狄奥多西法典》，第九篇，关于被宣布为公敌者的财产；又卡西乌斯·迪奥，《罗马史》，第五十五章，第一节；又见乌尔比安，《摘要》，末篇第六节和第二十九篇第三节。

46 乌尔比安，《摘要》，第十六篇，第一节；又见索佐门（Sozomen）《教会史》，第一卷，第十九章

47 见奥卢斯·盖利乌斯，《阿提卡之夜》，第二十章，第一节。

48 保罗，《判决》，第四篇，第八章，第三节。

49 乌尔比安，《摘要》，第二十六篇，第六节。

50 即庇护皇帝（Pius），由于被领养改名为哈德良。

51 参阅查士丁尼民法大全，《法典》，第 8.58.2 项，第二条，关于子女的权利；又见查士丁尼民法大全《法学阶梯》，第三卷，第三篇，第四节，德笃利安元老院法。

52 参阅查士丁尼民法大全，《法典》，第 6.55.9 项，第九条，关于亲生与合法的子女。

53 参阅查士丁尼民法大全，《法典》，第 6.55.9 项，第十二条，关于亲生与合法的子女；又见查士丁尼民法大全《新律》，第一百一十八篇和第一百二十七篇。

第二十八章

法兰西民法的起源与改革

"我的想象力使我身躯是如何由旧变新……"

奥维德《变形记》

第一节　日耳曼各民族法律的不同特征

法兰克人离开自己的国家之后，他们就让本国的睿智贤明的人编制了《萨利克法典》[1]。在克洛维斯执政时期[2]，里普利安法兰克人的部落与撒利族法兰克人的部落合并，但仍保留着各自部落的风俗习惯。奥斯特拉西亚的国王狄奥多里克[3]让人们用文字把这些习惯记录了下来。当时巴伐利亚和阿勒曼尼王国[4]是其附庸国，他甚至让人调查并搜集了这两个国家的风俗习惯。因为很多人都离开了日耳曼，使得日耳曼民族的力量逐渐衰弱。法兰克人占领了他们前面的领土之后，又向后进攻，从而又统治了他

 们先辈的森林地带。从表面上看，图林根的法典很可能也是狄奥多里克[5]下令让人编纂的，因为图林根人也是他的臣民。铁锤查理和丕平征服了弗里斯兰人。在这两个君王征服弗里斯兰人之前，弗里斯兰人是没有法律的[6]。查理曼最先征服了萨克森人，并给他们制定了至今仍然使用的法律。只要拜读一下上面这两个法典，就可以知道它们是由征服者所编写的。西哥特人、勃艮第人和伦巴第人在建立了各自的王国后，都编制了具体的法律条文，这么做的目的不是为了让战败国去遵照执行，而是为了让自己有法律可遵循。

《萨利克法典》《里普利安法典》和阿勒曼人、巴伐利亚人、图林根人和弗里斯兰人所制定的法律都非常简洁易懂，人们可从中发现一种原始的粗犷和顽强的精神。这些法律变化不大。因为，除了法兰克人，这些民族都居住在日耳曼尼亚。就连法兰克人所建的帝国也有一大部分在日耳曼尼亚境内。这样，他们所制定的法律也完全属于日耳曼法。西哥特人、伦巴第人和勃艮第人则不然，他们的法律丧失了原来的特征。因为这些民族移居到了新的地方，所以也就失去了许多原有的特点。

勃艮第王国存在的时间并不很长，所以没有足够的时间使征服者的法律发生很大变化。贡德鲍和西吉斯蒙德命令让人把他们的习俗编纂成书，但他们俩已经几乎是末代君王了。伦巴第人的法律变化不大，就是增加了许多新的条款。继罗塔利法之后，参照其又制定了格林莫尔德、路易普朗、拉希和艾斯图尔夫法律，但这些法律并没有采用新的形式。西哥特人的法律则不然[7]，他们的君王们完全修改了这些法律，还让神职人员再加以修订。

起初，墨洛温王朝的君王们删掉了《萨利克法典》和《里普利安法典》中与基督教格格不入的部分，只把基本的部分予以保留[8]。但是，西哥特人的法律却不是这样的。

勃艮第人的法律，特别是西哥特人的法律，都使用体罚。但《萨利克法典》和《里普利安法典》禁止施行体罚[9]，较好地保留了他们原有的法律特征。

由于勃艮第人和西哥特人居住的领地易受攻击，所以他们竭力调和与原有居民的感情关系，并制定公平的、一视同仁的法律[10]。但是，法兰克的君王们知道自己的实力强大，在这方面就没有这样的考虑[11]。

生活在法兰克人统治下的萨克森人有一种不屈不挠的精神，他们顽强地进行抵抗。因此，在他们的法律中[12]，可以看到征服者的严酷，这是在其他未开化民族的法律中所见不到的。

从采用罚金的形式上，我们可以看到日耳曼人的法律精神。而从采用体罚的方式上，可以看到征服者的法律精神。

萨克森人在自己的国家内犯罪会受到肉体刑罚。只有在领土之外犯罪，才会受日耳曼的法律惩处。

法律清楚地规定，如果萨克森人犯罪，将永无安宁之日，甚至不得在教堂里避难。

在西哥特君王们的法庭上，主教拥有很大的权力，重大问

 题需要经过主教会议来决定。我们当今宗教判决的所有戒规、一切原则和所有观点都源于西哥特人的法典。僧侣们在对付犹太人时所用的法律，也都是以前主教们所制定的。

此外，贡德鲍为勃艮第人所制定的法律非常公正、贤明。罗塔利和其他诸君主们制定的法律更是如此。但西哥特人的法律，例如，列赛逊突斯、申达逊突斯和埃吉加所制定的法律却是幼稚的、拙劣的和非常不合乎情理的。这些法律是达不到立法的效果的，因为它们充满了华丽的辞藻，但内容非常空洞，而且文字写作也很肤浅、浮夸。

第二节　蛮族人的法律都是人法

蛮族人的法律有一个特点，那就是不拘泥于某个地域。法兰克人按照法兰克法来审判；阿尔曼人按照阿尔曼法来审判；勃艮第人按照勃艮第法典来审判；罗马人按照罗马法来审判。在那时，人们根本没有想到能把各征服民族的法律统一起来，甚至也没有想到为战败民族制定法律。

在日耳曼各民族的风俗习惯中，我们可以发现这种情况的渊源。日耳曼各部族被沼泽、湖泊和森林所分隔。我们甚至在恺撒的著作[13]中可获知，这些部族的人们喜欢分开各自居住。他们对罗马人的惧怕使他们联合起来，并居住在一起。虽然同住在一起，但是各部族中的每一个人都根据本民族的习惯和风俗来接受审判。所以，无论当这些民族分开居住时还是混居时，他们都是自由和独立的。他们共有一个祖国，但分别有各自的共和国政府。他们共居一片土地，但部族却各异。因此，在各部族的人们离开自己的家园之前，就已经形成了属人法的精神，而且这些民族还带着这种精神四处征战。

对于这种习惯做法，我们在《马尔库夫范例集》[14]、蛮族人的法律、尤其是在《里普利安法典》[15]和墨洛温王朝颁布的法令[16]中，均可以得到证实。加洛林王朝所颁布的有关的敕令[17]，就是来自于墨洛温王朝的法令。子女遵守父亲应遵守的法律[18]，妻子遵守丈夫应遵守的法律[19]，丧偶的妇女又重新遵守她们自己的法律[20]，脱离奴籍的人遵守原奴隶主的法律[21]。不仅如此，每个人都可以选择乐于遵守的法律。但罗泰尔一世的法律规定，必须把每个人所要遵守的法律公布于众[22]。

第三节　萨利克法典与西哥特法典和勃艮第法典之间的主要差异

所之前所述[23]，《勃艮第法典》和《西哥特法典》是公正的，而《萨利克法典》却并非如此。因为关于法兰克人和罗马人所犯下的罪行，《萨利克法典》对他们的惩处程度是有天壤之别的。如果一个人杀死一个法兰克人、一个蛮族人或受萨利克法典约束下的人[24]，那么须向被害者的家属支付二百苏的赔偿金。如果被

 杀的是一个罗马业主[25]，赔偿金则为一百苏；如果一个仆从被杀，赔偿金就只有四十五苏。被杀的如果是国王属下的法兰克人封臣[26]，那么赔偿金是六百苏；如果被杀的是一个罗马人客卿[27]，其为国王的属下[28]，那么仅须支付三百苏。由此可知，《萨利克法典》极其残酷地区别对待法兰克勋爵和罗马勋爵，以及社会普通阶层的法兰克人和罗马人。

不仅如此，如果聚众[29]在一个法兰克人的家里对其进行群殴，并最终导致其死亡的话，那么按照《萨利克法典》的规定，应付六百苏的赔偿金。但如果人们殴打一个罗马人或一个脱离奴籍的人[30]，只需支付一半的赔偿金。还是根据《萨利克法典》[31]，如果绑架一个法兰克人，应付给三十苏的赔偿金；但如果绑架一个罗马人，仅需要支付赔偿金十五苏。如果一个罗马人掠夺法兰克人，法兰克人可得六十二点五苏的赔偿；而一个被法兰克掠夺的罗马人，只能得到三十苏的赔偿金。对于所有这些不平等的法律条款，罗马人都无法忍受。

然而，一位著名的作者[32]，以法兰克人是罗马人最好的朋友为假设，制定了法兰克人定居高卢的理论。法兰克人既然是罗马人最好的朋友，为什么会给罗马人带来令人惊骇的灾祸呢？[33]为什么在用武力征服了罗马人之后，又用自己的法律冷酷无情地镇压他们呢？如果他们是罗马人的朋友，那么就如同征服了中国的鞑靼人成为中国人的朋友一样。

固然有一些天主教的主教想利用法兰克人来消灭信奉阿里

乌斯教派的君王们，难道就能说他们愿意在蛮族人的统治下生活吗？难道因此就可以认为，法兰克人特别关心罗马人吗？然而，我却认为，法兰克人对罗马人越了解，他们对罗马人的统治就越松懈。

但是，作为一个史学家，阿布·杜波斯教士从诗人和演说家作品中发掘的都是拙劣的资料。然而，建立一个完整的理论体系，不应以浮夸的作品为基础。

第四节　为什么罗马法在法兰克人统治的地区失去作用，而在哥特人和勃艮第人统治地区留存下来

以上所说的内容将会使迄今为止一直非常晦涩难懂的事情变得明朗起来。

今天被称为法国的这个国家，在墨洛温王朝的统治时期受罗马法，即《狄奥多西法典》的管辖，同时还受生活在那里蛮族人的不同法律的制约[34]。

在法兰克人所统治的地区，《萨利克法典》是为法兰克人所制定的，而《狄奥多西法典》[35]是为罗马人而编纂的。在西哥特人统治的地区，按照阿拉里克[36]的命令编写的《狄奥多西法典》，是用来解决罗马人之间的争端，尤里克下令编纂了本民族成文习惯法[37]，以处理西哥特人之间的争讼。但是，为什么《萨利克法典》在法兰克人的地区具有普遍的权威性呢？又为什么罗马法在那个

 地区日益消亡，却在西哥特人的地区逐渐扩大，并拥有普遍的权威性呢？

我认为，之所以罗马法在法兰克人地区失去作用，是因为法兰克人[38]、野蛮人或受《萨利克法典》管制的人能从这部法律中获得巨大的好处，以至于所有人都想摒弃罗马法，而选择使用《萨利克法典》。只有神职人员仍使用罗马法[39]，因为他们无利可图。罗马法和《萨利克法典》的不同之处在于，人们的社会阶层和地位不同，所获得的赔偿金也不尽相同，关于这一点，我在其他地方还将谈到。但一些特定的法律规定[40]，僧侣们获得的赔偿金与法兰克人一样优厚，为此他们就保留并继续使用罗马法。罗马法没有给他们造成任何损害，而且，此法律还很适合他们，因为罗马法是信奉基督的帝王们所制定的。

另一方面，关于西哥特人的遗产处理问题上，《西哥特法典》[41]并没有给西哥特人带来比罗马人更多的民事权益。所以，罗马人更没有任何理由放弃他们自己的法律，而去受另一种法律的管制。所以他们保留了自己的法律，而没有采用《西哥特法典》。

我们越是深入研究，这一点就越会得到证实。贡德鲍的法律是非常公正的，勃艮第人和罗马人是被同等对待的。从该法律的序言中可以看出，此法看似是为勃艮第人制定的，但制定此法的目的是处理发生在罗马人和勃艮第人之间的争讼。在争讼发生的情况下，法庭中的罗马人和勃艮第人的人数需各占一半。在那个时代，由于某种政治协议[42]，这样做是非常必要的。为了解决罗马人内部之间的争讼，罗马法才在勃艮第地区留存了下来。所以，居住在勃艮第地区的罗马人没有任何理由放弃他们自己的法律，就如同居住在法兰克地区的罗马人一样，仍保留自己的法律。从阿戈巴尔给国王宽厚者路易的那封有名的信中可以看出，《萨利克法典》根本没有在勃艮第人的地区得以实行。

阿戈巴尔希望国王在勃艮第实行《萨利克法典》[43]，可见当时并没有在那里实行此法。因此，当时在这个国家附属的省份中，罗马法保留了下来，现在依然存在。

罗马法和哥特法在哥特人定居的地区同时施行。但在那里，从未使用过《萨利克法典》。当丕平和查理·马特把撒拉逊人驱逐之后，这两位君王占领的城市和乡村[44]要求把他们的法律保留下来，因此这些法律得到了保留。尽管当时所有的法都还是属人法，不久罗马法就被视为这些地区的实体法和属地法了。

秃头查理于864年在皮斯特颁布的一道敕令证明了这一点。该敕令把使用罗马法审判的地区和不用罗马法审判的地区加以区分[45]。

我们从《皮斯特敕令》中可得知两点，第一，有些地区使用罗马法，有些地区不使用罗马法；第二，当时使用罗马法的地区，今天仍然在使用。因此，正如该敕令所陈述的那样[46]，在《皮斯特敕令》的时期，用习惯法的法兰西地区和由成文法统治的法兰西地区之间的区别已经形成。

如我之前所述，在君主政体的初期，所有的法律都是属人法。

 因此，既然《皮斯特敕令》区分罗马法地区与非罗马法地区，那么这就意味着，在非罗马法地区，许多人会选择使用蛮族法律，几乎没有人使用罗马法；而在罗马法地区，很少人使用蛮族法律。

我知道，我在这里所讲的都是别人未曾陈述过的。如果这些是真实的话，那么它们也早就发生过了，也是很古老的事实。不管怎样，无论是我说的，还是瓦卢瓦或比尼翁说的，这又有什么关系呢？

第五节　续前

在勃艮第人生活的地区，贡德鲍的法律与罗马法长期共存一段时期。在宽厚者路易时代，贡德鲍的法律仍在勃艮第地区被使用。阿戈巴尔的那封信也证实了这一点。同样，尽管《皮斯特敕令》把被西哥特人占领过的地区叫作罗马法地区，但当时在那里也在实行《西哥特法典》。在 878 年，也就是《皮斯特敕令》颁发十四年之后，口吃者路易执政时期举行的特鲁瓦宗教会议便可以证明这一点。

后来，由于某种原因[47]，哥特人和勃艮第人的法律在他们自己的地区也无法实行了。这也导致了各地蛮族的属人法也全部废弃不用了。

第六节 罗马法是如何在伦巴第领土留存下来

一切事实都符合我的原则。《伦巴第法》是公正的，对于罗马来人来说，抛弃自己的法律，而使用《伦巴第法》是没有任何好处的。在法兰克人统治下的罗马人，曾有过想选择使用《萨利克法典》，但在意大利根本没有发生这种情况。罗马法与《伦巴第法》同时存在。

罗马法逐渐成为主要法律，而《伦巴第法》不再是统治民族的法律了。虽然它还是主要贵族阶层使用的法律，但由于大部分城市建立了共和制，这些贵族已经衰败或灭亡[48]。新共和国的这些公民都不愿意使用《伦巴第法》，因为它采用司法决斗制度，而且这项法律制度保留了许多骑士的风俗和习惯。当时在意大利的僧侣们势力都很强大，而且他们几乎都生活在罗马法的管束之下，因此，遵守《伦巴第法》的人的数量日益减少。

除此之外，《伦巴第法》不像罗马法那样具有权威性，使人回想起意大利曾经一统天下的豪情壮志，也不像罗马法涉及的范围那么广泛。在那些实行共和制的城市，《伦巴第法》和罗马法都可用来补充法令条例。《伦巴第法》只适用于某些特殊的案件，而罗马法适用于任何案件。那么，关于这两个法律在补充法令条例方面，孰优孰劣呢？

第七节　罗马法如何在西班牙被废弃

发生在西班牙的事情却截然不同。《西哥特法典》很盛行，而罗马法却逐渐被废弃了。申达逊突斯[49]和列赛逊突斯[50]禁止使用罗马法，甚至不准在法庭引证罗马法。列赛逊突斯又制定了一项法律，解除了哥特人与罗马人通婚的禁令[51]。很明显可以看得出这两个法律有相同的精神。这位君王想消除造成罗马人和哥特人分离的主要障碍。在那时，人们认为只有禁止他们之间通婚和让他们受不同的法律管束，才能使罗马人和哥特人分离开。

虽然西哥特的国王禁止使用罗马法，但罗马法还继续存在于高卢的南部地区。因为这些地区远离君主制统治的中心，所以它们有较大的独立性[52]。瓦姆巴于 672 年登基，从他的那部《瓦姆巴王传》可获知，那里的人占有优势地位[53]。因此，相比哥特法而言，罗马法更具有权威性。西班牙的法律既不适用于他们的风俗习惯，也不适合他们的生活的状况。当地人很可能坚持使用罗马法，因为他们把自己的自由意识与罗马法结合在一起。除此之外，在申达逊突斯和列赛逊突斯的法律中，有一些是抵制犹太人的条款。然而在高卢南部，犹太人的势力是很强大的。《瓦姆巴王传》的作者把这些地区称为犹太人的妓院。撒拉逊人来到这些地区生活是被邀请的。那么，又有谁能邀请他们到这里来呢？是犹太人还是罗马人？哥特人是最先受到压迫的，因为他们曾经是统治民族。我们从普罗科皮乌斯的著作[54]中可获知，在灾祸降临的时候，哥特人从纳博讷高卢退到了西班牙。毫无疑问，在大难临头时，他们避难到正在抵抗的西班牙地区。在南部的高卢地区，生活在哥特法律之下的人数在大幅度减少。

第八节　假敕令

那位可怜的编纂者本尼狄克特·列维达不是要把禁止使用罗马法的《西哥特法典》改为一种敕令吗？而且还要说成是查理曼所颁发的敕令[55]。他把这项特殊的法规变成了一项通用的法律，似乎要使罗马法在整个世界灭亡。

第九节　蛮族人的法律和敕令是如何被废弃的

《萨利克法典》《里普利安法典》《勃艮第法典》和《西哥特法典》逐渐地不被法兰西人使用，就这样慢慢被废弃了。

由于封地变成世袭制，以及附属地一直在不断地扩大，还有当时引入了许多分配制度，导致这些法律不再适用。但是这些法律的精神仍然还存在，即用罚款的方式来处理大部分的案件。不过由于货币的价值无疑一直都在变化，赔偿金也会随之而改变。我们从许多罚金条令[56]中可知，土地领主们规定罚金要交到他们的小法庭。这样人们遵从的是法的精神，而不是法律本身。

此外，由于法兰西被划分为若干小领地，每个小领地都遵守封建制度，服从于领主，而非政治性依赖，所以只颁布一项权威法律管辖这么多的领土是十分困难的。事实上，人们也不期望实行这种法律。像以往那样，特派军官[57]到各省巡视司法和政治事务的习惯已经不复存在了。甚至从条例中可以看出，在新的封地形成时，君王们就不再让特派官到各地巡视了。因此，当所有的土地都成为封地之后，就不需要这些特派官了，也不再需要一项约束人们的法律了，因为没有人愿意遵守。

因此，在加洛林王朝的后期，《萨利克法典》《勃艮第法典》和《西哥特法典》就已经被人们逐渐忽视、淡忘了，在卡佩王朝初期时，人们几乎都没有提到过。

在墨洛温王朝和加洛林王朝时期，人们经常召开国民会议，也就是说召集领主和主教们进行开会。那时，平民们还不能参加这样的会议。在这些会议上，人们试图对僧侣们加以管控。在征服者的统治下，僧侣们似乎形成了一个自己的团体，并且拥有了属于他们的特权。国民会议订立的法律被称为敕令。这就发生了以下这四件事：1. 制定了封地的法律，大部分教会的财产都由封地法所管辖；2. 当僧侣们不被视为唯一的改革者时，他们变得更加分化，并忽视宗教改革法[58]；3. 人们接受了一些教会的教规和教皇的谕旨[59]；4. 僧侣们接受了这些法律，因为他们认为这些法律来源于完全圣洁之地。如我之前所述，自从大封地开始建立，君王们不再向各省派遣使者，以监督人们是否在遵守他们所颁布的法律。在卡佩王朝时期，人们也就不再谈论敕令了。

第十节　续前

在《伦巴第法》《萨利克法典》和《巴伐利亚法》中都加入许多敕令。曾有人试图寻找增加敕令的理由，但归究其原因一定要在事物的本身中去寻找。敕令本身分为多种，一些与政治统治有关，一些与经济统治有关，一些与民间的统治有关，但大多数的敕令都与教会有关联。当把与民间有关的那种敕令加入民法当中，也就意味着加入到了每个民族的属人法之中。也正是由于此，敕令里没有任何反对罗马法的内容[60]。事实上，那些涉及经济统治、教会统治或政治统治的敕令与罗马法没有任何关系。那些关于民间统治的敕令只是与蛮族人的法律有关。人们对蛮族人法律的条款内容进行解释、修改、增加和减少。但我认为把这些敕令加入属人法中，反而会使人们忽视了敕令主体本身。在未启蒙的时代，如果一本书被做成删节本或概略本往往就使这本书无法畅销。

第十一节　蛮族人的法律、罗马法和敕令消亡的其他原因

当日耳曼民族征服罗马帝国时，他们跟罗马人学会了写字，并模仿罗马人把自己的习俗进行整理[61]，并编纂成法典。在查理曼大帝统治的时期，随着诺曼人的入侵和内战的爆发，再次使刚刚战胜的民族陷入了痛苦的黑暗之中，所以人们就无暇顾及识文

 断字，也就把这事逐渐遗忘了，从而就导致法兰西和德意志的人们忘却了蛮族人的法律、罗马法和敕令。然而在意大利，当时是教皇和希腊皇帝统治的时期，并且存在着绝无仅有的商业领域，市井繁华，所以文字书写就保留得比较完好。因为与意大利毗邻的缘故，在被哥特人和勃艮第人侵占的高卢地区，罗马法就得到了更好的保护。不仅如此，在那些地区罗马法还成为当地的属地法和一种特权。由此看来，不懂文字是造成《西哥特法典》在西班牙被废弃的主要原因。由于许多法律的消亡，各地的习惯就逐渐形成了。

属人法慢慢被人们遗忘了。人们更多用的是习惯，而不是用法律条文来规定赔偿金和所谓的安全税金[62]。在君主制政体建立以后，人们把日耳曼的习惯编纂为成文法。但是，在几个世纪之后，人们又从成文法回到不成文的习俗中去了。

第十二节　地方习俗、蛮族法以及罗马法的变革

从一些历史记载可以看出，在墨洛温王朝和加洛林王朝时期，地方性的一些风俗习惯就已经存在了。当时人们把它称为地方习惯[63]、古代习俗[64]、风俗[65]、法律[66]和各种习惯。一些作者认为这种习惯就是蛮族人的法律，并把当时称为的法律视为罗马的法律。我认为事实并非如此。丕平国王规定，凡是没有立法的地区，人们就要按照当地的风俗习惯来行事。但有法律存在的地

区，还是得遵守法律[67]。假设说罗马法优先于蛮族人的法典，就等于推翻了所有古代的历史记载，尤其是颠覆了那些违背现实情况的蛮族人的法典。

蛮族人的法律与这些习俗是截然不同的，这些习俗是作为属人法，从别的地区而被引入的。比如，《萨利克法典》是一种属人法，但是在有撒利族法兰克人普遍或近乎普遍居住的地区，虽然《萨利克法典》是属人法，而其与撒利族法兰克人的法律相比，它就变成了一种属地法。而且只在其他地方，并有法兰克人居住的区域，才被视为属人法。比如在一个视《萨利克法典》为属地法的地区，如一些勃艮第人、阿勒曼尼人或甚至是罗马人经常发生一些纠纷，理应是按照这些民族的法律来裁断。那么根据这些法律所做出的最终判决结果，肯定会使用这些民族内的一些习俗做法。以上所述内容就是对丕平法制较好的解释。在《萨利克法典》不能裁决的情况下，这些习惯会影响到当地的法兰克人是很自然的事。然而以习俗为主来处理一些纠纷和争讼案件的话，那么就不合乎情理了。

因此，在每一个地方都应制定一项既定的法律，并且在不违背此法律的情况下，作为该法律的一项补充条款，也是可以接受这种习俗规定的。

这些习俗有时可能会对非属地的法律进行补充。举上述同样的例子，在一个视《萨利克法典》为属地法的地区，如果一个勃艮第人按照勃艮第法典进行裁决，但在此法律条文中却无从参

 照，那么就毫无疑问，人们应根据当地的习俗来进行裁决。

在丕平执政时期，当时的习俗并没有法律势力强大。但在不久之后法律逐渐走向衰亡，习俗取而代之。因为新方法总是一剂良药，它能指出目前的病灶所在。人们认为，在丕平统治时期，人们开始以习俗为主进行裁决，而不是法律。

在我所述的《皮斯特敕令》中，我们可以看出罗马法在初期是怎样演变成属地法的；从我所描述的特鲁瓦宗教会议上[68]，我们同样也可以获知哥特法为什么没有被废弃而继续使用。起初，罗马法变成了一种普通的属人法，而哥特法则变成了特殊的属人法，可到最后罗马法却变成了属地法。但是，作为属地法的罗马法，为什么在西哥特和勃艮第的省份存在的时候，当时的愚昧和无知还能使蛮族人的属人法消亡呢？我认为，罗马法跟其他属人法几乎是一样的。否则，在那些以罗马法为属地法的省份里，我们会使用《狄奥多西法典》的，然而在那里却只实行查士丁尼法。尤其是当那里的人们把罗马法看成是一种特权，并且对罗马法的一些条文仍记忆犹新的时候，那里就只剩下使用罗马法或成文法的地区的名字，以及各个民族对他们自己法律的热爱了。不过这些就足够可以使当查士丁尼法编纂完颁布后，该法作为成文法，在哥特人和勃艮第人统治的地区被人们普遍接受，而不像在法兰克人的旧辖地，人们只把它当成了一种书面评理性的文件。

第十三节　萨利克法典、萨利族法兰克人的法律、里普利安法兰克人的法律和其他蛮族人法律的区别

《萨利克法典》根本不接受消极作证的做法。也就是说依照《萨利克法典》，无论是起诉方还是指控方都应该提出有效的证词，并且被告仅仅否定指控也是远远不够的，也需要提供相关的有效证词。这种做法几乎与世界所有国家的法律是一样的。

然而，里普利安法兰克人的法律却不同[69]，它不反对人们进行消极作证。在大部分情况下，被诉讼或被指控的人只要同一些证人在场，并发誓没有做过所被控告的罪行就够了。证人的人数[70]视案件重要性的具体情况而定，案情越重要，立誓的人数就需要越多，有时会高达七十二个证人[71]。阿勒曼尼人、巴伐利亚人、图林根人、费里斯兰人、萨克森人、伦巴第人和勃艮第人的法律与里普利安人的法律是一模一样的。

如上面所述，《萨利克法典》不接受消极作证。但只在一种情况下是允许的[72]，并且在这种情况下，仅有消极证言是不够的，还需要提供相关的辅助证据。原告陈述相关的证据用来支持自己的诉讼请求[73]；被告也陈述他的证据来为自己辩护。法官从双方的陈述中寻找事情的真相[74]。这种做法与《里普利安法典》和蛮族人的其他法律大不相同，因为在这些法律中，被告为只需发誓证明自己是无罪的，并且其亲属也同样发誓证明被告所说都是真实情况就好。但是，这样的法律仅仅适用于单纯和坦白直率

716 的人。立法者还需采取适当的方法来防止他们滥用法律。关于这点，以下我将会进一步陈述。

第十四节　其他差异

《萨利克法典》不允许以决斗的方式来进行裁决，而《里普利安法典》[75]和几乎所有蛮族人的法律[76]却允许这样做。依我看来，对于接受没有确凿证据的法律而言，允许决斗的法律是一种自然发展的趋势和补救方法。当一个人提起诉讼，而因为被告的誓言导致案件没有被公正地受审时，对于一个勇士来说，眼看诉讼就要被驳回，面对自己饱受的侮辱和伤害，以及被告所做的伪证，除了要为自己洗清所蒙受的冤屈和伸张正义之外，他还能做些什么呢？[77]《萨利克法典》不接受消极作证，所以无须用决斗的方式来裁决，也不允许这么做。然而，《里普利安法典》[78]和其他蛮族人的法律[79]却认为这么做是可行的，所以不得不建立决斗制度来进行裁决。

就这个问题而言，如果大家阅读下勃艮第国王贡德鲍颁布的两条著名规定[80]，就会发现，这些规定源于事物本身的性质。借用蛮族的法律用语来说，那就是禁止让滥用誓言的人有机会立誓。

伦巴第人使用的罗塔利法，此法规定，当一个人已经发誓为自己辩护时，就无须再受决斗之苦。这种方法被广泛地使用起来[81]，从下面的叙述中，我们就会发现其产生了种种弊端，以及如何又被迫重新使用旧时的制度。

第十五节　一点说明

我并不是说，在蛮族法律变更中，在法律条款和敕令增加时，我们无法找到一些相关的文字，用以来说明不是因为允许消极作证，就产生了以决斗的方式进行审判的做法。在不同的时代，特殊的情况可能会产生特定的法律。我谈的是日耳曼法的普遍精神、这些法律的性质和它们的起源。我说的是由这些法律确立的或表明的这些民族的古老习俗，我所讲的也是仅此而已。

第十六节　萨利克法典的沸水取证

《萨利克法典》允许使用沸水取证[82]，但这实在是一种酷刑，所以法律制定了一种权宜之计，以减轻其残忍程度[83]。法律允许，在控告方的同意下，被告可以缓轻处理，不用通过沸水的方式进行取证。控告方会获得由法律确定的一笔赔偿金，在这种前提下，只需要若干证人发誓表明被告是清白的即可。在消极作证的情况下，这是《萨利克法典》采取的一个特殊解决办法。

这种审判是私下协商解决的，法律只是允许这种做法，但没有明文规定。如果原告允许被告可以通过消极证据来提出辩诉，

718 那么法律会给予原告一定数额的赔偿金。原告既可以相信被告的誓言，也有权原谅他的过错和对自己所造成的伤害。

法律给出的这种调解方式[84]，便于对残酷取证法身心畏惧的被告和期望得到一笔赔偿金的原告，可以通过这种方式，在审判结果之前就可以解决纠纷，化解仇恨。很显然，一旦采用这种解决方式，就不再需要其他的证据了。由此可看出，《萨利克法典》的这种特殊规定不会导致需要通过决斗来作出裁决。

第十七节　我们先辈们的观念

令我们感到惊讶的是，我们的先辈们竟用这种方式来裁决跟公民的荣誉、财产和性命有关的案件，而不是用理性的方法来解决，并且他们还不断地允许使用无法定罪的证据，无法证明谁是清白的，谁是有罪的。

日耳曼人从来没有被征服过[85]，因此他们享有特别独立自主的生活。不同的家庭为了谋杀、抢劫或侮辱而打起仗来[86]。后来人们就对这种寻衅滋事制定了一些规章制度。那就是必须在相关的命令之下双方才能开战，并在官吏的监督之下进行[87]，最好还是双方都具有决斗的通用许可证。

由于当今的土耳其人把他们在内战中的首次胜利看成是上帝的旨意，所以这些日尔曼人也像土耳其人一样，他们把私下决斗的结果也看成是一种天意，是上天在惩罚罪犯和篡权者。

塔西佗说过，在日耳曼民族中，当一个民族要与另一个民族开战时，总是试图让一个战俘和本国一个士兵进行决斗，并通过决斗的结果来最终裁决战争的胜负。这些民族认为既然单人决斗可以解决民族的纠纷，那么也可以通过这种方法来解决个人之间的冲突。

在所有的国家中，勃艮第的国王贡德鲍[88]是最赞成使用这种决斗的方式来解决纠纷的。这个君王在法律里是这样解释的，他说："这么做的目的是为了使人们不再为那些无法证明的事情发誓，也不会对已经确定的事实而作伪证。"因此，当教会宣布法律允许决斗时[89]，勃艮第的国王把那些立誓作证的人看作是对法律的亵渎。

通过单打独斗来裁决是有一定道理的，因为它是建立在以往的经验基础之上的。对于一个有着尚武精神的民族来说，胆怯、懦弱就意味着其他的某种罪恶，它使人们背离曾经所受过的教育，使人们既没有荣誉感，也不愿按照其他人所遵从的原则行事；它使人们无视别人对他们的轻蔑，也不重视别人对他们的尊敬。这些尚武的民族认为，只要人在正常情况下出生，就具有了与力量结合的机敏才智，也不缺乏获得勇气的力量。只有重视名誉，人们才能终其一生去奋斗，但选择不去打拼，就不可能获得名誉。对一个尚武的民族而言，力量、胆量和英勇就是名誉。而真正可恶的罪行就是由欺骗、诡计和狡诈而造成，也就是说源于怯懦。

关于火烧审判，当被告人把手放在热铁块上或沸水中之后，他们的手被裹在一个布包里，封起来。如果三天之后手上没有出现任何灼烧印迹，被告人就会被无罪释放。但是大家都很清楚，那些经常习武练剑人的手比较粗糙或有结茧，用热铁块或沸水烫一下，三天之后在皮肤上留下的烫印不是那么的明显。如果在三天后，发现被告的手掌上有灼烧的印迹，那就证明这是一个懦弱、无阳刚之气的男人。但是农民们的手长满老茧，可以任凭用炽热的铁块烫一下。至于那些劳动妇女，她们的手也足够可以顶得住炽热铁块的灼烫。她们之中不乏决斗能手[90]，并且在一个不知奢侈为何物的民族中，是没有中产阶级的。

根据图林根的法律[91]，一个被指控通奸的妇女，只有在无人出面与她行决斗情况下，才能用沸水的酷刑对她进行裁决。而里普利安法典规定，只有当没有证人出庭证明被告无罪时，才能用这种做法来审判[92]。所以，对于一位妇女来说，没有任何亲属愿意为之辩护，或者对于一个男人而言，没有任何证人证明其是清白的，从这些情况来看，他们就已经被定罪了。

因此，我认为，在用决斗或炽热铁块或沸水的方式进行审判的时代，这些法律与人们的风俗习惯相一致的。所以说当时的法律，与其说审判结果是不公正的，不如说法律本身就是不公平的；与其说法律的起因没有过错，不如说审判的结果更无可指责；与其说是法律侵害了权利，不如说是其损害了公平；与其说法律是专制暴虐的，不如说其是不合乎情理的。

第十八节 以决斗方式来裁决如何得以广泛传播

从阿戈巴尔给宽厚者路易的信中我们可以获知，法兰克人不采用这种决斗裁决的方法。因为，自从这个君王发现贡德鲍法遭到滥用之后，他就要求在勃艮第地区，人们需要依照法兰克人的法律来裁决诉讼案[93]。然而我们知道，在那时以决斗方式来裁决已在法兰西得到了应用，因此人们陷入了两难的境地。这就如同我之前所述的那样，撒利族法兰克人不接受这种裁决做法，而里普利安法兰克人则不然[94]。

但是，尽管僧侣们极力反对，但此决斗裁决法在法兰西逐渐地被采用。我将在下面进一步阐释，在很大的程度上，僧侣们本身造就了这种情况。

《伦巴第法》给我们提供了这种取证方法。在奥托二世法的序言中这样写道："在很久之前，从其他地方引用一种习惯法，令人十分生厌，就是如果某个遗嘱文件被人们认为是假的话，只要拥有遗嘱的人手持福音书并立誓此遗嘱是真的，那么就不需要经过任何初审过程，遗产就归为他所有了。因此，只要他们做伪证就一定可胜诉。"[95]当奥托一世帝王在罗马加冕时[96]，那时教皇约翰十二世正在召开一个会议，在会议上所有意大利领主都强烈抗议，要求国王必须制定相关法律来制止这种流弊行为[97]。教皇和国王决定，将在不久之后的拉韦纳会议上解决此事[98]。之后在拉韦纳，领主们提出同样的请求，呐喊抗议声也越来越高，但

722 是他们以某些人缺席为理由，导致这件事又被推迟了。当奥托二世和勃艮第的国王康拉德[99]来到意大利的时候，他们在维罗那[100]与意大利的领主们[101]举行了会谈。在领主们的不断要求下，国王奥托二世终于同意了大家的意见，制定了一条新的法律。法律规定，每当发生遗产纠纷时，而当一方当事人坚持其所有权的合法性，另一方当事人认为其遗嘱是伪造的情况时，应由决斗来裁决。这条法律也适用于解决封地的问题。教会也被纳入此法的管辖之下。此法还允许诉讼的双方选出高手代为决斗。由此我们得知，正是由于这种流弊的行为被教会所采用，贵族们才以这种决斗方式来进行裁决。尽管贵族们一直在呐喊抵制，尽管这种滥用法律本身就是一种强烈抗议，尽管来到意大利发号施令的奥托皇帝的权威至高无上，僧侣们还是在这两次会议上坚持原来的立场。因为贵族和国王联合迫使僧侣们屈服，所以最后这种司法决斗的方法被视为贵族的特权，作为反对不公正的手段和保障财产安全的解决途径。从那时起，这种做法就流传起来。这个事情是发生在当帝王权力大于教皇势力的时候，当奥托帝王们在意大利重拾了帝国尊严、重振帝国雄风时才发展起来的。

为了证明上述内容，我将进一步作如下解释。即消极取证的制度引发了司法决斗。人们向奥托国王抱怨消极取证的流弊行为是：只要使用消极证言为自己辩护，即手拿福音书并发誓声称遗嘱不是伪造的，就可以简单胜诉了。那么采取什么方式来制止这种滥用法律的行为呢？人们就重新使用了这种决斗裁决的方法。

为了使大家能对当时的神职人员与平信徒之间的纠纷有个清楚的了解，我略微谈及奥托二世的法律。在这之前，还曾有过洛泰尔一世的法规[102]。洛泰尔君王遇到了同样的抱怨和纠纷。其为了确保财产的所有权，规定遗嘱的公证人必须发誓此遗嘱不是伪造的。如果公证人已经去世，那么所有在遗嘱上签过字的证明人则必须立誓，此遗嘱是真实的。但是，有些道德败坏的思想仍然存在着，所以他们一定得使用我以上所述的办法来除邪留正。

我发现在此之前，在查理曼召开的大会上，人们向他提议说，在审理案件中，很难确定原告和被告是否做了伪证，所以建议最好恢复决斗裁决[103]，因此查理曼大帝就这样批准了。

用决斗的方式进行裁决在勃艮第人居住的地区流传起来，而立誓裁决在这里却受到了限制。意大利国王狄奥多西废除了东哥特人的单独决斗的形式[104]。在申达逊突斯和列赛逊突斯的法律里，用决斗来进行裁决的想法从根本上遭到了人们的拒绝。在纳尔讷，接受这些法律的人也寥寥无几，在那里决斗被视为是哥特人的特权[105]。

在东哥特被希腊摧毁之后，征服了意大利的伦巴第人，将决斗之风也带入了意大利。但起初意大利的法律是反对这种做法的[106]。查理曼大帝[107]、宽厚者路易斯和奥托帝王们制定了一些不同的通用法规，这些法规被加入《伦巴第法》和《萨利克法典》中。这些法规的使用范围随后又逐渐扩大，首先是在刑事案件中

 使用，然后又被用在民事案件中。人们对这两种方法常常不知如何选择，因为通过用立誓的方法来进行消极取证是有弊端的，但是用决斗来裁决也不尽如人意。人们时常变换裁决的方法，觉得哪种更合适或更喜欢就用哪种。

一方面，僧侣们很高兴地看到，所有的世俗案件都在祭坛和教堂中来审理[108]；另一方面，傲慢的贵族们总是喜欢用刀剑来捍卫自己的权利。

我不是说，这种引起贵族们抱怨的决斗裁决的做法，是僧侣们引入的。因为这种习俗是源自蛮族人的法律精神，并产生于消极取证。但这种做法造成了一种现象，即一些罪犯逃脱了法律的制裁。因此，人们认为利用教堂的神圣庄严来恐吓有罪的人，或使一些做伪证的人惊慌失措。所以僧侣们一直支持这种方式并赞成实行下去，但在其他方面，他们就反对使用这种消极取证的做法了。在波马诺亚的著作中[109]，我们可以发现，教会法院从来不允许消极取证，这无疑对它的衰亡起了很大的作用，并也削弱了蛮族人法律中对这方面的相关的规定。

这会使我们更加清楚地了解有关上面所陈述的消极取证和和司法决斗之间的关系。世俗法庭允许这两种裁决方法，但教会法庭却拒绝使用。

在选择决斗取证时，每个民族都会遵循自己尚武的精神。因为，当人们把决斗裁决的结果视为是上帝的判决时，就意味着人们废除了十字形取证、冷水取证或沸水取证等裁决方式，而这些方式以前也都被看成是上帝的旨意。

查理曼规定，如果他的子女们之间发生一些争执，应用十字架取证法来裁决。宽厚者路易规定，十字架裁决方法仅限使用审理教会的案件中[110]。他的儿子洛泰尔规定，无论在什么案件中都不允许使用这种取证法，他甚至还废除了冷水取证法[111]。

但这并不意味着，就因为当时几乎没有人接受这种取证法，某些教会法庭就未使用过。在菲利浦·奥古斯都的一项法令中[112]，有大量的篇幅讲述到了这些取证法。然而，我仍然认为，当时的人们很少使用这些立证方法。波马诺亚生活在圣路易时代和随后的朝代中，他列举了许多不同的取证方法，但只谈到了决斗取证法，而没有涉及其他的[113]。

第十九节　萨利克法典、罗马法及敕令消亡的原因

我之前已经讲过了《萨利克法典》、罗马法以及敕令失去其权威的理由。但我还想再强调一下，决斗取证的广泛使用也是这些法律逐渐走向灭亡的一个主要原因。

无论是《萨利克法典》还是罗马法，都不接受决斗取证，因此它们都逐渐被人们所废弃并走向灭亡。那时候人们只想着如何建立决斗裁决法律，如何制定一种适用的法律体系。敕令的条款也就变得无用了，因而许多法律也都丧失了权威性，人们也记不得它们究竟是在什么时候失去权威的。这些法律开始逐渐被人

 们所遗忘，但人们却找不到能代替它们的其他法律。

这样的民族是不需要成文法的，因此成文法就很容易地被人们所淡忘。

那当有争议发生的时候该怎么办呢？只要让双方当事人进行决斗就可以了。所以，在处理这些争议过程中，也不需要人们懂得一些知识或具有某种能力。

所有民事和刑事的诉讼案都被简化成这种简单的事实。人们正是根据这些事实而决斗。不仅诉讼案的最终判决用决斗的方法，就连一些附带事件或中间裁决的过程也采用决斗。我们在波马诺亚所举的例证中可以发现这方面的内容[114]。

我发现在卡佩王朝初期，法律体系已经完全进入了诉讼程序，一切都由名誉观念来制约。如果有人不服从法官的话，法官就会对他的冒犯行为追究责任。在布尔日[115]，如果主监官传唤一个人来，而遭到这个人拒绝的话，那么主监官就会说："我派人叫你过来，然而你藐视我却不来，告诉我你轻蔑我的理由。"于是他们就开始决斗。最后，胖子路易禁止了这种做法[116]。

在奥尔良，所有的债务纠纷都使用决斗来裁决[117]。路易七世规定，当要求的索赔金额超过五个苏时，才能使用此方式进行裁决。这项条例是一项地方性法规。因为在圣路易时代[118]，只要索赔金额超过十二个银币就可以使用这种解决方式。波马诺亚曾经听一个法学家说，以前在法兰西的某个时期存在一种坏习俗，即人们可以雇佣一个决斗高手进行决斗[119]。由此可见，在当时这种决斗裁决已被非常广泛地使用了。

第二十节　名誉观念的起源

在蛮族的法典中，人们发现了某些让人费解的条例规定。弗里斯兰人的法律规定，被棍子打的人仅可得到半个苏的赔偿金[120]，如轻微受伤的话则可得到比这多的赔偿金。根据《萨利克法典》的规定，一个自由民用棍子打另一个自由民三下的话，他就得付给挨打的人三个苏的赔偿金。如果打出血的话，则按铁器伤人受罚，需要支付十五苏的赔偿金。人们是根据受伤的轻重程度来处以刑罚的。《伦巴第法》对打人一棍、两棍、三棍、四棍所规定支付的罚金有所不同[121]。但在当今，打人一棍子与打人十万棍的罚金是一样的。

被载入《伦巴第法》的查理曼法令规定，对法律所允许的决斗制裁，双方当事人可使用棍子来进行[122]。可能这是从僧侣们的角度来考虑的，也可能是因为决斗制裁广为流传，因此人们希望规定所用的决斗兵器以减少伤害的程度。宽厚者路易规定[123]，决斗时，双方当事人可自行选择使用棍棒或其他武器。最后，只有奴隶才用棍棒进行决斗[124]。

我已经看到，我们的荣誉观念中的一些具体条例已经产生和形成。当案件审理时，起初由原告在法官面前指控被告犯过某种罪行，被告会宣称原告在撒谎[125]。这样一来，法官就下命令让他们进行决斗。一条规则就这样形成：当一方被认为在撒谎的时候，就会用决斗方式来解决。

如果一个人宣布他会参加决斗，那事后就不得反悔。如果反悔，他就会被处以刑罚[126]。因此，又产生了另一条规则：如果一个人已经许下某种约定，那么内心的荣誉就不准使他失言。

贵族绅士们是手持武器骑着马相互决斗[127]，普通农奴们则是手持棍棒在平地上决斗[128]。之后，棍棒会被人们看成是令人羞耻的工具[129]。因为一个人要是受到棒打，就会被看成为最低阶层的农奴一样。

只有农奴们在决斗时不遮住面部[130]，所以只有他们会在脸上受到棍棒的击打。被人掌掴被看成是一种侮辱，必须用血来洗掉，因为被掌掴的人也被视为下层的农奴。

从荣誉方面而言，日耳曼各民族和我们一样，甚至比我们更加看重荣誉。如果一个人受到这种耻辱，就连其最远房的亲戚也会有受到强烈伤害的感觉。他们所有的法典都建立在这个基础上。《伦巴第法》规定，凡是与仆人一起殴打一个没有防备的人，并使他蒙羞受到嘲笑，就应该支付打死人时所付赔偿金的一半[131]；如果由于同样的动机捆绑他人的话，应支付同样赔偿金的四分之三[132]。

由此可知，我们的祖先对这种侮辱的行为是十分介意的。但是在某种特别的情况下，比如身体的某个部位以某种方式被用特定的工具所敲击，这种行为是否被视为侮辱，对他们来说还未

加以界定。所有这一切都包含在殴打的侮辱之中，在这种情况下，
施暴的程度决定了遭受侮辱的程度。

第二十一节 对日耳曼人的荣誉观的新思考

塔西佗说[133]："日耳曼人认为，如果一个人在战场上丢掉了盾牌，那便是莫大的耻辱。因此许多人因此而自杀身亡。"萨利克古法规定，如果对一个遗失盾牌的人进行谴责和侮辱，那么应付其十五苏的赔偿金[134]。

查理曼曾修改过《萨利克法典》[135]，规定对于这种情况只需支付三苏的赔偿金。我们不应该怀疑这位君王是在有意损害军纪。很显然，是由于兵器的变化，才发生这种改变。也正是因为兵器的变化，人们的很多习惯也随之改变了。

第二十二节 和决斗有关的习俗

我们与女性关系是建立在幸福之上，此幸福又是与感官享乐密切相关；我们与她们的关系又是建立在爱和被爱的快乐之上；也建立在取悦她们的欲望之上，因为就看待一些构成个人价值方面的因素而言，她们是最好的评判者。然而，这种取悦女人的欲望产生了献媚的风气。但这并不是爱情，这种感情很脆弱、轻浮，是一种类似爱情的幻觉。

730 根据每个世纪和每个民族的不同情况，爱情往往倾向于以上这三种情况之一，而不是另外两种。我认为在决斗的时代，最为盛行的应该是献媚的风气。

我在《伦巴第法》中发现这样的情况[136]，在两个决斗者当中，如果其中一名被发现随身带有魔力草的话，法官就下令将魔力草从他身上拿走，并责令他发誓再也不带了。这样的法律只能建立在人们的普通想法之上。人们认为恐惧最能使人们产生许多无中生有的臆念，引起各种幻想。在个人决斗中，决斗者全副武装，并拿着沉重的进攻和防御性的兵器。假如一种兵器具有某种特殊的威力，那么就可以使持有这种武器的决斗者占据上风。因此认为某些决斗者持有魔力武器的念头，就一直会在许多人的脑海中挥之不去。

因此，就产生了神奇的骑士风气。所有的人都接纳了这种想法。在小说中，人们可以看到游侠骑士、巫师、仙女、插翅的或聪慧的骏马、隐形人和刀枪不入的人、关心伟人出生和教育的魔术师、被施以魔法或魔法被解除的宫殿。在我们的眼前，呈现了一个全新的世界，而只有平庸的人才按照大自然的原始形态继续生活。

游侠骑士们总是穿着盔甲，穿梭在世界上各个遍布城堡、堡垒和强盗的地方，到处伸张正义、保护弱势群体，并以此为荣。因此在我们的小说中就充满了这种艳侠之风，它是建立在爱情之上，这种浪漫的爱情是与力量和保护相融为一体。

于是人们就幻想出一位超凡脱俗的男子，当他看到一位贤惠美丽但却纤薄柔弱的女子时，就甘愿为其铤而走险，并在以后的日常生活中取悦于她。艳侠风气就这样产生了。

具有这种骑士精神的小说满足了取悦女性的愿望，并把这种艳侠之风带到了欧洲。但对于这种骑士精神，古人所知甚少。

罗马骄奢淫逸的生活满足了人们感官上的享乐。希腊宁静的田园引发了人们对爱情的向往[137]。英雄救美的骑士之风使人们产生了艳侠的观念。

骑士比武大会的风俗使得这种精神源远流长。它将英勇与爱情的权利统一起来，这就使得人们对艳侠之风极为看重。

第二十三节　关于决斗裁决的法典

有些人可能会好奇地看到，这种荒谬的决斗裁决的习俗已经成为司法审判的一种原则，并想知道这样一个怪异荒诞的法律基础是从何而来。虽然人类从根本上来讲是理性的，但却也要把自己的偏见观念制定成某种规则。没有什么比这些决斗更违背常理的事了，然而一旦确定了这一点，人们就会采取谨慎的态度加以执行。

为了深入了解当时的法律体系，就应该细心地研读圣路易的法规，他对当时的司法审判体系改变很大。德方丹和这位君主是同时代的人，波马诺亚的书写于他以后的时代[138]，其他的

732 作者也都生活在他以后的时代。因此，我们必须在后来的修正法规中寻找古时这种习俗。

第二十四节 决斗裁决中确立的规则

如果有几位原告同时上诉[139]，他们需达成一致，由一个代表来进行上诉。如果意见不统一，那么就由审理这个案件的法官指定其中一人进行起诉。

当一位贵族绅士向一个平民发起挑战时[140]，他不得不站在地面上，并手持盾牌和棍棒与之决斗。如果他骑着马，像绅士一样武装起来，人们就会夺走他的兵器和马匹，扒光他的衣服，给他只剩件衬衫，迫使他和那个平民在这样的状态下决斗。

在决斗之前，审判官要发布三项禁令[141]：第一，命令双方亲属撤离赛场；第二，命令现场观众需保持安静；第三，禁止场外援助，违者施以重刑。如果一方因为另一方的援助而导致被击败，那么违者甚至会被处以死刑。

审理此案件的法官们负责看守决斗场[142]。如果在决斗的过程中，双方都有意愿表示和平解决，那么就一定要记住决斗双方这此刻的战斗位置和状态，以防最后没有达成一致的意见，他们好回到各自原来的位置中继续决斗[143]。

无论是由于犯罪行为还是判决错误而产生的决斗，双方当事人未经领土的同意，都不能讲和。即使是一方被打败，没有伯爵的允许也不能私下和平解决[144]。这种许可令与我们的赎罪券有类似之处。

如果是死刑案，领土因被金钱所收买，同意和平解决，那么他不得不缴纳六十里弗的罚款，并且惩罚这个罪犯的权利就交给了伯爵[145]。

有很多人没有能力提出或接受战斗。如果他们说明了原因，便可以找高手来代替决斗。为了让他们在决斗中全力以赴，因而规定要是他们被打败了，手就会被砍断，这样他们就会竭尽全力捍卫雇主的利益[146]。

在上世纪，人们制定了相关的法律，禁止决斗，违者处以死刑。我认为也许只要砍掉决斗士的一只手，就足够可以使他们丧失战斗的能力。一般对于人类来说，没有什么比失去做人的能力更加让人痛苦了。

在死刑案中[147]，当决斗是由双方找高手代替进行时，双方被安置在他们看不到决斗的地方，并用绳索加以捆绑，此绳索是最后处决时用的，一旦代替他们决斗的人被打败，失败的一方就会被立即施以刑罚。

在决斗中战败的人并不意味着会败诉。例如，如果一个人只是参加预审判决的决斗时，那么就只是表明预审判决的失败[148]。

第二十五节　对决斗裁决加以限制

当一些极其不重要的民事案件发生，并且争执双方也要求通过决斗进行裁决时，领主会要求双方撤回决斗的请求。

如果对于一个犯罪行为，大家是有目共睹的话[149]，比如，一个人在集市众目睽睽之下杀人，那么这种情况既不需要证人出庭作证，也不需要决斗取证，裁决官便可进行公开宣判。

在领主的小法庭里，当人们经常以这种同样的决斗方式进行裁决时，而且这种方式已被人们所共知的话[150]，领主就拒绝授予双方当事人决斗的权利，以免不同的决斗结果会改变这种决斗的习惯法。

人们只能为自己、为他们家族的成员，或为他们的领主而与他人进行决斗[151]。

如果被告人被宣告无罪后[152]，原告的其他亲属就不能再要求决斗，否则，诉讼案就没有终结之日。

如果一个人的亲属想要为其死进行报仇，并要求决斗，但事实上这个人却并没有死亡，当他再次出现在公众的面前时，那么就无法要求决斗了。同样的道理，如果人们都知道当案件发生时，某人根本不在案发现场，那么也不能请求通过决斗来裁决[153]。

如果一名受重伤的男子在死前声称被告无罪[154]，并指控另外一个人的话，那么人们不得与被告进行决斗。但是如果他没有提到另有其人，那么他的这种声明就被认为是在他临终前的宽恕，起诉仍有效，甚至在绅士之间也可以相互决斗。

当有冲突产生，并且双方的其中一位亲属已经发出或收到了决斗书时，那么给予双方决斗的权利就会终止，人们认为双方会走正常的司法程序来解决。所以凡是想继续决斗的人，都会处以罚款。

由此可见，使用决斗裁决会产生这样一种正面的效应，即它可以把普遍性的纠纷转变成个人的纠纷，把权利归还给法庭，还使那些仅由万民法管辖的人重新被约束在民法的管辖之下。

正像许多聪慧的事情是在用极其愚蠢的方式向前发展一样，也有许多愚蠢的事物却是在用非常巧妙的方法向前运动。

正如有许多美好的事情是以极其鲁莽的方式来处理一样，也有很多愚蠢的事情是以非常明智方式来解决的。

当一个被告因为某种罪行而受到指控[155]，并有足够的证据证明原告是罪魁祸首时，在这种情况下，就不需要此战斗书了。因为相对于一种惩罚而言，清白无辜的人是不会宁愿选择一种生死未卜的决斗。

如果一个案件已经由公断人或教会法庭审理的话[156]，那么就不允许进行决斗了。涉及妇女嫁妆的案件，也不得用决斗的方式来解决。

波马诺亚规定，女性们不得参与决斗。如果一个妇女向另一个人提出决斗，而没有其他人代替决斗的话，那么她的决斗请

 求就不会予以受理。还有一个必要条件，就是这名妇女必须得到她的男爵的同意[157]，也就是得经过她丈夫的许可，否则不能主动提出决斗。但是，在这种情况下，即无须其丈夫的许可，她可以接受别人主动提出的决斗请求。

如果主动发起决斗或被动接受决斗的人，年龄不满十五岁[158]，就不会给予他们决斗的权力。如果当事人是孤儿，并且他们的监护人或受托人愿意承担这一系列的风险的话，那么可以允许不满十五岁的孤儿参加决斗。

据我所知，在以下几种情况下，也允许奴隶进行决斗。一个奴隶与另一个奴隶决斗；一个奴隶与一个自由民进行决斗；甚至当一个奴隶受到挑战时，他还可以与贵族绅士进行决斗；如果奴隶主动发起决斗[159]，贵族们可以有权拒绝。奴隶的领主们也有权从法庭中撤回他们的决斗请求。根据他们领主的有关规定或习俗[160]，奴隶们可以与任何自由民进行决斗。教会也同样声明，他们的奴隶也享有同等的权利[161]，并以此作为尊重教会的标志[162]。

第二十六节　诉讼人与证人之间的决斗

波马诺亚说过[163]，如果诉讼人看到对方的证人就要做对自己不利的证言时，为了阻止对方的第二个证人做出同样对他不利的证词，他可以告诉法官对方证人的证词是假的，具有诽谤性[164]。如果该证人坚持诉讼的话，那么该诉讼人就可以提出用决斗的方式来解决。这样一来，这个案子就不用再审理了，因为如果这个证人决斗输了的话，对方就会因作假证而败诉。

第二个证人是不被允许出来作证的，因为他要是提供了证词，这案件的最终判决将由这两名证人的证词宣告结束。如果能阻止第二个证人出庭作证，那么第一个证人的证词就变得无效了。

如果拒绝第二个证人出庭作证，那么这方的当事人将无权提出让其他证人作证的要求，进而他会败诉。但是，在没有提出决斗的情况下[165]，对方仍可以让其他证人出庭作证。

波马诺亚讲过，证人在他作证之前可以向对方的当事人这样说："我不愿意为你去决斗，也不情愿去争辩，但是如果你愿意保护我，我很乐意说出实情[166]。"这样一来，那个当事人不得不为此证人而决斗，如果他碰巧被打败了，他也并没有败诉[167]，只是不采用证人的证言罢了。

我认为，这是由古时的习俗演变而来的。我之所以这么想，是因为在《巴伐利亚法》[168]和《勃艮第法》[169]中，有规定可以与证人进行决斗，而且没有做出任何限制。

在前文我已经提到了，关于贡德鲍的法律，阿戈巴尔[170]和圣阿维图斯[171]对此提出了极大的反对意见。这位君王说："当被告人让证人宣誓自己无罪的时候，原告可以向其中一个证人发起挑战，进行一场决斗。因为这个证人发过誓，并已经宣称他所说的都是事实，所以他会毫不犹豫地参与决斗，证明自己的立场。"这个君王就用这种方式，不给证人留下任何不参与决斗的借口。

第二十七节 当事人与领主家臣的决斗以及对裁决不公的上诉

就决斗裁决的性质而言，其结果就意味着案件的终审判决，所以不得重新裁决或二次上诉[172]。罗马法和教会法所规定，如果想改变原法院的判决，允许向更高级的法庭申诉，但当时在法兰西这种做法并不为人所知。

一个有着尚武精神的民族，是完全受名誉所支配而行事的，这个民族的人们是不懂诉讼法律程序的。所以在这样一种精神的支配下，他们甚至用对待诉讼方的方法来抵抗法官们[173]。

对这样的尚武民族来说，上诉就意味着拿起武器向对方宣战，它往往以血的代价而告终。当时的上诉并不是笔墨文书之类的程序，那是后来的人才明白的。

圣路易在他《法制》中说过，上诉是犯有重罪和邪恶的一种行为[174]。波马诺亚也曾告诉过我们，如果一个人被他的领主所侵犯，并控告他的领主的话[175]，他就应该首先向领主宣布放弃自己的封地，然后再向领主的宗主上诉，提出决斗。同样，如果领主向伯爵起诉自己的下属，他就失去了下属对他的臣服关系。

如果一个人向领主控告其判决不公平的话，那么这就意味着领主的判决是错误、不怀好意的。用这种做法来控告他的领主，在某种程度上是犯了叛逆罪。

因此，对建立并掌管法庭的领主，不应该对其进行控告，声称他的裁决不公。而是应该向处理法庭事务的领主家臣们进行控告，目的是避免犯以叛逆罪。人们只是冒犯了领主的家臣们，并且他们总能讲出这么做的理由。

如果一个人控告领主的家臣们裁决不公，那么他就把自己置于危险的境地[176]。假设控告人在等待最终审判结果，而且参与审案的家臣们都认为判决结果公正无误时，那么控告人需要与他们所有的家臣们进行决斗[177]。如果在所有审判官还没有全体发表意见之前提出起诉，那么原告就需要同所有持相同意见的审判官进行决斗[178]。为了避免这样的危险情况，人们可以请求领主要求每个家臣大声讲出自己的观点。当第一个家臣发表自己的意见之后，那么控告人可以在第二个家臣即将要发表意见之前，指控第一个家臣说谎、恶语中伤和诽谤自己，这样就可以同第一个家臣一个人进行决斗了[179]。

德方丹指出[180]，在起诉法庭裁决不公之前，应允许三个审判官发表他们的意见[181]。但他没有说控告人应该与这三个人都决斗，更没有说控告人必须与所有发表意见的审判官进行决斗。之所以产生这些差异，是因为在那个时代，几乎没有什么做法是完全相同的。波马诺亚说的是发生在克莱蒙的事情，而德方丹讲述的是在维尔曼多的一些做法。

当其中一个家臣或有封地的领主宣布要维持判决的时候[182]，法官就会下令发出决斗保证书，同样并向上诉人确认此上诉行为，以确定其接受决斗裁决。但遭到挑战的家臣无法确认此上诉行为，因为他是领主的家臣，所以不得不参与决斗，否则

 就给领主六十里弗的罚金。

如果上诉人无法证明原判决结果是不公的，他就得付给领主六十里弗的罚金[183]，付给他所起诉的家臣同样的罚金[184]，还得付给所有维持原判决的家臣们同样数额的罚金。

当一个重大嫌疑犯，被依法判处死刑后，他无权提出上诉，要求重新判决[185]。因为在这种情况下他上诉的目的，不是要求死缓，就是寻求和解。

如果控告人上诉判决结果是不公的[186]，但又提供不了任何的证据，那就意味着要进行决斗裁决。假如这个人是绅士，他将为他所说的谎话付给领主十个苏的罚金，如果他是奴隶，则要被罚款五个苏。

决斗失败的审判官和领主的家臣们[187]，既不会丢掉性命，也不会遭受任何刑罚。但是，要是上诉人最终以失败告终的话，并且是重大类型的案件，那么其将会判处死刑[188]。

以这种方式来控告领主们的不公裁决就避免了把矛头直接指向领主本人。而有的领主没有家臣[189]，或没有足够的家臣，那么在这种情况下，他可能会自费向他的上级领主借一些家臣[190]。但是，借来的这些家臣如果不想这么做的话，就不能强迫他们去发誓，他们可以声明他们出庭只是来表达他们意见的。在这种特殊的情况下[191]，就由领主本人进行宣判和判决了。倘若上诉人控告他的不公裁决，也只能由他自己来应对这个决斗了。

假使有的领主太过贫穷[192]，无法从他的上级领主那里雇佣一些家臣，或者他忘记提出此种要求，或者上级领主拒绝他们的请求，因为领主本人不能独自开庭审判，也不能强迫一个人在一个无法裁决的法庭上为自己辩护，所以案件需交到其上级领主的法庭上来进行审理。

我认为，这就造成了司法裁决与封地审判分开的主要原因之一。由此形成了法兰西法学的一则箴言："封地是一回事，法律又是另一回事。"因为有大量的领主们没有家臣，所以他们也就无法建立自己的法庭。所有的案件都被交给其上级领主的法庭来审理。于是这些领主们就失去了司法权，因为他们既无权享有，也不愿意去享有。

在案件最终宣判时，所有参与审判的法官[193]都必须出席，这样他们可以询问上诉人是否同意这一裁决。德方丹说[194]："这是一种礼貌和忠诚的行为，既不能推辞也不能拖延。"我认为，在当今英格兰的这种习惯法也是从此做法演变而来，即如果想判处一个人死刑，所有的陪审团的意见必须统一。

因此，当判决案件时，少数应服从多数。如果投赞成和反对票的人数相等，在刑事案件中，宣布被告胜诉；在债务案件里，宣布债务人胜诉，而对于继承案件来说，则宣布被告获胜。

德方丹认为[195]，一个家臣不能以下述原因为借口而拒绝出庭审判，即裁决人员只有四个人[196]、裁决人员没有到齐、最聪慧的裁决人员都没有出庭。这种情况就好比在战场上，家臣说他

 救不了他的领主，就因为他属下人员不够多。但是使人们尊重法庭，选择最勇敢和最聪明的人为法庭成员，这是领主的义务。我说这些主要想表明的观点是，家臣有决斗和裁决的义务。事实上，这个义务可以理解成，裁决就是决斗。

如果一个领主在自己的法庭上控告家臣[197]，进而被判有罪的话，他可以提出上诉指控其中的某一位家臣裁决不公。但是，由于家臣曾发誓要效忠于领主，所以家臣必须尊敬领主；领主已经接受了家臣效忠的誓言，就应该施惠于家臣。所以我们应该弄清这两点之间的区别：一是领主没有明确指出审理结果是不公或错误的[198]，二是指责其家臣渎职[199]。在第一种情况下，领主所指责的是他自己的法庭，在某种意义上也就将矛头对向了自己，所以他无法向谁提出决斗；在第二种情况下，是可以提出决斗了，因为他侮辱了家臣的名誉。两人决斗，为了维护公共的安宁，失败的一方就得丧失性命并输掉财产。

在特殊情况下，对其加以区分是必要的。后来这种区分的程度扩大化了。波马诺亚说过，如果指控裁决不公的人，用个人的名义来指责某个家臣，这就要通过决斗来解决。但是如果只是针对裁决不公的情况，那么此案件到底是使用决斗裁决还是通过法律手段，被控告的家臣就可以自行决定[200]。然而，当时在波马诺亚的时代，盛行的做法并非是决斗裁决，被指控的家臣可以自由决定是否通过决斗来为自己辩护，但这与当时建立起来的荣誉观相对立，而且与家臣忠于领主并保卫其法庭的义务也是相矛盾的。所以，我认为波马诺亚所说的这种区别是当时法兰西人的一种新的法学体系。

我并不是说，关于所有的裁决不公的上诉都是通过决斗来解决的，这种案件与其他的案件也是一样的。读者们可能会想起我在第二十五章提到的例外情况。在第二十五章中所叙述的案件，是否应该由决斗进行裁决，是由上级领主的法庭来决定的。

一个人不能控告国王的法庭判决有误，因为没有人的地位可以等同于国王，所以也没有人可以控告他。而且由于国王没有上级长官，所以没有人可以向他的法庭提出上诉。

这一条基本法律，不但作为政治法是必要的，而且作为民法，同样也能避免当时司法裁决出现的一些流弊现象。当一个领主担心某人会控告他的法庭裁决不公时[201]，或者看见他们已经在控告时，如果他认为此裁决是公正的，不应该受到控告，那么他可以要求国王法庭的人来审理此案件，国王法庭的裁决是不能被控告的。德方丹说[202]，菲利普国王曾派遣所有法庭的人到柯尔比神父的法庭审判一案件。

但是有的领主从国王那里请不到法官，在这种情况下，如果他在国王的直接管辖之下，他可以把自己的法庭搬到国王的法庭中。如果之间存在中层级别的领主，他就可以求助于他的上级领主，从一个领主到另一个领主，一直到国王。

尽管在当时那个年代，他们既没有我们现在的这种上诉程序和方法，但是他们却向国王求助，因为国王是千江之源，万河之海。

第二十八节　对司法制度违纪的上诉

如果一个领主的法庭延迟、规避或拒绝审判的话，人们可以针对此司法违纪行为向领主的法庭提出上诉。在加洛林王朝时期，一个伯爵手下有几个官吏，尽管这些官吏是伯爵的下属，但他们司法审判却不归伯爵管辖。这些官吏在法庭上会代表伯爵并以他的名义，进行初审、复审和终审。他们与伯爵在司法审判上的区别是权力划分的范围不同。例如，伯爵可以审理死刑案、有关自由和财产侵犯的案件[203]，而百夫长却没有这样的权力。

出于同样的原因，有些犯罪情节严重的案件是由国王来审理的[204]。这些通常是危及国家政治秩序的案件。例如关于主教，修道院院长、伯爵以及其他贵族之间的诉讼案，则由国王和其他重要的诸侯来裁决[205]。

有些作者所提出，人们可向国王的代表人或钦差大臣控诉伯爵，但这种说法是没有根据的。伯爵与钦差大臣有相同的法律权力，并且都是独立的，互不管辖[206]。区别在于法庭的开放时间不同，钦差大臣的法庭每年开庭四个月，另外的八个月由伯爵的法庭审理案件[207]。

如果一个人[208]在初审已经被定罪了[209]，在要求复审后又败诉了，那么他会被罚款十五苏，或者被审判此案件法官棒打十五下。

在审理案件时，如果伯爵或国王的代表人发现一些贵族们无法服从于自己，他们就会让这些贵族们保证，证明他们可以去国王的法庭中受审[210]。这是一种审理案件的行为，并不是重审。我在梅斯的敕令中发现[211]，国王法庭只审判不公裁决的诉讼案，而其他的案件一概不予受理，违者处罚。

如果有人拒绝服从[212]地方法官的处罚[213]，也没有提出上诉，那么他们就会一直被监禁，直到他们默认服从为止。如果他们上诉，在法庭上会做出适当防卫措施，以保护国王的人身安全，并在法庭上会继续审查此案件。

当时几乎没有因司法违纪行为引起的诉讼案件。因为，人们非但没有控告伯爵和其他有权开庭的人存在司法违纪的现象，相反，人们还抱怨他们太严明了[214]，而且许多法令都规定伯爵和其他司法官每年开庭的次数不能超过三次以上。这些法令不是严惩他们玩忽职守，而是要限制他们开庭的次数。

但是，随着小领主的数量逐渐增多，也建立了不同程度的隶属制度或家臣地位，某些家臣的开庭拖延的行为导致这种上诉案件多了起来[215]，特别是由于他们的上级领主还获得了颇多的罚金。

随着决斗裁决的使用慢慢推广起来，但在有些地方，对于特定的案件和时代难以使家臣们聚集起来，结果就导致了司法开庭的拖延。因此就产生了对司法违纪的控告，这种控告标志着人类的历史上光辉的一页。因为当时大部分的战争都被认为是违反了政治法，就像我们今天的战争一样，总是以违反国际公法为起因和借口而爆发的。

波马诺亚说过[216]，对司法违纪的上诉，人们从来不用决斗来解决。原因如下：一、由于对领主本人的尊重，控告人不得与领主进行决斗；二、在事情很明朗的情况下，控告人只需自己计算下开庭日期和其他的延缓天数时，控告人不得要求与领主的家臣们进行决斗；三、在没有裁决的情况下，也不得发起决斗，因为案件根本没有裁决，所以也不会产生裁决不公的情况；四、最后一点，如同与当事人一样，家臣们对领主造成了侵犯，那么他们之间是不允许决斗的，因为是违反规定的。

在上级领主的法庭上，控告人可以请证人来出庭作证，证明法庭的失职行为，所以人们可以与证人进行决斗[217]。这样一来，他的领主和法庭都没有受到冒犯。

1. 如果失职行为是由领主的家臣或其下属所引起的，并导致案件的审理被耽搁一段时间，进而产生了延迟裁决或规避判决的现象，在这种情况下，领主的家臣应该在领主在场下与控告人进行决斗。如果家臣输了，他们应支付给领主一笔罚金[218]。领主不允许向他们的家臣提供任何帮助，相反，还应查封他们的封地，直到他们各自都缴纳了六十里弗的罚款为止。

2. 如果失职行为是由于领主而造成的，并且是因为法庭上没有足够的人员来进行裁决时或当他没有召集他的臣民或让人代替他进行召集，人们可以向他的上级领主那进行上诉。但是，出于对领主的尊重，人们会让法院传讯诉讼方[219]，而不是领主。

领主可以要求他的案件在上级领主的法庭上审理，如果他被宣告无罪，他的案件还发回他的法庭重新审理，并且上诉人需支付他六十里弗的罚金[220]。但是，如果他的失职行为得到证实，他所受到的惩罚将是丧失该诉讼案件的审理权，案件最终由上级的领主法庭来进行审理[221]。事实上，这就是上诉人指控司法失职的目的。

3. 如果领主在自己的法庭上被起诉[222]，那么这只能与封地事件有关。在经过一段时间的拖延审理之后，领主被传唤与上诉人见面[223]。因为法庭是以君主的名义传唤领主的，所以在传唤之前必须得征得君主的同意。家臣们不能以他们的名义传唤他们的领主，但是他们可代表领主传唤其他人[224]。

有时候，在一个裁决不公的案件审理之后，紧接着会出现司法失职的上诉案件。因为尽管领主有时存在司法失职的行为[225]，但他还是做出了裁决。

如果一个人控告领主裁决不公，但情况与事实不符的话[226]，那么讼诉人将会支付领主一笔罚金，金额由领主自行规定。

根特人曾向国王控告了弗兰德伯爵的司法失职行为[227]，指责他在法庭中拖延判决。国王发现案件被推迟审判的时间短于当地习惯法的规定。因此，国王驳回了根特人的起诉，并没收了上

 诉人价值六万里弗的财产。根特人又来到国王的法庭要求减少罚金。法庭最终做出判决，如果伯爵愿意的话，他可以拿到这笔罚金，甚至更多。波马诺亚也出席了这些案件的审判。

最后，就人身或荣誉方面而言，或在不属于封地财产的方面，领主和家臣很可能会发生某些渎职的纠纷案件，但是这种案件不会在领主的法庭上审理，而是在其上级领主的法庭上进行审判。德方丹说[228]，家臣们无权审理有关领主人身的案件。

我一直在试图理清上面所述的内容，想呈现给读者一种更加清晰的观点，而这些内容正是在古时是晦涩、令人费解的。从原来模糊不清的概念我又加以理顺与整理，这个过程本身对我来说就是一次发现之旅。

第二十九节　圣路易统治时期

圣路易当时在他的管辖地废除了决斗裁决的做法，关于此事在他所制定的条令[229]和《法制》[230]中都有相关的说明。

在他的男爵的法庭上，除了在裁决不公的案件中可以使用决斗裁决的方法[231]，在其他的案件中是不允许使用的。

如果一个人认为领主的法庭裁决不公[232]，那么在他没有要求与此案件的审判官进行决斗裁决前，是不允许指控领主的法庭的。但是圣路易提出了一种不用决斗裁决，就能解决裁决不公的办法[233]。这种裁决方式的改变可以称得上是一场司法形式的革命。

圣路易宣称，在他的管辖范围内的领主法庭所审判的案件，人们不能控诉裁决不公。因为这是一种叛逆罪[234]。实际上，与其说是对领主的不忠，不如说这是一种对国王不忠的行为。但是，他允许诉讼人可以要求对在他的法庭上作出的判决进行修改[235]。这么做的目的不是因为这些裁决是不公正的或恶意的，而是因为它们造成了某种伤害[236]。他还规定，如果要起诉裁决不公的话，必须向男爵的法庭进行起诉[237]。

如上所述，根据《法制》的规定，人们不得对国王的领土内的法庭控告裁决不公。但在宣判的同一法庭内，可以要求对判决结果进行修改。如果原审法庭拒绝此修改要求，国王可以允许诉讼人向他的法庭起诉[238]，或由他们自己来解释《法制》的内容，向国王提交正式的请求或请愿书[239]。

关于领主法庭裁决不公的事宜，圣路易允许人们提出上诉，但必须把案件提交到国王或上级领主的法庭上进行审理[240]。但是裁决的方式不是通过决斗[241]，而是需请证人出庭作证，根据他们所制定的法律程序来处理[242]。

因此，无论在领主们的法庭上还是在国王管辖地的法庭上，人们都可以对裁决不公进行上诉，并且无须冒着决斗裁决的风险。

德方丹[243]给我们讲过他见过的在上述两种情况下，没有进行决斗裁决的案件。第一个是在国王管辖地内圣康坦法庭上宣判的一个案件；第二个是在棚斗的法庭上审理的一个案件，当时一个伯爵出席了该法庭，并反对这种旧的法律体系。但是，这两个

 案件最终都是根据法律裁决的，而非以决斗的方式。

也许有人提出这样一个问题，即为什么圣路易规定的诉讼方式，在男爵的法庭上与他的管辖地的法庭上有所差异呢？原因如下：当圣路易斯对他的管辖地的法庭作出规定的时候，他的意见并不受任何限制或影响，但是在管理领主们方面不得不谨慎行事，因为领主们之前享有一种特权，即除非诉讼人愿意起诉法庭裁决不公，使自己置于某种危险的境地，否则他们是不能从领主们的法庭中撤销案件的。圣路易就保留了这种习惯法，即允许人们可以起诉法庭裁决不公，但规定诉讼人可以不用决斗裁决来解决。他废止了法律里实质性的东西，而仅仅只保留下了法律条文，并使人们丝毫没有感觉到法律的这一变化。

这个规定在领主的法庭上并不是被普遍接受。波马诺亚说[244]，在他那个时代，有两种案件裁决的方法，一个根据国王的法律，另一个根据古时的方法。领主们有权选择这两者之一来进行裁决。但是，一旦选择了一种方法，中途就不可以更改了。波马诺亚还说，克莱蒙伯爵使用新的方法[245]，而他的家臣却还采用旧的做法。然而他有权随时恢复使用旧的方法，否则他的权威性就不如他的家臣们了。

这里应该注意的是，法兰西当时被分为国王辖区、男爵辖区或男爵领地[246]。如果用圣路易的《法制》条文的术语说，法兰西就是被分为国王权力管辖范围之内和之外的两个地区。当国王为他所在的辖区制定法令时，他会使用自己的职权。但是，当他制定任何有关男爵辖区的法令时，他就会与男爵们一起拟定法令，或是由他们盖章和签署的[247]。否则男爵们有权根据这些法令与他们领地的财产管理是否相适为理由，决定接受或者拒绝。附属的小家臣与大封臣的关系也是如此。国王制定的《法制》条文，尽管此规定的实行对于领主们来说十分重要，但当国王制定时并没有经过领主们的同意。只有那些认为这些规定条例会对自己有益的人才会选择接纳。克莱蒙郡是圣路易的儿子罗伯特的辖地，在此地他选择使用此《法制》，然而他的封臣们认为这种做法不适用于他们的领地。

第三十节　对上诉的见解

人们认为，既然要求以决斗裁决的方式来解决诉讼案，那么就必须在现场提出此请求。波马诺亚说[248]：“如果当事人没有上诉就离开了法庭，那么他以后就没有上诉的权力了，并维持判决。” 即使在对司法战斗进行限制约束后，这种情况仍然继续存在[249]。

第三十一节　续前

德方丹告诉我们[250]：农奴们不得控告他的领主的法院裁决不公，我们可以从《法制》[251]中证实这一点。德方丹还说[252]：“在

752 领主和农奴之间，除了上帝之外，再没有其他的审判官。”

正是这种决斗裁决的习惯法，剥夺了农奴控告领主裁决不公的权力。但按照规定或习惯法来说[253]，如果农奴们有权进行决斗裁决，他们就有权控告领主的法庭裁决不公，这是十分合乎情理的事，尽管对骑士的审判也是如此[254]。德方丹提出了一种权宜之计，使农奴因控告裁决不公而要与绅士进行决斗的丑事不会发生[255]。

随着决斗裁决的使用开始逐渐被废除，进而又产生了新的上诉裁决方法。自由民可以反对他们领主的法庭裁决不公，但农奴们却无权这样做，在当时这被认为是极其不公平的。因此最高法庭同自由民一样受理农奴们的上诉。

第三十二节　续前

当领主的法庭受到裁决不公起诉的时候，领主本人可以亲自出面到其上级的法庭上进行辩护。同样地[256]，在司法失职案件中，被上级领主传唤的上诉人需带着其领主一起去，这样如果最终的司法失职没有得到证实，那么此诉讼案还将由他的领主重新审理。

后来，由于这两种特殊的情况，并且产生了很多种诉讼案件，就导致了领主不得不一辈子都待在别的法庭，还是为了其他人的事务而忙碌，这种现象太奇怪了。瓦卢瓦的菲利普规定，只能传唤法官[257]。当上诉的案件越来越多的时候，讼诉人不得不进行辩护，这就导致原来由法官做的事，现在改成由讼诉人做了[258]。

我之前说过[259]，在司法失职的案件上中，领主只失去了在自己的法庭审判的权力。但是，如果领主自己作为被告[260]，这种情况是时常发生的[261]，那么他就得在向审理此案的国王或者上级领主支付六十里弗的罚款。因此，在上诉得到普遍接受之后，当法官对领主的判决撤销时，上诉人要支付领主一笔罚金。这种做法持续了很长时间，在鲁西永法令可以证实这一点，但由于它本身违背常理也就自行消亡了。

第三十三节　续前

在决斗裁决的实行过程中，如上诉人控告裁决不公，他很有可能因为输掉比赛而败诉[262]，无法赢得这场讼诉。事实上，如果判决对一方当事人有利的话，那么另一方无论用什么方式都不可能胜诉。因为，即便是控告裁决不公的上诉人获胜了，他也还需与另一方当事人再决斗。这么做的目的不是表明此裁决结果有任何不妥之处，而是要说明其不再生效，这次决斗就意味着宣布上次的裁决是无效的。决斗的目的只不过是向人们证明此行为是合法的。因此，我们一定会按照这种方式来宣布最终的决定结果：“法庭驳回上诉，并驳回所宣判的裁决结果。”实际上，如

754 果上诉裁决不公的人决斗失败，上诉就会被撤销。如果他战胜了对手，上诉和决斗结果都会被撤销。控告人不得不重新起诉了。

事实上，如果通过法庭调查来裁决这个案件，这种宣判的方式则不会发生。德·拉·洛石·佛拉文先生[263]告诉我们，在审讯法庭建立初期时，不能使用这种宣判形式。

第三十四节　诉讼程序是怎样成为非公开形式的

决斗裁决的规定逐渐形成了一种公开的诉讼程序，控诉双方都得让大家知道。波马诺亚说[264]：“证人应该在公开的法庭上作证。”

布地利埃著作的评论者说，他从古代法律的从事者和一些古老的手抄法律书籍中了解到，刑事程序在法兰西是公开进行的，与罗马人的公开判决形式并无太大区别。这是由于他们不重视文字，这种现象在当时很普遍。文字使用既可以确定人们的观点，又能够不被其他人所知。但是，当在司法审判不使用文字时，只能用公开审理的办法才能确定人们的相同意见。

对于之前所裁决的案件和双方辩护的证词会存在记忆模糊的情况[265]，所以在每次开庭复审时，都会以诉讼方式来回忆案件之前有关的细节记录[266]。在这种情况下，是不允许与证人进行决斗的，否则案件将永无终结之日。

之后，一种非公开的诉讼程序形式建立起来。审讯、调查、核实、对质和最终审判的意见，这些诉讼程序在以前都是公开的，现在变成非公开化了。现在我们也采用这种形式。就像这种新的诉讼程序形式适用于之后成立的政府一样，原来的形式也符合当时的政体体制。

布地利埃著作的评论者认为，1539 年制定的法令标志着这一诉讼程序形式的变革。我则认为，这种变化是从一个领地到另一个领地，在各领主放弃旧的裁决方式和圣路易的《法制》逐渐完善的过程中形成的。事实上，波马诺亚说只有在发起挑战书的情况下[267]，才允许证人在公开作证。否则在其他情况下，对他们的审理都是非公开的，并且提供的证词也用文字记录了下来。因此，当他们不再使用挑战书的时候，诉讼程序也变得非公开化了。

第三十五节　诉讼费

在古时法兰西的世俗法庭上，没有人被要求支付过诉讼费[268]。败诉的一方需向领主和家臣们支付一定数额的罚金。以决斗裁决方式产生的最终判决结果也分为两种：一是对于刑事案件来说，败诉方会丧失性命、被没收财产，并且会受到尽可能多的惩罚；二是对于其他案件而言，罚款金额有时是固定的，有时是取决于领主的意见，正是这种方式使得裁决结果让人担惊受怕。在不用决斗裁决的案件中也是这样。正因为领主们是主要利益的获得者，同样他们也是主要的开支者，主要花费在召

756 集他们的家臣们，并让他们各司其职审判案件上。除此之外，由于诉讼案一般在当场就宣判了，而且审判得特别快，没有后来人所看到的大量的说明性文件，所以也没有必要让诉讼双方承担费用。

上诉的行为自然就产生了需要支付诉讼费的要求。德方丹说[269]，如果一个人根据成文法进行起诉，也就是说如果依照圣路易的新法上诉的话，人们就要支付诉讼费。但在正常的实行过程中，除非是控告法庭裁决不公的情况，否则是不允许人们上诉的，这样也就不会产生诉讼费了。如果案件被驳回给领主的话，上诉方仅被判处一笔罚金，并占有所争执的财产一年零一天。

但是，当上诉变得简单，从而使得上诉案件增多时[270]；当这些上诉案件频繁地从一个法庭转移到另一个法庭进行审理，导致诉讼双方不断从其居住地搬走时；当新的诉讼程序变得烦冗，致使诉讼时间延长时；当面对公平正义的审判呼吁，人们的规避技巧练得“炉火纯青”时；当原告懂得如何逃跑，才能被跟踪时；当上诉方已经穷途末路，而被告却安之若素时； 当一切的论据被淹没在无边无际的文书中时；当律师层出不穷而正义却得不到伸张的时候；当发现邪恶的势力的背后有人给撑腰的时候，那么就有必要通过诉讼费来阻止上诉行为。上诉人又要被迫支付诉讼费，还要为他们逃避制裁的方法付出一些费用。关于此问题，美男子查理就曾经制定了一项通用法令[271]。

第三十六节　公诉人

根据《萨利克法典》《里普利安法典》和其他蛮族人的法律的规定，犯罪者应受到罚款处罚。当时的社会不像我们现在，会有公诉人对案件进行起诉。实际上，所有案件的问题都归结于金钱赔偿。在一定程度上而言，所有的上诉案件几乎都是民事诉讼案，每个人都能上诉。另一方面，对于刑事案件的起诉来说，罗马法采取了大众化的形式，这种形式与公诉人的职能是不一致的。

决斗裁决的做法与公诉人的方式并不矛盾，然而谁会愿意成为公诉人，与一切为敌并进行决斗呢？

穆拉托里将《法律汇编》纳入《伦巴第法》里，在其中我发现在加洛林王朝时，有一种公诉代理人[272]。但是，如果有人读完这些法律汇编的内容，就会发现这些官员与我们现在称为的公诉人、总检察长、国王或领主的检察官是截然不同的。那时的公诉代理人指的是对政治和内政事务的管理，而不是民事事务。实际上，我们并没有在法律汇编中发现他们起诉的案件中包括刑事起诉，或者是与未成年人有关的事件，或与教会或个人情况有关的案件。

如我之前所述，决斗裁决的做法与公诉人性质是相矛盾的。然而，我在法律汇编中的其中一项发现，公诉人代理人有权力决定是否进行决斗。此项条例就为亨利一世法律而制定的，被穆拉

758 托里编入其中[273]。亨利一世的这条法令规定：如果有人谋杀了他的父亲、兄弟、侄甥或者是他的任何其他亲属，他将失去继承权，而这个继承权应该转交给其他亲属，并且他自己的财产应该被国家没收。那么，为了追诉充公的那些财产，公诉代理人维护此项权力，并有决斗的自由权。这样，这个案件就会按普通的法令来进行处理。

在这些法律汇编的内容中，我们看到了公诉代理人所起诉的几种案件类型：抓到贼而没有把其交给伯爵的人[274]；对伯爵发动起暴动或叛乱行为的人[275]；挽救一个被伯爵下令处死的人[276]；伯爵吩咐教会的代理人把强盗带到他面前，但其没有遵从的人[277]；向外人透露了国王秘密的人[278]；手持武器袭击皇帝的钦差大臣的人[279]；蔑视皇帝的诏书，被皇帝本人或其代理人起诉的人[280]；拒绝使用君王货币的人[281]。最后，这个代理人可追诉所有的法律规定的上交给国库的财产[282]。

但在刑事起诉案件中，我们从来没有见过公诉代理人。即使是打架斗殴的案件[283]、纵火案的情况[284]、法官在法庭上被谋杀的案子[285]、涉及人员状况的情况[286]以及自由和奴役的问题[287]，都没有公诉代理人出现。

这些法令内容不仅是为了伦巴第人的法律而制定的，同样也是出于以后制定敕令的目的。所以毫无疑问，这些法令使我们懂得了在加洛林王朝，关于诉讼代理人这一事件的做法。

然而很明显，就像各省份的国王的钦差大臣一样，使用诉讼代理人的这一做法在加洛林王朝就已经灭亡了。因为没有通用的法律，也没有总的国库。并且也没有各省份的伯爵在法庭上主持审判，所以也就不需要官吏了，因为他们起的主要作用就是维持伯爵的权威。

在卡佩王朝期间，决斗裁决方式的使用变得更加频繁，所以不允许设立公诉人。因此，布地利埃在《乡村事物大全》的书中谈到了这些司法官吏时，他只提及到法官、领主和士官。请参阅《法制》[288]和波马诺亚的著作[289]，在这些著作中论述了当时起诉的方法。

我在马略卡国王詹姆斯二世的法律[290]中发现，国王设立了检察官的职位，其所起的作用与我们今天的检察官相同[291]。很明显，这个职位的设立是在我们司法程序的形式改变之后才发生的。

第三十七节　圣路易的法制是如何被湮没无闻的

圣路易的《法制》的实行、衰退和最终灭亡发生在很短的时间内。

就这个问题，我将谈论下我的观点。我们所称之的圣路易《法制》的法典，尽管在序言部分说明此法典将在整个国家都予以实行，但实际情况并非如此。编纂这部法律的初衷是把其当作一个通用的法典来实行，范围涵盖所有的民事纠纷案、按遗嘱或其他方式处置财产的案件、妇女的嫁妆和特殊赠予事件、封地的利益

760 和特权问题，以及与警方有关的事务等。当时在每个城市、乡镇或村落都有其自己的习俗，在这种情况下颁布此通用的民事法律，就是在试图推翻本国内当时生效的所有特定的法律。把国内所有特殊的习俗进行缩减并归纳成一种通用的法律，这种做法是实为欲速不达、考虑欠佳。即使在现在，人们都臣服于国王的统治，这种行为也是不可取的。我们大家都很清楚这一点，即只有在优势远远大于劣势的情况下，我们才能做出任何的变更的行为，否则在它们对等的前提下，是绝对不能这么做的。现在我们分析下当时国家所处的状况，当每个领主的管辖范围在逐渐扩大、势力在慢慢增强的时候，我们会发现，试图对已经实施的法律和习俗进行总体上的变更，这种做法一定是违背当时统治者的意愿的。

上面所述的内容同样证明，这部《法制》没有在议会中被国王的伯爵们和地方官员们予以批准，此内容同样在迪康热先生引用的亚眠市政厅的手稿中所提到[292]。我们在其他手稿中发现，此部法典是圣路易在1270年颁布的，之后他去了突尼斯。但还有一个更真实说法，那就是据迪康热所知，圣路易是在1269年离开去突尼斯的，所以他推断此《法制》是在圣路易不在的时候颁布的。但是我认为这是不可能的。因为圣路易怎么可能在他不在的时候，做出一件可能引起许多麻烦的事情呢，这种行为不仅仅是更改而已，而是掀起了一场革命。这样的一场改革风潮需要执政官员们紧密配合和通力合作，不是一个软弱无能的摄政党所能从事得了的，尤其当这个摄政党是同由许多期盼其以失败而告终的领主们所组成的，那成功的机会就更加渺茫了。组成摄政党的这些人就是圣丹尼的修道院院长马修、内勒的伯爵西蒙·德·克莱蒙，去世的有埃夫勒的主教菲利普和栅斗伯爵约翰。我们在之前已经谈到过[293]，栅斗伯爵曾经反对在他的领地内实行新的司法审判制度。

还有一点我想说明的是，在审判制度方面，我们现在所看到的这部法典与圣路易的《法制》还是不同的。这部法典是引用了《法制》中的某些法令条例，是源于《法制》而创造的一部著作，而不是《法制》本身。除此之外，经常提到圣路易《法制》的波马诺亚，只引用了《法制》中一些特定的法律条款，而不是这部法律汇编本。在圣路易统治时期[294]，德方丹从事于文书写作，他前两次提到了关于司法制度的《法制》被予以实行，但当时他叙述的语气像是很长时间之前的事了。因此，圣路易的《法制》是在我现在所说的这部编纂法典之前颁布的。从编纂本法典的严格性方面来讲，并就序言中被一些愚昧无知的人编进去的错误言论来看，它是在圣路易的晚期，或是在这个君王死后才颁布的。

第三十八节　续前

那么现在我们以圣路易《法制》的名义所谈及的这部编纂著作到底是什么呢？此部法典不断地把法兰西法学和罗马法学混淆在一起，时而以立法者的口吻讲话，时而又站在法学家的立场

762 阐述问题，其中又蕴藏着关于所有案件和一切民法观点的完整的法律体系。那么它是这种模糊的、不明确的并使人困惑的法典吗？要想弄清事实，我们就必须置身于那个时代去了解。

圣路易看到了他那个时代的法律体系的弊端，就力图让人们对之心生厌恶。有了这种想法，他就对他辖区内的法庭和他的伯爵们制定了一些规定，并且他取得了巨大的成功。波马诺亚[295]在君主去世后告诉我们圣路易所制定的一些审判制度，在许多领主的法庭上都予以广泛实行。

这位君王已经达到了他的目的，尽管他对领主法庭制定的相关制度，并不是作为国家的通用法律来执行的，但是每个领主都视其为很好的一项规章制度，并愿意去遵守。他通过向人们展示更好的行为规范来消除那种不良的恶习。在他的法庭和一些领主的法庭上，当人们看到建立了一种更自然、更合理、更符合道德、宗教、公众安宁和人身和财产安全的诉讼形式时，这种形式就快被人们所接受，而旧的就被人们废弃和遗忘了。

当用强迫的手段发号施命显得轻率鲁莽时，就应该用诱导的方法。当用权威的方法发号施令有失妥当时，就应采用引导的方式。这就是执政的高超技巧所在。理性有一种自然强大的力量，甚至有一种无法抵挡的力量，如人们硬要与之对抗，殊不知这种对抗行为就意味着理性取得了胜利。不久之后，与之对抗的人最终还得回归于理性之中。

为了使人们对法兰西法学产生厌恶的心理，圣路易下令翻译罗马法。通过这种方式，当时的律师们能够了解其中的内容。德方丹是第一个从事法律写作的学者[296]，他大量地使用了这些罗马的法律。在某种程度上，他的著作是法兰西古法学、圣路易《法制》以及罗马法的产物。波马诺亚却很少使用罗马法，但他把法兰西古法学与圣路易的法规进行整合了。

因此，我认为正是这两部著作的精髓，更重要的是以德方丹的一些重要思想为基础，某个法官编制的这部我们现在所称为《法制》的这部著作。这本书的标题提到它是根据巴黎、奥尔良和男爵法庭的司法习惯编写而成的。在序言中说到，这部专著论述了整个国家、安茹和男爵法庭的司法习惯。由此可见，这部著作是为在巴黎、奥尔良和安茹的人们而编纂的，就像波马诺亚和德方丹的著作都是为克莱蒙和维尔曼多地区而著一样。从波马诺亚的论述中可知，圣路易的很多法律已经在男爵的法庭上所使用，所以这本书的编纂者也有权说他编写的这部法律也与男爵的法庭有关[297]。

显而易见，这部著作的编纂者是把整个国家的习惯法与圣路易的法律和《法制》编纂在一起了。这是一项颇有价值性的工作，因为它包含了当时使用的昂儒的古代习惯法、圣路易的《法制》以及当时实行的法兰西古法。

那么这部著作与德方丹和波马诺亚的不同之处在于，它是以立法者的身份进行发布法令。这么做是可以的，因为它是成文习惯法和法律的编纂本。

764 然而这个著作中却存在一个固有的缺陷，它是一种不伦不类的法典。作者把法兰西的古法学和罗马法混淆在一起，即把两种不相关的并且往往是相互矛盾的法律编纂在一起。

事实上我清楚地知道，由家臣或封臣所组成的法兰西法庭形式，和如果不是裁决不公的上诉就无权要求案件转移到另一个法庭进行审理的这种规定，以及用我审判或我宣告无罪[298]的审判词语，这些都与罗马人的大众判决方式有一些相似之处。但是他们很少使用古法学，人们使用最多的还是后来由各君王们引入的罗马法，在此著作中也大量地使用罗马法用以规范、限制、修正和发展法兰西法学。

第三十九节　续前

圣路易引入的司法审判形式被逐渐遗弃了。因为这位君王并没有看重裁决的形式本身，即他没有把重点放在使用最好的裁决方法上，而是一直在力图使用最好的方法来取代原来的裁决形式。他的第一个目的就是要使人们对旧法学心生厌恶，第二个目的就是要建立新的法学。但是当新的法学的弊端暴露出来的时候，很快就会被另一个取而代之。

因此，圣路易的法律并没有对法兰西古法学改变很大，但这些法律提供了改变它的一些新的方法。他们开设了新的法庭，更准确地说是开辟了通往新法庭之路。而一旦人们可以轻松地进入高等法院去打官司，那么以前只在一个特定领地使用的判决，就会变成一种通用的法律体系。通过《法制》的颁布，从而形成了一种通用的裁决形式，而这种新的裁决形式正是当时国家所需要的。所以反正建筑竣工了，脚手架该拆就拆了吧。

因此，圣路易《法制》所产生的巨大影响是其他立法的杰作所达不到的。有时对于变革而言，需要数个世纪的准备时间，时机一旦成熟，就会掀起一场革命。

王国内几乎所有的案件，都由高等法院做最终的判决。在此之前，高等法院只对公爵、伯爵、主教、修道院院长之间[299]或者国王与他的封臣之间的案件[300]进行审判，这些案件类型大多涉及政治范畴而不是民事类的。后来，高等法院不得不变成了一个常设机关，并召集法院组成人员集体议事。后来随着需要审理的案件越来越多，为了满足这种需求，又设立了好几个这样的常设机构。

高等法院一旦成为一个常设的机构，就开始编制法令。在英俊菲利普统治时期，让·德·蒙吕克编制了一个判例集，我们今天把它叫做《奥里姆判例集》[301]。

第四十节　司法审判是如何借鉴教皇法令的

但是，当原有的司法审判形式被遗弃时，人们为什么会使用教会法进行审判而不是罗马法呢？因为僧侣的法庭都是遵循教

766 会法而裁决案件的，并且当时也没有遵守罗马法的法庭。除此之外，教会和世俗的司法管辖的界限在当时鲜为人知。人们对于应该在哪个法庭[302]进行起诉也没有区别[303]，对于起诉的案件类型也不加以区分。看起来[304]世俗的法庭似乎只审理一些封建的案件和一些世俗人所犯下的非宗教的案件，好像也就没有其他的了[305]。如果是关于协议和契约的纠纷案件，双方当事人需到世俗法庭进行申诉。他们也可以到教会法庭上打官司，但是教会法庭无权要求世俗法庭执行它的判决，不过它可以通过使用“逐出教会”[306]的方法强制人们服务它的判决。在这种情况下，当他们想要改变世俗法庭的审判制度时，就使用了教会的裁决形式，因为当时教会的审判形式广为人知，而对于罗马法的却鲜为人知，所以从实践的角度来说，当时的人们只知道使用他们熟悉的裁决方式。

第四十一节　教会裁决权和世俗裁决权的此消彼长

因为民事裁决的权力掌握在无数的领主的手中，所以对于教会的司法管辖区来说，很容易地在逐渐扩大。但是，由于教会的司法管辖权削弱了领主的权力，这种做法又使得国王的裁决权力增强，反过来其又逐渐限制了教会的司法管辖权，最终导致教会的管辖权败退下来。在司法裁决形式上，高等法院采纳了教会法庭上的一切好的有益的做法，但很快就察觉到了其流弊所在。

由于国王的裁决权力不断增强，其有能力纠正这些弊病陋习。事实上，这些人们也无法忍受这些弊病的存在。关于这些流弊，在这里我就不一一列举了，烦请读者们读下波马诺亚、布地利埃的著作和君王们所制定的条例[307]就会有所了解。在这里我只想谈及与公共利益直接有关的问题。我们在改革他们的法令的过程中了解到了这些陋习所在，这些陋习是在最黑暗的无知的时代被引入的，当一缕曙光普照大地时，它们就消失得无影无踪了。从僧侣们的沉默中，我们可以推测就是他们提出了这种改革。从人性思想的本质来说，这种行为值得赞扬。任何死去的人，如果生前没有将其遗产的一部分赠给教堂，就被认为是未忏悔而死，那么其就被剥夺了举办圣餐仪式和基督葬礼的权力。如果一个人死前没有立遗嘱的话，那么他的亲属不得不去请主教，主教将给他们指定一些合适的公断人，以确定假设死者立遗嘱的话，那么其能赠给教堂多少遗产。如果新婚夫妇没购买结婚许可证的话，他们是不允许结婚当天同床的，甚至在接下来的两天也不能同床。之所以规定在这三天内必须购买结婚许可证，是因为在结婚以后的其他日子中，他们就算给钱也不是很多。所有这一切弊病的法令都被高等法院所革除，我们在拉戈的《法兰西法律术语》[308]中可以找到一项反对亚眠主教的法令[309]。

让我们回到本章节开头部分。无论是哪个时代或哪个政体下，当人们在观察到国家不同的机构都在力图扩大自己权势，并且彼此之间相互争夺利益的时候，人们往往误认为他们的所作所

768 为就是他们腐败的一个明显标志。由于社会地位、等级等导致了人类的宿命不同，温和、稳健的具有影响力的人物非常罕见。对于普通人来说，顺应局势的发展要比遏止局势的发展容易得多。或许在上层社会里，品质道德极高的人要比十分聪慧的人要多些吧！

当人类统治征服其他人的时候，他们的心理就产生莫大的快感。即使那些崇尚美德的人也是非常爱自己，所以假设有人怀疑他们的真实意图，大家都会倍感难过。事实上，我们的行动被很多事情所约束，做好事容易，把好事做好就是另一回事了。

第四十二节　罗马法的复兴及所引发的结果，法庭的变化

查士丁尼颁布的查士丁尼民法大全之《学说汇纂》部分在1137年前后被人们发现以后，罗马法如同获得了第二次生命。人们在意大利建立起一些学校，用来公开教授罗马法。那时已经颁布了查士丁尼民法大全之《法典》和《新律》部分。我之前已经说过，这些法律在那里很受欢迎，以至于导致了《伦巴第法》的衰落。

意大利的学者把查士丁尼的法律带到了法兰西，当时在法兰西人们只有《狄奥多西法典》[310]。因为直到蛮族人在高卢定居之后才制定了查士丁尼法[311]。当时这部法律遭到了一些人的反对，并且教皇为了维护他们自己的教规[312]，还使用了逐出教会的方法，

但这部法律还是存留了下来。圣路易试图通过下令翻译查士丁尼法来使之成名，这些翻译的稿件至今仍保存在我们的图书馆中。之前我已经提到过了在圣路易的《法制》编纂过程中大量地引用了这些著作内容。在遵循习惯法的法兰西地区，英俊菲利普国王下令让人们学习查士丁尼法律[313]，并且使此法律作为一种成文理论。使用罗马法的各个地区都接受了查士丁尼法。

我之前已经提到，决斗裁决对法官能力的要求不是很高。案件是根据每个地区的习惯以及传统习俗来进行审判。在波马诺亚的时代，有两种不同的裁决方式[314]。有些地方是家臣们进行审判的，其他的一些地方是由法官们进行裁决[315]。如果是家臣裁决，他们会根据自己管辖区的习惯法进行审判。如果是法官裁决，贤明的人或有丰富阅历的老辈人会把当地的习俗告诉法官，然后法官们会根据这种习俗进行审判[316]。无论上述哪种裁决形式，都不需要人具有读写能力、有任何的才干，也不需要人们去学习。但是当晦涩难懂的《法制》和其他法学著作问世时，当罗马法被翻译出来并开始在学校教授时，当某种司法程序和法理学开始形成时，当社会中出现律师和法学家这种职业时，当家臣和贤明的人不再各司其职进行审判时，当家臣们开始不再为领主组织法庭时，那么领主们就很少再召集他们进行议事了。此时，司法审判只是一种法律程序，而不再看成是一种庄严隆重的事件，不再是一种取悦于贵族的、使尚武的人感兴趣的一种行为。他们不懂，而且也不关心这些程序。用家臣审判案件的情况越

 来越少了[317]，法官判案的趋势与日俱增起来。本来之前法官不进行审判[318]，而只是审查，并宣布那些贤明人的审判结果。但因为贤明的人已经不能再审判了,所以只能由法官亲自进行审判。

这种变化情况是极易可能发生的，因为我们目前所谈及的就是教会裁决制度的应用范围的情况，教会法和新的民法一致废除了家臣的审判制度。

这样一来，在法兰西的君主制下一直被人们所关注的事情，即一个法官不得单独审理案件的这种习惯法被废弃了。人们可以在《萨利克法典》、国王的《敕令》以及在卡佩王朝初期的法学著作[319]中找到这个习惯法。这种只有一个法官独自审判的情况只发生在地方法庭，后来通过增加副审判官的方式，在某种程序上革除了这种弊病，这种情况也得到了很大的改善。副审判官的职能是向法官提供相关意见和建议,并发挥之前贤明人士的作用。再加上对需要体罚的案件,法官有义务选择两名大学士辅助审判,这样就使得独自审判的弊病不断减少。后来，由于上诉极为容易，所以这种弊病也就不存在了。

第四十三节　续前

因此，并不是法律禁止领主们设立自己的法庭，也不是法律取消了家臣们的司法审判职能，更不是法律规定一定要设立法官的职位并给予了他们审判的权力，而是由于司法裁决发展的必要性，所有这一切都在不知不觉地改变中而形成的。罗马法的内容、法庭审判所需要的才干技能和新的习俗法，这些都需要人们去学习和研究，而这些也正是贵族们和未受过教育的人们没有能力做的事情。

据我们所了解在这件事情上只颁布过一条法令[320]，那就是强制领主们从世俗人群中选择他们的法官。这条法令被误认为是由领主们所制定的，其实则不然，因为此法令只是说明了它的内容，并没有讲更多的东西。除此之外，立法者制定这条法令肯定是有一定的原因的，即为“应该从世俗的人中间选定法官，这样当他们渎职时就能够受到惩罚。”[321]因为当时僧侣们的特权是众所周知的。

我们不能认为，领主们以前享有的特权，是因为被强行剥夺了，所以导致他们现在不再拥有了。事实上，许多的这些权力是被忽视而丧失的，还有一些是被废弃掉了，因为在数世纪的时代变迁过程中，这些特权不可能随着岁月的洗礼一直留存着。

第四十四节　证人

当时的法官只会根据习惯法来审理案件。所以对于案件中的每一个疑点，通常他们会使用让证人出庭作证的方法来进行审讯。

决斗裁决的方式逐渐被淘汰，人们开始用书面的方式进行取证调查。但是，把口供记录下来只能算作是口头证据，这种做法只是增加诉讼的费用而已。随后人们就制定了法规，规定这样的取证方式是无效的[322]。随后人们又建立了公共登记处，在这里大部分的信息，如贵族身份、年龄、合法性和婚姻状况等都可以查得到。这种书面的证据人们是难以抵赖的。人们还把习惯法编入在册。这些做法都是十分合理的。如果要证明彼得是不是保罗的儿子，只要去洗礼登记处去查一下就知道了，这要比冗长繁琐的审讯要容易得多。倘若一个国家有很多的习惯法，相比强制人们去证明他们的习惯法来说，把这些所有的习惯法都汇编在一个法典中要容易得多。之后，人们制定了一条很有名的法令，规定除非一开始就有书面文字为证，否则如债务纠纷案件的数额超过一百里弗的话，就不接受证人的证言。

第四十五节　法兰西的习惯法

正如我们之前所提到的那样，法兰西是以不成文的习惯法来统治管理的，而且每一个领主的特殊的习惯法构成了民法。波马诺亚说过[323]，每个领地都拥有自己的民法，而且具有各自的特殊性。波马诺亚在当时被看作是一位杰出的伟大人物，他说不相信在一个王国中都有两片领地完全由同一个法律管辖。

这种法律形式的多样性有双重起源。关于第一个起源，读者可能会想起我在地方习俗一章[324]中已经提到的内容；关于第二个起源，人们可以在决斗裁决的不同情况中可以找到。因为决斗裁决不断地发生的一系列难以预料的事件，所以就很自然地产生了新的方法。

这些习惯留存在老一辈人们的记忆中，并且逐渐形成了法律或成文的习惯法。

在卡佩王朝统治的初期[325]，君王们不仅颁布了特别宪章，也颁布普通条例，比如菲利普·奥古斯都的《法制》和圣路易的《法制》。颁布这些宪章、条例的方式我已经在前面谈及了。一些官职高的封臣们和他们的下属领主们，会根据他们公爵或辖区的相关法令的特殊情况，颁布某种章程或法制。比如布列塔尼伯爵若弗鲁瓦的《关于贵族财产分配的判决令》；拉乌尔公爵颁布的《诺曼底惯例》，蒂博君王颁布的《香槟惯例》，蒙特福特伯爵颁布的《西蒙法律》等。就这样形成了一些成文的法律，而且比原来的法律更实用并具有普遍性。

在卡佩王朝统治的初期，几乎所有的平民都是奴隶。但后来由于某些原因，君王们和领主们决定把他们都解放了。

当领主们通过解放他们的奴隶时，就会给他们分配点财产。因此为了更好地规范该财产的处置，他们不得不制定一些民法。但是当领主们分给奴隶财产时，就好像他们的财产被剥夺了。因此，为了公平起见，也有必要制定一些法律来保护领主的财产。《解放奴隶宪章》就对以上这两件事都做出了规定。这些规定变成了我们习惯法的一部分，此部分也用文字记录了下来。

在圣路易及以后的王朝的统治中，德方丹、波马诺亚等造诣颇深的法学家把他们各自法律管辖范围内的习惯法都编入在册。其目的是规范当时的司法程序，而不单纯是记录那个时期的在处理财产方面的习惯法。在他们编写的著作里囊括了这些全部内容。虽然是他们阐述内容的事实性使他们名声威望，但我们不可否认的是，他们对法兰西法律的复兴作出了重大的贡献。这些就是当时的法兰西的成文习惯法。

随后到来的时代更是历史中光辉的一页。查理七世以及他的继任者下令把整个王国不同的地方习惯法都用文字记录下来，并规定了编纂时所应使用的格式。由于这种编纂工作是由各省进行的，每个领地都把各自的成文和非成文习惯法递交到该省的代表会议上进行商讨。在不损害并保护各自利益的情况下，人们试图把这些习惯法编写得更具有普遍性[326]。这样我们的习惯法就有以下三个特点：一是成文法，二是具有普遍性，三是具有皇帝的玉玺。

这些习惯法中的许多内容都被重新修订过，所以有了一些变化，有的是删掉了与现在法学所不相容的内容，有的是增加了一些现行法学的内容。

尽管我们认为习惯法是一种与罗马法对立的法律，因为这两种法律明确标明了其适用的地域，但是许多罗马法的规定已被引入我们的习惯法中，特别是当人们重新修订了习惯法时。在那个离我们不太遥远的时代，罗马法已成愿意考取公职的人员的必修课，人们不以“不知道应该知道的事”为荣，也不以“知道了不应该知道的事”而为傲；在那个时代，才智聪慧虽然可以使人更好地学习一种职业，但却不能让他马上从事这个职业，享乐主义已经不是妇女们的特质了。

在本章的篇末，我本应该阐述得更加详细一些，应该追溯到所有细微的变化。自从引入上诉司法程序以来，这些变化就已经组成了法兰西法学的主体。但是，如果我这样做的话，就如同是把一本巨著放在了另一部书里。所以，我就像那位好古之士一样，从自己的国家启程，抵达埃及。看一眼金字塔，就又打道回府了[327]。

1 参阅《萨利克法典》的前言。莱布尼茨（Leibniz）在他的《论法兰克人起源》一书中说，萨利克法典是在克洛维斯执政前制定的，但不可能在法兰克人离开日耳曼尼亚前制定的，因为在当时他们还不懂拉丁语。

2 见图尔的格雷戈里，《法兰克教会史》，第二卷，第四十章。

3 见《巴伐利亚法》和《萨利克法典》的前言。

4 见《巴伐利亚法》的前言部分。

5 盎格鲁维利诺人的法律就是图林根人的法律 .

6 弗里斯兰人不会识文断字。

7 尤里克（Euric）制定了《西哥特法典》，罗维吉尔德（Leuvigilde）对其进行了修订。参阅伊西多尔（Isidorus）《编年史》。申达逊突斯和列赛逊突斯对其进行了改革。埃吉加（Egiga）编纂了现存的这部法典，并把此事委托给了主教们。但是，从托莱多（Toledo）第十六届议会上来看，申达逊突斯和列赛逊突斯的法律被予以保留。

776

8 见《巴伐利亚法》的前言。

9 关于肉体刑罚，在希尔德贝尔特（Childebert）的敕令中，少之又少。

10 见《勃艮第法典》的前言部分以及正文内容，特别是第十二条第五款和第三十八条第五款。见图尔的格雷戈里，《法兰克教会史》，第二卷，第三十三章；又见《西哥特法典》。

11 参阅本章第三节。

12 见《萨克森法》，第二章第八和第九节，第四章第二和第七节。

13 《高卢战记》，第六章，第二十三节。

14 《马尔库夫范例集》，第一章，第八条。

15 《里普利安法典》，第三十一章，第三十五条。

16 克洛泰尔560年颁布的敕令，载入巴鲁兹所著的《敕令汇编》，第一卷，第四条。

17 《伦巴第法》之附加敕令，第一卷，第二十五篇，第七十一章；第二卷，第四十一篇，第七章；第二卷，第五十六篇，第一和第二章；

18 《伦巴第法》之附加敕令，第二卷，第五篇。

19 《伦巴第法》之附加敕令，第二卷，第七篇，第一章。

20 《伦巴第法》之附加敕令，第二卷，第七篇，第二章。

21 《伦巴第法》之附加敕令，第二卷，第三十五篇，第二章。

22 《伦巴第法》，第二卷，第四十七篇。

23 本书本章第一节。

24 《萨利克法典》，第四十四篇，第一节。

25 “在所居住的地区拥有财产的人”。见《萨利克法典》，第四十四篇，第七和第十五节。

26 “国王的宠信”。见《萨利克法典》，第四十四篇，第四节。

27 “陪伴国王一起饮酒的罗马人”。见《萨利克法典》，第四十四篇，第六节。

28 所有显赫的罗马人都在朝廷任职，从许多主教们在宫中成长一事便可以证明。除了罗马人，其他人都无法通晓文字。

29 《萨利克法典》，第四十五篇。

30 此处所指里都斯（Lidus），其身份地位比农奴要高。见《阿勒曼尼法》，第九十五篇。

31 《萨利克法典》，第三十五篇，第三和第四节。

32 杜波斯教士。

33 见图尔的格雷戈里中见证阿波加斯特（Arbogast）的远征，《法兰克教会史》，第二卷，第九章。

34 他们是法兰克人、西哥特人和勃艮第人。

35 此法于438年编纂完成。

36 此法的序言指出，此法于阿拉里克在位第二十年时制定，两年后由阿尼安公布。

37 这是西班牙纪年504年，参阅伊西多尔（Isidorus）《编年史》。

38 “法兰克人、蛮族人或生活在萨利克法典管辖之下的人。”《萨利克法典》，第四百四十五篇，第一节。

39 《里普利安法典》第五十八篇，第一节写道：“根据教会也遵守的罗马法”。参见迪康热，《中末期拉丁语词汇》中的“罗马法”条下所列举的众多权威著作。

40 林登博洛格版的《萨利克法典》，该书末尾附加多项敕令，以及在教会特权上所规定的蛮族人不同的法典。又见查理曼于807年致意大利国王丕平的信函，载入《敕令汇编》，巴鲁兹版，第一卷，第452页，其中提到，神职人员可获得三倍赔偿金；又见《敕令汇编》，巴鲁兹版，第一卷，第五章，第三百零二条条。

41 见该《西哥特法典》。

42 我将在本书第三十章，第六至九节中论述。

778

43 阿戈巴尔，《著作集》。

44 参阅杜申（Duchesne），《作品集》，第三卷，第366页中的热尔韦·德·蒂尔布里（Gervais de Tilburi）说："与法兰克人签订了一个条约，规定生活在那里的哥特人需遵守祖辈的习俗，即受哥特地区的法律约束。因此，纳尔博纳就隶属于丕平的辖地。"又见卡泰尔（Catel），759年所编纂的《朗格多克史》，第三卷，第598页。又见匿名作者所著的《皇帝路易的生活》，第五十九章，第838页，关于塞蒂马尼亚（Septimania）人民在卡里西亚可人民会议上所提出的要求的叙述。又见杜申，《作品集》，第二卷，第316页。

45 见《法兰克敕令集》，第十六条："根据罗马法审判的地区，继续按照此法进行审理案件；对于非罗马法审判的地区，应按罚款予以处理。"又见《法兰克敕令集》第二十条。

46 见《皮斯特敕令》，第十二和第十六条。

47 参阅本书本章，第九、十和第十一节。

48 见马基雅维利（Machiavelli），《佛罗伦萨史》，第三卷，第一章，关于旧时佛罗伦萨贵族灭亡的叙述。

49 他于642年开始执政。

50 "我们不愿再受外地法和罗马法的折磨。"见《西哥特法典》，第二卷，第一篇，第九和第十节。

51 "允许哥特男人与罗马女人通婚，也允许罗马男人与哥特女人通婚。"见《西哥特法典》，第三卷，第一篇，第一节。

52 见卡西奥多罗斯（Cassiodorus），《东哥特史》，第四卷，第十九和第二十六封信，其中有关于当时颇有声誉的东哥特国王提奥多里克，宽容对待这些地区的叙述。

53 从这一系列事件的审判中就可以看出来，当时这些省的叛乱事件具有普遍性。鲍卢斯和其追随者们都是罗马人，他们甚至受到了主教们的支持。瓦姆巴不敢将其抓获的叛乱者处以死刑。《瓦姆巴传》的作者把纳尔博纳的高卢所在地称为叛乱的温床。

54 “在大屠杀中，幸存的哥特人带着妻子和孩子从高卢逃往西班牙，被以暴君闻名的特乌迪斯（Theudis）收留。”见《哥特战纪》，第一章，第十三节。

55 见《敕令汇编》，巴鲁兹版，第一卷，第六章，第三百四十三节，第 981 页。

56 德·拉·托玛希耶次（de la Thaumassiere）先生收集了许多这种罚金条令。见《贝利的新旧当地习惯法和洛里斯的评论》，第一部分，第六十一章，第 86 至 89 页，以及第六十六章，第 97–102 页。

57 拉丁文写作 Missi Dominici，意为“王室钦差大臣”。

58 秃头查理 844 年敕令第八条中说道：“主教们不应该以有权制定教规为借口，反对此敕令，或不予以遵守。”他似乎已经预见到，这些敕令将会被废弃。

59 许多教皇的谕令被加进了这些教规集中，但教皇的谕令在旧的教规集中却很少。狄奥尼修斯·伊希格斯（Dionysius Exiguus）把许多的教皇谕令编进了自己的教规集中，伊西多尔· 墨卡托（Isidoros Mercator）编的汇本中也有许多教皇谕令，但其中有真也有假。旧教规集在法兰西一直被使用到查理曼时期。这位君主从教皇亚德里安一亚手中接过狄奥尼修斯·伊希格斯的教规集，并命令人们按照其执行。伊西多尔· 墨卡托编的教规汇本曾在查理曼时期出现在法国，当时此汇本都深受人们喜欢，随后便出现了我们所谓的《教规法集》。

60 见《皮斯特敕令》，第二十条。

61 这一点在这些法典的前言部分解释得很清楚。人们甚至可以在萨克森法和弗里斯兰法中看到许多条款，这些条款都是按照不同地区情况而制定。一些特殊的条款根据具体的情况，被加进这些习惯法中，约束萨克森人的条款便是如此。

62 在本书第三十章第十四节中会再次谈及此事。

63 见《马尔库存夫范例集》前言。

64 《伦巴第法》，第二卷，第五十八篇，第三节。

65 《伦巴第法》，第二卷，第四十一篇，第六节。

66 《圣卢德格尔》（*Vita Sancti Liudgeri*），第一章，第十七节。

67 《伦巴第法》，第二卷，第四十一篇，第六节。

68 见本章第五节。

69 这与塔西佗所说的相吻合，他说，日耳曼民族间既有共同的习惯法，也有各自的习惯法。见《日耳曼尼亚志》，第十八章，第三十一节。

70 《里普利安法典》，第六、七和第八篇以及其他篇。

71 《里普利安法典》，第十一、十二和第十七篇。

72 当被告是法兰克国王的封臣时，其被认为是忠诚可信的人。见《撒克利法条例》，第七十六篇。

73 见《撒克利法条例》，第七十六篇。

74 如同当今英国的做法。

75 《里普利安法典》，第三十二篇，第五十七篇第二节，第五十九篇第四节。

76 见下一注解。

77 这种精神在《里普利安法典》中体现了出来。见该法第五十九篇第四节，第六十七篇第五节；又见 803 年附加进《里普利安法典》中宽厚者路易的敕令第二十二条。

78 见《里普利安法典》，第六十二篇第四节，以及第六十九篇第五节。

79 弗里斯兰人、伦巴第人、巴伐利亚人、萨克逊人、图林根人和勃艮第人的法律均是如此。

80 《勃艮第法典》，第八篇，第一和第二节，关于刑事案件的规定；

第四十五篇关于民事案件的规定；又见《图林根法》第一篇第三十一节，第七篇第六节，第八篇；《日耳曼法》第八十九篇；《巴伐利亚法》第八篇第二章第六节，和第三章第一节，第九篇第四章第四节；《弗里斯兰法》，第二篇第三节，第十四篇第四节；《伦巴第法》，第一章第三十二篇第三节，第三十五篇第一节，第二章第三十五篇第二节。

81 见本章第十八节末尾。

82 另一些蛮族人法律也采取这些取证法。

83 见《萨利克法典》，第五十六篇。

84 见《萨利克法典》，第五十六篇。

85 从塔西佗这句话中可看出，即“每个人的身上都有同样的特征”。见《日耳曼尼亚志》，第四卷。

86 维莱乌斯·帕特尔库路斯（Velleius Paterculus）说过，日耳曼人用决斗裁决一切。见《罗马史》，第二卷，第一百一十八章。

87 见蛮族法典，关于较近时代，参阅波马诺亚，《波瓦西斯的习惯法》，第六十一和第六十二章。

88 《勃艮第法典》，第四十五篇。

89 阿戈巴尔，《著作集·驳贡德鲍法典》，第八章。

90 见波马诺亚，《波瓦西斯的习惯法》，第六十一章；又见《图林根法》，第十四篇，其中说明沸水取证仅为辅助方法。

91 见《图林根法》，第十四篇。

92 见《里普利安法典》，第三十一篇，第五节。

93 “如果使我们君主满意，就根据法兰克法进行裁决。”见阿戈巴尔，《著作集·驳贡德鲍法典》，第七章。

94 见《里普利安法典》，第五十九篇第四节，和第六十七篇第五节。

95 《伦巴第法》，第二章，第五十五篇，第三十四章。

96 公元 962 年。

97 “意大利的权贵们强烈呐喊，要求圣明的皇帝更换法律，制止这种恶行。”见《伦巴第法》，第二章，第五十五篇，第三十章。

98 此次议会于公元967年召开，教皇约翰十三世和皇帝奥托一世均出席。

99 康拉德是罗道夫斯（Rodolphus）的儿子，奥托二世的舅伯，汝拉山外勃艮第王国的国王。

100 于公元988年。

101 “因此，各方来者都向皇帝进谏。”见《伦巴第法》，第二章，第五十五篇，第三十四节。

102 载入《伦巴第法》，第二章，第五十五篇，第三十三节。在文中被穆拉托里（Muratori）使用，是皇帝维多尼斯（Widonis）所制定。

103 见《伦巴第法》，第二章，第五十五篇，第二十三节。

104 见卡西奥多罗斯（Cassiodorus），《信札》，第三卷，第二十三和第二十四封信。

105 在《宽厚者路易传》中写道：“在宫廷中，伯爵贝拉（Bera）被一个名为苏尼拉（Sunila）的人控告不忠，因为他们都是哥特人，于是贝拉根据他们自己的法律和苏尼拉骑马决斗，结果贝拉获胜。”

106 见《伦巴第法》，第一章第四篇，以及第九篇的第二十三节；第二章，第三十五篇，第四和第五节，以及第五十五篇的第一、二、三节，和第十五篇。

107 见《伦巴第法》，第二章，第五十五篇，第二十三节。

108 当时在教堂进行司法立誓。在墨洛温王朝时期，宫廷中专设一个小教堂用于裁决案件。见《马尔库夫范例集》，第一卷，第三十八章；《里普利安法典》，第五十九篇第四节，第六十五篇第五节；又见图尔的格雷戈里，《法兰克教会史》；又见载入《萨利克法典》803年的敕令。

109 见波马诺亚，《波瓦西斯的习惯法》，第三十九章，第212页。

110 在《伦巴第法》和《萨利克法典》中可找到这些规定。

111 见载入《伦巴第法》中的这些规定，第二章，第五篇，第三十一节。

112 于公元 1200 年。

113 见波马诺亚，《波瓦西斯的习惯法》，第三十九章。

114 见波马诺亚，《波瓦西斯的习惯法》，第六十一章，第 309–310 页。

115 胖子路易 1145 年颁布的条例，载于其谕令集。

116 胖子路易 1145 年颁布的条例，载于其谕令集。

117 胖子路易 1168 年颁布的条例，载于其谕令集。

118 见波马诺亚，《波瓦西斯的习惯法》，第六十三章，第 325 页。

119 见波马诺亚，《波瓦西斯的习惯法》，第三十八章，第 203 页。

120 吾勒马卢斯（Wulemarus），《弗里斯兰法·明智的增加》，第五篇。

121 《伦巴第法》，第一章，第六篇，第三节。

122 《伦巴第法》，第二章，第五篇，第二十三节。

123 公元 819 年载入《萨利克法典》。

124 见波马诺亚，《波瓦西斯的习惯法》，第六十四章，第 323 页。

125 见波马诺亚，《波瓦西斯的习惯法》，第六十四章，第 329 页。

126 见波马诺亚，《波瓦西斯的习惯法》，第三章，第 25、329 页。

127 关于决斗时所用武器，见波马诺亚，《波瓦西斯的习惯法》，第六十一章第 308 页，第六十四篇第 328 页。

128 见波马诺亚，《波瓦西斯的习惯法》，第六十四章，第 328 页；又见奥古斯特·加朗（Auguste Galland），《自由土地论》，第 263 页所征引的昂儒的圣·奥班（Saint Aubin）的条例。

129 古罗马人不认为被棒打是一种羞辱的行为。见查士丁尼民法大全,《学说汇纂》，第 3.2.22 条。

130 他们决斗时所使用的武器只有盾牌和棍棒。见波马诺亚，《波瓦西斯的习惯法》，第六十四篇，第 328 页。

131 《伦巴第法》，第一章，第六篇，第一节。

132 《伦巴第法》，第一章，第九篇，第二节。

133 参阅塔西佗，《日耳曼尼亚志》。

134 参阅《萨利克法律公约》（*Pactus Legis Salicae*）。

135 我们之前有旧时《萨利克法典》，此《萨利克法典》是这位君王修订过的法律。

136 《伦巴第法》，第二章，第五十五篇，第十一节。

137 可以读下中世纪的希腊小说。

138 写于 1283 年。

139 参阅波马诺亚，《波瓦西斯的习惯法》，第六章，第 40 页和第 41 页。

140 参阅波马诺亚，《波瓦西斯的习惯法》，第六十四章，第 328 页。

141 参阅波马诺亚，《波瓦西斯的习惯法》，第六十四章，第 330 页。

142 参阅波马诺亚，《波瓦西斯的习惯法》，第六十四章，第 330 页。

143 参阅波马诺亚，《波瓦西斯的习惯法》，第六十四章，第 330 页。

144 官位显赫的封臣有一些特权。

145 波马诺亚在《波瓦西斯的习惯法》的第六十四章第 330 页中写道："他失去了裁决权。"这句话在作者当时的时代来看，是只限于当时诉讼的案件，并不具有普遍的意义。参阅德方丹，《谏言》，第二十一章，第二十九条。

146 此种习惯法可在敕令中找到，并且此种做法一直沿袭到波马诺亚生活的时代，见《波瓦西斯的习惯法》，第六十一篇，第 315 页。

147 参阅波马诺亚，《波瓦西斯的习惯法》，第六十四章，第 330 页。

148 参阅波马诺亚，《波瓦西斯的习惯法》，第六十一章，第 309 页。

149 参阅波马诺亚，《波瓦西斯的习惯法》，第六十一章，第 308 页。

150 参阅波马诺亚，《波瓦西斯的习惯法》，第六十一章，第 314 页；又参阅德方丹，《谏言》，第二十二章，第二十四条。

151 参阅波马诺亚，《波瓦西斯的习惯法》，第六十三章，第322页。

152 参阅波马诺亚，《波瓦西斯的习惯法》，第六十三章，第322页。

153 参阅波马诺亚，《波瓦西斯的习惯法》，第六十三章，第322页。

154 参阅波马诺亚，《波瓦西斯的习惯法》，第六十三章，第323页。

155 参阅波马诺亚，《波瓦西斯的习惯法》，第六十三章，第324页。

156 参阅波马诺亚，《波瓦西斯的习惯法》，第六十三章，第325页。

157 参阅波马诺亚，《波瓦西斯的习惯法》，第六十三章，第325页。

158 参阅波马诺亚，《波瓦西斯的习惯法》，第六十三章，第323页；又参阅本书第十八章。

159 参阅波马诺亚，《波瓦西斯的习惯法》，第六十三章，第322页。

160 参阅德方丹，《谏言》，第二十二章，第七条。

161 “他们自行决定是以决斗的方式还是通过证词进行裁决。”参阅胖子路易1118年的谕令。

162 参阅胖子路易1118年的谕令。

163 参阅波马诺亚，《波瓦西斯的习惯法》，第六十一章，第315页。

164 参阅波马诺亚，《波瓦西斯的习惯法》，第三十九章，第218页，“在他们立誓之前，会被问到他们为何人提供证言，因为根据这一点，可控告其作伪证。”

165 参阅波马诺亚，《波瓦西斯的习惯法》，第六十一章，第316页。

166 参阅波马诺亚，《波瓦西斯的习惯法》，第六章，第39、40页。

167 如果决斗是他人代为参加的，那么获胜的一方就会砍掉战败者的一只手。

168 《巴伐利亚法》，第十六篇，第二节。

169 《勃艮第法典》，第四十五篇。

170 《致宽厚者路易的信》。

171 《圣阿维图斯传》。

172 “人们在法庭就是为了参加挑战，如果决斗结束，就意味着纠纷就完结，也就没有理由再提起上诉了。”参阅波马诺亚，《波瓦西斯的习惯法》，第二章，第 22 页。

173 参阅波马诺亚，《波瓦西斯的习惯法》，第六十一章，第 312 页。

174 圣路易，《法制》，第二章，第 15 节。

175 参阅波马诺亚，《波瓦西斯的习惯法》，第六十一章第 310–311 页，第六十七章第 337 页。

176 参阅波马诺亚，《波瓦西斯的习惯法》，第六十一章，第 313 页。

177 参阅波马诺亚，《波瓦西斯的习惯法》，第六十一章，第 314 页。

178 他们都赞成对案件的审理。

179 参阅波马诺亚，《波瓦西斯的习惯法》，第六十一章，第 314 页。

180 参阅德方丹，《谏言》，第二十二章，第一、十和第十一条。他说每个人都会获得一笔罚金。

181 控告不公裁决。

182 参阅波马诺亚，《波瓦西斯的习惯法》，第六十一章，第 314 页。

183 参阅德方丹，《谏言》，第二十二章，第九条。

184 参阅德方丹，《谏言》，第二十二章，第九条。

185 参阅波马诺亚，《波瓦西斯的习惯法》，第六十一章，第 316 页；又参阅德方丹，《谏言》，第二十二章，第二十一条。

186 参阅波马诺亚，《波瓦西斯的习惯法》，第六十一章，第 314 页。

187 参阅德方丹，《谏言》，第二十二章，第七条。

188 参阅德方丹，《谏言》，第二十一章，第十一和第十二条以及下面若干条。他把这些案件进行了区别，分为三类，即上诉判决不公会被处死类、有争议案件类、初审案件类。

189 参阅波马诺亚，《波瓦西斯的习惯法》，第六十二章，第 322 页；参阅德方丹，《谏言》，第二十二章，第三条。

190 伯爵并非一定要将封臣借出。见波马诺亚，《波瓦西斯的习惯法》，第六十七章，第 337 页。

191 波马诺亚说过，谁也不准在我的法庭中审案。参阅《波瓦西斯的习惯法》，第六十七章，第 336、337 页。

192 参阅波马诺亚，《波瓦西斯的习惯法》，第六十二章，第 322 页。

193 参阅德方丹，《谏言》，第二十一章，第 27 和第 28 条。

194 参阅德方丹，《谏言》，第二十一章，第 28 条。

195 参阅德方丹，《谏言》，第二十一章，第 37 条。

196 至少需要四名法官。参见德方丹，《谏言》，第二十一章，第 36 条。

197 参阅波马诺亚，《波瓦西斯的习惯法》，第七十七章，第 337 页。

198 “审判结果不公也非明智的决策。”见波马诺亚,《波瓦西斯的习惯法》,第六十七章，第 337 页。

199 “由于阴谋或者你之前答应过他人，你做出审判结果既不公平，也实属拙劣，正如你为人一样。”见波马诺亚，《波瓦西斯的习惯法》，第六十七章，第 337 页。

200 参阅波马诺亚，《波瓦西斯的习惯法》，第六十七章，第 337、338 页。

201 参阅德方丹，《谏言》，第二十二章，第十四条。

202 参阅德方丹，《谏言》，第二十二章，第十四条。

203 参阅巴鲁兹版《敕令汇编》，第 497 页，812 年敕令Ⅲ，第三条；又见《伦巴第法》，第二章，第三条，秃头查理的敕令。

204 参阅巴鲁兹版《敕令汇编》，812 年敕令Ⅲ，第三条。

205 “会同亲信”。宽厚者路易的敕令，巴鲁兹版，第 667 页。

206 参阅载入《伦巴第法》中有关秃头查理的敕令，第二章，第三条。

207 参阅巴鲁兹版《敕令汇编》，812 年敕令Ⅲ，第八条。

208 参阅载入《伦巴第法》中的敕令，第二章，第五十九篇。

209 初审。

210 这在一些法规、条例和敕令中都可以看到。

211 参阅巴鲁兹版《敕令汇编》，第 180 页，757 年梅斯敕令第九、十条；又参阅此汇编，第 175 页，755 年韦尔纳会议敕令第二十九条。这两条敕令均为国王丕平执政时颁布。

212 参阅巴鲁兹版《敕令汇编》，第 423 页，805 年敕令第十一条；又参阅《伦巴第法》，第二章，第五十二篇，第二十三条。

213 这些官员隶属于伯爵之下，拉丁文写作 scabini，即专职法官。

214 参阅《伦巴第法》，第二章，第五十二篇，第二十二条。

215 从菲利普二世执政时期，人们就可以看到这类玩忽职守的上诉。

216 参阅波马诺亚，《波瓦西斯的习惯法》，第六十一章，第 315 页。

217 参阅波马诺亚，《波瓦西斯的习惯法》，第六十七章，第 315 页。

218 见德方丹，《谏言》，第二十一章，第二十四条。

219 参阅德方丹，《谏言》，第二十一章，第三十二条。

220 参阅波马诺亚，《波瓦西斯的习惯法》，第六十一章，第 312 页。

221 参阅德方丹，《谏言》，第二十一章，第一和第二十九条。

222 路易八世执政期间，领主内勒（Nele）控告弗兰德伯爵夫人珍妮（Jeanne），他要求此案件需在四十天内审理。后来他又以渎职罪为由，向国王法庭提起诉讼。珍妮回应说，她想受弗兰德的家臣们审判。国王法庭宣布，案件不会在那里受审，并传唤伯爵夫人。

223 参阅德方丹，《谏言》，第二十一章，第三十四条。

224 参阅德方丹，《谏言》，第二十一章，第九条。

225 参阅波马诺亚，《波瓦西斯的习惯法》，第六十一章，第 311 页。

226 参阅波马诺亚，《波瓦西斯的习惯法》，第六十一章，第 312 页。如果控告领主的人，既不是其家臣也不是附庸，那么只需向领主支付罚金六十苏。

227 参阅波马诺亚，《波瓦西斯的习惯法》，第六十一章，第 318 页。

228 参阅德方丹，《谏言》，第二十一章，第三十五条。

229 颁于1260年。

230 圣路易，《法制》，第一章，第二节和第三节；第二章，第十节和第十一节。

231 此种现象在条例中都可见到；参阅波马诺亚，《波瓦西斯的习惯法》，第六十一章，第309页。

232 即因审判结果不公，向上级法院提出上诉。

233 圣路易，《法制》，第一章第六节，第二章第十五节。

234 圣路易，《法制》，第二章，第十五节。

235 圣路易，《法制》，第一章第七十八节，第二章第十五节。

236 圣路易，《法制》，第一章，第七十八节。

237 圣路易，《法制》，第二章，第十五节。

238 圣路易，《法制》，第一章，第七十八节。

239 圣路易，《法制》，第二章，第十五节。

240 但是，如果有人不想控告裁决不公，还想上诉的话，那么是不被允许的。见圣路易，《法制》，第二章，第十五节，“领主可以在其法庭上行使此项权力。”

241 圣路易，《法制》，第一章，第六节和第六十七节；第二章，第十五节；又参阅波马诺亚，《波瓦西斯的习惯法》，第十一章，第58页。

242 圣路易，《法制》，第一章，第一至三节。

243 参阅德方丹，《谏言》，第二十二章，第十六和第十七条。

244 参阅波马诺亚，《波瓦西斯的习惯法》，第六十一章，第309页。

245 参阅波马诺亚，《波瓦西斯的习惯法》，第六十一章，第309页。

246 参阅波马诺亚的《波瓦西斯的习惯法》；德方丹的《谏言》；圣路易的《法制》，第二卷，第十、十一、十五节和其他的章节。

247 参阅卡佩王朝统治时期《罗瑞尔法令集》中的条例，尤其是在菲利普二世执政时期关于教会司法权的条例、路易八世关于犹太人的条例、由尼古拉·斯布鲁塞尔（Nicolas Brussel）叙述的法令，特别是圣路易关于土地租赁和赎回的法律，和《旧时法兰西法律集》，第二卷，第三章，第35页，女子何时可以继承封地，以及在此法律集中第7页关于菲利普二世的法令。

248 波马诺亚，《波瓦西斯的习惯法》，第六十三章，第327页。

249 参阅圣路易，《法制》，第二章，第十五节；查理七世1453年的敕令。

250 德方丹，《谏言》，第二十一章，第二十一条和第二十二条。

251 圣路易，《法制》，第一章，第一百三十六节。

252 德方丹，《谏言》，第二章，第八条。

253 德方丹，《谏言》，第二十二章，第七条。作者对该条与同章第二十一条的解释都不是十分地准确。德方丹并没有区分领主的裁决与骑士的裁决，因为它们是同类事物；但是，对普通百姓与享有决斗特权的百姓进行了区分。

254 骑士始终都享有任职法官的权力。见德方丹，《谏言》，第二十一章，第四十八条。

255 参阅德方丹，《谏言》，第二十二章，第十四条。

256 参阅德方丹，《谏言》，第二十一章，第三十三条。

257 于1332年。

258 可以看下生活于1402年布地利埃的时代状况；参阅《乡村事务大全》，第一卷，第19、20页。

259 参阅本书本章第30节。

260 参阅波马诺亚，《波瓦西斯的习惯法》，第六十一章，第312、318页。

261 参阅波马诺亚，《波瓦西斯的习惯法》，第六十一章，第312、318页。

262 参阅德方丹，《谏言》，第二十一章，第十四条。

263 德拉罗什（bernard de la roche flavin），《法国的高等法院》，第一章，

第十六节。

264 参阅波马诺亚，《波瓦西斯的习惯法》，第六十一章，第 315 页。

265 参阅波马诺亚，《波瓦西斯的习惯法》，第三十九章，第 209 页。

266 此种做法就是让人们证明过去发生过的事，法庭上说过的话或下过的命令。

267 见波马诺亚，《波瓦西斯的习惯法》，第三十九章，第 218 页。

268 见德方丹，《谏言》，第二十二章，第三条和第八条 ；又参阅波马诺亚，《波瓦西斯的习惯法》，第三十三章；又参阅圣路易，《法制》，第一章，第九十节。

269 见德方丹，《谏言》，第二十二章，第八条。

270 布地利埃说：“现在大家都纷纷上诉。”参阅《乡村事务大全》，第一卷，第三篇，第 16 页。

271 于 1324 年。

272 拉丁文写作：Advocatus de parte publica。

273 这些法令和条例见穆托拉里的《意大利的年代记》第二卷，第 175 页。

274 穆托拉里，《意大利的年代记》，第 104 页；《伦巴第法》，第一卷，第二十六篇，第七十八节，关于查理曼法第八十八条。

275 《伦巴第法》，第 87 页，另一则法令。

276 《伦巴第法》，第 104 页。

277 《伦巴第法》，第 95 页。

278 《伦巴第法》，第 88 页。

279 《伦巴第法》，第 98 页。

280 《伦巴第法》，第 132 页。

281 《伦巴第法》，第 132 页。

282 《伦巴第法》，第 137 页。

283 《伦巴第法》，第 147 页。

284 《伦巴第法》，第 147 页。

285 《伦巴第法》，第 168 页。

286 《伦巴第法》，第 134 页。

287 《伦巴第法》，第 107 页。

288 圣路易，《法制》，第一章第一节，第二章第十一节和第十三节。

289 波马诺亚，《波瓦西斯的习惯法》，第一章和第六十一章。

290 这些法律可以在《新约・使徒行传》看到，见此书六月，第三卷，第 26 页。

291 “此职位的设立是为长期服务于圣庭，任命此职位的人协助处理法庭上的事务和诉讼案件。”见《新约・使徒行传》，六月，第三卷。

292 参阅圣路易，《法制》，序言部分。

293 参阅本书本章第二十九节。

294 参阅本书本章第二十九节。

295 波马诺亚，《波瓦西斯的习惯法》，第六十一章，第 309 页。

296 德方丹，《谏言》，前言，第一章，第三节，第 5 页，他自己在前言中说道：“在我之前，从来没有过任何人做过这种事情。”

297 圣路易《法制》的标题和序言部分令人困惑。首先陈述了巴黎、奥尔良和男爵法庭的司法习惯，然后又讲了全国世俗法庭和法兰西教会的习俗，最后叙述了整个王国以及安茹和男爵法庭的司法习惯。

298 圣路易，《法制》，第二章，第十五节。

299 蒂迪耶（Jean Du Tillet）关于家臣法庭的著作《法兰西国王法庭记》，关于法兰西血亲亲王；又见德拉罗什（bernard de la roche flavin），《法国的高等法院》，第一卷，第三章；又见比代和保罗・艾米丽的著作。

300 关于其他案件则由普通法院进行审理。

301 参阅埃诺（Henault）的著作，《新编法兰西简史》，关于 1313 年部分内容。

302 波马诺亚，《波瓦西斯的习惯法》，第十一章，第 58 页。

303 寡妇、十字军战士和拥有教会财产的人，为这些财产而进行上诉。见波马诺亚，《波瓦西斯的习惯法》，第十一章，第 58 页。

304 参阅波马诺亚，《波瓦西斯的习惯法》，第十一章

305 教会法庭以立誓为借口，争夺有些世俗案件的审理权，从菲利普二世以及教会和男爵们制定的那个有名的宗派间的协约就能看出来，并且在《罗瑞尔法令集》中也能找到。

306 参阅波马诺亚，《波瓦西斯的习惯法》，第十一章，第 60 页。

307 参阅布地利埃，《乡村事务大全》，第一卷，第九篇，关于什么人不能向世俗法庭提起诉讼；又见波马诺亚，《波瓦西斯的习惯法》，第十一章，第 56 页；又见《旧时法兰西法律集》，关于菲利普二世制定的与此有关的条例，以及菲利普二世在神职人员、国王和男爵之间制定的相关条款。

308 参阅拉戈《法兰西法律术语》，第 435–444 页，关于"遗嘱执行人"词条。

309 于 1409 年 3 月 19 日。

310 在意大利，人们遵照查士丁尼民法大全，这就是为什么在特鲁瓦会议后，教皇约翰八世在其颁布的谕令中谈到了此法典，并不是因为这部法典在法兰西盛名，而是因为教皇知道这部法典，并且此教皇的谕令在当时具有普遍性。

311 这位皇帝的法典颁布于公元 530 年。

312 参阅《教会法》，第五卷，诏令、理智的特权。

313 据迪蒂耶称，这是为奥尔良大学于 1312 年颁布的敕令。见《旧时法兰西法律集》。

314 参阅波马诺亚,《波瓦西斯的习惯法》,第一章,关于法官职责的论述。

315 在百姓之间，市民由其他市民进行审理，与封地的人相互审理一样。

参阅拉·托马希尔（La Thaumassiere）《贝利的新旧当地习惯法和洛里斯的评论》，第十九章。

316 因此，所有的诉状开头都这样写道："尊敬的法官大人，请按照您辖区的习惯法……"布地利埃在《乡村事务大全》中叙述了这种诉状。见此书第一卷，第二十一篇。

317 这种变化是在不知不觉中发生的。我们可以在布地利埃的那个时代看到家臣审案的这种情况，布地利埃于1402年立下最后遗嘱，在他的《乡村事务大全》第一卷第二十一篇中记述了这种诉状的内容："尊敬的法官大人，恳求在此法庭上为我审案的高级、中级和低级法官们，执行官、封建官员和捕头们为我做出公正的裁决。"但是在那个时代，只有封建事务案件才会被家臣审理。见《乡村事务大全》，第一卷，第一篇，第16页。

318 这种现象可以在领主所起草的文书格式中看到，见布地利埃，《乡村事务大全》，第一卷，第十四篇。这种现象被波马诺亚的《波瓦西斯的习惯法》第一章"法官"进一步加以证实了。他们只是履行一下审判程序而已。"法官们必须在民众面前听取上诉者的证词，并且必须询问他们，是否愿意根据他们所提供的证词进行裁决。如果他们同意，法官就下命令做出判决。"见圣路易，《法制》，第一卷第一百零五章，第二卷第十五章："当法官不愿意做出判决。"

319 参阅波马诺亚，《波瓦西斯的习惯法》，第六十七章第336页，第六十一章第315-316页；又参阅圣路易，《法制》，第二卷，第十五章。

320 此法令于公元1287年颁布。

321 "这样一来，如果他们犯有玩忽职守罪，其上级会处罚他们。"见《旧时法兰西法律集》。

322 参阅圣路易，《法制》，第一卷，第七十一章和第七十二章，如何证明年龄和亲属关系。

323 参阅波马诺亚，《波瓦西斯的习惯法》，前言。

324 本书本章第十二节。

325 参阅《罗瑞尔法令集》。

326 人们通过这种方法来处理，可参阅拉·托马希尔（La Thaumassiere）《贝利的新旧当地习惯法和洛里斯的评论》，第一部分，第三章，第4-5页。

327 参阅英国《旁观者报》，1711年3月1日。

第二十九章

制定法律的方式

第一节　立法者的精神

我之前说过，立法者的精神应该遵循适度的原则。我写这本书的目的也只想证明这句话。在政治上施予的善行就像道德的高尚一样，总是处于两个极端之间，下面就举一个例子来说明。

司法程序对自由来说是必不可少的。但是，程序过于烦琐会与当时制定这些程序的法律的初衷背道而驰，案件的诉讼也将会有始无终，财产的所有权也得不到确定，人们就不加审查就把一方当事人的财产判交给了另一方，或者强行审查，都损害了双方的权益。

公民将失去自由和安全，不仅原告将无法以任何方式将被告定罪，被告也无法为自己辩护。

第二节　续前

根据盖利乌斯[1]在《阿提卡之夜》中的叙述，说塞西利乌斯谈到了《十二铜表法》，其规定允许债权人把无偿还能力或破产的债务人碎尸万段。此法甚至以它的残暴性来证明它的正义，并向人们表明了在有能力偿还的前提下才能进行借贷[2]。难道说最残暴的法就是最好的法律吗？如果善行过度，事物的所有关系就会毁于一旦吗？

第三节　那些看起来与立法者意图相背离的法律时常却是一致的

梭伦的法律认为，在叛乱起义发生时，立场不明确的那些人是可恶的。这条法律看起来很奇特。但是我们应该置身于希腊当时的情况，那时候希腊是由众多的诸侯小国组成。在一个饱受内讧之苦的共和国里，最令人们担心的是，如果那些最为精明的人隐藏在幕后，最后就有可能致使事态走向极端化。

当这些诸侯小国发生骚乱时，大部分群众不是挑起了事端，就是加入了争吵的队伍中。在我们的大君主政体中，挑起事端的

798 人毕竟占少数，大部分的人还都是选择平安无事地生活。在这种情况下，自然是要让煽动者回归到广大的人民群众中去，而不能把群众推向骚乱者一边。如果是对于那些聪慧精明的人而言，就一定让他们加入到骚乱的队伍中去。这就好比在一种发了酵的酒中仅仅加入一滴其他酒就会终止其发酵是一个道理。

第四节　违背立法者意图的法律

有的立法者对法律所知甚少，以至于都违背了当时立法的初衷。法兰西的立法者当时制定了这么一条法律，如果有两个人索取一份僧侣之禄，当其中一受益者死亡后，该利益便归属于未死的受益者。制定这条法律的目的无非是为了减少诉讼案，但却造成了相反的效果，即人们看到僧侣们就像英格兰的守门犬似的互相攻击和打斗，直至死亡。

第五节　续前

我所要谈及的法律就在埃斯基涅斯留给我们的誓言中[3]。“我发誓我将永不侵略近邻各邦联盟的城市，也不调遣他们的水域。如果有人胆敢做此类事情，我就会向他宣战，并将其所有的城镇土崩瓦解。”这项法律的最后一条条款似乎对第一条款又加以了确认，但事实上两者却是相互矛盾的。近邻的同盟立下盟约称不会让希腊的城市遭受摧毁，可它的法律又敞开了毁灭这些城市的大门。为了给希腊人制定良好的万民法，就应该使希腊人习惯性地认为，是残暴的事物摧毁了希腊的城市。因此，人们不应该把矛头指向毁灭城市的人。近邻同盟的法律出发点是好的、正义的，但是，这是一部考虑不周全的法律。这一点可以从它的流弊现象中可以看到。难道菲利普不是正以违背这些希腊法为借口，而赋予其自己摧毁这些城市的权利吗？近邻同盟本来可以强行制定一些其他刑罚，例如，规定把破坏者所在城镇的一些官吏，或违背军纪的一些军长处以死刑，禁止摧毁城镇的人在一段时间内享受希腊的特权，并罚其交纳一定的处罚金，用于城镇的重建方面直到建完为止。法律尤为应该注重弥补这样的损失。

第六节　相似的法律未必起到相同的作用

恺撒制定了一项法律，禁止人们在家中存有多于六十塞斯特斯的钱[4]。在罗马，这一法律被认为是调解债务人与债权人最适当的方法。因为富人通过借钱给穷人，也能够使穷人满足富人的某种需求，即过多的金钱无法私藏于家中。法兰西在体制时代也制定了同样的法律，但这一法律却带来了灾难性的后果。因为当时在制定法律时，国家处于很危及的状况。在剥夺了人们往外借贷的所有方法后，甚至还剥夺了人们在自己家中存放钱财的权利。这就等于是在公开使用暴力进行强行掠夺。恺撒制定这条法

800 律的目的在于要使货币在市场上流通起来。而法兰西大臣制定的法律是为了把钱汇集到一个人手中。恺撒允许人们用土地或抵押物来换取金钱，而法兰西大臣却建议用那些毫无价值，并且从本质上看根本不会有价值的东西可与金钱进行交换，因为法律迫使人们接受这些交换的东西。

第七节　续前 制定这些法律的必要性

在雅典、阿戈斯和叙拉古都建立了贝壳放逐法的制度[5]。在叙拉古，就因为这项未经深思熟虑制定的法律，导致了很严重的后果。市民的代表们手持着一片无花果树叶，相互驱逐[6]，使那些有功绩的人不再参与公共事务。在雅典，立法者觉得有必要对此法做一些要求和规定，所以贝壳放逐法在当时是一项颇受人们的称赞。要求规定：每次只能放逐一人，而且还需要有一定的票数才能被通过。因此除非有必要这么做，否则放逐某人是极其困难的。

贝壳放逐法每隔五年才执行一次。实际上，贝壳放逐法是针对那些对国家存在威胁的危险人物，它不是每日例行的事务。

第八节　相似的法律未必会有相同的动机

在法兰西，人们已经接受了大部分罗马法有关替代继承的条款，罗马人这么做是出于完全不同的动机。对于罗马人来说，继承需伴随着某种祭献活动，这种行为要受到宗教法律的管制[7]。因此人们认为，如果一个人去世前没有继承人是件很不光彩的事，所以他们就让奴隶作为自己的继承人，于是替代继承就这样产生了。这种低俗的替代继承的做法就是很好的一例子，此制度也是最早被建立的，并只适用于指定继承人拒绝接受继承的情况下。其目的不在于把遗产世袭相传，而是为找到一个接受遗产的人。

第九节　希腊和罗马的法律都惩罚自杀，但动机不同

柏拉图说[8]，如果一个人不是因为官吏的命令，也不是由于逃避某种羞辱，而是因为其胆怯懦弱而谋杀了一个与其关系十分亲密的人，即他自己，那么其将会受到惩罚。然而罗马法却这样规定，当这种自杀行为不是来自于人心的脆弱、对生活的厌倦或对所遭受磨难的无能为力，而是由于对某种罪行感到绝望，那么这种行为将受到罗马法的惩罚。希腊的法律所定罪的行为，根据罗马法却认为无罪，而希腊法认为无罪的地方，罗马法却予以定罪。

柏拉图的法律是参照斯巴达的法令而制定的。其法令规定，对于官吏的命令需要人们绝对地服从，认为耻辱为最大的不幸，怯懦为极大的罪恶。罗马法把所有这些观念统统都抛弃了，它

仅仅是一种财政法律。

在共和国时代，罗马还没有制定一些惩罚自杀的法令。在历史学的著作中，我们可以了解到他们一直都很善待自杀这种行为，从来没有制定一些法律条款惩罚那些自杀的人。

在罗马帝国时代的初期，罗马的大家族被一系列的审判裁决所诛灭，于是就产生了以自杀行为来阻止定罪的做法。自杀的人还有一个权力，即可以被体面地埋葬并且他们的遗嘱也可以被有效地执行[9]。之所以产生这种做法，是因为在当时针对自杀的行为还没有制定相关的民法。但是，当皇帝们变得贪婪残忍的时候，对于那些想要守住自己财产的人们，是不会留给他们任何机会的。因此他们宣布：由于对一种罪行的懊悔，而选择结束自己的生命的做法是一种犯罪行为。

我所说的皇帝的动机是如此的真实，他们同意，如果自杀者的罪行不属于没收财产的情况，就不会没收其财产[10]。

第十节　看似相反的法律可能源于同一种法律精神

在当今，我们可以到一个人的家里传唤其受审，但在古罗马时期这种做法是不允许的[11]。

在古罗马，传唤受审是一种暴力的行为[12]，如同对人身的拘禁[13]。因此我们不能到一个人家里传唤他去受审，就如同我们今天不能仅仅因民事债务就而去一个人家里，把这个人逮捕起来是一样的。

罗马法[14]和我们的法律都遵循这个原则，每个公民的房屋都是他的一个庇护所，不允许他们在家中遭受任何暴力行为。

第十一节　如何比较两种不同的法律制度

在法兰西，凡是作伪证的人都将被处以死刑。在英格兰，情况则不同。为了比较这两个法律哪一个较好，我们必须补充以下内容。在法兰西需要对犯罪分子进行严刑拷问，但在英格兰则不然；在法兰西，被告不得让证人出庭作证，而且他们很少接受具有辩护性的事实，在英格兰，他们允许双方当事人提供各自的证据。法兰西的这三项法律形成了一个紧密而连贯的体系，并且英格兰的这项法律也是如此。因此英格兰的法律不允许拷问犯罪分子，所以从被告那里得到供认的希望很渺茫。因此，只能从各地找来一些证人，为了能让他们出庭作证，却又不敢用作伪证会判处死刑的话来吓唬他们。相比英格兰法律而言，法兰西法律比其多一种方法，不担心对证人进行恐吓。恰恰相反，理论上来讲却要求法律对犯人这样做。它只听单方证人的证词[15]，就是只听公诉人所提出的证人，那么被告的命运就掌握在这些单方证人的证言的手上。但在英格兰，人们允许当事人双方的证人提供各自的证词，可以说像是证人们在打官司一样。这样一来作伪证就不那么令人担心了，同时被告也有一些办法来对付伪证，而法兰西法律则没有给予被告应付伪证的办法。因此，要想判定这两国法律哪一个更加合理，就不应当把这两个法律逐条地进行比较，应该从整体上进行对比。

第十二节 看似相同的法律有时确实是不同的

希腊和罗马的法律对于偷盗罪和窝赃罪都处以一样的刑罚[16]，法兰西的法律也是如此。希腊和罗马的法律这么规定是合理的，但在法兰西采用此做法却有失妥当。在希腊和罗马，对盗贼要处以罚款，所以也应对窝赃者处以相同的惩罚。因为任何人无论以任何方式对他人造成损害，都应该给予赔偿。但是，盗窃罪要处以死刑，如果对窝赃罪要处以同样的刑罚，未免量刑过重了。很多时候，人们是在不知情的情况下接受那些赃物的，而犯有盗窃罪的人无论在何种场合总是有罪的。由于盗窃者的销赃行为，前者对于定罪起到了一定的妨碍作用，后者是犯下了这种罪行。前者所做的一切都是被动的，后者却都是主动的行为。盗窃者必须克服更多方面的障碍，因为在很长一段时期他的内心都得与法律作持续性的斗争。

法学家们的思想更为偏执，甚至认为窝赃者比盗窃者更加可恶，犯罪情况更加严重[17]。因为没有窝赃者，盗窃者就不能逍遥法外那么久。再则，对窝赃者处以罚款是一件好事。因为对于仅涉及损害赔偿的问题，窝赃者往往是最有能力支付罚金的。但如果处以死刑的话，那就应该根据其他的规定执行。

第十三节　不应该把法律同立法的目的分开，罗马人关于盗窃的法律

如果一个盗贼在尚未把赃物带到他要窝藏的地方之前就被逮捕的话，在罗马就被称为现行盗窃犯。如果是在事后才被抓住，则被称为非现行盗窃犯。

《十二铜表法》规定，如果现行盗窃犯是成年人，就应该用鞭子抽打，并使其沦为奴隶。如果他是未成年人，只处以鞭打的刑罚。但是对于非现行盗窃犯，只会被判处罚款，并且罚金的数额是他所盗窃之物价值的两倍。

当《波喜阿斯法》废除了对罪犯施以笞鞭刑罚并使其沦为奴隶的习惯法，那些现行盗窃犯被判以所盗窃之物价值四倍的罚款[18]，对非现行盗窃犯的处罚仍为两倍。

这看起来很奇怪，因为这些法律对于这两种罪行性质的界定和惩罚程度有很大的差别。事实上，无论盗窃犯在将赃物带到预定的地方之前或之后被发现，都不会改变犯罪的这种性质。我敢肯定的是，关于罗马法对盗窃罪的司法裁决方式，都是从斯巴达的法令中引用的。为了让人们狡猾奸诈，吕库古甚至训练孩子们进行扒窃，如果他们被抓到就严厉进行鞭打。在希腊人和之后的罗马人之中，这种对现行盗窃犯和非现行盗窃犯的惩处的巨大

差异就产生了[19]。

在罗马，如果一个奴隶犯有盗窃罪，那么他会从塔尔皮亚岩石上被扔下。在斯巴达的法律中是不会这么规定的。在吕库古法律中，有关盗窃的条例不是为奴隶制定的。在这方面看似偏离了法律实际上却是予以遵循的。

在罗马，当一个未成年人在行窃的过程中被抓，那么裁判官就可以任意对其实施笞鞭刑，就如在斯巴达法中所规定的那样。所有这些做法都由来已久。斯巴达人的习惯法是源于克里特岛人。为了证明克里特法是为战争而制定的，柏拉图说[20]："一个人在个人决斗和行窃中所遭受痛苦的能力需要隐藏于内心中。"

民法的条例取决于政治法，因为它们是为了同一个社会而制定的。所以每当引入另一个国家的民法时，最好事先审查这两个国家是否有相同的法律制度和同样的政治法规。

因此，当克里特的盗窃法被斯巴达人所采纳时，他们的政体和法制同时被借鉴使用，所以这两个法律在两国同等适用。但是，当此法又从斯巴达引入到古罗马时，因那里没有同样的法制，于是这些法律就显得与当时的法制格格不入，与罗马的其他民法也没有任何联系。

第十四节　不能把法律与它们所处的环境分开

雅典的一项法律规定，当城市被围攻的时候，所有无用的人都应该被处死[21]。这是由于一个可憎的万民法而产生的一个同样可憎的政治法。在希腊，如果一个城镇被侵略，那么其居住的公民将会失去自由，并且被当作奴隶出卖。占领一个城镇意味着其将全部毁灭。这不仅是由于对方顽强的进攻和违背人道的行为，而且也是因为他们所颁布的那些可恶至极的法律所导致。

罗马法律规定，对玩忽职守或拙劣无术的医生要施以处罚[22]。在这种情况下，如果受处罚的医生是一个官位等级高的人，他只会被驱逐出境，但是如果级别相对低的话，就会处以死刑。我们的法律就不会这么规定。当时制定罗马法时社会所处的情况与我们的不同。在罗马，人们只要愿意就可以从医。但是，现在的医生必须学习进修并考取资格证，所以他们对所学的医学精通熟练。

第十五节　有时法律应进行自我修正

《十二铜表法》规定，如果在夜晚发现盗贼，可以将其处死[23]。如果在被盗贼追杀不得采取自卫的情况下，也可以将在白天行窃的盗贼处死。但要求杀贼的人要大声呼喊，呼叫其他公民[24]。这是法律允许公民自行执法所要求的条件。这是一种无罪的呐喊，在自行执法的那一刻，呼唤证人和法官。当公民们听到这种呼喊声时，一定会知道发生了什么事，一定会了解当时事发的状态。此时所有现场的人的表情、面容、感情、沉默等都是无声的语言，所有在现场的人的每一句话都是宣布行为人有罪或无罪的证言。

一项可能违背公民的安全和自由的法律就要在现场的这些公民中执行了。

第十六节　制定法律时应当注意的事项

具有聪慧天资能够为自己国家或他国制定法律的人，应该尤其关注这些法律所形成的文风应该是言简意赅的。《十二铜表法》就是一个文体简洁的法律例子，以至于过去的孩子们都熟记于心[25]。然而，查士丁尼的《新律》则冗长累赘，所以必须加以删节[26]。

法律的文体也应该简单明了，直接切入主题的表达方式比间接的影射法更好理解。东罗马帝国的法律根本没有任何权威性，皇帝们都被迫像演说家一样说话。当法律的文风辞藻过于华丽时，这些法律就只被视为卖弄学问的作品。

法律词语的使用需引起人们的共鸣，这一点是很重要的。红衣主教黎塞留规定，人们可以向国王指控一个大臣[27]，但是如果原告所指控的事是无关紧要的话，其将会受到惩罚。这样一来，有关大臣的任何事情，人们也不愿意说出真相了。因为事情的重要与否是相对而言的，一件事对一个人来说是重要的，而对另一个人来说则不然。

洪诺留的法律规定，凡是购买自由民为奴隶或者对其进行骚扰的人将处以死刑[28]。此条法律不应该使用骚扰这种模糊的表达词语。因为对一个人的骚扰完全取决于他的感情程度。

当法律对人们施加惩罚时，应该尽量避免用金钱来处罚。因为金钱的面值会经常发生改变。当货币的面值改变以后，相同数额的金钱已不再是原来的汇率的价值了。人们都知道那个无耻的罗马人的故事[29]，这个罗马人见谁就打谁的耳光，然后根据《十二铜表法》的规定给每个被打的人二十五苏的赔偿金。

当法律一旦确定了事物的概念之后，就不应该再使用那些模棱两可的表达了。路易十四的刑法就是如此[30]，在确切地列举了王室有关的案件之后，又附加上这句话“并且永远由国王的法官来裁决”。由此可知，刚指出专横独裁的弊端，就立刻把这件事抛到九霄云外了。

查理七世说，据他了解在使用习惯法的国家中，如果双方当事人在判决后的三个月或四个月，甚至是六个月以后提出上诉，那么这种做法就违背了当地的习惯法[31]。因此他规定，除非检察官有舞弊或欺骗行为[32]，或重大的明显的理由来解除上诉，否则在判决后如有疑问，双方当事人应立即提起上诉。这部法律的结尾部分毁坏了开端的内容，并且摧毁得如此彻底，以至于当时的人们在案件判决后的三十年内还在上诉[33]。

《伦巴第法》规定，如果一名女性并未发誓入教却身穿教服，那么就不准其结婚[34]。该讲写道：“假如一个男子只用一枚戒指就可以娶妻，那么再与他人通婚就属于违法行为，更不用说上帝之妻或圣母了……”我想说的是，在法律中讲道理，应该从现实

 到现实，而不是从现实到虚构，或是从虚构到现实。

君士坦丁颁布的一项法律规定，主教一个人的证词足以为证，不需要再听取其他人的证词了[35]。这位君王采用了一条捷径，以人品断案，以头衔审人。

法律不应该是深奥的，应该按照常人能理解的方式来制定。法律不是一种逻辑艺术，而是应该作为一个家长的角色告诉人们浅显易懂的道理。

在一部法律中，关于例外情况、限制范围和修改事项这些内容，如果不是必要，最好将其省略掉。因为，一旦写入这些细节内容，就会有更多的细节对其进行解释说明，使篇幅繁杂冗长。

倘若没有充分的理由，则不允许修改法律。查士丁尼规定，如果一名男子在订婚之后的两年内无法成婚，那么妻子将有权与其断绝关系并且可以收回其嫁妆财产[36]。他后来把时间改了，改成三年了[37]。但是在这样的案件中，两年时间跟三年时间几乎是一样的，根本没什么差别。

当人们费尽心思地解释一项法律的时候，那必然是有一定道理的。一项罗马法律规定，盲人无权进行辩护，因为他看不到法官的服饰[38]。其实有很多比这更好的理由可以解释，却偏偏讲出这么一个牵强附会、毫无道理可言的原因。

法学家保罗说，婴儿到第七个月就已经发育完全了，而且毕达哥拉斯提供的数据比例似乎证明了这一点[39]。仅根据毕达哥拉斯的数字是不足以来判断这些事物的。

811

一些法兰西的法学家说过，当国王侵占一个新的国家时，这个国家的教堂便受到国王权利的支配，因为国王的王冠是圆的。在这里我想不讨论国王的权利，也不想研究在这种情况下，民法或教会法应该服从于政治法的理由。我只想说的是，我们应该用严厉的准则来维护那些令人敬畏的法律。有谁曾见过一种真正的达官显贵的权利，是由于这高官称谓的意义而产生的呢？

达维拉说[40]，查理九世在鲁昂的代表大会上被宣布为成年人时，当时他年仅十四岁。因为法律要求，涉及未成年人财产的归还和管理是从生效时间的起点开始计算。但在涉及获得荣誉的情况中，却是在生效当年结束之后的下一年算起的。我根本没有指责这条至今尚无不当之处的法律。我只是想要说，收容院院长所主张的言论是不真实的，而且也决不应该把对民族的统治仅仅看成是一种荣誉。

从推定的角度来看，人类的推测远远不及法律的推测。法兰西的法律把一个商人在破产前十天之内的一切活动看成是欺诈行为[41]，这是法律所推定的内容。罗马法律规定，在妻子与他人通奸之后，其丈夫仍把她带回家，那么丈夫将受到惩罚，除非他害怕起诉或者对自己受到的羞辱满不在乎，这也是法律所推定的内容。法官一定推测了丈夫行为的动机，而且不得不以一种不确定的思维方式对案件进行裁决。当法官假定时，判决结果就是专横独裁的；当法律推测时，法律就给了法官一条确定的准则。

正如我之前所说过的那样，柏拉图的法律规定，如果一个人自杀不是因为受到某种耻辱，而是由于胆怯懦弱，那么其将受到惩罚[42]。这条法律是有问题的，因为在人们找不到犯罪分子的行为动机的情况下，却要求法官对其进行确定。

由于有用的法律被无用的法律所削弱了，所以那些规避法律的事件也削弱了立法。每一项法律都应该有它的效果，任何人都不应该由于某种特殊的情况受到优待，而违背法律的准则。

罗马的《法尔西地亚法》规定，无论在什么情况下，继承人只会继承遗产的四分之一，而另一部法律[43]则允许立遗嘱人有权剥夺继承人拥有四分之一遗产的权力。这是在跟法律开玩笑。这部《法尔西地亚法》丝毫不起任何作用，因为如果立遗嘱人有意多给予继承人遗产的话，那么继承人无须使用《法尔西地亚法》，如果立遗嘱人不想让继承人多得遗产的话，那么他就会禁止继承人使用此法。

我们应该注意的是，法律的言辞表达方式不应该违背事物的本质。在奥伦治君王被流放的时期，腓力二世许诺凡是能杀死奥伦治君王或其子嗣的人，都会得到两万五千埃居的奖赏和爵位官衔。这就是国王的承诺，上帝仆人的承诺，如此高贵的承诺！这种行为竟是出自上帝仆人的指令！这种行为颠覆了荣誉观，推翻了道德观，摧毁了宗教观。

以一种想象出来的完美结果为借口，去阻止一个并非糟糕的事物是少见的。

法律应需具有公平性、正义性，应穿有一身洁净无瑕的外衣，惩罚那些邪恶罪孽的人。我们在西哥特人的法律中可以发现这个荒唐的要求，即犹太人不吃猪肉，但他们却被强迫吃所有与猪肉一起烹制的食物[44]。这是一个非常残忍的行为。他们被迫服从一个与自己原来的法律相反的法律。除了不吃猪肉这点标志外，没有什么可以作为区分犹太人的标志了，他们的法律也早已荡然无存。

第十七节　制定法律的恶劣方式

罗马帝王同我们的君王一样，用政令和敕令来表达自己的意愿。但是，罗马帝王与我们君王不同的地方在于，罗马皇帝允许法官或个人在案件的争讼中，可以通过信函的方式向皇帝询问，而皇帝的回复被称为敕答。严格来说，教皇的教令也是被称为敕答。很明显，这种立法方式极其有失妥当。对法律提出这种要求的人会误导立法者的。在这样的法律下，诉讼事实的表达往往是很不正确的。尤利乌斯·卡比托利努斯说过[45]，图拉真经常拒绝颁布这类敕答，以免把一个决定或一项特别的恩惠延伸到所有案件中。马克里努斯曾决定废除这种敕答的做法[46]。他不能忍受人们把康茂德、卡拉卡拉以及其他一切庸君的答复看成是法律。查士丁尼的想法则不同，在他编纂的法律文集中充满了此类敕答。

我希望那些读罗马法的人能够把这些假设的东西同元老院法案、平民会议表决、皇帝的普通法令以及建立在以事物的本质、妇女的脆弱、未成年人的懦弱以及公共设施上的一切法律区分开来。

第十八节　统一的观念

有时伟人会具有相同的思想和观念（查理曼大帝也曾经有过这种观念）。对于小人物来说，在他们之中存在这种情况也是无可置疑的事。在这种统一的观念中，他们发现了一种所谓的至善至美的事物，他们一定会发现，因为这是他们所认为的。这种至善至美的事物体现在行政管理上使用相同的政策，在贸易方面具有统一的度量衡，全国都使用统一的法律，所有地方都信奉同样的宗教。然而，这些统一规定的事物永远都适用，没有例外吗？如果变革的话，产生的负面影响要比其现在所带来的痛苦还要大吗？难道伟人不知道，哪些地方应该进行统一，哪个部分应该有所区分吗？中国人守中国人的礼节，鞑靼人守鞑靼人的礼节*；尽管如此，对和平稳定生活的向往程度而言，世界上没有任何国家可与中国相比。只要民众都遵纪守法，至于是否都遵守统一的法律又有什么关系呢？

第十九节　立法者

亚里士多德时而展现出对柏拉图的嫉妒之心，时而表现出对亚历山大的敬仰之情。柏拉图对雅典人的暴虐感到义愤填膺。马基雅维利满脑子里都充满了他的偶像瓦伦蒂诺公爵。托马斯·莫尔总是纸上谈兵，他总想用统治希腊城市的简单方式统治所有的国家[47]。哈林顿眼中只有英格兰共和国，同时众多的著作家们认为没有帝王统治的地方必将陷入混乱的境地。法律总是要沾染上立法者的感情和偏见。有时法律与它们擦肩而过，只是被染上了淡淡的色彩，有时停滞不前，就跟立法者的感情、偏见交织在一起。

1 参阅奥卢斯·盖利乌斯，《阿提卡之夜》，第二十章，第一节。

2 凯基利乌斯说过，他从未曾看到或听说这种刑罚被执行过，事实上很可能是从来没制定过。许多法学家认为，《十二铜表法》谈及到的只允许分割付给债务人的款项的说法是比较可信的。

3 参阅埃斯基涅斯，《出使之罪》。

4 参阅卡西乌斯·狄奥所著《罗马史》第四十一章，第三十八节。

5 亚里士多德，《政治学》，第五卷，第三章。

6 普鲁塔克，《狄奥尼修斯传》。

7 如果继承的遗产伴随的债务过多，那么遗产的继承人就可以设法通过出售部分遗产的方式，以便规避这种宗教的祭献活动。这就是拉丁文中“无祭献遗产”一词的由来。

8 柏拉图，《法篇》，第九卷。

9 “自杀而死的遗体应得到妥善安葬，他们的遗嘱也应得到尊重，以此作为其死亡方式的一种补偿。”见塔西佗，《编年史》，第六卷。

10 查士丁尼民法大全，《学说汇纂》，第四十八章，第二十一节，第三条款，皇帝敕令，关于生前未判决的自杀者的遗产。

11 查士丁尼民法大全，《学说汇纂》，第二章，第四节，第十八条款，关于公正的裁决。

12 参阅《十二铜法表》，第七铜表。

13 贺拉斯，《讽刺诗》，第九行：“他把对方拽上了法庭。”这就是受到尊敬的人不应该被传唤的原因。

14 查士丁尼民法大全，《学说汇纂》，第二章，第四节，第十八条款，关于公正的裁决。

15 按照法兰西古法学的规定，要求双方当事人听取证人的证言。因此人们可以在圣路易《法制》第一卷第七章中看到，对于作伪证的司法惩处是罚金。

16 查士丁尼民法大全，《学说汇纂》，第四十七章，第十六节，第一条款，关于窝赃罪。

17 查士丁尼民法大全，《学说汇纂》，第四十七章，第十六节，第一条款，关于窝赃罪。

18 参阅奥卢斯·盖利乌斯，《阿提卡之夜》，第二十章，第一节。

19 把普鲁塔克在《吕库古传》中所说内容，和查士丁尼民法大全之《学说汇纂》中第四十七章第二节关于盗窃的内容，以及查士丁尼民法大全之《法学阶梯》第四卷第一篇第一至三节的内容相比较。

20 柏拉图，《法篇》，第一卷。

21 “因年纪大的而无用的人需被处死。”见西里亚诺斯，《赫莫杰尼斯的评记》。

22 查士丁尼民法大全，《学说汇纂》，第四十八章，第八节，关于谋杀案；又见查士丁尼民法大全，《法学阶梯》，第二卷，第三篇，第七节，关于阿吉利安法。

23 查士丁尼民法大全，《学说汇纂》，第九章，第二节，第四条款。

24 查士丁尼民法大全，《学说汇纂》，第九章，第二节，第四条款；又见载入《巴伐利亚》中的塔西庸（Tassilon）法令，第四条。

25 “就像被要求会唱歌一样”。见西塞罗，《法律》，第二章。

26 此项删除工作是由欧内乌斯（Irnerius）完成的。

27 见红衣主教黎塞留，《政治遗嘱》，第一部分，第四章，第七节，第316页。

28 “或想要去骚扰那些已经被解放的奴隶。”见《狄奥多西法典》附录，载入《西尔蒙神父条例集》，第一卷，第737页。

29 参阅奥卢斯·盖利乌斯，《阿提卡之夜》，第二十章，第一节。

30 在此法的前面叙述了制定这项法律的动机。

31 参阅《旧时法兰西法律集》，查理七世于1453年颁布的蒙特莱斯图尔（Montel-les-Tours）条例。

32 人们可以不在扰乱社会治安的情况下，惩罚检察官。

33 参阅《旧时法兰西法律集》，1667年颁布对此种行为进行规定的条例。

34 《伦巴第法》，第二卷，第三十七篇。

35 参阅《狄奥多西法典》附录，载入《西尔蒙神父条例集》，第一卷，第477页。

36 参阅查士丁尼民法大全，《法典》，第5.17.10节，第一条，关于休婚。

37 参阅查士丁尼民法大全，《新律》，第5.17.10条，但是今天篇；又见《法典》，解除婚约。

38 参阅查士丁尼民法大全，《学说汇纂》，第3.1.1条，控告。

39 保罗，《判决》，第四卷，第九篇。

40 参阅达维拉（Enrico Caterina Davila），《法兰西内战史》，第三卷，第一章，第96页。

41 于1702年11月18日颁布，见《旧时法兰西法律集》。

42 柏拉图，《法篇》，第九卷。

43 参阅查士丁尼民法大全，《新律》，但是立遗嘱人。

44 《西哥特法》，第十二章，第二篇，第十六节。

45 尤利乌斯·卡比托利努斯（Julius Capitolinus），《马克里努斯》，第十三章，第一节。

46 尤利乌斯·卡皮托利努斯，《马克里努斯》，第十三章，第一节。

47 参阅托马斯·莫尔的著作《乌托邦》，第二卷，第 39-40 页。

* 孟德斯鸠所说的中国人和鞑靼人应理解为汉人和满人。——编者

第三十章

与君主制有关的法兰西封建法律

第一节　封建法律

在这世界上曾经发生过一件事，或许再也不会发生了；出现过这样的一些法律曾突然席卷到欧洲的各个角落，并与人们所了解的当时的法律制度没有任何的联系；这些法律做过无穷无尽的恶行并也做过数不胜数的善事；在领地被割让后，这些法律制度却保留了下来；这些法律为了削弱整个领地的统治权，把对不同领地中同一事物和同一些人的统治权交给数人掌管；这些法律在帝国范围内建立了不同的界限；并且它们产生了一些类似于无政府主义的法规，一种趋于有序和谐的无政府主义的趋势。如果

 我在这本书中对以上这件事和这些法律不加以论述的话，那么将成为这本书的缺憾。

这就需要写一本专著来阐述此事件，但是考虑到目前这本书的性质，读者会在这本书中找到这些法律的总体轮廓，而不是一项完整论述。

封建法律会给人们一种非常美好的愿景。就好比一棵古老的橡树[1]，远处望去，高耸入云，枝繁叶茂，近处观之，只看到树干，却无法看到它的根，必须挖土掘洞才能找到其根部。

第二节　封建法律的来源

征服罗马帝国的是日耳曼民族。尽管很少有古代著作者记述日耳曼人的习俗，但是有两个是非常重要的著作者。在恺撒与日耳曼人作战中，恺撒记载了日耳曼的习俗[2]。根据这些习俗，他制定了一些法规，来规范日耳曼人的行为[3]。恺撒在其论著中，有许多篇幅都是关于日耳曼人的习俗，相当于好几卷的文字内容。

塔西佗写了一部关于日耳曼人习俗的专著。这本专著虽然篇幅短，但这却是塔西佗的作品。塔西佗具有敏锐的洞察力，他的著作总是十分简明、扼要。

在这两位著作者所写的作品中，其论述的内容与我们现有的蛮族人的法典是完全一致的。拜读恺撒和塔西佗的著作，就可以到处发现这些法典的内容；研读这些法典，又可以到处看到恺撒和塔西佗的身影。

但是，在对封建法律的研究中，我发现自己迷失于一个黑暗的迷宫中，面对这些错综复杂的路径，我相信我会发现线索，找到通向光明的路。

第三节　封臣制度的起源

恺撒曾说：“日耳曼人忽视了农耕，他们中的绝大部分人以牛奶、奶酪和肉类为生，没有人拥有自己的土地，也没有土地的界限。各国的首领和官吏们任凭自己的意愿把土地都分配给了个人，然后在来年的时候又强迫他们换到其他地方。”[4] 塔西佗说：“每个君王都有一批随从人员[5]。塔西佗根据他们的身份地位，用他自己的语言给这些人给予某些称谓，叫做侍从[6]。在侍从们之间，他们有很强的好斗心理以便想让君王对其另眼相看；在君王们之间，他们也有类似的争强好胜的心理，无论是在其侍从的人数上，还是在他们的骁勇善战上都要胜人一筹[7]。塔西佗还说：“被一群选拔上来的年轻人所簇拥着，这本身就是地位和权力的象征，他们是和平时期的装饰点缀，是战争时期的防御武器。”如果一个君王的侍从和侍从人数以及他们的士气超过了其他君王，那么他就会在本国和周边国家中名声大噪，他会收到许多礼品，并且各地的使节也会纷至沓来。声誉经常决定战争的最终结局走向。在战斗中，如果君王的胆量远不及对手，那么这是

822 其莫大的耻辱；如果侍从们不如其君王那么英勇善战，这也会使他们背负骂名。如果君王战死沙场，而自己却苟且偷生，会被视为是一种永恒的耻辱。保卫君王就是他们最神圣的职责。如果一个城市处于和平之中，那么这些君王就前往那些正在处于战争的地方。君王们正是在战争的过程中结交了许多的朋友，接下来君王给这些人战马和令人生畏的标枪。他们的军饷就是每天的膳食，虽然不是精心烹饪，但却足以糊口。君王仅仅通过战争和掠夺物品来维持他慷慨施予的行为。相比让他们耕种土地，或辛勤务农来说，他们可能更被容易说服去攻打敌人，在战场上出生入死。他们宁可在沙场上血雨腥风，也不愿意在农田上挥洒汗水。

因此，在日耳曼只有封臣，但没有封地。之所以没有封地，因为他们没有土地可分给，或者更确切地说，他们所谓的封地就是分战马、兵器和膳食。从此就有了封臣，因为有一群忠心耿耿的人们，他们发誓效忠于君王，跟随其到战场上冲锋陷阵，他们所做的事与后来为封地所做的事务是相同的。

第四节　续前

恺撒说过[8]：“当一个君王在大会上宣布，他要出征远行，让其子民跟随时，那么这些赞成并想跟随其君王远征的人们会纷纷站起来，并且提供相应的帮助。这些人会受到众人的称赞。但是，如果他们不履行自己的约定，就失去了公众的信任，并被人们当作逃兵和叛徒。”

恺撒所说的这些话以及我在上一节所述的关于塔西佗的那段论述，都是墨洛温王朝的历史根源。

因此，当每次国王们远征时，都要组建新的军队，动员新的力量，招募新的士兵。为了大肆掠夺，他们不得不扩大开支，因而需要更多的人去搜刮财物。他们掠夺了大量的土地和战利品，然后又把这些分给出去。他们的领地应该时而不断地扩张，时而持续地减少。如果国王想让他的一个儿子继承皇位，就应同时把国库交给他[9]，因为国王的国库财产被认为是君主权力的一个必要象征。一个君王没有征得其他君王的同意，不得把国库里的财产分给外人，甚至也不能拿出一部分作为他女儿的嫁妆[10]。君主国的发展是靠不断上紧的发条而进行的。

第五节　法兰克人征服的地区

人们认为法兰克人在进入高卢时就占领了全国，并且把其变成了封地，这种说法是不正确的。之所以有人这样想是因为他们看到了，在加洛林王朝的末期时，几乎所有的土地都变成了封地、附属封地，或者是其他的附属领地。但是这其中还有一些特别的原因，我随后会对这一问题加以论述。

他们推断出的这种结论，以及认为蛮族人建立封地的奴隶制度而制定了一项通用的法律，跟这种推论的方法一样，都是不正确的。倘若封地可以随意转让，那么王国内的土地就都变成了封地或附属地，所有王国内的人们不是封臣就是其奴隶，因为拥有财产的人永远拥有权力，所以那个不断分封土地的国王，也就是说，能够分配当时唯一财产的国王，不就具有了一种与土耳其东部地区的苏丹一样的专横独裁的权力了吗？所以说这种说法是与历史事实是相矛盾的。

第六节　哥特人、勃艮第人和法兰克人

日耳曼人侵占了高卢，西哥特人占领了纳博讷和几乎所有的南部地区，勃艮第人则在东部定居了下来，法兰克人几乎征服了所有剩余的领地。

毫无疑问，在蛮族人各自的征服过程中，他们都保留了自己本民族的风俗和习惯。因为任何民族都不能立即改变他们的思维和行为方式。日耳曼人很少耕种土地。按照塔西佗和恺撒的论述，他们主要过着游牧民族的生活，所以蛮族人的法律条文几乎都是关于放牧的。编写法兰克人历史的罗利康就是一位牧羊人。

第七节　土地分割的不同方式

哥特人和勃艮第人以各种不同的借口，侵占了罗马的腹地，罗马人为了阻止他们进一步的破坏，不得不提供他们生活所需。

起初，罗马人给哥特人和勃艮第人粮食作物[11]，但后来宁愿给他们一些土地。罗马皇帝或官吏们以他们的名义，就国家土地划分问题，与哥特人和勃艮第人签订了一些土地分配的协议[12]。这些协议可在西哥特[13]和勃艮第[14]的编年史里和法典中找得到。

然而，法兰克人并没有采用这种土地分配的方法。在《萨利克法典》和《里普利安法典》中，我们丝毫没有发现任何这种土地分配法的内容。法兰克人征服了这个国家以后，他们就掠夺了他们想要的东西，除了制定用于自己内部的规定外，他们就没再制定其他任何的法规了。

因此，我们应该把以下的几种做法区分开来：勃艮第人、西哥特人在高卢的做法、西哥特人在西班牙的做法、奥古斯图鲁斯和奥多亚克的附属部队在意大利的做法[15]、法兰克人在高卢的做法以及汪达尔人在非洲的做法[16]。勃艮第人和西哥特人与当地原有的居民签订了一些协议，随后就同他们共同分配了土地，而其他的人在这问题上则什么也没有做。

第八节　续前

有些观点认为罗马的大片土地完全被蛮族人所侵占，因为人们在西哥特人和勃艮第人的法律中发现这两个国家占有罗马三分之二的土地，但实际上，这三分之二的土地仅仅是在指定的地区分给了他们。

根据勃艮第人的法律，贡德鲍说，他们居住的地方占有总土地面积的三分之二[17]。该法的第二补充条款说明，凡是在这以后想侵占此国的人，只能拥有不到一半的土地了[18]。由此可见，并不是一开始就由罗马人和勃艮第人分割了所有的土地的。

在以上这两个条例中，我们发现使用了相同的表述方式，这两个条例又彼此进行相互阐释。由于补充条款并不能当成土地划分的通用法律，所以此法律主体也起不到这方面的作用。

法兰克人做事的方式同勃艮第人是一样的，适度并有节制性。在侵占地区，他们并没有对罗马人进行肆意掠夺。那么他们要这么多土地干什么呢？他们只是把自己需要的东西拿走，剩余的东西留了下来。

第九节　勃艮第法典和西哥特法典在土地分配方面的合理应用

应该注意到的是，土地并不是按专制的方式进行分配的，而是从居住在同一片领土内的两个的国家的角度出发，来满足他们之间的相互要求。

《勃艮第法典》规定，罗马人应以礼貌待客的方式来对待勃艮第人。这与日耳曼人的习俗是一致的。据塔西佗说[19]，日耳曼人是世界上最热情的人。

该法还规定，勃艮第人拥有整个罗马三分之二的土地和三分之一的奴隶。此条例被认为符合这两个民族的习惯特性，也符合他们的生活方式。由于勃艮第人以放牧为生，所以他们需要大量的土地和较少数的奴隶，而以耕种为生的罗马人不需要那么多的土地，但却需要较多的奴隶。森林部分被等分，因为他们在这方面的需求是相同的。

我们从《勃艮第法典》中可获知[20]，每一个罗马人都被安排一个蛮族人。由此可见，土地分配在当时还不具有普遍性。但是，让与土地的罗马人的数量和接管土地的勃艮第人的数量是相等的。这样一来，罗马人所受到的损害程度降低到最小。作为一个喜欢狩猎和游牧生活的尚武的民族来说，勃艮第人对休耕的土地不以为意，而罗马人则保留了最适合耕种的土地，而勃艮第的畜群则使罗马人的土地更加肥沃。

第十节　奴役制度

《勃艮第法典》规定[21]，当勃艮第人在高卢定居时，他们获得了三分之二的土地和三分之一的奴隶。由此可知，在被勃艮第人侵占之前，奴役制度就已经在高卢地区建立起来了[22]。

这两个民族都使用《勃艮第法典》，此法把两个民族的贵族、自由民和奴隶进行了区分。在它们之间形成了一种正式的区分[23]。因此，奴役制度并不是罗马人所特有的，自由和贵族制度也不专属于蛮族人。

828 该法还讲述到，如果一个勃艮第的被释奴没有给他的主人一定数额的钱，也没有从一个罗马人那里得到第三份钱财的话，那么他往往被看成是他主人家中的一员[24]。因为罗马的财产所有者不属于任何家庭，他们的第三份财产就是自由的象征，所以他们是自由人。

我们只需读下《萨利克法典》和《里普利安法典》，就可以知道，罗马人在法兰克人统治下的奴役状态，跟在高卢其他侵略者之下的生活状态一样糟糕。

布兰维利耶伯爵未能将此理论体系最重要的地方加以详细的阐述和说明。他没能证明法兰克人制定了一项使罗马人伦为奴役的法规。

这位作者的作品写得没有一点艺术可言，由于他出身于贵族，他用朴素、坦率和纯真的词来描述那个古老的贵族，所以大家都可以从他的表述中能够辨别出，哪部分他所说内容是事物好的方面，哪部分是不符合实际情况的。对此，我也不会去逐一进行核实。我只想说，他对这方面的兴致多于专研，对它的专研又多于学习。但是，对他的学问却不可小觑，因为他十分了解我们的历史和法律方面的许多重大事件。

布兰维利耶伯爵和杜波教士各有一套理论体系，一个像是对第三等级平民的阴谋论，另一个像是对贵族阶级的阴谋论。当太阳让费顿驾驶他的战车时，曾对费顿说：“如果你升得太高的话，你将会把天堂的府邸烧掉；如果你降得太低的话，你会把地球变成灰烬。不要靠得太右，以免掉入巨蛇的星座；不要靠得太左，以免走进祭坛的星座。最好保持在这两者之间。”[25]

第十一节 续前

之所以人们会认为在征战时期曾经制定过这样一项通用的法律，是因为在卡佩王朝初期，当时社会中存在着无数种奴役的形式，而人们并没有察觉到这些奴役形式在不断地发展，所以在那种懵懂的年代，人们想象着一条根本就不存在的通用的法律。

在墨洛温王朝初期，无论是在法兰克人中，还是在罗马人中，都有不计其数的自由民。然而由于奴隶的数量与日俱增，所以到了卡佩王朝初期时，所有的农民和几乎所有的城镇的居民都沦落为了奴隶[26]。然而在墨洛温王朝初期，在城镇中机构各部门的管理，几乎与罗马人是一样，即分为资产阶级团体、元老院、司法法院。在卡佩王朝初期时，这些机构几乎都看不到了，只剩有领主和奴隶了。

当法兰克人、勃艮第人和哥特人发动侵略战争时，他们尽军队之所能地进行劫掠黄金、白银、家具、衣物、男人、女人、小孩等。他们把所有掠夺的物资都放在了一起，然后由军队统一进行分配[27]。整个历史事件表明，在第一次“定居”之后，也就是说第一次掠夺之后，他们与居民达成一致协议，把他们的一切政治权利和公民权利都交给了他们。这就是当时的万民法，即战争中掠夺一切，和平中给予一切。如果当时情况并非如此，我们又怎么能从《萨利克法典》和《勃艮第法典》中找到那么多与人类普通性的奴役完全相矛盾的条款呢?

但是，虽然侵略的行为没有建立起奴役的制度，但在被征服之后仍然被人们使用的万民法使奴役制度慢慢形成起来[28]。在反抗、叛乱和占领城镇之后，居民的奴隶制度随之而来。除了不同征战民族之间发起的战争外，在法兰克人之间发生了一种特殊的情况，那就是君主国的土地分配不断引起兄弟或侄子之间的内战。在这些战争中，人们总是经常使用这一万民法。在法兰西，奴役制度比其他国家的要更为普遍一些。在关于领主的主权问题上，我认为正是我们的法兰西法律与意大利和西班牙法律存在差异的原因之一。

对一个国家的侵占很快就会结束，但当时使用的万民法却促使了一些奴役的产生。这种万民法经过数世纪的使用，使得奴役制度得到了惊人的发展。

狄奥多西[29]认为奥弗涅的人们对他不忠诚，于是就对同他分割土地的法兰克人说："跟着我吧，我将把你们带到一个地方。在那里，你们将会得到大量的黄金、白银、战俘、衣服、畜群。你们可以把那里所有的人都带到你们的国家里去。"

贡特朗和希尔佩里克[30]和解之后，围攻布尔日的部队收到上级命令进行撤退，同时带走了如此多的战利品，以至于几乎没有给这个地区剩下任何的劳动力和畜群。

意大利国王狄奥多西的思想观念和方针政策总是胜其他蛮族人的国王一筹。当他派兵前往高卢时，这样写信告诉他的将军[31]："我希望人们能遵守罗马法，并将逃跑的奴隶归还给他们的主人。自由的捍卫者根本不应该赞成放弃奴役制度。让其他的国王沉浸在掠夺和毁灭他们所占领的城市的喜悦中吧！我们应该让臣民们感叹为什么不早点归顺于我们，这才是我们想要征服并获取胜利的方法。"很显然，他意图使人们厌恶法兰克和勃艮第的国王，暗指上文指提到的万民法。

然而，在加洛林王朝时期，这种万民法仍然存在。在《梅斯年鉴》[32]一书讲到，丕平国王的军队入侵阿基坦后，带着许多的战利品和奴隶，返回了法兰西。

在这里，我可以引用的权威著作很多，数不胜数[33]。这些苦难的情形也牵动了人们的恻隐之心，当看到俘虏被一对一对捆绑起来，一些神圣的主教们就用教会的钱，甚至不惜把祭器卖掉来赎回尽可能多的俘虏。一些圣僧也加入了这种善待的活动中。所以在圣徒传记中，我们会找到关于这个问题的最好论述[34]。人们可能会指责这些传记的作者对一些事情过于轻信，认为这些事情是上帝做的。如果这些事情都在上帝的计划范围内，那么上帝就肯定已经为此做过努力。然而我们还是从这些传记中看到了当时的风俗和习惯。

当我们看到我们的历史和法律的著作时，就会发现其是一个浩瀚无垠的海洋，无边无际[35]。所有著作都显得冷若冰霜、平

 淡无奇、味同嚼蜡和令人费解。即使这样，也应该去读，应该把这些书吞下去，就像寓言中所说的土星吞噬石头一样。

自由民开垦的大片土地都变成了不可让与的永久地产[36]。正如我们在各种宪章中所看到的那样，当这一个国家自由民的权利被剥夺后，他们沦落成奴隶时，那些有许多奴隶的人们就会占有这些原来自由民的土地，或者强迫他们把大片土地转让给他们，并在这些土地上建立了村庄。从此以后，自由民就发现自己由原来自由耕种的人变成了被迫从事农耕的奴隶。奴役制度把他们失去的技艺和农耕又归还了回来。

在当时，土地所有者习惯把自己的土地交给了教会，而用免役税的方式来继续拥有该块土地的所有权。因为，他们认为通过奴役的方式，就可分沾教会的神圣尊严。

第十二节　蛮族人的土地不缴税

质朴、贫穷、自由、尚武的游牧民族除了在他们的土地上盖起一些茅草屋之外，并没有从事其他产业[37]。这些民族的人们跟从他们自己的首领为了获取一些战利品，而不是为了缴纳或征收税赋。后来当人们从其他建立的制度中获得利益之后，才发明了苛捐杂税这种制度。

每一阿庞面积土地的临时税为一桶酒[38]。这是希尔佩里克和弗雷戴贡德强制所收的苛捐杂税的一种，这种方式只针对罗马人。

事实上，不是法兰克人撕毁纳税人的花名册，而是那些在当时都是罗马人的神职人员[39]。当时这种税收的重担主要落在了城镇的居民的身上[40]，现在这些城市里几乎都居住着罗马人。

图尔的格雷戈里说：希尔佩里克死后，某个法官被迫躲避在教堂里。因为在这位君王的统治时期，他曾让法兰克人缴纳这种税。这些法兰克人，从希尔德贝尔特时期，就已经是自由民了。有一段拉丁原文说："在希尔德贝尔特执政时期，向许多身份为自由民的法兰克人征收税赋。"[41] 由此可见，法兰克人不是奴隶，因此不必缴纳税。

任何一个语言学家在看到杜波教士对这段拉丁文的解释时，无不感到惊奇[42]。他说，在当时脱离奴籍的人也可以称为自由民，并把拉丁文的 ingenui 解释成免除税赋（affranchis de tributs），这种表达方式可以用在法文中，如同 affranchis de soins（免除照顾）、affranchis de peines（免除刑罚）等，然而在拉丁文中，ingenui a tributis（非纳税自由民），libertini a tributis（非纳税被释奴），manumissi tributorum（非纳税人），这些表达方式就显得非常怪异了。

图尔的格雷戈里说[43]，帕耳忒尼俄斯担心法兰克人要把他处死，是因为他曾强迫法兰克人缴税。因为此段记载让杜波教士困惑不解，于是他十分冷静地分析了这件令人疑惑的事情。他认为法兰克人所缴纳的是一种附加税[44]。

在西哥特人的法律中[45]，我们可以发现这样的情况，如果一个蛮族人侵占了一个罗马人的土地，为使这块土地可继续缴税，法官就会强迫他把土地卖出去。由此可见，蛮族人是不用缴纳土地税的[46]。

杜波教士[47]需要西哥特人进行纳税[48]，但这种做法背离了法律文本和精神所体现的意义。他仅凭想象，就认定在哥特人定居到此法律颁布的这段时间里，曾增加了税赋，而且这一税赋的增加只是针对罗马人。然而对这种历史事实性的武断言论，仅阿杜安神甫一个人拥有这种权力。

杜波教士[49]想要在查士丁尼的法典[50]里寻找到一些法律条文，想以此来证明罗马的军事收益也是需要缴纳税赋的。他由此得出结论，法兰克人的封地和获得的收益同样都需要交税。但是那种认为我们的封地制度是源于罗马法的观点，今天已经没有人这么认为了。只有在这么一个时期人们会有这种观点，那时仅有罗马法，对我们自己的历史所知甚少，并且那些可以证明的一些古老的记载也被湮没在历史的尘埃中。

杜波教士为了让我们了解法兰克人的习惯法，引述了卡西奥多罗斯的著作，并举例了那些在意大利和提奥多里克统治下的高卢地区所发生的事情，这么做是错误的，这些史实不能混为一谈。以后，我会写一本专著讲述东哥特王国的君主政体，与当时由其他蛮族人所建立起的君主政体是完全不同的。还需让人们意识到这种说法是错误的，即认为法兰克人的习惯法是来源于东哥特人那里。与此相反，我们恰恰有理由认为，正因为东哥特人有这种习惯法，所以法兰克人是不会采用这种相同的做法的。

对于那些学识渊博的人们来说，最难做的事情就是在完全切入主题的文中找出一些证据，就如同天文学家所讲的那样，找到太阳的位置。

杜波教士滥用君王的敕令，如同误用了历史和蛮族人的法律一样。当他让法兰克人缴纳税赋时，他就会用奴隶的一些制度来规定自由民[51]；当涉及军队方面时，他就会把规定自由民的制度用在奴隶的身上[52]。

第十三节　罗马人和高卢人在法兰克国君主制下缴纳的税赋

我想在这里论述下，在高卢人和罗马人被征服后，他们是否还继续缴纳他们在帝王统治时期所应交的税赋。但是，为了简洁起见，我就直接切入主题，如果他们在开始时缴纳了税赋，不久这些税赋将会被免除，并且将会由服兵役取代税赋的缴纳。我承认，很难想象法兰克人在一开始时是那么热衷于苛捐杂税，以后就突然变得这样不以为意。

关于自由民在法兰克君主国里的生活状况，在宽厚者路易国王的一道敕令中做了详细的阐述[53]。曾有一些哥特人或伊比利亚人逃离了摩尔人的压迫，然后被路易领地的人们所收留[54]。他们之间缔结的条约规定：哥特人和伊比利亚人应当像其他自由民一样，随同伯爵从军；在行军中，他们应遵照伯爵的命令站岗放

 哨和巡逻值勤[55]；当国王的钦差和外国使节来往办理公务时，他们应当为其提供马匹与战车[56]；除此之外，不能强制他们缴纳其他税项，他们享有同其他自由人一样的待遇。

我们不能认为，这些习惯法是在加洛林王朝的初期时就形成了，至少应该是在墨洛温王朝的中期或末期建立起来的。在864年颁布的一道敕令中，明确地说过这是一个古老的习惯了，即让自由民服兵役，并提供我们在上面讲过的车马[57]。这些对自由民来说是一种特殊的赋役，拥有封地的人们可以被免除这些赋役。我将在下文中加以说明。

不仅如此，还有一项法规，规定允许自由民不缴纳税赋[58]；凡拥有四块领地的人[59]都得有义务从军作战；如果一个人拥有三块领地，那么其须与有一块领地的自由民联合起来，前者去服兵役，而后者则可以留守在家，但必须替前者缴纳四分之一的税赋。同理，如果把两个各拥有两块领地的人联合起来，不去服兵役的一方将要为从军服的一方承担一半的税赋。

许多法律条文还规定，授予拥有一定数量土地或地区的自由民一些特权，对于此事，我将在下文中进一步论述[60]。这种特权是，对于伯爵和国王的其他官吏们所要求征收的税赋，这些土地都可以被不用缴纳。因为所有需要缴纳的税赋项都详细予以列出，然而却没有提到土地税，所以很显然这种税给免除了。

在法兰克王朝的君主政体下，罗马的税赋制度自然而然就会被弃用。罗马的税制是很复杂的一个体系，这些头脑简单的民族是无法理解这种概念的，他们也没打算使用这种税制。如果今天的欧洲被鞑靼人占领的话，我认为想让他们弄明白我们的税务官员是干什么的，是很困难的事。

《宽厚者路易传》的匿名作者在书中讲到，凡由查理曼大帝指派并驻扎在阿基坦的伯爵和其他法兰克国家的官吏们，都有保卫疆界、军事指挥和管理国王辖地的权力[61]。这显示了加洛林王朝统治时期的税收状况。君王使领土的管辖权掌握在自己的手中，并命令他的随从们为其开疆拓土。徭役、人头税以及皇帝时代对自由民的财产和人身所征收的其他税赋，都被免除了，并变成了捍卫边疆、参加战争的义务了。

在这本史书中还记载了这么一段历史[62]：宽厚者路易在日耳曼尼亚见到了他的父亲查理曼大帝时，查理曼问他：作为一个国王，你怎么会如此贫穷？路易回答说他只是名义上的国王，他的领主们几乎占有了所有的辖地。查理曼大帝担心会发生这件事，即如果这位年轻的君王想要回他之前轻易赐给人们的东西，那么他就会失去民众对他的爱戴，于是他就命令一些钦差大臣前往，最终使事物完璧归赵。

主教们给秃头查理的兄弟路易写信说：请快去看管你的土地吧，这样你就不用被迫不停地在僧侣的宅地周围忙碌着，并用车子使奴隶们干活让他们受累[63]。他们还说：请好好管理事务，这样你便有足够的收入维持生活，并可以接待外国使节。可见当时国王的收入都来自他们的辖地[64]。

第十四节　所谓税赋

蛮族人离开自己的国家后，他们希望将他们的习惯用文字记述下来。但是他们发现用罗马字母书写日耳曼的话是非常困难的，于是他们就决定用拉丁文把这些法律记录下来。

在征服战争以及这一过程的混乱之中，大多数事物的性质发生了变化。为了准确地表达这些事物，人们选择使用了古拉丁词语，因为用这些词语表达新的习惯法在意思上更加贴切。所以，为了使人们想起罗马人旧时的税（census）[65]，人们就使用拉丁文税（census）赋（tributum）这两个词来表达。当一些事物与罗马的税赋没有任何联系时，人们就尽可能地用罗马字母来记录下来日耳曼的词语，于是也就有了罚金（fredum）这个词。在后面的章节里，我将要详加论述。

因为税和赋这两个词在被随意地使用之后，在墨洛温王朝和加洛林王朝时期，这两个字的含义就变得模糊不清。一些自成体系的近代作者[66]在当时的书籍中发现了税这个字，于是他们就断定，这个税字与当时罗马人的税字具有相同的含义。他们还从中得出这样的结论，墨洛温王朝和加洛林王朝统治时期的帝王们取代了罗马皇帝的地位，但对其管理体制却丝毫没有改变[67]。由于在加洛林王朝时代发生的某些偶然情况和变化，使得在这一朝代征收的某些捐税变成了其他的税种[68]。于是这些作者们就又得出了一个结论，即认为这些税种就是罗马人的税赋。自从近代的法规颁布之后，这些作者们了解到帝王的统辖权是绝对不能让与的。于是他们又说，既然这些税代表着罗马人的税，并不在国王的管辖范围之内，那么这些所征收的税就赤裸裸的掠夺。他们的其他结论，我在这里就不再赘述了。

当我们用现代人的思维观念，去思考在年代久远时发生的事情时，那将是大谬不然。对于那些想要把所有远古事物想成现代化的人，我想借用埃及神父对梭伦所说的一句话："啊！雅典人啊，你们只不过都是小孩子而已！"

第十五节　只向农奴而不向自由民征收的税

国王、神职人员和领主分别向各自辖区内的奴隶按规定征收税赋。国王所征收的税赋，在维利斯的敕令就可以找到；神职人员征收的税赋，在蛮族人的法典中有所论述[69]；领主们征收的税赋，在查理曼所制定的条例中进行了规定[70]。

这些税收曾被称之为税赋。它们是经济税，而不是财政税；仅仅是私人贡金，而不是公共税收。

我认为那种被称为税赋的税收实际上是向奴隶征收的税赋。我通过马尔库尔弗的一项规定来论证，其规定凡是生而自由的人们，并且没有被贡赋缴纳花名册记录在内，国王就允许这些人们可以担任圣职[71]。当时查理曼大帝曾派遣一名伯爵驻扎在萨克森地区[72]，并交给其一份委任状，我还可以用这份委任状来加以证明。该委任状规定让萨克森人脱离奴籍，因为他们已信奉了基督教。这真是一张“自由民证书”[73]。这位君王恢复了萨克森人原有的国民自由，还免去了他们的纳税[74]。因此，当他是奴隶时就得交税，而变成自由民后就不必再缴纳了。

当时的此君主国还接纳了一些西班牙人，这位君王还曾向西班牙人颁发过一项专利特许证[75]，其规定禁止伯爵向这些西班牙人征收任何的税赋，也不准剥夺他们的土地。人们都知道，当时入住到法兰西的外国人都被视为奴隶。查理曼大帝要求把这些外国人当成自己的公民来看待，希望他们有自己的土地，并禁止向他们征收苛捐杂税。

当时秃头查理颁布的一道敕令也同样对这些西班牙人有利[76]。他希望人们像对待法兰克人的态度，来看待这些西班牙人，并禁止人们向他们征收税赋，随后这些自由民就不缴税了。

《皮斯特敕令》第三十篇革除了一大弊端。即当时国王和教会的一些屯垦者，把他们自己庄园的附属地卖给了僧侣或与他们身份相同的人，自己仅留下一间小茅屋。这样他们就可以避免缴税了。这道敕令把一切事物都打回的原形，恢复到了初始的状态。由此可见，当时的税主要是向奴隶们征收的。

从而我们也可以看出，在当时这个君主国中，税赋的征收还不具有普遍性。关于这点，在许多的参考文献中都有详细地论述。这道敕令规定[77]：“凡是以前合法征收税的地方，现在仍然需人们进行缴纳皇家税。”[78]这是想表达什么呢？在另一道敕令这样写道[79]，关于过去国王领土内所征收的税赋情况，查理曼大帝命令他在各省的钦差进行准确地调查[80]，这道敕令又是什么意思呢？他又颁布了一道敕令[81]，其中内容指出他处理了纳税人所上缴的税赋事务[82]，这又代表什么呢？还有一道敕令[83]所写道："如果有人占有的土地是曾经我们过去征收过税的地方[84]。"这又是什么意思呢？最后还有一份文书[85]，在其中秃头查理讲到自古以来都是属于国王征收的纳税土地[86]，这又是用意在何呢？

请注意，有些文献的内容似乎乍看起来与我所说的相反，可实际上却证实了我的说法。我们在之前讲过，在法兰克君主国中的自由民被强制提供马匹战车。在我刚才所讲述的那些敕令中，把这种做法也称为税赋[87]。然而，这种税与农奴所缴纳的税有着严格的区别。

此外，《皮斯特敕令》[88]讲到了一些自由民，他们按人头和茅草屋的数量进行纳税，并在饥荒的时候出卖自己沦为奴隶[89]。国王规定要将他们赎回，因为那些通过国王圣旨[90]而解脱奴籍的人们并没有完全获得自由[91]。他们需要缴纳人头税。我在这里所讲的就是这类人。

一些人们认为这种普遍并广泛应用的缴税制度是源于罗马人的政策法规,他们还认为领主所征收的税赋是通过侵占的方式，也同样来源于罗马，现在我们应该摒弃这种观点了。如果不考虑对税这个字的误用，那么法兰西君主国中所称的税，其实就是主人对其奴隶所征收的一种特别的税。

在上文中我引述了很多，烦请读者们能够谅解给你们带来的这么多烦冗的内容。因为我手中有一部参考文献，是杜波教父写的，名为《法兰西君主国在高卢的建立》，所以我稍加赘述了一些，内容读起来不是那么的简洁。最能阻碍知识进步的事情，莫过于知名作者所写的一本臭名昭著的书籍。因此，欲要传授他人知识，得需自己先解其惑也。

第十六节　诸侯与封臣

在前面的章节中，我曾谈及过在日耳曼民族里，一些随从们会跟着其君主在外出征打仗。在征服战争过后，他们也还会同样跟随着君王，并一直保留着这种习俗。塔西佗将这些人称之为侍从[92]；在《萨利克法典》中将他们称之为效忠于国王的人[93]；在《马尔库夫范例集》[94]中称他们为国王的侍从[95]；法国初期的史学家将他们称之效忠王室的近臣或忠臣[96]；后来的历史学家则称之为封臣或领主[97]。

在《萨利克法典》和《里普利安法典》中，有关法兰克人的条款，数不胜数，但涉及国王的侍从的条款，却寥寥无几。对国王的侍从所制定的条例，与法兰克人的完全不同。这些法律规范法兰克人的财产的条款比比皆是，却丝毫不提及国王侍从的财产事宜。确切地说，这是因为国王侍从的财产问题是受到政治法而不是民法的规制，其财产应归属于军队，而并非是家族承袭的遗产。

在不同时期，各种作者们把家臣们留存下来的财产分别称为国库财产[98]、恩赏、荣誉或封地。

众所周知，最初的封地是可以撤销的[99]。我们在图尔的格雷戈里作品中可发现[100]，苏内吉西尔和加罗曼被剥夺了他们对国库的所有权，给他们只留下了自己的财产。当贡特朗将他的侄子希尔德贝尔特扶上王位时，与他进行了一次密谈，指出哪些人应该被封地，又应该剥夺哪些人的封地[101]。在《马尔库夫范例集》中，一项条款这样说道，国王不仅可以使用国库的收入还可以使用他人的财产作为恩赏[102]。在《伦巴第法》中，这种恩赏与个人财产是截然不同的[103]。在这方面，我们的历史著作、各种法规和不同蛮族人的法典都是一致的。最终，《封地论》[104]的作者告诉我们，起初时领主可以随意撤销封地，随后又将有效期定为一年[105]，最后，改为终身制。

第十七节　自由民的兵役

有两种人必须服兵役：一种是封臣和其下属，因为他们有封地，所以有义务这么做；二是法兰克人、罗马人和高卢人中的自由民，他们为伯爵服兵役，并受伯爵和他的军官们的命令和指挥。

自由民的定义为，既没有受到恩赏，又没有被封地，还不是农奴身份，那么这一类人就被称为自由民。他们拥有的土地被称为自由地。

伯爵们把这些自由民召集在了一起，并率领他们去参军打仗[106]。伯爵的部下有一些军官听其指挥，其被称为督军[107]。所有的自由民以一百人为一组都被分编成了百人团，这就构成了他们所谓的自治市镇，因此在伯爵的部下还有一种称为百夫长的军官，他们带领着百人队中的自由民[108]去征战。

在法兰克人定居高卢以后，百人团军队才建立起来。百人团是由克洛泰尔和希尔德贝尔特进行划分的，其目的在于要求每个百人团所在管辖区有义务监管治安，并对发生的盗窃、抢劫事件负责。对于这种说法，人们可以在这两位君王的谕令中找到出处[109]。在今天的英格兰也有类似的治安条例。

由于伯爵们率领自由民去参军征战，诸侯们也会同样带领他们的封臣或封臣们的下属进行作战，主教、教士或他们的拥护者们[110]也会带领他们的下属们参战[111]。

在参军打仗问题上，主教们感到很为难，觉得自己不适合去征战[112]，因此他们请求查理曼大帝允许他们不服兵役。当他们获此批准时，又抱怨说他们失去了公信力。所以查理曼大帝又不得不亲自说明他的这种做法的合理性。尽管如此，当主教们不再被强迫去打仗时，他们的封臣们也没有在伯爵的率领下去作战。相反，我发现带领这些封臣们去征战的，是国王或主教们选择的一名亲臣[113]。

在宽厚者路易的一道敕令中[114]，这位君王把封臣分成了三类：国王的封臣、主教的封臣、伯爵的封臣。只有当王室的亲臣们有事不能带领诸侯或领主的封臣们去征战时，才允许他们在伯爵的率领下奔赴战场[115]。

但是谁能带领诸侯们去征战呢？毫无疑问，当然是国王亲自统帅了，因为国王始终是诸侯们的领袖。这就是为什么在敕令中，我们总是能看到国王的封臣与主教的封臣存在着区别[116]。像我们这样骁勇、自傲和豁达的国王们，决不会率领主教的部下们奔赴战场，也不会与他们战死沙场的。

在查理曼大帝颁布的一道敕令中明确指出，这些诸侯们同样应该率领他们的封臣和封臣的下属们出征参战，并规定无论是自己的财产，还是通过别人的赠予，凡是拥有四块领土的自由民都应该参战御敌或跟随着领主出战[117]。很显然，查理曼大帝要告诉人们的是，只要拥有一份土地就得加入伯爵抗战的队伍中，只要接受领主的一点俸禄就得随领主们一起出征。

然而，杜波教士却认为，敕令中所提到的领主的下属，指的就是奴隶们[118]，他的观点源于《西哥特法典》和该国的惯例。我认为，以敕令本身为依据更加有说服力。我刚刚援引的敕令中的观点与杜波教士的观点恰恰相反。在秃头查理和其兄弟们之间缔结的契约中同样也提到，自由民可以自行选择要跟随的领主或者国王；这一规定与很多其他规定是一样的。

因此，我们可以得出结论，有三种类型军队：一是国王的

846 诸侯或亲臣们的军队，在他们的部下还有其他亲臣们组成的部队；二是主教或其他神职人员及其他们的附庸所组成的军队；三是伯爵率领自由民们所组编成的军队。

我并不是说，封臣们不受伯爵的支配，是因为那些具有特殊指挥权的人们应服从于统一领帅的指挥。

人们可以看到，在封臣们没有履行他们封地义务的情况下，伯爵和国王的钦差甚至可以强制他们缴纳赔偿金。

同样，当国王的封臣犯下任何掠夺抢劫的行为时，除非他们更愿意受到国王的重惩，否则就得接受伯爵的处罚[119]。

第十八节　双重职务

在君主政体的国家中，有一条基本原则，即凡是服从于军队管制的人同样也受民事管辖的约束。因此，宽厚者路易在815年颁布的一道敕令规定[120]，伯爵对自由民的军事指挥权和民事管辖权具有同等效力。因此，把率领自由民征战的伯爵的法庭[121]，称为自由民的法庭[122]。所以也就自然而然地形成了这条准则，即关于自由的问题，只能在伯爵的法庭中裁决，而不能在其他官员的法庭中审判。由此得知，主教和修道院院长的封臣不隶属于伯爵的民事管辖，所以伯爵无法率领他们参军打仗[123]，也不能率领他们封臣的下属们出征御敌。我们在英格兰法律词典中可查到[124]，那些萨克森称其为柯布尔的人们，被诺曼人称为伯爵或侍从，因为他们和国王一起享用司法处罚金[125]。因此我们都能看到，无论在什么时代，封臣对领主应尽的义务[126]就是拿起武器，并在领主的法庭上审判自己的家臣[127]。

造成司法权与作战指挥权相联系的原因之一，是因为军队的首领还需同时负责向人们征收税赋，这种税就是向自由民征用一些战车，以及我将谈到的某些司法利益。

伯爵可根据相关的规定在国家内行使一定的司法权力，同样，领主也有权依照相同的规定在其领土进行司法裁决。实际上，在不同的时局下政策也不尽相同，但伯爵辖区内的相关制度总是随着封地制度的变化而变化。这是因为从治理的角度来讲，它们都遵循着同一的理念和准则。总而言之，在伯爵辖区内的伯爵都是领主，在封地内的领主也都是伯爵。

有些人认为伯爵可以被视为司法官，公爵可以被看成军事官，但这种观点是错误的，其实伯爵和公爵他们都是兼为军事官和司法官，具有双重职务[128]。我们从弗来德加了解到[129]，他们头衔的区别在于，虽然有些伯爵没有公爵作为直属上司，但实际上是伯爵是隶属于公爵之下的。

有些人或许会想，当时法兰克政府一定是非常苛刻的，因为相同职务的官员们既有军事权又有司法权，甚至还拥有国家财政大权。关于这一点，我在前几章节中已经讲过，这是专制体制的一个明显特征。

但是我们不能认为，伯爵会像土耳其的帕夏官员们那

 样[130]，可以独自行使司法裁决权，当审判案件时，他们都会召集一批上层社会的名流参与审判大会[131]。

为了使人们能够了解法规、蛮族法律和敕令中关于审判的规定，我需要说明的是伯爵、财政审判官和百夫长的职能是相同的。法官、镇堡长和市政长官，这些职位不同具却有相同的职能[132]。他们都作为伯爵的助手，通常情况下为七个人。因为，当审判案件时，审判官不得少于十二人[133]，缺额时则由贵族名流们替代[134]。

但是，无论是谁拥有管辖权，国王、伯爵、财政审判官、百夫长、领主还有神职人员都不允许单独审案。这种做法早在日耳曼尼亚就已经形成了，在封地制度变革以后，这种习惯法依然存在。

关于财政大权，其性质使得伯爵很难滥用职权。君主对于自由民的支配权很简单，正如我之前所写，就是向自由民们征用兵马车辆而已[135]；至于司法权，则有一些杜绝舞弊的法律条款[136]。

第十九节　蛮族人的和解金

如果我们对日耳曼民族的法律和习俗不是十分了解的话，就很难对我们的政治法有更加深入的认知。所以在此，我将先探究一下有关日耳曼民族的法律和习俗。

从塔西佗的著作中可知，日耳曼人只会用两种死罪刑罚，即对叛徒处以绞刑、对懦夫处以溺毙。这些便是他们国家仅有的公罪。当一个人对另一个人造成伤害，受到侵犯或伤害方的亲属参与到这场纠纷案件时，那么双方的仇恨最终会因为赔偿金而得以了结。如果对当事人造成了伤害，那么将会对此当事人进行赔偿；如果对当事人和其亲属共同造成了伤害，那么将会对双方进行赔偿；如果受害当事人死亡，那么将会对其亲属进行赔偿[137]。

据塔西佗所说，这种赔偿金需要双方共同签订协议来解决。因此，在蛮族人的法律中，把这种赔偿金称为和解金。

在弗里斯兰人的法律中[138]，我们发现当时的社会就任凭人们处于一种自然的状态，他们不受政治法或民法的约束，受害一方的家庭可以随意进行报复，直到他们满意才罢休。即使这项法律在后来被修订了，改成需要保障被要求偿命的人在自己家里的人身安全[139]，并在往返于教堂和审判法庭的途中也得保障被告的人身安全。

萨利克法律的编纂者列举了法兰克人的一种古老的习俗[140]，盗墓敛财者将被社会所放逐,直到受害家属同意让其返回为止。并且在允许使其回归社会以前，明令规定任何人，包括盗墓者的妻子在内，都不允许给其提供任何食物，或把其接回家中。就矛盾双方相互的关系而言，在罪犯与其他人，其他人与罪犯之间都处于一种最原始的状态，直到赔偿之后，这种状态才会最终结束。

除此之外，我们可以看到，当时双方的赔偿协议不仅制定得慢，而且还存在很多不确定的因素，因此那些不同蛮族的先贤们想自行决定双方的赔偿事宜。他们尽量把和解金的数额定得具有合理性，以便使受害者或蒙冤方能够接受。所有这些蛮族人的法律在这方面都有详细规定，对案件类型区分明确[141]，对犯罪情节也反复思忖。法律的立场站是站在受害者一边，并且要求受害者在冷静处理的前提下，要求索赔金额。

即使在塔西佗时期，日耳曼民族也是处于这种状态之中，正是这些法律的制定，才使他们脱离了原始的自然状态。

罗利塔在《伦巴第法》中曾说过，他参照旧的习俗规定，增加了和解金数额，以便使受害方得到满意的赔偿，进而化解双方当事人之间的仇恨[142]。事实上，作为伦巴第人，当他们通过征服意大利的方式，从非常贫穷的民族而变得富有时，旧时所规定和解金的数额对他们也就变得不以为意了，从而也就不再需要和解的方法了。有一点得以确定的是，正是由于这种出发点，才迫使其他征战民族的其他首领们，制定了我们至今仍然沿用的各种法典。

最主要的一种和解金就是杀人凶手向死者亲属支付的和解金。犯罪情节不同，和解金的数额也会有差异[143]。根据《安格尔法》的规定，死者若是贵族，需支付和解金六百苏；死者若是自由民，需支付和解金二百苏；死者若是奴隶，需支付和解金三十苏。由此可见，和解金的数额是根据死者的官位高低而定的。这一项特殊的权力，除了显示出人们在社会中显赫的地位以外，还能在一个充满暴力混乱的国度里，会给其带来较大的人身安全保障。

《巴伐利亚法》让我们对于这方面有了一个更加全面的了解[144]。该法给我们罗列出了一些家庭的名字，因为他们的地位仅次于阿吉洛尔芬家族[145]，所以会被支付双倍的和解金。阿吉洛尔芬家族属于公爵家系，人们会在这个家族中选拔出公爵的官职，他们会被支付四倍的和解金。公爵的和解金还要比一般阿吉洛尔芬家族的人多出三分之一。该法说明："因为他是公爵，所以他被赋予的荣誉比其亲属还要的多。"

所有这些和解金最终都以金钱来衡量。但是，有些民族，特别是日耳曼民族是没有货币的，他们所能赔偿给当事人的只有牲畜、玉米、动物、家具、犬狗、猎鹰和土地等[146]。所以，法律往往把这些东西按货币价值进行了换算[147]。这种现象也清楚地向我们表明，当时社会流通的货币如此之少，而国家以罚金惩处的案件又是如此之多。

因此，这些法律力图在详细阐明失误行为、有意伤害、故意犯罪之间的区别，以便让受害者了解到自己受侵犯和伤害的程度，并且也让其准确地知道自己会得到多少赔偿金，尤其应该让其知道赔偿的上限是多少。

从这个角度来看，我们很容易得出，如果一个人在接受了和解金以后，还产生报复的行为，那么这种犯罪行为情节就十分严重。这种报复行为既是对社会的侵犯，也是对私人的侵犯，因为这是对法律的蔑视。立法者在制定法律时，一定要对此类行为进行严惩[148]。

当这些民族在政府的统治下丧失了某种独立的精神，当国王们试图建立更好的民政管理制度时，这时就可能会产生另一种极其危险的犯罪[149]，那就是人们既不愿意支付也不想接受赔偿金。我们在不同的蛮族法典中可以发现，立法者对这一条款是强制性的[150]，即强制性要求支付及接受赔偿金。实际上，拒绝接受赔偿金的一方，就是想保留他报仇的权力；拒绝支付赔偿金的一方，就是在把这种复仇的权力留给受害者。这就是贤明的人对日耳曼法规进行的改革，改革后的法律鼓励人们通过和解金的方式来解决纠纷，但不再会强制他们这么做。

我刚才提到了《萨利克法典》中的一段内容，在这部法律中立法者让受害者自行决定到底是接受还是拒绝赔偿。正是这部法律规定，盗墓者会被驱逐出社会，不准与他人往来，直到受害者家属拿到赔偿金后，方可回归社会[151]。出于对旧有神圣规范的尊重，《萨利克法典》的编纂者们没有改变原有的旧时习惯法。

在以下这两种情况中，给予和解金是极其不公正的：一是如果强盗在抢劫过程中遇害，向其家属提供赔偿金；二是如果妻子犯有通奸罪，在与丈夫分居一段时间后又被带回家中，向这位女性的亲属提供赔偿金。《巴伐利亚法》是禁止给以上情况提供和解金的，倘若亲属们寻求报复，一定会对其严惩不贷[152]。

在蛮族人的法律中，我们不难发现有些条款是规定非故意犯罪行为的和解金。在这方面，《伦巴第法》的规定总体上来说很合乎情理的。在这种情况下，法律要求赔偿人根据实际情况进行赔偿，并且不允许受害者家属寻求报复[153]。

克洛泰尔二世颁布了一道非常明智的敕令，他禁止被抢者在没有法官命令的前提下，私自接受和解金[154]。一会儿我将很快会讲到这么做的目的。

第二十节　所谓的领主司法管辖权

蛮族人的法律规定，关于凶杀、侮辱、伤害的案件，除了向受害者亲属提供和解金之外，还需赔偿一定数额的保障金（fredum）[155]。我在下面会进一步详细说明，但为了让读者明白这笔罚款究竟是什么，我首先说下，它是一种人身安全保障金，保护赔偿者免遭报复。即使在今天，瑞典语中的安全保障金（fred）一词也意为和平。

在这些暴乱的国家中，司法权力行使的目的不过就是保护罪犯免遭报复行为，并强制受害人接受其应得的和解金。所以，不像其他民族，在日耳曼民族中，司法权力就是保护罪犯免遭报复。

蛮族人的法律列举了一些案件，说明了在什么情况下需要缴纳安全保障金（fred）。当受害者家属不会产生报复行为时，就不必缴纳；因为没有报复，也就不必对其予以保护。然而，《伦巴第法》规定[156]，如果一个人过失杀害一名自由民，必须支付与死者身份地位的价值等同的赔偿金，但不必缴纳安全保障金。由于是非故意杀人，被害者家属也就无权进行报复。《里普利安法典》规定[157]，当某人被一块木头或者任何人造的器械杀死时，该器械或木头则被认为是有罪的，并且受害者的亲属们可以自行取走，也就没有必要缴纳安全保障金了。

同样，《里普利安法典》还规定，当一头野兽杀死一个人时，在这种情况下的赔偿也无须缴纳安全保障金[158]，因为死者的家属并没有受到侵害。

根据《萨利克法典》的规定[159]，如未满十二周岁的少年犯罪，那么其应支付和解金，但不用缴纳安全保障金。因为他不可能携带任何武器，并且受害方或其家属也不可能对其寻求报复。

罪犯为了换取人身安全和平安无事，所以才缴纳安全保障金。这种换来的安全与平安，由于他曾经犯下的罪行而被剥夺，现在以这种方式重新获得。然而，尚未成人的儿童并没有失去这种安全保护，因此不能被逐出人际社会。

安全保障金是交给当地审判官的一种地方税[160]。可是《里普利安法典》却规定，禁止审判官自行征收该税[161]，这此款项应由胜诉的当事人收取，然后再转交给国库。该法称，这么做是为了里普利安人们之间的永久和平。

此笔罚金数额的多少与受保护的程度成正比[162]。因此，受国王保护需要缴纳的罚金，要远远大于比受伯爵或其他法官的保护所要交的。

我认为，领主司法权这时已经产生了。大量记载向我们表明，封地涉及的土地面积很广阔。我之前已经谈到过，对于法兰克人分到的土地，国王们是不征收税赋的，甚至对封地这件事保留的权力也很少。所以那些得到封地的人们，拥有着广泛的权力，尽情地享受着从中带来的果实和收益，其中让他们获益最大的便是司法利益，即根据法兰克人的习惯而收取的安全保障金[163]。由此便产生这样的结果，有封地的人同样也拥有司法权力，这种司法权力只体现在支付受害者家属和解金上，以及给领主好处费上。所以这种司法权力并没有任何意义，只不过是根据法律支付和解金和索要赔偿金的权利。

我们从一些法规中可获知，在封地制度方面存在这种情况，即司法权力会确定或永久将封地归属于某个近臣或忠臣[164]，或将这种封地的特权归教会所有[165]。这种情况在许多的条例中都可以查明，这些条例禁止国王法官或官吏在领地中行使任何司法权力，或索要任何司法酬金[166]。国王的法官既然不能某个领域内发号施令，自然也就不再到这个地方去了。这样一来，国王法官所行使的职能，就由当地法官取而代之了。

为了能让双方当事人按约定出庭作证，而强迫他们缴纳一种保证金的做法是明令禁止的，这应该由获得领地的人进行索要。据说，国王的钦差大臣们不能再要求宅邸了，因为他们在领地中根本不发挥任何职能作用。

由此得知，无论对于旧封地还是新封地而言，司法权就是封地本身所固有的一种权力，是封地组成部分中可以产生丰厚收益的一种权力。无论在哪个时期，人们都这样看待司法权，都认为其可产生一定的利益。并由此产生了这样一个原则，即在法兰西司法权是世袭的。

有人认为，司法权的产生，是从国王和领主对奴隶的解放开始的。但是，日耳曼各民族和其后裔并非是唯一解放奴隶的民族，但这个民族却是唯一建立了可世袭的司法权。此外，《马尔库夫范例集》向我们表明，在早期，自由民也受这些司法权的管辖[167]。因此，既然奴隶在封地上居住，他们也受司法权的约束；但是封地形成的起源并不在于他们，因为他们本身就被包括在封地之中。

对于此事，另外一些人的看法更加明确。他们说，是领主们篡夺了司法权，这句说得极其简明。但是，篡夺君王权力的人，在世界上难道只有日耳曼各民族吗？历史充分地向我们表明，还有其他民族也曾经篡夺过他们君王的权力；但是，人们却没有发现，所谓的领主司法权由此产生。因此，我们应该从日耳曼的风俗习惯中去探究领主司法权的渊源。

我请大家拜读一下卢瓦索的著作[168]，看看他是如何假定领主们曾组织和篡夺各种司法权的。从这本书中我们可得知，这些领主们一定是世上最狡诈的人，他们不像军队那样肆意掠夺，而是像乡村的法官和公诉人那样相互巧取豪夺。据作者的说法，在王国的各省份中和许多王国里，这些士兵们都建立了一个普遍的政治体系。卢瓦索对他们的这种推理方式，就如同在自己书斋里的推论法一样。

我还想要说的是，如果司法权不是封地制度的附属产物，那么为什么无论在法庭里还是在军队中，为国王和领主提供的封地服务制度会随处可见呢[169]？

第二十一节　教会的领地司法权

教会可获得非常可观的财产。我们看到国王们会给予教会巨大的财产，即封地。我们会发现，司法权起初是在教会的辖地上建立起来的。那么教会的这种特权最初是从哪里获得的呢？这种特权是源于事物性质的本身。因为教会的财产是无人可以剥夺的，所以在他们的财产中存在这种特权。人们将一部分财产赠予教会，就像给予了家臣一样，连同这部分财产在内的特权也一并给了教会。正如我们所知道的那样，如果把这份财产给了非僧侣人员，那么接受这笔财产的人将有义务对国家履行某种职责。

由此可知，教会也可以在其领土范围内行使司法权，收取安全保障金。这就使得教会必然要阻止国王的官员进入其领土内，使用司法权并征收这种安全保障金。在法令集[170]、条例和敕令中，把教会在其领土范围内所执行的这种权力，称为豁免权。

《里普利安法典》规定[171]，凡是曾经被教会解放的奴隶[172]，除了在他们被释放的教堂中，不得在教会司法管辖地举行集会[173]。由此可见，教会甚至对自由民也行使司法权，并且在最早的君主制时期就举行了他们的审判会议。

我在《圣徒传》中读到[174]，克洛维斯将一块六古里面积的土地，交给一位神圣的人物进行打理，并规定这块土块不受任何司法的管辖。我坚信这是虚构的，并且是一个由来已久的谎言，但却是一个非常古老的谎言。真实的生活与虚构的谎言也是建立在当时的风俗和法律基础之上的，这些风俗与法律也正是我们目前现要探究的内容[175]。

克洛泰尔二世赋予了在偏远地方拥有领地的主教或贵族一种权力，允许他们自行决定相关人员，行使司法权力，或让其征收酬金[176]。

对于教会法官和他的官吏的司法权限，克洛泰尔二世还予以了规定[177]。查理曼大帝在802年颁布的一道敕令中规定，主教和修道院院长可行使司法官员的职能。该君王颁布了另一道敕令[178]，规定对于在教会领土上农耕的人，禁止国王的官吏对其行使任何的司法权[179]，除非这些人以欺诈行为逃避税收。聚集在兰斯的主教们宣布，教会的封臣也享有其豁免权[180]。查理曼大帝在806年的敕令中规定，教会对所有居住在其领地上的人可行使刑事和民事司法权[181]。最终，秃头查理颁布一道敕令，规定将国王、领主和教会的司法管辖权加以区分[182]。在此我不再赘述。

第二十二节 加洛林王朝末期建立的司法权

据说，在加洛林王朝统治的混乱时期，封臣们篡夺了他们封地内的司法权。针对一些情况，人们总喜欢泛泛而谈，却不愿深入研究。例如我们很容易发现，封臣以前根本就有司法权力，但想弄清楚他们是如何获得的就没那么简单了。然而，司法权最初并不是由于篡夺而来，而是源于其制度的建立，不是它的腐败。

巴伐利亚人的法律规定[183]："如果一个被害的自由民有家属，那么罪犯需向其家属支付和解金；如果受害者没有亲属，他须将和解金给予公爵或死者生前托付的人。"由此看出，为了某种利益，而寻求托付的实际目的了。

阿勒曼尼法载明[184]："如果一个人的奴隶被掠夺，此人应该向掠夺者所属的君王提出指控，并索要和解金。"

希尔德贝尔特的一道敕令中写道[185]："如果一个百夫长，在另一百人团内或在家臣的领区内发现一个盗贼，而没有将他驱赶出去，那么他就应该站在盗贼的立场上为其辩护，或发誓证明自己的清白。"由此可见，百夫长的辖区和家臣的辖区之间是有区别的。

希尔德贝尔特的这道敕令解释了克洛泰尔于同一年颁布的一项律令[186]。该律令与希尔德贝尔特的敕令所针对的情况和案件类型是相同的，只是所使用的文字有差异。希尔德贝尔特敕令中称之为"我家臣们的领地"，在克洛泰尔律令中称之为"封地"。

860 比尼翁先生和杜康先生认为克洛泰尔律令[187]中所指的封土，其实指的是另一位国王的领地，但是，他们都并未说对。

意大利国王丕平为法兰克人和伦巴第人制定了一项律令[188]，规定如果伯爵和其他官吏，在行使司法权力时，玩忽职守或拖延执行，那么其将会受以刑罚。这位君主还规定[189]，如果一个拥有封地的法兰克人或伦巴第人，不愿意出庭审理案件，那么其辖地的法官应责令停止他行使封地的权利，并在此期间内，应由法官或他的委托人参加案件的审理。

查理曼大帝的一道敕令[190]证明，国王们并没有到处征收安全保障金。此君王的另一道敕令[191]表明，封建法规和封建法院已经建立。宽厚者路易的一道敕令规定，如果一个拥有封地的人不参加案件的审理，或阻止他人审理诉讼案，那么人们便可以随意住在他的家中，直至诉讼案得到审理为止[192]。我还想引述秃头查理的两道敕令；其一是861年的敕令[193]，该敕令说明当时的司法机构已经形成，并且法官和其下属官吏的职位也已经建立；其二是864年的敕令[194]，该敕令将国王的领地和其他个人的领地加以区分。

我们查不到有关封地让与的初始记载，因为最初是由战胜者来分割土地的。因此，我们不能用原始的契约来证明，司法权起初就附属于封地之上。但是正如前面所述，在封地的确认和永久转让的法规里，我们发现封地的司法权已经建立起来了。这种封地的司法权，是封地的性质，也是它的一个主要特权。

关于在教会领地内建立的教会世袭司法权方面，我们所能找得到的历史参考文献，要远远多于诸侯或忠臣在封地这方面的资料。有以下两个原因，其一是因为今天我们留存的大部分历史文献是由僧侣们保存和搜集，并供修道院使用；其二是因为教会的世袭财产是由个人转让构成的，这种做法并不属于既成的秩序，所以需要颁布一些条例加以规定；然而，诸侯们之间产生的让与行为是政治方面的结果，所以不需颁布某种条例，更不需保存特别的法律条款。国王们只需使用节仗，便可以进行简单的转让，如同《圣摩尔传》中所描述的那样。

《马尔库夫范例集》[195]的第三条充分地证明，神职人员和世俗人们可以共同享有豁免特权，以及由此而产生的司法权，该条例正是为以上两种人而制定的。克洛泰尔二世颁布的条例也是如此[196]。

第二十三节　杜波教士的《法兰西君主国在高卢的建立》一书的总体思想

在结束本章之前，对我来说有必要对杜波教士的这本书籍好好做一番审视，因为我的观点永远与他的相矛盾，如果他发现的是真理，那么我发现的就是舛误。

杜波先生的这本书籍曾迷惑过许多人，因为他的写作笔法非凡，在书中对悬而未决的问题一直在用假设的手法，其中越是

 空洞缺乏证据，便越发故弄玄虚，作者将无数猜测当成原则，进而又从这些原则中推导出其他猜测当作结论。逐渐地读者忘记了之前所怀疑过的那些猜测，开始相信起来。作者的渊博学识没有用在论述体系之中，其论述内容集中在了一些细枝末节的问题上，看似差之毫厘，实际却与主旨失之千里。除此之外，他在书中讨论的问题如此之多，使人们根本无法察觉，他其实没有得出任何结论。读此书的过程就像是人们经过了一次漫长的旅程，最终使人们误认为抵达了彼岸。

但是，如果仔细地审视这本书籍的构架，我们会发现，此书看上去犹如一个双脚由泥土制成的庞然巨人。如果杜波的理论体系有充分的论据，就不必用三卷枯燥乏味的内容加以赘述了。如果他可以根据他所论述主题找到有力的证据，就不必在书中离题十万八千里之地苦苦寻找。理性本身就会把一个真理带入另一个真理之中。历史和我们的法律本应会告诉他："不必如此麻烦，我们将会为你作证。"

第二十四节　续前 对杜波理论体系的思考

杜波教士试图想要否认一种观点，即为法兰克人是作为征服者侵入高卢。按照他的看法，法兰克的国王登上宝座是人民群众的千呼万唤，进而承袭了罗马皇帝们的权利。

对于当时克洛维斯进军高卢，洗劫和侵占城镇的情况，这种说法是行不通的；对于克洛维斯击败罗马军官格里乌斯，夺取这位军官当时掌控的地方势力的行为，这种说法与其也是不相符的。这种说法只适用于这个时期，当时克洛维斯用武力统治大部分的高卢人，受各民族的簇拥和爱戴，呼吁让其统治高卢的其他地区。克洛维斯不仅仅是被人民所接纳，更是得到人民的称赞。杜波教士证实，相比生活在罗马人的法律管控之下，人民更愿意接受克洛维斯的统治。再则，杜波教士的说法，在高卢地区内，没有受到蛮族人侵犯的罗马人分为两种，一种是阿莫里克联邦人，他们赶走了皇帝的官员们，自己抵御蛮族的入侵，并且用自己的法律进行自我管理；另一种则是服从于罗马军官的一群人。那么，杜波教士是否能证明，仍然生活在罗马帝国统治下的那些罗马人，曾经呼吁过让克洛维斯来统治吗？事实是他根本没有提供任何的证据。那么，他又能否证明，阿莫里克共和国曾经呼吁过克洛维斯让其统治，甚至与他缔结了某种契约呢？同样他也没有证实。对于阿莫里克共和国最后发展的结果他都没能说明，他甚至连这个共和国曾经在历史上存在过的证据都提供不出来。他用自己造诣深厚的写作手法，引述了从洪诺留时期到克洛维斯征战时期的所有历史事件，尽管他所有的引述内容都与这一时期的历史事件相联结，但在作者的笔下，我们仍找不到这个共和国曾经存在过的证据。因为，一是索西默斯著作[197]中的一段话与杜波的言论大相径庭，其文中的论述证实，在洪诺留帝国的统治时期，阿里克地区的人们和高卢其他省份的人们曾揭竿起义，

864 建立了一个共和国[198]；二是尽管高卢人曾多次绥靖，阿莫里克人建立的共和国仍然一直存在着，直到克洛维斯征战胜利之前；这两者之间是有很大的区别的。然而，为了建立自己的理论体系，杜波需要强有力的和充分确凿的论据。因为，当我们看到征服者侵入另一个国家时，他们是用武力和暴行侵占大部分领土，不久之后整个国家就屈于征服者的统治之下了，而历史又无法证实被征服的国家是如何衰落到了这种程度。但我们有充分的理由认为，此事以武力起始，必然以武力终结。

由于杜波教士忽视了这一点，于是他的整个理论体系变成了彻头彻尾的豆腐渣工程，不攻自破。并且，每当他从自己的理论中推断出的结论，例如高卢人不是被法兰克人所征服，罗马人邀请法兰克人来到高卢定居等观点时，人们总能有充分的理由将其否定。

杜波教士总是用这一事实来证明他的理论，即克洛维斯被任命为罗马高官的事。据他认为，克洛维斯继承了他父亲希尔代里克的民兵团长之职。但是这两件事情纯属捏造。他把圣雷米致克洛维斯的一封信函，作为他的证据[199]。但是此信函只是祝贺克洛维斯登基的贺函而已，不能代表什么。其实这封信表达的含义如此明确，为何还要虚构出来另外一层含义呢？

在克洛维斯统治的后期，他被阿纳斯塔修斯皇帝任命为执政官，但是在他仅执政一年的时间内，当局会给予他什么权利呢？杜波教士说，在同那张委任状中，克洛维斯被阿纳斯塔修斯皇帝委任为地方总督。据我所知，这位皇帝似乎从来没有让他当过什么总督。关于一件没有根据的事实，对其否定的权威性并不亚于肯定这一事实的权威性，并且我还有理由证明其是不存在的。图尔的格雷戈里，在谈及克洛维斯的执政官一职时，对地方总督一事只字未提。即使他曾经当过地方总督，那么也不过在职六个月而已。克洛维斯当上了执政官之后，一年半就去世了，所以不可能使地方总督的职位承袭下去。最后一点说明，当他被任命执政官一职时，或者如果有人说他为地方总督，他已经成为君主国的主人了，他的一切权力也都已经确立。

杜波教士所声称的第二个证据是，查士丁尼皇帝把在高卢地区的一切权力，让与克洛维斯的子孙后代。关于此事，我要用较多的文字加以论述。我们可从法兰克国王们对这种割让的执行方式来看，这些权力对他来说是否那么重要。此外，法兰克国王们是高卢地区的主人，和平地统治着整片领土，而查士丁尼在该地区没有一席之地；西方罗马帝国早已被毁灭，东罗马帝国仅仅代表西罗马帝国，对高卢地区行使某种权力，而这种权力实际上是高于其他权力之上。法兰克人的君主国已经建立，规章条例也已经制定完成。居住在君主国内的个人和民族之间的相互享有的权力早已商定一致，各民族的法律不仅已经制定，而且还用文字记载下来。那么对于一个已经建立的政体，这种外来权力的让与又有什么意义呢？

在时局发生动荡，征服者烧杀掠夺，国家的秩序处于一片

 混乱时，在主教们力图向侵略者阿谀谄媚之际，杜波教士引证这些主教们的长篇大论又有什么意思呢？他写作中所使有的修辞和诗意，除了表明其写作手法造诣深厚之外，还能象征什么呢？在图尔的格雷戈里谈及克洛维斯密谋策划的几桩暗杀事件后，又说上帝使他的敌人每天拜倒在他的足下，就因为上帝要坚持这么做，当人们读到图尔的格雷戈里的这种说法，又有谁不会感到惊奇呢？僧侣们对克洛维斯皈依基督教的兴奋不已，并从中获得丰厚利益，谁会对此有所怀疑？同时，又有谁能怀疑各个民族在被征服过程中受尽了苦难，以及罗马政府屈服于日耳曼政府呢？法兰克人丝毫也不情愿，也不能改变一切，再则，很少征服者能有这种思维。但是，杜波教士为了其得出的结论都具有真实性，不仅强调法兰克人没有对罗马人做出任何改变，而且还说他们改变了自己。

通过遵循杜波教士的方法，我甚至可以证明希腊人从未征服过波斯。首先，我可以从希腊的一些城市与波斯人缔结的条约开始谈起；然后，我可以说起关于波斯人雇佣了希腊人，就如同罗马人雇佣了法兰克人一样。如果把亚历山大侵入波斯疆域，围困、攻占和毁灭提尔城的情况，看成像是格里乌斯那样的一个特殊事件，那么请看一看犹太教的大祭师是如何迎接亚历山大的，不妨倾听一番朱庇特·阿蒙的神谕，回忆一下戈尔迪乌姆是如何预言此事的，看一看所有的城市的人们是如何欢呼雀跃地迎接他，总督和贵族们是如何蜂拥而至地欢迎他的到来。亚历山大身着古波斯人的服饰，也就是说穿的是克洛维斯执政官的官服。大流士不是把自己王国的半壁江山都交给了亚历山大了吗？大流士不是因作为暴君而被杀害了吗？大流士的母亲和妻子不是为亚历山大之死而痛哭流涕了吗？昆图斯·库尔提乌斯、阿里安、普鲁塔克不也是亚历山大同时代的人吗？难道印刷术没让我们知道这些人的著作中缺少智慧的光芒吗[200]？这本书就是《法兰西君主国在高卢的建立》。

第二十五节　法兰西的贵族

杜波教士认为，在法兰西君主国建立的初期，在法兰克公民中只有一种社会阶层。这种主张，实际上是对上流社会家族血统的侮辱，对先后统治法兰西的三大王朝的家族也是一种侮辱。如果事情真的是这样的话，那么王室们高贵的血统不就在黑暗和岁月的流逝中被遗忘了吗？历史已经向我们说明了，这些皇室家族之前也是普通的家族，为了使希尔佩里克、丕平、于格·卡佩为达官绅士，难道非得在罗马人或萨克森人中，即在被征服的民族中寻找他们的血统起源吗？

杜波教士将他的观点建立在《萨利克法典》[201]的基础之上。他说此法明确地表明，法兰克公民中不存在两种社会等级。并且此法规定，凡是法兰克人之死，无论身份地位如何，都要求支付二百苏的和解金[202]；但是，该法对于罗马人作了一些区分，规定如果国王的随从被害，则需支付三百苏的和解金；如死者为罗马的业主，和解金则为一百苏；隶属于他人之下的罗马人被害，和解金仅为四十五苏。从和解金的多少，可以看出社会地位的差异，于是杜波得出结论，法兰克的公民只有一个等级，而罗马的公民分为三个等级。

令人惊讶的是，他的这种谬论并没有使他发现自己的错误所在。事实上，生活在法兰克人统治下的罗马贵族，如果他们的和解金比法兰克人还多的话，他们社会身份地位比法兰克人和高级将领还高一等的话，那真是天方夜谭的事。倘若一个战胜的民族自己都不尊重自己，相反却受被征服民族的簇拥爱戴，那真是无稽之谈。除此之外，杜波教士引述了其他蛮族人的法律，在这些法律中表明，在蛮族人中分为多个社会等级。如果事实如此，那么这种社会等级没体现在法兰克人中的话，就太奇怪异常了。杜波教士本应该从中意识到，他对《萨利克法典》理解有误，并误引证了此法的条款内容，但这件事最终还是这样违背事实地发生了。

在我们翻开这部法律书籍后，我们可看到国王的附庸、家臣、忠臣的死亡和解金是六百苏[203]，而国王的罗马人随从的死亡和解金是三百苏[204]；人们还可以从中看到[205]，一个普通的法兰克人的死亡和解金为二百苏[206]，而一个普通出身的罗马人的死亡和解金仅为一百苏[207]，一个作为他人附庸的罗马人之死，即奴隶或被释奴的死亡和解金只需四十五苏[208]。但是我不想在此谈论这种死亡和解金，也不去讲法兰克奴隶或被释奴的法兰克人的死亡和解金，因为，我在这里所谈及的内容不是社会第三等级的人。

那么杜波教士他到底做了什么呢？他对法兰克第一等级的人避而不谈，即关于国王家臣的那个法令条文，然后他把死亡和解金为二百苏的普通法兰克人，与和解金不同的罗马三个等级的人作了比较，从而他得出结论，法兰克的公民只有一个等级，而罗马的公民分为三个等级。

根据他的观点，既然法兰克人只有一人等级，那么我们得知，勃艮第人也同样只有一个等级，因为勃艮第是法兰克王国的一个重要的组成部分。但是，他们的法典中却陈述有三种类型的和解金，第一种是适用于勃艮第和罗马的贵族，第二种是适用于普通的勃艮第人和罗马人，第三种是适用于这两个民族中社会地位较低的人群[209]。然而杜波教士却没有引述这条法律。

看到杜波处处规避那些让他迫感压力的段落[210]，就觉得令人惊诧不已。一方面，当人们与他谈起名流、领主和贵族，他会说那只是官职称谓的简单划分，并不是等级差异，只不过是一些礼仪上的传统，并非法律所规定的特权；他还说，那些带有称谓人物是属于国王枢密院的，他们甚至可能是罗马人；在法兰克人中，公民往往只有一个等级。另一方面，如果人们谈及某个地位低下的法兰克人，杜波就会认为这个人是奴隶[211]。他就是用这样的方法诠释希尔德贝尔特的敕令的。关于这道敕令，

870 我觉得有必要多陈述几句。杜波教士使这道敕令家喻户晓，因为想以此证明以下两件事：其一，蛮族法律中规定的所有的赔偿金，都是附加在体罚上的民事利益[212]，这就颠覆了所有古代的历史记载；其二，所有的自由民的案件都必须直接由国王亲自审理[213]，这与记载当时司法程序的无数历史记载，以及权威的说法都大相径庭[214]。

在全国议会中制定的一项法令这样规定，当法官发现一个臭名昭著的强盗时，如果此强盗是一个法兰克人（Francus），他必须下命令把他绑缚起来，交给国王；如果此强盗是一名弱势群体的人（debilior persona），需命令将其当场绞死[215]。根据杜波教士的说法，Francus是自由民，debilior persona是奴隶。现在，我们暂且不去论证Francus这个词的含义，先来探究一下debilior persona一词的确切含义。我认为，无论用何种语言，凡是比较的词都有三个级别，即高级、中级和低级。如果这里只是涉及自由民和奴隶的问题，那就会称之为奴隶，而不会使用弱势群体这样的词汇。那么这里所称debilior persona并不是奴隶，而是一个身份地位高于奴隶的人。这就意味着Francus不是自由人的意思，而是颇有权势的人。在此，我之所以认为Francus是颇有权势的人，是因为在法兰克人中，往往有一些在国家中拥有相当权势和地位的人，连法官和伯爵都难以严惩他们。这个解释与众多敕令的解释相吻合，这些敕令规定了什么类型案件的罪犯要被带到国王的前面，什么样的案件则不需要这么做[216]。

在泰根所著的《宽厚者路易传》[217]中，人们可以看到，羞辱这位皇帝的人主要是一些主教们，尤其是那些曾经是奴隶以及以蛮族身份出生的主教们。宽厚者路易曾使埃彭脱离了奴籍，并使其当上了兰斯的大主教。泰根在书中这样责备埃彭，“皇帝的这种善行能得到什么样的回报呢[218]？虽然皇帝没有使你成为贵族，但将你变成了一名自由民，因为给予你自由权力之后，就不可能帮你获得贵族身份了。”

这段话强有力地证明了，公民的社会地位分为两个等级，但杜波教士并不为此感到窘迫。他回答道[219]：“这段话根本就没有表明，宽厚者路易不能使埃彭成为贵族，他作为兰斯的大主教，应该是一等公民了，比贵族的身份地位都要高出一等。”我请读者们自己去判断这段话的意思，自己去衡量一下僧侣的地位是否比贵族还要高出一等。杜波教士接着说[220]：“这段话只能证明，生来就自由的公民就为贵族，按照世界上通用的习惯法，贵族和与生俱来的自由民无任何区别。”什么！由于在我们现在的时代，有一些中产阶级分子也获得了贵族的身份，他就曲解了宽厚者路易传记中的一段话来描述这些人！杜波还补充说[221]：“埃彭或许不是在法兰克民族当的奴隶，而是在萨克森民族或者是在另一个日耳曼民族中，在这些民族中，公民是被分为若干个社会等级的。”这样一来，由于他使用的这个“或许”，就表明在法兰克民族中就没有贵族了。然而，没有比他用的“或许”更为糟糕的表达方式了。如上所述，泰根[222]把反对宽厚者路易的主教们分为两类，一类曾做过奴隶，另一类出身于蛮族。埃彭属于第一类，非第二类。除此之外，我不知道为什么会有人说像埃彭这样一个奴隶出身的人，本应该属于萨克森人和日耳曼人，要知道奴隶是既没有家庭归属，也没有民族国籍的人。宽厚者路易使埃彭成了自由民，因为被释放的奴隶应遵守主人所遵守的法律，所以埃彭并未成为萨克森人或日耳曼人，而是成了法兰克人。

刚才我向敌人发出了攻势，现在轮到我进行守卫了。也许有人会对我说，国王的侍从在国家中形成了一种社会等级的群体，但有别于自由民的阶层。但是，由于封地起初可以转让的，后来又实行了终身制，所以国王侍从的这一群体不能成为血统意义上的贵族，他们享有的特权不是依附于世袭的封地上。毫无疑问，正是这一驳论使瓦卢瓦先生认为，法兰克的公民只有一种社会等级。杜波先生采用了他的这种观点，并且用很多有误的证据使之彻底地毁于一旦。无论如何，这种驳论绝不是杜波先生提出的。因为，他认为罗马的贵族分为三个等级，把国王的客卿列入第一个等级，所以，关于哪个贵族血统更纯正而言，他不能说国王客卿的头衔比国王侍从的要高一等。但是，我必须直截了当地说，国王的侍从和忠臣之所以这样，并非由于他们拥有封地，而是由于他们的身份为家臣，所以才享有被赐予封地的权力。想必读者们大概还记得我在此书的前几节所讲过的内容，他们后来拥有的封地，起初的时候并没有。不过，即使他们当时得不到那块封地，也会得到其他的封地，因为在他们出生时就被赐予了封地，而且封地之事通常是在全国会议上被分配的；最后，我要说明的是，给贵族封地会给他们带来利益，同样国王在赐予贵族的封地中也会获得利益。这些家族凭借其忠臣的职位突出显赫，又因为所享有的封地特权而高人一等。我将在下一个章节陈述[223]，在什么情况下允许某些自由民享受这种特权，从而加入贵族的行列。这种事情在贡特朗和他侄子希尔德贝尔特时代并没有发生，却在查理曼时代变成了现实。尽管在查理曼时代，自由民具有拥有封地的权力，不过从以上引述泰根的那段话中可知，被释奴是绝对不能被赐予封地的。杜波教士[224]会以土耳其为例，向我们表明古时的法兰西贵族是什么样的吗？他会告诉我们，关于出生低微的人被提升地位并授予荣誉的做法，土耳其人对此的抱怨程度，如同在宽厚者路易和秃头查理统治时期下人们产生的抱怨一样多吗？在查理曼大帝统治时期，人们没有对这些心存抱怨，因为这位君主总是对旧家族和新家族区分开来，宽厚者路易和秃头查理却不会这样做。

我们都应该记住杜波写的这几部佳作，他应该受到人们的感谢。当我们对他的功过做出评判时，应该根据这些著作，而不是上面所谈到的《法兰西君主国在高卢的建立》。在这本书中，他犯了一些重大的错误，因为，在书中关于布兰维利耶伯爵所陈述的内容过多，而涉及书中主题的内容却寥寥无几。从我对他所有的评论中，使我联想到这个问题，即如此大名鼎鼎的人物都会犯错误，我岂不是应该更谨慎才是。

1 “从顶部到天堂有多高，从底部到地狱就有多深。”见维吉尔，《埃涅阿斯纪》。

2 参阅盖乌斯·尤利乌斯·恺撒，《高卢战记》，第六章。

3 例如他从日耳曼尼亚撤退。见《高卢战记》。

4 《高卢战记》，第六卷，第二十二节；又见塔西佗的《日耳曼尼亚志》中说道：“他们既没有房屋也没有土地和工作，因为他们靠爱和女神维纳斯的抚育。”

5 参阅塔西佗，《日耳曼尼亚志》，第十三章。

6 拉丁文写作 comites。

7 参阅塔西佗，《日耳曼尼亚志》，第十三章和第十四章。

8 《高卢战记》，第六章。

9 参阅《达戈贝尔传》。

10 参阅图尔的格雷戈里，《法兰克教会史》，第六卷，有关希尔佩里克的女儿的婚事的叙述。希尔德贝派人去告诉希尔佩里克，他不能让其父亲王国中的城镇作为嫁妆让女儿带走，他的财富、农奴、马匹、骑士、牛畜和任何其他财物都不能带走。

11 参阅索西默斯，《历史》，第五章，第 315 页，关于应阿拉里克请求分发小麦的记述。

12 在 456 年，勃艮第人占领高卢部分地区，并且他们还和高卢的元老们分割土地。见阿旺什的主教马里努斯（Marius），《编年史》，第四百五十六条。

13 《西哥特法典》，第十卷，第一篇，第八、九、十六节。

14 《勃艮第法典》，第五十四章，第一至二节；又从宽厚者路易于 829 颁发的敕令可看出，这种分地制度一直持续到他所执政的时期，此敕令被载入《勃艮第法典》中第七十九篇第一节。

15 参阅普罗科皮乌斯（Procopius），《哥特战记》。

16 参阅普罗科皮乌斯，《汪达尔人战记》。

17 《勃艮第法典》，第五十四篇，第一节，“在那时，人们理所当然会分到三分之一的奴隶和三分之二的土地。”

18 《勃艮第法典·补编》第二条：“后来到这里定居的勃艮第人只能被分到目前所规定土地的二分之一。”

19 见塔西佗，《日耳曼尼亚志》，第二十一章。

20 《西哥特法典》，第十卷，第一篇，第八至九节，关于此规定。

21 《勃艮第法典》，第五十四篇。

22 从查士丁尼民法大全《法典》中的标题“农民、缴纳年贡的地主和屯垦者”可证实。

23 《勃艮第法典》，第二十六篇，第一节：“如果某人弄掉勃艮第贵族或罗马贵族的一颗牙”；《勃艮第法典》，第二十六篇，第二节：“如果一个生来的自由民，无论他是勃艮第人还是罗马人”。

24 《勃艮第法典》，第五十七篇。

25 这段引述来自奥维德的史诗《变形记》的第二卷。

26 高卢人在罗马人的管辖之下形成一个特殊的群体，他们通常由被释奴和其后代所组成。

27 参阅图尔的格雷戈里，《法兰克教会史》，第二卷，第二十七章；又参阅弗勒里的艾莫安（Aimoin of Fleury），《法兰克史》，第一卷，第十二章。

28 参阅《圣人传》，以及本节注释34。

29 参阅图尔的格雷戈里，《法兰克教会史》，第三卷，第十一章。

30 参阅图尔的格雷戈里，《法兰克教会史》，第六卷，第三十一章。

31 参阅卡西奥多罗斯（Cassiodorus），《信札》，第三卷，第四十三封信。

32 在《梅斯年鉴》的763年条目下写道：“战利品和战俘多得都难以计数，他们回到了法兰西都发了横财。”

33 参阅《福尔达年鉴》（Annuales Fuldenses），739年；又见保路斯·狄亚科努斯（Paulus Diaconus），《伦巴第史》，第三卷第三十章，第四卷第一章；又见下面注释的《圣人传》。

34 参阅圣艾比法乌斯（Saint Epiphanius）、圣埃普塔迪乌斯（Saint Eptadius）、圣恺撒里乌斯（Saint Caesarius）、圣菲德卢斯（Saint Fidelus）、圣帕蒂努斯（Saint Partianus）、圣特雷维里乌斯（Saint Treverius）、圣尤西齐乌斯（Saint Eusichius）、圣勒维德格里乌斯（Saint Luidgerius）等人的传记以及圣尤利安（Saint Julianus）的圣迹。

35 奥维德在《变形记》第一卷中写道："苍茫之海，无边无际"。

36 农夫们也不都是奴隶。参见查士丁尼民法大全之《法典》第十一章，第四十八节，第十八和二十三条，以及第二十条的"农民、种植者和屯垦者"。

37 参阅图尔的格雷戈里，《法兰克教会史》，第二卷。

38 参阅图尔的格雷戈里，《法兰克教会史》，第五卷。

39 这种现象在图尔的格雷戈里的《法兰克教会史》中通篇都可以看得到。格雷戈里问一个名为吾弗雷克（Vulfolaic）的伦巴第人，他是如何成为神职人员的。见图尔的格雷戈里，《法兰克教会史》，第八卷。

40 "在高卢的所有城市都征收这种税赋。"

41 参阅图尔的格雷戈里，《法兰克教会史》，第七卷。

42 杜波，《法兰西君主国在高卢的建立》，第三卷，第十四章，第515页。

43 参阅图尔的格雷戈里，《法兰克教会史》，第三卷，第三十六章。

44 杜波，《法兰西君主国在高卢的建立》，第三卷，第十四章，第514页。

45 "伯爵的法官和附庸们从土地占有者那里，把土地占有者通过抢夺方式获得的土地，即那三分之一土地部分为罗马人夺回来，立刻还给罗马人，以便罗马人可以交土地税，国家财政也免受损失。"见《西哥特法典》，第十卷，第一篇，第十四节。

46 在非洲的汪达尔人根本不用交土地税。见普罗科皮乌斯，《汪达尔人战记》，第一卷和第二卷；又见朗多尔菲·萨加西斯（Landolfi Sagacis），《罗马纳史》，第十卷，第106页。需注意的是，征服非洲的是汪达尔人和法兰克人。见兰道福斯·萨加克斯（Landolfus Sagax），《罗马纳史》，第十四卷，第94页。

47 杜波，《法兰西君主国在高卢的建立》，第三卷，第十四章，第510页。

48 参照《西哥特法典》的另一条法律，第十卷，第一篇，第十一条，在其中完全没有叙述这种现象，只是说明从领主那里租赁土地的人需要缴纳土地税。

49 杜波，《法兰西君主国在高卢的建立》，第三卷，第十四章，第511页。

50 参阅查士丁尼民法大全，《法典》，第十一章，第七十四篇，第三条。

51 杜波，《法兰西君主国在高卢的建立》，第三卷，第十四章，第513页，在其中他征引了《皮斯特敕令》的第二十八条，第864页；又见本章第十八节。

52 杜波，《法兰西君主国在高卢的建立》，第三卷，第四章，第298页。

53 815年敕令第一章，此敕令与秃头查理的844年敕令的第一条和第二条相吻合。

54 “指的是定居在阿基坦、塞蒂马尼亚和普罗旺斯地区的西班牙人。”参阅815年敕令前言。

55 “他们把守卫队和巡逻兵称为瓦克塔（wacta）。”见815年敕令第一条。

56 他们没有义务向伯爵提供同样的服务。见815年敕令第五条。

57 “指的是有马匹的法兰克人需提供马匹并随伯爵一起征战。”不允许伯爵没收他们的马匹；“为使他们根据旧时的习俗提供马匹而从军”。见巴鲁兹所著的《敕令汇编》，864年敕令，第186页。

58 查理曼于812年颁布的敕令，第一章；又见《皮斯特敕令》，864年敕令，第二十七条。

59 拉丁文为 Quatuor Mansos。我认为这里 Mansos 所指的是与牧师住宅连在一起的一块土地，带有一些奴隶；853 年敕令“致希利”可以证实，参见该敕令第十四条“关于不得将奴隶驱逐这种领地外。”

60 参阅本书本章第二十节。

61 杜申，《文集》，第二卷，第 287 页。

62 杜申，《文集》，第二卷，第 89 页。

63 参阅 858 年敕令第十四条。

64 他们在河流处的有桥或者渡轮的地方，也征收过桥税。

65 税（census）这个词使用很广泛，可以指在河流处有桥或渡轮的地方征收的一种过桥税。见巴鲁兹所著的《敕令汇编》中 803 年敕令，第 395 页第一条；819 年敕令，第 616 页，第五条。从秃头查理 865 年敕令第八条来看，这个词还可以用来指由自由民向国王或国王的使者提供的车辆。

66 杜波教士和他的追随者。

67 详见杜波教士在《法兰西君主国在高卢的建立》中的无力推论，第三卷，第六章，第十四节；尤其是关于格雷戈里的教堂和查理贝尔（Charibert）国王之间的争论问题，他从图尔的格雷戈里的一篇文章中所作出的推断。

68 例如解放奴隶。

69 《阿勒曼尼法》，第二十二章；又见《巴伐利亚法》，第一篇，第十四章，其中人们可看到神职人员为他们自己所制定的规则。

70 《敕令汇编》，第五卷，第三百零三章。

71 “如果这个人真的是生来自由民，并且没有在纳税册上登记。”见《马尔库夫范例集》，第一卷，第十九。

72 参阅巴鲁兹所著的《敕令汇编》，第一卷，第 250 页，789 年敕令。

73 “此份自由证书经立过誓言的并经证实过的，证明了他们的自由民身份。”见巴鲁兹所著的《敕令汇编》，第一卷，第250页，789年敕令。

74 “给予他们原有的自由，免除他们的纳税。”见巴鲁兹所著的《敕令汇编》，第一卷，第250页，789年敕令。

75 参阅《处理西班牙人条例》，公元812年敕令，载入《敕令汇编》，巴鲁兹版，第一卷，第500页。

76 公元844年敕令，载入《敕令汇编》，巴鲁兹版，第二卷，第27页，第一、二条。

77 载入安泽吉士（Anzegise）的《敕令汇编》，805年敕令Ⅲ，第十、二十二条，第三卷第十五条。此敕令与秃头查理854年敕令第六条相符。

78 “以往合法征收税赋的地区”，见安泽吉士，《敕令汇编》，第三卷，第十五条。

79 载入《敕令汇编》，巴鲁兹版，第一卷，第498页，812年敕令Ⅲ第十、十一条。

80 “以往被国王所征收的所有税赋”，见812年敕令Ⅲ第十、十一条。

81 《敕令汇编》，巴鲁兹版，第一卷，第508页，813年敕令Ⅱ第六条。

82 “应该缴纳税赋的地区”，见《敕令汇编》，巴鲁兹版，第一卷，第508页，813年敕令Ⅱ第六条。

83 《敕令汇编》，第四卷，第三十七条，其载入《伦巴第法》。

84 “如果根据我们征税的习惯，有人获得了一块需纳税的土地。”《敕令汇编》，第四卷，第三十七条。

85 参阅秃头查理865年敕令第八条。

86 “自古以来由国王所征收税赋的土地。”见秃头查理865年敕令第八条。

87 “法兰克人应向王室所缴纳的税或者是马匹。”见秃头查理865年敕令第八条。

88 《敕令汇编》，巴鲁兹版，第192页，864年皮特斯敕令，第三十四条。

89 “应为自己的奴隶身份和茅草屋向王室纳税的法兰克人。”见《敕令汇编》，巴鲁兹版，第192页，864年皮特斯敕令，第三十四条。

90 《敕令汇编》，巴鲁兹版，864年皮特斯敕令，第二十八条，关于这种现象作出了解释。在其中甚至还对被释奴中的罗马人和法兰克人作了区分，可见并非人人都纳税。一定要好好读这部分内容。

91 参阅前面征引的查理曼813年的一道敕令。

92 拉丁文写作comites，见塔西佗，《日耳曼尼亚志》，第十三章。

93 “那些取得国王信任的人们。”见《萨利克法典》，第44卷，第四条。

94 《马尔库夫范例集》，第一卷，第十八条。

95 这个词来自trew，在日耳曼语中意为忠诚，在英语中意为真实。

96 “近臣”拉丁文写作Leudes,“忠臣”拉丁文写作fideles。

97 “封臣”拉丁文写作Vassali，“领主”拉丁文写作seniores。

98 拉丁文写作Fiscalia。参见《马尔库夫范例集》，第一卷，第十四条。在《圣毛尔传》中写道：“国王赐予他一笔国库财产。”《梅斯年鉴》747年记事道：“国王给予他许多侍从和国库财产。”用于维持王室日常生活的费用称为特许权使用费，拉丁文写作regalia。

99 《封地论》，第一卷，第一篇；又见雅克·居雅斯（Jacques Cujas）关于这本书的评论。

100 参阅图尔的格雷戈里，《法兰克教会史》，第九卷，第三十八章。

101 “应该把封地给予谁，应该没收谁的封地。”见图尔的格雷戈里，《法兰克教会史》，第七卷，第三十三章。

102 “被国王给予他人恩赏和国库财产的人是需要被国王认可的。”见《马尔库夫范例集》，第一卷，第三十章。

103 《伦巴第法》，第三卷，第八篇，第三节。

104 参阅雅克·居雅斯（Jacques Cujas），《封地论》，第一卷，第一篇。

105 雅克·居雅斯指出，拥有这种封地的状态是不稳定的，领主可以来年继续给予，也可以不续给。

106 《敕令汇编》，巴鲁兹版，第一卷，第 491 页，查理曼 812 年敕令第三、四条，以及第二卷，第 186 页，第二十六条，864 年皮斯特敕令。

107 “每位伯爵配有督军和百夫长。”见《敕令汇编》，巴鲁兹版，第二卷，第二十八条。

108 这些士兵叫作伙计（compagenses）。

109 参阅《敕令汇编》，巴鲁兹版，第 20 页，595 年敕令第一条。这些法规一定是达成一致后制定的。

110 拉丁文写作 Advocati。

111 《敕令汇编》，巴鲁兹版，第一卷，第 490 页，812 年敕令第一、五条。

112 《敕令汇编》，巴鲁兹版，第 408 页和第 410 页，803 年沃姆斯（Worms）敕令第一、五条。

113 《敕令汇编》，巴鲁兹版，第 409 页，803 年沃姆斯（Worms）敕令；以及《敕令汇编》，巴鲁兹版，第二卷，秃头查理于 845 年迎春殿主教会议时颁发的敕令第八条。

114 《敕令汇编》，巴鲁兹版，第 618 页，819 年敕第二十七条。

115 “对于那些为领主服务并享有恩赐的封臣们，规定在王宫中的这些封臣不得带其附庸一同留在宫中，而是让他们随同其管辖区内伯爵去外征战。”见《敕令汇编》，巴鲁兹版，第一卷，第 494 页，812 年敕第七条。

116 “隶属于我们或隶属于主教或修道院院长的，既有恩赏又有他们自己产业的人。”见《敕令汇编》，巴鲁兹版，第一卷，第 490 页，812 年敕令第五条。

117 “每一个自由民，无论是自己拥有四块领地还是接受他人所恩赏的，都应该准备好亲身或随同领主御敌征战。”见《敕令汇编》，巴鲁兹版，第490页，812年敕令。

118 杜波，《法兰西君主国在高卢的建立》，第三卷，第六章，第四节，第299页。

119 《敕令汇编》，巴鲁兹版，第二卷，第17页，882年敕令第十一条。

120 《敕令汇编》，巴鲁兹版，第二卷，第17页，815年敕令第一、二条；又见845年迎春殿主教会议时颁发的敕令，第八条。

121 法庭或审判会议。

122 安泽吉士（Anzegise）敕令，《敕令汇编》，第四卷，第五十七条；又见《敕令汇编》，巴鲁兹版，第一卷，第615页，819年敕令第十四条。

123 见注释111和116。

124 参阅威廉·兰巴德（William Lambarde），《安格尔古法》。

125 参阅威廉·兰巴德，《安格尔古法》，1644版第221页，对satrapia一词的解释。

126 关于这一点，《耶路撒冷的审议庭》第二百二十一、二百二十二章对此作了很好的解释。

127 教会的代理人同时也拥有法庭和军队的管理权。

128 《马尔库夫范例集》，第一卷，第八条，其中有致公爵、地方长官或伯爵的信，赋予他们司权裁决权和财政管理权。

129 弗雷德·加乌斯（Fredegarius），《编年史》，第七十八章，636年史实。

130 参阅图尔的格雷戈里，《法兰克教会史》，第五卷，580年史实。

131 这种集会式的审判，拉丁文写作mallum。

132 参照本书第二十八章第二十八节和第三十一章第八节。

133 关于这一点，参阅宽厚者路易的敕令，载入《萨利克法》附录第二条；又见迪康热的《中末期拉丁语词汇》，对名流人士的审判词条解释。

134 拉丁文写作 Per bonos homines。有时所有的参加审判的人员都是名流人士。参见《马尔库夫范例集》之附录，第五十一章。

135 以前谈及到的河流处的过桥费。

136 参阅《里普利安法典》，第八十九篇；又参阅《伦巴第法》，第二卷，第五十二篇，第九节。

137 “关于父亲与亲属之间的仇恨案件和一般性的封建案件一样，都属于法律管辖的范围。但是这些案件并不是不可调和的，因为谋杀案甚至可以通过一定数量的牲畜进行抵罪，并且受害人的全家都会受到赔偿。”见塔西佗，《日耳曼尼亚志》。

138 参阅《弗里斯兰法》,第二篇,关于谋杀；乌勒玛乌斯关于盗窃的增篇。

139 参阅《弗里斯兰法》,乌勒玛乌斯(Wulemarus)增篇,第一篇,第一节。

140 《萨利克法典》，第五十八篇，第一节；第十七篇，第三节。

141 详见《萨利克法典》，第三至七篇关于偷盗牲畜的处罚。

142 参阅《伦巴第法》，第一卷，第七篇，第十五节。

143 参阅《图林根法》，第一篇第一、二、四节，以及第一篇第五、六节；又见《巴伐利亚法》，第一篇，第八、九章；又参阅《弗里斯兰法》，第十五篇。

144 参阅《巴伐利亚法》，第二篇，第二十章。

145 参阅《巴伐利亚法》，第二篇，第二十章，这些家族包括霍基德拉(Hozidra)、欧札(Ozza)、撒伽纳(Sagana)、哈比林瓜(Habilingua)、安尼耶纳（Anniena）。

146 伊纳法中规定，一条命值多少银两或多少土地。参阅《英国法律古语辞典》；参阅《伊纳王法典》中“国王家臣篇”。

147 在《萨克逊法》中，甚至对于不同的民族确定了不同的价格，见该法第十八章；又参阅《里普利安法典》，第三十六篇第十一节；又参阅《巴伐利亚法》，第一篇，第十、十一节：“如果他没有黄金，就让他拿出一些牲畜、奴隶或土地等。”

148 参阅《伦巴第法》，第一卷，第二十五篇，第二节；同法第一卷，第九篇，第八、三十四节；同法，第九篇，第三十八节；查理曼802年敕令，第三十二章，关于给派往各省大臣的指示。

149 参阅图尔的格雷戈里，《法兰克教会史》，第七卷，第四十七章，其中关于一件诉讼案做了详细的叙述，由于当事人一方寻求报复而失去了其赔偿金的一半，那么不管他以后受到何种伤害，都不会获得赔偿了。

150 参阅《萨克逊法》，第三章，第四节；又参阅《伦巴第法》，第一卷，第三十七篇，第一、二节；又参阅《阿勒曼尼法》，第四十五篇，第一、二节。《阿勒曼尼法》允许当事人一方随时就地寻求报复。见查理曼802年敕令，第三十二章和805年敕令Ⅱ，第五节。

151 《里普利安法典》的编纂者好像对此进行了修改。见此法第八十五篇。

152 参阅《巴伐利亚法》中关于塔西庸（Tassillon）法令，论人民的法律，第三、四、十、十六、十九条；又见《图林根法》，第七篇，第四节。

153 参阅《伦巴第法》，第一卷，第九篇，第四节。

154 希尔德贝尔特与克洛泰尔于593年签署的和平协议；克洛泰尔二世于595年颁布的敕令，第十一章。

155 法律未对此笔费用作详细的规定，但通常情况下为和解金的三分之一，见《里普利安法典》，第八十九章，813年的敕令对此进行了阐述。参阅《敕令汇编》，巴鲁兹版，第一卷，第512页。

156 参阅《伦巴第法》，第一卷，第九篇，第十七节。

157 参阅《里普利安法典》，第七十篇。

158 参阅《里普利安法典》，第四十六章；又参阅《伦巴第法》，第一卷，第二十一章，第三节：“如果马蹄……”林登布洛克版。

159 《萨利克法典》，第二十八篇，第六节。

160 克洛泰尔二世595年敕令："罚金由管辖地法官进行收取。"

161 参阅《里普利安法典》，第八十九篇。

162. 《敕令汇编》，巴鲁兹版，第一卷，第515页，不确定年份的敕令，第五十七章。需注意的是在墨洛温王朝称为保障金（fredum），在加洛林王朝称其为禁令（bannum），详见789于萨克森敕令。

163 参阅查理曼敕令之维利斯（villis）敕令，在其中他把这种保障金列入为国王辖地财政收入主要来源之一。

164 参阅《马尔库夫范例集》，第一卷，第三、四和十七条。

165 参阅《马尔库夫范例集》，第一卷，第二、三和四条。

166 参阅各种条例集，尤其是本笃会神甫所著的《法兰西历史学家》第五卷末节的相关条例。

167 参阅《马尔库夫范例集》，第一卷，第三、四和十四条；又见771年查理曼的敕令，载入埃德蒙·马丁尼（Edmond Martne）所著的《逸史汇纂》（*Thesaurus Novus Anecdotorum*），第一卷，第十一集内。"在此命令对于所有的自由民或奴隶，或在他们土地上耕种的人们都受教会神职人员和莫贝克修道院的司法管辖。"

168 参阅《乡村的司法制度》。

169 迪康热，《中末期拉丁语词汇》中的hominium一词条解释。

170 参阅《马尔库夫范例集》，第一卷，第三、四条。

171 参阅《里普利安法典》，第五十八篇，第一节："除了在他们被解放的教堂以外，不允许在其他地方进行司法审判。"又见林登布洛克版，第六十一篇，第十九节。

172 拉丁文写作Tabulariis（有户口登记的人）。

173 拉丁文写作Mallum，见注释131。

174 《高卢主教图卢兹圣日梅传》。

175 参阅《圣梅拉尼乌斯传》和《圣戴依高尔传》。

176 614年巴黎议会的敕令，第十九条："在辖区内拥有土地者的主教或权势者，不得指派非本地人为法官或审判人员，让其拥有司法审判权。"又见该敕令第十二条。

177 614年巴黎议会敕令，第五条。

178 参阅《伦巴第法》，第二卷，第四十四篇，第二章，林登布洛克版。

179 参阅《伦巴第法》，第二卷，第四十四篇，第二章："那些半自由的奴隶，被释放的或旧时签订契约的，或那新的……"

180 858年敕令第七条，第108页："圣职者和其所居住的地产和拥有的教会的遗产，与军队中的封臣们不一样，他们是享有一定的豁免权的。"

181 该敕令载入《巴伐利亚法》附录，第七条；参阅林登布洛版第三条第444页："首先在此确定，教会对于那些生活在教会领地之内和之外的人们生活来说，享有司法权。"

182 《敕令汇编》，巴鲁兹版，第96页，857年敕令第四条。

183 参阅《巴伐利亚法》，第三篇，第十三章，林登布洛版。

184 《阿勒曼尼法》，第八十五篇。

185 《敕令汇编》，巴鲁兹版，第19页，595年敕令第十一、十二条："这种情况有可能为，一个百夫长在另一个百夫长辖区内追踪并发现偷盗行为，或这种事情发生在一位家臣的辖地内，而且他们并没有采取任何行动将其驱赶出去，或未把其看成是与盗贼有关的人。"

186 希尔德贝尔特（Childebert）于595年敕令，第二条和第三条："如果发现盗贼的踪迹，那么不管他在现场还是已经逃走，都将会受到处罚。如果某人抓住了盗贼，他会获得全部的赔偿金。如果盗贼在封地中被抓，他就只能获得和解金的一半，并可以要求对盗贼处以死刑。"

187 迪康热，《中末期拉丁语词汇》中的trustis一词条解释。

188 载入《伦巴第法》，第二卷，第五十二篇，第十四节。该法为 793 年敕令，参阅《敕令汇编》，巴鲁兹版，第 544 页，第十条。

189 “如果拥有封地的法兰克人或伦巴第人不愿意行使其司法权，那么其辖区内的法官可以停止他们继承享有封地。在此期间，可由他或他的使节代为执行司法权。”参阅《伦巴第法》，第二卷，第五十二篇，第二节，此条与查理曼 779 年敕令，第二十一条有关。

190 812 年敕令Ⅲ，第十条。

191 813 年敕令Ⅱ，第十四条和第二十条，第 509 页。

192 “如果享有一定荣誉或封地的使节、主教、修道院院长，阻止或不行使其司法裁决权，那么上诉的人们可居住在其家中，直到案件被受理。”参阅《敕令汇编》，巴鲁兹版，819 年敕令，第二十三条，第 617 页。

193 参阅《敕令汇编》，巴鲁兹版，816 年吉耶兹（Carisiaco）敕令，第二卷，第 152 页：“如果一旦发现负责案件的司法官员，有违抗反对司法者行使职权的话，其将会受到惩罚。”

194 参阅《敕令汇编》，巴鲁兹版，864 年皮斯特（Pistense）敕令，第二卷，第 181 页：“如果罪犯逃到我们的领地或受某种豁免权的保护，或是逃到有权力或有势力人物的庇护之下……”

195 参阅《马尔库夫范例集》，第一卷，第三条：“我们坚信我们的王国会大批修建庙宇，所以我们愿意给予教会一些恩赏用于修建，或者你们愿意在此称其为乐善好施的行为。”

196 我在前面的章节已经叙述过了，详见注释 176。

197 参阅索西默斯，《历史》，第六卷。

198 参阅索西默斯，《历史》，第六卷，第五节，第 322 页：“整个阿里莫克（Armoricum）地区和高卢的其他省”。

199 杜波，《法兰西君主国在高卢的建立》，第二卷，第三章，第十八节，第 270 页。

200 杜波，《法兰西君主国在高卢的建立》，序言。

201 杜波，《法兰西君主国在高卢的建立》，第三卷，第六章，第四节，第 304 页。

202 他征引《萨利克法典》第四十四篇，以及《里普利安法典》，第七篇和第三十六篇。

203 “对于领主的忠臣来说”，见《萨利克法典》第四十四篇，第四节；此与《马尔库夫范例集》第十三条相关。又见《萨利克法典》第六十六篇，第三、四节，以及第七十四篇；又见《里普利安法典》，第十一篇，以及秃头查理 877 年敕令，第二十章。

204 参阅《萨利克法典》第四十四篇，第六节。

205 参阅《萨利克法典》第四十四篇，第六节。

206 参阅《萨利克法典》第四十四篇，第一节。

207 参阅《萨利克法典》第四十四篇，第十五节。

208 参阅《萨利克法典》第四十四篇，第七节。

209 《勃艮第法典》，第二十六篇，第一、二、三节：“如果某人因过失把勃艮第贵族或罗马贵族的一颗牙打掉，那么其将被迫赔偿 25 苏；如果受害者是勃艮第或罗马自由民的话，将会被处罚 10 苏；若受害人社会阶层比以上还低等的话，将会受到五苏赔偿。”

210 杜波，《法兰西君主国在高卢的建立》，第三卷，第六章，第四、五节。

211 杜波，《法兰西君主国在高卢的建立》，第三卷，第五章，第 319、320 页。

212 杜波，《法兰西君主国在高卢的建立》，第六卷，第四章，第 307、308 页。

213 杜波，《法兰西君主国在高卢的建立》，第六卷，第四章，第 309 页；又见此书第六卷，第五章，第 319、320 页。

214 参阅本书第二十八章，第二十八节；以及第三十一章，第八节。

215 参阅《敕令汇编》，巴鲁兹版，第一卷，第19页，希尔德贝尔特和克洛泰尔的协定："兹在科隆达成如下协议，如法官发现盗贼，应立即前往其所在处将盗贼捆绑；如果盗贼是法兰克人，交给我们来处置，如果是无关重要的人，则就地处以绞刑。"

216 参阅本书第二十八章，第二十八节，以及第三十一章，第八节。

217 《宽厚者路易传》，第四十三章和第四十四章。

218 《宽厚者路易传》，第四十四章。"你是怎么报答的！他使你成为自由民，虽然不是贵族，因为被释奴是不可能成为贵族的。"

219 杜波，《法兰西君主国在高卢的建立》，第三卷，第六章，第四节，第316页。

220 杜波，《法兰西君主国在高卢的建立》，第三卷，第六章，第四节，第316页。

221 杜波，《法兰西君主国在高卢的建立》，第三卷，第六章，第四节，第316页。

222 《宽厚者路易传》，第四十三、四十四节："所有的主教们都讨厌路易，并且他们中的大部分人都是被他从奴隶解放出来的主教，并给予他们荣誉，正是这些主教和那些出身于蛮族的主教们才使路易陷于这种境遇。"

223 参阅本书第三十一章，第二十三节。

224 杜波，《法兰西君主国在高卢的建立》，第三卷，第六章，第四节，第302页。

第三十一章
法兰克人的封建法理论与其君主制变革的关系

第一节 官职和封地的变化

起初，伯爵被派遣到他们各自驻扎地的任期为一年，后来他们花钱买官，以求继任。在克洛维斯的孙子执政时期，我们可以看到这样的情况。一名叫作佩欧尼乌斯的人是欧塞尔城的伯爵[1]，为了谋求官职连任，他派他的儿子姆莫洛斯去给贡特朗送钱；但这个儿子却用这笔钱以自己的名义买个官，取代了其父亲的官位。由此可见，当时的国王们已经开始变得腐败了。

根据法兰克的法律，虽然封地是可以撤销的，但是却不可以专横地或随意地被给予或撤销，并且此事是国家会议上需要讨论的主要的议题之一。人们这时就会想到，腐败的萌芽已经悄然地在封地授予和官位任职中生长起来,就如其他的腐败事件一样，人们花钱就可以继续拥有封地，就像花钱就可以继续任职一样。

我之后会在本章中论述[2]，关于君主所赐予的事物，有时是短暂的，有时却是永久的。有时会发生这样的情况，即法院想收回他所赐予的恩赏,这种做法引起了全国范围内的普遍不满。不久之后，由于这个起因，在法兰西历史上就掀起了一场著名的革命，在这场革命的初期便上演了处死布伦希尔德那令人惊悚的一幕。

布伦希尔德既作为一名王后，又是一位国王的女儿，另一位国王的姐妹，还是国王的母亲，她至今还以古罗马市政官的建树或总督的功绩而闻名于世，她具有卓越非凡的治国天赋和高尚的品格，长期受人们的爱戴和尊敬。突然之间，一位君王对其进行如此长时间的折磨，对其羞辱，施之以酷刑[3]，但当时这位君王在国内的地位并不十分牢固[4]。要不是布伦希尔德因为某种特殊原因而失去了全国人民爱戴的话，所发生的这一切就不会令人看起来不可思议了。克洛泰尔指责她害死了十位君王[5]，但其中两位是克洛泰尔命令将其处死的，其他几位君王之死有的是因为命运的安排，有的是由于其他王后的恶毒所致。当时这个国家，任凭弗雷戴贡德死在自己的床榻上，反对惩罚她十恶不赦的罪行[6]，很自然地对布伦希尔德所遭受的一切也会漠然视之。

布伦希尔德王后被放在骆驼上，在所有军队面前游街示众，

 这种做法使得在她在军队面前受尽了耻辱。据弗莱德加所说，布伦希尔德的宠信普罗塔迪乌斯，曾羞辱过贵族，用从领主们那里抢夺的财产填充国库，所以大家每天都忧心忡忡，担心丢掉自己的官职[7]。军队密谋策划对其反抗，最终他在自己的帐篷里被刺死。或许是因为布伦希尔德王后要为他的死而报仇[8]，或许是由于她想继续完成她的计划，最后使得全国人民对布伦希尔德的憎恶与日剧增[9]。

克洛泰尔野心勃勃，一心想独揽大权，同时心中也充满了可怕的复仇心理。他心里很明白，如果布伦希尔德的后代掌控大权的话，他必将会被他们铲除掉。于是他非常不情愿地参与了一件阴谋案。或许他当时不够高明，或许被形势所迫，最后他竟然对布伦希尔德进行指控，并且描述这位王后罪恶滔天、作恶多端。

瓦纳查尔是这场反对布伦希尔德阴谋的主要策划者，也是勃艮第的地方官，他恳求克洛泰尔，希望在他有生之年不被撤职[10]。因此，这位地方官的情况与法兰西领主的情况不尽相同。这个职务的权威开始与国王的权威相分离。

布伦希尔德的摄政方式给国家带来了毁灭性的打击，尤其是激起了全国人民的愤慨。然而，人们还得遵照法律行事，对于封地被剥夺之事，没有人心存抱怨，因为法律并没有规定封地是终身制的。但是，既然封地是以贪婪的欲望、恶劣的行为和腐败的职能所获取的，当封地以恶劣手段被掠夺走时，人们就会怨声载道，但他们没有考虑到的是，封地原本也是以这种不正当的方式获得的。如果撤销封地的目的，是为了使其归属于公共财产的话，人们也许不会抱怨什么。虽然表面秩序井然，但依然遮掩不住腐败的行为。当时有人要求掌管国库大权，其实是借此来肆意挥霍国库的财产。对于人们所提供的服务，或所寄予的对服务的期望，国家不再赐予赏物了。布伦希尔德试图纠正以前由来已久的腐化现象，但她所用的纠正的方式也是一种腐化的风气。她反复无常的行为，并非说明她畏首畏尾。诸侯和高官们预感到自己的厄运即将来临，于是他们就提前把她处理掉。

对于过去发生的一切事件的史实资料，我们掌握得不是很全面。年代史的编纂者对当时历史事件的了解，与当今的农夫们对现代史的知晓程度并无二致，所以他们提供的内容少之又少。幸运的是我们目前存有克洛泰尔所制定的一部法律书籍，其在当时巴黎议会上[11]是用于革除一些流弊[12]。从这部法律中我们可以看到，从以下两个方面，这位君王对改革所引起的民众怨言予以制止。一方面，他承认，对先辈国王给予的赏物确有其事[13]；另一方面，他规定，一切从他的诸侯或忠臣们那里剥夺的所有赏物，都得予以归还给他们[14]。

在巴黎议会上，以上两点不是克洛泰尔所能做出的唯一让步。他规定，应该整改所有反对神职人员特权之风[15]，减少朝廷对主教选举过度参与[16]。他还对税收制度进行了改革，规定取消所有新的赋税[17]，并对贡特朗、西热贝尔和希尔佩里克死后以来所设立的通行税[18]，不再进行征收。这也就是说，他废除了弗雷

 戴贡德和布伦希尔德摄政时期所制定的一切，他还禁止他的手下把牲畜赶进私人的山林中[19]。下面我们将会看到，这次改革浪潮比以往的更为广泛，并且渗透到了公民事务中。

第二节 民事管理是如何改革的

至此我们已看到，对于国家采取的这种措施和行为，国民们反应出急躁的情绪和轻浮的态度。我们看到了，国民们是如何处理他们与国家之间的冲突，并又要与其和平相处的。但是，以前的人们还没有看到国家采取过这种做法，即现在国家所关注的是当前的形势、冷静地审视法律、完善条款、惩处暴力、规范权力。

弗雷戴贡德和布伦希尔德的摄政具有男人的气魄，显示出胆大英勇和粗野专横的态度，他们的摄政与其说是让国民惊诧不已，不如说是使国民提高了警惕。弗雷戴贡德还曾以她的种种不良行为，为她自己犯下的过错进行辩护；她用投毒和暗杀为自己所做的投毒和暗杀行为进行辩解；对于她所犯下的罪行，因私的性质大于公事。弗雷戴贡德作恶多端，而布伦希尔德更是令人毛骨悚然。在这种危机四伏的状况中，国民不满足于封建政体的现状，同时还要健全完善民事政体。然而，民事政体比封建政体还要更加地腐败无能。这种腐败风气由来已久，从某种意义上说，风俗习惯上的流弊多于法律方面的流弊，因此，这种民事政体上的腐败现象更具有危险性。

我们在图尔的格雷戈里的法兰西历史书和其他历史记载中可以看到，一方面，我们看到了一个凶残、野蛮的民族，另一方面我们也看到了同样凶残、野蛮的君主们。这些君王们个个心狠手辣、处事不公、残酷无情，因为整个民族都是这样。如果说基督教有时使他们变得节制了一些，那仅仅是因为，他们害怕基督教会对其所犯下的罪恶施以惩罚的缘故。教会常用圣人的奇事或奇迹进行布道，以便防御和保护自己。国王们不敢亵渎神明，因为他们担心会因此而遭受天谴。但除此之外，无论是由于在勃然盛怒之下，还是在无情冷血之中，他们还是犯下了种种罪行，做了很多有失公允的事。因为，对于他们所犯下的滔天罪行，他们发现正义的神明并没有立即向他们伸出严惩之手。如我之前所述，对于嗜血成性的国王，法兰克人极具有忍耐性，因为他们自己就是这样的人。他们对自己国王的不公正和掠夺行为并没有感到诧异，因为他们与其国王们一样，原本就是掠夺成性和非正义之人。当时制定的法律有许多，但是，他们却使用称为谕令[20]的文书，目的是让这些法律条文失去效力，使得这些法律成为一纸空文。这种谕令与罗马皇帝们的敕答几乎如同一辙，这或许是由于他们采用了这些罗马皇帝的习惯做法，或许是自己的性格使然。在图尔的格雷戈里的著作里，我们可以看到，他们杀人时面不改色，在处死被告之前，都不听他们进行辩解。他们发布所谓的谕令，为了使非法婚姻合法化[21]、强制转移财产、剥夺亲属的权利和逼迫修女结婚。实际上，他们非但没有主动制定相关法律条文，而

 且还责令终止法律的使用。

克洛泰尔所颁布的敕令对这些不合理之处予以革除。所有人在被定罪之前，都会给机会进行申辩[22]；家属也可以按法律规定[23]继承遗产；那些强迫少女、寡妇或修女结婚的谕令均宣布作废；对那些坚持遵守并使用这些谕令的人将予以严惩[24]。要不是谕令因年代久远使其中的第十三、十四、十五条丢失的话，我们会更加详细地了解到谕令中有关之前流弊现象的规定。我们只找到了第十三条的前几句话，它规定人们必须得遵守谕令，但这道谕令不是以上所讲的被法律废除的那道。这位君王还制定了另一个条例，这项条例与其所颁布的敕令有密切的关系，它对所有谕令中的流弊都予以修正[25]。

巴鲁兹先生查不到这项敕令的颁布日期和地点，所以就将其说成是在克洛泰尔一世时颁布的。事实上，这项敕令颁布于克洛泰尔二世，我之所以这样说是因为以下三个理由：

这项敕令规定，国王将保留他父亲和祖父给予教会的豁免权[26]。克洛泰尔一世的祖父希尔代里克并不是基督徒，而且出生在君主国建立之前，他能给予教会什么样的豁免权呢？但如果这道敕是克洛泰尔二世所制定的话，他的祖父则是克洛泰尔一世，他曾把他的儿子克拉姆和儿媳及他们的孩子用火烧死，为了替自己赎罪，他给予教会很多赏赐。

这项条例所试图纠正的这种流弊现象，一直持续到克洛泰尔一世去世之后，而在贡特朗软弱无能执政期间，残暴的希尔佩里克和弗雷戴贡德以及令人厌恶的布伦希尔德摄政统治时期，这些流弊的现象达到了顶峰。如果曾经被严厉禁止的流弊现象又卷土重来的话，那么国民们怎能容忍任其泛滥而不起来反抗呢？在希尔佩里克二世执政期间，他曾再次恢复暴政统治[27]，当时国民强迫他下令，应该像过去一样根据法律和习惯来审判案件，为什么国民这时却不这样做了呢[28]？

最后，这道敕领是为革除流弊而制定的，因此不可能与克洛泰尔一世有关。因为在他的统治时期，人们并没有怨声载道，而且在当时他的权威和地位极其巩固，尤其是在人们所说的这个敕令所颁布的时期内。相反，此敕令却与克洛泰尔二世执政期间所发生的事件相吻合，这些事件曾在全国范围内掀起一场政治革命。我们应该用法律去阐明历史，反过来并用历史去阐明法律。

第三节　宫相的职权

我在之前已经说过，克洛泰尔二世曾经答应瓦纳查尔终身不被撤职。但是这次革命却造成了这样一种情况，即在此之前，宫相是国王的部下，现在却隶属于国家了，以前是由国王来任命宫相，而现在则由国民来进行选举。在这场革命前，提奥多里克任命普罗塔迪乌斯为宫相[29]，弗雷戴贡德任命朗德里克为宫相[30]。但自革命之后，宫相便由国民选举了[31]。

因此，我们不应该像一些作家那样，把这些宫相与布伦希

 尔德生前那些宫相予以混淆，把国王的宫相与国家的宫相混为一谈。在勃艮第法中我们可知，在勃艮第国家中，宫相并不是国家的最高职位之一[32]。在法兰克王国的统治初期，即前几位君王执政时，宫相也称不上达官显赫[33]。

克洛泰尔安抚了那些拥有职位和封地者的人心。在瓦纳查尔死后，这位君王召集领主们在提尔城举行会议，在会上他问领主们，由谁来接替瓦纳查尔的宫相职位，领主们高声呐喊，声称他们都不愿意参与选举，只恳求君王替他们做决定，指定一人担任此职[34]。

达戈贝尔像他的父王一样，受到国民的信赖并独揽君主国的大权，以至于国民也不选举任何宫相。这位君王由此感到无忧无虑，又被胜利冲昏了头脑，使得他想重新启动布伦希尔德的施政计划。然而这一计划实施的结果却以惨败而告终，以至于斯拉夫人没费吹灰之力就攻陷了奥斯特拉西亚[35]，迫使奥斯特拉西亚的诸侯沮丧逃回，奥斯特拉西亚的边境地区就这样拱手让与了蛮族人。

因此达戈贝尔做出决定，割让部分奥斯特拉西亚地区，并连同部分国库一起给他的儿子西热贝尔，然而对于国家的统治和宫廷的管理大权，他却交给了科隆主教库尼贝尔和阿达吉兹公爵。关于此丧权辱国的条款细节，弗莱德加尔并没有详细叙述。但在达戈贝尔君王所颁布的条令中，他对所有的条件都对予以确认，使奥斯特拉西亚脱离危机[36]。

在达戈贝尔临终之时，他将妻子南特蔡尔德和儿子克洛维斯托付给了艾佳。纽斯特利亚和勃艮第的诸侯们让这位年轻的太子克洛维斯作为他们的国王[37]。艾佳和南特蔡尔掌管宫廷事务[38]，他们把达戈贝尔过去剥夺的财产全部归还[39]。因此纽斯特利亚和勃艮第的民怨，像奥斯特拉西亚的民怨一样，最终得以平息。

在艾佳去世之后，王后南特蔡尔德让勃艮第的领主们承诺，选举佛罗卡德为宫相[40]。佛罗卡德曾致给勃艮第王国的主教和重要领主几封信函，在信中其向他们承诺，在他的有生之年决不会做任何有损荣誉之事，并且一定会保住官职[41]，他还对自己所说的话立下了誓言。《王室宫相》一书的作者认为，宫相治理国家便由此开始[42]。

相比我们前面所谈及的革命时代勃艮第宫相们的事情，作为勃艮第人的弗莱德加尔，对其细节的知晓度，要远比对奥斯特拉西亚和纽斯特利亚的宫相们的事情多得多。然而，基于一样的原因，在勃艮第所缔结的条约，同样在奥斯特利亚和纽斯特利亚也签订了。

国民们认为，相比把权力交给国王来说，交给他们自己选举的宫相要更可靠一些。对自己所选举的宰相，他们可以提出一些要求，然而却无权对国王这么做，因为其权利则是世袭的。

第四节　在宫相问题上所显示出的国家特征

一个国家已经有了一个国王，但还要选举出来一个宫相行使皇权，这件事情看上去令人觉得怪诞。即使不考虑当时他们的情况，我认为法兰克人有这种想法也是由来已久了。

法兰克人是日耳曼人的后裔。塔西佗说过，日耳曼人是根据贵族血统来选择他们的国王，而选择首领的准则是品德高尚[43]。墨洛温王朝的国王们和宫相们就是这样被选举出来的，前者为世袭制，后者则是选举制的。

毋庸置疑的是，在国民议会中，大部分的国王们都会自告奋勇地站出来，向那些愿意跟随其远征的人们，自荐为首领，这样的国王们在国家内都具有一定的威望，并且可以行使宫相的权力。他们与生俱来的贵族血统，使他们具有皇家的气质，他们崇高的品格，也使得许多愿意选择其为领袖的人们心甘情愿地跟随。正是由于王室的高贵，我们先王们就自然而然地成为法庭的审判长和国民议会的首脑了，并且在国民议会通过之后，他们又制定了相关的法律；也正是因为公爵或首领的威严，才能使他们率领千军万马远征疆场。

如果想要了解初期的法兰克人在这方面的特征，只需看一下阿波加斯特的行为表现就可以了。此人为法兰克人，瓦伦提尼安曾经把军队的指挥权交给他[44]。然而，他却把这位皇帝囚禁在皇宫里，还不允许任何人与皇帝谈论军事或民事。当时阿波加斯特所做过的这种事情，也正是后来那几个丕平国王们的所作所为。

第五节　宫相们如何取得军队指挥权

在国王们拥有军队指挥权的时代中，国家根本也没有想到还要选举出一个首领。克洛维斯和他的四个儿子率领着法兰西人，一直打胜仗。提奥德贝尔特的儿子蒂博年幼登基，自小体弱多病，他是第一个驻守宫中的国王[45]。他拒绝去意大利讨伐纳尔西斯，使他自感惭愧的是，法兰西人选举出了两位军事首领，率领部队前往意大利征战[46]。克洛泰尔一世的四个儿子中，贡特朗是最忽视于管理军队的[47]，其他的国王们也效仿他。他们不想管理军队，还不想让其处于危难的境地，于是他们就将军队的指挥权交给几个首领或是公爵[48]。

于是这种做法就导致了很多弊病产生，如军纪懈怠、违命不从，军队反而成为国家的灾害，在军队未抵达敌方之前，已经开始对各种物品进行掠夺了。图尔的格雷戈尔在他的书中将这些弊病描写得很生动[49]。贡特朗说："祖先打下来的江山，我们并没有守住，我们的国家已经大不如从前了……"[50] 真是让人难以相信，自从克洛维斯的孙子开始，这个国家已经开始走向衰亡的道路。

因此，人们就自然而然想让公爵成为唯一的领袖，让其管理和统治许多已经忘记自己职责的领主们和诸侯们，让其整顿军

 纪作风，让其率领当时只知道内战的民族，去抵御敌人，保家卫国。这样一来，宫相们就掌握了这种大权。

宫相们的首要职能就是管理皇家的经济事务，同时还需和其他官员一起管理封地方面的政治事务[51]，最后，无论国家的经济事务还是政治事务，都交给宫相们来处理了。他们同样还拥有军务处理和军队指挥的权力，这两种职能都与经济和政治职能相关。当时，召集军队比指挥军队更加困难，谁又能比拥有赏罚权力的人更有权威呢？在这个独立而尚武的民族中，能用劝诱的方法，就不能用强制的手段；对于领主们死去后留下的领土，应该把这些领土作为一种奖赏，给予人们或给其一种可获得该领土的期望，让人们知道赏罚分明。由此可见，宫廷的总管还得是军队的首领。

第六节　墨洛温王朝的第二衰败时期

自从布伦希尔德被处死以后，宫相们就在国王的统治下处理国事。虽然宫相们负责作战指挥，但是国王仍然是军队的最高统帅，宫相们和国民需在他的率领下御敌抗战。但是，由于丕平公爵击败提奥多里克和他的宫相们之后[52]，国王们的地位就显著下降[53]。在铁锤查理战败希尔佩里克和他的宫相兰弗鲁瓦以后[54]，又进一步损害了国王的权威。奥斯特拉西亚两次战胜纽斯特利亚和勃艮第，奥斯特拉西亚的宫相职位就专属于丕平家族所有，而且他们的宫相要高踞于其他宫相之上。获胜者们担心某个有权势的人，会趁机抓住国王进而挑起事端。于是，他们将国王们软禁在宫廷中，就像把其囚禁在监狱里一样[55]。就这样，国王与民众见面仅为一年一次了。此时，国王们颁布各种法规[56]，实际上都是些宫相们所制定的。看似是由国王们回复各国的使节们，实际上则是由宫相们来回复的。这就是史学家们所记载的那段时期，在此时期中由宫相们掌握国家大权，而国王们则受他们的支配[57]。

国民们对于丕平家族如此痴迷，以至于他们竟使其家族的一个尚处幼年的孩子立为宫相[58]，还将他职位设立得高于某个达戈贝尔国王之上，这样一来，一个傀儡的上面又设立了另一个傀儡。

第七节 在宫廷宫相们统治下的高官和封地

官员们的职位或官职是不能变更或撤销的，在这方面宫相们一直都谨慎行事。他们之所以能在宫廷中发号施令，是因为他们给予贵族们强大的保护伞。因此，一些重要的官职是终身制的，并且这种惯例被逐渐沿用下来。

但是关于封地的事宜，我有一些见解。有一点可以肯定的是，从那个时代起，绝大多数封地都变成世袭制的了。

在《昂代洛条约》里[59]，贡特朗和他的侄子希尔德贝尔特都做出承诺，他们愿意保留先王们赐予忠臣们和教会的一些恩赏，

 并且还允许王后、公主和遗孀们依据遗嘱，把国库中属于他们那份的遗产永远地继承下去[60]。

马尔库夫撰写范例集的年代，就是宫相们在宫廷中掌管大权的时期[61]。在这部著作的许多篇幅中，我们可以看到，国王把赏物同样赐给个人和他的后嗣[62]。因为此部著作是当时社会真实生活的缩影，所以我们从中获知，在墨洛温王朝统治的末期，一部分封地已经变成世袭制的了。在那时，人们的思想中还没有领土不可剥夺的观念，这种观念是近代才出现的，在当时的社会中既没有这种现象，也不存在这种观点。

关于此，我将会提出一些事实论据。如果我们能够证明在某一时期内，军队不再享有赏物，也没有任何资金以维持其生活，那么我们就可以确定，之前所赐予的所有赏物都被剥夺了。这个时期正是铁锤查理执政时，他建立了一些新的封地，但这些封地却与之前的封地有着云泥之别。

当国王们开始使赏赐变得永久性时，无论是由于政府的腐败无能，还是因为有法令使得国王有义务不断地提供赏物，后来国王们开始很自然地想到，不如当时就给他们永久性的封地了，而不是给予他们永久的伯爵官位。因为，赐予他们一些土地并无大碍，如果放弃掌管重要的职位就意味着失去了权力。

第八节　自由地如何变成封地

关于将自由土地变为封地的方法，我们可以在《马尔库夫范例集》[63] 中可以找到。土地的所有者先将土地给国王，国王再将这些土地以使用权益权或赏赐的方式，再返还给土地所有者，然后土地所有者又向国王推荐其继承人。

为了探究土地所有者为何改变自由地性质的原因，就得从奥秘的最深处，去探索当时古老的贵族特权。经过了十一个世纪的沧桑岁月，这些特权被覆盖着尘埃、布满了血迹和浸满了汗水。

拥有封地的人们可获得极大的利益。他们受到伤害时被赔偿的和解金比自由人多得多。从《马尔库夫范例集》中可以了解到，杀死国王的封臣需支付和解金六百苏，这种就是国王封臣的特权，这种特权是《萨利克法典》[64] 和《里普利安法典》[65] 建立的。这两项法律都规定，国王的封臣之死可获得和解金六百苏，而对于自由公民、法兰克人、蛮族人或受萨利克法约束下的人，他们的死亡和解金只有二百苏，对于一个罗马人的死亡却仅有一百苏和解金[66]。

这并非国王封臣们所拥有的唯一一项特权。我们知道，如果一个人被传唤受审的人，不如约出庭，或者是不服从法官的命令，那么他将被带到国王面前[67]。如果他继续这样藐视法庭与之对抗，他就会被宣布不受国王的保护。除此之外，任何人都不准收留他，也不允许人们给他面包[68]。倘若此人为黎民百姓，他的财产就会被没收[69]；如果他是国王的封臣，那么情况就大不相同了[70]。普通百姓如不到法庭，就会被视为认罪；换成封臣们这样做，那么惩罚方式就迥然不同了。普通百姓即使是不严重的犯罪，也要受到沸水取证的酷刑[71]；而封臣们只有在凶杀案的情况下才会用这种方法[72]。最后导致的结果是，国王的一个封臣不能立誓去指控另一个封臣[73]。这样一来，特权持续地增加。在卡尔罗曼的敕令中规定，国王的封臣们拥有一种特权，即不能强制他们立誓，而只能由他们的下级代替其发誓[74]。除此之外，如果享有这种权力的人不去服兵役的话，那么对于他的惩罚仅仅是在他未参军期间禁止吃肉、饮酒；但是，如果一个自由民不跟随伯爵奔赴疆场的话[75]，就要被处以六十苏的罚金，而且还要被沦为奴隶，直到交完罚金为止[76]。

因此，我们可以很容易地想到，那些不是国王封臣的法兰克人，甚至是罗马人都想方设法成为国王的封臣。为了使他们的封地不被剥夺，他们便想出一个妙计，即先将自己的土地交给国王，再由国王以封地的方式返还给他们，随后向国王推荐其土地继承人。这种做法一直沿用下来，但是在加洛林王朝的动乱时期，那时人人都希望寻找一个保护伞，想与其他领主一起联合起来，加入封建君主的社会。因为，当时的政治君主国已经不复存在了[77]。

在一些法规中我们可得知，这种做法在卡佩王朝时期仍然被采用[78]。要么土地所有者先交出自由地，又用同样的方式将其收回，要么宣布自己的土地为自由地，然后再称其为封地。这些封地就被称为收回的封地。

这种做法并不意味着，封地所有人就像一家之主那样，把封地管理得如同其家内事务一样。尽管自由民十分渴望获得封地，然而他们以使用收益权的方式，来处理他们的这种财产问题，如同我们当今的做法一样。这就是为什么查理曼大帝这么谨慎，且小心翼翼地颁布了许多道敕令[79]，用来阻止人们只为自己的利益，而降低封地的地位。这证明了一点，即在他的统治时期，大部分他赐予的赏物都是终身制的，但随后人们对自由地的关心程度要大于对赏物的关注。然而，这并没有阻止人们一心想成为国王的封臣，因他们不愿只当一名自由民。尽管由于种种原因，人们可以处理封地的某一特殊的部分，但是他们却不愿意失掉自己的官位。

在查理曼的一道敕令中[80]，我还知道他抱怨说，在有的地方一些人把封地作为财产给予他人，然后把封地当成财产又买了回来。但是，我并不是说他们宁愿要财产，而不是使用收益权。我想说的是，如果像我上述所谈及的法规那样，人们可以使一块自由地世袭制的时候，那么他们便可以从中获取巨大的利益。

第九节　教会的财产如何变成封地

国库的财产除了国王赏赐他人，还会诱使法兰克人讨伐征战以外，好像就没有其他用途了。其实外出征战也会使国库增加，如同我之前所说，这种行为就被称之为民族精神。但是，在国王赏赐又是另外一回事。克洛维斯的孙子希尔佩里克曾在一段讲话中[81]这样抱怨，几乎所有的国库财产都给教会了[82]。他说："我们的国库已经亏空了，我们的财富已经被转移到了教会那里去了。现在主教们掌管一切，他们德高望重，我们已经今非昔比了。"

这就是为什么宫相们不敢向领主们主动发起攻势，却把矛头指向了教会，对其进行掠夺的原因了。丕平之所以进入纽斯特利亚[83]，其中的一个理由便是他受主教会之请，去阻止国王即剥夺教会财产的们远征。

相比纽斯特利亚和勃艮第的宫相们对教会的态度，奥斯特拉西亚的宫相们，也就是丕平的家族，对待教会的态度要更温和一些，这一点在编年史[84]中是显而易见的。据史书记载，僧侣们对丕平家族乐善好施和慷慨大度极为称赞。丕平家族在教会中也身居要职。正如希尔佩里克对主教们所说的那样："一只乌鸦是不会啄掉另一只乌鸦的眼睛的。"[85]

丕平成功攻陷了纽斯特利亚和勃艮第。但是，他是以教会受到压迫为借口，而毁灭了那里的国王和宫相们。所以他不能再去掠夺那里的教会了，因为这样会与他之前所说的借口相矛盾了，会使民众们觉得被戏弄了。但是在征服了两个强国，并且消灭了其敌对势力之后，这使他有足够的方法来满足军官们的需求。

由于丕平作为神职人员的背后保护伞，所以自然而然地就成为君主国的主人。但是，他的儿子铁锤查理却只能以靠压迫的手法来保全自己。这位君王看到部分的王室财产和国库已经给予贵族，并为终生享用，他还看到僧侣们从富人和穷人那里都掠夺了一些财物，甚至还获得了大量的自由地，所以他也开始洗劫教会了。由于第一次分封的领地此时已不复存在了，所以他又开始了第二次封地[86]。他掠夺教会大量的财产，甚至侵占教堂，把这些统统都据为己有或分给他手下的军官们。这样一来，正是由于这种掠夺的行为，反而还更加容易地杜绝了一种有别于其他社会通病的严重弊病。

第十节 僧侣的财富

在墨洛温王朝、加洛林王朝和卡佩王朝的统治期间，僧侣们被赐予了大量的财物，他们一定是多次接受国王的馈赠。然而，如果说国王们、贵族们以及普通百姓既然能够有办法给予他们财物，他们也一定会有办法剥夺僧侣们的财物。在墨洛温王朝的统治时期，宗教的虔诚者修建了许多的教堂，但是军人的精神又使得人们把这些教堂给了部队，然后军人们又将它们分给了自己的子女。被分割出去的僧侣们的领地真是数不胜数！在加洛林王朝的统治时期，国王们又对教会敞开大门，慷慨解囊。在日耳曼民族到来以后，他们大肆掠夺、毁坏财物，并对神父和僧侣们进行迫害，他们搜刮修道院，搜索每个宗教的教场，丝毫不放过任何地方。他们把查理曼的所有暴行和自己的偶像遭到破坏之事，都

 归咎在僧侣们的身上。他们认为是查理曼迫使他们日耳曼人不断地逃亡到北方。虽然四五十年已经过去了，但是这种积压在内心的仇恨却使他们很难忘却。在这种状况下，僧侣们要损失多少财产啊！但是几乎没有僧侣们要求过返还他们的财物。因此，一直到卡佩王朝的统治时期，虔诚者们才又开始修建教堂、大量捐献土地。那个时期的世俗民众都很忠厚老实，所以当时树立起的一些观念剥夺了他们所有的财产。然而，如果说僧侣们具有野心，那么世俗人亦如此。如果亡者生前捐出其遗产，那么其后嗣将会要回。因此，对于总是发生在领主们与主教们，绅士们与修道院院长之间的纷争，人们已经司空见惯了。僧侣们在这期间肯定是遭受了许多的迫害，导致他们不得不寻求某些领主们的庇护，而这些领主们也是在某一时期内对其保护，不久之后也对其进行压迫。

在卡佩王朝的统治时期，国家的政策制度建立得比较完善，也允许神职人员的财产有所增加。加尔文宗出现以后，把凡是在教堂中能找到的金银都拿出来铸成钱币。他们连自己的命都保不住，又怎么能保护好他们的财产呢？当他们处理一些有争议的事件时，人们却烧毁了他们的档案。如果他们向已经破败的的贵族们讨回其失去的财产，或是要回以各种方式已经抵押出去的财产，这么做又能有什么用呢？僧侣们一直都在获取和丧失之中，现在又想去获得。

第十一节　铁锤查理时期的欧洲状况

对僧侣们大肆掠夺的铁锤查理而言，他的财政处境相当不错。在军队中，他树立了一定的权威，也深受士兵们的爱戴，士兵们全心全意地为其服务，并且铁锤查理也寻找借口与撒拉逊人进行作战[87]。僧侣们对铁锤查理仇恨刻骨，铁锤查理对僧侣们也无所畏惧。但是他对教皇来说却有利用价值，于是教皇就向他展开了双臂。人们都知道，格雷戈里三世[88]向他派遣了著名使节一事。于是这两种有权力的人紧密地联合起来，形成了一种唇亡齿寒的关系。教皇需要法兰克人的鼎力相助，从而去征战伦巴第人和希腊人。铁锤查理也同样需要教皇的力量去欺压希腊人和压迫伦巴第人，从而提高他自己在国内的声望，得到他的头衔和他子女的头衔应有的名誉和名望[89]。因此，他决不能让此计划一败涂地。

奥尔良的主教圣厄谢看到的一种怪异的现象，此现象让君主们大为震惊。关于此事，我得引用主教们在兰斯集会时写给日耳曼人路易国王的一封信[90]，当时日耳曼国王路易侵占了秃头查理的领地，因为这封信可以使我们清楚地了解到，当时的形势状况和人们的精神观念。主教们说[91]：“圣厄谢升到天上去了，他看见了铁锤查理在地狱的深渊中受尽了折磨，这都是那些陪同耶稣参加世界末日大审判的圣人们下达的命令。铁锤查理之所以提前遭受这种惩罚，是因为他曾经大肆掠夺了教会的财产。因此，他须为所有曾攫取教会财产的那些人来承担罪恶。国王丕平曾为此召集了一次会议，他下令将一切可以收回的属于教会的财产都返还给他们。由于丕平与阿基坦的公爵韦弗尔发生了一些争执，所以他只收回了其中的部分财产。于是他便下发一些临时让与内容的文件，规定对教会剩余未归还的财产部分予以补齐[92]，他还规定凡是占有教会财产的世俗人需缴纳什一税，此外，每一所房子还应向教会支付十二银币。查理曼并未曾将教会的财产赠予他人，与此相反，他为自己和他的继任者们颁布一道敕令，规定永远不得将教会的财产赠予他人。他所说的话都被记录下来，他们当中的许多人还都亲耳听到查理曼向两位国王的父亲，即宽厚者路易叙述此事。"

主教们所谈及的国王丕平的规章，是在莱普迪茵召开的会议上制定的[93]。在这一规章中，教会们发现有利可图，虽然一些人持有教会的财产，但这种拥有性也是不稳定的，除此之外，教会还可对其财产的持有者征收什一税,向每所房屋征收十二银币。然而，这是一种治标不治本的方法，表面看似无恙，实际病根依然存在。

然而，这种做法却遭到了反对的意见，所以国王丕平又被迫颁布了另一条敕令[94]，命令拥有教会财产的人不但要缴纳什一税和房屋费，还需要他们对属主教的房屋和修道院进行维护和管理，否则他们将会丧失财产所有权。之后，查理曼又重新修订了丕平的这一规章[95]。

在上述提到那封信中主教们讲到，查理曼许下了承诺，他自己和他的继任者们再也不会剥夺教会的财产分给士兵们了，这同他于 803 年在亚琛会议上颁布的敕令别无二致，此敕令的目的是为了安抚僧侣们，让他们不必为此而担惊受怕。但是，已经被分配出去的财产就维持现状了[96]。主教们还指出，出于某种原因，宽厚者路易也效仿了查理曼的做法，没有将教会的财产分发给士兵们。

然而，流弊已经如此根深蒂固，以至于在宽厚者路易后嗣们的统治时期，世俗百姓未经主教们的同意，就将教士们安置在教堂中，或是将其驱赶出去[97]。然而他们的继承人却对教堂进行肆意分割[98]。当教堂遭到破坏时，主教们除了把一些圣物撤走之外，也计无所出[99]。

贡比涅的敕令规定[100]，国王的钦差大臣可以在主教们的陪同下，可巡视任何修道院的状况[101]。在这条规定展现其具有普遍性的同时，其身上的种种弊病也是暴露无遗。

这并不是意味着，缺少将财产返还给教会的相关法律规定。当教皇曾怪罪主教们疏于重建寺院时，主教们便致信给秃头查理，表明他们并不应该遭受这种谴责，因为在这件事情上他们并没有任何过失。关于此事他们还提醒秃头查理，在许多国民议会中曾经作出的相关承诺、解决方法和实施的规定[102]。事实上，他们还列举了其中的九项。

后来这种争议就一直没停息过，直到诺曼人来了以后，他

914 们才达成一致意见。

第十二节 什一税的设立

在国王丕平执政时期所制定的一些法规，只是给予教会一种可以减少其痛苦的希望，而不是真正地减少了。铁锤查理发现公共的财产都落入到了神职人员的手中，查理曼察觉到教会的财产都被士兵们所拥有。人们无法从士兵们的手中夺回已分给他们的财产，并且从当时的实际情况来看，这种做法相对其事物的性质而言也是无法实行的。从另一个角度说，不应该仅仅由于缺少教士、教堂和一些法规，而使基督使就这样走向衰亡[103]。

就这样，查理曼就决定设立了什一税[104]。这是一种新的财产形式，对于神职人员来说，他们可从中获取好处，并且这种益处是专门给教会的。如果在将来，这种财产一旦被掠夺，也极容易被看出来。

有人曾将什一税的设立时间追溯到更早些时期，但是我认为，他们所引用的权威性资料却恰恰与他们所陈述的内容不一致。克洛泰尔的律令规定[105]，对教会的财产不征收某些什一税[106]。由此可知，在当时根本没有对教会征收什一税，而是一心想免除其什一税。在585年召开的第二届马贡会议上[107]，下令人们需缴纳什一税。在大会上声称，这种什一税在古代时就曾征收过，但是在当时却没有征收，所以命令让人们继续缴纳。

据说在查理曼之前，就有人读过《圣经》，并将《圣经·利未记》这一卷中有关献祭和祭司的相关内容向人们进行传教布道，对此有谁能对此怀疑呢？然而，我想要说的是，在查理曼设立什一税之前，可能过去就有人对此主张过，但是并未真正地建立起来这种税收制度。

我曾说过，国王丕平统治时期制定的法规中规定，以封地的形式占有教会财产的所有者需要缴纳什一税，以及负责修缮教堂。用一种毫无争议的法律强制社会上层阶级的人物，率先垂范缴纳这种赋税，的确是一件让人勉为其难的事。

查理曼大帝为此也做过很多努力。从由维利斯敕令中[108]，我们便可以看得到，他要求自己的领地也缴纳什一税。这真是起到了带头的作用啊。

然而，普通百姓是不会放弃自己的利益，而效仿榜样的做法的。在法兰克福宗教会议上[109]，人们向百姓们提出了一个更为强制性的缴纳什一税的理由。关于此事还颁布了一道敕令，其中指出，在上次饥荒中，有人发现了无粒的麦穗，认为是被魔鬼所吃掉，并强调曾听到魔鬼在责令人们不缴纳什一税[110]。于是就下令，所有持有教会地产的人都需要缴纳什一税。之后所有的人都开始缴纳什一税了。

起初，查理曼设立缴纳的这种赋税的计划并未获得成功，因为这种税让人们觉得实在是太沉重了[111]。就缴纳什一税而言，对于犹太人来说是他们建立共和国的计划的一部分，但是在君主

 国中，这种赋税对人们来说是一种额外的负担，并且与君主制也毫无关系。在《伦巴第法》[112]的附加条款中我们可以看到，征收什一税的制度曾经要通过民法，但遇到了一些困难。人们从不同的教会法中，便可以看得出来，当时此税收制度通过教会法时，是多么的不容易。

最终黎民百姓还是同意缴纳什一税，但条件却是，他们有一天可以将其要回。宽厚者路易的律令[113]以及他儿子洛泰尔皇帝的律令[114]却不允许这样做。

关于设立什一税的相关法律，查理曼认为制定此法完全是有必要的。它只与宗教有关，但并不是迷信行为。

关于什一税的税款，查理曼将其用于四种用途，第一部分用于修建教堂，第二部分用于扶贫济困，第三部分赐予主教[115]，第四部分给予神职人员[115]。这个众所周知的分配方式证明了，他极力想恢复教会原有的那种稳固和永久的地位和状态。

从查理曼的遗嘱中我们可以看到，他试图想弥补他祖父铁锤查理犯下的过错[116]。他将自己的动产平均分为三份，并将其中的两份分为二十一份，分别赐予帝国的二十一个首府，再把其中的每一份给予各首府和辖区的主教区们。他将剩下的第三份又分为四小份，一份留给自己的后嗣，另一份填补进前面提及的总动产的头两份中，其余的两小份则用于慈善事业。关于对教会的这种慷慨捐赠的行为，查理曼似乎并不把其看成是一种宗教的行为，而是将其视为一种政治性的分发。

第十三节　关于主教和修道院院长的选举

随着教会逐渐贫困，关于主教和其他领取俸禄的神职人员的选举权，国王们就把其交了他们自己[117]。这样一来，君主们对于选举的参与活动就慢慢地减少了，君王们的权威对于选举候选人来说也在日益削弱。因此，为了能官居要职，人们开始不断地用财物笼络教会，这样教会就逐渐收到很多财物，相比之前教会被掠夺的行为而言，这是一种补偿的形式吧。

宽厚者路易把选举教皇的权力交给了罗马人[118]，这种现象那个时代的精神的体现。他对罗马教皇的做法与对他人的做法别无二致。

第十四节　铁锤查理的封地

我无法断定，当铁锤查理把将教会的封地给予他人时，只是允许他人终生享用，还是让他们永远拥有。我所知道的是，在查理曼时期[119]和洛泰尔一世时[120]，曾有过这种类似的财产传承给了继承人，并且在继承人之间相互分割。

除此之外，我还发现，有一部分是作为自由地给了别人，剩下的部分则是以封地的形式进行分配的[121]。

我之前说过，如同封地的所有者一样，自由地的所有者也须承担某种义务。毫无疑问，这就是铁锤查理既以自由地的形式，

 又以封地的形式赠予他人的部分原因。

第十五节　续前

有一点需要明确的是，在封地与教会的财产相互转换的过程中，它们之间都相互吸取了对方身上的某种特性。于是，教会的财产便拥有了封地的特权，而封地也具有了教会财产特权的这种性质。教会的荣誉权就是在那个时期产生的[122]。又因为这些权力总是依附于高级的司法权而存在，尤其是今天我们所说的封地。因此，当这些权力产生的同时，世袭制的司法权也应运而生了。

第十六节　王权和宫相权在加洛林王朝时的混淆现象

在文中我所陈述的内容，我想要史实为主，所以我并未按照事件所发生的时间的顺序进行论述。在尚未讲到宫相丕平篡夺王位，开始加洛林王朝的统治的那个世人皆知的时期，我就先讲到查理曼了。在那个时代所发生的事件与普通的历史事件有很大的区别，其在今天受关注的程度也不亚于当时事件发生时。

当时国王们没有实权，只是徒有虚名。皇位是世袭的，宫相是选举的。虽然在后期时，一些宫相们把他们看中的人选扶上国王的宝座，但他们却无法从其他家族中选择，只能从墨洛温王族中挑选。古代法律规定，国王只能从某一特定的家族中选择，这种传统让法兰克人一直铭记于心。在君主国里，对于国王本人而言是鲜为人知的，但对于皇位来说是众所周知的。铁锤查理的儿子丕平认为，将王位和宫相这两种官位由一个人来任职未尝不妥，但这种新的职位混合体会留下一种隐患，即王位是否还具有世袭的性质。并且这种做法赋予了一个人的双重权力，对其来说已经足够了。所以，掌握王权的国王此时又拥有了宫相的权力。在这样的组合过程中，两种权威也就综合在一起了。在这之前宫相是选举产生的，而国王却是世袭的。到了加洛林王朝的统治初期时，国王可以说是选举制的，也可以说是世袭制的。说其是选举而产生，是因为由人们进行选举国王；说其是世袭制的，是因为必须在某一特定的家族内进行挑选[123]。

尽管有大量的史实为证[124]，但是勒昆尼特神甫仍然否认教皇曾经批准这项重大的变革[125]。他这样说的理由是，如果教皇当时同意这么做，那么这种行为就是极其不公平的。如果一位历史学家以人们应该做什么，来推断当时发生什么历史事件的话，那就太荒诞不经了！用这种思维方式进行推理的话，那么历史也就不复存在了。

无论如何，有一点可以确定的是，自从丕平公爵获得胜利后，其家族便开始掌管皇权，墨洛温家族就已丧失了统治权。当他的孙子丕平登基的时候，只不过是又举行了一次加冕礼，又少了一个虚位罢了。除了皇家华丽的着装之外，他一无所获，国家也并没有任何的改变。

我这样说的目的就是想确定当时革命发生时的状况。这样，人们就不会误认为，革命的后果就是革命的本身。

在卡佩王朝的初期，当于格·卡佩登基的时候，社会又发生了一次巨大的变革，因为当时的国家正从无政府的混乱状态向有政府的管理状态过渡。但是，当丕平当上国王之后，对国家统治的状态就没有变。

当丕平加冕为王的时候，他只是改变了名称。但是于格·卡佩登基的时候，情况却大不相同了，因为与皇权结合起来的大片封地，终止了国家无政府的状态。

当丕平加冕为王的时候，国王的称号是与最高官位相结合。当于格·卡佩登基的时候，国王的称号是与最大的封地相结合。

第十七节　加洛林王朝国王选举的特殊情况

我们可以从丕平的祝圣仪式的记载中看到[126]，查理曼和卡尔罗曼也曾经被涂了圣油，并且被赐予了降福。法兰西的领主们被要求永不得选举其他家族的成员当国王，否则将受到停职和逐出教会的处罚[127]。

从查理曼和宽厚者路易的遗嘱中可以看到，法兰克人是从国王的后嗣中选举国王的，这种做法正与上述提到的规定相一致。而当帝国的统治权从查理曼落入到其他家族的手中时，之前受限制和条件约束的选举行为，只变成简单的履行某种形式的过程，原有的旧制度早已被人们所废弃。

当丕平感到自己的生命已经走到尽头时，便召集教会人员和世俗领主们在圣丹尼举办了一次会议[128]，并且将他的王国分给了他的两个儿子查理曼和卡尔罗曼。关于这次会议的内容，我们目前还没有相关的史实记载。但是，巴鲁兹先生说，在卡西乌斯所编辑的古代历史文献中[129]，以及他的《梅斯年鉴》中[130]，我们可以了解到当时会议上发生的事情。从这些资料中，我看到了两种相互矛盾的说法，一种说法为丕平在征求了权贵们的同意之后，把王国分给了他的两个儿子，另一种说法为丕平是按照父权才这么做的。这恰恰证实了我上面所述，即在加洛林王朝统治时期，人民的权利仅限于在特定的家族中选举出国王，确切地说，与其说这种权力是选举权，不如说是一种排他权。

这种选举权，在加洛林王朝统治时期的历史文献中可以得到证实。这些文献其中还包括查理曼颁布的一道敕令，即规定将他的帝国分给他的三个儿子。在查理曼确定完分割之后，在这道敕令说："如果在这三个儿子中有一个人拥有了子嗣，人们如果愿意选举其当国王的话，那么他的叔伯父们就必须同意。"[131]

同样的规定可在837年宽厚者路易在亚琛召开的会议上[132]可看到，在那次会议上宽厚者路易把他的帝国分给他的三个儿子丕平、路易和查理。并且宽厚者路易在此二十年前颁布了同样的条款，规定把国家分给洛泰尔、丕平和路易[133]。我们还可以看下口吃者路易在贡比涅的加冕仪式上的誓词："我，路易，承恩

922 上帝仁慈和人民的选举被封为国王，我保证……”[134]于890年在瓦朗斯举行了一次会议，在会上选举博索的儿子路易为阿尔勒国王，此次会议上颁布的法令也证实了我的说法[135]。在这次会议上，人们选举了路易当国王，选举的理由是路易属于皇室血统[136]，还因为胖子查理曾给予他国王的称号，并且阿努尔夫皇帝曾凭借自己的王权，在其使节们的协助下，赋予他一定的权力。如同之前是查理曼帝国的附属国或其一部分领域一样，阿尔勒王国的王位既是选举制的，也是世袭制的。

第十八节　查理曼

查理曼想把贵族的权力控制在一定的范围内，并且试图削弱贵族权力对神职人员和自由民的压迫。他把当时国内的事态控制得非常好，以至于使事物处于一种相互制约平衡的状态，也使得他稳坐了帝王之位。他利用自己的聪明才干，结合一切可以结合的力量，率领贵族们接二连三地凯旋，使他们一心跟随查理曼大帝，丝毫没有时间想些鬼蜮伎俩。由于查理曼的统治才使得当时的帝国处于稳定太平，从君主的角度而言，他是位杰出的帝王，从个人的角度而言，也是一名与众不同的人物。他的后嗣是他的首要臣属，是他行使权力的工具，并且也是忠诚服从于他的典范。他不但制定了令人称赞的法令，而且还有效地将其执行。他的出色的才干在帝国的各个角度都看得到。人们在他所制定的法律中可以看得到，从头到尾都体现了他高瞻远瞩的精神，使人们被其强大的感召力而折服。推卸责任的借口予以告诫，玩忽职守的行为得到纠正，弊端被杜绝或得到预防[137]。他懂得如何实以惩罚，他更懂得宽恕谅解。他虽拥有众多宏图霸业，但实施时却简单容易。他淡定处理事务，极快地解决问题，完成各种千秋伟业，在这一点上让人望尘莫及。他不断地周游帝国，所到之处施舍恩惠。随处可见他执政的身影，哪里有事端，哪里就有他的影子。没有哪一位君主能够像他那样不惧危险，也没有哪一位君主能够像他那样善于防微杜渐。他对一切的阴谋诡计，即几乎所有的伟大征服者都要经历的那种危难，都嗤之以鼻。这位杰出非凡的君主又是极度宽容的，性格温和，举止纯朴，他喜欢与宫廷中的人们一起生活。或许他过于沉湎于女色，但是作为一个亲自执政、对国家鞠躬尽瘁了一生的君王，这一点是可以被谅解的。他对自己的花销有所节制，这点让人称赞不已，他明智、审慎、节俭地管理着自己的辖地，一家之主可以从他所制定的法律中学到如何打理自己的家务[138]。我们从他的政令中可以看出，他的财产来源是清白而圣洁的。我还想再说一件事，他曾经下令，他辖区内的农场上的鸡蛋和花园中多余的蔬菜都予以卖出[139]，并且他还将伦巴第人的财富和曾经掠压过全世界的匈奴人的巨额财富，全都分给了他国家的人民。

第十九节　续前

查理曼和他的早期继任者们一直在担心一件事，那就是害怕被他们派往偏远地区的人们会密谋造反，并且认为把俯首听命的神职人员安置在那里较为合适。于是，他们就在日尔曼设立了大量的主教辖区，并且分封给他们大片的领地[140]。根据当时制定的一些条令，我们可以获知，虽然人们认为当今官位显赫的日耳曼主教被赋予了至高无上的权力，但是关于当时那些封地的特权的条款与普通给予封地的条款别无二致[141]。无论如何，这些做法都是用来对付萨克森人的重要办法。好逸恶劳和玩忽职守的大臣们无法办到的事，查理曼大帝期望热忱和勤勉的主教可以做到。除此之外，这些神职人员的朝臣们是绝不能利用屈服的民众，来反抗他们的君主的；与此相反，这些朝臣们却需要君主作为他们的后备力量，来与民众抗衡。

第二十节　宽厚者路易

奥古都斯在埃及时，他曾下令挖开亚历山大的陵墓。当有人问他是否要掘开多利买王朝国王们的坟墓时，他回答说，他想看的是君王，而不是死人。同理，在探究加洛林王朝的历史中，我们探寻的是丕平和查理曼国王，也并非是死人。

宽厚者路易是这样一位君王，是自己感情上的傀儡，被自己的品德所欺骗；从不了解自己的强项在哪儿，也不知道自己有什么弱势；他既不会使人们心生畏惧，也不知道如何获得人们的爱戴；虽然他内心的邪恶寥寥无几，但性格上的恶习却不胜枚举。继查理曼之后，掌管帝国王权的就是这样的一位君王。

当普天下的人都为他父亲查理曼大帝的驾崩悲痛万分时，当所有人都在寻找查理曼大帝，发现他与世长辞感觉到惊慌失措时，当宽厚者路易一心想继承他父亲的皇位时，他派遣某些亲信去逮捕那些曾对他姊妹的不轨行为出谋划策的人们。于是，一系列血淋淋的悲剧便发生了[142]。这完全是一种未经思考的鲁莽之举。在他还未进皇宫之前，就开始惩处家中的罪恶事件，所以在他还未成登上皇位的时候，就已经引起了民愤。

他的侄子意大利国王伯纳德前去乞求他宽容为怀。他却下令将其眼睛挖掉，几天之后伯纳德国王就一命归西了，这就使他树敌越来越多。由于对他的兄弟们心存防备心理，他剥夺了他们的一切财物，这使憎恨他的人越加多了起来。以上这两件事，都受到了民众的极力谴责[143]。人们谴责他背弃了曾经许下的誓言，斥责他违背了在加冕之日对其父亲所作出的庄严承诺[144]。

当为他生下三个儿子的埃芒加德皇后去世后，他娶朱迪丝为妻，并为他生下一子，不久之后，由于年迈的他盲目顺从和老弱糊涂，使皇室陷入混沌之中，最终导致了君主国的覆灭。

关于如何分给他儿子们的疆域，尽管此事已由他自己立誓予以确定，并且他的儿子们和领主们也都宣誓予以确认，但是他仍变换不停，一再更改。他这么做，就是在挑战朝臣们的忠诚底限，试图将朝臣们对他的服从置于混乱、猜疑和模糊的状态之中。在那个时代，堡垒很少被建，君臣内心之间一道重要的护城墙就是朝臣们对君主的忠诚，显然宽厚者路易的这种做法使他的各种权力产生混乱。

他的儿子们为了保住自己分得的领地，便阿谀奉承神职人员们，并且给予他们前所未有的权利。这些权利其实都是一些虚有的权利，只是徒有其名，他们就让教士们对之前已经被批准的事情做个担保。阿戈巴尔曾告诉宽厚者路易，他已经派遣洛泰尔前往罗马，准备将其宣为帝王，并还向其谈到，他斋戒和祷告了三天，就为了向上天征求意见，在这之后他把疆土分给了他的儿子们[145]。一个如此迷信的国王，其意识又受到这种迷信观念的侵蚀，他还能做些什么呢？人们可以看到，这位君王至高无上的权威曾受到过两次严重打击，一次是由于他身陷囹圄，另一次是因为他公开忏悔。一开始他们只是想对国王进行贬低，而结果却极大地降低了皇权的地位。

起初人们很难理解，这么一个品质高尚、不乏智慧和本质善良的君主，而且还是查理曼的儿子，竟树敌这么多，而且他的这些敌人都是如此地残暴、无法讲和，一直试图对他进行人身攻击，蛮横无理地羞辱他，下定决心将其摧毁[146]。相比他的那些敌对势力来说，他的儿子们从本质上来说还算是非邪恶之人。要不是他的儿子们达成一致，坚持计划，他早就第二次被他的敌人置于死地了。

第二十一节　续前

当查理曼把国家的皇权交给宽厚者路易时，那时国家的实力还算很强大，足够其可以维持国家的威望，受到外国的尊重。虽然宽厚者路易的意志力薄弱，但他的国民却骁勇善战。虽然国王的权威在日益衰减，但国家的实力却仍旧扬名海外。

铁锤查理、丕平和查理曼先后统治了这个君主国。铁锤查理满足了军人的贪婪，丕平和查理曼满足了教会的贪婪，而宽厚者路易却哪个都没能满足。

在法兰西的政治体制中，当时的国家大权都由宽厚者路易、贵族阶级和神职人员掌握。有时铁锤查理、丕平和查理曼会利用自己的一些利益来拉拢贵族以此来牵制教会，又有时他们会笼络教会以此来牵制贵族。不管怎样，几乎在所有的时期中，他们总是与这两股势力相联合。然而，宽厚者路易却与他们都没有结合。他制定的一些法规由于过于严厉，所以引起了主教们的抗议，主教们认为他与他们自己的想法差得太离谱了。不过也有一些比较好的法律，但制定的方式却不太妥当。因为在当时，法律规定让主教们奔赴沙场，并与撒拉森人和萨克森人作战，主教们的这种做法与宗教精神大相径庭[147]。另外，他对贵族们完全丧失了信心，于是又提拔了一些人，但这些人毫无用处而言[148]。他剥夺了贵

 族们的职位，并将他们驱逐皇宫，接下来又召来外族人进行管理和统治[149]。从此他便与教会和贵族阶级决裂，其实也被对方所抛弃。

第二十二节　续前

但是，使君主国日益衰亡的主要原因是这位君主对其领地挥霍无度的行为[150]。关于这一点，我们应该听听尼塔尔是怎么说的。尼塔尔是最审慎而明智的史学家之一，也是查理曼的孙子，属于宽厚者路易一派的，他是奉秃头查理之命写的这段史实。

他记载道："有一个叫阿德拉尔的人，在某段时期内完全控制了皇帝的思想，以至于这位君主在一切事务上对他言听计从。然后，在阿德拉尔的唆使下，君主就把国库的财产送给了想要的人们[151]。这样一来，就把这样的一个共和国给毁掉了[152]。因此，正如之前所述，在整个帝国领土范围内，他所做的事如同他过去在阿基坦所做的一样[153]，查理曼曾对此事予以补救过，但之后就再也没有人进行纠正了。

在铁锤查理任职宫相期间，国家已经名存实亡了。在当时那种情况下，想要重振国家，绝不是动用一下权力就能办得到的。

在秃头查理执政期间，国库已经被消耗殆尽。因此人们要想维护其自身的名誉，或想要获得人身安全的保障，就得提供银两[154]。诺曼人本来是要被毁灭掉的，就由于其拿出了钱财，所以就逃此一劫[155]。欣马克尔向口吃路易提出的第一条建议就是要召开会议，讨论如何维持王室的开支事宜。

第二十三节　续前

僧侣们曾经为宽厚者路易的子女们提供过保护，但现在却由于某种原因后悔了。如之前所述，这位君主从未发布谕令，宣称把教会的财产分给世俗百姓[156]。但是，不久意大利的洛泰尔和阿基坦的丕平都弃用了查理曼的计划，而重新采用铁锤查理的策略。教士们纷纷向皇帝上诉，控告他的子女们。但是，教士们却忘了这一点，他们想从皇权中寻求帮助，但此时是皇权正是他们自己曾经给削弱了。在阿基坦，人们还是处于某种服从的状态，但是在意大利，人们都不予顺从。

在宽厚者路易的一生中，备受内战的困扰，这也为他死后的战乱埋下的祸根。洛泰尔、路易和查理三兄弟，每个人都竭尽全力要把达官显贵拉拢到自己的一方，扶植自己的亲信。他们发布训谕，宣布凡是跟随他们的人都会得到教会的财产。为了能笼络贵族，他们把神职人员都交给贵族进行管理。

我们可以在敕令中看到，这些君主不得不向无理的要求作出让步，他们不愿意给出的东西，恰恰是通常被夺走的[157]。人们可以看出，当时僧侣们遭受贵族们的迫害[158]，要比受国王的压迫还更加严重。还有一种现象，即秃头查理对僧侣们的攻击最

 为厉害，或许是因为僧侣们曾经为着自己的利益威胁过他的父亲王位，或者是因为他胆小如鼠者。不管怎么样，我们在《敕令集》中可以看到僧侣和贵族无休止的争论。僧侣们想要回自己的财产，贵族拒绝不给，或者躲避或推迟，国王则夹在两者中间[159]。

当时的情景的确让人心生怜悯。然而，在宽厚者路易还把他辖区内的巨额财产都分给教会的时候，他的子女们却把教会的财产都分给了世俗百姓。所以，我们就会发现修建新的修道院的人，通常也是掠夺旧修道院的人，都是同一伙人的所作所为。僧侣们没有固定的属于他们自己的财产，因为他们的财产总是处于被掠夺和重新夺回之中，但此时王权正日益衰败。

在秃头查理执政末期和之后，在僧侣和世俗百姓之间，很少有关于归还财产的争执了。在主教们写给秃头查理的谏书中，我们能看到主教们仍然在抱怨，这封谏书可在856年的敕令中和主教们于858年致日耳曼国王路易的信中查到[160]。他们一次次地上书，但却一次次地遭到回绝，我们可以看到，他们对要求归还财产事宜已经不抱有任何的希望了。

关于对教会和国家所造成的损失，当时力所能及只是采取一些一般性的补救措施罢了[161]。国王们做出承诺，不再从封臣们的手中抢夺自由民了；并且答应不再通过训谕方式，将教会的财产赠予他人[162]。这样一来，神职人员和贵族们在利益的方面又联合起来。

正如我之前所述，诺曼人的大肆掠夺，恰恰地促进了这些纷争的结束。

国王们的威望日趋下降，究其原因，有一点我前面已经讲过，还有一点我要谈及的是他们认为，除了投奔教会之外，他们无别选择。教会削弱了国王们的权威，但在这之前，国王们也曾削弱过教会的力量。

秃头查理和他的继承者们曾经向僧侣们寻求帮助，呼吁其保家卫家，免遭灭亡[163]，但未能奏效；他们想利用民众对僧侣们的尊重来维护他们自己应得到的尊重，但还是事与愿违[164]；他们想方设法用教会的权威来树立自己法律的威信，但还是徒劳无果[165]；他们想把教会刑罚与民法刑罚结合起来，但最终也白费力气[166]；为了和伯爵的权力相抗衡，他们给每个省的主教配有一个钦差大臣，但也没有效果[167]。僧侣们弥补他们曾经犯下的过错，那这根本无可挽回。下面我将要谈及一件奇异的不幸事件，这件事使皇冠跌落在地。

第二十四节　自由民具有封地的资格

我之前谈及过，自由民在公爵的率领下参军打仗，封臣们则是在领主们的带领下征战。这就使得国家中各个社会阶层处于一种相对平衡的状态中。封臣们虽然也有部下，但是他们会受到伯爵的控制，因为在君主国中，伯爵是所有自由民的首领。

起初[168]，自由民是没有资格拥有封地的，但是随后就可以了。我发现这种变化是发生在贡特朗到查理曼统治期间。我是通过以下方式得以证明的，即把贡特朗、希尔德贝尔特和布伦希尔德王后所签订的昂代洛条约[169]，与查理曼把国土分给他的儿子们的契约，以及与宽厚者路易把国土分给他的儿子们的相似契约进行比较[170]。关于封臣这一点，这三份文件的条款都是相似的；这些条款中的相关要点，也是在当时同种情况下制定的，所以它们的精神实质和文字内容几乎都是一样的。

但是其中关于自由民的事宜，存在着很大的差别。在昂代洛条约，没有提到自由民有资格可以申请封地。然而在查理曼和宽厚者路易分给其儿子们的国土契约中，则有条款明确规定自由民可以请求拥有请封地。由此可见，在昂代洛条约之后，对此便产生了新的执行办法，即自由民获得了申请封地的重要权力。

关于此事的变化，一定是发生在铁锤查理把教会的财产分发给他的士兵们的时候，在分配时，他把一部分作为封地进行分配，一部分作为自由土地进行分割，这引起了封建法律的一种革命。可能是当已经拥有封地的贵族们，认为把接受这种新的赏赐作为自由地时更有利可图，但是自由民只是把它们作为封地而已。

第二十五节　加洛林王朝衰退的主要原因，自由地的变化

我在上节中有提到查理曼分割国土的契约[171]，查理曼在契约中规定在他去世后，每一个国王的封臣只可接受在自己王国内

的赏物，不可以享用他国范围内的恩赏[172]，但是，无论他们的自由地在哪一片国土中，都允许予以保留。然而，他又作了补充，凡是自由民在自己的领主去世以后，就像没有领主的自由民那样，都可以在三个王国内任选一国申请封地[173]。在817年宽厚者路易分割国土给他的儿子们的契约中，人们可以看到同样的条款[174]。

不过，尽管自由民可以申请封地，然而当时伯爵的军事实力并不因此而减弱。自由民需为自己的封地承担一定义务，并按四块领地出一人的比例分配，来提供准备服兵役的人员，或者就找一个人代替为其服兵役。规则一出，流弊现象就产生了，不过之后都得以纠正了。以上这些事件可以在查理曼法令[175]和意大利国王丕平的法规[176]中查明，这两个法规可以相互证明。

历史学家们说，丰特奈战役是导致这个君主国灭亡的原因，这种说法是非常准确的。但是，请允许我简单叙述下这件事情的悲惨结局。

在这场战役后不久，洛泰尔、路易和查理三兄弟缔结了一个条约，我发现其中的一些条款使法兰西的整个政治状况都发生了巨大的改变[177]。

关于此条约中涉及民众的事宜，查理公开向人民宣布[178]，所有的自由民都可以自行选择中意的领主、国王或其他领主都可以[179]。在这个条约制定之前，自由民可以申请封地，但是他的自由地得一直受皇权的制约，也就是说始终在伯爵辖区的统治之下。之所以让自由民选择一个领主来进行申请封地，是因为最后他得从自己的领主那里获得土地。在这个条约制定之后，所有的自由民的自由地都要受国王或另一个领主进行管辖，至于哪一个，由自由民进行选择。关于此事，重点的是把自己的自由地变成封地的那些人，而不是申请封地的那些人，打个比方说，就像是他不受民法的管辖，而在他们所选择的国王或领主的管辖下。

因此，一方面，那些以前原来以自由民的身份受伯爵管控的人们，现在已经直接隶属于国王的管辖之下，已经不知不觉地成为彼此的封臣了，因为每一个自由民都可以自行挑选中意的领主，无论是国王还是其他领主，都可以选择。另一方面，一个人把属于他的一块永久性的土地变成封地的时候，那么这些新的封地就不再是终身所属制了。所以，在这之后我们会看到一项新颁布的通用法律，规定封地所有者的后嗣们可继承其封地。这是秃头查理制定的法律，他是制定此法的三位君主之一[180]。

自从这三兄弟的条约制定以后，我刚才所提及的在君主国中关于人民的自由权问题，即人们有权自行选择国王或者其他的领主当自己的领主，这种权力在后来颁发的法令予以确认。

在查理曼统治时期，如果一个封臣接受一个领主的礼物，即使这件东西只值一苏，这个封臣就再不也不能遗弃这位领主了[181]。但是，在秃头查理的执政时期，封臣们可以根据自身的利益随意行事，不受任何的惩罚。关于这一点，这位君主特别予以强调，看起来好像是主动让人们去享受这种自由，而不是予以限制[182]。在查理曼统治时期，就封地的性质而言，属人性大于属物性，后来变为属物性大于属人性。

第二十六节　封地的变化

封地所发生的变化并不比自由地的变化小。在丕平时期颁布了贡比涅敕令[183]，人们从中可以看到，凡是接受国王赏地的人，都要从中拿出一部分再分给各个附庸，但是被分出的这些小部分与整个赏地并没有什么区别。所以，当国王要收走赏封地时，他会把当时给予的整块赏地一并都收走。当一个封臣亡故后，他的附庸也会失去当时被分的赏地。由于这种分配的方法，一种新的受赏者就产生了，他也会设立新的附庸。因此，转分出去的封地不依附于整片封地本身，它是依附于当时被恩赏的人。由此可知，封臣的附庸又返回到国王那里，因为他们并不永远属于封臣。同理，被转出去的封地最终也得返还给国王，因为它只是一种封地，并不是封地的附属物。

在封地可以撤回的时期和封地变成终身制时，封臣的附庸们始终都处于这种状况。当封地可以世袭时，并且当转分的封地也可以被继承下去时，情况就发生了变化。这样一来，原来直属于国王的封地，现在变成间接属于国王了。可以说国王的权力被削弱一个层次，有时候是两个层次，甚至会更多。

在《封地论》[184]一书中，我们可以看到，尽管国王的封臣可以把赏地分给附属们，转分出去的封地即是国王的赏地的一部分，但是这些附属封臣或小封臣们就不能同样把封地分给他人了。因为这样封臣们对于其分转出去的封地，何时收回都可以。除此之外，这种分转出去的封地，与正常情况下的封地不同，不能让后嗣们继承。因为它不符合封地法。

如果我们把两位米兰元老院议员写这部《封地论》著作时，这种分转出去的附属封地的情况与丕平国王统治时这种封地所处的状况相比较，我们就会发现附属封地的原始性质要比正常情况的封地的性质持续的时间还要长[185]。

但是，当这两位元老院议员撰写这本书时，人们对其所规定的内容加了很多例外条款，以至于使原来的规定都毫无效力可言。因为，如果从一个小封臣那里接受封地的人，需追随其出征至罗马的话，那么他就可获得这个小封臣的一切权利；同理，如果人们为了想得到封地用钱贿赂一个小封臣的话，那么在此封臣把钱返退回来之前，他不得收回这份给出的封地，也无法阻止拥有封地的人把封地传给其儿子[186]。事情发展到最后变成，米兰元老院也不再遵守上述规定了[187]。

第二十七节　封地的另一变化

在查理统治时期[188]，无论发生什么样的战争，不管有何种理由，人们必须得应召参战，否则将处以重刑；如果伯爵免除某人的参军义务，那么伯爵也同样将受到处罚。但是三兄弟缔结的条约[189]对此加以限制，规定贵族可以不用入伍征战[190]，除了防御性的战争外，贵族们就不必跟随国王出征作战。在其他性质的战争中，他们可以自行选择跟随领主征战或者照料自己的事务。这个条约与当时五年前缔结的另一个条约有关，那条约是秃头查理同日耳曼王路易两兄弟签订的，条约规定如果在他们之间发生内战的话，其各自的封臣们不必跟随他们出征作战。这两位君主都对此发誓遵守此条约的规定，还让他们各自的军队也起誓[191]。

丰特奈战役使十万法兰西人葬送了性命，这使幸存的贵族们不由得想到，国王们为争夺自己的利益发动的战争最终会使他们走向毁灭，国王们的野心和妒忌也最终将会使他们血流成河[192]。于是就颁布了这项法律，规定除非为外来侵略性的战争需要贵族们保家卫国，否则他们不被强迫随从君主上阵作战。这项法律曾沿用了几个世纪[193]。

第二十八节　高官和封地的变化

在当时似乎一切都染上了一种奇特的病症，而且同时又受到了侵蚀。我之前说过，在早期时许多封地都是可以永远性转让的，但是这些只是个别情况，一般来说封地还是保留它固有的性质。如果国王失去了一部分封地，他就用其他封地来填补。我之前还谈及过，国王从来不会永久性让与一些重要的官职[194]。

但是，秃头查理制定了一项通用法规，此法规对重要的官职和封地都产生了影响。他在其敕令中规定，伯爵的后嗣可以继承其官职，并且这条法规也同样适用于封地[195]。

不久之后，这项法规的适用范围扩大了，人们可以看到重要的官职和封地甚至都传给了远房亲属。但是这样造成的结果是，原来大多数直属于国王的领主们，现在变成间接隶属国王了。那些过去在国王的法庭上参与审判的伯爵们，那些过去率领自由民出兵征战的伯爵们，现在却夹在国王与自由民之间，并且还导致了国王的权力又后退了一步。

除此之外，从敕令中可以看出，伯爵在其辖地也有恩赏地，并且在他们手下也有一些封臣[196]。当伯爵的职位变得世袭制的时候，伯爵的封臣们就不再直属于国王了，其辖地内的恩赏地也不再属于国王的了。此时伯爵的势力变得更强大了，因为他们属下的封臣们抬高了其地位，能把更多的封臣收入自己的门下。

想要了解加洛林王朝末期的弊病现象，我们从卡佩王朝统治初期时发生的情况便可以看到。在这个王朝初期时，由于附属封地的大量增加，使达官显贵的人们处于绝望的边缘。

在法兰克王国曾有一种习俗，当兄长把土地分给弟弟时，弟弟要向兄长行臣服礼[197]。这样一来，总管的领主就不再直接拥有这块封地了，只能把其当作附庸的封地了。最高领主只能把这些土地当作附属封地对待。菲利浦·奥古斯都、勃艮第的公爵、讷韦尔、布洛涅、圣保罗、唐皮埃尔的伯爵，以及其他的领主纷纷宣布，从此以后，无论领地是由于继承还是其他的原因而被分割，整个领地仍归属于同一个领主，中间不得有其他领主[198]。但是这条法规并没有得到普遍的执行，正如我之前所述，当时的法律不可能会被广泛地使用，因为一些地方性的习惯法已经约定俗成。

第二十九节　秃头查理统治时期封地的性质

如我之前所述，秃头查理规定，身居要职或拥有封地的人死后，可以把官职和封地传给他的儿子。这条法律在实施过程中产生的流弊现象，以及在每个国家范围内的使用情况，很难去搜集调查。我在《封地论》中发现[199]，在康拉德皇帝二世统治初期，在他统治的辖区内的封地是不能传给孙子的，只能由土地最终持有者的儿子来继承，并且此人还必须由领主来选定[200]。因此，封地的继承人需通过一种选举才能产生，这种选举是由领主在土地所有者后嗣中选择。

在本章的第十七节中我曾叙述过，在加洛林统治时期，皇位在某种程度来说是世袭的。说它是世袭制的，因为国王总从特定的家族中被选举，帝王总是王室的继承人；说它是选举制的，是因为人们需要从王室成员中选举国王。因为事件总是相继地发生，一种政治法也关联着另一政治法，所以，王位继承的方法也被应用于封地继承中[201]。因此，封地是通过继承权和选举权传

 给后嗣的，每一块封地就如位王位继承一样，既是选举的又是世袭的。

在《封地论》[202] 的作者所处的那个时代，即在弗德雷里克一世皇帝在位时，对领主的选举权是不存在的 [203]。

第三十节　续前

在《封地论》[204] 中写道，当康拉德皇帝要去往罗马时，一些忠臣请求其制定一项关于封地的法规，规定传给儿子的封地也可以传给孙子，同时还规定，如果兄弟亡故后并无合法继承人，那么可以由同一父亲的兄弟来继承属于父亲的封地。这项法律最终皇帝予以批准了。

生活在腓特烈一世时期的此书 [205] 作者还讲道："古代的法学家们一向主张，在封地继承问题上，旁系亲属往下传承不能超过同父母的兄弟，尽管在近代，这种继承已经扩展到第七亲，根据新的法规，直系继承可以无限地传承下去。"[206] 因此，康拉德法律的适用范围就这样逐渐地扩大了。

当人们在猜测这些事情时，其实只要简单读一下法国历史就会发现，封地永久制的建立比德意志要早。当康拉德二世皇帝于 1024 年开始执政时，德意志当时的状态与法兰西秃头查理统治时期几乎是一样的，秃头查理于 877 年去世。不过，自从秃头查理统治以来，法兰西发生了巨大的变化，以致天真汉查理不能同非王室家族争夺属于帝国的无可争辩的权利。在于格·卡佩执政时期，王室的所有财产都被剥夺了，以至于都到了连王位都难保的境地。

在法兰西，秃头查理的胆怯懦弱，也给整个国家带来了重大的打击。但是他的兄弟日耳曼人路易和他的几个继承者秉性刚直，所以他们国家的实力就比较雄厚。

我该怎么说呢？或许德意志民族的本性就是冷漠不关心，请恕我直言，相比法兰西民族而言，德意志民族的刚强性格在面对事物发展的趋势时，更加处事不惊。我在这里指的是封地的自然发展趋势，逐渐被家族永远所有。

我想补充说明一点，法兰西曾遭受过诺曼人和撒拉逊人战争的摧毁，但是德意志王国就没有受到这种战争的破坏。德意志能被洗劫的财富和城镇不多，海岸线也不长，还要穿越许多沼泽地和茂密的森林。那里的君主们并不认为自己的国家有随时灭亡的可能性，所以他们并不太需要封臣，换句话说就是很少依赖于封臣们。如果德意志的皇帝们不被迫前往罗马接受加冕，并不在意大利连续不断地征战的话，那么德意志的封地将很可能长期保持其原始的特性。

第三十一节　帝国如何摆脱查理曼王室的控制

由于秃头查理的家族支系遭到排挤，于是帝国首先就落入

942 日耳曼人路易的私生子手中[207]，然后在912年，法兰克尼亚公爵康拉德被选举为皇帝，在这以后帝国就落入一个外系家族的手中。当时统治法兰西的支系家族，想要侵占村庄都是不可能的事，更谈不上征服整个帝国了。天真汉查理与继承康拉德王位的亨利一世皇帝之间缔结了一个协议，称为波恩条约[208]。这两位君主只在莱茵河的一艘船上会面，并立誓要永结盟友。他们使用了一种较好的折中称呼，查理自称为西法兰西国王，亨利自称为东法兰西国王。与查理缔约的对方是日耳曼尼亚国王，而不是皇帝。

第三十二节　法兰西的王权如何传给于格·卡佩家族

封地世袭制和附庸封地的普遍建立，使得政治性政府逐渐走向灭亡，取而代之的是封建政府。国王过去的封臣们不计其数，现在就只剩下一些重要的封臣了，并且其他的封臣们也隶属于其下。国王们不再拥有直接发号施令的权力了，因为他下达的命令要经过层层权力的把关，有时由于某种势力过于强大，以至于国王的命令还没有传达到就已经半途被拦截或废弃掉了。这样有权势的封臣们不再臣服于国王，他们甚至还利用自己的附庸来违抗国王的命令。国王的辖地被剥夺了，只剩下兰斯和拉昂两个城市，国王们只好听任封臣们的摆布。树枝蔓延得过于太长，以至于无法汲取养分而干枯。就像今天的帝国一样，王国没有辖地。王权落入到了最具有权势封臣们的手中。

诺曼人入侵了法兰西国王，他们乘坐木筏，划着小船，从河口而入直奔而上，摧毁了沿河两岸的地区。奥尔良和巴黎这两座城市堵住了这些强盗的去路[209]，他们既不能横过塞纳河，也不能越过卢瓦尔河。这时于格·卡佩只有这两个城市，他手里握着王国残存领土的两把钥匙，只有他现在能抗敌卫国，所以人们就把王冠授予了他。基于同样的理由，后来人们就把帝国交到了抵御土耳其人外来侵略的家族手中。

这样帝国就脱离了查理曼家族的统治，当时建立封地世袭制也仅仅是想体现一种高人一等的感觉。关于这种封地世袭制，在德意志实行的时间比在法兰西的还要长[210]。这就使得整个帝国被看成一片封地，国王也由选举产生。然而，当法兰西不再由查理曼家族统治时，封地在这个王国中真变成世袭的了。所以，皇位与封地一样，也变成世袭的了。

此外，人们把这次变革之前和之后所发生的事情都说成是变革时发生的事，那就是大错特错了。所有这一切可归纳为两件事，即统治家族的变更以及王权和大封地密切相连。

第三十三节 封地永久制的后果

在封地世袭制度建立起来之后，长子的身份或长子的继承权在法兰西已建立起来。在墨洛温王朝统治时期，人们对此事一概不知[211]，王国地由兄弟们共分，自由地也是如此。在那个时代，

944 封地是可以撤销或终身制的，但并不是世袭制，所以也能作为分割的对象。

在加洛林王朝统治时期，宽厚者路易享有皇王尊号，他又把这个尊号授予他的长子洛泰尔，此帝王称号就使得洛泰尔的地位高于他的弟弟们。因此，这两位国王每年携带着礼物去拜谒皇帝，但每次都回赠更多的恩赏，他们在一起商讨共同的事务[212]。这就使得洛泰尔曾经产生过一些野心的念头，但最终没有取得成功。在阿戈巴尔替洛泰尔写信给宽厚者路易时[213]，说他同意皇帝本人的想法，首先皇帝需戒斋三天并举行圣祭以便征询天意，并且做祷告和施舍，其实人民需立誓，决不能违背誓言，最后需让洛泰尔前往罗马，以得到教皇的认可，才可以授予其为皇王尊号。对于阿戈巴尔来说，这所做的一切才是重要的，而不是什么长子继承权的问题。他说，尽管皇帝曾经把土地分给小儿子们，但是他偏爱长子；不过，既然他偏爱了长子，也就本来曾经也有偏爱小儿子们的可能。

当封地变为世袭制的时候，在封地继承事宜上就建立起了长子权，基于同样的原因，关于王权继承的问题，长子权也同样建立起来了。以前关于如何分割土地的旧法已经不复存在了；封地也附带着某种义务，封地的所有者也须履行这种义务。长子权确立之后，在处理纠纷时，相比政治法律或民法而言，封建法的适用范围就更广了。

随着封地传给了土地所有者的儿子们，领主就失去了自由支配封地的权力。为了对这种损失进行补偿，他们又确立了一种赋税，称其为补偿税。起初是由直系继承者们缴纳这种补偿税，后来就演变成只有旁系继承者缴纳。

不久以后，封地就变成一种可继承的财产传给家族外的人了。由此就产生了土地购买税。这种赋税在整个王国几乎都予以普遍执行。在开始的时候，这种赋税还不是很常见，到后来，这种税收制度普及之后，在全国各地区才确定下来。

在每次变更继承人时，都要缴纳这种补偿税。起初，直系继承者也得缴税[214]。按照普通的习惯，需缴纳的税额为一年的收入。这种税额对于当时的封臣来说，十分有压力，而且手续繁琐复杂，在一定程度上，还给封地带来不利的影响。在人们对领主行臣服礼时，会向领主缴纳一定金额的补偿款[215]，但是由于货币的变更，这种数额到后来已经变得很少了，到今天就几乎为零了。但土地的购买税还在全国范围内普遍征收，因为这种税收与封臣和继承者都无关，是一种偶然发生的事件，既不能预见也不能预测，所以关于此税收政策，人们并没有制定一些具体方法，一直按土地出售价的某一比例进行征收。

当封地变成世袭制时，为了能使其一直成为附庸封地，人们就不分给别人了。因为只是对封地享有使用收益权的人们，是不能再分给其他人了，如果那么做的话岂不是太荒谬了。但是，当封地成永久制时，这种分给他人的做法就被准许了[216]，前提是只要遵守习惯法的一些规则[217]，于是人们把这种做法称为分

946 割封地。

当封地的世袭制使补偿税建立了之后，进而又加以规定，如果在没有儿子的情况下，女儿也可以继承封地。由于领主把封地传给女儿，会收取更多的补偿税款，因丈夫和妻子一样都需要缴纳补偿税[218]。这条规定不适用于国王，因为他没有上级，所以对国王而言，就根本不存在补偿税。

图卢兹伯爵威廉五世的女儿没有继承伯爵的领地。后来，埃莉诺继承了阿基坦的领地，玛蒂尔达继承了诺曼底。当时，女子继承权已建立得很完善了，使得少年路易在解除他和埃莉诺的婚姻关系之后，就毫不费劲地把吉耶纳地区还给了她。因为埃莉诺和玛蒂尔达继承领地的这两件事情是紧接着前面威廉五世的女儿的那件事发生的，所以，在图卢兹地区，女性继承权法的普遍适用要晚于王国内的其他省市[219]。

欧洲许多王国的政体，大多与当时王国建立时封地的实际状况一致。女性既不得继承法兰西的王位，也不能被加冕帝王的尊号，因为在这两种君主国建立的时候，妇女是不能享有封地继承权的。但是，在封地世袭制确立之后，在执行此制度的那些王国里，妇女是可以继承王位的。例如在诺曼人征服后所建立的那些王国、征服摩尔人之后所建立的那些王国，以及位于日尔曼尼亚边境之外，由于在近代的时期基督教的建立而仿佛得到新生的那些王国。

在封地还可以撤销的年代，封地通常是给予那些有能力承担义务的人，所以未成年人就不在考虑的范围之内了。之后到了封地变成世袭制的时候，领主们会一直掌管封地，直到继承者成年之后才把封地给他们。这么做也许是出于他们自己利益的角度，也许是为了锻炼未成年人继承者熟悉金戈铁马的氛围[220]。这就是我们习惯上称之为的幼年贵族监护权，这种权利是建立在其他原则基础上的，它和普通未成人监护权完全不相同，是有明显区别的。

在封地是终身制的时代，人们可以申请拥有封地。封地真正的授予过程是通过使行王权进行的，和今天附庸们行臣服礼是一样的。但是伯爵或者是国王的钦差大臣们在各省中接受臣服礼的这种情况，我们并没有见过。在一些敕令中的这些官员的委令状里，也没有看到过类似的这种情况。他们的确有时候让所有下属们立下效忠的誓言[221]，但这种誓言与之后建立起来的臣服礼的性质不太相同。在臣服礼中立下的效忠誓言是跟臣服有关的一个行为，有时在臣服礼之前举行，有时在其后举行，而且并不是所有的臣服礼都要进行效忠立誓，它没有臣服礼那样庄严隆重，与臣服礼截然不同[222]。

如果有些国王的伯爵和钦差大臣们被发现有背信弃义的倾向，他们有时会被要求做出一种保证，人们称之为坚定不移的保证[223]。但是这种保证不可能是一种臣服礼，因为国王们之间也做这种保证[224]。

修道院院长苏格谈到达戈贝尔的宝座，根据古人传说，法

 兰西国王们有一种习惯，即坐在这个国王宝座上接受领主们所行的臣服礼[225]。可见苏格在这里所使用的就是他那个时代的思想和语言。

当封地是世袭制的时候，封臣的谢恩在起初的时候仅仅是一种偶尔的行为，但到后来，就定成了一种规矩。谢恩仪式还要讲究礼节，办得很隆重，因为要让人们世世代代都能记住领主和封臣之间应尽的义务。

我认为，臣服礼是建立于丕平国王统治时期，就是我之前所说的给予永久性恩赏的时代。但这是我保守的一种说法，并且还假设一种条件，即古代法兰西年鉴的作者们并不是愚昧无知的人。这些作者们在描述巴伐利亚的公爵塔西庸向丕平行忠诚礼时[226]，说这种仪式是按照他们那个时代人们所使用的习俗来举行的[227]。

第三十四节　续前

在封地变得可撤销或者是终身制的时代，封地与民法几乎没有任何关系，只与政治法有关，这就是为什么在那个年代，民法中很少有关于封地的条款。但是在封地是世袭制的时候，封地就可以被给予、出售或作为遗产，这时候的封地就同时受政治法和民法的管辖了。当封地涉及需服兵役时，其就属于政治法的范畴；当封地涉及一种财产上的交易时，其就属于民事法的范畴。

于是，关于封地的民法就这样产生了。

当封地是世袭制的时候，那么关于封地永久性的问题就得受继承法的管辖。尽管当时有罗马法和萨利克法的相关条款[228]，但关于法兰西还是颁布这项规定，即继承的遗产不得传给上辈人[229]。因为封地的所有者必须尽有一定的义务，要是继承人是祖父或者是叔伯们的话，那他们一定不是领主的好附庸。因此，正如布地利埃所说，这项规定只适用于封地[230]。

当封地是世袭制的时候，领主们就会关心封地所要承担的义务问题，所以他们要求未来将要继承其封地的女性[231]，我想有时候也包括男性，未经过他们的同意，不得随意结婚。这样一来，对于贵族们而言，婚姻契约就是一种封建条款和民事法规了。婚姻契约的制定是在领主的监督下完成的，这种条款制定目的就是使未来封地的继承人承担一定的义务，正如波黑尔[232]和奥弗里乌斯[233]所说，起初只有贵族们有通过婚姻契约处理未来遗产的事宜。

有一点毋庸置疑，那就是只有在封地变成世袭制以后，才能形成家族财产赎回权，此权力是建立于古代亲族权利的基础上的。这是我们法兰西古法学的一个奥秘，在此书中我没有时间加以论述。

意大啊！意大利……[234]关于封地的论述，我终于写完了，这也正是大多数作者开始论述的时候。

1 参阅图尔的格雷戈里，《法兰克教会史》，第四卷，第四十二章。

2 参阅本书本章第七节。

3 弗雷德加里乌斯，《编年史》，第四十二章 613 年史实。

4 这位国王是克洛泰尔二世，希尔佩里克的儿子、达戈贝尔特的父亲。

5 弗雷德加里乌斯，《编年史》，第四十二章 613 年史实。

6 见图尔的格雷戈里，《法兰克教会史》，第八卷，第三十一章。

7 弗雷德加里乌斯，《编年史》，第二十七章 605 年史实，“他对人恶毒、不讲理，搜刮敛财以便填充国库，因此造成无人能够保住自己的官位。”

8 弗雷德加里乌斯，《编年史》，第二十八章 607 年史实。

9 弗雷德加里乌斯，《编年史》，第四十一章 613 年史实，“勃艮第贵族、主教和领主们都害怕布伦希尔德，对其怀恨在心，于是他们共同商量对策。”

10 弗雷德加里乌斯，《编年史》，第四十二章 613 年史实，“克洛泰尔发誓，在他有生之年绝对不会降低他的官位。”

11 这道敕令是在布伦希尔德死后不久于 615 年颁布的。参阅《敕令汇编》，巴鲁兹版，第 21 页，洛泰尔二世敕令。

12 参阅《敕令汇编》，巴鲁兹版，第 21 页，洛泰尔二世敕令，第十六条：“这一切所做的残忍或密谋的事情都是违背神意的，我们遵循基督的教导颁布本谕令，以纠正此事，使之迷途知返。”

13 参阅《敕令汇编》，巴鲁兹版，第 21 页，洛泰尔二世敕令，第十六条。

14 参阅《敕令汇编》，巴鲁兹版，第 21 页，洛泰尔二世敕令，第十七条。

15 “在那时被忽略的事情，在以后应予以重视。”

16 参阅《敕令汇编》，巴鲁兹版，第 21 页，洛泰尔二世敕令，第一条：“当一个主教退休的时候，新上任的主教应该由大主教和当地省的居民一起任命；他应该由神职人员和当地人民一起选举产生；如果他是一个权贵人物，其将会由君主来任命，或由朝廷进行任命，并且其学识和品德应均符合相关要求”。

17 参阅《敕令汇编》，巴鲁兹版，第 21 页，洛泰尔二世敕令，第八条：“凡是以非虔诚的方式新增加的赋税均需予以修改。”

18 参阅《敕令汇编》，巴鲁兹版，第 21 页，洛泰尔二世敕令，第九条。

19 参阅《敕令汇编》，巴鲁兹版，第 21 页，洛泰尔二世敕令，第二十一条。

20 这些谕令是由国王向法官们下发的命令，其意图是让他们或允许他们做一些违反法律的事情。

21 参阅图尔的格雷戈里，《法兰克教会史》，第四卷，第 227 页。在史书和条例中到处都是这种事例。在洛泰尔二世敕令中尤其对这种流弊予以革除。见《敕令汇编》，巴鲁兹版，第一卷，第 22 页。

22 参阅《敕令汇编》，巴鲁兹版，洛泰尔二世敕令，第二十二条。

23 参阅《敕令汇编》，巴鲁兹版，洛泰尔二世敕令，第六条。

24 参阅《敕令汇编》，巴鲁兹版，洛泰尔二世敕令，第十八条。

25 参阅《敕令汇编》，巴鲁兹版，第一卷，第七页。

26 在前一章节，我已经谈到这些豁免权是司法权的转让，其中禁止皇室法官在该地执行任何职能，因此这些豁免权其实就是相当于建立或转让封地。

27 希尔佩里克于 670 年开始执政。

28 参阅《圣莱格传》。

29 弗雷德加里乌斯，《编年史》，第二十八章 605 年史实：“在布伦希尔德的怂恿和狄奥多西的任命之下。”

30 参阅《法兰克王传》第三十六章。

31 弗雷德加里乌斯，《编年史》，第五十四章 626 年史实、第一百零一章 695 年史实，以及第一百零五章 715 年史实；艾穆安（Aimoinus），《法兰克史》，第四卷，第十五节；爱因哈德（Einhard），《查理曼传》，第四十八章；《法兰克王传》，第四十五章。

32 参阅《勃艮第法典》前言，以及该法的第二补篇中第十三篇。

33 参阅图尔的格雷戈里，《法兰克教会史》，第九卷，第三十六章。

34 弗雷德加里乌斯，《编年史》，第五十六章626年史实："在同一年克洛泰尔召集勃艮第的权贵和领主们在特鲁瓦举行会议，鉴于瓦纳查尔（Warnachar）已经过世，询问他们是否愿意选举出一位新宫相，但是，参加会议的人员异口同声一致表示不愿意选举一位新宫相，并恳请国王处理国事。"

35 弗雷德加里乌斯，《编年史》，第六十八章630年史实："斯拉夫人战胜了法兰克人，并非因为斯拉夫人骁勇善战，而是由于奥斯特拉西亚人的胆怯懦弱，他们总是感觉达戈贝尔既对其恨之入骨，又对他们搜刮敛财。"

36 弗雷德加里乌斯，《编年史》，第七十五章632年史实："之后就众所周知了，奥斯特拉西亚人抵御了斯拉夫人对法兰克王国边界的侵略。"

37 弗雷德加里乌斯，《编年史》，第七十九章638年史实。

38 弗雷德加里乌斯，《编年史》，第七十九章638年史实。

39 弗雷德加里乌斯，《编年史》，第八十章639年史实。

40 弗雷德加里乌斯，《编年史》，第八十九章641年史实。

41 弗雷德加里乌斯，《编年史》，第八十九章641年史实："佛罗卡德曾致给勃艮第王国的所有主教和领主们一封信，在信中其向他们承诺，永远不会做任何有损荣其誉之事，并且一定会保住官职，他还对自己的诺言立下了誓言。"

42 "一言蔽之，在克洛维斯统治时期，其为伟大的国王达戈贝尔之子和狄奥多里克之父，法兰克王国开始由宫相执掌大权。"见《王室宫相》。

43 塔西佗，《日耳曼尼亚志》，第七卷，第一章：“他们选举国王要看其贵族出身和综合实力。”

44 参阅图尔的格雷戈里，《法兰克教会史》，第二卷，第九章，苏尔比基乌斯·亚历山大（Sulpicius Alexander）的叙述。

45 于公元 552 年。

46 参阅图尔的格雷戈里，《法兰克教会史》，第四卷，第九章：“尽管国王不乐意，但他们还是与洛泰尔和布塞林（Buccelin）联手参战。”又参阅阿盖西阿斯（Agathias），《史实》，第一卷，第六章。

47 贡特朗自称是克洛泰尔之子，并要求分割王国的领土，但他甚至都没有出征讨伐贡多瓦尔德（Gundovald）。

48 有时候这些人的数量甚至会达到 20 人。参阅图尔的格雷戈里，《法兰克教会史》，第五卷第二十七章、第八卷第十八和三十章、第十卷第三章。勃艮第的达戈贝尔没有设立宫相的职位，但他采取了相同的政策，委派十名公爵和许多不隶属于任何公爵的伯爵们与加斯科涅（Gascons）作战。见弗雷德加里乌斯，《编年史》，第七十八章 636 年史实。

49 参阅图尔的格雷戈里，《法兰克教会史》，第八卷第三十章，第十卷第三章。

50 参阅图尔的格雷戈里，《法兰克教会史》，第八卷第三十章。

51 参阅《伦巴第法》第二补篇，第十三篇；又参阅图尔的格雷戈里，《法兰克教会史》，第九卷，第三十六节。

52 参阅《梅斯年鉴》中的 687 年和 688 年。

53 参阅《梅斯年鉴》中 695 年：“在一方面保留有国王的名义，在另一方面使行国王的权力。”

54 参阅《梅斯年鉴》中 719 年。

55 参阅《梅斯年鉴》中 719 年：“他让出皇位，并交出王权。”

56 《桑图伦斯史记》（*Chronicon Centulense*），第二章：“这样国王就像傀儡一样宣布他人为其准备好的演讲，而不是自己有决定权。”

57 参阅《梅斯年鉴》中的691年：“在这一年，国王丕平的元首地位已经超过了狄奥多里克。”《大罗尔什编年纪》（*Annales Laurissenses Maiores*）：“法兰克的领袖丕平执政长达27年，国王们都臣服于他。”

58 弗雷德加里乌斯，《编年史》，第一百零四章714年史实：“在达戈贝尔的推荐下，他的儿子西尔窦德（Theudoald）被任命为宫相。”

59 参阅图尔的格雷戈里，《法兰克教会史》，第九卷，第二十章；又参阅洛泰尔二世615年敕令，第十六条。

60 参阅图尔的格雷戈里，《法兰克教会史》，第九卷第二十章：“如果他们愿意将自己的土地、财产或收入赠予他人，那么需将保持这种处理方式。”

61 参阅《马尔库夫范例集》，第一章，第二十四节和第三十四节。

62 参阅《马尔库夫范例集》，第一章，第十四节，该条也适用于直接给予财物或起初作为恩赐物给予，之后再变成永久的财产：“正式地由他，或者我们的国库拥有。”又见《马尔库夫范例集》，第一章，第十七节。

63 参阅《马尔库夫范例集》，第一章，第十三节。

64 《萨利克法典》，第四十四篇、六十六篇和七十四篇。

65 《里普利安法典》，第十一篇。

66 《里普利安法典》，第七篇；又见《萨利克法典》，第四十四篇。

67 《萨利克法典》，第五十九篇、七十六篇。

68 《萨利克法典》第五十九篇和七十六篇：“在国王的辖地以外”。

69 《萨利克法典》，第五十九篇，第一节。

70 《萨利克法典》，第七址六篇，第一节。

71 《萨利克法典》第五十九篇和五十九篇。

72 《萨利克法典》，第七十六篇，第一节。

73 《萨利克法典》，第七十六篇，第二节。

74 韦尔尼宫会议 883 年敕令，第四条和第十一条。

75 查理曼 812 年第 2 道敕令，第一条和第三条。

76 Heribannum，即指未能服从法兰克军队召唤而被处以严重的罚款。

77 参阅迪康热的《中末期拉丁语词汇》，对拉丁文 Alodis 词条解释，朗贝尔特·阿德尔（Lambert Ardres）说："把遗产留给非体弱的继承人。"

78 参阅迪康热的《中末期拉丁语词汇》，对拉丁文 Alodis 词条解释，以及加朗（Galland）在《论自由地》第 14 页的论述。

79 802 年第 2 道敕令，第十条； 803 年第 7 道敕令，第三条；年份不明的一道敕令，第四十九条；806 年第 5 道敕令，第七条。

80 806 年第 5 道敕令，第八条。

81 参阅图尔的格雷戈里，《法兰克教会史》，第六卷，第四十六章。

82 由于此，他取消了有利于教会的遗嘱，甚至他父亲的那份赠予也被撤销了。贡特朗重新立了遗嘱，并再次进行新的捐赠。见图尔的格雷戈里，《法兰克教会史》，第七卷，第七章。

83 参阅《梅斯年鉴》中的 687 年："因为神甫们和上帝之仆人总向我抱怨，诉苦他们的继承遗产遭受不公正的对待，所以我总是被呼唤。"

84 参阅《梅斯年鉴》中的 691 年。

85 参阅图尔的格雷戈里，《法兰克教会史》，第五卷，第十八章。

86 《桑图伦斯史记》（*Chronicon Centulense*），第二卷："查理剥夺大部分僧侣的财产，并填充国库，之后又分给士兵。"

87 参阅《梅斯年鉴》。

88 参阅《梅斯年鉴》中的 741 年："格雷戈里三世致他一封信，并附上了罗马君王的意见，事实上罗马人并不想寻求他的保护和宽厚仁慈，他们想离开皇帝统治的辖区。”参阅弗雷德加里乌斯《编年史》：“一旦协议签订，他就得退出皇家组织。”

89 人们可以看到，在当时那个年代，教皇的权威给法兰西人所留下的印象。虽然国王丕平已经由贝恩斯（Baience）大主教加冕，但是他把史蒂芬（Stephen）教皇给他举行的加冕涂油礼视为授权他一切权力的标志。

90 《敕令汇编》，巴鲁兹版，第二卷，第 101 页，858 年敕令。

91 《敕令汇编》，巴鲁兹版，第二卷，第 109 页，858 年敕令，第七条。

92 雅克·居雅斯（Jacques Cujas），《封地论》，第一卷：“临时让与的这种权力是授予财物不确定持有者的”。在国王丕平执政的第三年期间，他颁发过一份文件，我在这份文件中发现他不是颁发此文书的第一人，这些文书称为临时让与，此文书提到了宫相埃布罗恩（Ebroin）颁发的一些类文书，而且此后还有人继续颁发。参见本笃会神甫，《法兰西史学家》，第五卷，第六条，有关国王丕平颁发过的此类文书。

93 于公元 743 年。参阅《敕令汇编》，巴鲁兹版，第五卷，第 825 页，第三条。

94 参阅《梅斯年鉴》，756 年敕令，第四条。

95 参阅《敕令汇编》，巴鲁兹版，第 411 页，803 年敕令第三条，在其中他对临时让与契约作了规定；又见 749 年法兰克福敕令，第二十四条，第 267 页，其中对房屋的修葺进行了规定；又见《敕令汇编》，巴鲁兹版，800 年敕令，第 330 页。

96 上个注释和意大利国王丕平的敕令已经对此事予以表明，在这道敕令中国王把修道院作为封地给予申请封地的人。此道敕令载入《伦巴第法》，第三卷，第一篇，第三十节，以及在《萨利克法典》的关于国王丕平的敕令中也能看到，见此法第 195 页，第二十六篇，

第四条。

97 参阅洛泰尔一世的法规，载《伦巴第法》，第三卷，第一篇，第四十三节。

98 参阅洛泰尔一世的法规，载《伦巴第法》，第三卷，第一篇，第四十四节。

99 参阅洛泰尔一世的法规，载《伦巴第法》，第三卷，第一篇，第四十五节。

100 秃头查理执政第28年，即公元868年颁布的敕令。参阅《敕令汇编》，巴鲁兹版，第203页。

101 “征询土地持有者的意见和同意。”

102 秃头查理执政第16年，即公元856年颁布的敕令。参阅《敕令汇编》，巴鲁兹版，第78页。

103 在铁锤查理执政期间的内战中，兰斯的教会财产被交给了世俗百姓。让神职人员自谋生路，见《圣雷米传》，第一卷，第279页关于苏里乌斯（Surius）的叙述。

105 这就是我们在前一节所谈到的法规，参阅《敕令汇编》，巴鲁兹版，第一卷，第十一条，第9页。

106 “关于农场、牧场和猪的什一税，我们都让给教会。这样教会的财产就不会受税收官员和什一税的官员所侵犯。”此项在查理曼于800年颁布的敕令中解释得很清楚，详细说明什么是克洛泰尔向教会免征的什一税，如同像饲养在国王森林中的猪应缴纳的什一税一样，查理曼想让法官们也缴纳此税好立为榜样。可见什一税是一项庄园主权力或经济权力。见《敕令汇编》，巴鲁兹版，第336页。

107 雅克·西蒙（Jacques Sirmond），《旧时高卢会议》，第五号教会会议。

108 参阅《敕令汇编》，巴鲁兹版，第332页，800年维利斯（Villis）敕令第六条。

958

109 此会议于查理曼在位期间 794 年举行。

110 参阅《敕令汇编》，巴鲁兹版，第 267 页，794 年敕令第二十三条："据我们所知，在那一年发生了严重的饥荒，到处颗粒无收，都被魔鬼吃光了，有人还听见了责骂声。"

111 参阅宽厚者路易的 829 年敕令，参阅《敕令汇编》，巴鲁兹版，第 663 页。这道敕令是反对那些不缴纳什一税和不耕种的人。又见此敕令第五条："关于九一税和什一税，都是父王和我们在不同会议中多次提及的事。"

112 其中有洛泰尔的规定，见《伦巴第法》，第三章，第三篇，第六章。

113 参阅《敕令汇编》，巴鲁兹版，第一卷，第 663 页，829 年敕令第七条。

114 《伦巴第法》，第三章，第三篇，第八节。

115 《伦巴第法》，第三章，第三篇，第四节。

116 这是爱因哈德（Einhard）叙述的一种遗嘱的附录，其与戈达斯特（Goldast）的《皇家法规》和巴鲁兹版的《敕令汇编》所叙述的遗嘱有所不同。

117 参阅《敕令汇编》，巴鲁兹版，第 379 页，803 年查理曼敕令第二条；又见戈达斯特，《皇家法规》，第一卷，834 年宽厚者路易的敕令。

118 此种说法载入著名教规《朕路易》，但显然是伪造的。见《敕令汇编》，巴鲁兹版，第 591 页，817 年敕令。

119 参阅《敕令汇编》，巴鲁兹版，第一卷，第 360 页，801 年敕令第十七条。

120 参阅《伦巴第法》，第三章，第一篇，第四十四节。

121 参阅上面提到的法令以及秃头查理于 846 年在艾培涅镇颁发的敕令第二十章，参阅《敕令汇编》，巴鲁兹版，第二卷，第 31 页；以及秃头查理于 853 年在苏瓦松宗教会议上颁布的敕令第三、五条，参阅《敕令汇编》，巴鲁兹版，第二卷，第 54 页；秃头查理 854

年敕令第十条，见《敕令汇编》，巴鲁兹版，第二卷，第 70 页。又参阅《敕令汇编》，巴鲁兹版，第一卷，第 519 页，一道年份不明的敕令第四十九和五十六条。

122 参阅《敕令汇编》，巴鲁兹版，第五卷，第四十四条；又见 866 年皮斯特敕令，第八条和第九条，其中所说的关于领主的特权至今仍然还沿袭着。

123 参阅查理曼的遗嘱，以及有关宽厚者路易在基耶尔济（Quierzy）举行的财产会议上将国土分割给儿子的记叙，见戈达斯特（Goldast）的《皇家法规》："让民众选举出来的人继承其父的王位。"

124 参阅《高卢和法兰西史学家著作集》，作者不详，关于达戈贝尔一世和国王丕平的片段史实记述；又参阅《桑图伦斯史记》（Chronicon Centulense）754 年的记述。

125 《法兰克教会史》，第二卷，第 319 页："国王丕平去世之后编造的这故事完全违背了教皇圣扎迦利（Zachary）的圣洁精神和公正教规。"

126 《高卢和法兰西史学家著作集》，第五卷，第 9 页。

127 《高卢和法兰西史学家著作集》，第五卷，第 10 页："他们永远不会从另外一个家族选举国王。"

128 于公元 768 年。

129 卡西乌斯，《古史选》，第二卷，第一部分。

130 参阅《敕令汇编》，巴鲁兹版，第一卷，第 188 页。

131 参阅《敕令汇编》，巴鲁兹版，第 439 页，806 年第 1 道敕令第五条。

132 参阅戈达斯特（Goldast），《皇家法规》，第二卷，第 19 页。

133 参阅《敕令汇编》，巴鲁兹版，第 574 页，817 年法令第十四条："如果他们之间有人故亡，那么其合法的后嗣们不得继承并分割权力，应该由民众议会进行选举，选出一位上帝所期望的一人继位为王，长兄需像兄弟和其儿子一样对他予以支持。”

134 参阅《敕令汇编》，巴鲁兹版，第 272 页，877 年敕令。

135 让・杜蒙特（Jean Dumont），《外交文集》，第一卷，第三十放条。

136 母系。

137 参阅查理曼 811 年敕令，第 486 页，第一至八条；又见 812 年敕令，第 490 页，第一条； 又见 813 年敕令，第 494 页，第九、十一条；等等。

138 参阅 800 年维利斯敕令；又见 813 年第 2 道敕令，第六、十九条；又参阅《敕令集》，第五卷，第三百零三条。

139 参见 800 年维利斯敕令，第三十九条。可从整道敕令看出，是出于谨慎而颁布的一道关于行政和经济的敕令。

140 参阅《敕令汇编》，巴鲁兹版，第 245 页，789 年敕令。

141 例如禁止皇家司法权在辖区内索要保障金和其他的费用。关于此，我在前一章中有详细谈及。

142 参阅杜申，《文集》，第二卷，第 295 页，关于皇帝路易的生活。

143 参阅杜申，《文集》，第二卷，第 333 页，关于他被贬的记述。

144 参阅杜申，《文集》，第二卷，第 276 页；又参阅泰冈（Thegan），《宽厚者路易传》，第六章。他父亲要求他对兄弟姐妹们和侄子们以宽厚仁慈相待。

145 参阅达戈贝尔，《信札》。

146 参阅杜申，《文集》，第二卷，第 331 页，关于他被贬的史实。又参阅泰冈，《宽厚者路易传》，第四十四章：“他树敌颇多，以至人们都不愿意看见他还活着。”参阅杜申《文集》第二卷第 307 页。

147 “当时的主教和教士们开始弃用上面镶满宝石、挂有宝剑的腰带和金的斜挂肩带，舍弃华丽精美的服饰和带有沉重装饰的马刺。但是，人类的敌人不能容忍这种虔诚。它煽动各种教会神职人员奋起造反，并与之作战。”参阅不详作者写的《宽厚者路易传》第二十八和第二十九节；又参阅杜申《文集》第二卷第298页。

148 参阅泰冈，《宽厚者路易传》，第五十章，查理曼时期极少见到的事，却在路易执政期间极为普遍。

149 为了掌控贵族，他任命一个名叫伯纳德（Bernard）的人为宫廷大臣，但之后这个人使贵族陷入绝境。

150 参阅泰冈，《宽厚者路易传》，第十九章：“他把之前属于他自己、祖父和他祖先的产业都分送给了他的忠臣们，并且他坚持这么做了很久。”

151 参阅尼塔尔（Nithard），《史实》，第四章，第六节末：“阿德拉尔就劝说皇帝把自由地和公共财产等分配给他自己（阿德拉尔）的部下。”

152 参阅尼塔尔（Nithard），《史实》，第四章，第六节末：“他把共和国都摧毁了。”

153 参阅本书第三十章第十三节。

154 参阅兰斯的辛克马尔乌斯（Hincmarus of Reims），《信集》，致口吃者路易的一封信。

155 参阅杜申，《文集》，第二卷，第401页，关于“昂热圣谢尔盖纪事”（Chronicon Sancti Sergii Andegavensis）部分节选。

156 参阅845年泰乌多尼斯宗教会议文件（Synodus ad Teudonis villam），第四条，其中有主教们所说的话。

157 参阅845年泰乌多尼斯宗教会议文件，第三、四条，其中详细叙述了当时的情况；又参阅同年在迎春殿主教会议时颁发的敕令第十二条；以及同年博韦宗教会议上颁发的敕令第三、四、六条；又参阅846年在艾培涅镇颁发的敕令第二十条；858年主教们在兰斯大会上致日耳曼人路易的信第八条。

158 参阅846年在艾培涅镇颁发的敕令第二十、二十一和二十二章。在贵族们的唆使下，国王与主教们做对并把其驱逐了大会。从宗教大会上选出几条教规，并向大家宣布这些教规是需要予以遵守的。在这种情况下，他们无力反驳。参阅议会上的主教们于858年致日耳曼人路易的信第八条；又参阅皮斯特864年敕令第五条。

159 参阅846年在艾培涅镇颁发的敕令；又参阅847年马尔斯纳姆会议第一道敕令第四条，在其中神职人员要求将他们在宽厚者路易在位期间时所享有的财产归还给他们；又参阅851年马尔斯纳姆会议第二道敕令第六、七条，在其中强调维护贵族和神职人员的财产；又参阅856年博诺利昂敕令，其中主教们给国王的一份谏书，内容是关于许多法律已经制定，但邪恶还没有根除；又见在兰斯的主教们致给日耳曼人路易的一封信的第八条。

160 参阅此信第八条。

161 参阅851年马尔斯纳姆会议第二道敕令第六、七条。

162 秃头查理于853年的苏瓦松（Soissons）宗教大会上宣布，他向主教们承诺，不再将主教们的财产以颁布谕令的方式赠予他人。见《敕令汇编》，巴鲁兹版，第二卷，第56页，853年敕令，第十一条。

163 参阅尼塔尔（Nithard），《史实》，第四章。其中谈到在洛泰尔逃跑以后，宽厚者路易和秃头查理征询主教们的意见，询问他们是否应该分割洛泰尔的国土。事实上，在教会们之间所形成的团体力量比封臣们要更加坚固，主教们商议出一项解决方案以确保这两位国王的权力，并让领主们都按此方法行事。

164 参阅秃头查理于859年艾培涅镇颁发的敕令第三条："我让桑斯（Sens）大主教维尼隆（Venilon）给我加冕。并且王国内的任何人都不得将我罢免，除非主教们举行听证和审判会，因为他们是曾经加冕我的人，他们被称为坐在上帝宝座的人，并由他们来行使裁决权，我准备接受他们父亲般的训斥和苛评。”

165 参阅《敕令汇编》，巴鲁兹版，第二卷，第 88 页，秃头查理 857 年敕令，第一至四和第七条。

166 参阅 862 年皮斯特主教会议文件第四条；又见卡罗曼和路易二世于 883 年在迎春殿主教会议时颁发的敕令第四、五条。

167 参阅《敕令汇编》，巴鲁兹版，秃头查理蓬蒂官尼斯主教会议 876 年敕令，第十二条。

168 参阅本书第三十章最后一节末尾的叙述。

169 于 587 年，见图尔的格雷戈里，《法兰克教会史》，第九卷，第二十章。

170 参阅下一章节，其中我详细叙述了这种分割，并见下章节中所征引的注释。

171 806 年查理、丕平和路易分国土的文件。见戈达斯特（Goldast）的《皇家法规》和巴鲁兹版《敕令汇编》第一卷第 439 页。

172 第九条第 443 页，其与《昂代洛条约》的精神相符，见图尔的格雷戈里，《法兰克教会史》，第九卷。

173 第十条，《昂代洛条约》对此事未提及，见图尔的格雷戈里，《法兰克教会史》，第九卷。

174 参阅《敕令汇编》，巴鲁兹版，第一卷，第 174 页，817 年敕令，第九条：“如果一位自由民没有领主，那么其可自行从这三位国王中任选一位。”见《敕令汇编》，巴鲁兹版，第 686 页，第六条关于此皇帝于 837 年分地的叙述。

175 参阅《敕令汇编》，巴鲁兹版，第 1 卷，第 486 页，811 年第三道敕令第七、八条；又参阅《敕令汇编》，巴鲁兹版，第一卷，第 490 页，812 年第一道敕令第一条：“凡是有四块领土的自由民，或从他人那里以恩赏的方式获得土地的自由民，都应该准备亲自前往或跟随领主一同征战。”见《敕令汇编》，巴鲁兹版，第一卷，第 458 页，

807 年敕令。

176 颁布于 793 年，载入《伦巴第法》，第三卷，第九篇，第九节。

177 847 年马尔斯纳姆会议第 1 道敕令，参阅奥贝特·勒麦尔（Aubet le Mire），《恩赏录》，第十七章；又参阅《敕令汇编》，巴鲁兹版，第二卷，第 42 页。

178 拉丁文写作 Adnunciatio。

179 847 年马尔斯纳姆会议第一道敕令，第二条："凡是我国的自由民都可以自愿选择其领主，或是我们当中的任何人或是我们的臣属都可以。"

180 877 年敕令，第五十三篇，第九、十条："我的封臣们也可以通过类似的方式来处理。"这道敕令与同年同地颁布的另一道敕令第 3 条相关。

181 813 年亚琛会议敕令第十六条："凡是从其领主那里接受恩赏的人，哪怕是价值一苏的财物，就不能离弃领主。"又见丕平 783 年敕令第五条。

182 参阅《敕令汇编》，巴鲁兹版，第二卷，第 83 页，856 年卡里西亚可敕令，第十、十三条，在其中国王、教会领主和世俗领主们一致同意："如果你们当中的一些人对自己的领主不满意的话，而且想恳求其他领主而随之，那么就允许你们这么做，并且原领主应心平气和地由其而去……如果上帝颇爱你们，你们就会从新领主那里获得恩赏"。

183 参阅《敕令汇编》，巴鲁兹版，第 181 页，757 年敕令第六条。

184 参阅雅克·居雅斯（Jacques Cujas），《封地论》，第一章，第一节。

185 至少在意大利和日耳曼尼亚是这样。

186 参阅雅克·居雅斯，《封地论》，第一章，第一节。

187 参阅雅克·居雅斯，《封地论》，第一章，第一节。

188 参阅《敕令汇编》，巴鲁兹版，第365页，802年第一道敕令第七条。

189 参阅《敕令汇编》，巴鲁兹版，第42页，847年马尔斯纳姆会议第一道敕令。

190 参阅《敕令汇编》，巴鲁兹版，第44页，847年马尔斯纳姆会议第一道敕令第五条："我希望，除非我国受到外敌的入侵，否则在我们国王内无论任何人都可以跟随领主，或忙于自己的事务；当有外敌侵入时，国民都应该保家卫国御敌抗战。"

191 参阅《敕令汇编》，巴鲁兹版，第二卷，第39页，847年阿根特拉特姆敕令。

192 事实上是贵族签订的此份条约。见尼塔尔（Nithard），《史实》，第四章。

193 参阅罗马国王圭多（Guido）的法律，载入《萨利克法典》和《伦巴第法》中。

194 一些作者说图卢兹伯爵的头衔被秃头查理授予他人，后来传给一代代的后嗣，最后传到了一位伯爵雷蒙（Raymond）；如果事实的确如此，那么某种形势所需，要求在最后一任伯爵的后嗣中选出一位继承人即图卢兹伯爵。

195 参阅秃头查理877年卡里西亚卡姆敕令，第五十三篇，第九、十条。此道敕令与同年同地所颁布的另一道敕令第3条相关。

196 812年第三道敕令第七条；又见815年关于西班牙第一道敕令第六条；又见《敕令集》，第五章，第288条；又见869年皮斯塔斯敕令第二条；又见《敕令汇编》巴鲁兹版，877年卡里西亚卡姆敕令第十三条。

197 弗赖辛的奥托（Otto of Freising）也是这样。见《腓特烈一世战记》，第二章，第二十九节。

198 参阅菲利普二世1209年法令，载入《法兰西古法集》。

966

199 参阅雅克·居雅斯，《封地论》，第一章，第一节。

200 参阅雅克·居雅斯，《封地论》，第一章，第一节："因此封地是传给领主所中意的那个儿子。"

201 至少在意大利和日耳曼尼亚是这样。

202 参阅雅克·居雅斯，《封地论》，第一章，第一节："因此当今就变成了人人都可继承。"

203 哲拉尔都斯·奈遮（Gerardus Niger）和奥柏秃斯·德·欧尔托（Aubertus de Orto）。

204 参阅雅克·居雅斯，《封地论》，第一章，第一节。

205 参阅雅克·居雅斯事实上已经证实此事。

206 参阅雅克·居雅斯，《封地论》，第一章，第一节。

207 阿努尔夫（Arnulf）和他的儿子路易四世。

208 参阅奥贝特·勒麦尔（Aubet le Mire），《恩赏录》，第二十七章。

209 参阅秃头查理 877 年卡里西亚卡姆敕令，其中关于当时巴黎、圣丹尼和卢瓦尔河城堡重要性的论述。

210 参阅本书本章第三十节。

211 参阅《萨利克法典》和《里普利安法典》中有关自由地的章节。

212 参阅 817 年关于国土分割的敕令，其中包括宽厚者路易首次将国土分割给其儿子们的记叙。

213 参阅关于此事的两封信函，其中一封是关于国土分割。

214 菲利普二世 1209 年关于封地的法令，载入《法兰西古法集》。

215 我们可以在法规中找到许多这样的法令，例如旺多姆（Vendome）敕令，以及普瓦图的圣西彼廉（St.Cyprian）修道院敕令。加朗在他的《论自由地》中有这方面的记载。

216 但是不能将封地缩小化，也就是不能将部分封地取消。

217 习惯法规定了人们可以利用的封地部分。

218 这就是为什么领主强迫寡妇们再嫁。

219 大多数的大家族们都有他们各自的继承法。参见德·拉·托马希耶尔（de la Thaumassiere），《贝利的新旧当地习惯法和洛里斯的评论》，有关贝利家族的叙述。

220 人们可以在877年卡里西亚卡姆敕令第三条中看到，见巴鲁兹版《敕令汇编》第二卷第269页，国王们代替未成年人看管其封地，领主们也照此执行。这里我们所说的就是幼年贵族监护权。

221 在802年第二道敕令第十一条中可找到此法令。见854年敕令第十三道和其他敕令。

222 迪康热《中末期拉丁语词汇》第1163页中拉丁文hominum（臣服）和第474页fidelitas（效忠）词汇的解释，从中可以看出两者之间的区别，还有大量的文献可供参考。在臣服礼上立誓时，附庸将自己的手放在领主的手上，然而在效忠立誓时，附庸需手持《福音书》。在臣服礼上立誓时，附庸需双膝跪地，而效忠立誓时只需站着即可。只有领主才有资格接受臣服，而效忠立誓可由领主的官员们接受即可。见利特尔顿（Littleton），《效忠与臣服》，第九十一、九十二节。

223 参阅秃头查理860年敕令第三条，见巴鲁兹版《敕令汇编》第145页。

224 参阅秃头查理860年敕令第一条。

225 参阅苏格尔（Suger），《修道院管理回忆录》。

226 参阅《高卢和法兰西史学家著作集》，第五卷，757年，第十七节。

227 参阅《高卢和法兰西史学家著作集》，第五卷，757年，第十七节："塔西庸亲自以附庸身份来行臣服礼，他立下了无数的誓言，把手放置于圣物上面，承诺效忠于国王丕平。"似乎看起来即有臣服礼还有效忠誓言。见本节注释222。

228 参阅《萨利克法典》中关于自由地的叙述。

229 参阅雅克·居雅斯，《封地论》，第四章，第五十九篇。

230 参阅布地利埃，《乡村事务大全》，第一章，第七十六篇，第447页。

231 根据圣路易于1246年颁布的敕令，规定凡是在昂儒和曼恩省的公民租赁女儿继承封地的话，那么必须向领主做出保证，其女儿结婚之前得先经过领主的同意。

232 参阅尼古拉斯·德·波黑尔（Nicolas De Bohier），《判例》，155第八号和204第三十八号。

233 参阅斯蒂芬乌斯·奥弗里乌斯（Stephanus Aufrerius），《德西教堂图卢兹》，第四百五十三题。

234 参阅维吉尔（Virgil），《埃涅阿斯纪》（*Aeneid*），第三章。

孟德斯鸠生平大事年表

1685：南特敕令废除，法国对新教的宽容宣告终结。

1688：英国光荣革命爆发。

1689：1 月 18 日，孟德斯鸠出生于拉布雷德城堡的家中。

1700：孟德斯鸠进入瑞伊公学。

1708：孟德斯鸠在波尔多和巴黎学习法律。

1713：罗马教皇正式颁布“唯一诏书”，谴责 P. 凯内尔《莫拉莱斯的反思》（*Reflexions morales*）中的某些主张，宣布基督教冉森派为异端，支持耶稣会会士。

1714：孟德斯鸠成为波尔多高等法院的一名推事。

1715：孟德斯鸠和珍妮·拉蒂格（Jeanne Lartique）成婚，他的妻子是一名新教教徒，他们共育有三个子女。

1716: 孟德斯鸠成为波尔多科学院院士，当时他的伯父过世，他继承了孟德斯鸠男爵爵位并成为波尔多高等法院的庭长。

1721：孟德斯鸠匿名出版《波斯人信札》。

1725：孟德斯鸠匿名出版《尼德的神殿》，并出卖了波尔多庭长职位。

1728：孟德斯鸠加入法国科学院，开始长途学术旅行，旅居德国、意大利和英国。

1729：孟德斯鸠到英国。

1731：孟德斯鸠返回法国。

1734：出版《罗马盛衰原因论》。

1747：孟德斯鸠的儿子回绝了出任庭长的父命，孟德斯鸠把这些职位全都转让出去。

1748：出版《论法的精神》。

1750：出版《为“论法的精神”辩护与解释》。

托马斯·纽金特（Thomas Nugent）出版了《论法的精神》英译本。

1751 年 ~1765：狄德罗（Diderot）和达朗贝尔（d'Alembert）编撰《百科全书》。

1751：《论法的精神》被收录进《百科全书》词条。

卢梭出版《论科学与技术》。

1754：孟德斯鸠为《百科全书》撰写《论情趣》。

卢梭出版《论人类不平等的起源及其基础》。

1755：孟德斯鸠因发热病逝于巴黎。

1757：孟德斯鸠的儿子根据其父亲逝世时留下的手稿，对《论法的精神》一书进行修订，并出版了全新的《论法的精神》。

1771：莫普（Maupeou）解散了法国的高等法院，取而代之另一套法院系统，其成员全部采取任命制。1774 年，路易十六即位后取消了莫普的措施，高等法院得以恢复。这一事件在法国历史常被视为推动法国大革命的前奏。

图书在版编目（CIP）数据

论法的精神：全 2 册 / （法）孟德斯鸠著；祝晓辉，刘宇飞，卢晓菲译 .— 北京：北京理工大学出版社，2018.9（2025.1 重印）

（启蒙运动三书）

ISBN 978 - 7 - 5682 - 5722 - 0

Ⅰ .①论… Ⅱ .①孟… ②祝… ③刘… ④卢… Ⅲ .①政治学②国家和法的理论 Ⅳ .① D0 ② D90

中国版本图书馆 CIP 数据核字（2018）第 120327 号

出版发行 / 北京理工大学出版社有限责任公司
社　　址 / 北京市海淀区中关村南大街 5 号
邮　　编 / 100081
电　　话 /（010）68914775（总编室）
（010）82562903（教材售后服务热线）
（010）68948351（其他图书服务热线）
网　　址 / http://www.bitpress.com.cn
经　　销 / 全国各地新华书店
印　　刷 / 唐山富达印务有限公司
开　　本 / 850 毫米 ×1168 毫米　1/32
印　　张 / 31.125
字　　数 / 600 千字
版　　次 / 2018 年 9 月第 1 版　2025 年 1 月第 3 次印刷
定　　价 / 108.00 元

责任编辑 / 顾学云
文案编辑 / 朱　喜
责任校对 / 朱　喜
责任印制 / 李志强